禮

中華禮藏編纂委員會

學術委員會

主　任　安平秋　王　寧

委　員　陳戍國　林慶彰　劉曉東　彭　林
　　　　單周堯

指導委員會

主　任　任少波

副主任　羅衛東　邵　清

委　員　黃華新　樓含松　楊建新
　　　　余遜達　袁亞春

編纂委員會

主　編　王雲路

副主編　杜澤遜　關長龍　賈海生　許建平

委　員　崔富章　竇懷永　馮國棟　龔延明
　　　　束景南　朱大星　祖　慧　張文冠

中華禮藏 禮制卷 總制之屬

大金集禮

任文彪 點校

浙江大學出版社
ZHEJIANG UNIVERSITY PRESS

編纂傳統禮學文獻,謹修《中華禮藏》。

自從歷史上分科治學以來,作爲傳統體用之學之致用部分的禮學就失去了學科的獨立性。漢代獨尊儒術,視記載禮制、禮典、禮義的《周禮》《儀禮》《禮記》爲儒家的經學典籍。《漢書·藝文志》著錄禮學文獻十三家,隸屬於六藝,與《易》《書》《詩》《樂》《春秋》《論語》《孝經》相提並論。迄至清修《四庫全書》,采用經、史、子、集四分法,將禮學原典及歷代研究禮學原典的文獻悉數歸於經學,設《周禮》之屬、《儀禮》之屬、《禮記》之屬、三禮總義之屬、通禮之屬、雜禮之屬六個門類著錄纂輯禮學文獻,又於史部政書類下設典禮之屬著錄纂輯本屬於禮學範疇的文獻,至於記載區域、家族、個人禮儀實踐的文獻則又散見於多處。自《漢書·藝文志》至於《四庫全書》,著錄纂輯浩如煙海的禮學文獻,不僅使禮學失去了學科的獨立性,而且還使禮學本身變得支離破碎。因此,編纂《中華禮藏》,既以專門之學爲標幟,除了裒輯、點校等方面的艱苦工作外,還面臨着如何在現代學術語境中界定禮學文獻範圍的難題。

《説文》云:"禮,履也,所以事神致福也。"事神以禮,即履行種種威儀以表達敬畏之義而得百順之福。禮本是先民用來提撕終極關懷的生存方式,由此衍生出了在政治生活和社會生活中表達尊讓、孝悌、仁慈、敬畏等禮義的行爲規範。《禮記·禮器》云:"禮器,是故大備。"以禮爲器而求成人至道,與儒學亞聖孟子的"禮門義路"之論頗相一致。然而踐履之禮、大備之禮的具體結構又是怎樣的呢?《禮記·樂記》云:"簠簋俎豆、制度文章,禮之器也;升降上下、周還裼襲,禮之文也。故知禮樂之情者能作,識禮樂之文者能述。作者之謂聖,述者之謂明。明聖者,述作之謂也。"根據黄侃《禮學略説》及沈文倬《略論禮典的實行和〈儀禮〉書本的撰作》的論述,所謂"禮之文"、"禮之情"又被稱爲"禮儀"和"禮意"。禮器、禮儀用以呈現和表達禮意,此即所謂"器以藏禮,禮以行義"(《左傳·成公二年》)。三者之中,禮儀和禮意的内容相對明確,而禮器的内容則比較複雜,具目則可略依《樂記》所論分爲三種:物器(簠簋俎豆之類)、名器(制度之類)和文器(文章之類)。基於這樣的理解,參考歷代分門别類著録匯輯專業文獻的經驗,可以將歷史上遺留下來的全部傳統禮學文獻析分爲如下三個部分。

第一部分是作爲源頭的禮學原典和歷代研究禮學的論著。根據文獻的性質,又可細分爲兩類。

1.禮經類。《四庫提要》經部總序所謂"經稟聖裁,垂型萬世",乃"天下之公理"之所,爲後世明體達用、返本開新的源頭活水。又經部禮類序云:"三《禮》並立,一從古本,無可疑也。鄭康成注,賈公彦、孔穎達疏,於名物度數特詳。宋儒攻擊,僅摭其好引讖緯一失,至其訓詁則弗能逾越。……本漢唐之注疏,而佐以宋儒之義理,亦無可疑也。"《周禮》是制度之書,《儀禮》主要記載了士大夫曾經踐行過的各種典禮儀式,《禮記》主要是七十子後學闡發禮義的匯編。雖然三《禮》被列爲儒家研習的典籍之後變成了經學,然而從禮學的角度來看,於《周禮》可考名物典章制度,於《儀禮》可見儀式典禮的主要儀節及揖讓周旋、坐興起跪的威儀,於《禮記》可知儀式典禮及日常行爲的種種威儀皆有意義可尋。若再從更加廣泛的禮學角度審視先秦兩漢的文獻,七十子後學闡釋禮義的文獻匯編還有《大戴禮記》,漢代出現的禮緯也藴藏着不見於其他文獻記載的禮學内容。因此,禮經類除三

《禮》之外還應該包括《大戴禮記》與禮緯。至於後人綜合研究禮
經原典而又不便歸入任何一部經典之下的文獻,宜倣《四庫全
書》設通論之屬、雜論之屬分別纂輯。

2. 禮論類。此類文獻特指歷代綜合禮學原典與其他文獻,
突破以禮學原典爲經學典籍的傳統觀念,自擬論題,自定體例,
結合禮儀實踐、禮學原典與禮學理念等進行研究而撰作的文獻,
如朱熹的《儀禮經傳通解》、任啓運的《天子肆獻祼饋食禮纂》、秦
蕙田的《五禮通考》等都宜歸入禮論類。此類文獻與禮經類中綜
論性質的文獻容易混淆,最大的區別就在於禮經類中綜論性質
的文獻是對禮學原典的闡釋,而禮論類文獻則是對各類文獻所
記禮儀實踐與理念的綜合探索,二者研究的問題、對象,特別是
研究目的皆有所不同。

第二部分是基於對禮儀結構的觀察而針對某一方面進行獨
立研究而撰作的文獻。根據文獻關注的焦點,又可分爲三類。

3. 禮器類。根據前引《禮記·樂記》的説明,禮器包括物器、
名器和文器。物器爲禮器之代表形態,自來皆無疑議。名器所
涉及之制度、樂舞、數術,因逐漸發展而略具專業特點,有相對的
獨立性,固當別爲門類。就制度、樂舞、數術本屬於禮儀實踐活
動而言,可分別以禮法、禮樂、禮術概之。又文器亦皆因器而顯,
故宜附於禮器類中。因此,凡專門涉及輿服、宮室、器物的禮學
文獻,如聶崇義的《新定三禮圖》、張惠言的《冕弁冠服圖》和《冕
弁冠服表》、程瑤田的《釋宮小記》、俞樾的《玉佩考》等都屬禮器
類文獻。

4. 禮樂類。據《禮記·樂記》所言"樂統同,禮辨異,禮樂之
説,管乎人情矣",可知禮與樂本是關乎人情的兩個方面。因此,

禮之所至,樂必從之。考察歷代各個階層踐行過的許多儀式典禮,若不借助於禮樂則無以行禮。《通志·樂略第一》云:"禮樂相須以爲用,禮非樂不行,樂非禮不舉。"禮與樂既相將爲用,則凡涉及禮樂的文獻,皆當歸入禮樂類。然而歷史上因囿於經學爲學科正宗、樂有雅俗之分的觀念,故有將涉及禮樂的文獻一分爲二分別纂輯的方法。《四庫提要》樂類云:"大抵樂之綱目具於《禮》,其歌詞具於《詩》,其鏗鏘鼓舞則傳在伶官。漢初制氏所記,蓋其遺譜,非別有一經爲聖人手定也。特以宣豫導和,感神人而通天地,厥用至大,厥義至精,故尊其教得配於經。而後代鐘律之書亦遂得著録於經部,不與藝術同科。顧自漢代以來,兼陳雅俗,豔歌側調,並隸《雲》、《韶》。於是諸史所登,雖細至箏琶,亦附於經末。循是以往,將小説稗官未嘗不記言記事,亦附之《書》與《春秋》乎? 悖理傷教,於斯爲甚。今區別諸書,惟以辨律吕、明雅樂者仍列於經,其謳歌末技,弦管繁聲,均退列雜藝、詞曲兩類中。用以見大樂元音,道侔天地,非鄭聲所得而奸也。"此乃傳統文獻學之舊旨,今則據行禮時禮樂相將的事實,凡涉及禮樂的文獻不分雅俗兼而存之,一並歸於禮樂類。

　　5.禮術類。《禮記·表記》載孔子之語云:"昔三代明王,皆事天地之神明,無非卜筮之用。"卜筮之用在於"決嫌疑,定猶與"(《禮記·曲禮上》)。歷代踐行的各種儀式典禮,正式行禮之前往往都有卜筮的儀節,用於判斷時空、賓客、牲牢等的吉凶,本是整個儀式典禮的組成部分。《儀禮》於《士冠禮》、《士喪禮》、《既夕禮》、《特牲饋食禮》、《少牢饋食禮》皆記卜筮的儀節,而於其他儀式典禮如《士婚禮》等皆略而不具。沈文倬先生已指出,《儀禮》一書,互文見義,其實每一個儀式典禮都有卜筮的儀節。因人掌家祭祀之禮,凡祭祀致福。國有大故,則令禱祠,反命,祭亦如之。掌家禮,與其衣服、宮室、車旗之禁令。"自古以來,家禮就是卿大夫以下至於庶人修身、齊家的要器,上至孝悌謹信等倫理觀念,下至婚喪嫁娶之居家禮儀,無不涵蓋於其中。家禮包括家庭內部的禮儀規範和倫理觀念:禮儀規範主要涉及冠婚喪祭等吉凶禮儀以及居家雜儀;倫理觀念則包括父慈子孝、兄友弟恭、夫義婦順等綱常。涉及家禮的文獻源於《周禮》,經《孔子家語》、《顏氏家訓》的發展,定型於司馬光的《書儀》、《家範》和朱熹的《朱子家禮》,其中《朱子家禮》成了宋代以來傳統家禮的範本。因國家禮制的"宏闊"和民間禮俗的"偏狹",故素負修身、齊家、治國、平天下之理想的有識之士,往往博稽文獻、出入民俗而備陳家禮儀節之曲目與要義,以爲齊家之據、易俗之本。家禮類文獻中以此種撰作爲代表形態,延伸則至於鄉約、學規之類的文獻。

9.方外類。中華民族是一個多種文化相互融合的共同體,整理、編纂《中華禮藏》不能不涉及佛、道兩家有關儀軌的文獻。佛教儀軌是規範僧尼、居士日常生活與行爲之戒律清規以及用於各種節日與法事活動之科儀,雖然源於印度,與中華本土文化長期互動交融,固已成爲中華禮樂文明不可分割的一部分。佛教儀軌與儒家禮儀相互影響,在一定程度上改變、重塑了中華傳統的禮樂文明。道教是中國的本土宗教,深深根植於中國的現實社會,具有鮮明的中國特色與社會調節功能。魯迅曾指出:"中國根柢全在道教。"道教儀軌有其特定的從教規範,體現了道教的思想信仰,規範着教徒的生活方式,體現了儀式典禮的特點。另外,佛教儀軌和道教儀軌保存相對完整,也是重建中華禮樂文明制度的重要參考。因此,凡涉及佛教儀軌和道教儀軌的文獻分别歸入方外佛教類和方外道教類。

綜上所述,《中華禮藏》的編纂是因類設卷,卷内酌分子目,子目内的文獻依時代順序分册纂輯(其中同書異注者則以類相從),目的是爲了充分展示中華禮儀實踐和禮學研究的全貌以及發展變化的軌迹。

編纂《中華禮藏》不僅僅是爲了完成一項學術事業,更重要的現實意義是爲了通過整理、編纂傳統禮學文獻,從中提煉出滲透了民族精神的價值觀和價值體系,爲民族國家認同提供思想資源,爲制度文明建設提供借鑒,爲構建和諧社會提供禮儀典範。

《中華禮藏》編委會

二〇一六年

提　要

　　《大金集禮》，原名《國朝集禮》，后稱《集禮》、《金集禮》、《大金集禮》。不題作者名氏，當出自金朝禮官之手。是書編纂於金世宗在位後期，一半以上的卷次在大定二十七年（1187）二月之前即已屬稿，最終成書則當在大定末年。

　　今傳各本《集禮》皆盡於第四十卷，然其中頗有缺佚舛錯，實存不足三十二卷。全書分門類事，每一門都按時間先後記載相關禮制沿革，較次要較瑣細者則附於其後爲雜録，是一部以禮儀制度爲中心的會要體文獻。《集禮》載録了金太祖至世宗五朝大量的公文、儀注類禮制資料，也有一部分官制、文書制度等方面的内容，在金、元兩代常爲禮官檢討典故之用，在今日亦爲研究金代典章制度的重要資料。

　　《集禮》的門目設置與編排不以五禮爲序，而與《唐會要》、《五代會要》的帝系、禮儀部分相近，主要包括帝號、后妃、宗室、郊祀、宗廟、儀仗、輿服、岳鎮海瀆、宣聖廟、雜祠、朝會以及各種朝廷儀制等。根據書中小注及其他典籍的引用，可知《集禮》原本還有奏告、行幸、園陵、樂、雜儀式、拜日、南郊、拜天等門類，而今本已佚。

　　金朝後期曾編纂過《續集禮》，惜已不傳。唯今本《集禮》卷一二至卷一七原闕，僅有幾段不成系統的文字，除大定十八年

(1178)一條外，均爲章宗以後事，最晚的已至衛紹王大安三年(1211)，顯然是混入了原書以外的文字。察其體例與《集禮》相近，或許即出自《續集禮》。

　　金代文獻流傳至今者寥寥可數，出於官方編纂者尤爲少見，《集禮》作爲一部篇帙較多且重要的官修典籍，在金代歷史研究、《金史》校勘、文學研究、文獻輯佚等方面有着重要價值。

　　《集禮》成書之後，一直以鈔本形式流傳，至清光緒二十一年(1895)始有廣雅書局刊本。各鈔本或題“金集禮”，或題“大金集禮”。“金集禮”系統傳世較少，没有後人編制的目録與闕卷標註，并偶有一二處文字與《金史》契合，顯示其來源較早，且與元朝史官所用本較爲接近，但今傳各本的時代並不更早，文本質量上也没有可稱爲善本者。“大金集禮”系統傳世較多，影響較大，但各本質量也參差不齊。

　　怡府舊藏本《大金集禮》抄寫認真，楷法精美，邵章、傅增湘甚至推斷其出於毛氏汲古閣。其本今藏中國國家圖書館，并影印入《中華再造善本》續編，這次整理就以其爲底本。曹寅舊藏本《金集禮》(簡稱曹本)是“金集禮”系統中年代較早者，亦藏於中國國家圖書館，今取爲通校本。文淵閣《四庫全書》本與廣雅書局刊本《大金集禮》(分別簡稱文淵閣本、廣雅本)均流傳較廣，爲學界熟知，這兩本都經過一定程度的校勘，糾正了一些錯誤，也產生了一些新的問題，今亦通校。元脱脱等《金史》與張金吾《金文最》皆大量引用《集禮》之文，故對於相關部分亦加通校。

點校凡例

一、此次點校以怡府舊藏本《大金集禮》爲底本，其本現藏中國國家圖書館（館藏號：八一〇六），并影印入《中華再造善本》續編。

二、所用校本及簡稱如下：

（一）曹本：曹寅舊藏本，題名《金集禮》，現藏中國國家圖書館（館藏號：一九四八一）。

（二）文淵閣本：文淵閣《四庫全書》本。

（三）廣雅本：光緒二十一年（1895）廣雅書局刻本。

以上三本全部通校。

三、《金史》及張金吾《金文最》均大量引用《大金集禮》之文，故對於相關部分亦加通校。

四、底本訛、脱、衍、倒及錯簡之處，有確切根據者予以改、補、删、乙，并出校勘記説明；無確切根據者不改原文，而在校勘記中提出點校者的觀點。

五、底本不誤而他本有誤者，一律不出校；底本較費解而他本文義優長者，擇要出校。

六、原書中避金朝諱的地方皆保留原文，清代各抄本、刻本避清諱的地方不作爲異文校勘。

七、無關緊要的異體字予以統一，不再出校説明。

八、稱引《金史》之《禮志》、《樂志》、《儀衛志》、《輿服志》時，均徑稱志名，不再標明"金史"字樣。稱引《金文最》相關文章時僅稱《金文最》，不一一標明卷數，書末附《〈金文最〉引用〈大金集禮〉文章詳表》。

目録①

大金集禮卷第一　帝號上 ……………………………………… 1

　太祖皇帝即位儀 ……………………………………… 1

　太宗皇帝即位儀 ……………………………………… 1

　皇統元年册禮 ……………………………………… 2

　天德貞元册禮 ……………………………………… 6

大金集禮卷第二　帝號下 ……………………………………… 20

　大定七年册禮 ……………………………………… 20

　大定十一年册禮 ……………………………………… 31

大金集禮卷第三　追加謚號上 ……………………………… 36

　天會三年奉上太祖謚號 ……………………………… 36

　天會十三年奉上太宗謚號 ……………………………… 39

　天會十三年奉上景宣皇帝謚號 ……………………… 41

　天會十四年奉上祖宗謚號 ……………………………… 43

　皇統五年增上太祖尊謚② ……………………………… 47

　皇統五年增上祖宗尊謚 ……………………………… 53

　① 曹本《金集禮》無目録，底本、文淵閣本、廣雅本《大金集禮》皆有，查目録中所缺卷次條目與正文所缺者相同，蓋今本之目録非舊，而是缺卷情況出現之後，有人據正文補録。

　② "尊謚"，原誤"宗謚"，文淵閣本同，據廣雅本及卷三内文改。

大金集禮卷第四　追加謚號下 ······················· 59

　　大定三年增上睿宗尊謚 ······················· 59

　　大定十九年奉上孝成皇帝謚號 ················· 66

　　雜録天德二年興聖宮上謚儀與統五同^①，兼封遼王事節，故并入《雜録》。

　　　　··· 75

大金集禮卷第五　皇太后皇后 ····················· 78

　　天會十三年尊奉兩宮太皇太后 ··············· 78

　　天德二年尊奉永壽永寧宮 ····················· 78

　　皇統元年册皇后 ······························· 83

　　天德二年册徒單氏 ··························· 84

　　雜録 ··· 91

大金集禮卷第六　追謚后 ························· 93

　　聖穆　光懿皇后 ····························· 93

　　欽獻皇后 ····································· 95

　　欽仁皇后 ····································· 96

　　惠昭皇后 ····································· 97

　　永寧宮 ······································· 97

　　欽慈　貞懿皇后 ····························· 99

　　宣獻皇后 ····································· 99

---

　　① “與統五同”，文淵閣本同，卷四卷前標題亦同，廣雅本補作“與皇統五年同”。按年號省稱早有其例，柯昌泗《語石異同評·國號年號書法》云：“《洛陽李敬固墓誌》，云開廿六年，開廿七年，爲開元之省稱。”則自唐時已然。本書卷八《皇太子·雜録》“昨定二年已具典故聞奏”、卷三八《沿祀雜録》“拜數依定六例”，亦皆如此，今保持原貌。

昭德皇后 …………………………………… 100

大金集禮卷第七　妃 …………………… 102

册太皇太妃 ………………………………… 102

追封 ………………………………………… 104

雜録 ………………………………………… 105

大金集禮卷第八　皇太子 ……………… 107

皇統二年誥授儀 …………………………… 107

天德四年册命儀 …………………………… 111

大定八年册命儀 …………………………… 119

大定二十七年册皇太孫 …………………… 127

守國儀 ……………………………………… 138

雜録 ………………………………………… 142

大金集禮卷第九　親王公主 …………… 151

親王 ………………………………………… 151

宗室 ………………………………………… 154

公主 ………………………………………… 155

郡縣主 ……………………………………… 158

大金集禮卷第十　皇帝夏至日祭方丘后土同 ……… 160

齋戒 ………………………………………… 160

陳設 ………………………………………… 160

省牲器 ……………………………………… 163

鑾駕出宮 ……………………………………… 163

奠玉帛 …………………………………………… 164

進熟 ……………………………………………… 165

祭五岳四鎮四海四瀆 …………………………… 167

鑾駕還宮 ………………………………………… 168

大金集禮卷第十一　皇帝祭皇地祇於方丘①每年夏至日祭 …… 169

齋戒 ……………………………………………… 169

陳設 ……………………………………………… 170

省牲器 …………………………………………… 174

奠玉幣 …………………………………………… 175

進熟 ……………………………………………… 177

望瘞 ……………………………………………… 180

大金集禮卷第十二至卷第十七元有闕文 …………………… 183

大金集禮卷第十八　時享上 ………………………… 187

攝行禮 …………………………………………… 187

大金集禮卷第十九　時享下 ………………………… 195

攝行禮 …………………………………………… 195

---

① 正文卷——標題於"方丘"後有"儀注"二字。

大金集禮卷第二十　原廟上 ………………………………… 200

奉安 ………………………………………………………… 200

大金集禮卷第二十一　原廟下 ………………………………… 213

朝拜 ………………………………………………………… 213

大金集禮卷第二十二　別廟 …………………………………… 224

孝成舊廟 …………………………………………………… 224

大金集禮卷第二十三 …………………………………………… 234

御名 ………………………………………………………… 234

聖節 ………………………………………………………… 236

大金集禮卷第二十四　敕詔 …………………………………… 239

御樓宣敕 …………………………………………………… 239

隨朝拜敕詔 ………………………………………………… 244

外路迎拜敕詔 ……………………………………………… 244

隨朝拜曆日詔 ……………………………………………… 245

外路迎拜曆日詔 …………………………………………… 246

大金集禮卷第二十五　宣命 …………………………………… 247

宣麻 ………………………………………………………… 247

賜敕命 ……………………………………………………… 248

送宣賜生日 ………………………………………………… 249

大金集禮卷第二十七　儀仗上 ……………………………… 253

　行仗 ……………………………………………………… 253

　立仗元闕 ………………………………………………… 276

大金集禮卷第二十八　儀仗下 ……………………………… 277

　皇后鹵簿 ………………………………………………… 277

　皇太子鹵簿 ……………………………………………… 281

　雜録 ……………………………………………………… 283

大金集禮卷第二十九　輿服上 ……………………………… 285

　輅輦 ……………………………………………………… 285

　冠服 ……………………………………………………… 288

　皇后車服 ………………………………………………… 291

　皇太子車服 ……………………………………………… 295

大金集禮卷第三十　輿服下 ………………………………… 298

　寶 ………………………………………………………… 298

　印 ………………………………………………………… 309

　臣庶車服 ………………………………………………… 310

大金集禮卷第三十一　班位表奏 …………………………… 317

　班序 ……………………………………………………… 317

　命婦 ……………………………………………………… 318

　牋表 ……………………………………………………… 319

　奏事 ……………………………………………………… 322

大金集禮卷第三十二　輟朝廢務 …………………………………… 325

輟朝 …………………………………………………………… 325

廢務 …………………………………………………………… 326

休假 …………………………………………………………… 327

大金集禮卷第三十四　岳鎮海瀆 …………………………………… 329

祀儀 …………………………………………………………… 329

雜録 …………………………………………………………… 335

大金集禮卷第三十五　長白山 ……………………………………… 339

封册禮 ………………………………………………………… 339

雜録 …………………………………………………………… 343

大金集禮卷第三十六　宣聖廟 ……………………………………… 344

祀儀 …………………………………………………………… 344

雜録 …………………………………………………………… 361

大金集禮卷第三十七　雜祠廟 ……………………………………… 362

宮觀 …………………………………………………………… 362

保陵公 ………………………………………………………… 363

應聖公① ……………………………………………………… 364

嘉蔭侯 ………………………………………………………… 365

河神 …………………………………………………………… 367

---

① “保陵公”、“應聖公”，原作“保陵宮”、“應聖宮”，據文淵閣本、廣雅本改正。

大金集禮卷第三十八　沿祀雜録 …………………………… 369

　沿祀雜録 …………………………………………………… 369

大金集禮卷第三十九　朝會上 ……………………………… 388

　元日稱賀儀 ………………………………………………… 388

　聖節稱賀儀 ………………………………………………… 390

　曲宴儀 ……………………………………………………… 391

　人使辭見儀 ………………………………………………… 392

大金集禮卷第四十　朝會下 ………………………………… 394

　朔望常朝儀 ………………………………………………… 394

　雜録 ………………………………………………………… 399

附録一　《金文最》引用《大金集禮》文章詳表 ……………… 401

附録二　《大金集礼》書目著录及学者提要序跋 ……………… 406

附録三　《大金集禮》書影 …………………………………… 454

附録四　《大金集禮》研究 …………………………………… 468

　第一節　《大金集禮》的成書年代及相關問題 ……………… 471

　第二節　《大金集禮》原貌探賾——兼論其會要性質

　　…………………………………………………………… 499

　第三節　《大金集禮》流傳史探繹 ………………………… 517

　第四節　《大金集禮》現存版本考述 ……………………… 525

　第五節　《大金集禮》與《金史》禮樂四志 ……………… 545

　第六節　《大金集禮》體現的金朝禮制源流 ……………… 579

結　語 ·· 595

附録五　金代禮制資料輯注 ················· 602

《大金德運圖説》 ······························· 602

《太常集禮》所載金代州郡社稷禮資料 ········· 624

《金虜圖經》 ····································· 629

《與姚公茂書》 ··································· 634

《遺廟記》 ······································· 637

大金集禮卷第一① 帝號上

太祖皇帝即位儀　太宗皇帝即位儀
皇統元年册禮　天德貞元册禮

太祖皇帝即位儀

收國元年春正月壬申朔，諸路官民耆老畢會，議創新儀，奉上即皇帝位。阿離合懣、宗翰乃陳耕具九②，祝以闢土養民之意。復以良馬九隊，隊九匹，別爲色，并介胄、弓矢、矛劍奉上。上命國號大金，建元收國。

二年十二月庚申朔，皇弟諳版勃極烈率百官、宗族奏言："自遼主失道，奉天伐罪，數摧大敵，克定諸路。功德之隆，亘古未有，敢上尊號爲'大聖皇帝'。"上讓者再，群臣固請，從之。

太宗皇帝即位儀

天會元年九月六日，皇弟諳版勃極烈即皇帝位。

---

① 曹本作"金集禮卷第一"，文淵閣本、廣雅本作"大金集禮卷一"。後類此者均保持底本原貌，不一一説明。

② "宗翰"，原作"宗幹"。按文淵閣本、《禮志九‧國初即位儀》作"宗翰"，又《金史》卷七三《阿离合懣傳》謂"阿离合懣與宗翰以耕具九爲獻"，今據改。

先是，宗幹率諸弟暨百官，及太祖陵隧之未掩，詣上前請即位。上不許，謂有先帝諸子。是日不克襄事。翌日，猶不許。宗幹曰："社稷至重，付諳版勃極烈以大位者，先皇帝之治命也，群臣不敢有貳。"遂與諸弟暨百官奉赭袍以被上體，而寘璽於懷，乃即位於隧前。

己未，告祀天地。丙寅，大赦，改元。

皇統元年册禮

天會十三年正月二十五日，受遺詔即位。頒詔天下。

皇統元年正月二日，太師宗幹率百寮上表曰：

唐虞無能名，其强名者，聖作之迹；天地有大美，欲歸美者，物生之常。歷觀振古大有爲之君，必行當世不可曠之典，布在方策，炳如日星。自非稱謂之安，烏足形容其德。

伏惟皇帝陛下，繩其祖武，簡在帝心，躬勤儉以倡九牧之風，禁游惰以勸三農之作。外則安集勞來，稍節於蒐畋；內則恬澹沖虛，弗親於聲色。六年於此，一德惟新。適洽奕世之成平①，具舉前王之闊略。鋪張文物，藻飾聲名。敕五典以示五惇，正五行而爲五用②。代上古結繩之治，造聖人合契之書。蘊此沈幾，固有電雷之威斷；發於宸翰，豈特雲

---

① "成平"，曹本、文淵閣本同，廣雅本及《金文最》作"承平"。

② "五行"，當作"五刑"。《尚書·皋陶謨》云："天敘有典，敕我五典五惇哉。天秩有禮，自我五禮有庸哉。同寅協恭和衷哉。天命有德，五服五章哉。天討有罪，五刑五用哉。政事懋哉懋哉。"

漢之昭回①。兼長馳射之通材,併作帝王之能事。臂使西夏,肘加東韓,北羌輸產土之良,南越致祈天之請云云。一視同仁,懷小民如赤子;九功惟敘,慶多稼於曾孫。瑞物充庭,頌聲載路。

若乃嚴恭率典,夤畏求端;道四時於玉燭之和,齊七政於璇璣之運;謂親有德饗有道,每躬祕祀之儀,而應以實不以文,曲盡靈承之意:所謂"崇天"也。玄功不宰,神化自然;卷而藏之,則鼓萬物以和言,擴而充之,則彌六合於無外;仰公成理,好其要不好其詳,司契無爲,同於道亦同於德:所謂"體道"也。而又弗忘兢業,益戒盈成;有咨詢宿德之勞謙,有體貌大臣之殊敬;觀書乙夜,而緝熙靡懈於初終,決事齋居,雖近習莫知其喜怒:此敬事之"欽"也。包五事以作哲,蹈三知之入微;挾姦稔數者,逆折於將形,抱義服忠者,亟用如不及;見日月照臨之博,所照何窮,雖鬼神情狀之幽,其情安適:茲辨物之"明"也。銳於修完,以正百度,而有典謨訓誥可舉之"文";隨所指顧,克靖四方,是謂聰明睿知不殺之"武"。幽深遠近,其"聖"也無所不通;篤實輝光,其"德"也有容乃大。是以并包禹迹,增廣文聲,周極罅罅之生民,同躋熙熙之壽域②。聳於聞見,孰不揄揚。乘乾元首作之初,薦天子無窮之問。臣等不勝大願,謹奉上尊號曰"崇天體道欽明文武聖德皇帝"。

詔不允。

---

① "特",原作"得",曹本、廣雅本同,據文淵閣本、《金文最》改。
② "躋",廣雅本同,曹本、文淵閣本、《金文最》作"濟"。

凡三表懇請,詔曰:

博考藝文,敷求古訓,謂其尊虛名而徇眾欲,不若修實德以承天心。故屢却於奏章,將確守於朕志。而叩閽愈眾,陳義益堅,推讓再三,敦迫備至。念天自民而聽,拒違恐咈於樂推;而名者實之賓,佩受終期於求稱。勉依來請,惕懼增深,所請宜允。

七日,遣上京留守奭告天地、社稷,析津尹宗强告太廟。

十日,帝服袞冕,御元和殿,宗幹率百寮恭奉册禮。册文曰:

皇統肇開,犧燧因功而紀號;帝圖傳序,勲華象德以著稱。率皆應億姓之樂推,所以對三靈之眷顧。自時厥後,何莫由斯。國家千載應期,奕世脩德,重光積慶,應歷統天。

恭惟皇帝陛下,恭承垂裕之休,保有無疆之祚。表在躬之瑞,旋九宮而乾數周;當出震之初,闢群氛而羲馭朗。煥八彩重瞳之質,宅九州四海之尊。方其恭默不言,淵澄自保,固已照群臣之邪正,洞庶政之後先。既而雷動風飛,乾旋坤闔,威柄一而姦朋懷懼,仁言播而遠近歸心。

至於博採庭謨,奮張王旅,必待有名而後應,固非得已而亟行。是以戈鋋所臨,金湯失險,攻堅易於振槁,傳令速於置郵。仍以暇時,舉脩墜典,斟酌律禮,糠粃漢唐,損益質文,規模虞夏。隆功並建,振古罕倫。然猶體貌耆英,惇敘宗族,約己而厚祿秩之賜,虛心以來啓沃之言。府庫不積,而均利於農疇;聲色不邇,而留神於古訓。服御靡崇於彫飾,宮室聊給於會朝。田獵習武事而已,亦踰月而不行;宴樂給賓享而已,蓋非時而不召。歷觀前代,皆有强鄰,各專社稷版圖，互稱命令制詁。今則日月所燭，正朔無殊，並開有指之土疆，盡抗至尊之名號。加之璇璣正協，玉燭時和。連珠合璧之祥①，居鄉日告；千倉萬箱之積，比屋歲滋。謠頌浹於康衢，珍貢來於絕域。

乃者別京幸望②，鑾輅省方，屬燕薊之多風，積陰霾而浹日。及茲動軒，寂不揚塵，天地清明，人神慶悅。是以群工卿尹，四海耄倪，並造明庭，交修封奏。敢敍陳於懿美，願深抑於謙沖。謂夤畏嚴恭，聰明時憲，"崇天"之實也；虛靜恬淡，慈儉爲寶，'體道'之驗也。視聽言動復於禮，緝熙光明典於學，茲謂"欽"以直己；是非可否究其實，幽深遠近得其情，茲謂"明"以察微。經緯有方，煥乎丕顯之"文"；威懷兼示，赫爾布昭之"武"。固天縱之將"聖"，而多能非學；惟民歸於一"德"，而主善爲師。咸五登三，豈形容之可及；挂一漏萬，慚鋪敍之非工。臣等不勝大願，謹奉玉册、玉寶，上尊號曰"崇天體道欽明文武聖德皇帝"。

立仗一千一百八十人。改服通天冠，宴二品以上官及高、夏使。

其行事官，奏定：上公以太師宗幹，太尉以正員裴滿胡塔，司徒以平章昂攝。中書令二員，正員韓企先外，以待制咼攝。侍中三員，以平章奕、左丞勖、左宣徽劉筈攝。右丞蕭仲恭攝門下侍郎，參政李德固攝中書侍郎，銀尤哥等四員攝中書舍人，趙端甫等二員攝給事中。捧册八員，捧寶四員，以耶律紹文、蕭彥讓等

① "璧"，原作"壁"，據曹本、文淵閣本、廣雅本、《金文最》改。
② "幸望"，曹本、文淵閣本同，廣雅本、《金文最》作"望幸"。按此指熙宗天眷三年幸燕京一事，"望幸"義長。

充。以胡景山攝刑部尚書，以左右點檢攝扶持官并奉香合。進茶酒盞三員，接祖宗神御前茶酒盞三員。其禮部尚書、太常卿、吏禮部侍郎，並以正員。已後視此奏差。除正官外，並出宣。

九日，放朝，習恭謝并御樓儀。十日，大禮。十一日，高麗正旦人使辭。十二日，恭謝祖廟，還，御宣和門，大赦，改元①。

天德貞元冊禮

天德二年二月，百官上表，奉上"法天膺運睿文宣武大明聖孝"之號②。

三月望日行冊禮。初七日，呈稟訖上冊寶合用行事官：正員外，差攝上壽酒上公一員，奉冊太尉、讀冊中書令一，舉冊中書舍人二，押冊吏部侍郎一，捧冊官四，奉寶司徒、讀寶侍中一，舉寶給事中二，押寶禮部侍郎一，捧寶官四，奏告官二，行禮侍中二，太常卿二。

九日，呈稟訖行禮節次：

受冊前三日，合遣使奏告天地、昊天於南郊，地祇於北郊。宗廟，並以香、幣、酒、脯、醢。

前二日，諸司停奏刑罰文書。兵部帥其屬設黃麾仗。殿門內二千六百人，門外四百人。宣徽院帥儀鸞司設座於殿中間，設冊寶幄次於大明殿門外，設群官次於大明門外。大樂令與協律郎設宮懸於殿庭；其日奉冊寶訖，設登歌於殿上，立舞表於殿下。符寶

---

① "十二日"，《禮志九·國初即位儀》同，按《金史》卷四《熙宗紀》，是年正月辛丑朔，十三日癸丑謝太廟、大赦、改元，未知孰是。

② "睿文宣武"，《金史》卷五《海陵紀》天德二年二月戊辰條作"睿武宣文"。

郎其日俟文武官入,奉八寶升置殿上;上册寶訖,復舁還所司。

其日質明,奉册太尉、奉寶司徒、貞元儀:奉册太師、奉寶太尉。讀册中書令、讀寶侍中以次應行事官,並集於尚書省,奉迎册寶,由元德正門入,至大明門外,貞元儀:通天正門入,至大安門外。置册寶於幄次中,册北寶南。應行事官分立於左右。文武群臣等並入次朝服。攝太常卿與大樂令帥工人入就位,協律郎各就舉麾位。捧册官、捧寶官、舁册官、舁寶官由西偏門入,至西階下册寶褥位之西,東向立俟。貞元儀無“捧册捧寶官等入至褥位立俟”之文。等探閤門報。

通事舍人引攝侍中版奏“中嚴”,訖,典儀、贊者各就位。閤門官引文武百寮分左右入,於階下塼道東西相向立。符寶郎奉八寶由西偏門分入①,升置殿上東西間相向,訖,分左右立於寶後。通事舍人引攝侍中版奏“外辦”,扇合,服衮冕以出。曲直華蓋、侍衛警蹕如常儀。殿上鳴鞭訖,殿下亦鳴鞭。初索扇,協律郎跪②,俯伏興,舉麾,工鼓柷,奏《乾寧》之樂。出自東房,即座。儀鸞使副添香③。殿下第一塼香爐,宣徽院另差閤門一員添香。貞元儀:殿下沙塼。爐煙升,扇開,簾捲,協律郎偃麾,戛敔④,樂止。凡樂皆協律郎舉麾、工鼓柷而後作,偃麾、戛敔而後止⑤。下皆準此。

太常博士、通事舍人自册寶幄次分引册,太常卿前導,吏部

---

① 按若僅由“西偏門”,則無所謂“分入”,本書卷二《帝號下·大定七年册禮》、卷三〇《輿服下·寶》大定十八年上寶儀均作“由東西偏門分入”,疑此處脫“東”字。

② “儀殿上鳴鞭訖殿下亦鳴鞭初索扇協律郎”十七字原脫。按《禮志九·受尊號儀》大定七年册禮自“通事舍人引攝侍中版奏中嚴訖”之下,實爲天德册禮之文,有此十七字,今據補。

③ “鸞”字原脫,據《禮志九·受尊號儀》、本書卷二《帝號下·大定七年册禮》、卷三〇《輿服下·寶》大定十八年上寶儀補。

④ “戛”字原脫,據《禮志九·受尊號儀》補。

⑤ “止”,原誤“上”,據曹本、文淵閣本、廣雅本改。

侍郎押册而行，奉册太尉、讀册中書令、舉册官<small>貞元儀：進册、舉册官。</small>
於册後以次從之。次太常博士、通事舍人二員分引寶，禮部侍郎
押寶而行，奉寶司徒、讀寶侍中、舉寶官<small>貞元儀：進寶、舉寶官。</small>於寶後
以次從之。由正門入，宮懸奏《歸美揚功》之曲。太常卿於册床
前導，至第一墀<small>貞元儀並云沙墀。</small>香案南藉册寶褥位上少置①。<small>册北
寶南。</small>太常卿與舉册寶官退於册寶稍西②，東向立。應博士、舍人
立於其後，舁册寶床弩手、纖子官等又於其後③，皆東向。太尉、
司徒、中書令、侍中皆於册後面北以次立，吏部侍郎、禮部侍郎次
立於其後。立定，<small>貞元儀：册北寶南。太常卿於册東，北向側立。太師以下於册
寶褥位東序立。舁册床弩手、纖子退立東階下，面北立。太尉以下於册寶褥位西序
立。舁寶床弩手、纖子退立於西階下立定。</small>樂止。

閤門舍人分引東西兩班群官合班，轉北向立，<small>東班以西爲上，西
班以東爲上。</small>中間少留班路④。俟立定，太常博士、通事舍人四員分
引太尉、司徒、中書令、侍中、吏部禮部侍郎以次各復本班，訖，博
士、舍人退以俟。初引時，樂奏《歸美揚功》之曲，至位立定，樂
止。典儀曰："拜。"贊者承傳，太尉以下應在位群官皆舞蹈⑤，五
拜。班首出班起居，訖，又贊再拜，如朝會常儀。

太常博士、通事舍人四員再引太尉、司徒、中書令、侍中、吏
禮部侍郎復進至册寶所稍南，立定。舁册寶床弩手、纖子官並進

---

① "藉"，原誤"籍"，諸本均同，今改正。

② "舉册"下原缺"寶"字，據《禮志九·受尊號儀》、本書卷二《帝號下·大定七年
册禮》補。

③ "床"上原衍"册"字，據《禮志九·受尊號儀》、本書卷二《帝號下·大定七年册
禮》刪。

④ "少"，原作"小"，據《禮志九·受尊號儀》改。

⑤ "位"上原衍"官"字，曹本、文淵閣本同，據廣雅本、《禮志九·受尊號儀》刪。

前,舉冊寶床興。太常博士、通事舍人二員分引冊,太常卿前導,吏部侍郎押冊而行,奉冊太尉、讀冊中書令、舉冊官於冊後以次從之。冊初行,樂奏《肅寧》之曲。次通事舍人、太常博士又二員分引寶①,禮部侍郎押寶而行,奉寶司徒、讀寶侍中、舉寶官於寶後以次從之。詣西階下,至冊寶褥位,貞元儀:冊寶床興,博士、舍人分引太師、太尉以下導從。冊寶行,樂奏《肅寧》之曲。至西階下冊寶褥位。少置,冊北寶南。樂止。貞元儀:樂止。太尉以下於冊寶西序立。舁冊寶床弩手、織子官等退於後稍西,東向立。

捧冊官與舁冊官並進前,去冊函蓋置於床。取冊匣升。太常博士、通事舍人分引冊,太常卿側身導冊先升,奉冊太尉、讀冊中書令、舉冊官、捧冊官於冊後以次從升。吏部侍郎不升,止於冊床之西。冊初行,樂奏《肅寧》之曲。進至殿上,博士、舍人分左右於前楹立以俟,舍人在東,以俟引讀冊中書令自東階還本班②;博士在西,以俟引奉冊太尉降自西階下東面立。讀冊中書令於欄子外前楹稍西立以俟,舉冊官、捧冊官立於其後,奉冊太尉從升至褥位。奉冊太尉搢笏,少前跪置訖,執笏,俯伏興,樂止。太尉退於前楹稍西立以俟,太常博士立於後。太常卿少退,東向立。舁冊官立於其後,皆東向。

捧冊官先入,舉冊官次入,讀冊中書令又次入。捧冊官四員皆搢笏雙跪捧。兩員於冊北,一員稍東,一員稍西。兩員於冊南,一員稍東,一員稍西。舉冊官二員亦搢笏,兩邊單跪對舉。中書令執笏進,跪,稱"中書令臣某讀冊",讀訖,俯伏興。中書令俟冊興③,先退。通事

---

① "通事舍人、太常博士",按各處禮文均"太常博士"在前,"通事舍人"在後,此處疑互倒。

② "引讀冊",原誤作"冊引讀",曹本、文淵閣本同,據廣雅本乙正;又"中書令"原誤作"中書舍人",按讀冊者爲"中書令",今改。

③ "興",原誤"舁",廣雅本據《禮志九·受尊號儀》改正,今從改。

舍人引降自東階，復本班，訖。通事舍人依前復引太尉。太常卿降，復寶床前。舁册官並進，與捧册官等取册匣興，置於殿東間褥位案上，西向。捧、舉册官等降自東階，還本班，舁册官亦退。太常博士引奉册太尉降自西階，東向立以俟。

次捧寶官與舁寶官俟讀册中書令讀訖出，並進前，去寶函蓋置於床。取寶盝升。太常博士、通事舍人分引寶，太常卿側身導寶先升，奉寶司徒、讀寶侍中、舉寶官、捧寶官於寶後以次從升。禮部侍郎不升，立於寶床之西。寶初行，樂奏《肅寧》之曲。進至殿上，博士、舍人俱退不升，並於前楹稍西立以俟，博士以俟引司徒降西階次太尉立①，舍人以俟引侍中降西階復本班。讀寶侍中於欄子外前楹間稍西立以俟，舉寶官、捧寶官立於其後，奉寶司徒從升至褥位②。奉寶司徒搢笏，少前跪置訖，執笏，俯伏興，樂止。司徒退於前楹西立以俟。太常卿少退，東向立。舁寶官立於其後，皆東向。

捧寶官先入，舉寶官次入，讀寶侍中又次入。捧寶官四員皆搢笏雙跪捧。兩員於寶北，一員稍東，一員稍西。兩員於寶南，一員稍東，一員稍西。舉寶官二員亦搢笏，兩邊單跪對舉。侍中執笏進，跪，稱“侍中臣某讀寶”，訖，俯伏興。侍中俟寶興，先退，通事舍人引降自西階，復本班，訖。通事舍人依前復引司徒。舁寶官進前，與捧寶、舉寶官等取寶盝興，置於殿之西間褥位案上，東向。捧寶、舉寶官等與太常卿俱降自西階，及吏部侍郎皆復本班③，舁寶官亦退。太

---

① “次”，原誤“以”，曹本、文淵閣本同，據廣雅本改。

② “從升”，原誤“寶升”，廣雅本據《禮志九·受尊號儀》改正，今從改。

③ 按吏部侍郎與禮部侍郎分負押册、押寶之責，此時進寶已畢，無吏部侍郎復本班而禮部侍郎獨留之理。本書卷二《帝號下·大定七年册禮》作“及吏禮部侍郎皆復本班”，此處“吏”下當脫“禮”字。

常博士引奉寶司徒次奉册太尉東向立定[1]。

博士、舍人贊引太尉、司徒進，詣第一墀香案南褥位立定，博士、舍人稍退[2]。典儀曰"拜"，贊者承傳，在位官皆再拜，訖。博士、舍人二員引太尉詣東階升，貞元儀：捧册官與舁册官並進前，取册先升。太常博士、通事舍人分引册[3]，太常卿側身導册先升，奉册太師、讀册中書令、押册進册舉册官、捧册官於册後以次從升。册初行，樂奏《肅寧》之曲，進至殿上，奉册太師於褥位搢笏，少前跪置訖，執笏退，樂止。太師與讀册中書令於欄子外前楹稍東，面北立。博士、舍人少退，面西側立，押册、進册、舉册、捧册、舁册官又在其後。太常卿少退，於前楹稍西，東向立定。捧册官先入，舉册官次入，讀册中書令又次入。捧册官四員皆搢笏雙跪捧：兩員於册北，一員稍東，一員稍西；兩員於册南，一員稍東，一員稍西。舉册官二員亦搢笏，兩邊單跪對舉。中書令執笏進，拜，跪讀册，讀訖，俯伏興，立於前楹東太師之次。舉册、捧册官少退立。太常卿降復寶床前，押册、舁册官並進前，與捧册、舉册官等取册興[4]，置於殿之東間褥位案上，西向。押册、進册、捧舉舁册官等俱降自東階，還本班。博士、舍人引奉册太師、中書令降自東階，還本班。次捧寶官與舁寶官俟讀册中書令讀訖出，並進前，取寶盝升。太常博士、通事舍人分引寶，太常卿側身導寶先升，奉寶太尉、讀寶侍中、押寶、進寶、舉寶、捧寶官於寶後以次從升。寶初行，樂奏《肅寧》之曲，進至殿上，奉寶太尉於褥位搢笏，少前跪置訖，執笏退，樂止。太尉與讀寶侍中於欄子外前楹稍西，面北立。博士、舍人少退，面西側立，押寶、進寶、舉寶、捧寶、舁寶官又在其後。太常卿少退，於前楹稍西，東向立定。捧寶官先入，舉寶官次入，讀寶侍中又次入。捧寶官四員皆搢笏跪捧[5]：兩員於寶北，一員稍東，一員稍西；兩員於寶南，一員稍東，一員稍西。舉寶官二員亦搢笏，兩邊單跪對舉。侍中執笏進，拜，跪讀寶，讀訖，俯伏興，退立於前楹西太尉之次。舉寶、捧寶官少退立。押寶、舁寶

---

① "奉寶"，原作"捧寶"，諸本均同，據《禮志九·受尊號儀》改；"奉册"，原誤"奉寶"，曹本、文淵閣本同，據廣雅本及《禮志九·受尊號儀》改。

② "稍"，原誤作"贊"，曹本、文淵閣本同，據廣雅本及《禮志九·受尊號儀》改。

③ "太常博士"原作"奉册太師"，按進册寶儀例以太常博士與通事舍人引册，絕無奉册太師引册之理，今據改。

④ "取册"，依例當作"取册匣"。

⑤ "跪捧"上依例當有"雙"字。

官進前,與捧寶、舉寶官等取寶盥興,置於殿之西間褥位案上,東向。押寶、進寶、捧寶、舉寶、異寶官等俱降自西階,還本班^①。博士、舍人引太尉、侍中降西階,復本班。太常卿亦從太尉、侍中降西階,還本班,立定。太常博士、通事舍人引太師升殿。宮懸奏《純誠享上》之曲,至階止,博士、舍人退不升,以俟。閣使二員引太尉進至前,立定,樂止。閣使揖贊太尉拜跪賀,殿下閣門揖百寮躬身,太尉稱"文武百寮具官臣等言",致賀詞。云云。貞元儀止云太師致賀詞。俯伏興,百寮平立。退至階上^②,博士、舍人分引太尉降。至東階初降,宮懸作《肅寧》之曲,復香案南褥位立定,樂止。

貞元儀:太師降自東階,宮懸作《肅寧》之曲,至位,樂止。博士、舍人少退。典儀曰"拜",贊者承傳,太尉、司徒及在位群官俱再拜,舞蹈,三稱"萬歲",又再拜,訖。

通事舍人引攝侍中升自東階,進詣前楹間,躬承旨,退,臨階西向,稱:"有制"。典儀曰"拜",贊者承傳,太尉、司徒及在位群官俱再拜,躬身。宣詞。云云。宣訖,通事舍人引侍中還位。典儀曰"拜",贊者承傳,階上下應在位群官俱再拜,舞蹈,三稱"萬歲",又再拜,訖。博士、舍人分引太尉、司徒就百寮位,初引,宮懸作《肅寧》之曲,至位立定,樂止。貞元儀無分引太尉司徒就位一節,及無初引宮懸《肅寧》之曲。

閣門舍人分引應北面位群官各分班,東西相向立定。通事舍人引攝侍中升自東階,當前楹間,跪奏"禮畢",俯伏興,引降還位。扇合,簾降,協律郎俯伏興,舉麾,工鼓柷,奏《乾寧》之曲。降座,入自東房,還後閣進膳,侍衛警蹕如儀。扇開,樂止。捧冊官帥舁冊床人,捧寶官帥舁寶床人,皆升殿,取匣、盥,蓋訖,置於

---

① "還本"二字原缺,據廣雅本補。
② "階上",原作"階下",據《禮志九·受尊號儀》改。

床前①。引進司官前導,通事舍人贊引,詣東上閣門上進。貞元儀:
進册官跪進册狀,進寶官跪進寶狀,以授內常侍,各再拜以次出。通事舍人分引
文武百寮等以次出,歸幕次,賜食,以俟上壽。

上册寶禮畢,有司排辦御床,及座宴群官位,並如曲宴儀。
攝太常卿與大樂令帥工人入,并協律郎各就舉麾位俟,等探舍人
報。通事舍人引三師以下文武百寮、親王、宗室等分左右入,至
殿階下稍南,東西相向立。通事舍人先引攝侍中版奏"中嚴",少
頃,又奏"外辦"。扇合,鳴鞭,協律郎跪,俯伏興,工鼓柷,宮懸奏
《乾寧》之曲。服通天冠、絳紗袍,即座,簾捲。內侍贊扇開,殿上
下鳴鞭,戛敔,樂止。儀鸞使副等添香②。爐煙升,通事舍人引班
首已下合班,樂奏《肅寧》之曲,至北向位,重行立定,中間少留班
路。通事舍人引攝侍中詣東階升至殿上,少立。閣門舍人引禮
部尚書出班前,北向,俯伏跪,奏稱"禮部尚書臣某言,請允群臣
上壽",俯伏興,躬身。通事舍人引攝侍中詣前楹間,躬承旨,退,
臨階稍東,西向,曰"制可"。侍中少退。舍人贊禮部尚書再拜,
訖,贊"祗候",復本班。貞元儀無禮部尚書跪奏、侍中承旨一節。

內侍局進御床入。次良醞令於殿下橫階南酳酒,訖。典儀
曰"拜",贊者承傳,在位官皆再拜,隨拜三稱"萬歲",訖,平立。
太常博士、通事舍人分引攝上公由東階升,初升,宮懸奏《肅寧》
之曲,殿上③,舍人少退,二閣使揖上公進,至進酒褥位,樂止。宣
徽使以爵授上公,上公搢笏受爵,詣榻前,跪進。受爵訖,上公執
槃退,至進酒位,以槃授宣徽使,訖。二閣使揖上公入欄子內,贊

---

① "前"字衍,卷二《帝號下·大定七年册禮》作"置於床",是。

② "鸞"字原脱,依例補。

③ "殿上"前疑脱"至"字。

拜，跪，殿下閣門揖百寮皆躬身。上公奏稱"文武百寮上公具官臣某等稽首言"，_{貞元儀無文武百寮具官之文。}云云。"臣等不勝大慶，謹上千萬歲壽"，俯伏興。百寮平立。二閣使揖上公出，太常博士、通事舍人引上公降自東階，復本班。太常博士、通事舍人退。上公初降階，樂奏《肅寧》之曲，至位立定，樂止。典儀曰"拜"，贊者承傳，上公與在位官皆再拜，訖，百寮皆躬身。通事舍人揖攝侍中進詣前楹間，躬承旨，退，臨階西向，稱："有制"。典儀曰"拜"，贊者承傳，上公及在位群官皆再拜，隨拜三稱"萬歲"，訖，躬身。宣曰："得公等壽酒，與公等內外同慶。"閣門舍人贊"宣諭訖"，上公與百寮皆舞蹈，五拜，訖。閣門舍人引百寮分班，東西序，面殿立。

博士、舍人再引上公自東階升，宮懸奏《肅寧》之曲，至進酒褥位，樂止。上公搢笏，宣徽使授上公鑾，上公詣欄子內褥位，跪舉酒，宮懸奏《景命萬年》之曲，飲訖，樂止。上公進受虛爵，訖，復褥位，以爵授宣徽使，訖。二閣使揖上公退，內侍局昇御床出。_{貞元儀無此昇出再進入一節。}博士、舍人並進前分引，降自東階，宮懸作《肅寧》之曲；閣門舍人分引東西兩班，隨上公俱復北向位，立定，樂止。典儀曰"拜"，贊者承傳，在位官皆再拜，三稱"萬歲"，訖，平立。

殿上通事舍人揖攝侍中進詣前楹間，躬承旨，退，臨階西向。閣門官先揖百寮躬身，侍中稱"有制"，典儀曰"拜"，贊者承傳，在位官皆再拜，訖，躬身。宣曰："延王公等升殿。"典儀曰"拜"，贊者承傳，在位官皆再拜，訖，搢笏，舞蹈，又再拜，訖。太常博士、通事舍人引上公以下合赴宴群官，分左右升殿，不與宴群官分左右捲班出，宮懸奏《肅寧》之曲；百寮至殿上坐後立，樂止。

　　內侍局進御床入，依尋常宴會，再進第一爵酒，登歌奏《聖德昭明》之曲，飲訖，樂止。群官就坐、傳宣賜、起立、拜數節次並如常儀。執事者行群官酒，宮懸作《肅寧》之曲，文舞入，觴行一周，樂止。尚食局進食，執事者設群官食，宮懸奏《保大定功》之舞，貞元儀：奏《萬國來同》之舞。三成，止，出。又進第二爵酒，登歌奏《天贊堯齡》之曲，貞元儀：《天錫萬齡》之曲。飲訖，樂止。執事者行群官酒，宮懸作《肅寧》之曲，武舞入，觴行一周，樂止。尚食局進食，執事者設群官食，宮懸奏《萬國來同》之舞，貞元儀：奏《保大定功》之舞。三成，止，出。又進第三爵酒，登歌奏《慶雲》之曲，飲訖，樂止。執事者行群官酒，宮懸作《肅寧》之曲，觴行一周，樂止。尚食局進食，執事者設群官食，宮懸奏《肅寧》之曲，食畢，樂止。

　　閤門官分揖侍宴群官起，立於席後。通事舍人引攝侍中詣榻前，俯伏興，跪奏“侍中臣某言，禮畢”，俯伏興。閤門舍人分引群官俱降東西階，內侍局昇御床出，宮懸作《肅寧》之曲，至北向位，立定，樂止。典儀曰“拜”，贊者承傳，在位官皆再拜，訖，搢笏，舞蹈，又再拜，訖，再分班東西序立。貞元儀：東西序立，侍中詣榻前跪奏“禮畢”。扇合，簾降，殿上下鳴鞭。協律郎俯伏跪，舉麾，興，工鼓柷，奏《乾寧》之曲。降座，入自東房，還後閤，侍衛如來儀①。內侍贊扇開，夏敬，樂止。通事舍人引攝侍中版奏“解嚴”，所司承旨放仗，在位群官皆再拜以次出。

　　天德二年十二月省去十二字稱號②。

---

　　①　“侍衛”，原作“侍儀”，曹本、文淵閣本同，據廣雅本及《禮志九·受尊號儀》改。
　　②　此句原作注文，據曹本改爲正文。

　　貞元三年十一月,太師思忠等上表,奉上"奉天崇運至孝大
明淵謀睿斷聖文神武"之號,蒙從上省去十二字,餘從所請。①

　　二十七日稟訖:四年正月七日行禮。儀仗用三千人。提點儀
仗:許霖、畢棣。

　　禮部下太常寺於已行禮數內增損參詳到下項儀:

　　冊用玉簡,然總數七十五枚,亦從文之多寡。各長一尺二
寸,闊一寸二分,厚五分。聯以金縷,首尾結帶,前後四板刻龍鏤
金②,若捧護之狀。藉以錦褥,覆以紅羅泥金夾帕。冊匣長廣取
容玉冊,塗以朱漆,金裝,隱起突龍鳳,金鏁,粉鐥。匣上又以紅
羅繡盤龍壓金帊覆之,承以鍍金裝長干床③,鍍金龍首,鍍金魚
鈎。藉匣以錦緣褥,又紐紅絲為條以縈匣。係天德二年檢照到典禮已
經成造製度。

　　寶用玉,廣四寸九分,厚一寸二分。篆文,填以金。盤龍紐,
係以暈錦大綬、赤小綬,連玉環。又玉檢高七寸,廣二寸四分,皆
飾以金,裹以紅錦,加紅羅泥金夾帊,納於小盠。盠以金裝,內設
金床,暈錦褥,飾以雜色玻璃、碧鈿石、珊瑚、金精石、馬腦④。又
盠二重,皆裝以金,覆以紅羅繡帕,承以鍍金裝長干床⑤,鍍金魚
鈎,藉盠以錦褥。

　　又冊寶行馬並飾以鍍金。冊寶案並塗以朱漆,覆以紅羅銷
金衣。寶上篆文隱起,其地填以金。冊、檢並真書,鎪訖,內填以金。

---

①　此句原作注文,按以下所記皆貞元冊禮之事,今改爲正文。
②　"鏤",原誤作"縷",據曹本、文淵閣本、廣雅本改。
③　"長干",原作"長於",廣雅本同,曹本作"長千",文淵閣本作"長于"。按"長干
床"即"長竿床"、"擔床",爲禮儀場合中用於抬昇物品之工具,帶有長竿(可參任文彪
《"擔床"考》,《故宮博物院院刊》2012年第6期),今改。
④　"馬腦",曹本、文淵閣本作"馬瑙",廣雅本作"瑪瑙"。
⑤　"干",原作"於",廣雅本、文淵閣本同,曹本作"千",今改正。

　　前三日,遣使奏告昊天上帝、皇地祇,並於常武殿拜天臺設褥位、牌,昊天上帝位當中,皇地祇次西少却。及香、茶、酒、祝版。祝版,少府監成造,學士院撰詞、書寫,進署訖,付宣徽院,差控鶴官用床擡昇,覆以黃羅帕,隨告官詣祠所。告官就所居清齋一日。告日質明,宣徽院帥儀鸞司鋪設供具①,閤門舍人一員、太常博士一員引告官詣神位前,再拜,每位上香,跪,奠茶、奠酒,再拜。太祝讀祝版,告官再拜,退。

　　原廟奏告準上。

　　前二日停奏刑罰文字。

　　正月四日、六日習儀於大安殿。

　　奉册及上壽酒并致詞太師、奉寶太尉、讀册中書令、讀寶侍中、進册中書侍郎、進寶門下侍郎、押册吏部侍郎、押寶禮部侍郎,各一。舉册中書舍人、舉寶給事中,各二。捧册官、捧寶官各四。行禮侍中二。一奏“中嚴”、“外辦”及“解嚴”、“禮畢”,一宣制。太常卿二。一押樂,一行禮。昇册寶官。依例省令史充。大樂令。協律郎二。一殿上,一殿庭。典儀、贊者各二。閤門充。太常博士三。二引册寶、奉册寶,引太師、太尉還班;一引太師進酒。通事舍人七。二引册寶②,二引侍中,一引太師進酒,二引中書、門下侍郎。昇册案十四,昇寶案六。部令史充。內常侍四人。分引册寶入進。

　　宣徽院差弩手、繳子百人擡册寶床及案,前一日尚書省安設,及次日行禮,并隨內常侍入進。

　　兵部帥其屬設儀仗於殿門內外。

　　宣徽院帥儀鸞司於前一日設御座於殿中間,設東西房,前楹施簾,設香爐、香案於殿下沙墀,設藉册寶褥位於香案南,設香爐

―――――――――

①　“儀鸞”原作“儀鑾”,諸本均同,今改。

②　“引”字原闕,曹本、文淵閣本同,據廣雅本補。

二於殿榻之左右，設冊寶幄次於殿門外稍東，西向，冊北寶南。設藉冊寶褥位一於榻前，設太師賀褥位於欄子北，設藉冊匣寶盝案褥位各一於殿上東西間，設藉冊床寶床褥位各一於殿西階下道西，設群官次於殿門外，東上閣門外設置冊寶褥位各一，設中書門下侍郎拜褥各一。

所司約量陳繖、扇於三墀之左右。

宣徽院勒所司排辦御床果饌，并差簾外執扇五十人，開合如儀。依例供奉官充，展紫。

大樂令、協律郎前二日設宮懸於殿庭，又設協律郎舉麾位二，一於殿上樂懸西北，一於殿下樂懸西北，並東向。

閣門司設百官位於殿庭，如朝會儀，又設贊者位於班前東北，又設典儀位於殿階上，又設行事官位牌如已定儀。才候上冊寶訖，還御幄，又設坐宴群官位於殿上，如尋常曲宴儀。

太常寺其日帥舁冊寶案官先入，置案於殿之東西間藉冊寶褥位上。冊東寶西。

學士院定撰上冊寶訖賀詞，并上壽詞、宣荅制詞及大樂曲名并曲，及登歌詞，與奏告祝文，書寫進署。中書侍郎進冊狀，門下侍郎進寶狀，其狀尚書省禮房寫。

良醞令備酒并殿下酹酒如常儀。尚食排果饌，尚衣進冕服，通天冠、絳紗袍。

有司備警蹕繖扇、曲直華蓋等儀物。

符寶郎其日俟文武群官入，奉八寶置於殿上東西間相向，舁八寶用控鶴門仗官。四員分立寶後，上冊寶訖，復還所司。

御史臺告報外官刺史已上新除未辭或已辭未發，及諸道使人并外官朝奏在都者，各依本官職序班。

少府監造位牌三十面,各長尺二,闊一尺,厚八分,黑油。

引進司,禮畢,中書侍郎、門下侍郎置册寶匣盝於床,内常侍四人與引進司官前導,通事舍人贊引,詣東上閤門上進。

上册寶并上壽並如天德儀。

册禮後恭謝原廟,用天德儀,惟不降詔。

大金集禮卷第一①

---

　　①　曹本無尾題,文淵閣本、廣雅本作"大金集禮卷一"。後類此者均保持底本原貌,不一一説明。

大金集禮卷第二　帝號下

大定七年册禮　大定十一年册禮

大定七年册禮

大定元年十月□日①,上即位東京,大赦,改元。十一月十六日,有司奉表備禮上尊號"聖明仁孝皇帝"②。初群臣上十有二字,上止受四字。

大定二年七月禮官討定,將來奉安祫享後,群臣當詣東上閣門奉表請增上尊號。

三年十月七日,升祔睿宗,祫享禮畢,群臣累奉表陳請,未奉俞音。

五年正月,平章政事宗憲率百寮奉表懇請,曰:

雖有大能謙,聖人之至德;而歸美以報,群下之誠心。仰希從欲之仁,薦致瀆尊之請。

恭惟紹開景命,克享靈心,謳歌所歸,歷數斯在。思其艱,圖其易,勤於邦,儉於家。廟祐其嚴,每厚蒸嘗之薦;陵

---

① "日"前原空一格,據《金史》卷六《世宗紀上》,世宗十月丙午即位,丁未大赦,改元。是月庚子朔,丙午为七日,丁未为八日。

② "聖明仁孝",《金史》卷六《世宗紀上》所載尊號爲"仁明聖孝"。

圍是奉,時爲省謁之行。楚子請盟,貢復包茅之入;尉它奉職,使因白璧而通。文軌大同,干戈不用。且哀矜庶獄,掄擇群材。分問俗之使,以通下情;行均賦之令,以寬民力。蝗螟不害,與沴氣以潛消;黍稷維馨,告甫田之屢稔。巍巍然高百王之治迹,疊疊乎嚮三代之休風。如典册有所未崇,在臣子豈遑寧處。

夫膺帝命而履寶位,是爲"應天";因民心而啓洪基,是爲"興祚";遠人來附,綏之而已,乃修德以尚文,得不謂"仁文"乎;王略既宣,服之而已,不窮兵而黷武,得不謂"義武"乎;本之以事無不通之"聖",擴之以遠無不燭之"明";能廣前人之有聲,實曰天子之"至孝"。合兹衆美,允矣公言。臣等不勝大願,謹固請加上尊號曰"應天興祚仁文義武聖明至孝皇帝"。

上猶固讓。

三月,宗憲等復抗表請曰:"函章屢貢[①],宸聽未回。雖聖心能以自歉,在臣下有所未安。夫簡在上帝之心,謂之'應天';紹復先王之業[②],謂之'興祚';'仁'以守位,'德'以撫民;無所不通,非'聖'孰能與此;先之以愛,夫'孝'何以加乎;道備'至明',名非虛美。臣等不勝大願,謹固请加上尊號曰'應天興祚仁德聖孝至明皇帝'[③]。"

詔荅曰:"自臨御以來,尚多闕政,而群工兆姓爲過情之禮,以徽號見加。章至六上,益拒益堅。無乃激於忠愛,而志在歸

---

① "函",原誤"亟",曹本同,據文淵閣本、廣雅本、《金文最》改。
② '業',原誤"葉",曹本同,據文淵閣本、廣雅本、《金文最》改。
③ "謹固"下原奪"請"字,曹本、文淵閣本同,據廣雅本補。

美,不能自已歟？且以國體之重,有不可闕者耶？載念固執予守,則恐鬱輿望,披襟全善,則又難自安。其去'至明'二字,餘用勉從。"

二十三日,下詔:"朕以正隆之失御,獲承太祖之貽謀,涉道未弘,臨政猶淺。不意群工之歸美,遽以鴻名而見加,奏牘屢陳,忠懇難奪。朕雖俞允,顏實忸怩。今已勉受'應天興祚仁德聖孝'之號,尚念邊鄙甫寧,民居始奠,事無欲速,時貴適宜。蓋王者必世而後仁,禮至太平而大備,故須待熙洽之際,乃可盡對揚之休。所有禮册,當俟他年舉行。"

六年十一月二十三日,群臣復奉表陳請曰:"頃奉制書,誕揚徽號,未崇册典,實鬱輿情。今已四方無虞,百工允治,節令調而五穀稔,盜賊息而兆民安。咸謂太平適當斯旦,伏願俯從忠悃,昭受丕儀。"詔從之。

七年正月八日,遣皇子判大興尹許王告天地,判宗英王文告太廟。

十一日①,皇帝服袞冕,御大安殿,右丞相紇石烈良弼等恭奉册禮。册文曰:

> 形而上者謂之道,道之用出於自然;物之祖者本乎天,天之功歸於不宰。然而尊居四大,茂育群生;觀妙有而曰希夷,擬形容而稱穹昊。惟聖運化,體道與天。強爲之名,蓋功德所立者卓;對揚其美,繄臣庶不謀而同。雖縣謙讓以未遑,其如樂推而不厭。建久安,成長治,況屬今休;騰茂實,

---

① "十一日",按《金史》卷六《世宗紀上》大定七年正月"壬子,上服袞冕,御大安殿,受尊號册寶禮",是月庚子朔,壬子爲十三日,與此不同。

蜚英聲，兹爲壯觀。

恭惟云云。剛健中正，緝熙光明，惟簡在於帝心，實矜從於民欲；顯膺推戴，非以力求，大獲纂承，其惟自度；脩德之符炎見，應誠之瑞畢臻；六氣和而五穀登，群生遂而萬民殖：斯可謂之“應天”。自頃禍亂，實開聖明，拯生靈於阽危，安基祚於隉杌；宗祐有主，人謀與能；仗大順而揮天戈，征不庭而定皇國；北陸孼寇，授首於勢窮，南服遠人，尋盟於事迫；拓統無外，迓衡弗迷；大烈耿光，丕靈承於祖考，璇圖寶曆，永孚休於邦家：斯可謂之“興祚”。兼愛無私，博施濟衆；下卹刑之詔，靡冤不申，定寢兵之功，惟暴是禁；續功臣之世而延其賞，去貪人之類而表其廉，非至“仁”孰能與於此。爲政則如北辰，恭己而正南面；昧爽丕顯，輝光日新，宜民宜人，克君克長；終始惟一，兹尚監於湯銘，威懷所加，肆昭升於禹迹，非至“德”孰能與於此。道濟天下，識居物先，極深研幾，通志成務：斯可謂之“聖”。宗祊合享，祇事惟寅，陵寢蠲蒸，追懷罔極；嗣有令緒，能昭先功，睦親族而和萬邦，通神明而光四海：斯可謂之“孝”。未膺顯册，終鬱輿情，固拒誠難，俞音始下。臣等管窺蠡測，雖莫際於高深；玉振金聲，敢奉揚於典禮。臣等不勝大願，謹奉玉册、玉寶，上尊號曰“應天興祚仁德聖孝皇帝”。

有司援前代舊儀，大朝會設黃麾大仗五千二十五人，皇統年用一千一百八十人，天德貞元並用三千人。二千六百人門内，四百人門外。舊儀，大朝會陳五輅於庭，玉在中，金在東，象次之，革在西，木次之。皇統行册禮，曾經陳設。奏，奉勅旨，許用三千人，車輅不須陳設。六年十二月九日。

　　奉册太尉、奉寶司徒、讀册中書令兼進册中書侍郎、讀寶侍中兼進寶門下侍郎，以宰執攝。舉册中書舍人、舉寶給事中各二員，捧册、捧寶官各四員，二品三品官攝充。押册吏部侍郎、押寶禮部侍郎，用正員。以左宣徽、同知攝行禮侍中，以禮部尚書、翰林直學士攝太常卿。十二月二十五日宣。外，舁册匣十八員、寶盝六員、舁册案十二員、寶案四員，並用省部令譯史人等。及用大樂令一員，協律、太博各二員，典儀、贊者各一員，通事舍人五員。

　　命直學士張景仁撰册文，禮部侍郎劉仲淵書篆册寶。十一月二十七日勑。并差劉仲淵等監看成造册寶，吏部侍郎王璹等提點編排儀仗。册寶用天德貞元制度；曲直華蓋依皇統貞元例，止用一柄，傘子二人，并依貞元例，用明金黃羅；方扇五十柄，及壇臺上鋪褥，用素黃羅。仁壽山妨礙行禮，開立正門洞子，并拆那綵結茶酒樓子等。

　　奏定行禮節次：與天德儀同，亦有更異，并有皇太子禮，故復備錄。

　　受册前三日，合遣使奏告天地、宗廟。大定十一年儀兼奏告社稷。前二日，諸司停奏刑罰文字。前二日，百官習儀於大安殿庭。兵部帥其屬設黃麾仗於大安殿門之內外①。宣徽院帥儀鸞司於前一日設受册寶壇臺於大安殿中間，又設御榻於壇上，又設册寶幄次於大安殿門外，及設皇太子幕次於殿東廊，又設群官次於大安門外。大樂令與協律郎前一日設宮懸於殿庭，又設登歌樂架於殿上，立舞表於殿下。符寶郎其日俟文武群官入，奉八寶置於御座左右，俟上册寶訖，復舁寶還所司。

---

　　① "黃麾仗"，原作"黃麾儀"，據《禮志九·受尊號儀》及本書卷一《帝號上·天德貞元册禮》改。

上册寶儀：正月十一日。

其日質明，奉册太尉、奉寶司徒、讀册中書令、讀寶侍中以次應行事官並集於尚書省，俟册寶興，乘馬奉迎。令人從依導駕人數、服飾。册寶至應天門，下馬，由正門步導入。至大安殿門外，置册寶於幄次，册北寶南。舁册寶床弩手人等分立於左右。文武群官並朝服入次[①]。攝太常卿與大樂令帥工人入就位，協律郎各就舉麾位。舁册寶案官由西偏門先入，置案於殿東西間褥位，置訖，各退於西階册寶床褥位後。捧册官、捧寶官、舁册匣官、舁寶盝官由西偏門先入，至殿西階下册寶褥位之西，東向立俟。等探閣門報。

通事舍人引攝侍中版奏“中嚴”，訖，典儀、贊者各就位。通事舍人引文武百寮分左右入，於殿陛下墀道之東西相向立。符寶郎奉八寶由東西偏門分入，升殿，置於御座之左右，東西相向，訖，分左右立於寶後。元舁八寶人下殿，退立於殿西、東階下稍南。通事舍人引攝侍中版奏“外辦”，內侍承旨，索扇，扇合，皇帝服袞冕以出。曲直華蓋、侍衛警蹕如常儀。殿上鳴鞭訖，殿下亦鳴。已下鳴鞭皆准此。初索扇，協律郎跪，俯伏興，舉麾，工鼓柷，宮懸奏《泰寧》之曲。侍臣進鎮圭，進、受鎮圭侍臣係尚食局官。皇帝執圭，出自東房，即御座，南向。釋圭，即侍臣承奉，立侍於左。儀鸞使副添香。殿下第一墀香爐，宣徽院另差閣門一員添香。爐香升，扇開，簾捲，協律郎偃麾，戞敔，樂止。凡樂皆協律郎舉麾、工鼓柷而後作，偃麾、戞敔而後止，下皆准此。

太常博士、通事舍人二員自册寶幄次分引册，太常卿前導，

---

① “朝服入次”，此蓋謂群臣入次更換朝服，本書卷一《帝號上・天德貞元册禮》作“入次朝服”，疑是。

吏部侍郎押册而行,奉册太尉、讀册中書令、舉册官於册後以次從之。次太常博士、通事舍人二員分引寶,禮部侍郎押寶而行,奉寶司徒、讀寶侍中、舉寶官於寶後以次從之。由正門入,宫懸奏《天保報上》之曲。太常卿於册床前導,至第一墀香案南,藉册寶褥位上少置。册北寶南。太常卿與舉册寶官退於册寶稍西東向立以俟①,應博士、舍人立於其後,舁册寶床弩手等又於其後,皆東向。太尉、司徒、中書令、侍中皆於册寶後面北以次立,吏、禮部侍郎次立於其後,立定,樂止。

通事舍人分引東西兩班群官合班,轉北向立②,東班以西爲上,西班以東爲上。中間少留班路。俟立定,太常博士、通事舍人四員分引太尉、司徒、中書令、侍中、吏禮部侍郎、太常卿、舉册寶官等以次各復本班,訖,博士、舍人退以俟。初引時,宫懸奏《歸美揚功》之曲,至位立定,樂止。典儀曰"拜",贊者承傳,太尉以下應在位群官皆舞蹈,五拜。班首出班起居,訖,又贊再拜,如朝會常儀。

太常博士、通事舍人四員再引太尉、司徒以次官復進至册寶所,依位立定。舁册寶床弩手等並進前,舉册寶床興。太常博士、通事舍人二員分引册,太常卿前導,吏部侍郎押册而行,奉册太尉、讀册中書令、舉册官於册後以次從之。册初行,宫懸奏《和寧》之曲。次通事舍人、太常博士又二員分引寶,禮部侍郎押寶而行,奉寶司徒、讀寶侍中、舉寶官於寶後以次從之。詣殿西階下,至册寶褥位,少置。册北寶南。太尉以下以次東向立定,樂止,舁册寶床弩手等退於後稍西東向立。

---

① "以",原誤"於",曹本同,據文淵閣本、廣雅本改。

② "東西兩班群官合班轉北向立"十二字原奪,廣雅本據《禮志九·受尊號儀》即天德貞元册禮補,今從補。

　　捧册官與舁册匣官並前進，去册匣蓋置於床。取册匣升。太常博士、通事舍人分引册匣，太常卿導册先升，奉册太尉、讀册中書令、舉册官、捧册官於册後以次從之。吏部侍郎不升，立於册床之西。册初行，宮懸奏《和寧》之曲。進至殿上，博士、舍人並於前楹稍東立以俟，讀册中書令於前楹稍西立俟，舉册官、捧册官立於其後。奉册太尉從册升，進至御座前褥位。奉册太尉搢笏，少前跪置訖，執笏，俯伏興，樂止。太尉退於前楹稍東立以俟，博士、舍人立於後。太常卿少退，東向立。舁册匣官立於其後，皆東向。

　　捧册官先入，舉册官次入，讀册中書令又次入。捧册官四員皆搢笏雙跪捧。兩員於册北，一員稍東，一員稍西。兩員於册南，一員稍東，一員稍西。舉册官二員亦搢笏，兩邊單跪對舉。中書令執笏進，跪，稱“中書令臣某讀册”，讀訖，俯伏興。中書令俟舉册官興，先退。博士、舍人引太尉、中書令降自東階，復本班。太常卿降自西階，復寶床前。舁册匣官並進前，與捧册、舉册官等取册匣興，置於殿之東間褥位案上，西向。捧、舉册官等俱降自東階，還本班，舁册官等亦退入百官班。

　　捧寶官與舁寶盝官俟讀册中書令讀訖出，並進前，去寶盝蓋置於床。取寶盝升。太常博士、通事舍人分引寶盝，太常卿導寶先升，奉寶司徒、讀寶侍中、舉寶官、捧寶官於寶後以次從升。禮部侍郎不升，立於寶床之西。寶初行，宮懸奏《和寧》之曲。進至殿上，博士、舍人並於前楹稍西立以俟，讀寶侍中亦於前楹間稍西立俟，舉寶官、捧寶官立於其後。奉寶司徒從寶升，進至御座前褥位。奉寶司徒搢笏，少前跪置訖，執笏，俯伏興，樂止。司徒退於前楹稍西立以俟。太常卿少退，東向立。舁寶盝官立於其後，皆東向。

捧寶官先入，舉寶官次入，讀寶侍中又次入。捧寶官四員皆搢笏雙跪捧。_{兩員於寶北，一員稍東，一員稍西。兩員於寶南，一員稍東，一員稍西。}舉寶官二員亦搢笏，兩邊單跪對舉。侍中執笏進，跪，稱"侍中臣某讀寶"，訖，俯伏興。侍中俟舉寶官興，先退，博士、舍人引司徒、侍中降自西階，復本班。昇寶盝官進前，與捧寶、舉寶官等取寶盝興，置於殿之西閒褥位案上，東向。捧、舉寶官等與太常卿俱降自西階，及吏禮部侍郎皆復本班，昇寶官等亦退入百官班。典儀曰"拜"，贊者承傳，在位官皆再拜。

皇太子於殿東廊幕次改服遠游冠、朱明衣，執桓圭，先於大安殿後陪侍，皇帝升殿，於殿上御榻東稍南面西褥位侍立。俟太尉、司徒上冊寶訖，中書令、侍中讀冊寶訖，俟殿下官皆再拜，閤門使揖皇太子出殿。典贊儀分引，降自東階，宮懸奏《和寧》之曲，至褥位，立定，樂止。典儀曰"拜"，贊者承傳，皇太子並在位群官皆再拜，訖。典贊儀引皇太子升殿東階，宮懸奏《同心戴聖》之曲，至階上，二閤使引皇太子詣御座前褥位立定，樂止。二閤使贊拜、跪、賀，殿下通事舍人揖百寮躬身，皇太子賀："誕膺徽號，光御珍圖，典儀告成，寰區均慶。"賀訖，俯伏興。二閤使引退至前楹階下①，典贊儀引降自東階，宮懸奏《和寧》之曲，至位，樂止。典儀曰"拜"，贊者承傳，皇太子及在位群官皆再拜，舞蹈，又再拜，訖，且躬。

侍中於御座前承旨，退，臨階西向立，稱："有制。"典儀曰"拜"，贊者承傳，皇太子及在位群官皆再拜，訖，且躬。侍中宣荅："勉從眾欲，昭受鴻名，禮文既成，與卿等內外同慶。"宣荅訖，

---

① 以上下文及本書卷一《帝號上·天德貞元冊禮》校之，"階下"當作"階上"。

典儀曰"拜"，贊者承傳，皇太子并階上下在位群官皆再拜，舞蹈，再拜，訖。

典贊儀引皇太子詣橫階北東面褥位立，通事舍人分引應北面群官各分班東西相向立定。通事舍人引攝侍中進，當前楹開跪，奏稱："侍中臣某言'禮畢'。"俯伏興。内侍承旨索扇，扇合，殿上簾降，協律郎俯伏興，舉麾，工鼓柷，宮懸奏《泰寧》之曲。皇帝降坐，入自西房，還後閤進膳，侍衛警蹕如儀。扇開，樂止。中書侍郎帥昇册床弩手、繖子人，門下侍郎帥昇寶床弩手、繖子人，皆升殿，取匣、盌，蓋訖，置於床。引進司官前導，通事舍人贊引，詣東上閤門具狀上進。典贊儀引皇太子歸幕次，通事舍人分引文武百官以次出，亦歸幕次，賜食，以侍上壽①。

"……千萬歲壽。"俯伏興。二閤使揖皇太子出殿，至褥位，典儀曰"拜"，贊者承傳，皇太子及在位群官皆再拜，訖，躬身。通事舍人揖攝侍中進詣前楹間，躬承旨，退，臨階西向，稱："有制。"典儀曰"拜"，贊者承傳，皇太子及在位群官皆再拜，訖，躬身。宣曰："得卿等壽酒，與卿等内外同慶。"宣諭訖，典儀曰"拜"，贊者承傳，皇太子及在位群官皆再拜，舞蹈，又再拜，訖。通事舍人引分班，東西序，面殿上。

皇太子搢圭，宣徽使授皇太子盤，皇太子受盤，訖。皇太子升殿，宮懸奏《萬壽無疆》之曲，皇帝舉酒時，殿上下并侍立群官皆再拜。飲訖，皇太子進至御榻前，受虛盞，訖，樂止。復褥位，以虛盞并盤授宣徽使，訖。二閤使揖皇太子執圭退，侍儀司昇御茶床出。典贊儀進前，引皇太子降自東階，宮懸奏《和寧》之曲。

---

① 以本書卷一《帝號上·天德貞元册禮》校之，此下當有四五百字之奪文。

東西班群官俱復北向立，皇太子復位，立定，樂止。典儀曰"拜"，贊者承傳，皇太子及在位群官皆再拜，訖，躬身。

殿上通事舍人揖攝侍中進詣前楹間，躬承旨，退，臨階西向，稱："有制。"典儀曰"拜"，贊者承傳，皇太子及在位群官皆再拜，訖，躬身。宣曰："延皇太子、王公等升殿。"通事舍人揖攝侍中退，典儀曰"拜"，贊者承傳，皇太子及在位群官皆再拜，舞蹈，又再拜，訖。典贊儀及閤門、通事舍人分引皇太子及王公以下合赴宴群官，分左右升殿，與宴官員數，宣徽院取旨。不與宴群官卷班出。宮懸奏《和寧》之曲，皇太子及百寮至殿上位後立，樂止。

侍儀司進御茶床入，依尋常宴會，再進皇帝第一盞酒，進酒官係宣徽院長貳官。登歌奏《王道明昌》之曲，飲訖，樂止。群官就坐、傳宣賜酒、起、坐、拜數、節次並如常宴會儀。執事者行群官酒，宮懸奏《和寧》之曲，文舞入，觴行一周，樂止。尚食局進食，執事者設群官食，宮懸奏《功成治定》之曲，舞三成，止，出。又進皇帝第二盞酒，登歌奏《天子萬年》之曲，飲訖，樂止。執事者行群官酒，宮懸作《和寧》之曲，武舞入，觴行一周，樂止。尚食局進食，執事者設群官食，宮懸奏《四海會同》之曲，舞三成，止，出。又進皇帝第三盞酒，登歌奏《嘉禾》之曲[1]，飲訖[2]，樂止。執事者行群官酒，宮懸作《和寧》之曲，觴行一周，樂止。尚食局進食，執事者設群官食，宮懸奏《和寧》之曲，食畢，樂止。

侍宴群官起，立於席後，再拜，訖。通事舍人引攝侍中詣御榻前，俯伏跪，奏稱："侍中臣某言'禮畢'。"俯伏興。通事舍人分

---

① "嘉禾"，原作"嘉和"，諸本均同，據《樂志下·殿庭樂歌》改。
② "飲訖"，原作"食訖"，曹本、廣雅本同，據文淵閣本改。

引群官俱降東西階，皇太子依朝會宴例，便不降謝。侍儀司昇御茶床出，宮懸奏《和寧》之曲，至北向位，立定，樂止。典儀曰"拜"，贊者承傳，在位官皆再拜，訖，舞蹈，又再拜，訖，通事舍人引分班東西序立。内侍承旨索扇，扇合，簾降，鳴鞭。協律郎俯伏跪，舉麾，興，工鼓柷，宮懸奏《泰寧》之曲。皇帝降坐，入自西房，還後閣，侍衛如來儀。内侍贊扇開，戞敔，樂止。通事舍人引攝侍中版奏"解嚴"①，所司承旨放仗，群官以次出。

六年十二月十七日，勅旨詳定恭謝太廟之禮。二十一日，有司奏請："今因天下推戴②，昭受大册，若備禮恭謝太廟，廣奉先之孝，正合禮儀。"從之。於七年正月二日行禮③。十四日，御應天門，制曰："朕以菲德，獲承至尊，賴祖宗燕翼之謀，啓國家興復之運。以至邊鄙撤警，民人奠居，永思積累於咸平，何敢康寧於夙夜。鴻名顯册，實所未遑，懇請交章，誠難固拒。乃涓穀旦，昭受上儀，既揚對天之休，宜厚錫民之福。可大赦天下，内外大小職官並與覃恩。"

大定十一年册禮

大定十一年八月，詔以十一月十七日有事於南郊。十月五日，太尉李石率百寮奉表請曰：

---

① "引"字原奪，曹本同，據文淵閣本、廣雅本補。
② "今"，原作"令"，曹本、廣雅本同，據文淵閣本改。
③ 按謝廟之禮應在册禮舉行之後，册禮在正月十一日，則此處之"二日"當作"十二日"。

帝王之典，莫大乎承天；臣子之心，不忘於歸美。蓋至
德苔乾坤之既，宜貴名增日月之光。伏惟云云。丕釐耿命，
廣闢皇圖，寅畏嚴恭，簡帝心而上應，高明光大，繩祖武以勃
興。守位曰仁，爲政以德，聖心通物之微隱，孝治廣民之儀
型。迄用康年，惟時懋敬，憲唐虞之稽古，監殷夏以從周。
由用天休，肇稱郊祀，祖廟社稷，罔不肅祇，群神山川，於兹
望秩。斷自緝熙之學，敷爲經緯之章。至若江淮來同，海隅
肆靖，西旅之陪臣跋扈，詔始問而即誅，朔幽之群醜逋逃，兵
一臨而得雋。暴禁亂止，衆和民安，四方無虞，諸福畢至。
功德若兹，民臣何報。惟有對揚於鉅典，庶幾推謝於鴻恩。
臣等以爲，禮無不敬之謂"欽"，經緯天地之謂"文"，所覆者
大之謂"廣"，保大定功之謂"武"。臣等不勝至願，謹加上尊
號曰"應天興祚欽文廣武仁德聖孝皇帝"。

詔旨不允。

十一月二十一日辛卯，李石復奉表請曰：

天因人而聽，順人則天亦弗違。名者實之賓，有實則名
其可已。兹者群情之歸美，以其偉蹟之無前，抑而未從，悚
然失措。夫正心而誠意，修己以安人，至於出入起居，罔不
嚴恭寅畏，謹四時而致孝享，敬五事而承天心，此"欽"之實
也。仁義立，廉恥張，禮樂明，法度著，建中和而爲皇極，求
儒雅而闡大猷，以來遠人，以洽四國，此"文"之實也。富有
之謂大業，德容以受丕基，恢然如乾道之包函，博哉如乾元
之持載，無此疆與爾界，皆一視而同仁，此"廣"之實也。授
神略以折遐衝，稽長道而屈群醜，陟威懷之禹迹，小綏定之

唐功,七德頌乎止戈,一戎昭乎除亂,此"武"之實也。實既如此,名宜謂何。伏望聖慈從人之願。

上猶固讓。凡三表懇請,且謂:"南郊迎至以報天,惟國家之熙事;聖人備道而全美,屬臣子之揚休。從古以然,故實具在。伏望少忘沖挹,俯賜矜從,高拱穆清,不受典冊。荅神祇之靈貺,協臣庶之歡心。"詔從之。

十一月十九日,遣皇子判大興尹越王告天地,判宗壽王爽告宗廟,樞副耶律成告社稷。

二十二日,皇帝服袞冕,御大安殿,李石等率百寮恭奉冊禮。冊文曰:

聖人大德,必得其名,天下懽心,以奉其上。蓋千歲所接之統,是二者相須而成。若稽《詩》《書》之格言,具載帝王之能事。巍巍之治,發見於都俞,赫赫之功,形容於《雅》《頌》。其有賡歌帝作,對揚王休,匪今則然,其來尚矣。

恭惟祥發上帝,統承武元,申命用休,從民所欲。當正隆之失馭,聖緒幾危,自華表以飛龍,皇綱載整。方是時也,遼餘孽寇,肆逆滔天,江左新君,寒盟爭地。爰赫斯怒,以修我戎,俾兇渠授首於勢窮,遐裔革心於理曲。蓋天之所助者順,而邦其永孚於休。然後體乾元以長人,法辰極之居所,仁不遠異,德惟日新,聖而無所不通,孝則昭哉嗣服。固已鋪閎休,揚偉蹟,建顯號,施尊名。夫惟充實之有光,未究殊尤之絕迹。

若夫兢兢業業,思政之恒,穆穆皇皇,臨朝之肅。禮法自國貴始,威儀作民恭先,於其禴祠烝嘗,必以齊莊中正。

憲唐虞之稽古，監殷夏以從周。大報年豐，肇稱郊祀，社稷宗廟，罔不肅祗，山川群神①，於茲望秩。馨香薦其明德，禮樂備於太平。惟其學有緝熙，是以化成經緯。至於燾載之內，聲教所加，共惟帝臣，莫非王土，南訛朔易，時靡有爭，西暨東漸，罔不率俾。亦由有常德以立武事，耀神武以折遐衝，如霆如雷，於疆於理。党項之陪臺稱亂，詔始問而伏誅；柔然之種落不庭，兵一征而獲醜。事無遺策，師不踰時，四海永清，諸福畢至。故臣民咸尚其慶，謂德業有光於前，由是稽首颺言，竭誠歸美。神功不宰，蓋亦強爲之名；聖度能謙，僅得勉俞其請。

臣以爲，懋敬厥德之謂"欽"，化成天下之謂"文"，無思不服之謂"廣"，功成止戈之謂"武"。臣等不勝至願，謹奉上玉册、玉寶，加上尊號曰"應天興祚欽文廣武仁德聖孝皇帝"。

勑旨儀仗用二千人，車輅不須陳設。奉册以太尉李石，奉寶司徒、讀寶侍中、進册狀中書侍郎、讀册中書令、進寶狀門下侍郎以宰執攝。舉册中書舍人、舉寶給事中各二，捧册、捧寶官各四，太常卿二，押册吏部侍郎，押寶禮部侍郎，正官外以三品攝充。以左宣徽、同知攝行禮侍中。十一月十一日。

命學士院張景仁撰册文，待制王彦潛書篆册寶。十一月九日。

應差行事官及册寶制度、監造次第，并十九日奏定行禮節次，並用大定七年禮例。惟以加上尊號，不比初受册，不用恭謝儀。

---

① "神"，原作"官"，曹本、《金文最》同，今據文淵閣本、廣雅本改。

尊冊禮成,二十四日,制曰:

朕以祖業惟艱,天下至大,圖惟負荷,莫敢荒寧。賴九廟貽謀,三靈協贊,仁征義伐,時靡有争,長治久安,慮無遺策,諸福之物畢至,萬邦之年婁豐①。邇者干羽敷文,郊宫肆祀,禮樂明備,神祇燕寧。是皆多助之致然,豈獨眇躬之能爾。而群工在列,徽號見加,懇請既堅,再辭不獲。載念俯從于衆欲,亦將上合于天心,肆膺備物之儀,用荅樂推之望。今已勉受"應天興祚欽文廣武仁德聖孝"之號。於戲,政成則歸美,故當通上下之情;有大而能謙,敢自忽盈成之守。布告遠近,咸使聞知。

大金集禮卷第二

---

① "婁",曹本、文淵閣本、廣雅本、《金文最》作"屢"。按《詩‧周頌‧桓》"綏萬邦,婁豐年",鄭箋:"婁,亟也。誅無道,安天下,則亟有豐熟之年,陰陽和也。"

大金集禮卷第三　追加謚號上

天會三年奉上太祖謚號　天會十三年奉上太宗
謚號　天會十三年奉上景宣皇帝謚號　天會十
四年奉上祖宗謚號　皇統五年增上太祖尊謚
皇統五年增上祖宗尊謚

天會三年奉上太祖謚號

天會三年六月，諳版勃極烈杲等奉表曰[①]：

功與天同者，非天不可以儷號；德與地合者，非地不足
以齊稱。昔在三皇，以同天之功而爲喻；降及五帝，以合地
之德而建名。故功德克配於乾坤，則稱號久光於竹帛。

仰惟先大聖皇帝，撫興隆之運，膺眷命之休，奉天討以
除殘，運神謀而制勝。曾不十載，底定四方。代虐以寬，拯
遼民於焚溺[②]；交隣有道，得宋國之服從。豈非百代之閎休，
誠亦群生之幸會。方期定鼎，遽泣遺弓。

---

① "杲"，原誤"果"，曹本同，據文淵閣本、廣雅本改。
② "拯"，原作"整"，曹本同，據文淵閣本、廣雅本、《金文最》改。

　　皇帝陛下以同氣之親，隆奉先之孝，誕布聖武，訖成伐功①。兹垂烈於無期，實肇基之有自。敢上强名之號，願新追册之儀。日月之光，雖不容於繪畫；海嶽之施，庶少報於涓埃。

詔荅曰：“先聖登遐，眇躬繼祚，念大勳之已集，顧尊謚之猶稽。卿處元良，性資純孝，請行追册之禮，深契永思之懷。所請宜允。”

十二月二十三日，奉上册寶。册曰：

　　孝弟嗣皇帝臣諱謹再拜稽首上言曰：蓋聞創丕基，樹鉅本，將慶流於萬世者，先王啓後之功；揚鴻懿，薦大名②，使輝映於百王者，後世奉先之道。實始終之鉅美，抑今古之通行者也。

　　伏惟兄大聖皇帝，應輝魄之元符，握榮河之祕紀，三靈協賛，千載勃興。居多淵静之謀，動合變通之道。御家以儉，遵夏禹之卑宮；刑國以輕，體漢高之約法。加以神襟豁達，聖器英雄，乘覆昏取亂之機，奮濟世安民之業。周文已出，知殷滅之有期；唐祖既生，見隋亡之不遠。

　　頃者有遼訖運，昏主承家，狃侮太平，荒迷多罪。先絶鄰好，曲造兵端，既誘納我叛亡，又侵圖我邊鄙。天實厭棄，

────────

　　① “伐功”，原作“代功”，廣雅本、《金文最》同，據曹本、文淵閣本改。按《詩·大雅·文王有聲》毛序曰：“繼伐也。武王能廣文王之聲，卒其伐功也。”鄭箋曰：“繼伐者，文王伐崇而武王伐紂。”
　　② “大名”，原誤“大明”，曹本、文淵閣本同，據廣雅本、《金文最》改。按《權載之文集》卷二九《德宗皇帝謚册文》謂“式遵古義，敢薦大名”，《宋大詔令集》卷九《帝統九·謚册·太宗謚册》謂“敢薦大名”。

民曰怨咨。戚既自貽，禍將孰免。繄天下起旱霓之望，我聖人行時雨之征。親御六師，用申九伐。人病大江之阻，自得通逵；兵臨巨敵之來，□占瑞火①。故能一舉取遼霅，再舉下雲燕。何銳敢前，無堅不破。

方當秦野肆追亡鹿之蹤，俄值軒湖長往飛龍之駕②。大命有屬，微躬弗遑，□□康寧③，勉思述繼。百神假手，果拔怨叛之根；四海驩心，遂定神明之器。蓋憑成筭，獲畢前功，敢忘歸報之誠，嚴奉追崇之號。

拓地開封之謂"武"④，體乾啟祚之謂"元"。合以爲名，庶其稱德。謹奉玉冊、玉寶，恭上尊號曰"武元皇帝"，廟號"太祖"。伏願耿光不泯，與日月以俱垂；休烈無窮，將山河而共久。格思神馭，膺此縟儀。尚期顧歆，永有蒙賴。

冊禮畢，其日詔曰："朕以眇躬嗣膺丕緒，伏念先皇帝生資神武，卓冠古先，威震如雷霆，道大若天地。日月所照，罔不歸仁，豚魚之微，亦皆被澤。念豐功厚德當盡顯揚，賴元老宗工有所協贊。比覽章奏，深協朕懷。穀旦式涓，上儀爰舉。以天會三年十二月二十五日⑤，恭上尊謚曰'大聖武元皇帝'，廟號'太祖'。於戲！肇無疆之業，至聖人以難名⑥；彰莫大之功，非隆謚而曷稱。布告中外，咸使聞知。"

---

① "占"前原闕一字。
② "俄"，原誤"我"，曹本同，據文淵閣本、廣雅本改。
③ "康寧"前原闕二字。
④ "拓地"，原作"括地"，曹本同，據文淵閣本、廣雅本、《金文最》改。
⑤ "二十五日"，按前謂二十三日，二處不同。
⑥ "名"字原闕，曹本同，據文淵閣本、廣雅本、《金文最》補。

天會十三年奉上太宗謚號

天會十三年三月,將追册太宗皇帝行禮。五日,宣付司空昱攝太尉,左丞相宗翰攝中書令,進册;左監軍谷神攝侍中,奉寶;郎君查剌、郎君阿古打攝中書令,奉册;西京留守高慶裔攝門下侍郎,讀寶;兵部侍郎烏魯①、翰林學士韓昉攝中書侍郎,讀册;禮賓使末里等二員攝給事中,舉寶;遥郡木者等四員攝中書舍人,舉册;攝太常卿、太常博士各二,攝典儀二。

七日,奉上册寶。册曰:

維天會十三年歲次乙卯三月甲戌朔七日庚辰,哀孫嗣皇帝臣諱謹再拜頓首言曰:伏以乾坤覆載之功,非俄可度而俄可測;耳目見聞之外,或名曰夷而名曰希。乃知妙出於器形②,尚有强加其稱謂。故帝皇以降,號謚攸存,生以表其殊功,没則節其大惠。率由錫命於上帝,將用式孚於後人。非臣子之所得專,在典章而不敢闕。宜迹所行之大,用光不朽之傳。

伏惟大行皇帝廣淵清明,篤實純粹,渾然德性而無所畛域,發乎事業則休有烈光。始乎太祖之濯征,常以介弟而居守。推恩撫衆而内益固本,務穡節力而外無匱供。好經遠猷,克斷大事,共能定天下之業,豈特寬關中之憂。兆姓與能,百靈眷德,位肆定於主器,心常戢於在淵。將嗣丕圖,猶

---

① “烏魯”,原誤“烏魚”,曹本同,文淵閣本改譯作“烏嚕”,廣雅本據《金史詳校》所引改作“烏魯”,今從改。

② “器形”,原誤“器刑”,據曹本、文淵閣本、廣雅本、《金文最》改。

云菲德。推戴之始，躬三讓而克誠；臨御以來，明兩作而善繼。每念前人之圖事，欲終《下武》之伐功①。於時民望尚殊，邦統未一。遼主之竄越也，收合餘燼；宋人之背誕也，包藏禍心。爰命進師，密授成筭，奉天致討，惟日奏功。故纂服之後不數年，其係組而來凡三帝。萬里共貫，六合一家，曾無專享之私，遂定久安之勢。畫封守以正域，選賢能而爲邦，物肅德威，人服義舉。處衽席無爲之逸，鳩方冊不載之功。必也聖乎，其可知已。

若乃茂昭孝德，夤奉先猷，殆將一動而順稽，非止三年而不改。議有俯迫，政或當更。泣祖訓於手澤之餘，下莫仰視；畏神威於屋隅之近，躬若無容。繼述之閒，慎重如此。其知人則哲，乃任官惟賢。慎簡親勳，共位將相，有大用之材使各盡，於不賞之功無所疑。實駕馭以知方，故優游而成治。至於敬宗立愛，齒族居尊，內外敦序而無閒言，飲食洽比而有餘惠。禮貴情稱，實嫌名浮。不疑而物亦誠，好靜而民自正。無玉食自奉，禹儉不過；以茅茨是居，唐風載郁。好善言，惡旨酒，遠佞人，放鄭聲。道交萬物而用必以時，法約三章而刑不留獄。燕殿達窮民之告，上都禁末利之游。疾苦周知，澆競自息。謂七德戢兵也，切戒黷武；謂八政先食也，每親督農。第知安民之難，未嘗以位爲樂。謙抑不德而德逾有，淵默不言而言乃謹。以故協氣橫流，大田屢稔，瑞靡不至，史無絕書。殆莫得以殫論，可槩概言其所覩。金僊効像，有素鵲之爲先；國犬觸邪，豈神羊之待喉。乃德之

---

① “伐功”，原誤“代功”，曹本、廣雅本、《金文最》同，據文淵閣本改。

致，非人所能。執覭丕昭，幽明胥悦。巍乎蕩乎，能事之斯
畢；猗歟那歟，聖功之無加。天下大安，王位孔固。是宜平
格以得壽，遽告彌留而弗興。

爰屬眇躬，嗣膺大寶。舍子不立，莫窮爲度之弘；於祖
丕承，方懼貽謀之忝。煢疚茹歟①，充窮靡遑。會同軌以來
偕②，俟遣車之即遠。而有宗工元老，儒學禮官，討論墳典之
中，斷自義軒而下，揚榷大美，發揮英聲③。道惟最高，極萬
物以無稱；名將終易，焕七世之可觀。或髣髴其形容，共擬
議其崖畧，與定歟郊之請④，以張對天之休。謹遣攝太尉、皇
叔祖大司空昱奉玉册、玉寶上尊謚曰“文烈皇帝”，廟號“太
宗”。伏惟昭格至靈，俯歆徽號，永錫介祉，以綏後昆。嗚呼
哀哉，臣諱謹言。

天會十三年奉上景宣皇帝謚號

天會十三年九月，將追册景宣皇帝、惠昭皇后行禮。

一日，命尚書令宗磐攝侍中，進寶；録尚書事宗幹攝中書令，
進册；左丞相宗翰攝太尉、郎君烏都不二員攝侍中，奉寶；左監軍
谷神、郎君勗攝中書令，奉册；西京留守高慶裔、乾文閣直學士蔡
靖攝門下侍郎，讀寶；禮部尚書韓昉、樞密副承旨趙輪攝中書侍

---

① “煢疚”，原作“勞疢”，曹本、廣雅本、《金文最》同，據文淵閣本改；“茹”，原作
“茄”，曹本同，據文淵閣本、廣雅本、《金文最》改。
② “來偕”，原作“來階”，廣雅本同，據曹本、文淵閣本、《金文最》改。
③ “發揮”，原作“發輝”，曹本同，據文淵閣本、廣雅本、《金文最》改。
④ “請”，原作“情”，據曹本、文淵閣本、廣雅本、《金文最》改。

郎，讀册；金吾蕭慶等四員攝給事中，舉寶；乾文閣待制吳激等四員攝中書舍人，舉册；攝太常卿、太常博士、典儀各一員。

二日，奉上册寶。册曰：

德高聖人而無其位，裕在後昆；子有天下則歸所尊，古隆此禮。故周武追王於文考，漢宣正號於悼皇，皆所以奉亡如存，飾終昭遠。昊天欲報，誠難究於生成；大道無名，或強加其稱謂。方改園陵之卜，宜新簡册之輝。

伏惟皇考性稟乾剛，望崇震嫡，廓有大度，鬱爲英風。安民之志，出自妙齡；幹國之功，流於今日。肇邦有夏，雖由湯后之勃興；舉事亡隋，實賴秦王之早計。初自義旗既建，戎輅徂征，提銳旅以偕行[①]，誓群豪而先倡。謀猷克壯，騎射兼能，決機事則不疑，見大敵而愈奮。長於將將，萬夫之政不足觀；意在賢賢，一介之善未曾失。人推幹蠱，士勇同仇。濯濯威聲，遂成德畏；桓桓忠節，率自孝移。遂協濟於天功，俄永清於海內。辰極既正，匕鬯宜歸。文帝至公，輒拒有司之請；與夷善讓，終推仲父之賢。視天下以若遺，曾胸中之不介。歷古無幾，非聖而何。

若乃朝夕問安，左右致養，勤而不懈，樂且有餘。宗族皆以孝稱，昆弟未嘗言間。其直也正人之曲，其質也安俗之淳。儼若神明，莫之敢犯。坦無城府，亦以易從。富貴不驕，聲色不溺。與人同羽旄之樂，處躬無彤峻之華。賢愚莫逭於聰明，善惡必期於進退。虛徐戒智者之察，隱卹知小人之艱。蓋惟道以是從，誠不聞而亦式。天資至德，備衆美而

---

① "偕"，原作"階"，文淵閣本作"皆"，據曹本、廣雅本、《金文最》改。

無得稱;地本元良,在群情之實所係。何祲象之告變,遽靈儀之上賓。九族爲之痛心,百姓嗟乎無禄。

自惟冲幼,夙遭閔凶,頃以眇身,猥承大統。雖太宗大義之及此,實昭考餘休之至然。十二載之于今①,無從所怙;萬一分之有咎,豈可弗爲。用罄厥圖,莫知攸稱。稽合前世,詢逮群工。咸謂論以孝思,大者莫如嚴父;求之禮意,卑則不可臨尊。儻徽稱以未加,實大典之有闕。是用自上帝以請命,令元龜而卜辰。將垂萬世之休,奉聯二聖之號。謹遣攝太尉、皇伯尚書左丞相、都元帥宗翰奉玉册寶上尊號曰"景宣皇帝",廟號"徽宗"。

三日,以追尊皇考妣禮成,百寮奉表賀曰:"聖子神孫,膺期通駿,烈考文母,正名垂鴻。爲帝者之大榮,宜臣哉之胥慶。伏惟睿蘊生知,愛敦終慕。駒馳過隙,嗟日月之不我留;龍飛在天,視富貴之無以樂。欲報之德不忘於心,故能尊其所尊,可謂孝乎惟孝。爰遵舊典,仰奉徽稱。亦既追王,宜載隆於異數;本爲繼祖,非謂顧其私親。葬循周武以肆遷,事比漢宣而更異。駿奔清廟,贊大禮以告成;鷺集册庭,對宏休而歸美。"

天會十四年奉上祖宗謚號

天會十四年八月丙申朔,詔曰:"蓋聞積厚者流遠,德隆則報豐,迺古今之達道也。朕仰惟祖先奕世修德,皇基帝迹,濬發其祥,而號未崇,誠爲闕典者。太祖、太宗方經啓恢廓,故不暇給。

---

① "今",原誤"令",曹本、《金文最》同,據文淵閣本、廣雅本改。

夫禮時爲大，惟予紹膺多福，天地底平，大禮尚稽，惕然增懼。追王固聖人之制，然歷代以降①，世數不同，亦有昆弟相及，著立大功者，皆極其號。其與百官群採故實，以今況古，務求厥衷，更當迹行累功，用節大惠。朕將請於帝，以永無窮之傳②。"

十五日，文武百寮、太師宗磐等上議曰：

> 伏以國家肇造區夏，四征弗庭。太祖武元皇帝受命撥亂，光啓大業。太宗文烈皇帝繼志卒伐，奮張皇威③。原其積德累功，所由來者遠矣。皇帝陛下聖敬昭孝，光於前人，深惟草創之初，日不暇給，追崇大典，理若有待。爰詔公卿暨百執事，講求所以報本尊統、貴始尚親者。事體至重，誠非疑聞虛説所得輕議。

> 臣等竊考書傳所載，有天下者皆立七廟，三昭嚮明，三穆向北④，太祖東向。有虞、夏后皆祖顓頊，殷之玄王，周之后稷，禘所自出，推以配天。功大者建萬世而不祧，親盡者至四廟而迭毀。歌舞發揚，荐祼升降，皆有常數，著爲定規。至於加上帝皇之稱，是正祖宗之序，漢魏以來，隋唐而上，侈或不度，務廣厥先，陋則失中，至貴其近。何以存至公之義，貽百代之規。且禮多爲貴，固前籍之美談；而德厚流光，實本朝之先務。

> 伏惟皇九代祖，廓君人之量，挺御世之姿，虞舜生馮，遷

---

① "降"，原誤"隆"，曹本同，據文淵閣本、廣雅本、《金文最》改。

② "無窮"，原誤"無今"，據曹本、文淵閣本、廣雅本、《金文最》改。

③ "奮張皇威"，原作"大奮張皇"，曹本同，文淵閣本作"奮張皇猷"，廣雅本據《禮志五·上尊謚》《金文最》改爲"奮張皇威"，今從改。

④ "向北"，曹本、文淵閣本、廣雅本、《金文最》作"北向"。

於負夏①，太王避狄，邑此岐山②，聖姥來歸，天原肇發。皇八代祖、皇七代祖，承家襲慶，裕後垂芳，不求赫赫之名，終大振振之族。皇六代祖，徙居得吉，播種是勤，去暴露，獲棟宇之安，釋負載，興車輿之利。皇五代祖字董，雄姿邁世，美畧濟時，成百里日辟之功，戎車既飭，著五教在寬之訓，人紀肇修。皇高祖太師，質自天成，德爲民望，兼精騎射，往無不摧，始置官師，歸者蓋衆③。皇曾祖太師，威稜震俗，機警絕人，雅善運籌，未嘗衿甲，臨敵愈奮，應變若神④。皇曾叔祖太師，道宣知言，智窮博識，始搆經營之力，卒成奄宅之勳。皇曾叔祖太師，機獨運心，公無私物，四方聳動，諸部歸懷，德威兩隆，風俗大定。皇伯祖太師，友於盡愛，國爾惟忠，謀必罔愆，舉無不濟。累代祖妣，婦道警戒，王業艱難，俱殫內助之勞，實著始基之漸。是宜乘群臣之僉議⑤，酌故事以遵行，欸帝于郊，稱天以謚。

　　謹按謚法，布義行剛曰“景”，主義行德曰“元”，保民者艾曰“明”，溫柔聖善曰“懿”，請上皇九代祖尊謚曰“景元皇帝”，廟號“始祖”，妣曰“明懿皇后”。中和純備曰“德”，道德純一曰“思”，請上皇八代祖尊謚曰“德皇帝”，妣曰“思皇后”。好和不爭曰“安”，好廉自克曰“節”，請上皇七代祖尊

---

①　“負夏”，原作“負海”，曹本同，據文淵閣本、廣雅本、《金文最》及《禮志五·上尊謚》改。

②　“岐”，原誤“歧”，文淵閣本同，據曹本、廣雅本、《金文最》及《禮志五·上尊謚》改。

③　“蓋”，曹本及《禮志五·上尊謚》同，文淵閣本、廣雅本、《金文最》作“益”。

④　“應變”，原作“應卒”，曹本、文淵閣本同，據廣雅本、《金文最》及《禮志五·上尊謚》改。

⑤　“乘”，曹本、文淵閣本同，廣雅本、《金文最》、《禮志五·上尊謚》作“采”。

謚曰"安皇帝",妣曰"節皇后"。安民治古曰"定",明德有勞曰"昭",尊賢讓善曰"恭",柔德好眾曰"靖",請上皇六代祖尊謚曰"定昭皇帝",廟號"獻祖",妣曰"恭靖皇后"。愛民立政曰"成",辟土有德曰"襄",強毅執正曰"威",慈仁和民曰"順",請上皇五代祖李董尊謚曰"成襄皇帝",廟號"昭祖",妣曰"威順皇后"。愛民好與曰"惠",辟土兼國曰"桓",明德有勞曰"昭",執心決斷曰"肅",請上皇高祖太師尊謚曰"惠桓皇帝",廟號"景祖",妣曰"昭肅皇后"。大而化之曰"聖",剛德克就曰"肅",思慮深遠曰"翼",一德不懈曰"簡",請上皇曾祖太師尊謚曰"聖肅皇帝",廟號"世祖",妣曰"翼簡皇后"。申情見貌曰"穆"①,博聞多能曰"憲",柔德好眾曰"靜",聖善周聞曰"宣",請上皇曾叔祖太師尊謚曰"穆憲皇帝",廟號"肅宗",妣曰"靜宣皇后"②。慈愛忘勞曰"孝",執事有制曰"平",清白守節曰"貞",愛民好與曰"惠",請上皇曾叔祖太師尊謚曰"孝平皇帝",廟號"穆宗",妣曰"貞惠皇后"。愛民長悌曰"恭",一德不懈曰"簡",夙夜共事曰"敬",小心畏忌曰"僖",請上皇伯祖太師尊謚曰"恭簡皇帝",廟號"康宗",妣曰"敬僖皇后"。仍請以始祖景元皇帝、景祖惠桓皇帝、世祖聖肅皇帝、太祖武元皇帝、太宗文烈皇帝爲永永不祧之廟。須廟室告成,涓日備物,奉上寶册,藏於天府,施之罔極。

二十一日,奉上《熙宗實錄》云"施之罔極。丙辰,奉上"。九代祖妣尊謚廟號。是日,百寮上表稱賀。

---

① "申",當作"中",《逸周書·謚法解》謂"中情見貌曰穆"。

② "靜宣皇后",《金史》卷六三《后妃傳》作"靖宣皇后"。按"靖"、"靜"古通,上文謂"柔德好眾曰'靖'",此處謂"柔德好眾曰'靜'",皆可。

皇統五年增上太祖尊謚

　　皇統五年六月三日,詔曰:"自古繼體守文之君,必以遵制揚功爲本,乃弘宣於令問,用茂對於先靈。恭惟太祖武元皇帝,玄德昭升,帝心簡在,櫛風沐雨,躬創業之艱難;仗鉞秉旄,拯生民於塗炭。集成大統,垂裕後人,致今日之太平,自睿謀之先定。方廟祐以明崇建,庶可寧神;而謚號之所推尊,尚多遺美。音容如在,夙夜靡遑。蓋禮有貴於浹情,事亦存於師古,爰資率籲,恭議苔揚。宜令尚書省集百官五品以上與禮官共議增上謚號,仍詳具典禮以聞。"

　　禮官議:"自古辨祀,以南北郊、太社、太稷、太廟爲序。若太廟神主便行製造了畢,即合題尊謚,擇日奉安,恐在郊社之前,於禮未倫。俟築郊兆了畢,擇日奏告昊天上帝、皇地祇,次奉安社稷神主及奏告,其次恭造太廟神主,題號奉安入室,以此爲序。元奉勑旨,候到上京行禮。不見元奏目内有無指定,候修建太廟、奉安神主以後行禮,或只慶元宮奉上謚號。若候奉安太廟神主禮畢,方奉上謚號册寶,即百官並合法服,兼以皇帝所御殿合立黃麾仗及殿中省細仗①,太廟殿前亦合黃麾仗,其册寶在路亦合量設儀仗。若太廟未奉安,只於慶元宮上册寶,即行事及立班官並用常服,及依例量用大小旗、甲騎、門仗官、供奉官引從册寶,綵服。若奉安後發册,即御服通天冠及絳紗袍;若只就慶元

---

　　①　"兼以",《禮志五·上尊謚》作"兼於",義長。

宮①，即幞頭、紅袍。并慶元宮上册寶，即將來題太廟本室神主便可用新謚；若於太廟先奉安神主，即先題舊謚，及至就本室上册寶，又須改題新謚。有兩節不同。五月九日擬奏告於太廟上册寶，切慮法物、樂舞難迭②，只於慶元宮上册寶。"從之。

六月十九日，命禮部尚書、翰林承旨宇文虚中撰册文。

二十二日，差應奉王兢等二員監看成造册寶，吏外高鳳庭等二員監看成造盝匣床并泝寶法物。寶用真玉，約加上字數，用方四寸以上、五寸以下。册用玉石，依《宋會要》上尊號制度，與天德貞元制度同，不該簡數。

九月二十五日，命太傅、左丞相宗弼充大禮使，會寧牧裴滿達攝侍中，奉寶；平章勗攝侍中，讀寶；平章奕攝中書令，奉册；左丞宗憲攝中書令，讀册；以右丞蕭仲恭、糸政李德固攝引寶門下侍郎；同判失盧果、吏部尚書充攝引册中書侍郎；以吏部、户、刑、工部尚書充舉册寶官。

十月三日，奏准奉上尊謚册寶儀：

前期，有司供張辰居殿神御床案。少府監、鈎盾署設燎薪於殿庭西南，掘坎於其側。儀鸞司設小次於辰居殿下東廂，又設册寶幄殿於景暉門外東仗舍③。殿前司、宣徽院量差甲騎、大小旗鼓、門仗官、香輿，自製造册寶所迎奉册寶，奉安於幄殿。行事官、製造官皆騎馬引從，門下、中書侍郎在前，侍中、中書令在後，大禮使又在其後，舉、昇、奉册寶官、製造官分左右夾侍，以北為上，皆給人從錦帽衫帶。

---

① "只就"，原作"就只"，曹本、文淵閣本同，據廣雅本及《禮志五·上尊謚》乙。

② "法物"二字原誤倒，曹本同，據文淵閣本、廣雅本及《禮志五·上尊謚》乙。

③ "景暉"，原作"景輝"，曹本、文淵閣本及《禮志五·上尊謚》同，據廣雅本改。按下文皇帝"至景暉門外下馬"作"景暉"，本書卷二○《原廟上·奉安》、《金史》卷二四《地理志上》上京路條及卷三三《禮志六·原廟》均作"景暉"。

　　是日未明,翰林使、太官令丞鋪設香案酒果、供具牲體膳羞於神御前①。儀鸞司設皇帝拜褥四:一在阼階上,面西;一在香案南,面北;一在殿上東欄子内,面西;一在燎薪之東,面西。設黄道,自小次至阼階褥位。

　　質明,有司備常行儀仗、駕頭、扇筤,常朝官常服,騎馬執鞭前導,以北爲上,仍給人從錦帽衫帶。造册寶官、排辦管勾官常服,於慶元宫門外立班,迎駕再拜。皇帝自宫中服靴袍,御馬至景暉門外,下馬,步入小次。少頃,御史臺催班,大禮使、行事官自幄殿奉册寶入正門,置于辰居殿西階下。大禮使歸押班位,閤門使奏"班齊",太常卿奏"請皇帝行奉上册寶之禮"。凡奏請皆俯伏興,跪奏畢,就一拜起。宣徽使、太常卿分引前導,皇帝由黄道升阼階上面西褥位立。贊"請再拜",閤門使臚傳,在位官皆再拜。乃引皇帝由殿上正門入殿,於香案前褥位再拜,上香,又再拜,退,稍束於欄子内面西褥位立定。儀鸞司徹香案前拜褥,設册寶褥位於香案南。舉册、昪册官取册匣于床②,對捧,由西階升。中書侍郎分左右前導,奉册中書令、讀册中書令並後從。候於褥位置定,奉册中書令於褥位南再拜,退就殿階上西南柱外,面東立,讀册官中書令稍前,再拜。昪册官取匣蓋下,實於西階下册床。舉册官對舉册,讀册官中書令一拜起,跪,搢笏讀。讀畢,就一拜起,又再拜,退立於奉册中書令之次③。奉册官進,與中書侍郎率舉册、昪册官奉册匣由西階下,引從如上儀,復置於册床。置定,舉寶官以寶盝進,至侍中讀畢,由西階下,復置於床,皆如册匣之儀。

---

① "前"字原奪,曹本、文淵閣本同,廣雅本據《禮志五·上尊謚》補,今從補。

② "于",原作"子",曹本、文淵閣本、廣雅本同,據《禮志五·上尊謚》改。

③ "退立",原作"退位",曹本、文淵閣本同,據廣雅本及《禮志五·上尊謚》改。

有司徹冊寶褥位，復設香案南拜褥。宣徽使、太常卿導皇帝進就褥位，再拜，上香，上茶，上酒，樂作，三酹酒，樂止。太祝讀祝文，訖，皇帝再拜，復歸阼階褥位立定。大禮使升殿，於香案南宣徽使處授福酒臺盞①，行至皇帝阼階褥位前，宣徽使贊"皇帝再拜飲福"，閤門臚傳"賜胙，再拜"，應在位官皆再拜。大禮使跪，以酒盞進授皇帝，樂作，飲訖，又再拜。大禮使受酒盞，復以授宣徽使，訖，由西階下，歸押班位。太祝奉祝版，翰林使酌酒，太官令丞量取牲羞，自西階下，置於燎薪之上。文武班皆回班向燎所立。禮官贊"請皇帝就望燎位"，宣徽使取酒盞臺於翰林使，以進授皇帝。皇帝酹酒於燎薪之上，執事者舉燎，半燎，瘞於坎。宣徽使贊皇帝再拜，閤門喝百官皆再拜。

太常卿、宣徽使前導，皇帝歸小次，即御座，簾降。太常卿俯伏興，跪奏"太常卿臣名言'禮畢'"。百官皆卷班西出，大禮使以下奉冊寶床納於慶元宮收掌去處。皇帝進膳於別殿，侍食官取旨，有司轉仗，由來路，皇帝便服還內，部擬御服如來儀，省改奏便服。教坊作樂前導。

次日，大禮使率百官稱賀。

太傅宗弼以下言②：

> 伏覩詔書。云云。臣等聞帝王之興，法天與道③。惟天廣大，孰可測度，取其色則謂之蒼天，取其氣則謂之昊天。惟道玄妙，孰可擬議，以其陰陽不測名之曰神，以其生生不窮則名之曰易。帝德王功，巍巍蕩蕩，其於難名亦猶是也。

---

① "授"，諸本及《禮志五·上尊謚》均同，當作"受"。

② "太傅"，原誤"太常"，曹本、文淵閣本同，廣雅本已改，今從改。

③ "與"，原作"興"，曹本、廣雅本、《金文最》同，據文淵閣本改。

然國家典禮有不可已，古之人曰"君子論譔其先祖之美，而明著之後世"，故"顯揚先祖，所以崇孝也"。惟聖人之德，無以加於孝，是以繼緒之君夙宵惕屬，念貽燕之聖謀，揚丕天之大律，必有典册以表謚號，稱情爲禮，以時增加，其來尚矣。

然歷代之論，互爲異同。或以從簡爲師古，或以增多爲盡美。惟禮經所載聖人格言，"有其舉之，莫敢或廢"。況前代謚號既例有增多，矯而從簡，是爲廢禮。又自漢唐以來，宮室車服之制，朝會燕饗之度，好賜賞賚之數，禮儀文物之飾，有增於古者多矣，何獨於宗廟謚號而必欲從簡哉。尊號皇帝陛下，紹隆祖服，不忘聿脩，遵崇孝之至論，采前王之令典，乃詔百寮，俾之詳議。蓋欲推尊應天廣運之丕圖，揚屬闢國開基之大業。臣等奉詔踧踖，懼無以仰稱聖孝，敢以所聞，稱述萬一。

恭惟太祖武元皇帝，聖德格天，神功蓋古，遵晦待時，弔民伐罪。定萬全之策，慷慨以誓師；乘百勝之威，談笑而定亂。所攻則下，所取則獲。激揚義烈，撫懷降附，運天下於掌上，攬英雄於轂中。收圖書，立制度，慎刑罰，明爵賞。知人善任使，而賢能爲之用。是以化敵境爲樂土，回亂國爲平世。其施設大略，規模弘遠，與湯武比隆，過高光遠甚。

臣等謹集官共議，稽考經史，叅以謚法，竊以道合於天、靈承眷命謂之"應乾"，肇啓皇圖、傳序正統謂之"興運"，剛健文明、光被四表謂之"昭德"，拯世利民、底寧區夏謂之"定功"，深思遠慮、貫通周達謂之"睿"，精義妙物、應變無方謂之"神"，恭敬端肅、威而不猛謂之"莊"，踐脩世德、丕承先志謂之"孝",貴賢親親、慈民愛物謂之"仁",照臨四方、獨見先識謂之"明",充實輝光、廣被弘覆謂之"大",行道化民、博施濟衆謂之"聖",肅將天威、克定禍亂謂之"武",體仁長善、尊無二上謂之"元"。舉此大綱,庶幾髣髴,摹寫敘述,皆出强名。將以對越在天之神,贊成崇孝之美。稽合廷議,舉無異辭。請增上尊謚曰"太祖應乾興運昭德定功睿神莊孝仁明大聖武元皇帝"。謹録奏聞,伏候勑旨。

十九日,奉上册寶,曰:

孝孫嗣皇帝臣名謹拜手稽首言曰:臣聞自昔繼體守文之君,嗣服重熙累洽之運,念稽圖之綿邈,由祖考之艱勤,則必茂揚耿光,祗薦大號,豈惟盡臣子奉先之孝,亦以荅神祇申命之休。故文王肇造周室,既以"文"爲謚,而又謂之"丕顯考",又謂之"寧王"。武王克定殷邦,既以"武"爲稱,而又謂之"光烈考",又謂之"正父"。載於大訓,是曰王彝。

粤自遼人不綱,上帝降割,瞻烏止於誰屋①,逐鹿競於中原,塗炭之危,玉石無辨。我太祖武元皇帝,遵養時晦,顧諟天明,以德行仁,勢靡憑於力假;奉辭伐罪,攻不自於我先。方秉鉞以誓師,洎臨津而飲馬,神光赫然四燭,輝甚朝暾;天塹爲之伏流,坦如平地。故得讎民襫魄,鄰壤歸心,牧野前徒,俄倒戈而自潰;霍邑固守,望舉鞭而已摧。自是歲冒風霜,躬擐甲胄②,其至有如時雨,其攻無復堅城。未踰數載之

---

① "瞻烏",原作"占烏",據文淵閣本改。按《詩·小雅·正月》云:"瞻烏爰止,于誰之屋。"毛傳:"富人之屋,烏所集也。"鄭箋:"視烏集於富人之室,以言今民亦當求明君而歸之。"

② "擐",原作"環",曹本同,據文淵閣本、廣雅本、《金文最》改。

間，盡取五京之地。北連六鎮，南界九河，西懾崆峒，東漸溟渤，若遠若近，悉主悉臣。

至於圖任親賢，倚如手足，懷服歸附，推以腹心①。有典有則，以垂裕於子孫；無黨無偏，以示公於好惡。惡衣服，卑宮室，夏禹之無閒然也；不邇聲色，不殖貨利，成湯之又日新也。治監太清，簡易爲政，羲昊之淳風也②；德崇克讓，推授靡私，唐虞之高躅也。若乃仁恩光被於有截，智慮豫圖於未形，禮義所維，威信所接，卜世之久，與天無窮。

臣嗣守丕圖，恪繩遺矩，念欲報之懷曷已，而追崇之禮未加。想如在之音容，懷弗寧於朝夕。率籲衆志，參稽格言，咸謂。"道合於天"至"謂之元"，與謚議同。雖地溥天崇，固不容於測度；而涓流塵集，冀少益於高深。臣不勝大願，謹奉玉册玉寶，恭上尊謚曰"應乾興運昭德定功睿神莊孝仁明大聖武元皇帝"。恭惟神用無方，天監在下，察沖人之永慕，歆兆姓之樂推。風馬雲車，俯故宮而暫憩；金文玉篆，揚景鑠於無窮。

皇統五年增上祖宗尊謚

皇統五年閏十一月七日，詔曰："朕聞創業垂統，祖先所以詒燕謀；遵制揚功，後嗣所以恢弘烈。稽孔聖達孝之説，見武王追尊之文，著在禮經，遂爲永法。我國家千齡應運，累聖重光，造攻始於有遼，基命集於皇祖。比涓吉日，祇薦隆名，天日澄輝，神民

①　"腹心"，原作"服心"，據曹本、文淵閣本、廣雅本、《金文最》改。
②　"淳風"，原作"惇風"，曹本、文淵閣本同，據廣雅本、《金文最》改。

慶悅。載念丕圖之永邀,率由奕葉之相承,始於憂勤,寖以光大。在聊躬持守之意,敢專享於盈成;推武元尊親之心,想不忘於敬愛。昭茲令聞,屬在此時,宜令尚書省於都堂集文武執事官五品以上與禮官稽考前代故事,議增上祖宗尊謚,議定,擇日奏告施行。"

十五日,太傅宗弼以下[1]:

伏惟御札。云云。臣等承命忻懌,敢不奉行。恭惟尊號皇帝陛下,聖孝因心,夙夜惟念,既已躬上慶元宮冊寶,又推原太祖皇帝聖意,增崇列聖尊謚,以發明重光之緒,合於孔子所稱武王善繼人之志,善述人之事,為孝之達。敬具前代故事,有宋之制,備經諸儒講議,最為詳悉。其於廟謚,未有天下者追謚至四字,有天下者增至十四字,載在史冊,足為明據。

恭以列聖創業垂統,以艱難勤儉保國子民,積累百年,迄成大業,蓋與殷周之興無異。其惇朴純質,崇尚易簡,則與羲軒同風。戡定禍亂,伐罪弔民,無敵於天下,則與湯武比德。至於聖聖傳授,誠實相付,不以尊位為己私,雖唐虞不能過。既而天命不貳,人神與能,大寶終歸於正統,此又比之唐虞尤為盡善。是宜對揚宏休[2],勒之琬琰,以垂鴻猷於億世。臣等謹按謚法,參以經典格言,於已定謚號之上增加字數,悉如故事。

始祖景元皇帝避地他邦,聿來上國,始以聖意斷訟,邦

---

① 此下蓋有脫文。
② "宜",原作"以",據曹本、文淵閣本、廣雅本、《金文最》改。

人尊服，至今爲法，宜增上謚曰"懿憲景元皇帝"，取浸以光大曰"懿"、創制垂法曰"憲"之意。德皇帝生而神異，隱德不曜，宜增上謚曰"淵穆玄德皇帝"，取沉潛用晦曰"淵"、布德執義曰"穆"、應真生神曰"玄"之意。安皇帝龍潛修德，恭默無爲，以厚子孫之福，宜增上謚曰"和靖慶安皇帝"，取不剛不柔曰"和"、寬樂恭仁曰"靖"、積善有餘曰"慶"之意。獻祖定昭皇帝始立室家，漸成都邑，鳩民化俗，悉本純儉，宜增上謚曰"純烈定昭皇帝"，取見素抱朴曰"純"、安民有功曰"烈"之意。昭祖成襄皇帝率義爲勇，耀武拓境，好施不吝，宜增上謚曰"武惠成襄皇帝"，取闢土拓境曰"武"、愛民好與曰"惠"之意。景祖惠桓皇帝聖智英特，肇基帝業，土宇日廣，宜增上謚曰"英烈惠桓皇帝"，取出類拔萃曰"英"、聖功光大曰"烈"之意。世祖聖肅皇帝獨運神策，盡平畔亂，威無不加，德無不懷，實始剪遼，以興寶祚，宜增上謚曰"神武聖肅皇帝"，取聖而不可知曰"神"、克定禍亂曰"武"之意。肅宗穆憲皇帝思慮通達，好謀能斷，宜增上謚曰"明睿穆憲皇帝"，取獨見先識曰"明"、思能作聖曰"睿"之意。穆宗孝平皇帝法令歸一，恢大洪業，盡服四十七部之衆，宜增上謚曰"章順孝平皇帝"，取法度大明曰"章"、慈和徧服曰"順"之意①。康宗恭簡皇帝聿修至德，克勝鄰敵，宜增上謚曰"獻敏恭簡皇帝"，取聰明睿智曰"獻"、應事有功曰"敏"之意。太宗文烈皇帝持志淵沖，恭承太祖付託之命，乃位宸極，內治外攘，一遵先志，功隆德普，躋民仁壽，翼善傳聖，歸於大公，

---

① "徧服"，原誤"偏服"，廣雅本同，據曹本、文淵閣本、《金文最》改。

宜增上諡曰"體元應運世德昭功哲惠仁聖文烈皇帝",法天行道曰"體元",歷數在躬曰"應運",同文王之聿修曰"世德",同武王之繼文曰"昭功",知人曰"哲",安民曰"惠",爲天下得人謂之"仁",博施濟衆謂之"聖"。徽宗景宣皇帝在太祖光有天下之時,位居元嫡,推遜大寶,黃屋非心,誕育聖明,儲祐無極,宜增上諡曰"允恭克讓孝德玄功佑聖景宣皇帝",誠敬不懈曰"允恭",推位不居曰"克讓",奉事太祖,先意承志曰"孝德",密贊謀謨,道濟天下,而人無能名曰"玄功",誕生聖嗣,傳序正統曰"佑聖"。

已上廟號如故。如當聖意,乞降旨有司備禮,差官奏告。應合行事件,候奏告禮畢,檢舉施行。

敕旨恭依。

十七日,奏準十二月八日、九日、十日行奏告禮①。

十二月一日,命□□宗本②、左丞相宗憲、右丞相蕭仲恭充奏告獻官,於慶元宮奏告始祖、康宗③,明德宮奏告太宗,慶元宮奏告徽宗。

其日未明,於殿上排辦:每位食楪十四,實以茶食、蒩菜;菓楪十四,實以果;食以粱米、粳飯④;又椀二,實以太羹;肉汁也⑤。盤二,其一實以羊牲體二,其一實以豬牲體二;並一生一熟。匕筯各一副;茶盞各一,承以托子;酒盞各三,共承以一盤;斝酒器各一;

---

① "奏告",原誤"奉告",曹本、文淵閣本同,據廣雅本改。
② "宗本"前原闕二字,按《金史》卷四《熙宗紀》皇統九年正月丙午,"以判大宗正事宗本爲尚書右丞相",此處所闕二字或爲"判宗"。
③ 按此處當指奏告始祖至康宗十帝,"康宗"前疑奪"至"字。
④ "粱米",原作"梁米",曹本、廣雅本並同,據文淵閣本改。
⑤ "肉",原作"內",據曹本、文淵閣本、廣雅本改。

酹茶器各一；花餅設於食案之前，并果壘，量案長短間設。共設香案一，上置香爐、香合，在殿之中楹間；酒二十銀餅，_{第二日酒五瓶，第三日五瓶。}在神位之東；酒注四，在酒瓶之側；祝板案在神位之西；獻官拜褥，其一設於香案之南，餘皆設於神位之前。少府監撅坎於庭中之西南，鈎盾署設燎薪於坎之中。排辦官告備。

閤門引百官班入立庭中，北向，次引獻官升殿^①，上香，再拜。_{應獻官拜，立班官皆再拜。}次引獻官至神位前褥位，一拜，跪。持茶、酒者以次進至獻官之右，持酹茶、酒器者進至獻官之左。獻官酹茶、酒，就一拜起，少退立。捧祝版官以祝版進至神位西南，斜向，讀祝官一拜，跪，讀祝，畢，就一拜起，祝版復歸於案。獻官再拜，祝官退。_{第一日以次詣諸位前，皆如上儀。}獻畢，復歸庭中班。執事者奉祝版，及量取牲羞，下置於燎薪之上。百官回班望燎。持酒盞者以酒授獻官，酹於燎薪之上，獻官、百官皆再拜。半燎，班出，守燎者瘞之。_{第一日酹酒十盞，第二日、第三日各一盞。第一日羊五、豬五，第二、第三日各羊一、豬一，並於前一日宰殺。}

十七日，增上祖宗尊謚肆赦。制曰："朕聞大一統以居尊，必推功於祖考；交三靈而儲佑，當均慶於臣民^②。國家敕命惟時，重光奠麗，純德符於軒昊，大功軼於禹湯。肆朕纂承，敢忘駿惠。而廟謚所紀，德美未詳，懷夙夜之靡寧，集臣隣而博議。謂祖有功而宗有德，雖已祗率於舊章；若敬所尊而愛所親，尚克繼成於先志。肆涓良日，肇舉上儀，神靈居歆，中外胥悅。宜廣配天之澤，永昭凝命之休，可大赦天下，内外大小職官並與覃恩。於戲，嗣恭德於前人，其無遏佚；得歡心於四表，庶格燕寧。更賴三事

---

① "升"，原作空圍，據文淵閣本、廣雅本補。
② "當"，原作"聖"，曹本同，廣雅本據《金文最》改，今從改。

宗工,百司庶正,益懋贊襄之意,弼成繼述之功[1]。"

大金集禮卷第三

大金集禮卷第四　追加謚號下

大定三年增上睿宗尊謚　大定十九年奉上孝
成皇帝謚號　雜録天德二年興聖宮上謚儀與統五同，兼封遼王事
節，故併入《雜録》。

大定三年增上睿宗尊謚

大定元年十一月十五日，以追尊皇考妣告於太祖廟。十六
日，追册皇考曰"簡肅皇帝"，廟號"睿宗"，皇妣蒲察氏"欽慈皇
后"①，皇妣李氏貞懿皇后。

大定二年八月一日，有司奏請："祖宗謚號或十六字②，或十
四字，或十二字。即今睿宗皇帝更合增上尊謚，於升祔前奉册
寶。"敕旨準奏增上。

十七日，擬奏"立德顯仁啟聖廣運文武簡肅"一十二字。敕
旨恭依。

八月二十四日，差禮部尚書兼翰林承旨王競等四員造册寶
并沿册寶法物盝匣等。

九月一日，命王競撰册文并書篆册寶。

---

① "欽慈"二字原誤倒，據曹本、文淵閣本、廣雅本乙。
② 按此時金朝祖宗謚號無十六字者，唯太祖謚號十八字，此處"六"當作"八"。

九月三日，恭奉敕旨，以歲未豐稔，物貴人難，未即行禮。

三年八月一日，奏定："十月一日奉上册寶，七日升祔。"

五日，命戶部侍郎曹望之、兵部郎中韓鐸提點編排儀仗。

二十五日，命右平章宗憲攝太尉，行禮；左平章元宜、左丞翟永固攝侍中，奉寶、讀寶；右丞良弼、參政蘇保衡攝中書令，奉册、讀册；判宗京、同判謀演攝門下侍郎，引寶；勸農使按打海、御史大夫李石攝中書侍郎，引册；宣徽使、太常卿各一，舉寶、舉册官各二，以四品以上攝充；并差監察二、太常博士七、翰林使二、太官令丞一、舁寶盝官十二、舁册匣官十八、主節一、典儀二、禮直官四、盥洗巾筐官各一，及差禮部尚書。

九月二十二日，奏告太廟。

有司引《唐會要》，大中三年追尊二祖謚號，中書門下奏，皇帝行事與差官展禮，舊記不同，禮許從宜，不必法古。詔可之，宣政殿遣宰臣奉册赴廟。《因革禮》，大中祥符元年加上祖宗謚號，於天安殿命太尉奉册赴廟。《會要》，大中祥符五年加上祖宗謚號[1]，宰臣奏，躬上册禮，復行薦享，慮成煩縟，望詔有司奉行册禮，躬行朝享。從之。本廟皇統五年十月增上太祖皇帝謚號[2]，於慶元宮辰居殿親行奉上册寶之禮。有此不同。恭奉敕旨，依古禮遣使，以宰相充。

皇統五年辰居殿行禮時，為車輅儀仗不在會寧府，只用腰輿、甲騎、旗幟、靴袍、教坊樂，今擬依《因革禮》，用黃麾仗、法服，

---

① 按《宋會要輯稿·禮一七》："(大中祥符)九年十月十四日，中書門下言：'準御札，以來年正月十日親饗太廟，奉上寶册。臣等已曾面奏，若躬上寶册，復行荐饗，慮成煩縟，有爽寅威。望準舊制，先遣有司奉上寶册，後親行饗禮。……'自是三請，乃許從之。"此處"五年"當作"九年"。

② "本廟"，諸本均同，疑當作"本朝"。

樂用登歌。敕旨宜依。奉册寶，或用玉輅、金輅。敕旨用玉輅。
睿宗皇帝未經升祔，合無於衍慶宮聖武殿睿宗本位設神御牀
案①，或爲太祖御容在崇聖閣②，借設正位。敕旨借設正位。前三
款，八月二十一日奏。

九月二十八日，大安殿置大樂，閱習奉上册寶儀。

前一日，自衍慶宮奉迎册寶，於大安殿安置。公服，騎馬，執
鞭。門下、中書侍郎在前，侍中、中書令次之，太尉又次之，舉昇
奉册奉寶官、製造官分左右夾侍，以裹爲上，人從給錦帽衫帶。
至通天門，下馬步從，入自正門，由西階升，奉安於幄殿。前二款並
奏過。

親授册寶儀。

八月二十五日，準奏太尉行事儀③，準呈。

行禮日未明三刻，有司各勒所部整肅儀衞，群臣集於殿門，
行事官各法服，陪位官公服。皇帝自宮中常服乘輿，侍衞如儀，
赴大安殿後更衣幄次。御史臺催班，通事舍人引太尉及群臣就
位。主節者皆持節立太尉後。侍中跪奏“中嚴”，又跪奏“外辦”。皇帝
服通天冠、絳紗袍出。太常卿跪奏稱“太常卿臣某言，請皇帝行
奉上册寶之禮”。奏訖，俯伏興。宣徽使分左右前導④，皇帝步詣
册寶幄次。將至幄次，登歌樂作，至幄次前，北向，宣徽使贊請皇
帝再拜，典儀贊在位官再拜，拜訖。奏請皇帝搢圭，設承奉人。三

---

① “合無”，原作“有無”，廣雅本據《禮志五·上尊謚》改，今從改。
② “閣”，原作“閤”，據廣雅本、《禮志五·上尊謚》改。
③ “奏”，原作“奉”，據廣雅本改。
④ “前導”二字原誤倒，廣雅本據《禮志五·上尊謚》乙正，今從之。又“宣徽使”
前疑脫“與”字，按一宣徽使不得分左右前導，下文《大定十九年奉上孝成皇帝謚號》正
有“與”字，謂太常卿與宣徽使分左右前導，當是。

上香，訖，執圭。奏請皇帝再拜，典儀贊在位官再拜，訖，各分班東西序立。奏請皇帝詣稍東褥位，樂止。中書令、中書侍郎奉引冊，侍中、門下侍郎奉引寶行，登歌樂作。宣徽使贊導皇帝隨冊寶降自西階，登歌樂止。宮懸樂作，至大安殿下當中褥位，中書令、侍中奉冊寶於皇帝褥位之西，樂止。宣徽使奏請皇帝再拜，典儀贊在位官再拜，拜訖。中書令搢笏，奉冊匣，宮懸樂作，至皇帝褥位前，俯伏跪，其冊床先昇至太尉受冊褥位之東①。奉置訖，執笏，俯伏興，退，稍西立，東向。太常博士引太尉至褥位，北向立。宣徽使奏請皇帝搢圭，跪，捧冊授太尉。太尉搢笏，跪受訖，執笏②，少東立。宣徽使奏請執圭，俯伏興。舁冊官捧冊匣，中書侍郎奉冊匣置於冊床，樂止。侍中搢笏，奉寶盝，宮懸樂作，至皇帝褥位前，俯伏跪，其寶床先昇至太尉受寶褥位之東。奉置訖，執笏，俯伏興，退，稍西立，東向。太常博士引太尉至褥位，北向立。宣徽使奏請皇帝搢圭，跪，捧寶盝授太尉。太尉搢笏，跪受訖，執笏，少東立。宣徽使奏請執圭，俯伏興。舁寶官捧寶盝，門下侍郎奉寶盝置於寶床，樂止。宣徽使奏請皇帝再拜，典儀贊在位官再拜。皇帝南向立，宮懸樂作，太常博士引太尉奉冊寶出，主節者持節前導。冊床在前，寶床次之，樂止。中書、門下侍郎各導於冊寶之前，太尉居其後。至大安門外，太尉以次跪奉冊寶於玉輅中，中書侍郎於輅旁夾侍③，所司迎衛如式。太尉奉冊寶訖，步出通天門外，革車用本品鹵簿，導從如儀，鼓吹不振作。俟冊寶出大安門，太常

---

① "位"字原奪，曹本同，據文淵閣本、廣雅本補。

② "跪受訖執笏"五字原奪，廣雅本據《禮志五·上尊謚》補，今從補。

③ "輅旁"，原作"輅中"，據《禮志五·上尊謚》改。又依禮儀，門下侍郎亦當於輅旁夾侍，此處疑有奪文。

卿跪奏稱"太常卿臣某言'禮畢'"。奏訖,俯伏興,前導,皇帝升自東階,登歌樂作,還大安殿後幄次,樂止。侍中跪奏"解嚴",乘輿還內,侍衛如來儀,所司承旨放仗。百官赴衍慶宮行禮。

次朝,百官稱賀如常儀。

前一日,設册寶幄次於聖武殿門外,西向。其日質明,太常寺官率所屬於聖武殿設神御床案,宣徽院排備茶、酒、果、時饌、茶食、香花等,並如太祖皇帝忌辰排備之數。大樂署設登歌之樂於殿上前楹閒稍南,北向。迎衛册寶至衍慶宮門外,中書、門下侍郎各奉册寶降輅,各置於床。太尉至門外降車,率中書令以下導從,赴聖武殿門外幄次奉安如式。其儀仗、兵士並退。

次引文武百官各服其服,以次就位。大樂令率工人就位,禮直官亦先就位,應執事者並先入殿庭,北向立,禮直官贊再拜訖,升殿。次引太尉就東階下褥位,西向立。禮直官贊"拜",在位官俱再拜。禮直官曰:"有司謹具,請行事。"禮直官贊"拜",在位官俱再拜,訖。引太尉詣罍洗盥手,盥洗在殿西階下。升殿,詣神座前,搢笏,跪,三上香,樂作,奠茶,奠酒,訖,執笏,俯伏興,樂止。太尉再拜,訖,還位,少立。

次引太尉出,率中書、門下侍郎等奉册寶床入自殿門,中書令、侍中等並導從,登歌樂作。册寶床至殿庭,列於西階之下,樂止。册寶床承以席褥。太尉以下各就面北褥位立定,禮直官贊"拜",在位官俱再拜,訖。太尉率中書令、侍郎奉册匣升殿,登歌樂作,至殿上,册匣置於食案之前,仍設褥位,樂止。次引太尉詣神位前,俯伏跪,稱"攝太尉臣某言,謹上加尊謚册寶",奏訖,俯伏興,稍西立。次引中書令立於册匣南,舉册官舉册,中書令俯伏跪,讀册,訖,俯伏興。中書令奉册匣降自西階,置於床,登歌樂作,置訖,樂止。

次引侍中、門下侍郎奉寶盝升殿,樂作,置於食案之前,仍設
褥位,樂止。舉寶官舉寶盝,侍中俯伏跪,讀寶,訖,俯伏興。侍
中奉寶盝降自西階,置於床,登歌樂作,置訖,樂止。太尉詣殿門
外褥位,再拜,訖,太尉而下俱降階,以次就位。禮直官贊“拜”,
在位官皆再拜,訖,以次出。寺官、署官率拱衛直舁册寶床置於
册寶殿①,各退。

左平章元宜等奏②:

伏奉敕旨,睿宗皇帝尚多遺美,令尚書省集百官五品已
上與禮官共議增上謚號者。臣等聞,道者以開通濟物爲用,
而本於無爲,然道曰希夷,以表域中之大;天者以偏覆包含
爲功,而歸於不宰,然天名蒼昊,以彰群物之祖。且帝王之
興也,體道之開通,不露其所以開通之妙;法天之偏覆,不顯
其所以偏覆之神。巍巍浩浩,固難於擬議推崇矣。然自古
伏犧神農,舜禹湯武,皆當世尊其功德而稱之,載在典籍,固
不誣矣。由是後代繼體之君能以孝治天下者,爰念祖考規
摹弘遠,則必有謚册以光耀萬世,其來尚矣。若增而廣之,
亦非溢美,誠孝心欲報之罔極也,可不務乎。聖明仁孝皇帝
陛下,永言來孝,祗紹貽謀,思所以鋪張對天之閎休,揚屬無
前之偉績者,雖上尊謚,未爲光大,乃詔百寮,使之詳議。臣
等奉旨跋踖,懼無以仰副聖意,敢以所聞,稱頌萬一。

恭惟睿宗皇帝,聰明仁信,恭肅端莊,有聖德以昭先功,

---

① “署官”,原作“置官”,曹本同,據文淵閣本、廣雅本及《禮志五·上尊謚》改。
② “奏”,原作“奉”,據曹本、文淵閣本、廣雅本改。

有孫謀而燕翼子。神威不測，廟略無方。而自恭行天罰，於鑠王師，則能討叛柔服，荅四方徯蘇之望；投戈講藝，息馬論道，則能興學校而重賢才，脩禮樂而定制度，爲萬世太平之基。其王功帝德，施設大略如此。

臣等謹集百官共議，稽諸典禮，參以謚法，竊以濬哲欽明、光宅天下謂之"立德"，溫慈和惠、茂育群生謂之"顯仁"，長發其祥、作邦作對謂之"啟聖"，燕及皇天、曆數有歸謂之"廣運"，脩治班制、經緯天地謂之"文"，安民和衆、克定禍亂謂之"武"，一德不懈謂之"簡"，執心決斷謂之"肅"。舉此大綱之罕爾，擬諸至德之形容，雖皆出於強名，庶永光於具美。伏請增上尊謚曰"睿宗立德顯仁啟聖廣運文武簡肅皇帝"。

直學士劉仲淵撰。

十月一日，奉上尊謚册寶行禮。册曰：

臣聞自昔垂訓，後世作範，故父有天下，傳之於子，子有天下，尊歸於父。是以周武克商，始制追王之典；炎劉興漢，方崇太上之名。百王相因，事貴稽古。惟我聖考，佐佑祖宗，取亂攻昧，闢土開基。天戈所麾，畏威而效順；仁澤所被，懷德而歸心。鄰國興後后之謠，簞食致迎師之奉。遠邇百姓，寧居安業，避焚溺於水火，足衣食於耕桑，皥皥熙熙，蓋數十年於茲矣。

臣猥以眇躬，起膺推戴，仰念祖宗之丕緒，俯徇黎庶之誠心，君臨萬方，懍若御朽，敬慎伊始，罔敢怠遑。載惟與天同功，流慶有自，衍宗社無疆之福，發本支百世之祥，實我聖考允文允武，克寬克仁，上合天心，下從民欲，天祿淵源之積，匪一日也。爰訪遍臣，博採群議，咸謂云云。諡議同。舉此大綱，形容具美，僉言既允，祗薦鴻名，顯揚之微，心潛天貺。臣不勝大願，涓擇吉日，遣攝太尉、特進、平章政事兼太子太師、定國公臣完顏宗憲奉玉册、玉寶，奉尊諡曰"立德顯仁啓聖廣運文武簡肅皇帝"①，廟號"睿宗"。恭惟謨烈有光，音容如在，俯鑒守成之志，尚貽垂裕之休，典册一新，昭示萬世。

大定十九年奉上孝成皇帝諡號

大定元年十一月十六日，詔曰："朕惟禮莫大於明分，政必先於正名。宜推是是之心，用定尊尊之號。爰申顯命，誕告敷天。前君乃太祖之長孫，受太宗之遺命，嗣膺神器，十有五年。垂拱仰成，委任勳戚，廢齊國以省徭賦，柔宋人而息兵戈。世格泰和，俗躋仁壽，混車書於南北，一尉候於東西。晚雖淫刑，幾於恣意，冤施弟后，戮及良工，虐不及民，事猶可諫，過之至此，古或有焉。右丞相、岐國王亮，不務弼諧，反行篡弑，妄加黜廢，抑損徽稱。遠近傷嗟，神人憤怒。天方悔禍，朕乃繼興，受天下之樂推，居域中之有大。將撥亂而反正，務在革非；期事亡以如存，聿思盡禮。宜上諡號曰'閔宗武靈皇帝'。既復崇於位號，庶少慰於神靈。非眇躬之私言，乃天下之公議。鴻名已正，允孚中外之心；大分斯明，遂絕覬覦之望。庶幾率土，永底丕平，咨示多方，體予至意。"

二年四月一日，奏準立別廟。

---

① "奉"下疑奪"上"字。

九月二十三日，奏定不入廟不合稱"宗"。

十八年三月十七日，恭奉敕旨，武靈皇帝升祔太廟。

五月七日，奏依唐中宗祔廟典故，改易美謚。

九月十三日，擬奏："唐二十帝，謚號或四字、五字，或七字、九字，惟宣宗十八字，字數各不同。伏以本朝祖宗尊謚或十八字，或十四字，或十二字，或四字，今擬增上閔宗尊謚共八字，曰'弘基纘武莊靖孝成皇帝'。取收齊輿圖、四海會同是'弘基'也，懷柔臣服、五兵不用是'纘武'也，謚法端恪臨民曰'莊'、恭而鮮言曰'靖'、叶時肇享曰'孝'、安民立政曰'成'之意。仍加謚悼皇后曰'悼平皇后'，取執事有制曰'平'之意。"敕旨恭依。

十二月，奏準來年四月十日奉上册寶，二十日帝享升祔①。

十八年九月十六日，差吏部郎中楊鑄等五員監造册寶并沿册寶法物盝匣等。與天德貞元尊號册寶制度同。

十一月十九日，命禮部尚書張景仁撰謚册文，直學士王彥潛書册篆寶。

十九年三月十二日，差兵部侍郎胡薛、同知大興尹王佐提點編排儀仗。

四月二日，差吏部尚書天錫於六日奏告太廟，戶部尚書張仲愈告本廟。七日，命皇子、樞密使趙王攝太尉；左相守道、右相石琚攝侍中，奉寶、讀寶；平章習顯、平章安禮攝中書令，奉册、讀册；左右丞攝門下侍郎，引寶；參政、樞副攝中書侍郎，引册；太常卿、宣徽使各一，舉册、舉寶官各二，以四品已上攝充；并差太常博士七、典儀、贊者各一、主節一、舁寶盝八、舁册匣十八、承奉

---

① "帝享"，當作"禘享"。

人等。

十八年十二月一日，奏引《唐會要》載宣宗大中三年追尊順宗、憲宗謚號，至日，御宣政殿，降階，授玉冊於太尉，持節奉冊赴太廟。又按五代周太祖廣順元年御崇元殿奉冊四廟，服袞冕，降階授冊。大定三年追尊睿宗皇帝禮儀，大安殿前立黄麾仗一千人，應天門外行仗二千人，皇帝服通天冠、絳紗袍，隨冊寶降自西階，搢圭，跪，捧冊寶授太尉。今擬大安殿行禮，及依唐、周典故，降階捧冊寶授太尉，所有冠冕儀仗，擬依已行禮例。敕旨，儀仗人數約量裁減。

前三日，習儀於大安殿庭。

前一日，百官各於其第清齋。有司於大安殿中閒設御座南向，并設東西房於左右，又於殿後設更衣幄次，又於西副階上設藉冊寶褥位。大定三年儀於殿中閒設冊寶幄次。

其日，有司設迎衛冊寶黄麾仗，用一千人。及載冊寶玉輅，并設太尉本品鹵簿係儀仗内人數。於應天門外，又立仗，用六百人。又於庭中設太尉褥位於百官班前，近東稍北，又設授冊寶褥位，南向，設太尉受冊寶褥位於皇帝褥位之南①，北向，設藉冊寶褥位五②，其二在授冊寶褥位之西，其一在前，其二在太尉受冊寶褥位之東③。大樂署陳登歌之樂於殿上，設宮懸庭中。迎冊寶儀内人從，二品已上四人，三品已下二人。餘與大定三年同。

奉上冊寶儀。

四月五日，宣徽院奏過，據合用玉輅，只用象輅。親授儀與大定

---

① "受"，原作"授"，曹本、文淵閣本同，廣雅本據文義改爲"受"，今從改。
② "藉"，原作"籍"，曹本同，據文淵閣本、廣雅本改。
③ "受"，原作"授"，曹本、文淵閣本同，據廣雅本改。

三年不同，故復備録。

　　其日未明三刻，諸衛各勒所部列仗如儀，百官集於殿門，行事官并陪位官並法服。皇帝自宫中常服乘輿，赴大安殿後更衣幄次。通事舍人引太尉及百官立班定，主節者持節立太尉後。宣徽使跪奏"中嚴"，又跪奏"外辦"。皇帝服通天冠、絳紗袍以出，曲直華蓋、侍衛警蹕如常儀。太常卿跪奏稱"太常卿臣某言，請皇帝行奉上册寳之禮。"奏訖，俯伏興，凡跪奏準此。與宣徽使分左右前導。皇帝出自東房，登歌樂作，即御座南向，樂止。典儀贊應在位官皆再拜，班首出班起居，訖，再拜，各分班東西序立。中書令、中書侍郎奉引册，侍中、門下侍郎奉引寳，前行，登歌樂作。宣徽使奏請皇帝降座，隨册寳降自西階，登歌樂止。宫懸樂作，至殿下當中褥位立，中書令、侍中奉册寳於皇帝褥位之西，樂止。中書令搢笏，奉册匣，宫懸樂作，其册床先昇至太尉受册褥位之東。至皇帝褥位前，俯伏跪，奉置訖，執笏，俯伏興，退，稍西立，東向。太常博士引太尉至褥位，北向立。宣徽使奏請皇帝搢圭，設承奉人。捧册授太尉，搢笏，跪受訖，執笏，少東立。宣徽使奏請執圭。昇册官捧册匣，中書侍郎奉册匣置於床，樂止。侍中搢笏，奉寳盝，宫懸樂作，其寳床先昇至太尉受寳褥位之東[1]。至皇帝褥位前，俯伏跪，奉置訖，執笏，俯伏興，退，稍西立，東向。太常博士又引太尉至褥位，北向立。宣徽使奏請皇帝搢圭，捧寳盝授太尉，太尉搢笏，跪受訖，執笏，少東立。宣徽使奏請執圭。昇寳官捧寳盝，門下侍郎奉寳盝於床，樂止。皇帝奉册寳訖，南向立，宫懸樂作，太常博士引太尉奉册寳出[2]，主節者持節前導，册床在前，寳床次

---

　　① "受"，原作"授"，曹本、文淵閣本同，據廣雅本改。
　　② "寳"字原奪，據上文大定三年儀補。

之,出門,樂止。中書、門下侍郎各導於前,太尉居其後。至殿門外,太尉以次跪奉冊寶升於輅中,中書侍郎輅中夾侍①,所司迎衛如式。太尉步出應天門外,革車、本品鹵簿導從如儀,鼓吹不作。太常卿跪奏稱"太常卿臣某言'禮畢'"。導皇帝升自東階,登歌樂作,皇帝入自西房,還幄次,樂止。宣徽使奏"解嚴",乘輿還內,侍衛如來儀。百官赴廟行禮。

前一日,有司設冊寶幄次於本廟門外稍西,東向。大定三年儀,聖武殿門外西向。香案之前,大定三年儀,食案之前。餘同。

十八年十一月十九日,尚書省奏:

近奉聖旨。云云。臣等伏以唐虞而下,方策所書,其善政流風,茂德大業,靡不揄揚於可久,豈或湮墜而失傳,庶幾見萬世無疆之休,固亦取百代常行之法。恭惟尊號皇帝陛下,立愛自親,所以風四海;揚功遵制,所以定群心。因正名順事之宜,協大公至正之誼。

臣等竊以武靈皇帝作其即位,幾十五年,時和歲豐,遠安邇肅。先時以河南之地畀諸齊人,使之牧養,而不能仰體朝廷分命之意,乃煩政重賦,民不克堪,肆命黜廢,市不易廛②,兵不血刃。而又餘宋假息江淮,王師薄伐無閒歲,以其籲哀請命,乃加封冊,歲時朝貢,懋明臣禮,以致獻歌儒館,偃伯靈臺。至於軍國大政,親賢並用,垂拱仰成,威儀可仰,尊嚴若神,倣立七廟,尊事祖宗,應候順德,致治之隆,班班可紀。

---

① "輅中",當作"輅旁"。又依禮儀,門下侍郎亦當於輅旁夾侍,此處疑有奪文。
② "廛",原作"塵",據曹本、廣雅本、《金文最》改。

　　臣等謹集百官共議，稽諸典禮，參以諡法：夫受祖宗付託之重，伊濯厥公，如日之升，如月之恒，不曰"弘基"乎；紐齊臣宋，兵不復用，四海混同，不曰"纘武"乎；臨民端恪，"莊"也；恭而鮮言，"靖"也；協時肇禋，"孝"也；政立民安，"成"也。茲因節惠，用極推尊，伏請增上尊諡曰"弘基纘武莊靖孝成皇帝"。

敕旨恭依。吏部侍郎鄭子聃撰。

十九年四月十日，奉上冊寶行禮。冊曰：

　　惟年月日，嗣皇帝臣御名仰惟太祖武元皇帝命於帝庭，神武撥亂，用肇造我區夏。顧命之際，聖子咸在，舍弗以立，舉天下大器，授之太宗文烈皇帝。暨天會末命，亦弗敢弭忘，曰："茲先皇令德，光昭則能賢。"乃簡畀世嫡神孫，丕承基緒，十有五年，德厚功著。

　　厥初封建齊人，大河之南俾頒綏靖。乃罔念付託，以率割爲政，彼民大弗克堪。且勩我戍守^①，無有寧歲。尚安用而國，肆命廢黜。於是西踰熙洮，東極海泗，南則唐鄧，咸歸我輿圖，事不貳適，休烈增光於先朝，茲不曰"弘基"乎。廢宋之餘，假息江表，我伐再張，莫不震疊，至籲哀請命，稱臣底屬。乃班師振旅，柔服以示懷，錫之封冊，歲底厥貢，七德具備，茲不曰"纘武"乎。垂拱仰成於懿親宗公，穆穆皇皇，尊嚴若神，"莊"矣；黜華尚質，玄默不言，如天之行四時，"靖"矣；若稽古，假有廟，尊祖敬宗，寅念祀事，"孝"矣；綏萬邦，婁豐年，惟民其康乂，"成"矣。豈圖邁閔，永懷盡傷，以

---

①　"我戍"二字原誤倒，據廣雅本、《金文最》改。

迄於今。

惟沖人繩其祖武，蒸蒸業業，思所以駿惠。顧立愛立敬，有尊有先，莫重於宗廟之享。竊惟公則生明，名正則言順，自非推本武元、文烈以大義至公相傳授之意，用鋪張揚屬天眷、皇統之閎休偉績，則何以對越二聖在天之靈，雪神孫無窮之遺恨哉。不勝大願，謹遣攝太尉臣某奉冊上尊謚曰"弘基纘武莊靖孝成皇帝"，廟號"閔宗"。伏惟神靈格思，膺是典冊。頓首頓首，謹言。

上冊寶升祔禮畢，四月□日①，制曰："立愛立敬，必自於家邦；有尊有先，莫嚴於宗廟。仰惟武元之克讓，珍圖傳授於太宗；迨及文烈之能賢，神器復歸於皇統。混一彼四海，惟十有五年。既示德以威懷，乃仰成而垂拱，行不言之教以御下，永維則之思而奉先。政允若茲，世克用乂。竟晚年無及民之過失，在大臣當戮力以扶持，而海陵王包藏禍心，自行攘取，廢黜徽號，輒加惡名。茲遘閔於不虞，實無窮之遺恨。朕丕承聖緒，敢忘推本於祖宗，上念神孫，正可序升爲昭穆。遷自別寢，躋於太宮，顯謚鴻名，稽禮文而節惠，至公大義，式下土以成孚。今已奉上尊謚曰'弘基纘武莊靖孝成皇帝'，廟號'閔宗'，升祔祫享禮畢。於戲！名言之行，可以興禮樂；孝悌之至，可以通神明。洪惟茲事之成，實曰無疆之美，咨爾率土，體予至懷。"

大定二十六年，奉敕旨，閔宗廟號仰商量定了奏知。太常寺檢討到，三代制禮，祖宗不遷之廟，蓋謂有功有德者，東漢稍變古

禮，至後魏及唐以來，並以此爲廟號，未有踐祚而不祖宗先王者，近代循用此禮。其意本以推美爲先，故並用謚法中美字，如後魏太祖、世祖、顯祖、肅宗、敬宗、唐中宗、憲宗、敬宗、昭宗、梁太祖、後唐莊宗，皆不善終，其廟號亦用美字，別無用"哀"、"閔"等字者。謹按謚法，在國遭難曰"閔"，使民悲傷曰"閔"，雖非所指所行過惡，然終非謚號之美者。伏以閔宗皇帝在位十五年，任賢仰成，法度修舉，黜齊服宋，民物安和。晚年雖稍有過差，害不及民。近已斷自宸衷①，遷祔太廟，仍加以美謚，而廟號仍舊未改。今既恭奉敕旨，商量議，竊以宗者，尊也，謂有德可尊。既稱爲宗，而"閔"字似未相應，擬別定廟號，以仰副聖明之善意。兼自古無加謚改題之禮，至唐高宗以後，屢追加祖宗之謚，然亦不改册文②，但有改題神主之例。近世改謚加謚，並改造册寶，俟奏告畢，納於廟，或因改葬，則置於陵。亦有不改題神主，但告廟者。參詳謚册謚寶，古禮當奉置於陵，唐之加謚祖宗，以山陵既固，所以不改册文，止告廟、改題神主。近世改謚加謚，皆改造册寶，亦以不可啓陵，遂置册寶殿。今來擬改廟號，若依唐典故，止告廟改題，不行改造册寶，緣更改廟號，與唐之加謚不同。兼即今閔宗册寶見在册寶殿，若更改，別無窒礙，兼以"閔"字未宜，別行改定，亦難却不改神主。將來如蒙奏定，合行更改，即當別刻玉寶，更換册內"閔"字，及就舊改題，差官奏告太廟，并告閔宗本室，遷奉神主入幄次，改題訖，奉安於室。禮畢，以改造册寶奉置册寶殿。今擬到下項字：襄，闢土有德曰"襄"，執心克剛曰"襄"；威，

---

① "宸衷"，原作"宸哀"，據曹本、文淵閣本、廣雅本、《金文最》改。

② "改"，原作"該"，曹本同，據文淵閣本、廣雅本改。

蠻夷率服曰"威",猛以强果曰"威";敬,齊莊中正曰"敬",彙方克就曰"敬";定,安民法故曰"定";桓,辟土服遠曰"桓";烈,安民有功曰"烈";熙,允釐庶績曰"熙"。

二十七年二月七日,開具"熙、襄、敬"三字,奏奉敕旨,恭用"熙"字。

三月八日,太常寺檢討到《通典》唐代宗祔廟儀,題神主官就褥題云"代宗睿宗文孝武皇帝神主"①,又檢討得近代題神主儀亦同。又《唐書·德宗紀》該載,顏真卿奏列聖諡號字繁,請以初諡爲定;兵部侍郎袁傪妄奏云"陵廟玉册已刻,不可輕改",而不知玉册皆刻初諡而已。蓋當時雖累加祖宗諡號,不曾更造玉册。前來爲是太廟神主合題寫號諡,此上擬定:若奏改訖,"閔宗"即合於神主改題,并別刻玉寶,換玉簡一枚,及有奏告等禮數。合再契勘得閔宗神主當元止是題訖尊諡,不曾題寫"閔宗"二字,寶文內亦無二字。看詳若爲依上項典故,合題廟號,便擬改添新字。緣神主奉安後,依典禮不當輕有改作,兼照勘天德二年奉安題神主文卷亦止云"某皇帝神主",見得並不曾題寫祖宗字,亦合一體,不須改題。兼寶文無"閔宗"字,更不須改造。外,册簡一枚雖有"閔"字,緣照得唐禮,增加尊諡亦不改造玉册,兼今來既不改題造寶,其簡一枚亦無須合易換之禮。擬止差官奏告太廟并本室,仍以新改廟號遍下隨處通知。

四月一日奏稟,元奉上閔宗尊諡玉册上雖有"閔"字,緣照得唐禮,增加祖宗尊諡,不曾改造玉册,擬止差官奏告太廟、閔宗本

---

① "睿"下原衍"宗"字,曹本、文淵閣本同,據廣雅本、《通典》卷八七引《元陵儀注》刪。

室,仍以新改廟號遍下隨處,照會施行。從之。宣付工部郭邦傑。

四月十一日奏告。

雜録

大定二十年三月,有司奏請,景宣皇帝於閔宗時追謐,至隆二年四月,海陵庶人批劄贈太師,追封遼王。大定二年十二月,敕旨以舊謐"景宣皇帝"爲號。今來閔宗雖已升祔太廟,擬依舊以"景宣皇帝"爲號①。從之。

天德元年十二月,詔尚書省集百官議上父謐。百官請謐曰"憲古弘道文昭武烈章孝睿明",廟號"德宗"。二年正月,興聖宮行禮。以太師勗充奉册寶大禮使;其奉寶讀寶侍中、引寶門下侍郎、奉册讀册中書令、引册中書侍郎,以宰執攝;舉寶、舉册官,以吏、禮、兵、刑部尚書充。仍差官告廟。如皇統五年親奉册寶之儀。

大定二年四月九日,有司擬用元謐最下一字稱"明皇帝",奉敕旨,改爲"明肅皇帝"。十九年四月,閔宗既升祔,二十一年正月,詔貶海陵庶人,二十二年四月,皇太子上書,以謂:"海陵庶人昔相閔宗,無匡救之益,迺伺其閒隙,肆行大逆,盜據神器,十有二年,罪惡貫盈,天所殛絶。其父明肅,豈可使之猶竊帝尊之名②?仰惟祖宗之神靈在天,而其子海陵親弑太祖之世嫡閔宗,

---

① "今來閔宗雖已升祔太廟擬依舊以景宣皇帝爲號"二十字原奪,據曹本、文淵閣本、廣雅本補。

② "名",原作"明",據曹本、文淵閣本、廣雅本、《金文最》改。

且屠滅太宗之孫，靡有孑遺。若明肅之有知，未必以其僞號爲
榮。海陵既正大逆之罪，義當緣坐，況於封爵。今猶存其帝號
者，不過以明肅勳親之故，且其已死，不與於海陵之亂，故特忍而
存之。莫若重宗廟，尊朝廷，以正上下名分，削去明肅帝號，止從
舊封。庶乎宗廟、朝廷之禮，一舉而兩得。"敕旨付尚書省。尋與
禮官集議，十一日，擬奏："海陵既廢爲庶人，其父母尚仍帝后之
號，委是名分僭差。今擬改封皇伯太師、遼王，據衍慶宮舊容，擬
改畫服色，遷出順陵，改名爲墓。"從之。十五日，詔天下。

大定二年四月，有司以岐國爵號不是追封名稱，擬降封海陵
郡王，謚曰"煬"。逆天虐民曰"煬"。并具隋煬帝、齊鬱林王、東昏侯、
宋蒼梧王、魏邵陵縣公、高貴鄉公故事奏聞。從之。

二十年十二月九日，擬奏：閔宗已升祔，緣海陵庶人係弑逆
之人，大定二年降封，蓋當時有司止是比附前代帝王失道被廢降
封故事①，初不曾正弑逆之罪，又葬所與閔宗同一兆域，并海陵庶
人所生母尚有慈獻皇后名稱，俱爲未當。檢討到晉惠帝爲司馬
倫所廢，倫遂篡位，尋爲齊王冏等所討，惠帝反正，誅倫，仍廢爲
庶人。宋文帝爲子劭所弑，孝武討劭，劭敗，伏誅，暴尸於市。又
宋武帝張夫人生少帝，即位，尊爲皇太后，少帝失道，廢爲營陽
王，後拜爲營陽國太妃。倫以嘗篡位，廢爲庶人，海陵庶人弑逆，
尤不當有王爵之封。劭以弑逆，暴尸於市，其海陵庶人不當與閔
宗同一兆域，亦不當在諸王塋域之内。外，宋少帝初非篡弑，以
失道被廢，其母太后之稱猶加追奪，況海陵庶人其所生母"慈獻
皇后"之稱，合行追改。敕旨，仰再檢討，其葬所改遷於山陵兆域之

———————————

① "比附"，原作"北祔"，曹本同，據文淵閣本、廣雅本改。

外。復奏定,以"海陵庶人"爲名。二十一年正月九日,詔諭天下。

大定四年二月六日批降,禮官引《宋事實》,真宗諡號有"文明武定"字,詔改武定軍額,并文明殿學士爲紫宸殿學士,今來官民名稱及州軍縣鎮、官司名額犯睿宗皇帝尊諡內連用兩字者,並廻避。并八月五日批降,始祖以下帝后尊諡內相連兩字亦合廻避。九年八月批降,武元正連姓及下一字犯太祖尊諡二字,亦廻避。

大金集禮卷第四

大金集禮卷第五　皇太后皇后

天會十三年尊奉兩宮太皇太后　天德二年尊奉永壽永寧宮　皇統元年册皇后　天德二年册徒單氏　雜錄

天會十三年尊奉兩宮太皇太后

天會十三年九月八日，敕內外文武百寮等："朕席祖宗二聖之休德，託於士民君王之上。涉道日淺，罔知攸濟，方賴母儀自家之化，成乎王道。而兩宮之號未極其崇，朕用惕然。夫推親親以顯尊尊，古之制也，雖曰殫四海之養而名稱未正，如尊尊何。宜率舊章，用資孝治。太祖皇帝皇后紇石烈氏、太宗皇帝皇后唐括氏皆位冠六宮，屬尊一體，在均厥禮，奉正鴻名，並尊曰"太皇太后"，第當別之以宮，如長信故事。俟諒陰期畢，有司擇日奉册，具禮施行。布告中外，咸使聞知。"

天德二年尊奉永壽永寧宮

天德二年正月，詔有司擇日奉册唐殷國妃、岐國太妃，仍別建宮名。合行典禮，禮官檢詳條具以聞。差禮部外郎王兢等三員監看成造册寶印并法物，禮部郎中胡礪等三員監看成造匣、盝、床、殿牌額等，命直學士劉長言撰册文，禮部外郎王競書篆册寶。命太師晜、太尉裴滿達充奉册太尉，太保宗本、右丞同古辨充奉寶司徒①。外，讀册中書令、引册中書侍郎、讀寶侍中、引寶門下侍郎各二員，舉册、舉寶官各四員，以三品已上攝充。并差舁册匣官各十八員，舁寶盝官各十二員，主當内侍二員，及宣徽使、通事舍人、太常博士等。正月二十五日行禮。

十七日，擬禀合行儀禮，準。外，褘衣、大樂不用。

册寶法物二副，階玉册，每副五十條，一十條襟充首，四片上面畫捧册神農②，四十條充寫册文，鐫字、貼金。寶檢、斜□座③，並用金。寶用盤螭紐，紐下鈒水地，四面鈒雲鳳，伴寶玉環，用朱組大綾綬一條，半幅，長八尺，梅紅綾，明金盤雲鳳。册寶匣、盝、床、行馬等普用朱漆④，鈒鳳，帕、褥、法物等並依已行制度。皇太后於典禮合服褘衣，若服褘衣，皇帝合服通天冠、絳紗袍⑤，樂用大樂，百官衣服亦合依古。切恐難迲，擬止服拜天之服，皇帝服靴袍，樂用教坊，百官公裳。

其日質明，有司各具繖扇，侍衛如儀，及兵部約量差軍兵，并文武百官詣兩宮迎請引導。前導官、散從人衫帽。皇太后入内，並赴受册殿，入御幄，侍衛如式。次奉册太尉等俱以册置於案，引册官、押、舉册官並先入，立於殿西階下。奉寶司徒等俱以寶置於案，引寶官、押、

---

① “辨”，曹本、文淵閣本同，廣雅本作“辯”。按同古辨，《金史》作“唐括辯”，卷一三二有傳。又據《金史》卷五《海陵紀》，此時尚書右丞爲温都思忠，唐括辯爲右丞相，此處疑奪一“相”字。

② “神農”，疑當作“神龍”。本書卷一《帝號上·天德貞元册禮》載册寶制度：“前後四板刻龍鏤金，若捧護之狀。”此處亦當如此。

③ “座”前原空一格，曹本、廣雅本同，惟文淵閣本不空。疑所缺爲“二”字。

④ “普”，曹本、廣雅本同，文淵閣本作“並”，當是。

⑤ “絳紗”二字原誤倒，據曹本、文淵閣本、廣雅本乙正。

舉寶官並先入，立於殿西階下。皆盛以匣，覆以帕，詣別殿門外幄次。教坊提點率教坊入。侍衛官各就列。皇帝常服乘輿，至別殿後幄次。

通事舍人引宣徽使版奏"中嚴"，復位，少頃，又奏"外辦"。幄簾卷，教坊樂作，扇合，兩宮皇太后出自後幄，並即御座，南向，扇開，樂止。分左右少退。通事舍人引文武百寮班左入，依品重行西向立定。通事舍人喝"起居"，班依常朝例起居，七拜，訖，引文武百寮班分東西相向立。

通事舍人、太常博士贊引，太常卿前導，押冊官押冊而行①，奉冊太尉、讀冊中書令、舉冊官等以次從之，凡太尉、司徒行並通事舍人、太常博士贊引。次押寶官押寶而行，奉寶司徒、讀寶侍中、舉寶官等以次從之。俱自正門入，教坊樂作，至殿庭西階下少東，北向，於褥位少置，樂止。冊北寶南。其冊函蓋先去，置於冊床上。

通事舍人、太常博士贊引，太常卿前導，押冊官押冊升，樂作，奉冊太尉等從之。進至兩宮皇太后座前褥位訖，樂止。兩宮冊寶齊上齊讀。舉冊官夾侍，奉冊太尉各搢笏，北向跪，俯伏興，退立。讀冊中書令俱進，向冊前跪，奏稱"攝中書令具官臣某謹讀冊"②。舉冊官單跪對舉，押冊官並先退，復西階下東向立。中書令各搢笏，讀訖，執笏，俯伏興。搢笏，捧冊興，於位東廻冊函北向，並進，跪置於御座前褥位訖，中書令、舉冊官俱降還位。奉冊太尉並降階，東向以俟。

---

① "押冊官"此前原復衍"押冊官"三字，據曹本、文淵閣本、廣雅本、《禮志一○‧冊皇太后儀》刪。

② "謹"，原作"言"，曹本、文淵閣本同，廣雅本據《禮志一○‧冊皇太后儀》改爲"謹"，今從改。

　　押寶官押寶升，樂作，其寶函蓋先去，置於階上寶床上。奉寶司徒等從之。進至兩宮皇太后座前褥位訖，樂止。舉寶官夾侍，奉寶司徒各搢笏，北向跪，俯伏興，退立。讀寶侍中俱進，當寶前跪，奏稱"攝侍中具官臣某謹讀寶"①。舉寶官單跪對舉，押寶官並先退，復西階下東向立。侍中各搢笏，讀訖，執笏，俯伏興。搢笏，捧寶興，於位東廻寶函北向②，並進，跪置於御座前褥位册之南。通事舍人、太常博士贊引，太尉、司徒以次應行事官俱降自西階，復本班敘立。

　　宣徽使一員詣皇帝御幄前，俯伏跪，奏"具官臣某謹請皇帝詣兩宮皇太后前行稱賀之禮"③，本部擬俟皇太后並升座，即奏請皇帝於殿上稍南，西向侍立，至讀册寶訖，奏請行稱賀之禮；殿上奏請不跪。奏訖，俯伏興。凡奏請準此。贊引皇帝再拜，訖，又奏請北向跪，賀曰"嗣皇帝臣某言云云"，俯伏興，又再拜訖。又奏請皇帝少立，内侍承旨，退，西向，稱"兩宮皇太后旨云云"，皇帝再拜。宣徽使前引，皇帝歸幄，常服乘輿還内，侍衛如來儀。

　　應階下文武百寮重行立定，通事舍人喝"拜"，在位皆再拜。通事舍人引太師詣西階升，俯伏跪，奏稱："文武百寮具官臣某等稽首言，皇太后殿下顯對册儀，永安帝養，仰祈福壽，與天同休。"賀訖，俯伏興，降自西階，復位，立定。通事舍人喝"拜"，在位官皆再拜，舞蹈，三稱"萬歲"，又再拜訖。宣徽使升自東階，取旨，退，臨階西向，稱"兩宮皇太后旨"。通事舍人喝"拜"，在位官皆

---

　　① "謹"，原作"言"，曹本、文淵閣本同，廣雅本據《禮志一〇·册皇太后儀》改爲"謹"，今從改。

　　② "寶函"，原作"寶西"，曹本同，據文淵閣本、廣雅本改。

　　③ "謹"，原作"言"，曹本、文淵閣本同，廣雅本據《禮志一〇·册皇太后儀》改爲"謹"，今從改。

再拜訖，宣曰："公等忠敬盡心，推崇協力，膺茲令典，感愧良深①。"宣訖，還位。通事舍人喝"謝宣諭，拜"，在位官皆再拜，舞蹈，三稱"萬歲"，又再拜訖。

通事舍人分引應北向官各分班，東西立定。宣徽使升自東階，奏稱"具官臣等言，禮畢"，降，還位。扇合，皇太后並興，教坊樂作，降座，還殿後幄次，扇開，樂止。通事舍人引宣徽使奏"解嚴"。中書侍郎等各帥捧冊床官升殿，跪捧冊，並置於床，次門下侍郎等各帥捧寶床官升殿，跪捧寶，並置於床，訖。通事舍人引，詣東上閤門投進所司。文武百寮以次出。皇太后常服乘輿，各還本宮，引導如來儀。文武百寮詣東上閤門拜表賀皇帝訖，退。部元呈有謁廟，不見施行。

禮畢，各赴本宮，受內外命婦稱賀。所司預於殿內設皇太后御座，司賓引內外命婦於殿庭北向，依序立定。尚儀奏請皇太后常服即座，司贊曰"再拜"，命婦皆再拜，訖。司賓引班首詣西階升，跪，賀稱："妾某氏等言，伏惟皇太后殿下天資聖善，昭受鴻名，凡在照臨，不勝欣忭②。"言訖，起，降階，復位。司贊曰"再拜"，內外命婦皆再拜。尚宮承旨，降自西階，於命婦之北東面，稱"皇太后旨"，司贊曰"再拜"，在位者皆再拜，訖。宣荅："膺茲典禮，感愧良深③。"司贊曰"再拜"，在位者皆再拜，訖，退。赴別殿賀皇帝，亦如賀皇太后之儀，惟不致詞，不宣荅。司賓、司贊、尚儀、

---

① "公等忠敬盡心推崇協力膺茲令典感愧良深"句原作注文，曹本同，今據文淵閣本、廣雅本、《禮志一〇·冊皇太后儀》改作正文。

② "伏惟皇太后殿下天資聖善昭受鴻名凡在照臨不勝欣忭"句原作注文，曹本同，今據文淵閣本、廣雅本、《禮志一〇·冊皇太后儀》改作正文。

③ "膺茲典禮感愧良深"句原作注文，曹本同，今據文淵閣本、廣雅本、《禮志一〇·冊皇太后儀》改作正文。

尚宫等擬用知禮内侍人等充,如無,用閤門。

皇統元年册皇后

天眷元年十二月二十五日,命貴妃裴滿氏爲皇后。制曰:"《易》基乾坤,以大陰陽之統;《詩》始夫婦[①],乃先后妃之風。故三代之令王,謹六宫之内職。況承宗廟,儷辰極以居尊;用正人倫,揭母儀於無外。事所繫者甚重,道相須而後成,非朕敢私,自天作配。狥歟誰氏,廼茂徽音,若稽舊章,誕布寵命。貴妃裴滿氏,慶鍾戚里,教肄公宫,夢月方娠,生而固異。倪天之妹[②],卜則允臧,爰用聘於先朝,乃來嬪於初載。禮肅舅姑之奉,訓無師傅之違,道著家人,名膺邦媛。逮予宅統,率履在中,承祀孔虔,睦親克孝。蹈貞賢之警戒,知臣下之勤勞,纘女惟行,輔朕不逮[③]。居軒后四星之列,貴則益恭;在《周官》六服之儀,缺然未講。宜躅吉旦,正位長秋。於戲,爲望甚尊,有同乎天地;流風自近,以至於家邦。言雖戒於闈蹦,令莫捷於身正。恩宜逮下,志務求賢。非儉德不能懲奢泰之風,去私謁可以贊正直之道。慎終如始,永孚於休。"

皇統元年正月二十一日,習發册及功成殿儀。二十二日,行册禮。攝行事官就用初十日上尊號員數,并行禮用内外命婦,奏定三品以上次室封號。二十八日,皇后謁祖廟。

---

① "始",原作"經",曹本、文淵閣本、《金文最》同,據廣雅本改。
② "倪",原作"倪",曹本同,據文淵閣本、廣雅本、《金文最》改。《詩·大雅·大明》:"大邦有子,倪天之妹。"
③ "朕",原作"服",曹本、《金文最》同,據文淵閣本、廣雅本改。

册文:"皇帝若曰,夫地承天而效法,所以合德無疆;月遡日而生明,故能容光必照。是以有國有家者,必選立嘉配,以上承宗廟,而降德於臣民,古今一也。我國家累聖重光,開基垂統,用端命於上帝,亦惟内德相繼,匹休姜、任。燕謀所貽,敢忘紹述①。咨爾裴滿氏,柔惠端淑,得於天成,發慶鍾祥,世有顯聞。自越初載,來嬪潜邸,笄珈紃組,率履無違。逮朕纂服,章明婦順,表率勤劭,陰教修明。雖已崇建位號,而典册未舉,朕意歉然。今遣太尉裴滿胡塔、攝司徒昂持節授爾册寶,副褘重翟,宏賁用光,備物充庭,一遵古禮。朕惟王業所基,率由内治,和睦自中,化馳如神。爾克勤,人用弗敢弃日;爾克儉,人用弗敢崇侈;爾克正,人用弗敢迂乃心、倚乃身。勉思其終,惟慎乃濟。天其申命於我家,爾亦永膺多福,豈不韙歟。"

攝行事官各與恩賜。總領册禮太師宗翰金一百五十兩,銀、絹三百兩、疋,段子五十。册使太尉胡塔金一百兩,銀、絹二百兩、疋,段子二十。以次中書令、司徒、侍中至於贊者、主節、大樂令、協律令各有差②。

天德二年册徒單氏

天德二年九月二十一日,詔册惠妃徒單氏,令有司擇日備禮施行。詔書下禮部,至册禮畢,十月十一日遍下。差待制王競等三員監看鐫篆册寶并法物,兵部郎中劉仲延等三員監看成造匣、盝、床等,

---

① "敢忘紹述",原作"敢忘□紹","紹"前闕一字,曹本同,今據文淵閣本、廣雅本、《金文最》改補。

② "協律令",諸本皆同,當作"協律郎"。

命侍讀劉長言撰册文，王競書册篆寶①。命禮部尚書宗安十月七日告天地，特進按打海告宗廟，各差引贊行禮太常博士、通事舍人并讀祝官一員。《五禮精義》云：册命大事，先告天地、宗廟，示不敢自專。社稷、地祇之屬，不必皆告。

册使太尉以正員充，副使司徒以左相思忠攝，侍中三，一奏"中嚴"、"外辦"，一承制，一奉寶、讀寶、進入內。中書令一，奉册、讀册、進入內。門下侍郎三，一引寶兼進入內，二奉節。中書侍郎一，引册兼進入內。宣徽使、禮儀使、吏部、禮部侍郎各一，舉册中書舍人、舉寶給事中各二，捧册、捧寶官各四，並宰執以次攝充。并差引贊行禮九員，册使、副使、讀册、讀寶、引册、引寶、兩奉節、禮儀使。昇寶盝官十二，昇册匣官十八，大樂令、協律郎、主節二，閤門使、典儀、司贊一，符寶郎八，通事舍人十，贊者二，閤門司，內侍局。

十月九日勤政殿發册、泰和殿受册并命婦賀儀：九月二十七日稟過。

前一日，儀鸞司設坐勤政殿，南向，設群臣次於朝堂。大樂令展宮懸於殿庭，設協律郎舉麾位於樂懸西北，東向。閤門設百官班位於庭，並如常朝之儀。又設典儀位於班位之東北，贊者二人在南，少退，俱西向。設册使副位於殿門外之東，又設册使副受命位於百官班前。又設册寶幄次二於殿後東廂，俱南向。前一日，尚書工部奉册寶進入。

其日，諸衛勒所部略列黃麾細仗於庭。用前六部②，攝官七十一員，擎執六百七十八人③。符寶郎奉八寶置於左右。吏部侍郎奉册、禮部

---

①　"書册"，原作"書丹"，據曹本、文淵閣本、廣雅本改。
②　"用前"二字原誤倒，據曹本、文淵閣本、廣雅本乙正。
③　"人"字原奪，曹本同，據文淵閣本、廣雅本及《儀衛志上·內外立仗》補。

侍郎奉寶匣皆置於床，訖，出就門外班。大樂令、協律郎、樂工、典儀、贊者各入就位。群官等依時刻集朝堂，俱就次，各服朝服。侍中約刻版奏"請中嚴"。通事舍人引群官入就於庭，東西相向立，以北爲上。又引册使副立於東偏門，西向。門下侍郎引主節奉節立於殿下東廊橫階道北，中書令、中書侍郎帥舉捧官奉册床立於節南，侍中、門下侍郎帥舉、捧官奉寶床立於册床之南，俱西向。

侍中版奏"外辦"，殿上索扇，協律郎舉麾，宮懸奏曲，皇帝服通天冠、絳紗袍出自東房，曲直華蓋、警蹕、侍衛如常儀。即座，南向坐，簾捲，樂止。通事舍人引册使副入，宮懸奏曲，使副就受命位[①]。侍中、中書令、門下侍郎、中書侍郎、舉捧官依舊西向立。群官合班，橫行北面，如常朝之儀，立定。典儀曰"再拜"，贊者承傳，班首已下群官在位者皆再拜。班首問起居，又再拜。

閤門官引攝侍中出班承制，降詣使副東北，西面，稱"有制"。使副稍前，揖躬，再拜，攝侍中宣制曰："命公等持節授后册寶。"宣制訖，又俱再拜。侍中還班。門下侍郎引主節詣册使所，主節以節授門下侍郎，門下侍郎執節面西，授太尉，太尉受，付主節，主節立於使副之左右。門下侍郎退還班位。中書侍郎引册床，門下侍郎引寶床，立於册使東北，面西，以次授與太尉。太尉皆捧受，册床置於北，寶床置於南。侍中、中書令、禮儀使、舉捧册寶官及舁床者退於東西塼道之左右，相向立。門下侍郎、中書侍郎退還班位。典儀曰"再拜"，贊者承傳，群官在位者皆再拜。群

---

① 按上文謂"宮懸奏曲"，而下文不見樂止，考本書卷八《皇太子·天德四年册命儀》與本儀禮文多同，據卷八，此句下當有"樂止"二字。

官拜訖,分班歸東西相向位。

　　舉、捧、舁册寶床者進,册床先行,讀册官次之,寶床次行,讀寶官次之。舉捧官各分左右[1],通事舍人引册使隨之以行,持節者前導。太尉初行,宮懸樂作,出殿門,樂止。攝侍中出班升殿,奏:“侍中臣言,禮畢。”殿上索扇,簾降,宮懸奏曲,降[2],入自東房,樂止。通事舍人引群官在位者以次出。俟太尉、司徒復命,禮畢,還內。

　　先是,有司預設太尉、司徒本品革車鹵簿於門外。至殿門,左右排列。俟使副出,鼓吹振作。鹵簿依本品合得人數,如無鹵簿鼓吹,即代以錦衣人從。禮儀使、舉捧官、執節者并擡舁人以册寶少駐於泰和門,太尉、司徒及讀册寶官暫歸幕次[3]。內侍、閣門引入泰和殿,俟至殿下位,鼓吹止。

　　有司宿供張泰和殿,設皇后座於戻前,殿上垂簾,又設東西房於座之左右稍北。又設受册位於殿庭西階之南,東向。又設內命婦次於殿之左右。大樂令設宮懸於庭,協律郎設舉麾位於殿上。又設册寶次於門外,又設行事官次於門左右,又設外命婦次於門之內。

　　其日,諸衛於殿門外略設黄麾細仗。用後六部,攝官三十六員,擎執三百二十二人。有司設二步障於殿之西階;簾前設扇,左右各十;紅繖一,在西階欄干外。又設舉册寶案位於使副之前,北向。又設宣徽使位於北廂,南向。司贊設內外命婦以下陪列位於殿庭塼道之左右,每等重行異位,北向,內命婦在後。又設司贊位於東

---

①　“各”,原作“告”,曹本同,據文淵閣本、廣雅本及《禮志一〇·册皇后儀》改。

②　《禮志一〇·册皇后儀》“降”下有“座”字,意較顯豁。

③　“寶”字原奪,曹本、文淵閣本同,廣雅本據《禮志一〇·册皇后儀》補,今從補。

階東南，贊者二人在南，少退，俱西向。

質明，執事官、大樂令等各就位。內外命婦擬各服其本服。皇后常服乘龍飾肩輿，肩輿如無，用小龍車子代。至泰和殿後閣，近仗導衛如常儀。宣徽使奏"中嚴"。冊使副入門，宮架奏曲，俟冊使庭中立，樂止。冊在北，寶在南。使副立於床後，禮儀使帥持節者立於前，舉捧冊寶官立於冊寶床左右，讀冊寶官各立於其後。

宣徽使奏"外辦"，內侍、閣門官引后出後閣，宮懸奏曲，簾捲。如首飾、褘衣難迭成造，即用皇后拜天服。皇后降自西階，皇后升降並內侍、閣門引。左右步障、繖、扇從，至階下，望勤政殿御閣所在立，樂止。冊使進立於右，宣曰："有制。"閣門使、內侍贊"再拜"，拜。冊使宣曰："制遣太尉臣某、司徒臣某恭授后冊寶。"閣門使、內侍贊再拜。冊使少退，中書令、侍中及舉捧官率擡舁人奉冊寶以次進於前，宮懸奏曲。冊寶床自東階升，並置於殿之前楹間，冊床在北，寶床在南。中留讀冊寶官立位，並去帕及蓋，擡舁人執之，退立於西朵殿。舉擡官分左右相向立[①]，讀冊寶官各立於床之東，西向，立既定，樂止。閣門使、內侍贊再拜。捧謝表官以表授左立內侍，內侍以授后，受訖，以付右立內侍，內侍持表立於右。閣門使贊再拜，訖。

冊使退，宮懸奏曲，持表內侍以表付閣門官，隨冊使行。冊使副至門，鼓吹振作如來儀，入西偏門，鼓吹止。冊使副至御閣所在，俯伏跪，奏："太尉臣姓名、司徒臣姓名奉制授冊寶，禮畢。"俯伏興，退。持表閣門官進表，近侍接入，進讀訖，退。

初，冊使退，及門，樂止。閣門、內侍引后自西階升殿，宮懸

---

① "舉擡官"，據上下文，當作"舉捧官"。

奏曲。繖、扇止於簾外，退於左右朵殿前；步障止於階下，卷之。后於座前南向立，樂止。中書令詣册床南立，北向，稱："中書令臣名，謹讀册。"讀畢，降自東階，立於欄外第一墀上，西向。次侍中詣寶床南立，北向，揖，稱："侍中臣名，讀寶。"讀畢，降階，立於中書令之北，西向。

　　內侍、閤門引升座[1]，宮懸奏曲，坐定，樂止。舉捧官以次招擡舁人持帕蓋覆匣床，奉置殿之左右。册床在東，寶床在西。置訖，舉捧官以次降階，立於中書令、侍中之後。立定，合班，面北，閤門贊"再拜"，拜訖，降東階，退出殿門。其擡舁人置册寶床於東西訖，各由朵殿下階，於侍中等班後直出殿門，以俟復入，擡舁入宮。

　　受册表謝訖，內侍跪奏"禮畢"。閤門引內外命婦陪列者以次進，就北向位。班首初行，宮懸奏曲，至位，樂止。閤門曰"再拜"，命婦皆再拜。閤門引班首自西階升，樂作，至階，樂止。進當座前，北向，躬致稱賀。訖，降自西階，樂作，至位，樂止。閤門曰"再拜"，舍人承傳，命婦等皆再拜。閤門使前承令，降自西階[2]，詣命婦前西北，東向，稱"有教旨"。命婦等皆拜。閤門使宣曰："祇奉聖恩，授以册寶，榮幸之至，兢厲增深。所賀知[3]。"舍人曰"再拜"，命婦皆再拜，訖。

　　內侍引內命婦還宮，班首初行，樂作，出門，樂止。內侍引外命婦出次。宣徽使奏稱"禮畢"，降坐，宮懸奏曲，入東房，樂止。

歸閤,宮懸奏曲,至閤,樂止。更常服。内侍承教旨,宣外命婦入會,並如常儀。會畢,閤門引外命婦降階,橫行北向,舍人曰再拜,訖,以次出。還宮,如來儀。中書、門下侍郎計會引進司帥擡舁人進册寶入内,交付與都點檢司,退。

別日,會群官,會妃、主、宗室等,賜酒、設食、簪花、教坊作樂,如内宴之儀。

十一日朝兩宮,先永壽宮,次永寧宮。并十三日恭謝太廟儀:三日稟過。

皇后既受册,越二日,内侍設座於所御殿,南向。其日,夙興,宣徽使版奏“中嚴”。質明,諸侍衛、宮人俱詣寢殿奉迎。宣徽使版奏“外辦”。后首飾、褘衣,御車,内侍前導,降自西階以出,侍衛如常儀。至太后之裏門外,降車,障、扇、侍衛如常儀。入,至於西廂,東向。將至,宣徽使版奏“請中嚴”,既降車,宣徽使版奏“外辦”。太后常服,宣徽使引升座,南向。宣徽使引后進,升自西階,北面,再拜,進,跪,致謝詞。存撫、賜酒食並如家人之儀。禮畢,宣徽使贊再拜,訖,宣徽使引降自西階以出。出門,宣徽使奏“禮畢”,降座,入宮。

前一日,齋戒於別殿,内命婦應從入廟者俱齋戒一日。其日未明二刻,有司陳設儀仗於后車之左右,以次排列。外命婦先自太廟後門入。内命婦嬪妃已下俱詣殿庭起居,訖。宣徽使版奏“中嚴”,少頃,又奏“外辦”。首飾、褘衣,御肩輿,取便路至車所。内侍奏“請降輿升車”,既升車,奏“請進發”。車出元德東偏門。内命婦妃嬪已下自殿門外上車,由左掖門出,從至太廟門外。儀仗止於門外,回車南向。内侍奏“請降車升輿”,后降車升輿,就東神門外幄次,下簾。内命婦妃嬪已下降車,入就陪列位。内侍

引外命婦詣幄次前起居，訖，並赴殿庭陪列位。少頃，宣徽使詣
幄次，贊“行朝謁之禮”，簾卷。宣徽使前導，詣殿庭階下西向褥
位立。宣徽使贊“再拜”，內外命婦皆再拜。宣徽使前導，升東
階，詣始祖皇帝神位香案前褥位。宣徽使奏請三上香，又奏“再
拜”，拜訖。宣徽使前導①，次詣獻祖已下十室，並如上儀。宣徽
使奏“禮畢”，導歸幄次。宣徽使奏“請解嚴”，內外命婦還幕次②。
少頃，轉仗還內，如來儀。外命婦退。內侍奏“請御輿”，出至車
所，奏“請升車”，既升車，奏“請進發”。內命婦上車。至元德東
偏門，內侍奏“請降車升輿”，后御輿取便路還內。內命婦從入。

　　册禮畢，百官上表稱賀，并以牋賀中宮。

雜録

　　天會十四年正旦，帝詣太皇太后宮賀，御乾元殿受百官朝
賀。十五年、天眷元年同。

　　天德二年十一月十五日，有司檢照宋哲宗劉太后詣景靈宮，
其《禁衛圖》內，御龍直傳聖旨、打傘、執從物五十三人；唐永貞元
年，憲宗尊母王氏爲太上皇后，其册儀稱“有令旨”，元和六年上
皇太后尊號，其儀稱“有令”。呈稟訖，皇太后稱“令旨”。

　　二月五日，設永壽、永寧宮導駕各三十人，壽安宮太皇太妃。
導從二十人，各設傘子二人。九日，稟訖，盤鳳紫衫幞帶，依弩
手、傘子例。

---

①　“使”字原奪，據曹本、文淵閣本、廣雅本及《禮志四·皇后恭謝儀》補。
②　“還”字原奪，據《禮志四·皇后恭謝儀》補。

又四月二十九日,皇太后、太皇太妃每年隨宮錢各二萬貫,表二百段,絹一千疋,綿五千兩。

貞元儀:皇太后導從駕六十人,傘子不在數。並服簇四盤鵰團花紅錦襖子[①],金花幞頭,金鍍銀束帶。

大金集禮卷第五

---

① "錦",原作"綿",曹本、文淵閣本同,據廣雅本及《儀衞志下·皇太后皇后鹵簿》改。

大金集禮卷第六　追謚后

聖穆 光懿皇后　欽獻皇后　欽仁皇后　惠昭
皇后　永寧宮　欽慈 貞懿皇后　宣獻皇后
昭德皇后　悼平皇后闕

聖穆 光懿皇后

天會十三年二月十一日，追册聖穆、光懿皇后并德妃、賢妃。
命昱攝太尉奉上册寶，宗翰攝中書令進册，韓企先充二妃册贈
使，查刺①、谷神攝侍中奉寶，烏都保、勝古攝中書令奉册，高慶
裔、蔡靖攝門下侍郎讀寶，韓昉、張鈞攝中書侍郎讀册，并舉寶給
事中四，舉册中書舍人四，押册中書侍郎二，讀册中書舍人二，太
常卿、太常博士一，典儀二。

　二月十一日乙卯②，孝孫嗣皇帝臣諱謹再拜稽首言曰："臣聞
正位麗極，肇造我家者，必資淑聖，然後成帝王之功；考謚定名，
昭示厥後者，非薦徽尊，無以見后妃之德。繫國朝之令典，著今

---

　①　"查刺"，原作"杳刺"，曹本同，文淵閣本作"扎拉爾"，蓋原作"查刺"，廣雅本亦
作"查刺"。按"查刺"爲遼金時人常用名，此查刺當即世祖子沂王，漢名量。今據改。
　②　按此下聖穆皇后、光懿皇后兩篇册文原在《欽仁皇后》"并太常卿太常博士一"
下，曹本、文淵閣本同，廣雅本移至此處，今從移。

古之彝儀。伏惟太母，博厚配天，貞明齊日，安順靜愨，肅雍塞淵。開王化以始基，篤人倫而正本。慶流者遠，挺生冑族之華；善積在躬，秀發閨齡之妙。言爲圖史，動合箴規。鏘璜瑀以和鳴，容皆中節；飾紘綖而整治①，藝則生知。粵自高門，言歸烈祖。時屬經綸之際②，進膺窈窕之求，禮未備於造舟，志已躬於服澣。羲爻六子，資生允賴於坤儀；周亂十人，同德莫先於文母。體參龍躍，祥發燕禖，贊榛栗以告虔，羞蘋蘩而昭信。必敬必戒，至靜至柔。教以身而先人，化自家而刑國。琴瑟在御，副褘以朝。若嬀汭之嬪虞，用全舜孝；邁塗山之興夏，實佐禹功。有開必先，篤生皇考，立子以適，肆及眇躬。承惟輔佐之憂勞③，既勤祖構；宜享治安之逸樂，遽棄母儀。迄兹纂承，彌極攀慕。弗獲逮事，徒瞻服飾之山河；未究推尊，有感烝嘗之霜露。是以秉鈞元老，蒞禮碩儒，謀皆一辭，龜得吉卜，請奉長秋之號，追嚴厚夜之藏。強爲之名，道或存於擬議；俄爾可測，功豈盡於形容。謹遣攝太尉、皇叔祖、大司空昱奉玉册、玉寶上尊謚曰‘聖穆皇后’④。伏惟皇靈在天，景福昌後。衣冠原廟，聿從高帝之游；松柏閟宮，寅奉姜嫄之祀。名貽不朽，德播無疆。嗚呼哀哉，謹言。”

二月十一日乙卯，孝孫嗣皇帝臣亶謹再拜稽首言曰：“臣聞塗山儷禹，史稱啓夏之功；莘國配文，詩播興周之美。洪惟令德，敻掩前芳，苟非著勤崇垂後之公，何以申報本飾終之孝。若稽典册，允協神人。恭惟皇后挺生名宗，來符興運。稟是柔嘉之性，

---

① “紘綖”，原誤“綋紘”，據曹本、文淵閣本、廣雅本、《金文最》改。
② “時屬”，原作“時屬”，曹本同，據文淵閣本、廣雅本、《金文最》改。
③ “承惟”，曹本、文淵閣本同，廣雅本、《金文最》作“永惟”。
④ “玉寶”之“玉”字原奪，曹本、文淵閣本同，廣雅本、《金文最》及下文光懿皇后册文均有，今據補。

形爲貞静之姿，畠以賢稱，遂爲聖偶。窈窕率禮，藹《關雎》淑女之風；儆戒持心，得《雞鳴》賢妃之道。我烈祖登大寶之始，而太母正中宫之尊，助日宣光，配天居體，躬蘋蘩以奉宗祐，服澣濯以訓宫庭。至於敬老尚賢，矜孤閔乏，嘗聞國論，言必有稽，間預兵機①，謀無不中。歷覽千古，實惟一人②。志存社稷之深，澤溢子孫之遠。逮膚纘紹，彌用追懷，悵慈範之永違，怳徽音之如在。致四海之養，既弗及於承顔；備萬物之儀，固無能於稱德。尚書政府，宗伯禮官，僉謂移御舊宫，升祔世室，宜刺六經之載，用光百世之傳。謹遣攝太尉皇叔祖大司空昱奉玉册、玉寶上尊謚曰'光懿皇后'。伏惟俯納精誠，昭膺懿號，珠襦玉匣，陪弓劍於軒臺；風馬雲車，從衣冠於漢廟。永綏純嘏，幽贊丕圖。嗚呼哀哉，謹言。"

欽獻皇后

天會十四年二月五日，上欽獻皇后尊謚。威德悉備曰"欽"，聰明睿智曰"獻"。命習古乃充太尉上册寶，謀衍進册，宗弼奉寶，阿離寶奉册，趙輪讀寶，韓昉讀册，并舉寶、舉册官各二，太常卿、太常博士一，典儀二。

---

① "間"，原作"聞"，曹本同，據文淵閣本、廣雅本、《金文最》改。
② "惟"字原奪，據曹本、文淵閣本、廣雅本、《金文最》補。

欽仁皇后

皇統三年八月二十二日①，上欽仁皇后尊謚。敬事節用曰"欽"，
貴賢親親曰"仁"。命待制高士談撰册文，命都點檢元當日告廟，命太
尉裴滿達奉上册寶，中書令韓企先進册，平章奕攝侍中，左丞宗
憲、右丞蕭仲恭攝門下、中書侍郎，大理卿馬諤讀寶，待制趙洞等
四員舉册，并太常卿、太常博士一。

八月二十一日乙巳，孝孫嗣皇帝臣諱謹再拜稽首言曰："昔
我皇祖，誕膺天命，肇造區宇，用垂統於後世。至於太宗，聰明勇
智，克篤前烈，迄用有成。聲教暨於朔南，仁恩被於動植，天監厥
德，用錫無疆之休。雖簡在帝心，本自神聖；而輔佐憂勤，實與有
力。恭惟大行太皇太后，坤靈毓粹，圓魄儲精，作合皇家，儷體宸
極。儉以約己，勤以率人，陰教行於六宮，素風表於千祀。用能
體資生之道，助播物之功，四海莫不蒙仁，二儀於焉饗德。雖塗
山啓夏，渭涘興周，無以專其美也。及先皇厭代，哀戚過禮，就養
東朝，德輝彌耀。顧惟寡昧，嗣守丕基，方賴慈訓，庶臻於理。而
昊穹弗憖，大數俄及，惘然追懷，哀恫曷已。今者卜筮告吉，因山
有期，爰制近司，請明舊典。惟舉位以定名，考謚以尊德，所以揚
茂美而傳休聲，由周而來，率用是道，庶憑徽號，以稱褒崇。謹遣
太尉行會寧牧、鄭國王臣裴滿達奉册寶上尊謚曰'欽仁皇后'。
伏惟聖靈在天，令名不朽，光配清廟，永永無疆。嗚呼哀哉，

---

① "二十二日"，下册文作"二十一日乙巳"，《金史》卷四《熙宗紀》亦稱八月"乙
巳，謚太皇太后曰欽仁皇后"。據《房山石經題記彙編》，是年七月丙辰朔，則八月當乙
酉朔或丙戌朔，乙巳爲二十一日或二十日，無二十二日至可能。此處當誤。

謹言。"

惠昭皇后

天會十三年九月二日，追册惠昭皇后。徽宗景宣帝后。

永寧宮

貞元三年十月二十一日，上永寧宮謚曰慈憲。視民如子曰"慈"，行善可紀曰"憲"。

九月七日稟訖，於欑殿親行禮外，尚書省就便差官。

八日，差侍講胡礪撰謚議，學士施宜生撰謚册文，禮部侍郎王競書篆册寶。並給敕。

十月□日①，命太師思忠充大禮使，右相師恭、左相張浩攝侍中奉寶、讀寶，平章張暉、蕭玉攝中書令奉册、讀册，左右丞、參政攝引寶門下侍郎、引册中書侍郎，三品以上四員充舉寶、舉册官，并差昇寶盝官十二，昇册匣官十八，太常博士五，引大禮使、侍中、中書令并引册、寶床。翰林使二，讀祝太祝一，舉祝册奉禮郎二。

十八日，遣使丕承殿奏告②，百官陪位。

二十一日，行禮。

前期，有司供帳於欑殿，設神御床案，及設小次於殿下東廂，

---

①　"日"前原空一格。

②　《金史》卷五《海陵紀》貞元三年十月"辛卯，告于丕承殿。乙未，如薤宮，册謚永寧皇太后曰慈憲皇后。"按是年十一月乙巳朔，而十月丙子不書朔，則當爲乙亥朔，辛卯爲十七日，乙未爲二十一日。此謂十八日奏告，與《金史》不合。

又設册寶幄殿於東廊南空地内。殿前司、宣徽院約度差甲騎、旗鼓、門仗官、香輿,自製造册寶所迎奉册寶,奉安於殿。騎從儀同。

　　是日未明,有司鋪設香案、供具等物於神位前,設祝册案於神位之右,又設拜褥三:一在阼階上,西面;幄殿別無阼階,於殿東階上面西設拜褥。一在香案南,面北;一在殿上東欄子内,面西。

　　質明,有司備常行儀仗,皇帝自宮中便服乘馬,百官後從。大禮使已下行事官等公服於幄殿門外迎立。幄殿門外下馬,步入小次。少頃,御史臺催班,大禮使、行事官自幄殿奉册寶於殿西階下置定,大禮使歸押班位。閤門使奏"班齊"。皇帝更衣。太常卿奏"請行奉上册寶之禮"。宣徽使、太常卿分左右導升阼階上,詣褥位,面西立,宣徽使、太常卿前侍。宣徽使贊"請再拜",凡拜者,宣徽使贊請。閤門使臚傳,在位官皆再拜。贊請由殿上正門入,於香案前褥位再拜,上香,又再拜,退,稍東於欄子内面西褥位立定。

　　典儀司徹香案前拜褥,設册寶褥位於香案南。舉册、舁册官取册匣於床,對捧由西階升,中書侍郎分左右前導,奉册中書令、讀册中書令並後從。候褥位置定,中書侍郎、舉册、舁册官稍退立,奉册中書令稍前於褥位再拜,退就殿階上西南柱外,面東立。讀册中書令稍前,再拜。舁册官取匣蓋,下置於西階下册床上。舉册官對舉册[1],讀册中書令一拜跪,搢笏,讀。讀訖,就一拜起。又再拜,退立於奉册中書令之次。凡讀册寶祝文,皇帝皆跪聽。奉册中書令少進,與中書侍郎率舉册、舁册官奉册匣由西階下,引從如上儀,復置於册床,置定。舉寶、舁寶官以寶盝升,至侍中讀畢,

---

①　"舉册"下原奪"官"字,據廣雅本補。

由西階下，復置於床，皆如册匣之儀。

有司徹册寶褥位，復設香案南拜褥。宣徽使、太常卿前導，皇帝進就褥位，再拜，上香，上茶，上酒，樂作，三酹，樂止。太祝讀祝文，訖，再拜，復歸阼階褥位，立定。大禮使升殿①，於香案南宣徽使處受福酒②，恭詣阼階褥位前。宣徽使贊"皇帝再拜、飲福"，大禮使跪以酒盞進，跪飲，訖，大禮使跪受酒盞。宣徽使贊"再拜"，閤門臚傳，在位官皆再拜。大禮使以酒盞復授宣徽使，訖，由西階下，歸班位。太常卿、宣徽使前導，歸小次，即座，簾降。太常卿跪奏"禮畢"，皇帝便服，百官皆卷班西出。大禮使以下奉册寶床納於欑殿左右相當處，權行收頓。有司轉仗，由來路奉車駕還内。大定二年四月九日，改德宗爲明肅，永壽宮贈爲哀皇后，慈獻未改舊諡。二十二年四月十一日，明肅降遼王，正妃追封遼王妃，夫人李氏、娘子徒單氏并庶人所生母並封王夫人，諙用漢字，分付其孫元奴。

欽慈　貞懿皇后

大定元年十一月十五日，追册皇妣蒲察氏曰欽慈皇后，皇妣李氏曰貞懿皇后。

宣獻皇后

大定二年四月，禮官檢引宋《太常因革禮》："太平興國二年，

---

① "大禮使"，原作"大樂使"，廣雅本同，據曹本、文淵閣本改。
② "酒"字原奪，據曹本、文淵閣本、廣雅本補。

敕越國夫人苻氏①、故夫人尹氏並追册皇后,令所司擇日備禮册命②。禮院奏:'伏惟周廣順元年九月中追册皇后柴氏,顯德四年追册皇后劉氏,並不行册禮。建隆三年追册皇后賀氏,亦不行册禮。'詔依建隆三年故事。"又《宋會要》,建隆元年追册帝母爲皇太后,仍令有司擇日備禮,後不行册禮。自後凡制書云册命者,皆未嘗行册禮。兼昨者追册睿宗皇帝、欽慈、貞懿皇后亦不曾行册禮。今睿宗母及故皇后加上尊謚,有無依典故體例,只降詔追册。尋擬奏合行詔,從之。

睿宗母謚宣獻。聖善周聞曰"宣",聰明睿智曰"獻"。

二十六日,降詔曰:"恭惟祖妣作合太尊,慶育睿考,致三靈眷佑,邦祚以永,而天禄集於眇躬。尊祖之義,禮宜報本。以朕心嚴父之孝,推聖考念母之誠,等而上之,志非敢後。謹上尊謚曰'宣獻皇后',仍令有司擇日備禮册命,主者施行。布告中外,體予至懷。"

昭德皇后

大定二年四月二十六日,詔曰:"國家之體,典故具存。正位居尊,必緣情而及伉儷;懷昔追遠,亦備禮以盡哀榮。爰舉愍章,用慰窀穸。下逮視寢,悉使正名,庶幾有知,欽承休命。故妃烏林荅氏可追謚爲昭德皇后,仍令有司擇日備禮册命。故夫人僕散氏可追封元妃,故夫人張氏可追封宸妃,主者施行。布告中

---

① "苻",廣雅本同,曹本、文淵閣本均作"符",《宛委別藏》及廣雅書局本《太常因革禮》卷九四亦作"符"。
② "令",原作"今",曹本同,據文淵閣本、廣雅本改。

外，咸使聞知^①。”

大金集禮卷第六

<hr>

① “使”字原奪，曹本同，據文淵閣本、廣雅本、《金文最》補。

大金集禮卷第七　妃

册太皇太妃　追封　雜録

册太皇太妃

　　天德二年正月二十五日，尊册太皇太妃。命特進宗睦、特進宗厚充册使副，左丞宗義攝侍中，參政劉麟攝中書令。門下、中書侍郎各二，讀册、讀寶官各一，舉册、舉寶官各二，以三品、四品官攝充。太常博士、通事舍人有正官外，差内給事一、禮直官一、舁寶盝官十二、舁册匣官十八。命直學士劉長言撰册文，禮部外郎王競書篆册寶。

　　二十一日，擬稟行禮儀式并册寶等事，准行。外，候二太后禮畢，於太和殿發册①。

　　册簡用玉石爲之，條數合扣册文多寡用之。其床、匣亦隨册之長短，並紅漆，金鍍銀裝釘；條網用紅絲；帕用梅紅羅，銷金，以

---

①　“太和殿”，本書卷五《皇太后皇后·天德二年册徒單氏》凡四見，皆作“泰和殿”；《金史·禮志一〇·册皇后儀》及《儀衛志上·内外立仗》同，卷二四《地理志上》上京路條亦同。貞元遷都後，中都亦有泰和殿，蓋沿上京殿名，《金史》卷二四《地理志上》中都路條、卷五《海陵紀》貞元三年十一月丙辰條、卷一一《章宗紀三》承安四年五月壬辰條、卷四八《食貨志三·錢幣》泰和七年五月條、卷一〇七《張行信傳》皆作“泰和”，惟卷六《世宗紀上》大定二年正月辛未條、閏二月辛卯條、卷二三《五行志》大定二年閏二月辛卯、卷八四《耨盌温敦思忠傳》附子《乙迭傳》作“太和”。蓋當時殿名本作“泰和”，而行文時或通作“太和”。

雲鳳爲飾；襯褥亦用素紅羅表，紅絹裏，氊骨全。寶以金爲之，龜紐，<small>小大制度從宜製造。</small>紐下鈒水地，四面鈒雲鳳。檢、斗並用銀，金鍍。寶盝并床並紅漆，金鍍銀裝釘；帕用梅紅羅表，紅絹裏，銷金，以雲鳳爲飾；襯褥亦用紅羅表，紅絹裏，氊骨全。<small>法物依前來製度。</small>

其日質明，應行事官帥弩手、繖子、門仗官於尚書省引導册寶，進入内，由蕭墻東門至勤政殿東廊下幄次内權置。禮直官引攝侍中、中書令、讀舉昇册寶官、昇册寶床弩手、繖子等並在東廊下，於册寶幄次前立以俟。禮直官又引册使副立於勤政殿門外，東西相向立以俟。

皇帝即座，衛官、文武百寮起居訖，分東西相向立。禮直官、通事舍人、太常博士引册使副入，就册寶褥位稍西，當中，北向。典儀曰“再拜”，贊者承傳，在位官皆再拜。<small>典儀與贊者，擬通事舍人充。</small>侍中承旨，降自東階，詣册使前東北，西向，稱“有制”。典儀曰“再拜”，贊者承傳，册使已下應在位官皆再拜。侍中宣曰：“册元妃爲太皇太妃，公等奉玉册、金寶展禮。”宣訖，册使副再拜，侍中退復位。

次引册使詣受册褥位立定。又引中書令詣册使前東北，西向立，中書侍郎引册案立於中書令之右。中書令跪取册，授册使，跪受訖，興，置於案。<small>舉案者退立於後。</small>册使、中書令、中書侍郎俱退，復本班。次引副使詣受寶褥位立定。又引侍中詣副使前東北，西向立，門下侍郎引寶案立於侍中之右。侍中跪取寶，以授副使，跪受訖，興，置於案。<small>舉案者退立於後。</small>副使、侍中、門下侍郎俱退，復本班。典儀曰“再拜”，贊者承傳，使副以下應在位官皆再拜，訖。禮直官、通事舍人、太常博士引册使押册、副使押寶出，引導如來儀。宣徽使奏："具官臣某言，禮畢。"降座，百官出。

發冊訖，冊使副、應行事官分引冊寶，至太皇太妃本宮外幄次內權置，訖。冊北，寶南。內給事先入，報請太皇太妃服褕翟服，行禮甫近，擬用常服。就座。禮直官、通事舍人、太常博士引冊寶并使副及應行事官、內給事俱入，就殿庭前西階下東向位。冊寶少置，冊北，寶南。使副及行事官立於其後。少頃，又引內給事進就南向立。禮直官、通事舍人、太常博士引冊使副就內給事前，使副稍卻。東向，稱"皇帝遣冊使姓名、副使姓名奉玉冊、金寶上懿號曰'太皇太妃'。"內給事先升，詣座前，躬言訖。次禮直官、通事舍人、太常博士引冊寶前行，冊寶匣、盝蓋先去，置於冊寶床上。使副并讀、舉冊寶官從升。內給事少進，東向立。舁冊官當座前，舉冊官單跪對舉①，讀冊官拜，跪讀訖，俯伏興，以冊授內給事。舁寶官舁寶盝升，並如冊儀。使副興，行事官並退，內給事贊言"禮畢"。

追封

天會十三年二月，追冊德妃、賢妃，以韓企先爲冊贈使。

皇統五年十二月二十九日，以諸妃所封多同，詳定到元妃、惠妃、麗妃、華妃，唐制皆正一品②，擬用封先帝諸妃，仍以宮名別之。如收國、天輔年諸妃則曰慶元宮某妃，天會年諸妃則曰明德宮某妃，景宣皇帝於典禮亦當立原廟，建宮名，其妃號亦當冠以

---

① "舉冊"下原衍"寶"字，廣雅本已刪，今從刪。

② 按《舊唐書》卷四四《職官志三》"妃三人"，注云："正一品。《周官》三夫人之位也。隋依周制，立三夫人。武德立四妃：一貴妃，二淑妃，三德妃，四賢妃，位次后之下。玄宗以爲后妃四星，其一正后，不宜更有四妃，乃改定三妃之位：惠妃一，麗妃二，華妃三。"是唐時未有元妃。

某妃。其高下之序，則以元妃、惠妃、麗妃、華妃、貴妃、淑妃、德妃、賢妃爲次，其冠以先帝宮名者先慶元宮，次明德宮。敕旨准奏。

大定二年四月二十六日，詔追謚昭德皇后，并故夫人僕散氏追封元妃，故夫人張氏追封宸妃。十一月十五日，宸妃改封惠妃。

十九年八月，奉敕旨，故磨撒妃追封太皇太妃。有司擬奏："晉成帝貴人周氏，生哀帝，即位，崇爲皇太妃。孝武母李氏，孝武即位，加爲皇太妃。二妃皆以子貴，故稱'太'。又唐《皇后傳》：'入廟稱后，繫夫；在朝稱太，繫子。'與今蕭妃事體不同，恐難稱太皇太妃。兼照到本朝太祖妃烏古論氏曰元妃，太宗妃耶律氏曰崇妃，合依已行故事追封妃號。"敕旨從之。追封崇妃，差官賫送誥命，仍致祭，候將來一就掩葬。

雜録

天德二年二月五日，設太皇太妃導從二十人，傘子二人。九日，稟訖：盤鳳紫衫，幞、帶依弩手、傘子例。

四月二十九日，太皇太妃每年錢二萬貫，表二百段①，絹一千疋，綿五千兩；妃每位歲給錢一萬貫，表一百段，絹三百疋，綿三千兩；嬪已下五千貫，表五十段，絹二百疋，綿二千兩②。諸嬪妃共設導從四十人，並幞頭、紫衫，衫上繡盤芭蕉爲飾。貞元《儀式》：妃

---

① 此處及下二處"表"字，《金史》卷五八《百官志四·宮闈歲給》均作"綵"。
② "二千"，原作"三千"，據曹本、文淵閣本、廣雅本及《金史》卷五八《百官志四·宮闈歲給》改。

嬪導從共用二百二十人，衣襖、幞、帶並仍帶①。

大定二年七月五日②，擬奏：“正隆二年四月，海陵庶人批劄：‘内職尚宫夫人以上及公主、王妃、郡縣主、王夫人誥命並用御寶、相銜。王妃、王夫人亦入辭。’檢討到《唐會要》，吏部告身印加‘告身’兩字；又《太常因革禮》，皇后告身有司進納於宫中。見得妃嬪已下告身並合有司用印。”敕旨依典故行。

二年十一月十五日，敕旨：“内職四品以上給宣誥，五品以上只給告。”

七年閏七月一日，敕旨：“今後宫中親王及妃嬪等宣誥並以漢兒字給授。”

十一年八月三日，敕旨：“今後宫中妃嬪止以誥授，不須用宣。”

二十三年三月七日，敕旨：“一品官職及宫中公主、妃，用玉寶。”九日，稟奏：“緣内職、公主、王妃等並係誥授，用吏部告印。”奉敕旨：“妃嬪已上及公主、王妃並給宣誥，其誥仍舊，已下止給告。”

大金集禮卷第七

---

① “仍帶”不通，疑爲“仍舊”之訛。
② 此下諸條又見於本書卷二五《宣命·賜敕命》。

106

大金集禮卷第八　皇太子

皇統二年誥授儀　天德四年冊命儀　大定八年
冊命儀　大定二十七年冊皇太孫　守國儀
雜録

皇統二年誥授儀

　　皇統二年二月二十八日，命皇子名曰濟安，大赦天下。制曰：禮重世嫡，爲其承七廟之尊；國有元良，所以係萬邦之望。顧惟菲德，獲紹丕基，勤以恤民，居軫夙宵之念；約於奉己，敢親聲色之娛。豈惟中外之共知，抑亦神明之所鑒。荷三靈之錫羨，祐累聖之重光，慶集中宮，時生上嗣。宗社奉圖，已肇應於震方；雷雨發春，宜均敷於解澤。嘉與億兆，同兹懽欣①，可大赦天下。云云。於戲！辰象著明，於赫前星之耀；恩書寬大，助宣沖氣之和。更賴三事大夫，百司庶府，共欽承於德意，期式敘於民彝。永沐淳風，翕臻壽域。

　　三月十三日，擬奏：“慶誕皇子，合於踰月或三月剪鬒之後，奏告天地、社稷、宗廟。委司天臺選定，剪鬒三月二十五日戊午，

---

① “懽欣”，原作“惟欣”，曹本、文淵閣本同，據廣雅本、《金文最》改。

巳時①。奏告用三月二十八日辛酉。"敕旨從之。

十七日,命左丞晶奏告宗廟,都點檢常勝奏告天地、社稷,就赴上京行禮。并差待制高士談權太常卿,提控祭告禮儀;閤門三人,管勾准備。

十九日,擬奏:"即目皇子誕生甫及月周,臣等歷考古制,帝后在位,降生元子者,前代絶少。又周成王幼在襁褓,即稱太子,建置師傅。今將及剪鬚,當建名號,若不奏陳,誠恐闕典。"敕旨,依典故建爲皇太子,仍先告授。

尋委司天臺選定,剪鬚、封建並用當日爲吉。從之。

省劄:用紅遍地雲氣盤龍錦褾,金龍五色,十八幅,寶裝犀幅②。羅告一通,并真珠網③、紅錦袋、告匣。

奏定所行儀禮:十九日奏訖剪鬚儀,無賜告一節。二十一日奏訖,封建禮數添插施行。

其日質明,百寮入殿庭,東西相向立。左右司郎官、吏部長貳、郎官奉告身綵輿入,置東階下。尚書、侍郎於輿後面西立,左右司郎官、吏部官並歸班。宣徽使、太常卿引帝、后出宮,升座。庭下合班,五拜,舞蹈,又再拜,歸分立位。宰相、執政官以上并行事官分東西升殿侍立,中書令東階升,殿上接官④。詹事由西階升,與侍中對立,受告。以北爲上。

諸保姆奉皇子自宮中出西房,帝、后降座,東南至阼階,西向。皇子近前,東向,帝、后皆手撫之。保姆等奉以再拜,訖,回

---

① "巳時",原作"乙○時",廣雅本作"乙巳時",據曹本、文淵閣本改。

② "犀幅"無義,當作"犀軸"。《金史》卷五八《百官志四·官誥》,"親王,紅遍地雲氣翔鸞錦褾,金鸞五色羅十五幅,寶裝犀軸",與此相類。

③ "網",原作"綱",曹本同,據文淵閣本、廣雅本改。

④ "殿上接官",此句難解,疑有誤字或奪文。

轉,立於皇后之次,少却。帝、后升座,保姆奉皇子當座前北面立。吏部侍郎取告身於綵輿,授吏部尚書。侍郎歸庭中面西位,綵輿退,置於東廊階下。尚書奉告升殿庭①。尚書降歸庭中班。中書令稍前側立,讀制,畢,卷之以授侍中。侍中稍前,接告,面西側立。中書令歸侍立位。引奉皇子稍前受告。太子詹事稍前,面東,與侍中相對立,奉皇子者皆跪。侍中以告授詹事,詹事跪受,置北②。侍中歸侍立位。保姆等奉皇太子再拜,訖,詹事持告從,皇太子入自東房,還閤。詹事至閤前,以告授掌管人,退,從殿側東北廊下門出,歸庭中位。

皇后降座,當御座前,再拜,畢,復升座。殿上臣僚皆降階,合班,五拜,稱賀。若有宣,再拜,聽敕,又五拜如儀,畢。帝、后暫興,入宮,撫視。臣僚非特旨不敢入。及時,剪髮留鬌。復出外坐,庭下合班稱賀,如前儀。或進稱賀禮物,如式。合花坐臣僚上殿,並如曲宴之儀。惟以剪鬌文代致語,慶賜取旨。

剪鬌文:於赫吾皇,丕承帝眷,慶積德於椒房,遂發祥於蘭殿。少海與福海同深,前星與壽星並見。上帝是依,彌月不遲,溫文玉德,岐嶷天姿。騰懽心於綿宇③,擁嘉貺於皇基。習習兮風和,遲遲兮日永。得羨數於神策,占瑞光於圭影。瀉香浪於龍湯,垂寶螺於佛頂。神祇祖考盡懽忻,霈澤均禧浹兆民。玉葉金枝增福壽,共扶聖祚億千春。

剃頭人念文:聖主當陽,中宮積慶,元子誕生,萬邦表正。七花湧於金塼,九龍噴其香泉。留髮之後,福壽增延。

---

① "庭"字疑衍。吏部尚書本在庭中,此時奉告升殿,以授中書令,且注文亦謂降歸庭中班,可證。

② "置北",此處疑有奪文,或有誤字。

③ "綿宇",原作"綿字",據曹本、文淵閣本、廣雅本、《金文最》改。

　　二十六日，册曰：禮典之垂訓鑒，重世嫡，所以丕敘人倫；帝王之御邦家，建儲闈，所以共承宗廟。朕紹隆基緒，祗慎夙宵，荷三靈眷顧之休，開億載流光之福。自中宮而錫羨，慶上嗣之應期。歷修曠世之儀，豈厭普天之意。誕敷庭號，播告縉紳。皇子濟安，毓秀天潢，分輝辰極。寢興占夢，稔聞漢后之日符；經緯儲精，允協周家之聖瑞。沉厚積山川之氣，温文全金玉之姿。乃者元宰獻謀，近臣演議。謂前代少陽之兆，多育於朱藩；而後宮甲觀之徵，不專於椒掖。尚預崇於國本，以外係於人心。豈如皇朝，盡軼隆古，宜涓歲月之吉，茂揚典册之光。上以荅祖考之懌，下以副臣民之望。言之甚切，義不得辭。肆因剪髦之辰，俾正承華之位。方當延老成爲羽翼之輔，建寮寀相朝夕之恭。匪我一人之私，惟爾萬方之慶。於戲！僉言協卜，既從蕃建之公；幼歲親師，庸助夙成之德。宜非謀非彝之勿用，廣正言正事之常聞，勉思求稱之難，永錫無疆之福。

　　二十六日，詔天下。敕尚書省：廣愛惟親[①]，爰厚人倫之化；立子貴嫡，允爲天下之公。朕欽紹基圖，祗勤夙夜。屬燕謀之肇慶，自椒掖以儲祥，誕揚典册之儀，式副臣民之願。皇嫡子濟安，徇齊秀質，岐嶷英姿，載夙於初，協漢后日符之夢；誕彌有赫，同周家聖瑞之光。屬宰輔之獻言，詔春官而協議。謂國本所當蕃建，而宗祧宜有共承。稽載籍傳嫡之格言[②]，有前代承平之故事。禮之所急，義不可辭。乃因吉日之良，俾正前星之位。咨爾有衆，其體朕心。已降制命，立爲皇太子，仍令有司擇日備禮册命。

---

　　① "廣愛"，原作"廣受"，曹本同，據文淵閣本、廣雅本、《金文最》改。
　　② "載籍"，原作"載藉"，據曹本、文淵閣本、廣雅本、《金文最》改；"傳嫡"，原作"傳得"，曹本同，文淵閣本作"傳德"，據廣雅本、《金文最》改。

布告中外，咸使聞知。

五月十九日，擬奏："詳定所看詳，前代故事，立皇太子，供賜之例極厚，以重國體。今來皇太子受告，約量定到，行禮并管勾事務等官，各合給賜賞物。及照到歷代以來曾有增秩恩例，開立下項。"奉敕旨："應據隨朝大小職官并諸局分祗候人等，並遷一資。內有見帶金紫光禄大夫人等，吏部尚書充、殿前都點檢長勝並與特進①，餘進封國公。所據支賜賞物，准奏。"

"漢文帝立皇太子，有降赦、賜爵之恩；光武立皇太子，在朝官增秩各一等；晉明帝立皇太子，大赦，增文武位二等；後魏太武帝立皇太子，王公已下並增爵秩；宋文帝立皇太子，賜文武位一等；宋立皇太子，常參及見任官皆賜官一等。"

賜告太傅、丞相宗弼銀絹二百定兩，讀告丞相韓企先、總領裁定禮數平章昂、平章奕各一百五十定兩，其餘奏告官、撰詞、定儀注、奉告、寫告、監造告身以至進署祝板令史等，銀絹各有差。剪鬄人遷兩資，并賜錢、銀、絹、人口。

天德四年册命儀

天德四年正月九日，詔立儲嗣，合行典禮令有司條具以聞。稟定，候禮畢遍行。稟定正月二十七日告天地、宗廟，二月二日受册，三日謝宗廟。命學士劉長言撰册文，直學士施宜生書册篆寶。差侍御史許宏等三員監看成造册寶并法物，工部郎中蒲輦等三

---

① "長勝"，即阼王元，爲熙宗之弟，上文作"常勝"。《金史》亦均作"常勝"，卷六九有傳。

員監看成造盝匣床等①。命平章徒單恭告天地，平章蕭裕告宗廟，并差引贊行禮太常博士、通事舍人、太祝各一。命左丞相思忠攝太尉，充册使；右丞相大臭攝司徒②，充副使；平章蕭裕攝侍中，奉寶、讀寶；參政蕭玉攝中書令，奉册、讀册。太子太師、太傅各一，奉册寶吏、禮部侍郎各一，舉册中書舍人二，舉寶給事中二，捧册、捧寶官各四，左庶子二，一贊拜、贊謝、請"內嚴""外辦"，一次日代謝太廟。並宰執以次攝差。并差左右率府、典儀、主節、大樂令、協律郎各一，贊者、禮直官、掌書收册、收寶。各二，通舍十，符寶郎八，舁寶盝官十八、册匣十八③。元申又有請"中嚴""外辦"及承制侍中二員，并中書、門下侍郎、禮儀使，儀注內亦有。

正月十日，口稟下項儀禮，除奏告就南郊臺行禮外④，並准行。

《五禮精義》："册命大事，先告天地、宗廟，示不敢專。社稷，地祇之屬，不必皆告。"合省去此節，止告天地、宗廟。今奏告天地雖有員丘、方丘，未經行禮，合依册后已經遣使奏告之儀。

前一日，儀鸞司設座於武德殿，南向，設群臣次於門外。大樂令設宮懸於庭，設協律郎舉麾位於樂懸西北，東向。閤門設百官班於庭，又設典儀位於班位之東北，贊者二人在南少退，俱西向。設册使副次於殿門之東，又設册使副受命位於百官班前。又設册寶幄次二於殿後東廂，俱南向。前一日，尚書工部奉册寶并床匣

---

① "盝"，原誤"蓋"，曹本、文淵閣本同，廣雅本已改作"盝"，今從改。

② "大"原作"太"，又"臭"字原闕，曹本、廣雅本同，文淵閣本作"太臭"。按此時任右丞相者爲大臭，《金史》卷五《海陵紀》天德二年十二月己未，"以右副元帥大臭爲尚書右丞相兼中書令"，四年九月丙午，"尚書右丞相大臭罷"，今據改。

③ "寶盝"，原誤"寶蓋"，廣雅本已改，今從改。又"册匣"二字原誤倒，今乙正。

④ "除"，原作"降"，據曹本、文淵閣本、廣雅本改。

進入。

其日，諸衛勒所部略列黃麾細仗於庭。符寶郎奉八寶升置左右。吏部侍郎奉册匣、禮部侍郎奉寶盝於合立節處左右置於床①，訖，出門外，入百官班。大樂令、協律郎、樂工、典儀、贊者各入就位。群官等依時刻各服朝服。侍中版奏“中嚴”。通事舍人引群官入就位，東西相向立，以北爲上。又引册使副立於東偏門外，西向。門下侍郎引主節奉節立於殿下東廊橫階道北②。讀册中書令引册，中書侍郎帥舉捧官奉册床立於節南；讀寶侍中引寶，門下侍郎帥舉捧官奉寶床立於册床之南：俱西向。

侍中版奏“外辦”，殿上索扇，協律郎舉麾，宮懸奏曲。服朔望冠服，出自東房，曲直華蓋、警蹕皆如常儀③。即座，南向，簾捲，樂止。通事舍人引册使副入，宮懸奏曲，使副就受命位，樂止。侍中、中書令、門下侍郎、中書侍郎、舉捧官依舊西面立。群臣合班，橫行北面，立定。典儀曰“再拜”，贊者承傳，皆再拜。班首起居，又再拜。

閤門官引侍中承制，降詣使副東北，面西，稱“有制”。使副稍前，揖躬再拜。侍中宣曰：“命公等持節授皇太子册寶。”宣訖，又俱再拜。侍中還班。門下侍郎引主節詣册使所，主節以節授門下侍郎，門下侍郎執節面西，授太尉，受付主節，立於使副之左右。中書侍郎引册床，門下侍郎引寶床，立於册使東北，面西，以次授太尉。太尉皆捧受，册床置於北，寶床置於南。侍中、中書

---

① “寶盝”，原誤“寶蓋”，廣雅本已改，今從改。
② “奉節”，原作“奏節”，曹本、文淵閣本同，據廣雅本改。
③ “警蹕”，原作“警畢”，據曹本、文淵閣本、廣雅本改。

令、禮儀使、舉捧册官及舁床者退於東西階道之左右①，相向立。門下侍郎、中書侍郎還班位。典儀曰"再拜"，贊者承傳，皆再拜。群官拜訖，分班歸東西相向位。

　　舉、捧、舁册寶床者進，引册官引册床先行，讀册官次之，引寶官引寶床次行，讀寶官又次之，舉捧官各分左右。通事舍人引册使副隨之以行，持節者前導。使副初行，宮懸奏曲，出門，樂止。侍中出班，升奏："侍中臣某言，禮畢。"索扇，簾降，宮懸奏曲，降座，入自東房，樂止。通事舍人引群官在位者以次出。

　　先是，有司預設太尉、司徒本品革車鹵簿於門外，左右排列。俟使副出門，鼓吹振作。鹵簿依本品合得人數，如無鹵簿鼓吹，即以錦衣人代。禮儀使、舉捧官、執節者并擡舁人以册寶少駐於東宮門，太尉、司徒及讀册寶官暫歸幕次②。閤門引入東宮，俟至殿下位，鼓吹止。

　　有司宿供帳東宮殿，設太子座於宸前，垂簾，又設東西房於座之左右稍北。又設受册位於殿庭東階之南，西向。大樂令設宮懸於庭，協律郎設舉麾位於殿上。又設册寶幄次及行事官幕次於門外左右。

　　其日，諸衛於門外略設黃麾細仗，於殿上設簾，并扇，左右各十，紅傘一，稟定坐麒麟金浮圖。在東階欄干外。又設舉册寶案位於使副之前，北向。又設左庶子位於北廂，南向。

　　質明，執事官、大樂令各就位。東宮官屬具朝服，詣禁閤迎，導從如儀。主衣二人奉空頂幘、絳紗袍稟定空頂幘、絳紗袍、玉帶以從。

---

　　① 　按本書卷五《皇太后皇后·天德二年册徒單氏》與本儀禮文多同，據卷五，此處"舉捧册"下當有"寶"字。
　　② 　"寶"字原奪，曹本、文淵閣本同，據廣雅本及本書卷五《皇太后皇后·天德二年册徒單氏》補。

至受册殿後閤,左庶子奏"中嚴"。册使副入門,宫架奏曲,俟册使庭中立定,樂止。_{册在北,寶在南。}使副立於床後,禮儀使帥持節者立於前,舉捧册寶官立於册寶床左右,讀册寶官各立於其後。

左庶子奏"外辦",太子服空頂幘、絳紗袍①,左庶子引太師抱之出,宫懸奏曲。太子降自東階,_{升降並左庶子引。}傘、扇引從,至階下,望御座所在立,樂止。册使進立於右,宣曰:"有制。"左庶子贊"再拜",太傅代拜。册使宣曰:"制遣太尉姓名、司徒姓名恭授皇太子册寶。"左庶子贊"再拜",太傅代拜。册使副少退,俟升階樂作,册使出就次。册使行,鼓吹振作如來儀,至殿外門②,止。册使副入,俯伏跪,奏:"太尉臣姓名、司徒臣姓名奉制授皇太子册寶③,禮畢。"俯伏興,退。

册使少退時,中書令、侍中及舉捧官帥擡舁人奉册寶以次進於太子前④,宫懸奏曲。册寶床自東階升,並置於楹間,_{册床在北,寶床在南。}中留讀册寶官立位,並去帕及蓋,擡舁人執之,退立於西朵殿。舉捧官分左右相向立,讀册寶官各立於床之東,西向,立既定,樂止。左庶子引太子自東階升,宫懸奏曲,_{傘、扇止於簾外,退於左右朵殿前。}於座前南向立,樂止。中書令詣册床南立,北向,稱:"中書令姓名,謹讀册。"讀畢,降自東階,立欄外第一墀上,西向。次侍中詣寶床南立,北向,稱:"侍中姓名,讀寶。"讀畢,降階,立於中書令之北,西向。

左庶子引升座,宫懸奏曲,坐定,樂止。舉捧官以次招擡舁

---

① "幘"字原奪,曹本同,據文淵閣本、廣雅本補。

② "外門",文淵閣本作"門外"。

③ "臣"字原奪,曹本、文淵閣本同,據廣雅本補。又"授",原作"受",曹本、廣雅本同,據文淵閣本改。

④ "官帥",原作"宫師",曹本同,據文淵閣本、廣雅本改。

人持帕蓋覆匣床，奉置殿之左右。册床在東，寶床在西。置訖，舉捧官以次降階，立於中書令、侍中之後。立定，合班，北向，左庶子贊"再拜"，拜訖，降自東階，出。_{册寶等物並分付左庶子。}

受册訖，左庶子奏"禮畢"。司贊引東宮官以次進，就北向位。班首初行，宮懸奏曲，至位，樂止。贊者曰"再拜"，班首已下皆再拜。贊者引班首自西階升，樂作，至階，樂止。進當座前，北向，躬致辭稱賀。訖，降自西階，樂作，至位，樂止。贊者曰"再拜"，班首已下皆再拜。左庶子前承令，降自西階，詣東宮官前西北，東向，稱"有令"。宮官等皆拜。左庶子宣曰："祇奉聖恩，授以册寶，榮幸之至，兢屬增深。所賀知。"贊者曰"再拜"，宮官皆再拜，訖，退。左庶子跪，奏稱"禮畢"。降座，宮懸奏曲，入東房，樂止。歸閣，宮懸奏曲，至閣，樂止。在位者以次出。

通事舍人再引太師抱詣帝后所御殿謝，左庶子贊"再拜"，太傅代拜，訖，禮畢。擇日親謝兩宮太后，如謝后儀①。同日遣左庶子詣太廟謝，除祝版不用外，並如奏告之儀。

《宋會要》該："舊制，皇太子册用玉石簡六十枚，今請增七十五枚。"又《太常因革禮》："皇太子玉册五十枚，册匣隨册爲之。"《五禮精義》該後齊用竹簡十二枚，或以白玉爲之；又該北齊簡制，其詞多寡則出臨時。已上隨代不同，擬依所撰册文，用見在已有册簡，隨文多寡用之。《五禮精義》該皇太子寶以黃金爲之，方一寸，龜紐，文曰"皇太子寶"。已上制度狹小，看詳若比諸王印四邊各增一分，用金成造，龜紐，其文曰"皇太子寶"。其綬並册寶合用諸物等，擬依册后已行制度成造，其匣等並用朱漆，以

---

① "儀"，原作"意"，曹本同，據文淵閣本、廣雅本改。

金鍍銀粧。用黃麾細仗，並同冊后儀。

已稟訖用遣使儀，十二日再稟定，只用臨軒冊禮。

前一日。云云，同前。出門外，入百官班①，群官等依時刻，官各服常服②。

其日，東宮官應從者各服其服，以序詣閤奉迎，太子出就次。大樂令、協律郎、樂工、典儀、贊者各入就位。侍中版奏“中嚴”。云云，同前。

太尉皆捧受。門下侍郎、中書侍郎、禮儀使③、舉捧冊寶官及舁床者退立。通事舍人引太子太師抱之入，就版位西北立，主衣二人奉空頂幘④、絳紗袍以從，三師、三少已次導從如式，於東南，面西，以北爲上。初入門，宮懸奏曲，至位，樂止。通事舍人引太尉立於版位之西，面東，司徒立於西南，面北，節在太尉東少南，面西，冊寶床在司徒西南，面東。左庶子立於太子之右，面西。司徒就床取冊進，面東，授太尉。持節者脫節衣。太尉稱“有制”，左庶子贊，太子位右代拜。冊使宣曰：“制遣太尉姓名等授皇太子冊寶。”左庶子贊“再拜”，太傅代拜。冊使少退，引冊寶及讀冊寶并舉捧官帥攝舁人奉冊寶以次進於太子前。中書侍郎立於冊匣東北，面南。中書令詣冊匣西北立，南向。舉匣官去匣蓋，捧冊官捧，中書令稱姓名讀冊，讀畢，跪。左庶子進詣讀冊官前，跪受冊。中書令還位。左庶子退授太子，太傅代受，以授掌書。舉捧官復蓋訖，中書侍郎復引冊置於床，少立。門下侍郎立

---

① “官”字原奪，曹本同，據文淵閣本、廣雅本補。
② “各服”前“官”字疑衍，曹本、廣雅本均有此字，文淵閣本無。
③ “使”上原衍“下”字，曹本同，據文淵閣本、廣雅本刪。
④ “幘”，原作“績”，據曹本、文淵閣本、廣雅本改。

於寶盝東北①,面西南。侍中詣寶盝北立②,面南。舉捧及讀寶并受授、引置於床,並同上儀。左庶子贊再拜,太傅代拜。持節者加節衣。

贊皇太子退,如來儀。典儀曰"再拜",贊者承傳,在位者皆再拜。群官拜訖,分班歸,東西相向立。舉捧官、异册寶者進,册床先行,引册官次之,寶床次行,引寶官次之,舉捧官各分左右。通事舍人引册使。云云,同前。在位者以次出。詣内殿及兩宮謝,并謝太廟。並同前。

謝禮畢,次日,受賀於稟定合行禮位。

宰執王公已下并宗室、文武群官及東宮師少已下官屬等俱服本品服,集於殿門外。左庶子跪請"内嚴",少頃,又跪言"外備"。太子常服出,太師抱之,左右侍衛如常儀。即座,南向。

禮直官先引一品官入。初至殿階,太師抱立座前。一品官升自東階,至殿上序,重行北向,以東爲上。典儀曰"再拜",贊者承傳,在位者皆再拜。荅拜。太傅代拜。班首少前,躬致賀詞,訖,復位。典儀曰"再拜"。荅拜。太傅代拜。禮直官引一品官降,皆以次出。太子即座。

禮直官又引文武二品已下群官入就庭,皆以序横行北向。典儀曰"再拜",贊者承傳,在位者皆再拜。躬身,不荅拜。班首少前,躬致賀詞,訖,復位。典儀曰"再拜",贊者承傳③,皆再拜如前。躬身,不荅拜。禮直官引二品已下群官以次出。太子即座。

禮直官引東宮師少官入。初至殿階,太師抱立座前。師少

① "寶盝",原作"寶蓋",曹本、文淵閣本同,廣雅本已改正,今從改。
② "寶盝",原作"寶蓋",曹本、文淵閣本同,廣雅本已改正,今從改。
③ "承傳"二字原奪,曹本、廣雅本同,據文淵閣本補。

升自東階，至殿上，以序重行北向，以東爲上。典儀曰“再拜”。苔拜。_{太傅代拜。}班首少前，躬致賀詞，訖，復位。典儀曰“再拜”。苔拜。_{太傅代拜。}訖，禮直官引師少出。太子即座。

禮直官引詹事已下宮官入就庭，皆以序横行北向。典儀曰“再拜”。班首少前，稱“臣某等”，躬致賀詞，訖，復位。典儀曰“再拜”，詹事已下皆再拜，訖。禮直官引詹事已下宮官以次出。

左庶子跪言“禮畢”，太師抱還宮，左右侍衛如常儀。

朔望受東宮官賀亦如上儀。

二月五日，以册禮既畢，詔諭天下。

大定八年册命儀

大定二年五月六日[①]，詔曰：“朕恭膺景命，寅奉丕圖。既承九廟之尊，深惟國本；庶係四海之望，用永皇基。斯古昔之宏規，亦邦家之先務。天與上嗣，慶自中宮。紹中國之建儲，稽禮經而立嫡，肆遵彝典，式示寰區。皇子楚王某，資賦聰明，才兼文武，剛健而循理，端厚而寡言。從師友則進學敏修，道古今則經耳成誦。造庭匪懈，見孝敬於問安；養志無違，表忠勤於視膳。至於疏封大國，益盡小心，操履謙和，姿儀肅謹。蓋神明之胄禀異，而天地之祐兹弘。是宜叶繼照於明離，觀主鬯於洊震。上以纂祖宗創業之緒，下以慰臣民引領之誠。其以某爲皇太子，仍令有司

①　“二年”二字原奪，曹本同；文淵閣本作“八年”，蓋據標題補；廣雅本則以舉行册禮在八年，遂補作“七年”。按册禮之行雖在八年，然大定二年已立楚王爲皇太子。《金史》卷六《世宗紀上》大定二年五月“壬寅，立楚王允迪爲皇太子，詔中外”，是月丁酉朔，壬寅正爲六日。今據補“二年”二字。

擇日備禮册命,主者施行。布告中外,咸使聞知。"

五月七日,皇省:"前代典禮,既已降詔立爲皇太子,雖未受册禮,其一切禮數與已受册禮無異。《晉書》云:'太子出會,在王公之上。'《宋事實》:'太子與宴,在王公之上。'《宋會要》:'太子與親王別班起居。'唐《開元禮》:'皇太子若來朝,則皇太子朝出訖,引王公已下入。'《通典》、《鹵簿圖》:'太子紫蓋。'今來看詳,如遇入朝、與宴,依前項典故,合在王公之上。常朝日,仍獨班起居,俟退,方引親王以次班。若與宴,既在王公之上,自當禮絕百寮,今擬於御座之左西向設位,比王公坐位少前。其朝服,紫袍、玉帶、玉雙魚袋、傘用紫羅表裏,坐麒麟金浮圖,交椅用金鍍銀栲栳圈靠背,上仍用雙戲麒麟。"五月十四日,依海陵庶人,傘用梅紅羅表、黃綾裏改造。

合用冠冕制度,五月十一日,敕旨委內藏庫官監造。七年十二月,試得小短,再造。

御前五月十三日批剳:"護衛二十人,自來特旨差。掌寶二人,特差內祇充,傔使。導引官十六人,差班祇人充,傔使。小底一十人,自來差官員家子弟或宮籍監人充。過食小底二十人,自來尚食局擬到,係百姓。導從六十二人,差中都射糧軍。厨子二十人,自來尚食局撥到,係百姓或宮籍監人。馬小底十人,管事十人,管鞍四人,茶酒四人,儀鸞四人,下帳燈火十人,庫本把四人。並左右監門每日輪差到護駕軍十人、牌子頭一名把門守宿。"

十四日,下吏部,又下工部:"導從人數、服色,依貞元《儀式》定到,係常用六十二人,傘子二人,不在其數。並用梅紅羅繡雙盤鳳襖子①,金花幞頭,金鍍銀束帶。應用引從物鑬鑼、唾盂、盂子②、水罐等,並合用銀,金鍍。"

并奉敕旨:"月給五百貫石外,麴、米、麥、春秋綾羅、綿、絹,一例比附增添。"十五日,奏定:"錢五百貫,粟五百石,麴八十秤,黃米八十石,小麥八十石,春衣羅八十疋、絹三百疋,秋衣綾八十疋、絹三百疋,綿一千四百兩。"

七年八月五日,擬奏:"昨奉敕旨,册皇太子事候奉安了日舉行。今來有無准備於行。"從之。

十七日,奏定用來年正月十七日,謝廟用二十三日。

受册及謝廟禮數合用鹵簿,檢到《開元》、《開寶禮》,全數計二千二十人,《五禮新儀》二千三百七十三人,有無依上項典故,唯復裁減。據其間制度與大駕同者,擬依前來造皇太子金輅,用龍鳳處改用麟鸞,純用紅黃處改用梅紅。又《開寶禮》,皇太子升降輅合用輿,輿製似輦而小,今若比擬平頭輦減小成造,見得別無窒礙③,所有文飾處亦擬依金輅制度施行④。

九月十七日,敕旨:"鹵簿人數斟酌裁減,餘准奏。"

十一月五日⑤,擬奏:"依《五禮新儀》,臨軒册命時,皇太子服遠游冠、朱明衣;詣太廟,服袞冕。并減定謁廟鹵簿人數,用六百人。"敕旨准,外,鹵簿用一千人。

---

①　"用",曹本、文淵閣本、廣雅本均作"服"。

②　"唾盂盂子",原奪一"盂"字,據下文《大定二十七年册皇太孫》補。

③　"窒礙",原作"空礙",曹本、廣雅本同,據文淵閣本改。

④　"文飾",原作"丈餘",曹本、廣雅本同,文淵閣本作"文餘",今據本書卷二九《輿服上·皇太子車服》改。

⑤　"十一月",原作"十二月",曹本、文淵閣本同,據下文七日、十二月一日諸條推之,此當爲十一月,廣雅本已改正,今從改。

　　七日，擬奏：“《宋會要》該冊皇太子，列黃麾大仗於殿庭。照到《五禮新儀》，黃麾大仗係五千二十五人。緣來前上尊號時[①]，殿庭立仗用三千人，今擬依《五禮新儀》，用黃麾半仗二千二百六十五人。外，據仁政殿上表陳謝，依《五禮新儀》，文德殿用黃麾細仗一千四百二人。”從之。

　　“右冊命於大安殿，爲上親冊，故重其禮。表謝於仁政殿，爲在下謝上，不敢再勞聖駕御大安殿。”並准奏。

　　“唐宋典故內，皇太子冊寶制度該冊用玉石簡六十枚，寶以黃金爲之，龜紐，文曰‘皇太子寶’，方二寸，厚一寸。其行用匣盝等物[②]，合用黝漆。黑色。外，有冊簡前後四枚刻龍填金，爲捧護之狀，依前來金輅制度，改用麟。”十二月一日，敕旨捧護冊簡依典故用龍，餘並准奏。元申：“《宋會要》、《太常因革禮》，皇太子冊，玉石簡六十枚，前後四枚刻龍填金，爲捧護之狀，貫以金絲，首尾結爲金花，飾以鉛粉，襯以紅羅泥金夾帕，藉以錦褥[③]。盛以黝漆匣[④]，長九尺五寸，闊尺二寸，高八寸，覆以金夾帕，絡以紅絲結絛[⑤]，襯以法錦褥。安以黝漆金葉裝床，其竿飾以螭首。其黝漆匣用金塗縷銀花鳳葉裝，加以腰輿、行馬，飾皆鳳，絛以魚鈎[⑥]，竿爲螭首。又《宋會要》，皇太子受冊，寶以黃金爲之。注云：‘寶方二寸，厚一寸，係以朱組大綾，連玉環，金斗，金檢，長五寸，闊二寸，厚二寸，悉裹以紅錦，加紅羅泥金帕，納以小盝，以金裝，內設金床。又盝二重，皆覆以紅羅泥金帕，盝及腰輿、行馬皆銀裝金泥。他法物皆銀爲之，鈒花，塗以金。’又案《五禮精義》云：‘皇太子寶以黃金爲之，龜紐，文曰“皇太子寶”。’又令文云：

---

①　“來前”，諸本均同，疑當作“前來”。

②　“匣盝”，原作“匣蓋”，曹本、文淵閣本同，廣雅本已改正，今從改。

③　“藉”，原作“籍”，曹本同，據文淵閣本、廣雅本改。

④　“盛”，原作“成”，曹本、文淵閣本同，據廣雅本改。

⑤　“絛”，原作“條”，曹本、廣雅本同，據文淵閣本改。

⑥　“絛”，原作“條”，曹本、廣雅本同，據文淵閣本改；“鈎”，原作“釣”，文淵閣本、廣雅本同，據曹本改。

‘皇太子寶，爲之不行用，其封令書用春坊印。’今擬飾以龍鳳處改爲麟鷟[①]，純用紅處改爲梅紅，他物並依上典故製度成造。”

九月二十九日，差待制張等三員監看成造册寶并法物，禮部外郎趙揚等三員監看成造匣盝床等。

十二月一日，命侍講張景仁撰册文，禮部侍郎劉仲淵書册篆寶。

五日，差工部侍郎張仲愈等二員提點編排儀仗并謁廟鹵簿。

二十五日，命右丞相良弼告天地，樞密使志寧告宗廟，平章守道攝侍中奉寶，右丞石琚攝中書令奉册、讀册[②]。引寶門下侍郎、引册中書侍郎一，行禮侍中二，押樂太常卿一，正官外，並三品官攝充。并差捧册、捧寶二，大樂令、典儀、贊者、協律郎、引太子典贊儀各一，符寶郎四，太博二，通舍五，詹少、左右庶子、左右諭德、左右率府、僕正、中允各一，舁寶盝官八，舁册匣官十六。

十二月二十三日，擬奏下項儀禮，准。外，册命日，皇太子乘輿至翔龍門，東宮官導從，不乘馬。

册皇太子前三日，合遣使同日奏告天地、宗廟。<small>奏告天地於自來拜天處，宗廟在廟庭中通告，用祝文、香、酒等。</small>

册前一日，宣徽院帥儀鸞司設御座<small>在壇臺上</small>。於大安殿當中，南向。設皇太子次於門外之東，西向。又設文武百寮、應行事官、東宮官等次於門外之東西廊，又設册寶幄次於殿後東廂，俱南向。<small>册東寶西</small>。又設受册位於殿庭横階之南。工部官與監造册寶官公服[③]，自製造所導引册寶床由宣華門入，計會宣徽院進呈

---

① “飾”，原作“錦”，曹本、文淵閣本同，廣雅本已改正，今從改。

② “石琚”，原作“右琚”，曹本同，據文淵閣本、廣雅本改。

③ “工部”，原作“二部”，據曹本、文淵閣本、廣雅本、《禮志一〇·册皇太子儀》改。

訖,赴幄次安置。大樂令帥其屬展樂懸於庭。

其日,兵部帥其屬設黃麾仗於大安殿門之內外。

其日質明,文武百僚、應行事官並朝服,朝服謂法服。入次。東宮官各朝服,自東宮乘馬導從,至左翔龍門外下馬,入就次。通事舍人分引百官入,立班,東西相向。次引侍中、中書令、門下侍郎、中書侍郎及捧昇册寶官詣殿後幄次前立,少頃,奉册寶出幄次,由大安殿東,降至庭中褥位,權置訖,在受册位近東稍北,西向。册北寶南。奉引册寶官立於其後。皇太子服遠遊冠、朱明衣出次,執圭,三師、三少已下導從,立於門外。

侍中奏“中嚴”。符寶郎奉八寶由東西偏門分入,升置御座之左右。侍中奏“外辦”。內侍承旨,索扇,扇合,皇帝服通天冠、絳紗袍以出,曲直華蓋、侍衛如常儀。鳴鞭訖,宮懸樂作,皇帝出自東序,即御座,爐烟升,扇開,簾捲,樂止。典贊儀引皇太子入門,宮懸樂作,至位,樂止。師少已下從入,立於皇太子位東南,西向。典儀贊皇太子再拜,搢圭,舞蹈,又再拜,奏“聖躬萬福”,又再拜訖,引近東,西向立。師少已下并奉引册寶官等各赴百官東班,樂作,至位,樂止。通事舍人引百官俱橫行北向,典儀贊“拜”,在位官皆再拜,搢笏,舞蹈,又再拜,起居,又再拜訖,百官各還東西班,師少已下并行事官各還立位。典贊儀引皇太子復受册位,樂作,至位,樂止。

侍中承旨,稱“有制”。皇太子已下應在位官皆再拜,行事官不拜。躬身。侍中宣制曰:“册某王爲皇太子。”俱又再拜。通事舍人、太常博士引中書令詣讀册位,中書侍郎引册匣置於前,捧册官西向跪捧,皇太子跪。讀畢,俯伏興,皇太子再拜。中書令詣捧册位,奉册授皇太子,搢圭,跪受册,訖,以授右庶子,右庶子跪受訖，俯伏興。右庶子以册興，置於床。中書令以下退復本班。

次通事舍人、太常博士引侍中詣奉寶位，門下侍郎引寶盝立於其右，侍中奉寶授皇太子，搢圭，跪受寶訖，以授左庶子，左庶子跪受訖，俯伏興。左庶子以寶興，置於床。侍中以下退復本班。典儀贊再拜訖，典贊儀引皇太子退。初行，樂作，左右庶子帥其屬舁册寶床，押以出①，在皇太子前行。出門，樂止。

侍中奏“禮畢”。内侍承旨，索扇，扇合，簾降，鳴鞭，樂作。皇帝降座，入自西序，還後閣，侍衛如來儀。扇開，樂止。侍中奏“解嚴”。所司承旨放仗衛，以次出。皇太子入次，改服公服，還東宫，導從如來儀。

册後二日，兵部設黄麾仗於仁政殿門之内外。陳設並如大安殿之儀。惟不設壇臺及八寶。百官服朝服。皇太子公服，至次，改服遠遊冠、朱明衣。通事舍人引百官入，至階下立班，東西相向。典贊儀引皇太子執圭出次，立於門外。

侍中奏“中嚴”，少頃，又奏“外辦”。索扇、鳴鞭並如大安殿儀。皇帝出自東序，通天冠、絳紗袍，或朔望冠服。即座，簾捲。通事舍人引百官俱横行北向。典儀贊“拜”，在位官皆再拜，搢笏，舞蹈，又再拜，起居，又再拜訖，分班。

皇太子捧表入，《藝文類聚》，梁武册太子，表謝。至拜表位立。俟閤門使將至，單跪捧表，閤門使接表訖，俯伏興。典儀贊拜，搢圭，舞蹈，又再拜。俟讀表訖，侍中承旨，退，稱“有制”。典儀贊再拜訖，躬身。侍中宣訖，典儀贊再拜②，搢圭，舞蹈，又再拜訖，典贊

---

① “押”，曹本、文淵閣本、廣雅本及下文《大定二十七年册皇太孫》同，《禮志一〇·册皇太子儀》作“匣”。

② “躬身侍中宣訖典儀贊再拜”十一字原奪，據《禮志一〇·册皇太子儀》補。

儀引皇太子退。

侍中奏"禮畢"。扇合,鳴鞭,入西序,還後閣,侍衛如來儀。侍中奏"解嚴"。放仗,百官以次出。

後二日,百官奉表稱賀,如常儀。

其日質明,東宮應從官各服朝服。所司陳鹵簿、金輅於左掖門外。皇太子服遠遊冠、朱明衣,升輿以出,至金輅所,降輿升輅。左庶子已下夾侍,三師、三少乘馬導從,餘官亦皆乘馬以從。東行,由太廟西階轉至廟。不鳴鐃吹。至廟西偏門外,降輅步進,由東偏門入幄次,改服袞冕。出次,執圭,自南神東偏門入,宮官并太常寺官具從於其後。皇太子入詣殿庭東階之東,西向立,典儀贊再拜訖。升自西階,詣始祖神位前,北向,再拜訖。以次詣逐室行禮,並如上儀。訖,降自西階,復西向位。俟典儀稱"禮畢",出東神北偏門,謁別廟,如上儀。訖,歸幄次,改服遠游冠、朱明衣。出次,步至廟門外,升輅。過廟門,鳴鐃而行。至左掖門外①,降輅,升輿以入。將士各還本所。

後一日,於東宮受群官賀,如元正受賀儀。

冊曰:"維大定八年歲次戊子正月甲子朔十七日庚辰②,皇帝若曰,自昔有天下之君,必嚴於宗廟;惟時主宗廟之器,莫重乎元良。朕丕荷燕謀,中興桓撥,惟休大曆,用卜於無疆;永言孝思,敢忘於嗣服。蓋傳家而慮長世③,始自夏商以來;立嫡以正諸

---

① "左掖門",原誤"右掖門",諸本均同,按《禮志四·皇太子恭謝儀》作"左掖門",下文《大定二十七年冊皇太孫》亦作"左掖門",今據改。

② "大定",原作"大安",曹本同,據文淵閣本、廣雅本、《金文最》改。

③ "長"字原奪,而"世"下闕一字,曹本同,文淵閣本作"世及",今據廣雅本、《金文最》改。

侯①，有若《春秋》之訓。其承天序，匪出服私。咨爾楚王某，祥發中闈，體鍾上嗣，生而岐嶷，學則緝熙，爛然揭前星之明，溫其涵少海之潤。文武之藝，卓爾良能；仁孝之心，充於固有②。職在於問安視膳，未嘗不承順其歡；古制有監國撫軍，抑克堪負荷其任。固足以增重邦家之本，允協億兆之心。涓茲令辰，昭以備物。今册爾爲皇太子。於戲！象取明兩，位爲國儲，以恩則父子之倫，以義則君臣之分。義不可或闕，臣於君則必以忠；恩不可少忘，子事父則莫如孝。矧左右前後皆其正，當尊所聞、行所知；惟出入起居罔不欽，勿遊於佚、淫於樂。用光我祖宗之顯德，以對茲典册之閎休。”

大定二十七年册皇太孫

大定二十六年十一月十七日，制曰：“朕膺上天之眷命，紹烈祖之慶基，惟懷永圖，早建元嗣，上以承休於累祖，下以係望於多方。嗟繼體之云亡，賴貽謀之有託。蓋天下大器③，可不正其本歟；而世嫡皇孫，所謂無以易者。矧其賢德之著，宜貳宸極之尊。肆舉彝章，式孚有衆。皇孫開府儀同三司、尚書右丞相、原王某，祥開甲觀，秀出天支，夙挺溫文，日隆孝敬。性姿超異，自幼已若於成人；學問敏明，所得必臻於至理。昨進封於王社，俾作牧於神州，政成於旬月之間，美審乎輿人之誦。爰立作相，歷試諸難，益彰時序之能，大副師言之錫。顧垂統必資於善繼，而奉邑不可

---

① “立嫡”二字原倒，曹本同，據文淵閣本、廣雅本、《金文最》乙正。
② “充”，原作“克”，曹本、《金文最》同，據文淵閣本、廣雅本改。
③ “蓋”，《歸潛志》卷一○趙翰林可獻之條作“念”。

以久虛。是用正名，茲惟合禮。今立某爲皇太孫，所有合行典禮，宜令有司條奏以聞。布告中外，咸使聞知。”

太常寺檢討到，《晉書》愍懷太子第二子臧，永康元年立爲皇太孫，五月，太孫之東宮，車服、侍從皆愍懷之舊①。又王隱《晉書》，詔立臧爲皇太孫，文武官屬即轉爲太孫官屬。又《晉起居注》，詔以太常成粲爲太孫太傅。又《齊書》永明十一年，文惠太子薨，立南郡王爲皇太孫，居東宮。今來恭奉詔書，命立皇太孫，所有合行禮數，即與前來命立皇太子時禮數無異。及一切服用并所乘鞍轡等，並合一體施行②。今檢討參擬定下項。十一月十九日，尚書省先具第二、第三、第四擬聞奏。奉敕旨：“並依舊，劄付禮部照會，據所呈其餘事理，除從人數目并歲支錢別行外，並合一體施行。雖未受册，其一切禮數與已受册同。”

《晉書》云：“太子出會，在王公之上。”唐《開元禮》：“皇太子朝出，引王公以下入。”前來已依此典故，每入朝，在王公上。仍獨班起居，候退，方引親王以次班。若與宴，於御座之左西向設位，比王公坐位少前。其朝服，紫袍、玉帶、玉雙魚袋。《儀制》，皇太子赴朝，親王、宰執許相見外，其餘百官、宗室並廻避。前來導從並服梅紅羅繡雙盤鳳襖子、金花幞頭、金鍍銀束帶。鐝鑼、唾盂、盂子、水罐，並用銀，金鍍。傘用梅紅羅表、黃綾裏，坐麒麟金浮圖，校椅金鍍栲栳圈靠背，上用雙戲麒麟。大定二年六月奏定，依典故於宮城裏橫門外許用傘，並自來遇朝參，至左嘉會門，免傘下馬，若遇雨雪，用傘近前至宣明門。制文，皇太子稱“令

---

① “侍”，原作“待”，廣雅本同，據曹本、文淵閣本改。
② “施行”，原作“於行”，曹本同，據文淵閣本、廣雅本改。

旨”。内外百官及東宫三師對皇太子稱名，三少以下並稱“臣”，及言“奏”，仍俱稱“殿下”。自來本宫官依例言“清躬萬福”。前來參酌典故奏定，皇太子逐日視事及見師少、賓客，服小帽子、皂衫、玉束帶。三師相見展皂，三少並展紫，并左右率府、僕正、副僕正、典贊儀、侍正、侍丞遇當直承應，許服金帶。前來見師少、官屬於承華殿，并出入由承華正門。已上擬並依前來已行禮例，乞開具聞奏施行。

大定二年五月，奉御前批劄定到護衛人從等，并奉敕旨，月給錢、粟、麯、麥①、春秋羅綾、絹、綿等，其後歲給錢五萬貫。已上擬取自敕裁。

皇太孫官屬名稱，止合依前項晉典故施行。

尚書省奏劄：奉敕旨：“東宫諸局分承應人，元設多少人，後來如何設到許多人，寫了奏知。”尋送戶、禮、兵三部，勘到元設并在後添設到人數、根因、支破料錢等事，及隨局分見合設承應人，擬到下項。准奏，外，細車小底二十人，入殿小底六人，不入殿八人，過食十五人。護衛已奏定二十人。

下項，大定二年設置：

導引，班祇人充，係傔使。元設一十六人，今擬依舊。

導從，三貫石。元設六十二人，大定十年三月添二十人，已下照勘得並係奏過或特旨添設②。今擬六十二人。

細馬小底，四貫石。元設一十人，大定三年、六年、七年、十年

①　“麯”，原作“麴”，曹本、廣雅本同，據文淵閣本及上文《大定八年册命儀》改。又上文《大定八年册命儀》及《金史》卷五八《百官志四·百官俸給》，錢粟麯麥之外，皆有米，此處“麯”下疑奪“米”字。
②　“設”，原作“收”，曹本、文淵閣本同，據廣雅本改。

節次添至三十人，今擬一十五人。

　　細車小底，<small>四貫石</small>。元設一十人，節次於大定三年、四年、七年、十年添至三十人，今擬一十五人。

　　鞍轡小底，<small>四貫石</small>。元設四人，在後添訖四人，共八人，今擬六人。

　　入殿小底，<small>大定二年五月設入殿，當年九月設不入殿①</small>。元設一十一人，<small>十貫石</small>。在後添□人②，今擬八人。

　　不入殿小底，節次設三十四人③，<small>四貫石</small>。今擬一十人。

　　過食小底，<small>四貫石</small>。元設二十人，在後添訖五人，今擬二十人。

　　厨子，<small>四貫石④</small>。元設二十人，在後添訖二十人⑤，今擬二十人。

　　湯藥，<small>四貫石</small>。元設四人，在後添訖三人，今擬四人。

　　下帳，<small>四貫石</small>。元設一十人，節次於大定六年、七年、十年、十二年、十七年添至三十一人，今擬一十五人。

　　典設，<small>四貫石</small>。元設四人，大定七年添訖二人，今擬四人。

　　司藏本把，<small>四貫石</small>。元設四人，節次於大定三年、十年添訖二人，今擬四人。

　　下項，大定二年已後設置：

　　執旗二人，<small>四貫石</small>。大定七年設⑥，今擬依舊。

---

① 二“設”字，原均作“收”，曹本、文淵閣本同，今據廣雅本及上下文改。
② “添”下諸本均闕一字。
③ “設”，原作“收”，曹本、文淵閣本同，據廣雅本改。
④ “四”字原奪，曹本同，據文淵閣本、廣雅本補。
⑤ “添訖”二字原倒，據曹本、廣雅本乙正。
⑥ “設”，原作“收”，曹本、文淵閣本同，據廣雅本改。

鷹坊子二十人，四貫石。大定十九年十二月添設二十人①，今擬一十人。

冠帶小底四人，四貫石。大定三年、四年節次添設，今擬三人。

剝鹿六人，四貫石。大定十年三月設，今擬四人。

鋪陳一十一人，四貫石。節次於大定七年、十年、十七年設到②，今擬六人。

筆硯小底四人，六貫石。大定三年、十五年節次設到③，今擬二人。

書畫小底四人，四貫石。節次於大定三年、十五年設到④，今擬二人。

司藏知書二人，兩貫石。大定六年添差，今擬依舊。

司倉本把四人，四貫石。大定二年九月、十年三月設到⑤，今擬依舊。

中侍二十一人，四貫石。大定十五年閏九月設二十人，十六年十一月設女直一名⑥，今擬一十七人。

醫獸九人，四貫石。大定十七年五月見有醫獸四人，又奏添一名，大定二十三年十一月又申兵部差四人，今擬四人。

馬群子三十人，兩貫石。大定六年、十七年、二十三年節次添差，今擬一十五人。

牛群子七人，兩貫石。今擬五人。

---

① “添設”，原作“添收”，曹本同，據文淵閣本、廣雅本改。
② “設到”，原作“收到”，曹本、文淵閣本同，據廣雅本改。
③ “設”字原奪，曹本同，文淵閣本作“收”，據廣雅本補。
④ “設到”，原作“收到”，曹本、文淵閣本同，據廣雅本改。
⑤ “設到”，原作“收到”，曹本、文淵閣本同，據廣雅本改。
⑥ 二“設”字，原均作“收”，曹本、文淵閣本同，據廣雅本改。

馳群子二人，_{兩貫石。}今擬依舊。

二十六年十二月七日，奏稟，司天臺選擇到册命皇太孫吉日，并太常寺檢擬到册命皇太孫合行事理，開具下項。奉敕旨："鹵簿依前來所擬，用六百人。餘並准奏行。"

行册禮擬來年三月初九日辛亥，臨軒册命，依前來禮例，擬於大安殿行禮。

前期三日，合行遣使奏告天地、宗廟。

册禮後二日，皇太孫奉表稱謝，擬依前來於仁政殿行禮。

皇太孫冠服製度，擬依前來受册日服遠遊冠、朱明衣，謝廟服袞冕。合用金輅并輿，照得舊有輿輅，然前來曾於宣考靈車前排設①，緣當日係是兼用吉儀，今擬就用。

皇太孫寶，擬依前來以黃金爲之，方二寸，厚一寸，龜紐，文曰"皇太孫寶"。

皇太孫册，擬用玉石簡六十枚，前後四枚刻龍，爲護捧之狀。前來刻龍處擬用麟，奉敕旨依典故用龍。

合用儀仗，擬依前來大安殿册命用黃麾半仗二千二百六十五人，仁政殿稱謝用黃麾細仗一千四百二人。皇太孫謝廟鹵簿，前來擬用六百人，奉敕旨用一千人。

皇太孫受册禮日，前來擬自東宮乘馬，宮官導從，至翔龍門外；奉敕旨令乘輿，東宮官導從，不乘馬。

依前來合差撰册文并書册文篆寶官共二員，今擬左諫議黃久約、修撰黨懷英。

---

① "宣考"，諸本皆同，即章宗父允恭，大定二十五年歿後，謚爲宣孝太子。按此係對世宗擬奏，不當稱"宣考"，疑爲"宣孝"之訛。

　　二十七年二月九日，奏稟，太常寺檢照前來禮例，擬定到臨軒冊命皇太孫并謝上及謝廟等儀注，開具下項。從之。

　　冊前一日，宣徽院帥儀鸞司設御座_{在壇臺上}。於大安殿^①，設皇太孫次於大安殿門外之西廊，又設冊寶幄次於殿後東廂，俱南向。_{冊東寶西}。又設皇太孫受冊位於殿庭橫階之南。工部官與監造冊寶官公服，自製造所導引冊寶床由宣華門入，計會宣徽使進呈訖，赴幄，至次，安置^②。大樂令帥其屬展樂懸於殿庭。

　　其日，兵部率其屬設黃麾仗於大安殿門之內外。

　　冊命日質明，文武百僚、應行事官並朝服，_{朝服謂法服}。入次。皇太孫服遠遊冠、朱明衣，昇輿以出，東宮官屬各朝服導從。皇太孫至左翔龍門外，降輿，入就次。通事舍人分引百官入，詣殿庭立班，東西相向。次引侍中、中書令、門下侍郎、中書侍郎及捧昇冊寶官詣殿後幄次前立，少頃，奉冊寶出幄次，由大安殿東，降至殿庭褥位，權置訖，_{在受冊位近東稍北，西向。冊北寶南}。奉引冊寶官立於其後。皇太孫出次，執圭，師少以下導從，立於殿門外。

　　侍中奏"中嚴"。符寶郎奉八寶由東西偏門分入，升殿，置於御座之左右。侍中奏"外辦"^③。內侍承旨，索扇，扇合，皇帝服通天冠、絳紗袍以出，曲直華蓋、侍衛如常儀。殿上鳴鞭訖，宮懸樂作，皇帝出自東序，即御座，爐煙升，扇開，簾捲，樂止。典贊儀引皇太孫入門，宮懸樂作，至位，樂止。師少已下從入，立於皇太孫位東南，西向。典儀曰"再拜"，皇太孫再拜，搢圭，舞蹈，又再拜，

---

　　① "儀鸞"二字原誤倒，諸本均同，今乙正。

　　② "至"字疑衍，上文《大定八年冊命儀》無此字。

　　③ 二處"侍中"，原皆作"侍郎"。按奏"中嚴"、"外辦"例爲侍中之責，上文《大定八年冊命儀》亦皆作"侍中"，今據改。

奏"聖躬萬福"，又再拜訖，引皇太孫近東向立，樂作，至位，樂止。師少已下并奉引冊寶等官各赴百官東班。通事舍人引百官俱橫行北向，典儀贊"拜"，在位官皆再拜，搢笏，舞蹈，再拜，起居，又再拜訖，百官各還東西班，師少已下并行事官各還立位。典贊儀引皇太孫復受冊位[①]，樂作，至位，樂止。

　　侍中進前承旨，稱"有制"。皇太孫已下應在位官皆再拜，行事官不拜。躬身。侍中宣制曰："冊某王某爲皇太孫。"皇太孫以下又拜。通事舍人、太常博士引中書令詣讀冊位，中書侍郎引冊匣置於前，捧冊官西向跪捧，皇太孫跪。讀畢，俯伏興，皇太孫再拜。中書令詣奉冊位，奉冊授皇太孫，皇太孫搢圭，跪受冊，訖，以授右庶子，右庶子跪受訖，俯伏興。右庶子以冊興，置於床。中書令以下退復本班。

　　次通事舍人、太常博士引侍中詣奉寶位，門下侍郎引寶盝立於其右，侍中奉寶授皇太孫，皇太孫搢圭，跪受寶訖，以授左庶子，左庶子跪受訖，俯伏興。左庶子以寶興，置於床。侍中以下退復本班。典儀曰"再拜"，皇太孫再拜訖，典贊儀引皇太孫退。初行，樂作，左右庶子帥其屬舁冊寶床，押以出，在皇太孫前行，皇太孫出殿門，樂止。

　　侍中詣御座前，奏"禮畢"。內侍承旨，索扇，扇合，簾降，鳴鞭，樂作。皇帝降座，入自西序，還後閣，侍衛如來儀。扇開，樂止。侍中奏"解嚴"。所司承旨放仗，百官、仗衛以次出。皇太孫還宮，導從如儀。

---

① "贊"字原奪，曹本、廣雅本同，按引導皇太子、皇太孫例爲典贊儀之責，今據文淵閣本及上文《大定八年冊命儀》補。

其册命後二日,兵部帥其屬設黃麾仗於仁政殿門之内外。殿上下陳設,並如大安殿之儀。_{惟不設壇臺及八寶。}百官服朝服。皇太孫公服,至次,改服遠遊冠、朱明衣。通事舍人引百官入,至殿陛下立班,東西相向。典贊儀引皇太孫出次①,執圭,立於殿門外。

侍中奏“中嚴”,少頃,又奏“外辦”。索扇、鳴鞭,並如大安殿儀。皇帝出自東序,_{冠服取旨。}即御榻,簾捲。通事舍人引百官俱横行北向。典儀贊“拜”,在位官皆再拜,搢笏,舞蹈,又再拜,起居,又再拜訖,分班。

皇太孫捧表入,至拜表位立。俟閤門使將至,單跪捧表,閤門使接表訖,俯伏興。典儀曰“拜”,皇太孫再拜,搢圭,舞蹈,又再拜。俟讀表訖,侍中進前承旨,退,稱“有制”。典儀曰“再拜”,皇太孫再拜訖,躬身。侍中宣制訖,典儀曰“拜”,皇太孫再拜,搢圭,舞蹈,又再拜訖,典贊儀引皇太孫退②。

侍中奏“禮畢”。扇合,鳴鞭,皇帝降御榻,入自西序,還後閤,侍衛如來儀。侍中奏“解嚴”。所司承旨放仗,百官、仗衛以次出。

後二日,百官奉表稱賀,如常儀。

謝廟日質明,東宮應從官各朝服。所司陳鹵簿、金輅於左掖門外。皇太孫服遠遊冠、朱明衣,升輿以出,至金輅所,降輿升輅。左庶子以下夾侍,師少乘馬導從,餘官亦皆乘馬以從。東行,由太廟西階轉至廟③,不鳴鐃吹。至廟西偏門外,降輅步進,

---

① “贊”字原奪,曹本、廣雅本同,據文淵閣本補。
② “贊”字原奪,曹本、廣雅本同,據文淵閣本補。
③ “至”,原作“到”,據曹本、文淵閣本、廣雅本改。

由東偏門入幄次，改服衮冕。出次，執圭，自南神東偏門入，宮官并太常寺皆從於其後①。皇太孫入詣殿庭東階之東，西向立，典儀贊曰"再拜"②，皇太孫再拜訖。升自西階，詣始祖室神位前，北向，再拜訖。次詣逐室行禮，並如上儀。訖，降自西階，復西向位。典儀稱"禮畢"，還次。服遠遊冠、朱明衣，步至廟門外，升輅，東去，謁別廟，並如太廟之儀。訖，歸幄次，改服，升輅，西過太廟門，鳴鐃而行。至左掖門外，降輅，升輿以入。將士各還本所。

次日，公服謁宣孝太子廟。於東宮受群官賀，如元正受賀儀。惟不用獻酒及作樂之禮。十五日，謝廟。十六日，宣孝廟禮畢，謁陵，還，受賀。

二月二十三日，奏稟合用奏告并行禮攝官員數，奉敕旨："東宮師少仰尚書省擬③，餘以點定官充。"尋再擬奏，從之。平章特進奏告天地，平章金紫告宗廟，左右丞攝侍中、中書令，禮、刑部尚書攝門下、中書侍郎，左右宣徽攝行禮侍中，工部尚書攝太孫太保，簽書攝太孫少師。

冊曰："維年月日，皇帝若曰，昔我太祖，肇造鴻業，撫有於多方；肆予一人，纂紹丕圖，期傳於萬世。頃豫建於元子，用祇率於大猷，而享年不遐，閱日寖遠。仰賴上穹之祐，蚤開甲觀之祥。念儲副之重，難乎久虛；顧名分之嚴，宜以時定。載稽故事，備有前聞。謂尊嫡者，議著於漢儒；曰立孫者，經明乎《周禮》。先王彝典，朕曷敢廢；天下公義，朕曷敢違。咨爾皇孫某官某，慶襲靈

① 據上文《大定八年冊命儀》，"太常寺"下當奪"官"字。
② "儀贊"二字原倒，據文淵閣本乙正。
③ "師少"，原作"少師"，曹本、文淵閣本同，據廣雅本及上下文改。

源，系承正統，英姿秀發，德器少成。動循謹厚之風，居遠華腴之
習。諸難歷試，衆譽翕歸。初尹正於京畿，旋登庸於揆路，勤勞
庶務，兢畏一心。固足以貳宸極之尊，協重離之吉。式涓穀旦，
誕舉徽章，粵從朱邸之華，嗣陟青宮之邃。今册命爾爲皇太孫。
於戲！國本甚大也，居之不可不敬；廟祧至重也，奉之不可不嚴。
篤愛親之心，在斯須不離乎孝；盡事君之道，唯造次毋忘於忠。
爾能章不已之令名，我亦有無疆之善慶，豈不偉與，其勗之哉。
祇若朕命。"

謝表："云云。端門宣詔，方渙鴻恩，宸扆臨軒，載昭茂典。祇
膺寵數，倍積兢慚。伏以豫建儲闈，號稱國本，仰以守宗祧之祀，
俯以系天下之心。匪有元良，疇諧師錫。伏念臣年方沖弱，性本
庸虛，猥承世嫡之名，優荷聖恩之庇。始從群爵，改胙國封。特
起自於服廬，使習知於政務。暫茌京畿之任，旋升端揆之司。嘗
竊省修，已多忝越。乃復嗣位承華之重，正名貳極之崇。瑤牒寶
章，奉徽儀而增惕；龍樓雞戟，撫菲質以奚勝。茲蓋云云。爲宗社
無疆之計，惟古今大義之公，既惇貴貴之風，仍厚親親之愛。憶
中宮於已往，悼主鬯之方虛。念臣乃昭德之遺孫，憐臣實宣孝之
嫡子，遂曲垂於茲眷，俾得冒於殊榮。臣敢不恒自恪勤，益深勗
勵，惟師善事，惟邇正人。學禮讀書，慕聖賢之篤行；問安侍膳①，
率忠孝之良規。"

賀表："璿宮敷佑，夙開甲觀之祥；寶册正名，爰定春宮之位。
云云。載舉升儲之典，式昭繼體之光。肆嚴奉於宗祧，保永安於
社稷。是謂立國家之本，有以格神祇之歡。少海分流，接瀛波而

---

① "侍膳"，曹本、廣雅本同，文淵閣本、《金文最》作"視膳"。

增潤；前星續耀，拱帝座以常明。和氣周被於九區，厚福延及於群品。臣等欣逢聖運，幸覿曠儀。基緒有輝，仰重離之叶吉；戩穀來備，慶萬壽之無疆。"

守國儀

車駕將幸上京，擬定東宮治事儀式。大定二十三年十二月二十一日，准奏。

皇太子三日一次於承華殿受尚書省啟事。續奉聖旨，只於集賢殿視政。

皇太子見宰執、師少，並用已定儀禮。

啟事日，服帽、帶，正座，宰執展紫，分東西向坐，左右司啟事亦並展紫。二十四年三月，敕旨教都事啟事議除授，不妨事。

隨朝并在都官遇朔望日，具公服候問，其禮依已定相見儀式。皇太子是日仍具袍笏。

啟稟過事務並稱"啟稟奉訖"、"奉令旨依"。

遇治事日，本宮官屬侍立如常儀。

二十四年三月十九日①，奉敕旨造監國印。今擬比親王印稍大半分，以金為之，龜紐，篆文曰"監國之寶"。准奏，改"監"為"守"，比親王印大一分。

并擬，其日遣使詣東宮，皇太子具公服詣褥位立，使者稱"有敕"。兩拜，使者傳宣："朕將巡幸上京，令卿權守國事，仍付卿

_____

① "三月十九日"，各本均同。按下文注引《雜録》、《實録》皆謂三月七日授寶，《金史》卷八《世宗紀下》大定二十四年同；且此后又敘三月五日云云，此處"三月"疑當作"二月"。

'守國之寶',想宜知悉①。"訖,授皇太子寶,又兩拜,禮畢。奏,奉敕旨,御前祗受。《雜録》云:"三月七日,皇太子御前受寶訖。"《實録》:"三月七日授之。"

三月五日,擬奏下項儀禮。奉敕旨:"遇有詔書,皇太子止俟於應天門外。萬春節賜宴,於集賢殿,仍用落後教坊樂。起居表,沿路二十日一次,差走馬人進呈,到上京已後,一月一次,仍附帶尚書省表章。餘並准奏。"

詔書迎接儀:

使者於前一程頓,先遣人報尚書省及詹事院。有司於應天門外望闕設香案一,并設皇太子、親王、宰執以下褥位於香案前,又設使者褥位於香案之左,又設讀案於香案之右。皇太子、親王、宰執以下百官詣五里以來迎接,仍委留守司備旗幟、音樂、綵輿、香輿等。

使者將至,皇太子立於香輿前褥位,親王、宰執并百官序班立定。使者去綵輿百步間下馬,取置綵輿中。皇太子詣香案前上香,訖,詔輿行。使者上馬後從,皇太子、親王、宰執以下並上馬後從。

至應天門外,使者下馬,就褥位立。皇太子、親王、宰執已下序班定,使者於輿内取詔,置於案,綵輿退。使者稱"有敕"。皆再拜。皇太子少前,上香訖,復位。又皆再拜。使者取授尚書省都事,都事跪受。及尚書省令史二人齊捧,同升於案。在位官皆跪聽,讀訖,置於案,都事以下退。皇太子、親王、宰執以下俱再拜,搢笏,舞蹈,俯伏興,再拜。皇太子少離位,望闕跪,問"聖躬萬

---

① "朕將"至"知悉"原作小字注文,按曹本、文淵閣本、廣雅本均作大字正文,今改。

福", 在位者皆跪。使者躬荅曰: "聖躬萬福。" 禮畢, 皇太子還宮。宰執同使者詣尚書省館待, 禮畢, 使者還館。

使者行, 親王、宰執同百官送至都城門外。班首酌酒一巵, 酬酢訖, 親王、宰執已下相揖別。使者上馬, 乃退。

萬春節若有天使賜宴儀:

使者到館, 有司陳設宴所並香案、褥位。其日, 與宴官並公服, 先詣庭中望闕褥位, 班定。典儀引皇太子詣褥位, 使者立於香案之側。皇太子以下皆再拜, 上香, 復位, 再拜, 跪。使者宣傳訖, 又再拜, 搢笏, 舞蹈, 俯伏興, 又再拜。皇太子少離位, 跪問 "聖躬萬福"。在位者皆跪。使者躬荅曰: "聖躬萬福。" 典儀引升, 皆就坐。親王、宰執以下依班次見訖, 分東西升階就位, 少立。使者欄子內見訖皇太子, 各就坐, 使者隔坐。前筵畢, 少頃, 戴花, 再詣望闕褥位, 再拜。執事以表跪進, 皇太子跪授使者, 在位者皆跪。使者跪受訖, 各升階就坐。禮畢, 退。

二十五年二月, 擬定, 若於集賢殿賜宴, 天使敷德偏門內下馬。

賜生日或年節儀:

使者到館, 先報詹事院。東宮門外設使者幕次, 又於承華殿前望闕設香案、禮物案并褥位。皇太子公服乘馬, 出迎, 與使者同入左掖門。至東宮門外, 皇太子先詣香案側褥位, 使者就次。以賜物授執事者, 二人對捧先行, 使者從入, 立於褥位, 置案上, 執事者退。典儀引皇太子詣望闕褥位, 再拜, 上香, 復位, 再拜, 跪。使者傳旨, 受物訖, 再拜, 搢笏, 舞蹈, 俯伏興。又再拜, 離位, 跪問 "聖躬萬福"。使者荅: "聖躬萬福。" 復位。執事者以表跪進, 皇太子搢笏, 跪授使者訖, 使者跪受。典儀引升殿, 東西向坐。皇太子在東，使者在西。酌酒一卮，立勸，使者立飲訖，以禮物授使者，退。

皇太子問：“聖躬起居表幾日差走馬人進呈？尚書省表有無附去？重五、九月九日合與不合拜天射柳？仍於甚處？”敕旨，拜天射柳，城外。“擊毬於甚處？”敕旨，於常武毬場，樂亭上坐。“圍獵事如何？”敕旨，從來往日數，亦從太子所欲。

賜書迎接儀：

行宮禮部二十四年五月奏過。皇太子公服乘馬，出左掖門外，下馬。使者捧書置綵輿中，皇太子詣香輿，上香，導從前引①，香輿在前，綵輿次之，皇太子乘馬從行，使者亦從行。至承華殿門，皇太子下馬，從輿入。至殿前，使者取書置案上。皇太子再上香，使者以書授，皇太子跪受訖，再行躬閱畢②，以授詹事，跪問“聖躬萬福”。使者荅：“聖躬萬福。”禮畢。

奏定合聞奏事理：“五品已上并隨駕大小官除授。”敕旨，五品已上除授在此擬定聞奏③。

“應邊關頭段事理，五品已上文武官循遷，隨駕五品已上官假故，犯贓罪罷職，解由到部官承襲千户謀克④，軍功五品已上遷敘，每歲天下院務比較增虧，每歲民間有無非理差科⑤，應橫支，每歲五享、二社差攝官及祝版，并隨節、國忌遣使祭奠山陵祝版，五岳祝版。”敕旨，差攝官在此擬定奏，五岳只降香。

“每歲頒曆詔，御試點讀卷官，雜犯死罪。”敕旨，原情可恕及

---

① “導從”，原作“道從”，曹本同，據文淵閣本、廣雅本改。
② “再行”，諸本均同，疑當作“再拜”。
③ “已”字原奪，曹本同，據文淵閣本、廣雅本補。
④ “謀克”，原誤“謀充”，諸本均同，今改正。
⑤ “差科”，原作“差料”，據曹本、文淵閣本、廣雅本改。

合上情敕裁者奏。

"五品已上官犯應決罪。應據宰執情見不同難以與決事理，應三國人使並去上京行禮。若有該載不盡事理，比類施行。"

在此施行事理："宮中並省臺寺監外六品已下除，隨季部擬，正八品已上除，六品已下循遷，宮中諸局分承應人等出職，已經奏五品已上官假故，宮中在此局分人告侍親，品官子孫承廕非引見者，軍員、使效係班，并宋齊官換敘，蕃部承襲，年老放罷千户謀克係班[①]，六品已下致仕非宮中者，賑濟賑貸，聖旨，聞奏。隨路灾傷，府會試差試官，六品已下官追解，察到不好官告移推，并杖已下罪，獲賊補官，并獲姦細補官。"

東宮視政，宰執坐具若亦用繡墩，恐與朝殿筵宴無別，擬止用机子，宰相在上，執政次之。更合准備紫羅鋪坐、紫羅机衣。又案，法朱油，素梅紅羅案衣，素梅紅羅蒙帕。椅，法朱油，金鍍銀獸，獸口用梅紅絨條結；椅背，梅紅羅明金團花獸；搭手同。踏腳與椅同用素梅紅羅蒙帕。

三月十七日，並准呈。差知寶二人、擡案四人。及檢照唐令，有典謁名稱，差禮直官六人權行勾當。

雜錄

天會十年四月□日[②]，命皇孫爲諳版勃極烈。制曰："爾爲太

---

① "謀克"，原誤"謀充"，諸本均同，今改正。
② "十年"，原作"十四年"，據《金史》卷三《太宗紀》、卷四《熙宗紀》，命熙宗爲諳班勃極烈在天會十年四月庚午，此處"十四"之"四"蓋涉下"四月"而衍，今刪。又"日"前諸本均空一格，按是年四月宋壬戌朔，若金朔同，則庚午爲九日。

祖之世嫡皇孫，故命爾爲諳版勃極烈。其無自謂幼沖，狎於童戲，惟敬修厥德。”

天德四年九月十五日，檢討到唐孝敬皇帝爲太子時，改弘教門爲崇教門，沛王爲皇太子，改崇賢門爲崇文館，皆避名諱以遵典禮。緣係單名，又《禮記·曲禮》篇云：“二名不偏諱。”注云：“孔子之母名徵在，言‘在’不稱‘徵’，言‘徵’不稱‘在’。”又唐高祖採濟世安民之義以名太宗，武德九年立爲太子，下令曰：“依禮，二名義不偏諱，其官號、人名及公私文籍有‘世’及‘民’兩字，不連讀者，並不須避。”稟訖，‘光’字不須廻避，‘光’字在上連稱者，亦得不避。

大定二年七月一日，擬奏：“《唐會要》，公卿大夫與太子同名無嫌，蓋尊統於上。故事，東宮官與太子名同皆改，并宗姓中有名同者廻避，其餘不在廻避之限。”從之。

九年九月二十三日，檢討到《唐會要》，順宗立廣陵王爲皇太子，尚書王紹本與太子同諱，陳請改名，時君子非之，謂東宮之臣當請改耳。又唐孝敬皇帝爲太子，改東宮弘教門，其“弘”字係當時太子正名[①]，所以令本宮改避，無廻避疑混聲字典故。又唐武德九年，太宗爲太子，避連用“世民”字，係自下令避其名，難以遵用。昨定二年已具典故聞奏，見令下一字同音者，東宮官依上廻避。奏，奉敕旨准，外，皇太子名下一字，如百官名同者改避，其同音字不在廻避之限。

大定二年十一月七日，參照《通典》、《開元禮》、《五禮新儀》、

---

① “正名”，原作“正門”，曹本、廣雅本同，據文淵閣本改。按下句稱“無廻避疑混聲字典故”，知“名”字是。

《唐六典》,擬到元正、誕日①。敕旨准奏,外,親王於欄子内,一品宗室於欄子外,其餘宗室並庭下拜,皇太子起立,苔揖。後准皇太子奏,答拜。

其日質明,群官並公服集於門外。少詹事奏"請内嚴",又奏"外備",典儀引升座。文武宮臣入就庭下位,重行北向,立定。典儀曰"再拜",在位官皆再拜。爲首者少前,跪奏:"元正首祚,——生日云'慶誕令辰'——伏惟皇太子殿下福壽千秋。"賀訖,復位。典儀曰"再拜",宮臣皆再拜,坐受,分東西序立。次引東宮三師於殿上,三少於殿柱外②,北向東上,立定。皇太子詣南向褥位。典儀曰"再拜",師少皆再拜。爲首者少前,稱賀,同前。復位。執事者酌酒一卮,爲首者奉進,樂作,飲訖,樂止。回勸師少,訖,各復位。典儀贊師少再拜,苔拜。以尊師重傅,有苔拜之禮。師少以次出。皇太子就坐。次引親王於欄子内,一品宗室於欄子外,其餘宗室並庭下序班,拜,致賀詞,并進酒,如上儀。皇太子苔拜。拜訖,就座。次引隨朝三師、三公、宰執於殿上,三品以上職事官露階上,四品以下就庭下,並北向,每等重行,以東爲上,立定。皇太子詣褥位。典儀曰"再拜",上下皆再拜。爲首者少前③,稱賀訖,復位。執事者酌酒一卮,爲首者奉進,樂作,飲訖。如有進獻禮物,如常儀。餘同。回勸三師、三公,其餘殿上群官並令執事者以盤行酒,飲訖。典儀曰"再拜",上下皆再拜,苔拜。以尊君上,苔拜。引群官以次出。少詹跪奏"禮畢"。

按《通典》,唐禮,皇太子元正受賀,公初入門,左庶子奏"殿

---

① "擬到元正誕日",此句語義不完,疑有奪文,其下當有"受賀儀"之類文字。
② "三少",原作"三步",曹本同,據文淵閣本、廣雅本改。
③ "爲首",原作"爲班",曹本、文淵閣本同,據廣雅本及上下文改。

下爲王公興"①,皇太子降立於坐後。若有王公、諸伯叔②,則降立於東階下,西面。公至階,則升於坐後。與羣官同四拜,皇太子荅再拜。又《太常因革禮》,皇太子受册畢,諸王、宗室北向序班於庭下,皇太子坐受。諸王謂宗室封王者,古重宗子,宗室皆當尊之,凡行典禮,尤當嚴正名分,以屬其餘。又《通典》,册禮畢,會羣臣,如元會之儀。今擬親王、宗室賀皇太子,依册畢受賀禮。又緣唐元正禮,見諸伯叔則降立於東階下,及與羣官同拜,皇太子荅拜,有此不同,并典故別無妃、主、命婦見太子禮。照到令文,應致恭之官相見,或貴賤殊隔,或有長幼、親戚者,任隨私禮。今來若在東宮,候皇太子便服,合依私禮接見。又三師以下遇皇太子誕日③,在御前,即候皇太子先進酒訖,百官望皇帝再拜,班首跪進酒,又再拜,若賜酒,即當殿跪飲訖,又再拜。

皇太子奏狀:受百官慶賀禮內文一款,親王并一品宗室皆北面拜伏,臣但荅揖而已。雖於典禮以尊宗子,其在長幼惇叙之間,誠所未安。當時遽蒙頒降,未獲懇讓。今來元正之明日,有司舉行前禮,伏望聖慈許臣荅拜,庶敦親親友愛之義。二年十二月二十九日,奉敕旨依,仍令尚書省頒下所司。

皇太子生日,公服,左上露臺,欄子外先兩拜,二閤使齊揖入欄子內,拜,跪祝訖,拜,起,復位,兩拜。又兩拜,接擡,進酒,進訖,退,跪,候飲訖,接盞,復位,轉擡訖,兩拜。宣徽將酒進,皇帝親賜酒,接盞,稍退,跪飲訖,宣徽接盞,復位,兩拜。揖入欄子

---

① "王公",廣雅本同,曹本、文淵閣本作"公王"。按《通典》卷一二八《皇太子元正冬至受羣臣賀并會》作"公王",《大唐開元禮》卷一一二《皇太子元正冬至受羣臣賀并會》作"公至"。

② "王公",《通典》卷一二八及《大唐開元禮》卷一一二均作"三公"。

③ "誕日",原作"旦日",曹本、文淵閣本同,據廣雅本改。

内，跪，搢笏，授賜物訖，出笏，起，復位，兩拜。退，更衣，入殿稍東，西向，立定。次皇妃等做生日勸酒，皇太子跪，皇妃等亦跪，接盞，飲訖，各兩拜。<small>次臣寮進酒，見前儀。</small>

大定二年十一月九日，擬到百官并宮官相見儀。敕旨准奏。并奉表體式及用印例，准呈。

三師、三公欄子内北向立，躬揖，爲首者稍前，問候。<small>下同。</small>離位稍前，正南立，荅揖。二品<small>並謂職事官。</small>欄子外稍近南，躬揖，<small>親王同。</small>皇太子起揖。三品露階上又近南，躬揖，皇太子坐揖。四品已下庭下躬揖，跪，問候，皇太子坐受。<small>今《大定儀制》云：“三師、三公、親王、宰相、樞密使欄子内北向云云，樞密副使、御史大夫及一品執事官云云。”注“並謂”、“親王同”五字削去。</small>太子太師、太傅、太保。<small>與隨朝三師同。</small>少師、少傅、少保。<small>與隨朝二品同。</small>詹事以下並庭下面北①，每品重行，以東爲上，再拜，班首稍前問候，又再拜，皇太子坐受。

《唐志》，太子通表如諸臣之禮。除無節辰奉表典故，若遇合奉表，擬依令文格式：“臣誠惶誠懼②、<small>賀則云‘誠懼誠忭’，③，後章末准此。</small>頓首頓首”，入詞，云云。“謹奉表稱謝以聞”④，<small>稱賀、陳讓、陳乞做此。</small>“臣誠惶誠懼、頓首頓首謹言。年月日。皇太子臣名上表”。若封令書，用宮師印，別無上表用印典故，擬依即今奏目例，更不用印。

---

① “面北”，原作“西北”，曹本、文淵閣本同，據廣雅本改。

② “臣誠惶誠懼”，原作“臣誠懼誠忭”，與下注文複，且與末“臣誠惶誠懼頓首頓首謹言”不協。按本書卷三一《班位表奏·牋表》亦載此事，作“誠惶誠懼”，今據改。

③ 原“云”字下復衍一“云”字，且二“云”字字體更小一號作旁注，不可通，今據本書卷三一《班位表奏·牋表》刪一“云”字，且與前後字體大小一式。

④ “稱”字下原衍“誠”字，曹本、廣雅本同，今據文淵閣本及本書卷三一《班位表奏·牋表》刪。

檢到《通典》《開元禮》，皇太子冠衣制度內該，烏紗帽，視事及晏見賓客服之。今擬皇太子逐日視事及見師少、賓客，服小帽子、皂衫、玉束帶。三師見皇太子不稱臣，《通典》："漢魏故事，太子於二傅執弟子禮。少傅稱臣，太傅不稱臣。"擬展皂。三少見皇太子稱臣，擬並展紫。三年九月一日，敕旨准奏。

皇太子出入別無接送禮例。八年十月十七日，奏奉敕旨："圍場出入不須①。遇別委勾當多時，即令接送。圍場出入所過②，州縣官只於側近接送，不得出境遠去。"

九年五月，皇太子坐夏，擬定於都外三里以來，量地之宜，鋪設褥位。三公、宰執已下公服，重行立定，皇太子便服。三公、宰執以下躬身，班首致辭，再拜。皇太子荅拜，訖，退。迎接亦如之。十八日，准呈。

又六月五日，奏奉敕旨："具牋問候。"緣百官別無拜禮，恐只合尚書省首相具銜位姓名等修寫如儀，於都堂以牋授走馬人，更不合集會百官。外，司徒合另具牋問。九日，准呈。

宰職除外任，辭見止合依已奏定，依品從見皇太子儀。

七年十二月二日，准呈，皇太子赴朝，除宰執、親王許相見外，其餘百官、宗室並廻避。即今《大定儀制》："云云。除親王、宰執、樞密使副、御史大夫、判宗、東宮三師許相見外，云云。"

東宮官見皇太子，依例言"清躬萬福"，別無違礙。大定二年五月二十三日准呈。

《職林》："太子舍人，秦官③，掌宣傳令旨。"今擬稱"令旨"。

---

① "圍"，原作"團"，曹本、廣雅本同，據文淵閣本改。
② "圍"，原作"團"，廣雅本同，據曹本、文淵閣本改。
③ "秦官"，原誤"奏官"，據曹本、文淵閣本、廣雅本改。

二年六月十五日,准奏。

四年七月二十五日,奏歷代太子親政事典故。敕旨送皇太子。并奉敕旨,今後奏過事件,約度將赴太子處經歷①。

五年六月,檢討到《宋會要》該,真宗天禧四年内出御札②,今後中書、樞密院及諸處合該進呈取旨公事,並依舊進呈外,所有常程小可事務,委皇太子與宰臣、樞密使已下就資善堂商量,發遣訖,奏。又定五條内第三條該,一,後殿及軍頭司公事,亦仰逐司具名件赴資善堂通呈。今擬於東宮作通呈施行。七月一日,再擬定只用“呈”字。

七年十月二十五日,敕旨:“東宮涼樓前添殿,仍蓋貯廊。”參政孟浩諫:“皇太子雖爲儲副,終是人臣,若所居與至尊宮室相侔,恐於制度未便③。兼東宮燕寢及遊歷處所已是完備,且皇太子年幼,性未純成,宜示儉德。”奉敕旨:“所奏甚當。據東宮添蓋事,仰行停罷。”

《宋會要》,南郊,正陽門習儀,皇太子立樓上御座之西,左右持繖障日,太子不許。見得宋時許將繖入宮,今擬於宮城裏橫門外許用繖。二年六月一日,准奏。

又參酌定到皇太子每朝見,依前至左嘉會門外,免傘下馬,若遇雨雪,恐失禮容,更用傘近前至宣明門。九年七月四日,准呈。

人使朝賀,殿庭筵宴,自來臣寮墩坐用紫羅④,繡盤鳳,棹衣

---

① “約度”,原作“約赴”,蓋涉下文而誤,今據曹本、文淵閣本、廣雅本改。

② “御札”,原作“御扎”,曹本同,據文淵閣本、廣雅本改。

③ “未便”,原作“末便”,據曹本、文淵閣本、廣雅本改。

④ “墩坐”,原作“橄坐”,據文義改。

係是紫羅團荅南花。今擬皇太子墩坐用梅紅羅^①，繡間金盤鳳，外，棹衣亦用梅紅羅，繡獨角間金盤獸。二年五月二十二日，准呈。

四年十一月三日，奉敕旨："皇太子四妃，除正妃合作妃名稱外，檢討古來典禮是何名稱。"檢到《唐六典》太子內官門："《漢書》曰：'太子有妃，有良娣，有孺子，凡三等。'歷代用之。宋明帝時，太子內制職二等^②，有寶林、良娣。南齊太子置三內職：良娣比關內侯，寶林比五等侯，才人比駙馬都尉。"隋、唐并宋《天聖令》，太子內官除妃外，有良娣二人，_{正三。}良媛六人，_{正四。}承徽十人，_{正五。}昭訓十六人，_{正七。}奉儀二十四人。_{正九。}七日，奏奉敕旨："良娣、良媛入五品，承徽、昭訓、奉儀入六品。仍爲定制。"其日，出給皇太子妃，_{元撥宣麻}^③。良媛、昭訓、奉儀并許王妃誥命。

大定二十六年十二月二十三日^④，奏稟："將來正旦、聖節，皇太孫除合稱賀外，緣在服制，不合預宴。并本宮元日，亦不合受賀。"從之。

二十七年二月九日，奏稟，禮部勘當到，將來皇太孫受冊後，於本宮受群官賀，如元正賀儀。檢討到《開元禮·皇太子元正受賀儀》，公初入門，左庶子奏爲公王興，若有諸伯叔，則降立於東

---

① "墩坐"，原作"礅坐"，據文義改。

② "內制職"不可通，按《唐六典》卷二六太子內官條注云，"至宋明帝，更爲太子置內職二等，有寶林、良娣"，此處有誤。

③ "撥"，曹本、文淵閣本同，廣雅本作"發"。

④ "二十三日"，原誤"三十三日"，據曹本、文淵閣本、廣雅本改。

階下,西面。公王至階①,則升於座後。今來參酌比依上項典故,親王入門,將至東副階,皇太孫降至東副階上,親王既升,則還立於座前。親王欄子内再拜,致賀詞訖,又拜,皇太孫俱荅拜。

二十六年二月二十五日,奏稟:"三月九日册皇太孫行禮,契勘到大安殿前綵山,若於三月初五日人使辭朝罷,依例拆去,緣相去行禮日數至近,誠恐難迭。"奉敕旨:"初三日晏罷,行拆去。"

大金集禮卷第八

---

① 按《大唐開元禮》卷一一二《皇太子元正冬至受群臣賀并會》:"公初入門,舒和之樂作,左庶子前,跪奏稱:'左庶子臣某言,請殿下爲公至興。'俯伏興,還侍位。皇太子降立於座後。若有三公、諸伯叔,則降立於東階下,西面。公至階,則升立於座後。"此處引作"爲公王興"、"公王至階",均不合原文。

大金集禮卷第九　親王公主

親王　宗室　公主　郡縣主

親王

天眷元年，定到國封等第：大國二十，遼、燕、梁、宋、秦、晉、漢、齊、魏、趙、越、許、楚、魯、冀、豫、御名、兗、陳、曹；次國三十，蜀、隋、鄭、衛、吴、韓、潞、豳、瀋、岐、代、虞、徐、滕、薛、紀[①]、原、邢、翼、豐、畢、鄧、鄆、霍、蔡、瀛、沂、榮、英、温；小國三十，濮、濟、道、定、景、申、崇、宿、息、莒、鄴、郜、舒、淄、郕、宗[②]、郥、譚、應、向、郇、密、胙、任、戴、鞏、葛、蕭、莘、芮。

皇統五年十二月二十九日，奏定大國從上添唐、殷、商、周，爲二十四，餘仍舊。

大定格：大國二十，遼、梁、宋、秦、晉、漢、齊、趙、越、許、楚、魯、冀、豫、唐、兗、吴、蜀、陳、曹；次國三十[③]：隋、鄭、衛、韓、潞、

---

① “紀”，原作“杞”。按下文大定格此處作“紀”，而“杞”爲小國；又據《金史》卷八二《光英傳》，海陵改“應國”爲“杞國”，則之前不當有“杞”。今據改。

② “宗”，原作“宋”。按上文大國内已有“宋”，此處不當重出，據《金史》卷五五《百官志一》吏部封王條，“郕”、“郥”之間爲“萊”，注稱“舊爲宗，以避諱改”。今據改。

③ 按此下僅有二十九國名。據《金史》卷五五《百官志一》吏部封王條，“榮”、“壽”之間當有“英”。

幽、瀋、鄂、代、虞、徐、滕①、薛、紀、原、邢、翼、豐、畢、鄧、鄆、霍、蔡、瀛、沂、荆、榮、壽、溫；小國三十：濮、濟、道、定、景、申、崇、宿、息、莒、鄩、郜、舒、淄、鄌、宗②、郎、譚、杞、向、郇、密、胙、任、戴、鞏、葛、蕭、莘、芮。

天眷二年四月，敕旨："親王有職事者除本職俸外，更依親王例另支俸。"

皇統元年，奏定："依令文，皇兄弟、皇子封一字王，爲親王，並二品俸、傔。已下宗室封一字王，皆非親王，支三品俸、傔。又親王除本職合請俸、傔外，支二品親王俸，不支傔③。"至天德二年，職事、王爵止從一高。

大定二年正月二十三日，奏定："依國王例，用金印，重八十兩，駞紐，各知印二人。傘權依正隆儀制，金鍍銀浮圖，青表紫裏。舊例紫傘。交椅用圈背，銀裏。銀水罐子、廝羅、唾盂。引接十人，皁衫，盤裏，束帶，騎馬。捧攏官四十人，首領紫羅襖子，素幞頭，執銀裏牙杖人；傘子紫羅團荅盤鳳襖子，交脚幞頭，金花鳳子；餘人紫羅四袴盤鳳襖子，兩邊黃絹義襴，幞頭與傘子同。並用金鍍銀束帶。"

三年正月，捧攏官至五十人。

十年正月二日，敕旨，繡鳳襖子更改別樣。二十二日，襖子改作繡芙蓉，幞頭改作間金花。十三年九月二十五日，奏定依三師、三公、宰執赴朝絲鞭、鞍彎等。

七年九月十三日，奏瀋王俸。奉敕旨："依隋王分例支，亦候出宮，支全俸。"

---

① "滕"，原作"勝"，據曹本、文淵閣本、廣雅本改。
② "宗"，原作"宋"，參上文校勘記。
③ "又親王除本職合請俸傔外支二品親王俸不支傔"，此句原爲小字注文，曹本、文淵閣本、廣雅本均作大字正文，今據改。

二十五年十二月十三日，敕旨："諸王特遷開府儀同三司，二年，封皇子許王[①]，自後以次並封王。每遇朝參，並依王爵敘班。"

二年十一月二十五日，奏定見客儀式：

非泛見客，三師、三公、尚書令、宰執、樞密使副、判宗、東宮三師欄子內少前，東向北上，親王西向，相揖。二品職事官欄子內北向，以東爲上，躬揖，親王離位正南立，荅揖。三品扣欄子躬揖，親王位前立荅揖。四品欄子外稍近南躬揖，五品露階上又近南，親王坐揖。六品、七品庭下躬揖，內省臺寺監、東宮官、宣徽、學士、國史、記注、諫院之類雖不至五品，亦展狀上階，八品、九品庭下通名唱喏，親王坐受。

邂逅相見，二品以上職事官先揖，親王荅揖。三品以下並廻避。

在路相逢，三師、三公、尚書令、宰執、樞密使副、判宗、東宮三師道遇親王，即於馬上相揖，依尊卑分路行；如同途並行，即俱出入從，唯呵喝止從職事高者。散官一品、職事官二品及爵一品者道遇親王，道側却傘斂馬，候過方行。以下並廻避。今《儀式》無此款。

二十年，宣徽院奏定賜生日儀：

使者至所往處第一驛，先遣人報知。即於儀門東間陳設使者幕次，於廳事庭中望闕設香案、置物案，又設拜褥并使者褥位。親王率寮屬、吏從、音樂於客亭具公服迎接。使者將至，先遣人覆知，未敢參見。使者過，借儀衛、音樂前導，親王以下後從。至

---

① 許王即永中，本名實魯剌，《金史》卷六《世宗紀上》大定元年十一月乙酉，"封子實魯剌爲許王"，又卷八五《永中傳》："大定元年，封許王。"據此，則永中封許王實在大定元年。

儀門幕次，親王先赴庭中香案之側立俟。使者取賜物置箱複中，孔目官二人具本服捧箱行，至於庭，置箱於案上，捧箱人退。親王上拜褥，使者赴褥位立①。親王再拜，上香，復位，再拜。親王跪，使者傳旨賜物，又再拜，跪。使者取物於案，以授親王，受物訖，就褥位再拜，搢笏，舞蹈，俯伏興，又再拜。少離位，跪問“聖躬萬福”，使者荅訖，復位。即請使者陞廳正坐，佐貳以下展狀參訖。設果棹，親王先揖，跪獻酒一盞，復揖，退。佐貳以下僚屬跪獻一盞。次獻幣物，親王復獻一盞，以付從人訖。徹果棹，入食案，邀請以次官陪坐。供食②，食畢，徹案。再以果棹前，使者命親王即坐就食，執事者斟酒無筭。使者請罷酒，至再，乃徹果棹。回時，使者上馬，親王以下率寮屬具公服送至客亭，跪附奏。使者聽訖，立勸酒一盞，以次官共勸酒一盞，致辭。

宗室

大定十九年，奏定：“皇孫、郡王、國公傘蓋、印信制度止依見行《儀式》。國公自來不曾鑄印，亦無鑄印故事，難以給鑄③。郡王人從六人④。郡王牽攏官三十人，未出宮二十人；國公牽攏官二十人，未出宮十四人。郡王接引六人，國公四人，未出宮各減半。並依一品職事官人從服飾，用紫衫、盤裹、銀偏帶、圈背銀裹

---

① “者”字原奪，曹本同，據文淵閣本、廣雅本補。

② “供食”，下文《公主》賜生日儀作“共食”。

③ “亦無鑄印”四字原舛在“給鑄”之後，曹本、文淵閣本均同，不可通，今據廣雅本移正。本書卷三〇《輿服下·印》：“大定十九年，稟奏：‘國公自來不曾鑄印，別無鑄印故事，難以給鑄。’從之。”亦即此事。

④ “王”，原作“主”，曹本同，據文淵閣本、廣雅本改。

交椅、銀水罐、厮羅、盂子、唾盆。"十九年七月，擬申趙王長子光禄降減差設人力，省批無似此格例。

十八年十一月二十三日，敕旨："皇太子子封金源郡王，典故，代宗爲玄宗嫡皇孫，年十五，封廣平郡王。長男授特進，封溫國公，次男封道國公，女封廣平郡主。"以次諸子例封公。趙王長子授光禄，次子奉國。

三年七月九日，御史臺舉奏："依令，皇兄弟、皇子爲親王，判宗壽王、祕監溫王皆不合佩玉魚。"壽王皇統時亦於親王班，佩玉魚，銀褐領。

三年正月十七日奏劄："禮部呈，宣徽院申：'會驗自來每遇旦、望，并應有見辭官員，通贊官職姓名，其間或有皇親及賜姓官員，有無通姓。'下太常寺，檢到《唐會要》：貞元八年，太常寺奏，宗子名銜皆云皇某親，此非避嫌自卑之道也，伏請三從内仍舊。從之。武德三年，曹國公徐勣賜姓李氏，貞觀十七年，詔圖畫功臣像於凌煙閣，内河間元王孝恭不用姓。以此見得唐宗室近屬不用姓，其餘宗室及賜姓者並用姓。今來擬依前項典故，三從皇親不通姓外，其餘宗室及賜姓者並通姓氏。"奉聖旨："准奏行。外，平章阿烈仍通姓氏。"

公主

大定七年二月二日，敕旨："今後封郡王及宗室女封公主者，只於郡名内封，揀十箇好名内用；封縣主者，只於縣名内封；封王、封長公主或皇公主，於國字内封。已後不須奏，便做例封。"十三日，奏定下項："郡名：金源、廣平、平原、南陽、常山、太原、平陽、東平、安定、延安；縣名：樂安、清平、蓬萊、榮安、棲霞、壽光、靈仙、壽陽、鍾秀、惠和、永寧、壽安、_{後改慶雲}。静樂、福山、隆平、德平、文安、福昌、順安、樂壽、静安、靈壽、大寧、聞喜、秀容、宜芳、真寧、嘉祥、昌樂、永樂。"十四年十二月七日，奏改昌樂、永樂爲金鄉、華原。

六年十一月二十七日，以自來封公主、縣主有宣授不同，并一例有封訖國號者。檢討到唐《通典》，公主止是册授，緣官制内以定公主、郡主制授，擬依官制。又唐、宋典故，封公主有以國名者，代國、霍國是也；有以郡名者，平陽、襄陽是也；有以縣名者，永樂、雲陽是也；有以美名者，太平、長寧是也。唯唐玄宗之女皆以美名之。唐宗室女封公主者，有弘化、交城、金城、永樂等號，别無曾封國號者。《宋會要》，封公主有以國名者，宣祖、太祖、太宗諸女，如陳國、晉國之類是也；有以美名者，真宗之主福康、崇慶之類是也[①]；外，宗室秦王女曾封雲陽、貴鄉公主：與唐制同。今來宗室女不合一例封國號。敕旨："准奏。據以前宣誥授者，止追宣命，外，宗室女曾封國號仍改封。"二十三年三月七日，奉敕旨："公主給宣誥，用玉寶。"

七年六月十三日，檢討到漢制，帝女曰公主，姊妹曰長公主。唐代有不加長字者，睿宗妹太平公主、穆宗妹永安公主是也。武靈皇帝妹，大定三年再封鄂國公主，不合便加"長"字，海陵姊妹合去"長"字，依帝女例封公主。奏，奉敕旨："鄂國公主依舊，明肅女並封郡公主。"

二年正月二十八日，奉敕旨："大長公主舊引從八人，添四人，並着紫羅繡胷背葵花夾襖子，并大佩銀腰帶，盤裹，幞頭，牙

---

① "主"，曹本同，文淵閣本、廣雅本作"女"。

杖一對。皇妹公主、皇女公主各引從一十人，衣襖，幞頭、帶、牙杖同。"景宣、閔宗公主各設八人，宋王、梁王女各設六人。

天德二年閏四月二十二日，海陵庶人旨："公主仰在國妃上排次。"

天眷二年，奏定：公主禮物依惠妃、公主例外，成造衣襖器用等物：裙子五十腰，小襖子五十領，金三十兩，大褥二十片，綿胎朧褥毡二十片，做複絹一百疋，黑鵝項車二十具，黑毡鞍，食車一十具，蓆鞍，男兒大襖子五十領，團襖子五十領，繫腰五十條，婦人下領大襖子五十領，繫腰五十條，大物三百段疋，定磁一千事。

三年二月二十七日，二公主禮物依昭慶公主例：金瓮四隻，金臺盞四副，金鑄椀四副，金盂子二隻，銀瓮八隻，銀臺盞四副，黑銀臺盞四副，銀水瓶四隻，銀厮羅四面，銀唾椀四隻，黑銀盂子二隻，鍮石馱籠頭一十二副，鍮石牛籠頭一十二副，床、櫃、棹、杌上銀釘兒五十餘萬箇。

皇統七年十一月二日，代國公主下嫁：奴婢二千五百人，馬二千，牛四千，羊三萬，猪二千，綵幣二千端，絹萬疋，錢二十萬貫，黃金千五百兩，銀萬五百兩，器皿、珠玉、首飾、服用稱是。

大定七年二月，敕旨："公主斷送依例准備：馳三十隻，馬一百疋，牛二百頭，羊二千口，猪二百口。"續減訖馳十隻，仍與絆籠頭各五十副。"

大定六年十一月十九日，敕旨：今後駙馬已下財、拜門訖，類例支俸。

二十年，宣徽院奏定賜生日儀：

使者至所往處第一驛，先遣人報知。於儀門東間設幕次，於廳事庭中望闕設香案、置物案，又設褥位。使者將至，公主先於香案之側立俟，其駙馬與處所僚屬、吏從、音樂於客亭具公服迎接。使者至，先遣人覆知，未敢參見。使者過，借儀衞、音樂前導，駙馬以下後從。至儀門幕次，取賜物置箱複中，孔目官二人具本服捧箱行，至於庭，置箱於案上，捧箱人退。公主上拜褥，使者赴褥位。公主再拜，上香，復位，又再拜，訖。公主跪，使者傳旨賜物。公主又再拜，跪。使者取物於案，以授公主，受物訖，就褥位又再拜。公主少離位，跪問"聖躬萬福"，使者答訖，起，復位。贊者引使者陞廳正坐，駙馬率僚屬以下展狀參訖。設果棹，公主、駙馬次第先跪獻酒二盞，使者坐飲訖。獻幣物時，公主復獻一盞，以付從人訖。徹酒果，入食案，邀請以次官陪坐共食①，食畢，徹食案。再以果棹前，使者命公主、駙馬即坐就食，執事者斟酒無筭。使者請罷酒，至再，乃徹果棹，禮畢。使者回時，先於庭中設褥位，公主跪附奏，使者聽訖，立致辭。別訖，使者上馬，駙馬以下率僚屬送至客亭，立勸酒一盞，相別，致辭，退。

郡縣主

大定七年二月十三日，奏定縣名、郡名。

唐制，皇姑封大長公主，皇姊妹封長公主，皇女封公主，皆視正一品；皇太子之女封郡主，視從一品；王之女封縣主，視正二品。自魏晉以來，尚主皆拜駙馬都尉②，從五品，新制係正四品，娶郡主正六品上敘，娶縣主正七品上敘。今擬縣主壻比駙馬都

---

① "共食"，上文《親王》賜生日儀作"供食"。
② "主皆"二字原倒，據曹本、廣雅本乙正。文淵閣本作"公主皆"，下文大定十五年奏引《初學記》同。

尉唐品并新制品從，升五品上敘。天眷三年□月①，敕旨准奏。

　　大定十五年四月二十七日，擬奏："唐《初學記》，魏晉之後，尚公主皆拜駙馬都尉，故世稱駙馬。又唐《百官志》，駙馬都尉，從五品下。又唐《選舉令》，諸娶郡主者出身正六品上，娶縣主者正七品上。據此，則郡主、縣主之壻，止合以所授官爲稱呼，世呼郡馬、縣馬，皆無所據，前賢亦論其非。"奉敕旨："郡主、縣主壻依唐典故行。"

　　大定七年正月十九日，敕旨："祕監阿隣妹遷縣主，只給與誥，不須出宣。今後以此例行。"

大金集禮卷第九

---

① "月"字前原空一格，諸本均同。

大金集禮卷第十^①

皇帝夏至日祭方丘_{后土同}

齋戒　陳設　省牲器　鑾駕出宮　奠玉帛
進熟　祭五岳四鎮四海四瀆　鑾駕還宮

齋戒

前祭七日，戒誓。皇帝服衮冕。前祭二日，太尉告高祖皇帝廟，如常告之儀^②。告以配神作主。孟冬祭神州，則告太宗文武聖皇帝廟。餘並如圓丘之儀。

陳設

前祭三日，尚舍直長施大次於東壇東門之外道北^③，南向，攝事，衛尉設祭官、公卿以下次於東壇外道南，北向西上。尚舍奉御鋪御座。衛尉設文武侍臣次於大次之後，文官在左，武官在右，俱南向。設

---

① 本卷全抄《通典》卷一一二《開元禮纂類七》之文，此點已經陳戌國指出（《大金祭祀與相關問題》，《湖南師範大學社會科學學報》，2000 年第 3 期）。然《通典》原文凡五見"高祖神堯皇帝"，而本卷四稱"高祖皇帝"，一稱"高祖"，乃避世宗父宗堯之諱，故本卷亦出於金朝有司故牘，非後人有意竄亂。

② "常告"，原作"常吉"，曹本、文淵閣本同，據廣雅本及《通典》改。

③ "壇"，原作"壜"，曹本同，據文淵閣本、廣雅本改。下文"壇"字亦多作"壜"，皆予改正，不再一一出校。

祭官次於東壝之外道南，北向西上，三師於南壝之外道東，諸王於三師之南，俱西向北上；文官九品已上於祭官之東，北向西上。介公、鄌公於南壝之外道西①，東向。諸州使人，東方、南方於諸王東南，西向；西方、北方於介公、鄌公西南，東向：皆北上。諸國之客，東方、南方於諸州使人之南，西向；西方、北方於諸州使人之南，東向：皆北上。武官三品以下、七品以上於西壝之外道南，北向東上。其褒聖侯於文武官三品之下。攝事無御座以下至此儀。設陳饌幔於內壝東門、西門之外道北②，南向。壇上及神州、東方、南方之饌陳於東門外，西向；西方、北方之饌陳於西門外，東向。神州無西門之饌。

　　前祭二日，大樂令設宮懸之樂於壇南壝之外，樹靈鼓於北懸之內道之左右，餘如圓丘之儀。又爲瘞埳於壇之壬地，內壝之外，方深取足容物，南出陛。

　　前祭一日，奉禮設御座攝事無御座。於壇之東南③，西向；設望瘞位於壇西南，當瘞埳北向。設祭官、公卿位於內壝東門之外道南，分獻官於公卿之南，執事者位於其後，每等異位，俱重行，西向北上。設御史位於壇上，正位於東南隅，西向；副位於西南隅，東向。設奉禮位於樂懸東北，贊者二人在南差退，俱西向北上。設奉禮、贊者位於瘞坎西南，東向南上。設協律郎位於壇上陛之西，東向。設大樂令位於北懸之間，當壇北向。設從祭官、三師位於懸南道東，諸王位於三師之東，俱北向西上。介公、鄌公位於道西，北向東上。文官從一品已下、九品以上位於執事之南，

---

①　“外道”上原有“南”字，曹本、文淵閣本同，據廣雅本、《通典》刪。

②　“北”下原衍“面”字，曹本、文淵閣本同，據廣雅本、《通典》刪。

③　二“御座”，《通典》皆作“御位”，是。此時所設乃皇帝版位，非御座，下文《奠玉帛》“皇帝至版位”可證。

每等異位重行，西向；武官三品以下、九品以上位於西方，當文官，每等異位重行，東向：皆北上。諸州使人位：東方、南方於諸王東南，重行，北向西上；西方、北方於介公、鄫公西南，重行，北向東上。設諸國客使位於内壝南門之外，東方、南方於諸州使人之東，每國異位重行，北向西上；西方、北方，諸州使人之西，每國異位重行，北向東上。攝事無三師以下至此儀。

設門外位：祭官、公卿以下皆於東壝之外道南，每等異位重行，北向西上。三師位於南壝之外道東，諸王於三師之南，俱西向；介公、鄫公於道西，東向：皆北上。文官從一品以下、九品以上位於東壝之外，祭官之南，每等異位重行，北向西上；武官三品以下、九品以上位於西壝之外道南，每等異位重行，北向東上。諸州使人位：東方、南方於諸王東南，重行西向；西方、北方於介公、鄫公西南，重行東向：俱北上。設諸國客位，東方、南方於諸州使人之南，每國異位重行，西向；西方、北方於諸州使人之南，每國異位重行，東向：皆北上。攝事無三師以下至此儀。

牲榜位東壝之外，當門西向。黄牲一居前，又黄牲一在北少退，玄牲一在南少退。設廩犧令位於牲西南，祝史陪其後，俱北向。設諸太祝位於牲東，各當牲後，祝史陪其後，俱西向。設太常卿省牲位於牲前近北，南向。設皇地祇酒罇於壇之上下，太罇二、著罇二、犧罇二、罍一，在壇上東南隅，北向；象罇二、壺罇二、山罇二①，在壇下，皆於南陛之東，北向：俱西上。設配帝著罇二，犧罇二，象罇二，罍一②，在壇上，皆於皇地祇酒罇之東，北向西

---

① 據《通典》及下文實罇罍之文，"山罇"當作"山罍"。
② "罍"，原作"罍"，據曹本、文淵閣本、廣雅本、《通典》改。

上。孟冬北郊酒罇於神州酒罇之東，如夏至之儀。神州太罇二，在第一等。每方岳鎮海瀆俱山罇二，山川林澤俱蜃罇二，丘陵墳衍原隰俱概罇二。凡罇各設於神座之左而右向。神州以上之罇置於坫，以下之罇俱以席，皆加勺、冪，設爵於罇下。孟冬儀①，壇上之罇置於坫，壇下之罇藉以席。設御洗及玉幣之篚等並如圓丘儀。孟冬祭同。

祭日未明五刻，太史令、郊社令各服其服，帥其屬升設皇地祇神座於壇上北方，南向，席以稾秸。設高祖皇帝座孟冬神州則設太宗文武聖皇帝神座②。於東方，西向，席以莞。設神州地祇神座於第一等東南方，席以稾秸。又設岳鎮海瀆以下之座於內壝之內，各於其方，皆有原隰丘陵墳衍之座。又設中岳以下之座於壇之西南，俱內向。自神州以下六十八位，席皆以莞，設神位各於座首。

省牲器如別儀

鑾駕出宮

鑾駕出宮，服以袞冕。餘如上辛圓丘儀。孟冬北郊同圓丘。

祭日未明三刻③，諸祭官服其服。郊社令、良醞令各帥其屬入實罇罍玉幣。凡六罇之次，太罇爲上，實以泛齊；著罇次之，實以醴齊④；犧尊次之，實以盎齊；象罇次之，實以醍齊；壺罇次之，實以沈齊；山罍爲下⑤，實以三酒。配

---

① “儀”，原作“犧”，據《通典》改。
② “皇”字原奪，據《通典》補。
③ 據《通典》，此下已爲《奠玉帛》之文。然各本均竄亂如此，今亦仍舊。
④ “醴齊”，原作“醞齊”，曹本、廣雅本同，據文淵閣本、《通典》改。
⑤ “山罍”，原作“山罍”，曹本同，據文淵閣本、廣雅本、《通典》改。

帝著罇爲上，實以沈齊[①]；犧罇次之[②]，實以醴齊；象罇次之，實以盎齊。○已上孟冬同。神州太罇實以沈齊[③]，五方岳鎮海瀆之山罇實以醍齊，山林川澤之蜃罇實以沈齊，丘陵以下之散罇實以清酒。玄酒各實於諸齊之上罇。

奠玉帛

禮神之玉，皇地祇以黄琮，其幣以黄。配皇帝之幣亦如[④]。神州之玉兩珪有邸，其幣以玄。孟冬同。岳瀆以下之幣各從方色。太官令帥進饌者，其實饌及禮官就位、御史太祝行掃除等，並同圓丘儀。孟冬同。

駕將至，謁者、贊引各引祭官、從祭官、客使等俱就門外。駕至大次門外，廻輅南向，將軍降[⑤]，立於輅左。侍中進，當鑾駕前，跪，奏稱"侍中臣某言，請降輅"[⑥]，俯伏興，還侍位。五品以上從祭之官皆就壝外位。攝事無駕至大次下儀。大樂令帥工人、二舞次入就位，文舞入陳於懸内，武舞立於懸南道西。謁者引司空入，行掃除訖，出復位。皇帝停大次半刻頃，謁者、贊引各引祀官[⑦]，通事舍人分引從祀群官、介公、酅公、諸方客使，皆先入就位。

太常博士引太常卿立於大次門外，當門北向。侍中版奏"外辨"。皇帝服衮冕孟冬神州大裘而冕。出次，華蓋、侍衛如常儀。侍中負寶陪從如式。博士引太常卿，太常卿引皇帝，至中壝門外，殿中監

① 據《通典》，"沈齊"當作"泛齊"。
② "犧罇"，原作"牲罇"，曹本同，據文淵閣本、廣雅本、《通典》改。
③ 據《通典》，"沈齊"當作"泛齊"。
④ 據《通典》，此下當有"之"字。
⑤ "將軍"，原作"將畢"，據《通典》改。
⑥ "降輅"，原作"降跪"，據《通典》改。
⑦ "者"字原奪，據文淵閣本、《通典》補；"祀官"，原作"祝官"，據《通典》改。

進大珪，尚衣奉御又以鎮珪授殿中監，皇帝搢大珪①，執鎮珪。 華蓋、仗衛停於門外②，侍者從入③，謁者引禮部尚書、太常少卿陪從如常儀。 皇帝至版位，太常卿請再拜及請行事，並如圓丘儀④。攝事如圓丘位攝事儀⑤。

舉麾，工鼓⑥，奏《順和》之樂，乃以林鐘爲宮，太簇爲角，姑洗爲徵，南呂爲羽，作文武之舞⑦。 樂舞八成，林鐘、太簇、姑洗、南呂皆再成。偃麾，戛敔，樂止。 太常卿前，奏稱"請再拜"，退復位，皇帝再拜。 奉禮曰："衆官再拜。"在位者皆再拜⑧。

皇帝奠玉幣及奏樂之節⑨，並如圓丘儀。攝事則太尉奠玉帛。下倣此⑩。登歌作《肅和》之樂，以應鍾之均。 太常卿引皇帝進，北向跪，奠於皇地祇孟冬神州神座，俯伏興，及奠配位，並如圓丘儀。攝事同圓丘攝事儀。

進熟

皇帝既升奠玉幣，太官令陳設之儀如圓丘。 俎入門，奏《雍和》之樂，以太簇之均。自後接神之樂用太簇。饌至陛，樂止。 祝史俱

---

① "搢"，原作"進"，據《通典》改。
② "於"，原作"外"，據《通典》改。
③ "侍者"，原作"使者"，據《通典》改。
④ "並"，原作"位"，據廣雅本、《通典》改。
⑤ 據《通典》，"位"字乃衍文。
⑥ 據《通典》，"舉麾"前當有"協律郎"三字，"工鼓"下當有"柷"字。
⑦ 據《通典》，"武"當作"舞"。
⑧ "皆"，原作"再"，據曹本、文淵閣本、廣雅本、《通典》改。
⑨ "及"，原作"乃"，曹本同，據文淵閣本、廣雅本、《通典》改。
⑩ "倣"，原作"效"，曹本同，據文淵閣本、廣雅本、《通典》改。

進,跪徹毛血之豆①,降自東陛以出。皇地祇之饌升自南陛,配帝之饌升自東陛,神州之饌升自北陛②。孟冬神州升自南陛。諸太祝迎引於壇上,各設於神座前。設訖,謁者引司徒、太官令帥進熟者降自東陛以出,司徒復位,諸太祝還罇所。又進設岳鎮以下之饌,相次而畢。

太常卿引皇帝詣罍洗,樂作,其盥洗、酌獻、跪奠、奏樂之儀,並如圓丘。攝事如圓丘攝事儀。太祝持版進於神座之右,東向,跪讀祝文曰③:"維某年歲次月朔日子,嗣天子臣某,攝事云"謹遣太尉臣名"。下倣此④。敢昭告於皇地祇:乾道運行⑤,日躔北至,景風應序,離氣效時。嘉承至和,肅若舊典,敬以玉帛犧齊,粢盛庶品,備兹祇瘞,式表誠愨。高祖皇帝配神作主,尚饗。"太祝俯伏興。孟冬神州云:"包函區夏,載植群生⑥,溥被域中,賴兹厚德。式遵彝典,練此元辰,敬以玉帛犧齊,粢盛庶品,明獻厥誠,備兹祇瘞。皇祖太宗文武聖皇帝配神作主。"皇帝再拜。攝則太尉再拜。初,讀祝文訖,樂作,太祝進,跪奠版於神座,再拜,興,還罇所。皇帝拜訖,樂止。

太常卿引皇帝詣配帝酒罇所,執罇者舉冪,侍中取爵於坫,進。皇帝受爵,侍中贊酌沈齊訖⑦,樂作,太常卿引皇帝進高祖神座前,東向,跪奠爵,俯伏興。太常卿引皇帝少退,東向立,樂止⑧。太祝持版進於神座之左,北向,跪讀祝文曰:"維某年歲次

---

① "徹"字原奪,據《通典》補。
② 據《通典》,"北陛"當作"巳陛"。
③ "讀",原作"請",曹本同,據文淵閣本、廣雅本、《通典》改。
④ "倣",原作"效",曹本、文淵閣本同,據廣雅本、《通典》改。
⑤ "行"字原闕,據曹本、文淵閣本、廣雅本、《通典》補。
⑥ "植",原作"鎮",據《通典》改。
⑦ 據《通典》,"沈齊"當作"泛齊"。
⑧ "樂"下原衍"作"字,曹本同,據文淵閣本、廣雅本、《通典》刪。

月朔日子①,孝孫開元神武皇帝臣某②,敢昭告於高祖皇帝:時維夏至,肅敬訓典,用祗祭於皇地祇。惟高祖德叶二儀,道兼三統,禮膺光配,敢率舊章,孟冬:"皇曾祖太宗文武聖皇帝德被乾坤,格於上下,昭配之儀③,欽率舊章。"謹以制幣犧齊,粢盛庶品,肅雍明薦,作主侑神,尚饗。"太祝俯伏興。皇帝再拜。初,讀文訖,樂作,太祝進,跪奠版於神座④,興,還罇所。

皇帝飲福、受胙及亞獻終獻盥洗、酌獻、飲福,並如圓丘儀。唯皇地祇太尉亞獻酌醴齊時,武舞作,合六律六同爲異耳。

祭五岳四鎮四海四瀆⑤

初,太尉將升獻,謁者一人引獻官詣罍洗,盥洗匏爵訖,升自北陛⑥,詣酒罇所,執罇者舉冪,酌沈齊⑦,進奠於神州座前,引降還本位。謁者五人次引獻官各詣罍洗盥洗訖,各詣酒罇所,俱酌醍齊訖,引獻官各進奠爵於諸方岳鎮海瀆首座,餘座皆祝史助奠,相次而畢,引還本位。又贊引五人各引獻官詣罍洗盥洗,詣酒罇所,酌沈齊,獻山林川澤⑧,如岳鎮之儀,訖。又引獻官詣罍洗盥洗訖,詣酒罇所,俱酌清酒,獻丘陵以下,及齋郎助奠如上儀,訖,各引還本位。武舞六成,樂止。

---

① "月"字原舛在"歲次"之上,曹本、廣雅本同,據文淵閣本、《通典》改。
② 據《通典》,"孝"下當有"曾"字。
③ "儀",原作"議",曹本、廣雅本同,據文淵閣本、《通典》改。
④ "跪"字原奪,曹本、廣雅本同,據文淵閣本補。
⑤ 據《通典》,此下仍爲《進熟》之內容,不當有此小題。
⑥ 據《通典》,"北陛"當作"巳陛"。
⑦ 據《通典》,"沈齊"當作"泛齊"。
⑧ "林"字原奪,曹本同,據文淵閣本、廣雅本、《通典》補。

舞、獻俱畢，諸祝徹豆及賜胙①、皇帝再拜、奏樂並如圓丘儀。

太常卿前，奏"請就望瘞位"。太常卿引皇帝，樂作，皇帝就望瘞位，北向立，樂止。於群官將拜，上下諸祝各執篚進於神座前，取玉帛，齋郎以俎載神州以上牲體、稷黍飯、爵酒，各由其陛降壇，北行，當瘞垎西行。諸太祝以玉幣饌物置於垎，諸祝又以岳鎮以下之禮幣及牲體皆從瘞。奉禮曰"可瘞坎"，東西廂各六人置土。半垎，太常卿前奏"禮畢"，引皇帝還大次，樂作②，從祀群官、諸方客使、御史以下出，並如圓丘之儀。其祝板燔於齋所。

鑾駕還宮

鑾駕還宮如圓丘儀。

大金集禮卷第十

---

① "及"，原作"乃"，據《通典》改。
② "作"字原奪，曹本同，據文淵閣本、廣雅本、《通典》補。

大金集禮卷第十一
皇帝祭皇地祇於方丘儀注每年夏至日祭

齋戒　陳設　省牲器　奠玉幣　進熟　望瘞

齋戒

祭前三日質明，有司設三獻以下行事官位於尚書省，初獻南向，監祭御史位於西，東向，監禮博士位於其東，西向，俱北上。司徒、亞終獻位於其南，北向。次光禄卿、太常卿，次第一等分獻官、司天監，次第二等分獻官、光禄丞、郊社令、大樂令、良醖令、廪犧令、司尊彝，次内壇内外分獻官、太祝官、奉禮郎、協律郎、諸執事官就位，立定，次禮直官引初獻就位。初獻讀誓曰："今年五月幾日夏至，祭皇地祇於方丘，所有攝官各揚其職，其或不敬，國有常刑。"讀畢，禮直官贊七品以下官先退。監祭、監禮職雖七品，不退。餘官並對再拜，訖，退。

散齋二日，宿於正寢，治事如故，唯不弔喪問疾，不作樂，不判署刑殺文字，不決罰罪人，不預凶穢。致齋日唯祭事得行，其餘悉禁。赴祭之日，官給酒饌。凡預祭之官，已齋而闕者，通攝行事。守壇門兵衛與大樂工人俱清齋一宿。行禮官前期習儀於祠所。

---

① 按本卷所載乃攝事儀，非皇帝親祭儀。

陳設

祭前三日,所司設三獻官以下行事執事官次於外壝東門之外道南,北向西上,隨地之宜。又設饌幕於內壝東門之外道北①,南向。

祭前二日,所司設兵衛,各服其器服②,守衛壝門。每門二人。大樂令帥其屬設登歌之樂於壇上稍南,北向。磬簴在西,鍾簴在東。柷一,在鍾簴北稍西;敔一,在磬簴北稍東。搏拊二,其一在柷北,一在敔北,東西相向。歌工次之,餘工各位於懸後。其匏竹者位於壇下,在第一等。重行北向,相對爲首。郊社令帥其屬掃除壇之上下,爲瘞坎。坎在內壝外之壬地。

祭前一日,司天監、郊社令各服其服,帥其屬升設皇地祇神座於壇上北方,南向,席以藁秸。又設配位神座於東方,西向,席以蒲越。又設神州地祇神座於壇之第一等東南方,席以藁秸。又設五神、五官、嶽鎮海瀆二十九座於第二等階之間③,各依方位。又設崑崙、山林川澤二十一座於內壝之內,又設丘陵墳衍原隰三十座於內壝外,席皆以莞。又設神位版各於坐首。

子陛之西,水神、玄冥、北岳、北鎮、北海、北瀆於壇之第二等,北山、北林、北川、北澤於內壝內,北丘、北陵、北墳、北衍、北原、北隰於內壝外,皆各爲一列,以東爲上。

---

① “饌幕”,原作“饌幂”,曹本、廣雅本同,據文淵閣本、《禮志二·方丘儀》改。

② “器服”,原奪“服”字,曹本、文淵閣本同,廣雅本、《禮志二·方丘儀》則奪“器”字,今參據《禮志一·郊》補。

③ “二等”,原作“四等”,曹本、文淵閣本、《禮志二·方丘儀》同,據廣雅本、《禮志一·郊》及本卷下文改。

卯陛之北，木神、勾芒、東嶽、長白山、東鎮、東海、東瀆、於壇之第二等，東山、東林、東川、東澤於內壝內，東丘、東陵、東墳、東衍、東原、東隰於內壝外，皆各爲一列，以南爲上。

午陛之東，神州地祇於壇之第一等，火神、祝融、南岳、南鎮、南海、南瀆於壇之第二等，南山、南林、南川、南澤於內壝內，南丘、南陵、南墳、南衍、南原、南隰於內壝外，皆各爲一列，以西爲上。

午陛之西，土神、后土、中岳、中鎮於壇之第二等，中山、中林、中川、中澤於內壝內，中丘、中陵、中墳、中衍、中原、中隰於內壝外，皆各爲一列，以南爲上。

酉陛之南，金神、蓐收、西岳、西鎮、西海、西瀆於壇之第二等，崑崙、西山、西林、西川、西澤於內壝內，西丘、西陵、西墳、西衍、西原、西隰於內壝外，皆各爲一列，以北爲上。

其皇地祇及配位、神州地祇之座并禮神之玉，雖設訖，俟告潔畢，權徹，祭日早重設。其第二等以下神坐，設定不收。

奉禮郎、禮直官又設三獻官位於卯陛之東稍北[①]，西向。司徒位於卯陛之東道南，西向，太常卿、光禄卿位次之。第一等分獻官、司天監位於其東，光禄丞、郊社令、太官令、廩犧令位又在其東，每等異位重行，俱西向北上。又設太祝、奉禮郎及諸執事位於內壝東門外道南，每等異位重行，俱西向北上。設監祭御史二位，一於壇下午陛之西南，一於子陛之西北，俱東向。設監禮博士二位，一於壇下午陛之東南，一於子陛之東北，俱西向。奉禮郎位於壇之東南，西向。協律郎位於樂簨西北，東向。大樂令位樂簨之間，西向。司尊彝位於酌尊所，俱北向。設望瘞位坎之

---

①　“位”字原奪，曹本同，據文淵閣本、廣雅本、《禮志二·方丘儀》補。

南，北向。

又設牲牓位於內壇東門之外，西向。太祝、祝史各位於牲後，俱西向。設省饌位於牲西^①，太常卿、光禄卿、太官令位北，南向西上。凡太祝官皆稍却。監祭、監禮位在太常卿之西稍却，西上。廪犧令位於牲西南，北向。

又陳禮饌於內壇東門之外道北，南向，設省饌位於禮饌之南。太常卿、光禄卿、太官令位在東，西向；監祭、監禮位在西，東向：俱北上。

設祝版於神位之右。

司尊及奉禮郎帥其屬設玉幣篚於酌尊所。次及籩豆之位，正、配位各左有十一籩，右有十一豆，俱爲三行^②。登三，在籩、豆間；鉶三，在登前；簠一、簋一，簠左簋右。各在鉶前。又設尊罍之位，皇地祇太尊二、著尊二、犧尊二、山罍二，在壇上東南隅；配位著尊二、犧尊二、象尊二、山罍二，在正位酒尊之東：俱北向西上，皆有坫，加勺、冪爲酌尊所。左實玄酒者加勺，右實明水者不加勺。

又設皇地祇位象尊二、壺尊二、山罍四，在壇下午陛之西，北向西上^③；配位犧尊二、壺尊二、山罍四在酉陛之北，東向北上：皆有坫，加冪，設而不酌。神州地祇位左八籩，右八豆。登一，在籩、豆間；簠一、簋一，在登前。簠左簋右。爵坫一，在神座前。又設第二等諸神位每位籩二、豆二、簠一、簋一、俎一、爵坫一，內壇之內外諸神每位籩一、豆一、簠一、簋一、俎一、爵坫一，陳列皆與上同。又設神州地祇太尊二、著尊二，皆有坫。第二等諸神每方山

① “省饌位”，當作“省牲位”。
② “行”字原奪，據廣雅本、《禮志二·方丘儀》補。
③ “北向西上”四字原作注文，曹本同，據文淵閣本、廣雅本改。

尊二，内壝内每方罍尊二，内壝外每方概尊二①，皆加羃。自第二等以下皆用匏爵，其爵皆先拭洗訖，置尊下。

又設正、配位籩一、豆一、簠一、簋一、俎三及毛血豆一，并神州地祇位俎一，各於饌幕内。②

又設二洗於壇下卯陛之東，北向。盥洗在東，爵洗在西。罍在洗東③，加勺；篚在洗西，南肆，實以巾。爵洗之篚實以匏爵，加坫。又設第一分獻官盥洗爵洗位④、第二等以下分獻官盥洗位，各於其方道之左，罍在洗左，篚在洗右。俱内向。執罍、篚者各於其後。

祭日丑前五刻，司天監、郊社令帥其屬升，設皇地祇及配位神座於壇上，設神州地祇坐於第一等。又設玉幣：皇地祇玉以黄琮，神州地祇玉以兩圭有邸，皆置於匣；正、配位幣並以黄色，神州地祇幣以玄色，五神、五官、嶽鎮海瀆之幣各從其方色，皆陳於篚。太祝取瘞玉加於幣，以禮神之玉各置於神座前。

光禄卿帥其屬入實正、配位籩豆。籩三行，以右爲上：第一行，形鹽在前，魚鱐、糗餌次之；第二行，榛實在前，乾桃、乾蔾、乾棗次之⑤；第三行，乾菱在前⑥，乾芡、乾栗、鹿脯次之。豆三行，以左爲上：第一行，芹菹在前，筍菹、葵菹次之；第二行，韭菹在前，飽食、魚醢次之；第三行，豚胉在前，鹿臡、醓醢、菁菹次之⑦。登實以大羹，鉶實以和羹。又設從祭第一等神州地祇位之饌，籩三行，以右爲上：第一行，形鹽在前，魚鱐次之；第二行，乾桃在前，乾棗次之；第三行，乾芡在前，鹿脯次

───────────

① “内壝内”、“内壝外”，原均作“内壝内外”。按下文良醖令帥其屬實酒尊，内壝内之罍尊實以汎齊，内壝外之概尊實以三酒，知罍尊、概尊分列于内壝之内、外，今據改。

② “饌幕”，原作“饌羃”，諸本均同，據《禮志二·方丘儀》改。

③ “在洗”二字原誤倒，今正。

④ “爵洗位”，原作“爵洗爵”，曹本同，據文淵閣本、廣雅本、《禮志二·方丘儀》改。

⑤ “乾蔾乾”三字原奪，據廣雅本、《禮志一·郊》補。

⑥ “乾”字原奪，據廣雅本、《禮志一·郊》補。

⑦ 按上文謂“正、配位各左有十一籩，右有十一豆”，此處則止有十豆。《禮志二·方丘儀》謂“其實並如郊祀”，據《禮志一·郊》考之，此處少“兔醢”一豆。

之。豆三行，以左爲上，第一行，芹菹在前，笋菹次之；第二行，菁菹在前，韭菹次之；第三行，兔醢在前，鹿臡、醓醢次之①。登實以大羹，簠實以稷，簋實以黍。**第二等每位**，左二籩，栗在前，鹿脯次之；右二豆，菁菹在前，鹿臡次之。簠實以稷，簋實以黍。俎，一羊、一豕。**内壝内外每位**。左籩一，鹿脯；右豆一，鹿臡。簠稷，簋黍，俎以羊。**良醞令帥其屬入實酒尊**，皇地祇、太尊爲上，實以汎齊；著尊次之，實以醴齊；犧尊次之，實以盎齊；象尊次之，實以醍齊；壺尊次之，實以沈齊；山罍爲下②，實以三酒。**配位**，著尊爲上，實以汎齊；犧尊次之，實以醴齊；象尊次之，實以盎齊；壺尊次之，實以醍齊；山罍爲下，實以三酒。皆左實明水，右實玄酒。皆尚醞代③。**次實從祭第一等神州地祇酒尊**，太尊爲上，實以汎齊；著尊次之，實以醴齊。**第二等**、山尊實以醍齊。**内壝内**、蜃尊實以汎齊。**内壝外**。概尊實以三酒。以上尊皆左以明水，右以玄酒。皆尚醞代之。

　　太常卿設燭於神座前。

省牲器

　　祭前一日午後八刻，去壇二百步禁止行者。未後二刻，郊社令帥其屬掃除壇之上下。司尊與奉禮郎帥執事者以祭器入，設於位。郊社令陳玉幣於篚。未後三刻，廩犧令與諸太祝、祝史以牲就省位④。禮直官、贊者分引太常卿、光禄卿丞⑤、監禮祭、太官令等詣内壝東門外省牲位，立定。

---

① 按上文謂"神州地祇位左八籩，右八豆"，此處止有六籩、七豆。《禮志一·郊》載神州地祇籩豆之實，較此處籩實多桃、榛實二種，豆實多魚醢、豚胉而少兔醢。

② 此下原衍"次之"二字，曹本、文淵閣本同，據廣雅本、《禮志二·方丘儀》刪。

③ "尚醞"，原作"上醞"，曹本、文淵閣本同，據《禮志二·方丘儀》改。

④ "以"字原奪，曹本同，據廣雅本、《禮志二·方丘儀》補。

⑤ "卿"前原衍"等"字，曹本、文淵閣本同，據廣雅本、《禮志二·方丘儀》刪。

　　禮直官引太常卿，贊者引監祭、監禮，自東壝門南門而入①，升自卯階，視滌濯。執事者皆舉冪，曰"潔"，俱復位②。禮直官稍前，曰："告潔畢，請省牲。"太常卿稍前省牲，訖，退復位③。次引廩犧令出班，巡省一匝，西向，躬曰："充。"請太祝巡牲一匝，首員西向躬曰："腯。"俱復位④。禮直官稍前，曰："省牲畢，請就饌位。"引太常卿以下各就位，立定，省饌，俱訖，禮直官贊"省饌畢"，俱還齋所。廩犧令、諸太祝、祝史以次牽牲詣厨，授太官令。次引光禄卿以下詣厨，省鼎鑊，視滌溉，乃還齋所。

　　晡後一刻，太官令帥宰人以鸞刀割牲，祝史各取毛血，實以豆，置於饌幔，遂烹牲。又祝史取瘞血貯於盤。

奠玉幣

　　祭日丑前五刻，獻官以下行事官各服其服。有司設神位版，陳玉幣，實籩豆、簠簋、尊罍。俟監祭、監禮按視壇之上下，乃徹去蓋冪。大樂令帥工人入。以次奉禮郎、贊者先入。禮直官、贊者分引分獻官以下、監祭、監禮、諸太祝、祝史⑤、齋郎與執尊罍筐冪者入自南壝東門⑥，當壇南，重行，北向西上，立定。奉禮郎贊

---

　　①　"東壝"下"門"字疑衍。

　　②　"復位"，原作"後位"，曹本、文淵閣本同，廣雅本改作"降復位"。按《禮志二·方丘儀》謂"其視滌濯、告潔、省牲饌，並同郊祀"，查《禮志一·郊》作"俱畢，降復位"，今改"後位"爲"復位"。

　　③　"復位"，原作"後位"，曹本、文淵閣本同，據廣雅本、《禮志一·郊》改。

　　④　"復位"，原作"後位"，曹本、文淵閣本同，據廣雅本、《禮志一·郊》改。

　　⑤　"諸"原作"請"，"祝史"原作"太史"，曹本、文淵閣本同，據廣雅本、《禮志二·方丘儀》改。

　　⑥　"入自"二字原奪，曹本、文淵閣本同，據廣雅本、《禮志二·方丘儀》補。

“拜”，獻官以下皆再拜，訖，以次分引各就位，升壇陛上及下位[①]。次引監祭、監禮按視壇之上下，糾察不如儀者，省訖，退復位[②]。禮直官分引三獻官以下行事官俱入就位。行禮官皆自南壝東門入。

　　禮直官進[③]，立初獻之左，白曰：“有司謹具，請行事。”退復位[④]。協律郎高舉笏，執麾工舉麾，興，凡取物者則跪，俯伏而取，興；奠物則跪，奠訖，俯伏興。工鼓柷，樂作《坤寧》之曲，八成，偃麾，戛敔，樂止。俟太常卿瘞血訖，奉禮郎贊“拜”，在位者皆再拜。又贊“諸執事者各就位”，禮直官引諸執事各就其位。俟太祝跪取玉幣於篚，立於尊所，諸位太祝亦各取玉幣，立於尊所。

　　禮直官引初獻詣盥洗位，樂作《肅寧》之曲，至位，北向立，樂止。搢笏，盥手，帨手，執笏，詣壇，樂作《肅寧》之曲，辭殊。凡初獻升降皆作《肅寧》之曲。升自卯階，至壇，樂止。詣皇地祇神座前，北向立，樂作《靜寧》之曲[⑤]，搢笏，俯伏興[⑥]。太祝加玉於幣[⑦]，西向跪，以授初獻，初獻官受玉幣，奠訖，執笏，興[⑧]，再拜。拜訖，樂止。次詣配位神座前，東向立，樂作《億寧》之曲，奠幣如上儀，樂止。降自卯階，樂作，復位，樂止。

　　初獻將奠配位之幣，贊者引第一等分獻官詣盥洗位，搢笏，

---

① “以次分引各就位升壇陛上及下位”，《禮志二·方丘儀》作“以次分引各就壇陛上下位”。

② “復位”，原作“後位”，曹本、文淵閣本同，據廣雅本、《禮志二·方丘儀》改。

③ “官”字原奪，曹本、文淵閣本同，據廣雅本、《禮志二·方丘儀》補。

④ “復位”，原作“後位”，曹本、文淵閣本同，據廣雅本、《禮志二·方丘儀》改。

⑤ “靜寧”，《樂志上·方丘樂歌》作“億寧”。

⑥ “俯伏興”，三字諸本均同，《禮志二·方丘儀》作“跪”，是。此時當先跪，奠幣之後方當俯伏興。

⑦ “加玉”二字原奪，曹本同，據廣雅本、《禮志二·方丘儀》補。

⑧ 《禮志二·方丘儀》“興”前有“俯伏”二字。

盥手，帨手，執笏，由卯階詣神州地祇神座前，搢笏，跪。太祝以玉幣授分獻官，分獻官受玉幣，奠訖，執笏，俯伏興，再拜訖，退還。

初，第一分獻官將升，贊者引第二分獻官詣盥洗位，盥手，帨手，執笏，各由其陛升，唯不由午陛。詣於首位神座前，奠如上儀。以次祝史、齋郎助奠。訖，各引還位。

初獻奠幣將畢，祝史奉毛血豆各由午階升，諸太祝迎於壇上，進奠於正、配位神座前。太祝與祝史俱退，立於奠所。

進熟

初獻既升奠玉幣。有司先陳牛鼎二、羊鼎二、豕鼎二於神廚，各在鑊右。太官帥進饌者詣廚，以匕升牛、羊、豕，自鑊實於各鼎①，牛、羊、豕各肩、臂、臑、肫、胳，正脊一、橫脊一、長脇一、短脇一、代脇一，皆二骨以並②。冪之。祝史以扃各對舉鼎③，有司執匕以從，陳於饌幔內。從祀之俎實以羊，更陳於饌幔內。光禄卿實以籩豆簠簋④。籩實以粉餈，豆實以糝食，簠實以稷，簋實以黍。實訖，去鼎之扃、冪⑤，匕加於鼎。太官令以匕升牛、羊、豕，載於俎，肩、臂、臑在上端，肫、胳在下端，脊、脇在中。

俟初獻還位⑥，樂止，禮直官引司徒出詣饌所，同薦籩、豆、

---

① “實於”，原作“實放”，曹本同，據文淵閣本、廣雅本、《禮志二·方丘儀》改。

② “以”，原作“一”，曹本、文淵閣本同，據廣雅本改。

③ “扃”，原作“局”，曹本同，據文淵閣本、廣雅本、《禮志二·方丘儀》改。

④ “實”下“以”字疑衍。

⑤ “扃”，原作“局”，曹本同，據文淵閣本、廣雅本、《禮志二·方丘儀》改。

⑥ “俟”，原作“正”，曹本、文淵閣本同，據廣雅本、《禮志二·方丘儀》改。

籩、簠、俎齋郎各奉皇地祇、配位之饌，升自卯陛①。諸太祝各迎於壇上。司徒詣皇地祇神座前，搢笏，奉籩、豆、簠、簠，次奉俎，北向跪奠訖，執笏，俯伏興。設籩於糗餌之前，豆於醢醓之前，簠、簠在登前，俎在籩前。次於卯陛奉配位之饌，東向跪奠於神座前，並如上儀。各降自卯陛，還位。太官令又同齋郎奉神州地祇之饌，升自卯陛②，太祝迎於壇陛之道間，奠於神座前。在籩前。訖，樂止。太官令進饌者降自卯陛，還位。

禮直官引初獻官詣盥洗位，樂作，至位，樂止。北向立，搢笏，盥手，帨手，執笏，詣爵洗位。至位，北向立，搢笏，洗爵，拭爵，以授執事者。執笏，詣壇，樂作。升自卯陛，至壇上，樂止。詣皇地祇酌尊所，西向立。執事者以爵授初獻，搢笏，執爵，司尊舉冪，良醞令跪，酌太尊之泛齊，酌訖，先詣配位尊所。樂作太簇宮《溥寧》之曲。初獻以爵授執事者，執笏，詣皇地祇神座前，北向立，搢笏，跪。執事者以爵授初獻，初獻執爵，三祭酒於茅苴，奠爵，三獻奠爵，皆執事者受以興。執笏，俯伏興。少退，跪，樂止。舉祝官跪，對舉祝版，讀祝太祝東向跪讀祝文，訖，俯伏興。舉祝官奠版於案③，興。先詣配位坐前，北向立。初獻再拜。初讀祝文，樂作，拜訖，樂止。

次詣配位酌尊所。執事者以爵授初獻，初獻搢笏，執爵，司

---

① 按此處僅謂司徒出，不謂其入，行禮環節欠完整。《禮志一·郊》與此相當之處作："禮直官引司徒出詣饌幔所，與薦籩豆簠簠俎齋郎，各奉天、地、配位之饌。司徒帥太官令以序入內壇正門，樂作，至壇下，俟。祝史進徹毛血豆，降自卯陛，以次出，訖，司徒與薦籩豆簠簠俎齋郎，奉昊天上帝、皇地祇之饌，升自午陛。"以之參照，此處當有奪文。

② "太官令又同齋郎奉神州地祇之饌升自卯陛"，此句原奪，曹本、文淵閣本同，廣雅本已據《禮志二·方丘儀》補，今從補。

③ "案"，原作"按"，曹本同，據文淵閣本、廣雅本、《禮志二·方丘儀》改。

尊舉冪,良醞令跪,酌著尊之汎齊,樂作太簇宮《保寧》之曲。初獻以爵授執事者,執笏,詣配位神座前,東向立,搢笏,跪。執事者以爵授初獻,初獻執爵,三奠酒於茅苴,奠爵,執笏,俯伏興。少退,跪,樂止。舉祝版於案①,興。初獻再拜,訖。初讀祝文,樂作,拜訖,樂止。降自卯陛,讀祝、舉祝官俱從,樂作,復位,樂止。

次引亞獻詣盥洗位,北向立,搢笏,盥手,帨手。執笏,詣爵洗位,北向立,搢笏,洗爵,拭爵,授執事者。執笏,升自卯陛,詣皇地祇酌尊所,西向立。執事以爵授亞獻,搢笏,執爵,司尊舉冪,良醞令酌著尊之醴齊,酌訖,先詣配位酌尊所,北向立。樂作《咸寧》之曲。亞獻以爵授執事者,執笏,詣皇地祇神座前,北向立,搢笏,跪。執事以爵授亞獻,亞獻執爵,三祭酒於茅苴,奠爵,執笏,俯伏興。少退,再拜。次詣配位酌獻,並如上儀。唯酌犧尊爲異。樂止,降復位②。

次引終獻詣洗位盥手、洗爵,升壇。正位酌犧尊之盎齊,配位酌象尊之醴齊,奠獻並如亞獻之儀。禮畢,降復位。

初,終獻將升,贊者引第一等分獻官詣盥洗位,搢笏,盥手,帨手,洗爵,拭爵,以爵授執事者。執笏,詣神州地祇酌尊所,搢笏。執事者以爵授獻官,獻官執爵,執事者酌太尊之泛齊③。酌訖,以爵授執事者,進詣神座前,搢笏,跪。執事者以爵授獻官,獻官執爵,三祭酒於茅苴,奠爵,俯伏興。少退,跪,再拜訖,

---

① "舉祝"以下蓋有奪文,上文酌獻皇地祇作:"舉祝官跪,對舉祝版,讀祝太祝束向跪讀祝文,訖,俯伏興。舉祝官奠版於案。"又"案",原作"按",曹本同,據文淵閣本、廣雅本改。

② "復位",原作"後位",曹本同,據文淵閣本、廣雅本、《禮志二·方丘儀》改。

③ "執事者",原作"執事以",曹本同,文淵閣本奪此字,據廣雅本、《禮志二·方丘儀》改。

還位。

初，第一分獻官將升，贊者分引第二等分獻官詣盥洗位，搢笏，盥手，帨手，執笏，詣尊所。執事以爵授分獻官，酌，以授執事者。進詣首位神座前，奠獻，並如上儀。祝史、齋郎以次助奠。訖，各引還位。

諸獻俱畢，諸太祝進徹籩豆，籩豆各一，少移故處。樂作《豐寧》之曲，卒徹，樂止。奉禮贊曰：“賜胙。”衆官再拜，樂作，一成，止。

望瘞

初，送神樂止，引初獻官詣望瘞位，樂作太簇宮《肅寧》之曲，至位，南向立，樂止。初，在位官將拜，諸太祝、祝史各奉篚進詣神座前，取玉幣[①]，從祭神州地祇以下並以俎載牲體，并取黍稷飯、爵酒，各由其陛降壇，北詣瘞坎，實於坎中。又以從祭之位禮幣皆從瘞[②]。禮直官曰：“可瘞。”東西六行實土。半坎，禮直官贊：“禮畢。”引初獻出，禮官、贊者各引祭官及監祭、監禮、太祝以下俱復壇南，北向立定。奉禮郎贊曰：“再拜。”監祭以下皆再拜，訖。奉禮以下及工人以次出。光祿卿以胙奉進，監祭、監禮就位展視，光祿卿詣闕，再拜訖，以進。其祝版燔於齋坊。

鑾駕還宮，如圓丘之儀[③]。

檢討定儀禮合設執事職官人員於後：

① “取”字原奪，諸本及《禮志二·方丘儀》均同，不可讀，今據本書卷一〇《皇帝夏至日祭方丘》之文參補。
② “禮幣”，原作“禮畢”，曹本、文淵閣本同，據廣雅本、《禮志二·方丘儀》改。
③ “鑾駕還宮如圓丘之儀”，此句爲衍文。

一、祭方丘神州皇地祇事攝官：

初獻一

司徒一

亞獻一

終獻一

已上四員。<small>擬宣。</small>

太常卿一

光祿卿<small>省擬奏攝。</small>

監祭二<small>御史臺差監察御史。</small>

監禮二<small>太常博士。</small>

第一等分獻官一員

第二等分獻官三員

內壝內分獻官五員

司天監一

光祿丞一

郊社令一

大樂令一

廩犧令一

太官令一

良醞令二

司尊二

太祝官三

奉禮郎一

讀祝太祝官一

舉祝官一①

協律郎二

祝史三十一人

齋郎四十二_{內四人代事故。}

諸執事：

三獻奉爵官一

盥洗官一

爵洗官一

巾篚官二

第一等獻官盥洗官一_{兼爵洗奉爵。}

巾篚官一

內壇內及第二等獻官每方盥洗二

已上皆部擬。_{擬誓前三日各取告示。}

禮直官贊三十四員②_{太常寺所隸。}

司天生二員

接手官三十員_{宣徽院承奉班祗候權差③}。

大金集禮卷第十一

---

① 按上文儀注中謂"舉祝官跪，對舉祝版"，則舉祝官非單獨一人，疑此處"舉祝官一"當作"舉祝官二"。

② "贊"下疑奪"者"字。

③ "祗候"，原作"祇侯"，曹本、廣雅本同，據文淵閣本改。

大金集禮卷第十二至卷第十七_{元有闕文}

承安四年四月五日^①，奉職留住於禮部傳奉聖旨：“東京清安寺有元賜與靜因院錢一萬貫、每年三道戒牒，都撥與靜因院，交另請長老做主。次及每年太后忌辰五百貫錢，也交與，令東京留守提控，如闕後，已次同知、少尹提控，作齋行者。”

禮部泰和五年二月十六日，准東京留守司申：“垂慶、清安兩寺內俱有貞懿皇后影殿，自來各差射粮軍人六名巡宿，委差什將高坦管勾，副留守相沿提控。云云。年前九月奉禮部符：‘云云。不得似前減裂。’照得大定十三年准禮案，六月二十九日奉禮部符：‘承省劄：奉御東陽傳奉聖旨，東京太后塔位并院墙聽得都倒塌了，仰專差本京留判常做提點官，覷著勾當，院墙用塼束砌，及教清安寺長老和尚每遇節朔諷咒，官裏與享祀。’送法斷上，清安寺與垂慶寺內太后影殿係是一體，合委副留守一就提控，如副留守闕員，依符同知提控。外，孝寧宮塔位留判依舊提點。”部符：“檢清安寺提控官，合准來申，委副留守一就提控。外，孝寧宮塔位亦合依符令留判提控。”

世宗、顯宗、熙宗各本陵位祭，帶祭后。

太宗、睿宗忌辰各磐寧宮望祭，帶祭后。

太祖忌辰除不祭世祖外，遍祭。

太宗、睿宗、世宗、顯宗、熙宗並帶祭諸后。

---

① “承安”，原作“永安”，文淵閣本、廣雅本同，據曹本改。

后：昭德后忌辰，磬寧望祭。忌辰本陵祭，明昌二年禮直官曹遇單子具到。昭德忌辰磬寧宫①，是定二十九年七月内太常寺定來。部有卷。

明昌二年九月②，點檢司申到："前月二十九日奉聖旨，孝懿皇后陵前享祭，准備茶食四十棹子。宫籍監已欽依前去墳山造辦③。"

大安三年七月二日④，禮部行下太常寺："近奉聖旨：'山陵下時新，諸陵下都交有者。'省部除另行外，來申：'世祖位合依自來享祀例，止於磬寧宫薦獻。新物到陵下，署官公服再拜，興，進前跪，奠訖，俯伏興，退，再拜訖，禮畢。并勘當到别無薦新帶享保陵公禮例。'准申行下。云云。"

大定十八年五月初七日，尚書省奉敕旨："今後遇貞懿皇后忌辰祭享，仰定撰祝文。"禮部下太常寺，檢到禮數，呈省，奉省批台旨："致祭使，仰本部移文宣徽院依例奏差，餘並准呈。"

一、差官。致祭使一員，奏差。讀祝官一員，本處官充。舉祝官二員。本府幕官充。禮直官二員，本處差近上司吏充。

一、合用物。並本處應辦，茶食、香、茶、酒、果，香案一，褥全。祝案一，褥全。拜褥位。

一、禮數。其日質明，致祭使並本處見任官、讀祝舉祝官並

---

① "德"字原闕，曹本同，據文淵閣本、廣雅本補。

② "明昌二年九月"以下至卷末原舛在卷一八《時享上·攝行禮》"致齋三日於本司唯享事得行其餘悉禁一日於"之下，曹本、文淵閣本同，廣雅本已移正，今從移。

③ "辦"，原作"辨"，曹本同，據文淵閣本、廣雅本改。

④ "大安"，原作"大定"，廣雅本同。按此下言及"保陵公"，據本書卷三七《雜祠廟·保陵公》及《禮志八·諸神雜祠·大房山》，大房山神封保陵公在大定二十一年，知此條絕非大定三年事，今據曹本、文淵閣本改。

公服，禮直官引赴殿階下，迎西先兩拜。次引使面殿，以東爲上立，又再拜。引使陞殿，詣神位前，搢笏，跪，三上香，奠茶、奠酒訖，執笏，俯伏興。引使降殿，復位立，俟讀祝訖，又再拜。引赴近西褥位立定，再拜。禮畢，退。

大安元年十一月三十日，承省劄："奏帖：'近奏差祕書監丞溫迪罕胡土、三司知事邊源檢勘墳山以西銀洞事。云云。今據所差官胡土等檢勘得，止合以龍泉河爲禁限西界等，商量若准所申，是爲相應。云云。'爲此，於十一月二十九日聞奏過，奉聖旨：'封堠立得分朗者，餘並准奏行。'"

一、墳山禁界、封堠四至、周圍地里。東至萬安寺西小嶺一十八里，南至黃山峪水心二十六里，西至轆轤嶺二十三里，周圍計地一百二十八里。

一、墳山以西過轆轤嶺，有南郊澗道，隔斷山勢。以西過木浮嶺，下至龍泉河，又隔斷木浮嶺。其龍泉河身闊處約五十步，窄處十餘步，水深三四尺。自陵寢紅排沙至此三十二里，以西又過煙燻嶺、松片山數重，纔是接連銀山。其墳山與銀山不是一帶山勢。

一、銀山在墳山西北，其山東西形勢，嶺南屬奉先縣，有銀洞五十四處，山嶺北屬宛平縣，有銀洞六十二處。兩縣銀洞止是一山。自陵寢紅排沙以西，最近銀洞四十二里，最遠銀洞四十八里。

一、取責到將去司天臺陰陽人張慶淵等三人狀稱：相視得自陵寢紅排沙以西，過澗轆轤嶺①，已有南郊澗道隔斷山勢。以西

① "澗"字疑衍，上文"墳山以西過轆轤嶺"可證。

又過木浮嶺，下有龍泉河，河身深闊，隔絕地脉。按《地理新書・五音地脉》篇①："凡隔坑潭江河，地勢已絕，不相連接②。"兼山陵至此已三十二里，若將龍泉河便爲禁限西界，委是別無窒礙。其東、南、北三面禁界，止合依元定界壕爲限。

大安二年正月初七日③，省差官刑部主事薛萬亨并提點山陵涿州刺史完顏璋同銜申，取責到司天臺張慶淵、魏器博、盧世明等三人狀稱："合自墳山西北係奉先縣所管神寧鄉上冶村龍泉河爲西界爲頭，排立封壕，沿龍泉河至南羌弧嶺。其龍泉河水流正西南去，離墳山八十餘里，止合於羌弧嶺東南下墳。"按墳山舊南界封壕是周圍四至，別無窒礙。呈省：

一、起自萬安寺西嶺爲頭，打量至西面儘北南郊澗口舊封壕，計地六十二里令一百四十四步。自南郊澗口舊封壕以西上冶村按連排立④，沿龍泉河南至羌弧嶺密排訖，封壕一百一十六箇，按連至赤石峪舊封壕，計地五十八里令二百二十八步。自赤石峪口舊封壕至萬安寺西嶺，計地三十五里令三百步。周圍計地一百五十六里令三百一十二步。

大金集禮卷第十二至十七

---

① "地理"，原作"地里"，曹本、廣雅本同，據文淵閣本及《重校正地理新書》改。

② "連接"，原作"連按"，曹本、廣雅本同，據文淵閣本及《重校正地理新書》卷七《五音地脉》改。

③ "大安"，原作"大定"，文淵閣本、廣雅本同，據曹本改。按此與上文大安元年省劄所論爲同一事。

④ "澗口"，原作"澗只"，曹本同，據文淵閣本、廣雅本改。

大金集禮卷第十八　時享上

攝行禮

攝行禮

天德二年三月奉安①，太廟祫享。

禮部呈：四月時享合用犧牲，若親祠，隨室各犢一、羊一、豕一，遣使止用羊、豕，兼合預先牢養。《周禮》："享先王則衮冕。"稟訖，服衮冕，用堂上樂。又以時享禮似有繁紊，兼典故有親祠者，亦有有司行事者。稟訖，委有司行事。

稟定：平章滕王攝太尉，初獻；□王宗睦攝司徒②，行禮；吏部尚書烏里也攝太常卿，亞獻；禮部尚書盧彥倫攝光禄卿，終獻。四月十五日行禮。其餘攝官除有正員外，差光禄卿一，七祀獻官一，司尊彝二，太官令二，大樂令一，太祝十一，宫闈令十一，奉禮郎一，通事舍人充。讀祝太祝一，舉祝官二，七祀讀祝官一，協律郎一：以上職事官内差攝。齋郎一百三十二，毛血、肝膋、筐、爐先入，奉俎、簠、簋、籩、豆次入。每室只用八員，計八十八員。祝史二十二，只用齋郎充，更不另攝。禮直官一十，贊者一，閤門充。七祀位祝史一，七祀進饌

---

① "三月"，原作"三日"，曹本同，據文淵閣本、廣雅本改。

② "王"前原闕一字。

官二①，執事官五：以上省部令譯史、通事及供奉官、直省内差。

檢討定儀禮，准呈下項：

太常寺舉申，禮部關學士院。司天臺擇日，以其日報太常寺，具時日散告。

前七日，受誓戒於尚書省。其日質明，禮直官設位版於都堂之下，依已定誓戒圖。禮直官引三獻官并應行事、執事官等各就位，立定，贊“揖”，在位官皆對揖，訖。禮直官以誓文奉初獻官，初獻官搢笏，讀誓文：“某月某日，孟春薦享太廟②，各揚其職。不恭其事，國有常刑。”讀訖，執笏。七品以下官先退，餘官對拜訖，乃退。散齋四日，治事如故，宿於正寢，唯不弔喪問疾、作樂、判署刑殺文字、決罰罪人及預穢惡。致齋三日，於本司③，唯享事得行，其餘悉禁，一日於享所。已齋而闕者，通攝行事④。

前三日，兵部量設兵衛，列於廟之四門。前一日，禁斷行人。儀鸞司設饌幔十一所於南神門外西，南向。又設七祀次⑤：竈與中霤二位於橫階之北道西⑥，東向。又設群官齋宿次於廟門之東西舍。

前二日⑦，大樂局設登歌之樂於殿上。太廟令帥其屬掃除廟

① “進饌官”，原作“退饌官”，廣雅本同，據曹本、文淵閣本改。
② 按此爲四月時享，“孟春”當作“孟夏”。
③ 按致齋共三日，二日於本司，一日於享所。“於本司”前疑奪“二日”二字，或“三日”爲“二日”之訛。
④ “享所已齋而闕者通攝行事”以下至卷末原舛在卷一二“是定二十九年七月内太常寺定來部有卷”之下，曹本、文淵閣本同，廣雅本已移正，今從移。
⑤ “七祀”，原作“七祝”，曹本同，據文淵閣本、廣雅本、《禮志三·時享儀》改。
⑥ “橫階”，諸本均同，《禮志三·時享儀》作“橫街”。
⑦ “前二日”，本書卷一九《時享下·攝行禮》載大定三年儀作“前一日”。

殿門之内外。又設七祀燎柴於廟門之外①，又於室内鋪設神位於北墉下，當户，南向。設几於筵上。_{時寒用虎皮次席，時暄用桃枝竹次席。}又設三獻官拜褥位二。_{一在室内，一在室外。}學士院定撰祝文訖，計會通進司請御署②，訖，降付禮部，置於祝案。祠祭局濯溉祭器與尊彝訖，鋪設如儀。内太尊二、山罍二，在室。犧尊五、象尊五、雞彝一、鳥彝一，在室户外之左，爐炭稍前。著尊二、犧尊二在殿上，象尊二、壺尊六在下③。俱北向西上，加冪，皆設而不酌。并設獻官罍洗位。禮部設祝案於室户外之右④。禮直官設位版并省牲位，如已定圖。

前一日，光禄卿帥其屬入實祭器，良醖令入實尊彝。

前一日，諸太祝與廪犧令以牲就東神門外，如省牲圖。司尊彝與禮直官及執事者皆入，升自西階以俟⑤。禮直官引太常卿、贊者引御史自西階升，遍視滌濯，執尊者舉冪告潔，訖，引降，就省牲位。廪犧令少前，曰：“請省牲。”退復位。太常卿省牲。廪犧令又前，北向，躬身曰“腯”，還本位。太祝與廪犧令以次牽牲詣厨，授太官令。贊者引光禄卿詣厨，請省鼎鑊，申視滌溉。贊者引御史詣厨省饌具，訖，與太常卿等各還齋所。太官令帥宰人以鸞刀割牲，祝史各取毛血，每室共實一豆，又取肝膋共實一豆，置饌所，遂烹牲。

享日質明，百官各服其品服。禮直官、贊者先引御史、博士、

---

① “七祀”，原作“七祝”，曹本同，據文淵閣本、廣雅本改。
② “御署”，原作“御書”，曹本、文淵閣本同，據廣雅本、《禮志三·時享儀》改。
③ “尊”字原奪，曹本同，據文淵閣本、廣雅本、《禮志三·時享儀》補。
④ “祝案”，原作“祝按”，又“外之”二字原倒，曹本同，據文淵閣本、廣雅本、《禮志三·時享儀》改、乙。
⑤ “俟”，原作“侯”，曹本同，據文淵閣本、廣雅本、《禮志三·時享儀》改。

太廟令、太官令、諸太祝、祝史、司尊彝與執罍篚官等入自南門，當階間，北面西上，立定。奉禮曰"再拜"，贊者承傳，皆再拜。訖，贊者引太祝與宮闈令升自西階，詣始祖室，開祐室①，太祝捧出帝主，宮闈令捧出后主，置於座。帝主在西，后主在東。贊者引太祝與宮闈令降自西階，俱復位。奉禮曰"再拜"，贊者承傳，在位官皆再拜訖，俱各就執事位。

大樂令帥工人入。禮直官、贊者分引三獻官與百官俱自南東偏門入②，至廟庭橫階上③，三獻官當中，北向西上，應行事、執事官并百官依品重行立。《五禮新儀》內皆自東門入。看詳宋齋坊並在廟東，今在南門外④，只合就南門入。奉禮曰"拜"，贊者承傳，應北向在位官皆再拜。其先拜者不拜。拜訖，贊者引三獻官詣廟殿東階下西向位，其餘行事、執事官與百官俱各就位，訖。

禮直官詣初獻官前，稱"請行事"。協律郎跪，俯伏興，樂作。禮直官引初獻詣盥洗位，北向立定，樂止。搢笏，盥手，帨手。執笏，詣爵洗位，北向立，搢笏，洗瓚，拭瓚，以瓚授執事者。執笏，升殿，樂作，至始祖室尊彝所，西向立，樂止。執事者以瓚奉初獻官，初獻官搢笏⑤，執瓚，執尊者舉冪，太官令酌鬱鬯訖，先詣第二室尊彝所，北向立。初獻以瓚授執事者，執笏，詣始祖室神位前，樂作，北向立。搢笏，跪，執事者以瓚授初獻官，初獻官執瓚，以鬯祼地，訖，以瓚授執事者。執笏，俯伏興，出戶外，北向，再拜訖，樂止。已下逐室樂作止並准此。每室行禮並如上儀。禮直官引初

---

① "室"字原奪，曹本、文淵閣本同，據廣雅本、《禮志三·時享儀》補。
② "俱自"二字原倒，曹本同，據文淵閣本、廣雅本及《禮志三·時享儀》改。
③ "橫階"，諸本均同，《禮志三·時享儀》作"橫街"。
④ "今"，原作"令"，據曹本、文淵閣本、廣雅本及《禮志三·時享儀》改。
⑤ "初"字原奪，曹本同，據文淵閣本、廣雅本補。

獻降復位。

初獻將升祼，祝史各奉毛血、肝膋豆，及齋郎奉爐炭、蕭蒿黍稷筐，各於饌幔內以俟①。初獻晨祼訖，以次入自正門，升自太階。諸太祝皆各迎毛血、肝膋豆於階上，俱入奠於神座前。齋郎所奉爐炭、蕭蒿筐皆置於室戶外之左，與祝史俱降自西階以出。諸太祝取肝膋，洗於鬱鬯，燔於爐炭，訖，還尊所。

享日，有司設羊鼎十一、豕鼎十一於神厨，各在鑊右。初獻既升祼，光禄卿帥齋郎詣厨，以匕升羊於鑊，實於一鼎，肩、臂、臑、肫、胳，正脊一、橫脊一、長脇一、短脇一、代脇一，皆二骨以並。次升豕如羊，實於一鼎。每室羊、豕各一鼎，皆設扃、冪②，齋郎對舉③，放饌幔前④。齋郎抽扃⑤，委於鼎右，除冪。光禄卿帥太官令以匕升羊⑥，載於一俎，肩、臂、臑在上端，肫、胳在下端，脊、脇在中。次升豕如羊，各載於一俎。每室羊、豕各一俎。齋郎以扃舉鼎先退⑦，置於神厨，訖，復還饌幔所⑧。

禮直官引司徒出，詣饌幔前，立以俟。光禄卿帥其屬實籩以粉餈，實豆以糝食，實簠以粱⑨，實簋以稷。俟初獻祼畢復位，祝史俱進，徹毛血之豆，降自西階以出。禮直官引司徒帥薦籩豆簠

---

① “俟”，原作“俟”，曹本同，文淵閣本作“候”，據廣雅本及《禮志三·時享儀》改。
② “扃”，原作“局”，曹本同，據文淵閣本、廣雅本及《禮志三·時享儀》改。
③ “齋”字原奪，曹本同，據文淵閣本、廣雅本及《禮志三·時享儀》補。
④ “放”前原衍“入鑊”二字，曹本、文淵閣本及《禮志三·時享儀》均同，不通，廣雅本已删，今從删。
⑤ “扃”，原作“局”，曹本同，據文淵閣本、廣雅本及《禮志三·時享儀》改。
⑥ “光禄”下“卿”字原奪，曹本同，據文淵閣本、廣雅本及《禮志三·時享儀》補。
⑦ “扃”，原作“冪”，曹本、文淵閣本同，據廣雅本及《禮志三·時享儀》改。
⑧ “復還”二字原倒，文淵閣本、廣雅本同，據曹本及《禮志三·時享儀》乙。
⑨ “粱”，原作“梁”，廣雅本同，據曹本、文淵閣本及《禮志三·時享儀》改。

籩官、奉俎齋郎各奉籩豆簠簋、羊豕俎,每室以序而進,立於南神門之外以俟。羊俎在前,豕俎次之,籩豆簠簋又次之。入自正門,樂作,升自太階,諸太祝迎引於階上,樂止。各設於神位前。訖,禮直官引司徒以下降自西階,樂作,復位,樂止。諸太祝各取蕭蒿、黍稷,擩於脂,燔於爐炭,還尊所。

　　禮直官引初獻詣罍洗位,樂作,至位,北向立,樂止。搢笏,盥手,帨手。執笏,詣爵洗位,北向立,搢笏,洗爵,拭爵,以爵授執事者。執笏,升殿,樂作,詣始祖室酌尊所,西向立,樂止。執事者以爵授初獻,初獻搢笏,執爵,執事者舉冪,太官令酌犧尊之泛齊訖,先詣第二室酌尊所,北向立。初獻以爵授執事者,執笏,詣始祖神位前,樂作,北向立。搢笏,跪,執事者以爵授初獻,初獻執爵,三祭酒於茅苴,奠爵。執笏,俯伏興,出戶外,北向立,樂止。已下逐室樂作止並准此。贊者次引太祝詣室戶外,東向,搢笏,跪,讀祝文。讀訖,執笏,興,先詣第二室戶外,東向立。初獻再拜,次詣每室行禮,並如上儀。太官令復詣始祖室酌尊所,太祝復位。初獻降階,樂作,復位,樂止。

　　禮直官次引亞獻詣盥洗位,北向立,搢笏,盥手,帨手。執笏,詣爵洗位,北向立,搢笏,洗爵,拭爵,以授執事官。執笏,升殿,詣始祖酌尊所,西向立。執事者以爵授亞獻,亞獻搢笏,執爵,執尊者舉冪,太官令酌象尊之醴齊訖,先詣第二室酌尊所,北向立。亞獻以爵授執事者,執笏,詣始祖神位前,樂作,北向立。搢笏,跪,執事者以爵授亞獻,亞獻執爵,三祭酒於茅苴,奠爵。執笏,俯伏興,出戶外,北向,再拜訖,樂止。已下逐室樂作止並准此。次詣每室行禮,並如上儀。降階,樂作,復位,樂止。

　　禮直官次引終獻詣盥洗及升殿行禮,並如亞獻之儀。降復位。

次引太祝徹籩豆，_{籩豆各一，少移。}樂作，卒徹①，樂止。俱復位。禮直官曰："賜胙。"贊者承傳曰："賜胙，再拜。"在位者皆再拜。禮直官引太祝、宮闈令奉神主，太祝摺笏，納帝主於匱②，奉入祧室，執笏，退復位；次引宮闈令納后主於匱，奉入祧室，並如上儀，退復位。禮直官、贊者引行事、執事官各就位。奉禮曰："再拜。"贊者承傳，應在位官皆再拜。

禮直官、贊者引百官次出，大樂令帥工人次出。太官令帥其屬徹禮饌，次引監祭御史詣殿監視，卒徹訖③，還齋所。太廟令闔戶以降。太常藏祝板于匱。光禄以胙奉進，監祭御史就位展視，光禄卿望闕再拜，乃退。

夏合祀竈并中霤，鋪設祭器、入實酒饌，俟終獻將升獻，獻官行禮并讀祝文，並如已行儀。

自後每歲四孟月并臘五享，並如上儀。至正隆元年二月五日，稟定，每歲二月、十月遣使時享④，神主不出，過三年祫享⑤，用烝祭，視祠。

天德二年秋享，宰執⑥、三品官、親王内稟差三獻官并司徒，除點定初獻官、司徒外，委尚書省就便擬攝，自後遂爲常例。_{天德年，宰執攝太尉，親王專攝司徒。大定十二年以前，太尉、司徒通具一品至三品員數奏}

---

① "卒徹"，原作"辛徹"，曹本同，據文淵閣本、廣雅本及《禮志三·時享儀》改。

② "匱"，原作"匭"，文淵閣本、廣雅本及《禮志三·時享儀》均同，據曹本及下文改。

③ "卒徹"，原作"辛徹"，曹本同，據文淵閣本、廣雅本及《禮志三·時享儀》改。

④ "十月"，原作"十日"，據曹本、文淵閣本、廣雅本改。

⑤ "過"，諸本均同，疑當作"遇"。

⑥ "宰執"二字原誤倒，曹本同，據文淵閣本、廣雅本乙正。

點①,先者攝太尉,次者司徒。十三年後,另具三品官點差司徒。亞終獻舊差三品員官,曾具三品、四品,自後只具四品官。大定十三年臘享劄子,樞密趙王始於丞相下排次。大定十六年冬享,諸王並具在丞相上。

大金集禮卷第十八

---

① "通具",原作"通其",曹本、廣雅本同,據文淵閣本改。

大金集禮卷第十九　時享下

攝行禮

攝行禮

攝行禮

大定三年七月，奏稟："唐《禮儀志》，四時各以孟月享太廟，季冬臘享，凡五祭。擬今年十月擇日祫享升祔已後，時享有司依時舉行。"從之。

十二月二十一日，臘享。命平章元宜攝太尉，充初獻；參政石琚攝司徒；省差亞獻、終獻各一員。三品以上依《開元禮》攝太常、光祿卿。禮部擬差太常、光祿卿各一，三品。七祀獻官一，五品。助奠官二，太廟令一，大樂令一，並六品。監祭二，太常博士二，司尊彝一，太官令二，讀祝太祝一，舉祝官二，七祀讀祝一，並七品。廩犧令、協律、奉禮郎各一，太祝十一，並八品。贊者一，禮直官十，宮闈令十四，齋郎一百一十，七祀祝史、進饌官二，並九品。奉瓚盤、奉爵酒、盥洗、爵洗、巾篚官各一。六品、七品。外，昭德皇后別廟，獻官、司徒以次另行差攝，同日質明行禮。太常、光祿卿、太廟、廩犧令并太官令一員，係太廟所差官通設，至二十六年臘享太廟，另差已上員數。

檢討定儀禮，准呈下項：

擬依典禮，前七日受誓戒於尚書省。其日質明，設位版於都堂之下，依已定受誓戒圖。禮直官引三獻官并應行事、執事官等各就位立，贊"揖"，在位官皆對揖，訖。禮直官以誓文奉初獻官，初獻官搢笏，讀誓文云："十二月二十一日臘日，薦享太廟，各揚其職。不恭其事，國有常刑。"讀訖，執笏。七品以下官先退，餘官對拜訖乃退。散齋四日，治事如故，宿於正寢，唯不弔喪問疾、作樂、判署刑殺文書、決罰罪人及預穢惡。致齋三日，並於有司，無本司者並宿於省部，禮官宿於享所，唯享事得行，其餘悉禁。享官已齋而闕者，通攝行事。

禮部看詳，前來親祠大禮，散齋四日，致齋三日。今每歲五享係有司行事，如致齋三日，緣所用攝官、令史人等數多，見得廢務多日，擬止令散齋二日，致齋一日。

前三日，兵部設兵衛於廟之四門，禁斷行人。儀鸞司設饌幔十一所於南神門外之西，南向，又設七祀次於橫階之北道西①，東向。

前一日，大樂局設登歌之樂於殿上。太廟令帥其屬掃除廟殿之內外，又於室內鋪設神位於北牖下，當户南向，設几在筵上，用虎皮及次席②。又設三獻官拜褥位二。一在室內，一在室外。學士院定撰祝文訖，計會通進司請御署，訖，降付禮部。設祝案於室户外之右。又於每室設左十有二籩，分爲四行，以右爲上；第一行，形鹽在前，榛實、黍米次之；第二行，魚鱐在前，乾桃、乾芡次之；第三行，糗餌在前，乾蔆③、栗子次之；第四行，粉餈在前，乾棗、鹿脯次之。右十有二豆④，分爲四行，以左爲上。第一行，芹菹在前，韭菹、豚拍次之；第二行，筍菹在前，酏食、鹿臡

---

① "七祀"，原作"七祝"，據曹本、文淵閣本、廣雅本改。

② "及"字疑衍。本書卷一八《時享上·攝行禮》載天德時享儀謂"時寒用虎皮次席，時暄用桃枝竹次席"，此爲季冬臘享，當用虎皮次席。

③ "蔆"，原作"橑"，諸本均同，按禮制，籩實當用乾蔆，今改。

④ "二"字原奪，曹本同，據文淵閣本、廣雅本補。

次之；第三行，葵菹在前，魚、醯醢次之；第四行，菁菹在前，兔醢、糝食次之。又設鉶三，在籩豆之間；實以羹，加芼滑①。登一；實以大羹。簠二，在左；實以粱、稻，粱在稻前。簋二，在右。實以黍、稷，稷在黍前。又設俎三，在籩前。各實牲體。又加二豆，在籩前。實以毛血、肝膋。大尊二，實以明水。各加坫冪，設而不酌，又設沙池一、茅苴一，稍前。又設尊彝所，在室戶之左，設黃彝一、斝一、實以鬱鬯，各加酌冪。犧尊二、象尊二、山罍二，上尊實以明水，餘者實以糯酒，各加坫冪。又設篚箱一，內蕭蒿，實以黍稷。燎爐一，實以爐炭。稍南。又設著尊一、山罍二、並實以糯酒。壺尊六。實以明水，各加坫冪，設而不酌，在殿下②。又設獻官爵洗，在罍洗之西，罍在洗東，篚在洗西，北肆。實以巾。又設七祀每位簠二，實以稻、粱。簋二，實以黍、稷。籩二，實以榛實③。豆二，實以菁菹④、鹿臡。俎一。實以羊體。又設壺尊二，在神位之右。實以糯酒，各加酌坫冪。

又設爵盞一，坫全。禮直官設位版并省牲位如已定圖。

前一日，光禄卿帥其屬入實祭器，良醞令入實尊彝。

前一日，省牲器，如天德二年儀。

享日質明，行事、執事官各服其品服。禮直官、贊者先引御史、博士、太廟令、太官令、諸太祝、祝史、司尊彝與執罍篚官等入自南門，當階間，北面西上，立定。奉禮曰“再拜”，贊者承傳，皆再拜。訖，贊者引太祝與宮闈令升自西階，詣始祖室，開祏室，太祝奉出帝主，宮闈令奉出后主，置於座。帝主在西，后主在東。贊者引太祝與宮闈令降自西階，俱復位。奉禮曰再拜。

---

①　“加”，原作“茹”，諸本均同，無義，今改。
②　“下”字原誤作大字正文，按底本“殿”字正當頁末，蓋以換頁故偶疏，今據上下文改爲小字。
③　此處闕一籩之實。
④　“菁菹”，原作“菁苴”，曹本、廣雅本同，據文淵閣本改。

　　贊者分引三獻官與百官俱自南神東偏門入，至廟庭橫階上，三獻官當中，北向西上，應行事、執事官并百官依品重行立。奉禮曰“拜”，贊者承傳，應北向在位官皆再拜。_{其先拜者不拜。}拜訖，贊者引三獻官詣廟殿東階下西向立，其餘行事、執事官俱各就位，訖。

　　禮直官詣初獻官前，稱“請行事”。協律郎跪，俯伏興，樂作。禮直官引初獻詣盥洗位，立定，樂止。搢笏，盥手，帨手。執笏，詣爵洗位，北向立，搢笏，洗瓚，拭瓚，以瓚授執事者。由西階升，執笏，升殿，樂作，至始祖尊彝所，西向立，樂止。執事者以瓚奉初獻，初獻搢笏，執瓚，執尊者舉冪，太官令酌鬱鬯訖，先詣第二室尊彝所，北向立。初獻以瓚授執事者，執笏，詣始祖室神位前，樂作，北向立。搢笏，跪，執事者以瓚授初獻，初獻執瓚，以鬯裸地，訖，以瓚授執事者。執笏，俯伏興，出戶外，北向，再拜訖，樂止。_{已下逐室樂作止並准此。}次詣每室行禮，並如上儀。禮直官引初獻降復位。

　　初獻將升裸，祝史各奉毛血、肝膋豆，及齋郎奉爐炭、蕭蒿黍稷筐，各於饌幔內以俟。初獻晨裸訖，以次入自正門，升自太階。諸太祝各迎毛血、肝膋豆於階上，俱入奠於神座前。齋郎所奉爐炭、蕭蒿筐各置於室戶外之左，與祝史俱降自西階①，以次出。太祝取肝膋，洗於鬱鬯，燔於爐炭，訖，還尊所。

　　晨裸如天德二年儀。_{惟云“享日質明行事執事官各服其品服”，不云“百官”，後儀內數處却依例有“百官”字，“百官”二字未當。}

　　既升裸，太官令帥進饌者奉陳於南門外諸饌幔內，以西爲

————————

①　“與”，原作“興”，據本書卷一八《時享上·攝行禮》載天德時享儀改。

上。禮直官引司徒出，詣饌所。司徒與薦俎齋郎奉俎、并薦籩豆簠簋官奉籩豆簠簋、禮直官、太官令以序入自正門，樂作，升自太階，諸太祝迎引於階上，樂止。各設於神位前。訖，禮直官引司徒以下降自西階，樂作，復位，樂止。諸太祝各取蕭蒿黍稷擩於脂，燔於爐炭，訖，還尊所。

酌獻如天德二年儀。惟云"太官令酌酒訖"，不云"酌泛齊、醴齊"。

臘日並祀七位，俟終獻將升，七祀獻官詣司命神位前祭酒[①]，讀祝，再拜。餘坐助奠如儀，惟不讀祝。

大定四年正月十九日春享，太廟并昭德皇后別廟同時行禮，其一切禮數并應行事、執事官並如臘享儀。正月十六日，受誓戒。十七日，各廟習儀[②]。十八日，各於本司致齋。次日質明，行禮。春夏用雞彝、鳥彝，秋冬用黃彝、斝彝。七祀：司命、戶以春，竈、中霤以夏，門、厲以秋，行以冬。臘並祀七位，其餘並同。每歲五享，以爲常式。

十五年三月二十七日，奉安訖武靈皇帝別廟，自後每遇時享，太廟并兩處別廟同時行禮。

十九年，就禘祭升祔閔宗，其舊廟圻毀，太廟時享增閔宗一室籩豆尊彝之數，添差太祝、宮闈令、禮直官各一員，并添齋郎員數。

大金集禮卷第十九

---

① "七祀"，原作"七祝"，曹本同，據文淵閣本、廣雅本改。
② "習儀"二字原倒，曹本同，據文淵閣本、廣雅本乙。

大金集禮卷第二十　原廟上

奉安

奉安

　　皇統七年四月十一日，奏稟："慶元宫改作原廟，内三門曰'景暉'，正殿曰'辰居'，似非廟中殿門名額。"敕旨改曰"世德"。天會十三年，始定宫名曰"慶元"，殿曰"辰居"，門曰"景暉"。

　　天眷二年九月，以慶元宫爲太祖原廟，百寮陪位奉安御容。

　　天德四年十月①，緣燕京起蓋太廟、原廟，不見依典有無俱合告享。檢討到三代已前並無原廟，至漢惠帝時，叔孫通始建議置原廟於長安渭北，曾薦時果，其後又置原廟於豐、沛，别不該曾行享薦之禮。又漢已後，歷代亦無原廟兩都告享之禮。稟定："只於燕京建原廟，内宫曰"衍慶"②，殿曰"聖武"，門曰"同□"③，閤曰"崇聖"。准備行薦享之禮。"

　　大定二年十二月二十七日，恭奉敕旨："會寧府，國家興王之地，合建太祖皇帝廟，仰於慶元宫基址上修建，正殿九間。候工畢，委有司以時薦享。"五年八月十一日，奏用元立慶元宫、世德

---

①　"天德"，原作"天眷"，文淵閣本同，據曹本、廣雅本及《禮志六·原廟》改。

②　"慶"字原奪，文淵閣本同，據曹本、廣雅本及《禮志六·原廟》補。

③　"同"下原闕一字。

殿門名額,從之。

天會四年十月,命勃堇胡剌姑、秘少楊丘忠充使副①,送御容赴燕京奉安於廟,沿路每日三時燒飯,用羊、豕、兔、鴈、魚、米、麵等。

皇統七年八月,以東京御容殿工畢,命王宗哲等充奉送慶元宮御容使副。

大定二年九月二十七日,以睿宗御容未奉遷於衍慶宮,選定十月十二日行禮。其日質明,宰執率百官公服,奉迎於御容殿。有司先設香案、酒果等,宰執以下階下再拜②,跪上香,奠酒,教坊樂作,再拜。執事者奉御容升綵輿以行③,教坊引導,甲騎、旗幟、儀衛、傘扇導從,百官公服騎從。至衍慶宮奉安訖,宰相以下於聖武殿下再拜,退。禮直官二人;紅羅傘一,傘子一,拱衛司差;黃羅扇八,執扇八人,用供奉官;擡舁香輿用拱衛司弩手八人,綵輿用弩手一十六人,導從用弩手并控鶴各三十人,甲騎、旗幟、儀衛點檢司約度差。敕旨准奏,外,十月二日奉迎。

五年七月二十五日,奏稟:"會寧府已起蓋太祖皇帝廟,未有御容,依前代典故,合嚴衛而往。契勘衍慶宮內見有太祖御容一十二軸,法服容一,展立容一,衣甲容一,弓箭容一,坐容一,頭巾紅襖子容一,展坐容一:以上會寧府奉遷到。頭子容二④,春衣容一,頭巾紅襖子容二:以上中都舊御容殿奉遷到。有無將一軸前去奉安,或別行謄寫。"奉敕旨,以便服容一軸差官前去奉安。

---

①　"楊丘忠",原作"揚丘忠",據大安三年《楊瀛神道碑》改。

②　"再拜"二字原倒,曹本、文淵閣本同,據廣雅本乙。

③　"綵輿",原作"綠輿",曹本同,據文淵閣本、廣雅本改。

④　"頭子",曹本、文淵閣本同,廣雅本據《禮志六·原廟》改作"半身"。

《宋會要》,揚州建隆寺舊有太祖御榻殿,景德二年,寺僧請奉安聖容,詔翰林圖畫,嚴衛而往。今擬以木爲御容匣,朱紅油漆,黃羅托裹,合用龍馳車,隨宜鋪設裀褥,匣上覆以黃羅帕,隨車用紅羅傘,差護衛并導從甲軍、旗鼓。所過州城,見任官出郭見,備香酒奠祭。

八月一日,擬奏奉送御容禮數,准,外,甲軍於宗州、咸平府等路遇有處差贊。宣付引進使高瑞仙充使,副使省差。奏差使副二員,省差知禮數閤門二人、都管一名、先排二人,擇日起發。

前一日,夙興,告廟,用酒饌。差奏告官一員,以所差使充。進請御署祝板①。

其日質明,有司設龍車於衍慶宮門外少西,東向。宰執率百官並穿執,詣本宮殿下班立,再拜。班首升殿,跪上香,奠酒。教坊作樂。少退,再拜。班首降階,復位,陪位官皆再拜。奉送使副率太祝捧御容匣出,宰執以下分左右前導,出衍慶宮門外,俟御容匣升車,百官上馬後從。旗幟、甲馬、錦衣帽子人等分左右導。香輿、扇等中導前行。至都門郊外,俟御容車少駐,導從官下馬,車前立班,再拜。奉送使副側侍不拜②。班首詣香輿,跪上香,俯伏興,還班,再拜辭訖,退。錦衣帽子執扇人等回,香輿不用。

奉送使副整齊旗幟、甲馬前去,每程到館或廨舍內亭中安駐。紅羅傘一,龍車一,御容匣一,青布大亭子二座,遞牛倒載,奉安龍車并排列酒饌。馳五頭,旗鼓共五十面,五方龍旗,鼓用彩畫。香輿一,扇八。傘子二人,送到。把車六人,並用鞍馬送到。旗鼓五十人,

① “祝板”二字原奪,曹本、文淵閣本同,廣雅本據《禮志六·原廟》補,今從補。
② “奉送”,原作“奉迎”,文淵閣本同,據曹本、廣雅本及《禮志六·原廟》改。

送到。擡香輿一十人，導從六十人，執扇八人，各着本服，甲軍一百人，_{兵部差。}護衛二十人，前來例於宗室壻弟兄、猛安謀克子孫內選人材可觀者充。

沿路經過州城，官員具公服出郭，排辦酒果香等①，迎見御容，先再拜訖，班首少前，上香，奠酒訖，又再拜。送於郊外，再拜，退。

會寧府官員并建廟官各率其屬，具公服并香輿、導從人等依上准備，將引於郊外，迎接御容。先再拜，班首少前，跪上香，奠酒，又再拜訖。上馬後從，至廟門外下馬，分左右導引。使副率太祝四員捧御容入廟，於中門外東壁幄次內奉置定，再拜訖，退。

奉安合本處擇日。前一日，准備祭享酒饌。至日質明，差去官與本府官及建廟官等並公服，詣幄次前排立。先再拜，跪上香，樂作，奠酒訖，又再拜。太祝捧御容，衆官前導引至殿下排立。御容升殿奉安訖，再拜。班首升殿，跪上香，讀祝，奠酒，樂作，少退，再拜訖，班首降階復位，同執事官再拜，訖，退。有司嚴奉如式②。

十五年二月二十五日，奏稟："東京開覺寺塔內睿宗皇帝容儀係皂羅衣、展繫幞頭。若擬於祖廟懸供，緣太后天眷年間親視安置來。檢討到唐典故，有將真容於寺觀內安置，別無真容皂羅、展裹。"奉敕旨："移於本京祖廟奉祀，仍換袍色。圖寫太后容，塔內懸供。"

十六年四月十一日，奏稟：近奉敕旨，世祖皇帝御容仰擇日

---

① "排辦"，原作"排辨"，曹本同，據文淵閣本、廣雅本改；"香等"，原作"等等"，據曹本、文淵閣本、廣雅本改。

② "奉"字原奪，文淵閣本、廣雅本同，據曹本補。

權於衍慶宮奉安。參酌定二年奉安睿宗皇帝御容已行典禮，擬定今月十九日奉安。至日質明，親王、宰相率百官公服奉迎。有司先設香案、酒果等，百官階下再拜。班首升階，跪上香，奠酒，教坊作樂，再拜訖，復位。與百官又再拜。執事者奉御容升綵輿，甲騎、旗幟導從，香輿、扇、教坊樂等前導，百官騎從。至衍慶宮，奉安訖，百官拜奠，如奉迎之儀。奉敕旨，令有司擇日，親行朝謁。以此再擇定十九日奉安，係朝謁吉月[①]。其日奉安訖，百官於殿下再拜訖，退，於衍慶宮門外立班迎駕。奉迎用甲騎一百人，執傘二人，執扇十二人，擡香輿八人，擡綵輿十六人，執事官二員，太廟署官充。弩手、控鶴各五十人，贊者二人，閤門充。禮直官二人。緣權奉安，不行奏告禮。禮部續奉敕旨：禮數重着，擡綵輿添作四十人，內二十四人係隨從，又差六品已下三十員公服乘馬前導。

十六年正月七日奏劄："近奉敕旨，世祖皇帝御容當於何處奉安。檢討到，無奉安容像典故。參詳衍慶宮即漢之原廟，伏見每遇太祖皇帝忌辰，百官朝拜。所有世祖皇帝御容，若擇地修建殿位奉安，庶可以仰副國家嚴奉祖宗之意。"從之。續奉敕旨：仰於聖武殿東西起建世祖、太宗、睿宗殿位。又聖武殿東殿閣兩位比聖武殿閣制度小着。又太宗殿位欲別擇地起蓋。

十七年正月十七日，擬定世祖、太宗、睿宗殿位制度，並依太祖殿位一體營建。外，太宗殿位，踏逐到車輅院并歸仁館兩處皆是國音利方，參詳車輅院係今起蓋殿位之後，恐有窒礙，兼山陵內太祖、太宗、睿宗共一兆域，及太廟內世祖、太祖、太宗、睿宗亦

---

① "吉月"，諸本均同，疑當作"吉日"。

同堂異室。今來歸仁館若擬起蓋太宗殿位[①]，恐與山陵、太廟制度不同。奏奉敕旨，依進呈四位圖本起建。各殿七間，閣五間，内三門五間。

二月九日，奏定：今歲國音通利，合行修建。三月八日奏告，十一日啟土。并參酌到三聖御容在衍慶宮通爲一處，止合於衍慶宮奏告施行。

十八年十月三日，奏定：世祖殿、閣曰"廣德"、"燕昌"，太宗殿、閣曰"丕承"、"光昭"，睿宗殿、閣曰"天興"、"景福"。十九年五月六日奏告依例，外，七日奉安禮數下項：

禮官二，省差，四品。太廟署官一，内侍各二，太祝各六，司尊酌酒官各一[②]，一員把注，一員執盤盞。盥洗巾篚官各一，贊者各二，禮直官各四。合用物件：每位香案一，爐、匙、合、裙全。祭器席一，拜褥二，盥洗一，大勺一，篚一，絹巾一。

前一日，太廟令率其屬掃除宮内外。又各設神座於殿上，又設親王、宰執以下百官拜位各於殿庭，又設盥洗位於東階下，執罍篚者位於其後。又於神位前各設北向拜褥位，并各設香案、香爐、匙、合、香、酒、花、果、器皿物等，依前來例。又於聖武殿上設香案、爐、匙、合、香等。又於殿下各設腰輿一、每輿一十六人，以弩手充。傘子各二人、以弩手、傘子充。執扇各十二人、以供奉官充。導從弩手各三十人，各依資次排立如式。内傘扇自閣迎至殿，俟御容出殿，迎至腰輿，以次至廣德殿。

前一日，清齋，親王於本府，百官於其第。行禮官、執事人等

---

① "太宗"，原作"太位"，曹本作"大位"，據文淵閣本、廣雅本、《禮志六·原廟》改。

② "一"，各本均同，然注稱"一員把注，一員執盤盞"，疑當作"二"。

習儀，就祠所清齋。

其日質明，禮官率太廟署官等詣崇聖閣奉世祖御容，_{捧匣人，每匣用內侍二人、太祝一員。}禮官、署官並前導①，置於聖武殿神座。禮直官引親王、宰執、百官公服於殿庭班立。_{七品以下班於殿門之外。}贊者曰"拜"，在位官皆再拜。禮直官引班首詣罍洗，盥手訖，升殿，詣神座前，跪，上香，訖，少退，再拜。禮直官引班首降殿②，復位。贊者曰"再拜"，在位官皆再拜訖。禮直官導世祖御容升腰輿，儀衛依次序導從至廣德殿。_{百官後從，至庭下班位立。}禮官率太廟署官就腰輿內捧御容，_{太祝、內侍與署官同捧。}於殿上正面奉安訖。百官於階下，_{六品以下官於殿門外立班。}贊者曰"再拜"，在位官皆再拜。禮直官引班首詣盥洗，盥手訖，升殿，執事官等從升。詣御容前，跪，上香，奠酒，_{教坊樂作。}少退，再拜訖。_{樂止。}禮直官引班首降殿，復位。贊者曰"拜"，在位官皆再拜訖。

禮官率太廟署官詣崇聖閣，太祝、內侍捧太宗御容，禮官導太宗御容置於聖武殿③，行禮畢，以次奉安於丕承殿，行禮並如上儀。次睿宗御容奉安於天興殿，禮亦如之④。俟奉安禮畢，百官退。

大定二十一年閏三月二十六日，禮部准寺申太廟署狀：契勘到昭祖已下五位容六軸，舊來於崇聖閣下奉安時，係用黃羅帷帳一坐，黃羅明金柱衣二條，紫羅薄地褥一片，金鍍銀裝釘紅油龍

---

① "前導"，原作"前從"，曹本、文淵閣本同，據廣雅本、《禮志六·原廟》改。

② "班首"，原作"班前"，曹本、文淵閣本同，據廣雅本、《禮志六·原廟》改。

③ "置"，原作"署"，曹本、文淵閣本同，據廣雅本改。

④ "天興"，原作"天慶"，諸本均同。按上文"睿宗殿、閣曰'天興'、'景福'"，又本書卷二一《原廟下·朝拜》載大定二十一年睿宗忌辰所擬親祠儀禮凡兩見"天興殿"，一見"天興門"，今據改。

床一張、褥子全，踏床二箇、床衣全，如此奉安來，有無依例各另成造。禮部關工部、户部，下寺差人催促類會。

同日，准寺申太廟署申：打量到奉安地步事。燕昌閣上昭祖、景祖、世祖三位，緣閣上中間安置鴈翅上嶂[1]，今來合於東西兩間添置山嶂，其鴈翅移於兩邊。燕昌閣下奉安肅宗、穆宗、康宗御容三位，今契勘閣下五間，鵲梯占訖東二間，中一間合留充遷奉神位外，止有西二間，難以東西安設三位。今來若西壁東向安設肅宗、康宗，以南爲上，外，東壁鵲梯南有空欿一十五尺，以西向安設穆宗。部呈省云，不敢專便關工部計料成造安置。省家別不見回降。

閏三月二十六日，省判禮部呈：今月二十五日，奉御古難傳奉聖旨，道與禮部、太常寺：昭祖、景祖交遷請在世祖御容閣上者，肅宗、穆宗、康宗這三箇交着世祖閣下者，明肅皇帝教着太祖御容閣下者[2]，這底不是創遷奉安神主，只是一時間權放着一般，更交檢討古典禮，覷莫不更別該載者有麼，如無時，依上項聖旨施行。太常寺申：別無典故，明肅皇帝恐合遷出。云云。批：呈訖，奉台旨，仰照勘依元奉聖旨事理施行，送部。

閏三月二十八日，户、工部關禮部云：契勘近爲前後承準到來關內成造奉安要用床褥等物，別不曾分朗開坐到各色名件數目，以此行下太常寺。承并太廟署官將引合干等人前來指視[3]，去後，除逐官不曾前來。即目才只有太廟署合干人楊壁，今取責得本人狀供到合造名件下項。當部除已下隨署立便勘當，依應如法成造外，契勘即目楊壁然已供到前項合造名件，仍恐未是端

---

① “上嶂”疑當作“山嶂”。

② “者”，原作“着”，曹本同，廣雅本作“著”，據文淵閣本改。

③ “等人”，文淵閣本同，曹本、廣雅本、《金文最》作“人等”，疑是。

的，須合移關請照驗施行。須至關者。禮部下太常寺照會，速行勘當申上。其後卷內不見太常寺勘當到申解。

燕昌閣奉安物①：閣上二位②，床二張；透背厚褥各二片，計四片，係雜色；紅錦薄褥各一片，計二片，係雜色；紅羅明金蒙帕各二條，計四條，係芝蔴羅，盤龍。閣下三位③，床三張，透背厚褥各二片，計六片，係雜色；紅錦薄褥各一片，計三片，係雜色；紅羅明金蒙帕各二條，計六條，係芝蔴羅，盤龍；黃羅帷幄各一座，計三座，係芝蔴羅；紫羅薄地褥各一片，計三片；黃羅明金柱衣各二條，計六條，係是芝蔴羅，雲龍。

聖武位崇聖閣下明肅④：黃羅帷幄一座，係芝蔴羅；紫羅薄地褥一片，係芝蔴羅。右定二十一年奉安五聖容，有兩卷，大定元年十一月取來涉着抄節出，前四件共先二件係一卷，內後二件係別二卷。

二十一年，奉敕旨：景祖、肅宗、穆宗御容合於何處安置。檢討到典故，古者先王遷廟之主合藏於始祖廟。以此比附，恐合於世祖廟安置。敕旨准奏。又以閣上窄隘⑤，六位難以安置，奏定奉三祖神御於閣上、三宗神御於閣下安置⑥。

閏三月二十九日奏告，四月一日奉安，五日親祠，前一日致齋。奉安儀禮准呈下項：

差官並每位物件如十九年奉安儀。惟太廟署官二員。

前一日，太廟令率其屬掃除宮內外。又於廣德殿、聖武殿上

---

① "閣"，原作"閤"，曹本同，據文淵閣本、廣雅本改。
② "閣"，原作"閤"，曹本、文淵閣本同，據廣雅本改。
③ "閣"，原作"閤"，曹本、文淵閣本同，據廣雅本改。
④ "閣"，原作"閤"，曹本同，據文淵閣本、廣雅本改。
⑤ "閣"，原作"閤"，曹本、文淵閣本同，據廣雅本改。
⑥ "閣"，原作"閤"，曹本同，據文淵閣本、廣雅本改。

各設案，置昭祖、景祖、肅宗、穆宗、康宗容匣、神位，及陳設如儀。又設親王、宰執以下百官拜位各於殿庭，又設盥洗位於東階下，執罍篚者位於其後。又於神位前各設北向拜褥，并各設香案、香爐、匙、合并香，内廣德殿又設酒、花、果、器皿。又於聖武殿設腰輿立，南向西上，每輿擡昇人一十六人，弩手充。傘各二柄、傘子各二人、執扇各一十二人，以供奉官充。導從弩手各三十人，各依次排立如式。

其日質明，禮官率太廟令官等詣崇聖閣下，奉出昭祖、景祖、肅宗、穆宗、康宗御容，於各匣内安置。捧匣各内侍二員，太祝官二員。迎出閣，凡神位行次並用傘扇，禮官、署官前導。置於聖武殿上太廟室之序，設儀衛，至廣德殿閣。禮直官引親王、宰執、百官並公服由衍慶宮東西偏門入，於殿庭班立。七品已下班於殿門外。贊者曰“拜”，在位官皆再拜。禮直官引班首詣盥洗位，盥手訖，升殿。先詣昭祖神位前，跪，上香，訖，少退，再拜。次詣以次神位前依上香，禮畢。禮直官引班首降殿，復位。贊者曰“拜”，在位者皆再拜。拜訖，執事捧昭祖以下神御各升腰輿，昭祖在先，次景祖，次肅宗、穆宗、康宗。禮直官前導，各位儀衛依次序導從至廣德殿。百官復從至庭下班位立。禮官與署官率太祝、内侍捧昭祖以下御容匣降輿①，依次序升殿，置於位，奉安訖。百官於階下，六品以下門外。贊者曰“拜”，在位者皆再拜。禮直官引班首詣盥洗位，盥手訖，升殿，執事官等從升。詣酒尊所，酌酒訖，詣昭祖神位前，跪，上香，奠酒，教坊樂作。少退，再拜訖，樂止。次引詣以次神位前如上儀，禮畢。禮直官引班首降殿，復位。贊者曰“拜”，在位官皆再拜訖。在位官皆出，禮官率署官與内侍、太祝

---

①　“昭祖”，原作“昭宗”，曹本、文淵閣本同，廣雅本已改正，今從改。

捧神御奉安於燕昌閣①。

二十一年五月二十九日，敕旨：聖安寺裏睿宗皇帝御容不是放處，已前如何儀，依禮數。檢討：少古典，後遷入廟裏去，參酌十六年奉遷世祖皇帝御容已行禮數，定到下項，蒙准呈：

儀衛：甲騎一百人，點檢司差。執扇十二人，供奉官差。繖子二人，弩手充。擡香輿八人，弩手充。擡龍輿十六人，弩手充。弩手、控鶴各五十人，執事官二員，太廟署官充。贊者二人，閣門充。禮直官二員。

前一日，差官奏告。

前一日，清齋，皇太子於本宮，親王於本府，百官於其第。

其日質明，皇太子、親王、宰執、百官公服詣聖安寺奉迎御容。典贊儀引皇太子、禮直官引親王宰執已下百官入就見②，安置階下班立。贊者曰“拜”，皆再拜。皇太子升階，詣御容前，上香，奠酒。教坊樂作。少退，再拜。皇太子降階，復位，樂作，再拜，在位官皆再拜。以上行禮，如地步窄狹，並從宜。執事者捧御容升輿，儀衛如儀，皇太子以下後從。出聖安寺門外，執事者奉御容降輿，升龍輿，儀衛如上儀③。俟輿行，皇太子以下上馬以次從，旗幟、甲馬、導從人等分左右前導。香輿、教坊樂等中導前行。

至衍慶宮，甲騎、弩手、控鶴於門外止，執事者奉御容降龍輿，升腰輿，儀衛如上儀，至殿階下。俟執事者奉御容升殿奉安訖，不懸展。香輿、龍輿、繖扇等並退。典贊儀引皇太子、禮直官引親王宰執以下官入就位。贊者曰“拜”，在位官皆再拜。典贊儀

---

① “閣”，原作“閤”，曹本、文淵閣本同，據廣雅本改。
② “王”字原奪，據曹本、文淵閣本、廣雅本補。
③ “儀衛”，原作“儀位”，曹本同，據文淵閣本、廣雅本改。

引皇太子升階，詣御容前，上香，奠酒。教坊樂作。少退，再拜。皇
太子降階，復位。樂作。再拜，在位官皆再拜。禮畢，有司嚴奉如
式。行禮處如值雨，合用油幕，百官於三門及廊房度宜望拜。如中道遇雨，龍輿、香
輿等合用油帕遮護，東宮、親王、百官合比准《儀制》定到，“入內城門非時雨雪，許自執
小油傘，及用傘子執油傘”，儀衛、教坊、甲馬難同百官以上亦用油傘。

　　二十三年，奉敕旨，修整慶元宮，同知、副留守提控勾當，奉
遷御容，同知宅權安置。參酌衍慶宮三位奉安已行典禮，定到下
項禮數，并奏定四月十四日奏告奉遷，十六日啟土，八月十八日
奏告奉迎，如工未畢，用九月二十二日。奉遷合差執事官并贊禮
者、禮直官及儀衛人等並本處差，其儀物等委本處計置成造應
副。執事官二員，廟官充，公服。贊者二員，禮直官二員，甲騎五十
人，執傘二人，執扇十二人，擡香輿八人，擡彩輿十六人①，導從四
十人。以軍人充，仍紫窄衫、幞頭。

　　至日質明，所司設香案、香合、酒果等於慶元宮并奉遷處，又
設香輿、彩輿於御容殿階下。長官率以次官並公服詣御容殿階
下班立，再拜。長官升階，詣御容前，跪，上香，奠酒，教坊樂作。少
退。樂止。長官降復位，同陪位官再拜。執事官捧御容升輿，長官
以下分左右前導出宮。俟御容輿行，逐官上馬後從，旗幟、甲騎、導從
人等分左右前導②。香輿、扇、教坊等中道前行。

　　至奉遷處，甲騎並於門外止，香輿、彩輿、傘扇至階下。俟執
事官捧御容升階奉安訖，香輿、彩輿、傘扇等並退。長官以下於
階下班立，再拜。長官升詣御容前，跪，上香，奠酒，樂作。少退，

----

①　“彩輿”，原作“採輿”，曹本、文淵閣本、廣雅本作“綵輿”，按下文均作“彩輿”，
今改。

②　“人等”，原作“上等”，曹本、文淵閣本同，據廣雅本改。

再拜。長官降階，復位，同陪位官再拜，退。有司嚴奉如式。

奉迎還宮。執事官并儀衛人等依奉遷人數差遣。其日質明，所司先設香案、香合、果酒等於慶元宮并奉遷處，又設香輿、彩輿於階下。長官率以次官並公服詣御容階下班立，再拜。長官升階，詣御容前，跪，上香，奠酒，少退，再拜。長官降階，復位，同陪位官再拜。執事官捧御容升輿，長官已下分左右前導出。俟御容輿行，逐官上馬後從，旗幟、甲騎、導從人等分左右前導。香輿、扇、教坊樂等中道前行。

至慶元宮，甲騎等並於門外止，香輿、彩輿、傘扇至殿階下。俟執事捧御容升殿奉安訖，香輿、彩輿、傘扇等並退。長官以下於殿階下班立，再拜。長官升，詣御容前，跪，上香，奠酒，樂作。少退，再拜。長官降階，復位，同陪位官再拜訖，乃退。已上樂，如無教坊，以留司樂代。

大金集禮卷第二十

大金集禮卷第二十一　原廟下

朝拜

朝拜

太祖忌辰親祠儀禮。

大定五年十月，宣徽院申已行禮數[①]。十一年同。十九年，奉敕旨，三廟行禮不同往日，只奠一盞酒，冷淡。又奉敕旨，忌辰奠酒用樂，不是只奠茶；太子、大王不須奠，只依舊例。

其日，三品已上職事官公服，先於衍慶宮門外西向班定，俟。皇帝服袍乘馬，自應天門出，四品以下職事官前導，導駕四十員，閣祇六員，各從人一名，服錦山帽、錦絡縫偏帶。至三門外，下馬，左右宣徽前導，自正門入，左上殿。百官合班立定，六品已下聖武門外。

皇帝至褥位，先兩拜，左宣徽贊。稍東西向立定[②]。入香案訖，上拜褥，兩拜，添香訖，復位，再兩拜，依前西向立定。排食訖，上拜褥，兩拜，奠茶訖，復位，再兩拜，稍東西向立定。先分引百官出，少頃，辭御容，兩拜。除見辭四拜外，八拜。百官並陪拜。宣

---

① "院"上原衍"宗"字，曹本、文淵閣本同，廣雅本已刪，今從刪。

② "向"字原奪，諸本均同，按下文謂"依前西向立定"、"稍東西向立定"，今據補。

徽導引皇帝歸幄次，更衣畢，至三門外上馬，侍衛、導從如來儀。

大定十六年四月十九日，奉安世祖御容，行朝謁之禮。

皇帝前一日齋於內殿，皇太子齋於本宮，親王齋於本府，百官齋於其第。太廟令率其屬於衍慶宮內外掃除，設親王、百官拜位於殿庭，又設皇太子拜褥於親王、百官位前。宣徽院率其屬於聖武門外之東設西向御幄，欞星門東設皇太子幄次。

其日，有司列仗衛於應天門外。俟奉安御容訖，有司於殿上并神御前設北向拜褥位，安置香爐、香案并香、酒、器物等。皇太子比至車駕進發已前，公服乘馬，本宮官屬導從，至衍慶宮門西下馬，步入幄次。親王、百官於衍慶宮門外西向立班。俟車駕將至，典贊儀引皇太子出幄次，於親王、百官班前奉迎。導駕官——五品、六品、七品職官內差——四十員，於應天門外道南立班以俟。每員引色衣從人一名，御溝內分左右排立。

皇帝服靴袍，乘輦，從官、繖扇、侍衛如常儀。敕旨用大安輦，儀仗一千人。出應天門，閣門通喝①，導駕官再拜訖。閣門傳敕，導駕官上馬，分左右前導，至廟門外西偏下馬。導駕官不陪位。車駕至衍慶宮門外稍西，降輦，左右宣徽使前導，皇帝步入御幄，簾降。

閣門先引親王、宰執②、四品已上執事官由東西偏門入，至殿庭，分東西班相向立。典贊儀引皇太子入，立於褥位之西，東向。進香、進酒等執事官並升階，於殿上分東西向以次立。宣徽使跪，奏：“請皇帝行朝謁禮。”簾捲，皇帝出幄，宣徽使前導，至殿上褥位，北向立。典贊儀引皇太子就褥位，閣門引親王、宰執③、四

① “閣門”，原作“閣”，曹本、文淵閣本同，據廣雅本、《禮志六·朝謁儀》改補。
② “宰執”，原作“宰職”，曹本、文淵閣本同，據廣雅本、《禮志六·朝謁儀》改。
③ “宰執”，原作“宰職”，曹本、文淵閣本同，據廣雅本、《禮志六·朝謁儀》改。

品已上職事官回班，並北向立。令中間歇空，不礙奏樂。五品以下聖武門外、八品以下宮門外陪拜。奏請——並宣徽使——皇帝再拜，教坊樂作。皇太子以下群官皆再拜。並閤門贊拜。請皇帝詣神位前褥位，北向立。又請皇帝再拜，皇太子已下群官皆再拜。請皇帝跪，三上香，三奠酒，俯伏興①。又請皇帝再拜，皇太子已下群官皆再拜，訖。請皇帝復位，又請皇帝再拜，皇太子已下群官皆再拜。樂作。宣徽使奏"禮畢"。已上擬八拜，宣徽院奏過，依舊例十二拜。

典贊儀引皇太子復立於褥位之西，東向。閤門引親王、宰執以下群官東西向立。先引五品已下官出。宣徽使前導，皇帝還御幄，簾降。典贊儀引皇太子、閤門分引殿庭百官以次出。宣徽使跪，奏："請皇帝還宮。"簾捲，步出廟門外，升輦，還宮，如來儀。導駕官前導，皇太子以下群官後從，俟車駕入宮，乃退。

尋奉敕旨，行禮畢，更衣，乘馬還宮。

十九年五月七日，奉安三聖御容，禮畢，八日，親祠。奏定儀仗一千人，導駕官四十員。五品、六品、七品內差。七日，奉安禮畢，應天門外習儀。又以奉安後朝謁，與自來忌辰用素食事體不同，奏奉敕旨，用肉食。已下乘輦往還行禮大略，並奏過。

前一日清齋，皇帝齋於內殿，皇太子齋於本宮，親王齋於本府，百官齋於其第。

前一日，太廟令率其屬掃除宮內外，又各設神座於殿上，及陳設如式，又設親王、宰執、百官拜位各於殿庭，又設皇太子拜褥於百官位前。宣徽院率其屬於三殿門外之東各設西向御幄，又於衍慶宮門外之東從地之宜設皇太子幄次，亦西向，又於殿上并

① "俯"，原誤作"伏"，據曹本、文淵閣本、廣雅本及《禮志六·朝謁儀》改。

神位前各設北向拜褥，又各設香案、爐、匙、合、香、酒、果、器物等於三聖神座前。

其日，有司列仗衛於應天門外，又設大安輦於應天門內道東南向如式①。

其日質明，親王、宰執已下百官並公服。於衍慶宮門外少東，西向立班以俟車駕。

其日，皇太子公服乘馬，本宮官屬導從如常，先詣衍慶宮門東，下馬，步入幄次。俟車駕將至，典贊儀引皇太子出幄次，於親王、百官班前奉迎車駕。十六年，皇太子立班，係奏過。

其日質明，導駕官公服於應天門外道南立班以俟，每員許色衣人從一名捧攏，如御溝內，分左右排立准備，起居畢，乘馬前導。俟皇帝服靴袍，乘大安輦，從官、繖扇、侍衛如常儀。出應天門，車駕少駐，閤門通喝，導駕官起居，再拜訖。閤門傳敕，導駕官上馬，分左右，以裏爲上，前導，至衍慶宮門外西偏下馬。車駕至衍慶宮門外稍西，降輦，左右宣徽使前導，引皇帝步入衍慶宮門內稍西，乘輦，七寶輦。至世祖殿門外，降輦，步入御幄，簾降。

閤門先引親王、宰執、四品已上職事官由東西偏門入，至殿庭，分東西班相向立。五品以下廣德門外立班。典贊儀引皇太子入，立於褥位之西，東向。進香、進酒等官並升階，於殿上分東西以次立。宣徽使詣御幄前，跪，奏：“請皇帝行朝謁之禮②。”簾捲，皇帝出幄，宣徽使前導，於殿上褥位北向立。典贊儀引皇太子就褥位，閤門引親王、宰執并四品以上職事官回班，北向立。奏

---

① “內”，原作“外”，據曹本、文淵閣本、廣雅本改。
② “帝行”二字原作“太子”，曹本、文淵閣本同，廣雅本已改，今從改。

請——並宣徽使——皇帝再拜。皇太子已下百官皆再拜，並閤門贊拜。請皇帝詣世祖神位前褥位，向北立。又請皇帝再拜，皇太子已下百官皆再拜。請皇帝跪，三上香，三奠酒，俯伏興。又請皇帝再拜，皇太子已下百官皆再拜。請皇帝復位，又請皇帝再拜，皇太子已下百官皆再拜。樂止。

典贊儀引皇太子復位，立於褥位之西，東向。閤門引親王、宰執、四品已上官以次東西相向立，引五品已下官權於衍慶宮門外，餘位止於各殿門外近西稍却。

皇帝步出廟門，乘輦，詣太宗殿門外御幄，少憩。皇太子、親王、宰執并四品已上官依班次先立於太宗殿下。奏請皇帝詣太宗殿行禮，如上儀。禮畢，詣睿宗殿行禮，亦如之。宣徽使奏："禮畢。"典贊儀引皇太子復立於褥位之西，東向。閤門引親王、宰執已下百官以次東西相向立。贊者先引五品已下官出。宣徽使引皇帝還御幄，簾降。典贊儀引皇太子、閤門分引百官以次出。宣徽使跪，奏："請皇帝還宮。"簾捲，步出幄次，乘輦，至廟門內稍東，降輦，步出廟門外，升大安輦，還宮，如來儀。導駕官前導，皇太子已下百官後從，俟車駕入宮門，退。

賀表：三后在天，神遊雖邈；一人思孝，廟寢是崇。既新寶構之成，載肅真儀之奉，涓辰遷御，浹宇均歡。中賀。祇遹先猷，緝熙茂集，言念武元之成烈，蓋遵聖肅之貽謀，太宗守以文，睿考嗣其德。慨瞻遺像，增大原祠。聳層觀之巍巍，規摹其麗；仰睟容之穆穆，精爽如存。臣陪侍親祠，獲觀縟禮。孝悌之至，遂能通諸神明；祖考以安，於是成其福祿。臣無任。

二十一年四月一日，奉安五聖御容。五日，親祠。奉敕旨，仗儀省少，着與世祖一處祭。奏定：

前一日，致齋。

其日，擬用儀仗七百人，導駕官四十員。皇太子并親王、宰執以次百官於衍慶宮門外奉迎。皇帝服靴袍，乘大安輦，從官、繖扇、侍衛如常儀。出應天門，至衍慶宮門外稍西，降輦，步入宮門內稍西，乘七寶輦，至御幄。俟皇太子班定，皇帝行朝謁之禮。俟禮畢，還宮，如來儀。係廣德殿行禮，先昭祖神位前，再拜，上香，奠酒，又再拜。以次神位並同。餘如十六年、十九年之儀。

奏稟安設神御次序：若正面安設昭祖、景祖、世祖并東西面安設肅宗、穆宗、康宗，緣食棹、香案、拜褥外地步窄狹，擬權去山㠲，依廟室次序安設。奉敕旨，三祖并於正位安置，昭祖正中，其次分左右，以東爲上，肅宗以下北正位稍斜安設。

二十一年五月十二日，睿宗皇帝忌辰，擬定親祠儀禮，蒙准呈，行移宣徽院，依例聞奏。十一日，宣徽使稱不設小次，不用導駕官[①]，再定到下項：

前一日，宣徽院設御幄於天興殿門外稍西。

至日質明，皇太子、親王、百官具公服，於衍慶宮門外立班奉迎。皇帝乘馬，至衍慶宮門外下馬，二宣徽前導，步入宮門稍東，皇帝乘輦，繖扇、侍衛如常儀。至天興殿門外稍西，皇帝降輦，入幄次，簾降。

典贊儀引皇太子，閤門引親王、宰執、四品已上官由偏門入，出入如之。至於殿庭，左右分班立定。二宣徽使導皇帝由天興門正門入，自東階升殿，詣褥位立定。皇太子已下官合班。五品已下官班於門外。宣徽使奏請皇帝先兩拜，請詣侍神位立。俟有司置香

---

① "不用"，原作"不同"，曹本、文淵閣本同，據廣雅本改。

案、酒棹訖，請詣褥位，兩拜，三上香，奠酒，訖，復位，再兩拜。已上皇太子已下皆陪拜①。再奏請詣稍東侍神位立。典贊儀引皇太子升殿，赴褥位，先兩拜，奠酒訖，再拜，降復褥位。次閤門引終獻官趙王上殿行禮。如亞獻儀。宣徽使奏請皇帝詣褥位，再兩拜②，皇太子已下官皆再拜，禮畢。百官依前分班立。皇帝出殿門外，入幄次，簾降，更衣。次引皇太子已下官出宮門外立班。皇帝乘輦，至宮門稍東，降輦，步出宮門外，上馬，還宮，導從、侍衛如來儀。皇太子已下官俟車駕行然後退。

大定五年七月二十五日，奏請：會寧府已起蓋祖廟，元奉敕旨，候工畢，委有司以時薦享。今擬每歲元日、寒食節、七月十五日、冬至、八月二十八日忌辰，以本府長官充獻官，佐貳以下陪位。敕旨准行，仍設教坊，所司前期排辦茶食、香、茶、花、果。至日，供設酒饌。質明，禮直官引獻官與陪位官已下並公服入廟庭，詣面西位立，俱再拜訖。引獻官詣殿正階下再拜訖，升階，至食案前褥位，上香，奠酒，訖，一拜，又再拜訖。禮直官引獻官復位，與陪位官已下俱再拜訖，退。

五年八月二十七日，奉敕旨，太祖皇帝忌辰，衍慶宮呈用素食享祭，其餘諸京應有太祖皇帝御容去處，自今後每遇忌辰，亦只用素食。

十一年九月二十三日，奉敕旨：有太祖御容處只用素食、奠茶，不用肉及酒、樂。緣慶元宮見設教坊四十人，五年八月一日奏設。奏過：檢討故事，檢到《前漢書》，祖宗廟在郡國，用樂及犧牲；《宋

① "陪拜"下原衍"一"字，曹本、文淵閣本同，據廣雅本及《禮志六・朝拜儀》刪。
② "再"下原衍"拜"字，曹本、文淵閣本同，據廣雅本及《禮志六・朝拜儀》刪。

《會要》，忌日罷樂廢務。擬遇忌辰用素食，其餘祭奠用肉及酒、樂。敕旨准奏行，慶元宮教坊樂依舊存設。

六年五月，以會寧府申稟慶元宮朔望朝拜禮數，參詳朔望朝拜合依《儀制》外任官朝拜祖廟之禮，拜褥用紫絹，所用茶食并黃香、果食分數依西京及東京御容殿例，茶擬每次用二兩；如有未盡名件，就便移文東、西京取會比附施行。蒙准呈。

六年三月，大同府申，自來月一、十五日並詣祖廟上香，即目車駕行幸，其禮數有無依舊。契勘中都除五享及遣使并太祖忌辰親祠外，無朔望上香之禮，即目車駕到京，亦合依例施行。蒙准呈，仍候車駕還都日，却依舊例。

六年八月，奏請：每年太祖皇帝忌辰，車駕詣衍慶宮親祠，百官陪拜，今車駕巡幸，擬依諸京府遇太祖忌辰詣御容殿祭拜體例，以宰臣爲班首，率百官詣衍慶宮行禮。從之。

其日質明，百官公服詣衍慶宮，禮直官引班首官已下入自南東偏門，於聖武殿下面北，以東爲上。班首拜褥稍前，同兩拜。禮直官引首官升階，詣御容前，兩拜，少前，搢笏，跪，上香，奠茶，訖，出笏，就位一拜，少退，再兩拜訖。引首官降階復位，首官已下同兩拜，禮畢。

十六年四月二十二日，奉敕旨，遇太祖忌辰，如是夏捺鉢去，雖未還都，百官須得謁廟祭祀，不得有闕常禮；世祖忌辰亦仰祭祀。

續奉敕旨[1]，太祖忌辰，世祖、太宗亦一處致祭，無有妨礙。[2]

---

[1] 按《禮志六·朝拜儀》繫此事於十八年八月。

[2] “無有”，曹本、文淵閣本同，廣雅本改作“有無”，似是。

檢討到唐《禮閣新編》所載①，唐高祖已下諸帝忌日，各另於兩京寺觀内致齋行香外，歷代無一聖忌辰列聖預祭故事。看詳世祖、太宗若就聖武殿一處享祭，須是昭穆並坐，別無似此典禮。兼世祖、太宗御容並是面東，今來世祖在中位，則太祖在東位，御容面不相嚮，恐於禮未安。未稟奏閒，敕遣皇太子行禮，祭一位并就功臣②。檢討到《唐六典》③，自高祖已下國忌日，並無親祭之禮，亦無皇太子行禮典秩，今參酌定到：

其日質明，百官先赴衍慶宫。皇太子公服乘馬，本宫官屬導從、侍衞如常儀。至衍慶宫門外下馬，入幄次。少頃，先引百官分班入宫庭，殿下東西相向立。六品已下聖武門外。典贊儀引皇太子由東偏門入，赴殿下褥位立定。百官合班，先兩拜訖。引皇太子左上殿，面西，少立。入香案訖，上拜褥再拜④，搢笏，跪，添香，出笏，就位一拜訖，再兩拜，稍東，西向立。出香案⑤，排食訖，上拜褥兩拜，搢笏，跪，奠茶，出笏，就位一拜訖，再兩拜，訖。引皇太子降階復位，再兩拜，已上十二拜。百官皆拜。先引皇太子出，百官以次分班出。分獻官俟皇太子將升殿，禮直官分引獻官詣各位功臣前褥位立定。俟殿上上香時，獻官搢笏，跪，齊上香、奠茶，訖，出就位一拜⑥，再兩拜訖。引詣次位行禮，如上儀。俱拜訖，立定，齊引降階入班。俟皇太子、百官辭神，同兩拜訖，以次出。

① 按唐無《禮閣新編》，此蓋指韋公肅《禮閣新儀》，“編”當作“儀”；又“閣”字，諸本均同，據《新唐書》卷一一《禮樂志一》及曾鞏《禮閣新儀目録序》，當作“閣”。
② “敕遣皇太子行禮祭一位并就功臣”，按《禮志六·朝拜儀》此句作：“敕遣太子，一位行禮，并就祭功臣。”語較通暢。
③ “檢討到”，原誤“檢到到”，據曹本、文淵閣本、廣雅本改。
④ “褥”字原無，曹本、文淵閣本同，廣雅本已補，今從補。
⑤ “香案”，原作“香安”，曹本同，據文淵閣本、廣雅本改。
⑥ 據上文皇太子行禮儀節，此處“出”下疑奪“笏”字。

二十四年四月九日，敕旨，到京第二日便謁廟。

六月十五日，敕旨，祖廟交依中都例節朔享祭，車駕不來後，月一、十五日亦燒香。

九月十五日，太祖廟薦新，諸王公服，欄子外奠酒，百官殿下陪拜。

九月十九日，敕旨，上京興王之地，太祖廟只是忌辰日享祀，於禮未應，雖山陵隨節享祀，此亦隨節差官享祀。

二十五年元日，慶元宮享祭，命豳王充使，會寧同尹充副使。

二十六年三月二十一日，以裏外祖廟享祭不同，檢討擬定：太廟每歲五享，山陵朔望、忌辰及節辰祭奠，並依前代典故。外，衍慶宮自來車駕行幸，遇祖宗忌辰，百官行禮。并諸京祖廟節辰、忌辰、朔望拜奠，雖無典故參酌，恐合依舊，以盡崇奉之意。奏奉敕旨，山陵朔望祭享，食料比節辰享祭食料約量裁減①，餘並依舊。

二十八年八月十四日，聖旨：東京、西京兩處有祖廟，前來月一、十五日本處官享祭來，兼太祖山陵在這裏有，那裏每只合依這裏隨節享祭。後是教禮部定，部奏：《唐會要》該載，武宗廢天下寺，上州以上各留寺一所，國忌日行香，列聖真容移入行香寺。見得當時隨處御容止於忌日拜奠，今看詳東、西京祖廟隨節忌辰各有奠祭禮數，其月一、十五日在此山陵已有享祀之禮，兼前代別無諸京祖廟朔望祭享典故，若行停罷，別無窒礙。

八月二十五日，奉職劉元弼傳奉聖旨：其東、西京兼太祖不曾到，廟也不合立，為是已有，也教隨節忌辰祭奠，其月一、十五

---

① 前"食料"，原作"食用"，據曹本、文淵閣本、廣雅本改。

日准奏停罷①。上京廟比此兩處争別，是太祖生長本鄉。

東京大清安禪寺立貞懿皇后功德碑，其殿曰“報德之殿”，門名亦同。大定十年。

東京垂慶寺太后影殿曰孝思。大定十三年三月十三日奏②。

大金集禮卷第二十一

---

① “停罷”，原作“體罷”，文淵閣本同，曹本作“体罷”，廣雅本改作“停罷”，蓋是，今從改。

② “十三年”，原作“三十年”，諸本均同。按大定年號止二十九年，《金史》卷六四《貞懿皇后傳》載：“（大定）十三年，東京垂慶寺起神御殿。”今據改。

大金集禮卷第二十二　別廟

孝成舊廟

孝成舊廟

大定二年四月一日，擬奏：閔宗皇帝緣無後嗣，合別立閔宗之廟，有司以時祭享。從之。

九月二十三日，擬奏：唐故事，孝敬皇帝以本諡爲廟稱，閔宗既不入廟，不合稱"宗"，只合以"武靈"爲廟稱。從之。

十一月五日，擬奏：檢到《唐會要》，於太廟西別建中宗廟；中宗，玄宗之伯，於睿宗時祔廟，至玄宗時遷於別廟，却升祔睿宗入太廟。又讓皇帝，睿宗之子，玄宗之兄，立廟於立政坊。以此見得唐立別廟，不必專在太廟垣內。今來武靈皇帝不稱"宗"，又不預祫享，其別廟擬於太廟東墻外階東空閑地內建造，係准備起建諸局署地步。從之。

司天臺選定十二年七月係國音通利年月，合行起蓋。是年四月一日，奏奉敕旨，再檢討。檢照到，大定二年元擬建廟事，引《唐會要》開元四年，用太常卿姜皎議，以中宗無後，出爲別廟，今武靈皇帝別無後嗣，與唐中宗事體一同，合依前項典故，已奏定立別廟。

今再檢到《唐會要》，中宗初祔太廟，至開元四年，因議睿宗升祔而太廟止七室，當時以中宗無後，出置別廟，而祔睿宗。至開元十年，添置九室，中宗尋復升祔。據此則中宗始終皆祔廟來。又按《晉書》，諸儒議謂惠、懷及愍宜別立廟，今考晉《禮志》，三帝皆祔太廟，則惠、懷、愍雖無後，竟不用別廟之議也。兼唐莊宗亦無後嗣，明宗時升祔於太廟。若依此典故，武靈皇帝亦合升祔。

然中宗之祔廟，始則有虛室，終則添爲九室；晉惠、懷之祔廟，係遷豫章、潁川二廟①；唐莊宗之升祔，係祧懿宗一室②。今太廟之制，除祧廟外，係七世十一室③，已有定數，如或升祔武靈皇帝，即須別祧一廟。緣《唐書》引荀子曰“有天下者事七世”，謂從禰以上也，若旁容兄弟，上毀祖考，則天子有不得事七世者矣。伏覩太廟世次，自睿宗皇帝上至始祖皇帝，係是七世，別無可祧之廟。

若添置廟室，則《晉書》云“廟以容主爲限，無拘常數”，東晉與唐皆用此議增至十一室。兼晉成帝之後，康帝承統④，以兄弟一世，故不遷遠廟而增室以祔成帝，始有十一室。唐會昌六年，以敬、文、武三宗同爲一代，於太廟東間添置兩室，定爲九代十一室。今太廟已是十一室，如用不拘常數之説，雖增至十二室，亦可也。

然廟制已定，更易增展，其事至重。據《五代會要》，周世宗

---

① “潁”，原作“穎”，曹本同，據文淵閣本、廣雅本、《金文最》改。

② 據《五代會要》卷二“廟儀”，唐莊宗升祔時，祧遷者爲懿祖，非懿宗。

③ “七世”，原作“七室”，曹本、文淵閣本同，據廣雅本、《金文最》改。

④ “康帝”，原誤“唐帝”，曹本、文淵閣本同，據廣雅本、《金文最》及《晉書》卷一九《禮志上》改。

顯德六年，將祔太祖神主[①]，博士聶崇義奏殿室闕少，若是添脩，並須移動神門及角樓、宮墻等，不唯重勞，兼恐未便，欲請將夾室安排位次，遂遞遷諸室，奉安太祖於夾室。

今來若依唐會昌之制，於東邊增展，即須動移神門、太階，諸祔室並須動移，別行安置。若依此更改升祔，又緣與睿宗皇帝祔室上下昭穆位次恐有更易。按《春秋》文公二年，大事於太廟，躋僖公。《穀梁傳》曰："躋，升也。逆祀也。君子不以親親害尊尊，此春秋之義也。"范甯注云："僖公，閔公兄也，故文公升僖公於閔公之上耳。僖公雖長，已爲臣矣，閔公雖小，已爲君矣，臣不可以先君，猶子不可以先父。"又按《晉書》，元帝於愍帝爲叔，然於愍帝嘗北面稱臣，故元帝神位在愍帝之下。後當大禘，王導與荀松議昭穆之位[②]，王導謂愍帝君位永固，無復暫還子位之理，且廟尚居上，祀安得居下，若暫下，是逆祀也。又後漢《祭祀志》云："父爲昭，南向；子爲穆，北向。父子不並坐，而孫從王父。"今若武靈皇帝升祔，太廟增廣作十二室，若依《春秋》尊尊典故，武靈皇帝祔室當在第十一室，遇禘祫合食，依孫從王父典故，當在太宗之下，而居昭位，又合稱"宗"。緣前來已升祔睿宗皇帝在第十一室，及累遇祫享，睿宗皇帝在穆位，與太宗皇帝昭位相對。若更改祔室及昭穆位次，非有司所敢輕議。

兼按唐禮官元議中宗爲別廟時，謂漢之光武不嗣於孝成，而上承於元帝，中宗無後，請同漢之成帝，出爲別廟，自漢有之。今按《後漢書》，光武繼體元帝，於孝成爲兄弟，自元帝已上，祭於洛

---

① 據《五代會要》卷三《廟制度》，此時將祔廟者爲世宗，非太祖。
② "王導"，原作"王道"，據曹本、文淵閣本、廣雅本、《金文最》改。

陽廟，帝親奉祠，成帝以下祠於長安，有司得事[1]。見得係祭於別廟，亦有此典故。伏取聖裁。

十三年閏正月二十一日，奏奉聖旨，起建別廟。尋檢引周朝別廟法式，南垣一屋三門[2]，東西垣各一屋一門，每門二十四戟，建殿三間，齋房、神厨，度地之宜修建，其殿上堂、房、户、牖一准太廟之制，以太廟東墻外階東空閑地内建造。

十三年三月十三日，差户部尚書曹望之奏告太廟。十六日戊申，啓土，差禮部郎中王中安祭告太歲、土地諸神。十月二十五日，上梁，差吏部郎中蒲思烈依例祭土地神位。

十五年三月十九日，擬奏：今年三月二十七日戊申，奉安武靈皇帝、悼皇后於別廟，檢討到唐《禮閣新儀》，大曆十四年，代宗神主祔廟就享來，將來奉安，亦合行享禮。緣代宗自太極殿具鹵簿奉迎神主，至太廟升祔，今來奉安神主，依前代典禮并本廟已行升祔禮數，止合就本廟西南隅設幄恭造。參酌典故，神主幄次在本廟西南隅，相去廟殿甫近，難以排列儀仗，擬攝太尉行事，百官後從，仍用享禮。前一日丁未，奏告太廟十一室，及祭告昭德皇后廟。從之。

二十一日，命中丞劉仲誨監造神主，仍差王彥潛題寫，巾篚、盥洗官各一。命皇子趙王攝太尉，充初獻官行禮，禮部尚書張景仁攝司徒，刑部尚書梁肅攝侍中，差太府監白鉢、少尹高居中充亞獻官、終獻，并差太常、光禄卿、大樂、太廟、廩犧令、協律、奉禮郎、

---

①　“得事”，曹本同，文淵閣本作“行事”，廣雅本、《金文最》作“攝事”。

②　“三門”，原作“三間”，諸本均同。按下句謂東西垣各一屋一門，又《禮志六·別廟·昭德皇后廟》謂建殿三間，南面一屋三門，《宣孝太子廟》謂南垣及外垣皆一屋三門。今據改。

贊者、監察①、博士、奉神主宮闈令、捧几太祝、內侍、司尊彝、奉瓚、奉爵酒、盥洗、爵洗、讀祝官各一，舉祝、巾篚、太官令、祝史二員，齋郎、禮直官各十，差勸農使莎魯古二員告廟并別廟。

享前三日，三獻官、應行事執事官等受誓戒如常儀。百官各於其第清齋一宿，奉安行事官亦清齋一宿，其日不赴朝參。

神主用栗，如太廟之制。

前三日，本廟西南隅東向設幄次席褥。前一日，製造訖，其日晚，內中尚奉承以箱，覆以帕，帝主覆以黃羅帕，藉以白羅帕；后主覆以紅羅帕，藉以青羅帕。捧詣幄中。

奉安日丑前五刻，題寫官與侍中、禮官詣幄前。太祝、宮闈令先以香湯捧沐②，拭以羅巾。題寫官盥手，帨手，就褥位，題訖，墨書，用光漆摸訖，授太祝、宮闈令，各捧詣座，置於神匱，帝主在右，后主在左。覆以帕，乃下簾帷，侍衛如式，以俟奉安。儀衛如昭德皇后過廟儀③。

前一日，太廟令率其屬掃除廟之內外。兵部於廟之四門約度設兵衛旗幟。儀鸞設饌幔一所於南神門外之西。大樂局設登歌之樂於殿上前楹門，北向。儀鸞於廟西南隅設神幄一所，簾全；幄內設黼扆一床，裙全。几二，帝用曲几，后用直几。莞席一，繅席二，次席四，桃皮竹席二，虎皮席二。紫綾厚褥一，紫綾蒙褥一，香案、爐、合、匙全，燭臺二，火筯一，箱二，黃羅帕一，白羅帕一，紅羅帕一，素羅帕一，白羅巾二，浴神主銀盆二，題神主席褥全，香湯、光

---

① "監察"，曹本同，文淵閣本、廣雅本作"監祭"。

② "湯"字原奪，曹本、文淵閣本同，廣雅本據下文補，今從補。

③ "皇后"，原誤"皇帝"，諸本均同。按金無昭德皇帝，惟世宗后謚昭德，立別廟，《禮志六·別廟》謂"前期一日，奏告太廟十一室及昭德皇后廟，餘如昭德過廟之儀"，今據改。

漆、筆墨全,罍洗一,勺一,篚一,帨巾一,藉席一。禮直官設太尉以下行事執事官版位、褥位①,並如時享之儀。又設百官位於享官之南,東西相向,重行,以北爲上。如窄隘,六品以下職事官於神門外,東西相向;或更難以排列,八品以下於東神門外。又設祝案、尊彝、籩豆等器,亦如時享之儀。又設盥洗位於街之南稍東:罍在洗東,加勺;篚在洗西,南肆,實以巾;執罍篚者位於其後。太廟令又設神位於室內北牖下②,當戶南向,設曲几一、繡扆一、莞席一、繅席二、次席四、桃皮席二,虎皮席二。紫綾厚褥一、紫綾蒙褥一幷幄帳等諸物,並如太廟一室之儀。所司陳儀衛於幄次前。禮直官設省牲版位。享日丑前五刻,光禄卿帥其屬入實祭器、尊彝,各如常儀。

　　前一日,諸太祝與廩犧令以牲就東神門外③,如省牲圖。司尊彝與禮直官及執事者皆入,升階以俟。禮直官引太常卿、贊者引御史由階升,遍視滌濯。執事者舉冪告潔訖,引降就牲禮位。廩犧令又前,北向,躬身曰“腯”,還本位。太祝與廩犧令以牽牲詣厨,授太官令。贊者引光禄卿詣厨省鼎鑊,申視滌溉。贊者引御史入厨省饌具,訖,與太常卿等各還齋所。太官令帥宰人以鸞刀割牲,祝史取毛血共實一豆,又取肝膋一豆,置饌所,遂烹牲。

　　奉安日丑前五刻,有司進方扇、團扇、燭籠,設腰輿、繖等於幄次前。質明,候題神主訖,禮直官引太尉以下法服入,立於東神門外,北向西上。大樂令帥工人先入。次引太尉以下行事執事官入視廟庭位。次引百官以次公服詣南神門外幄次,重行立定。如窄隘,六品以下並門外立俟。

────────────

①　“執事官”,原作“直事官”,曹本、文淵閣本、廣雅本同,據上下文改。
②　“令又”二字原倒,據曹本、文淵閣本改。
③　“諸太祝”,原作“請太祝”,據本書卷一八《時享上·攝行禮》改。

攝侍中於神幄前俯伏跪，奏請帝后神主奉安於廟、降座升輿、詣廟，奏訖，俯伏興。捧几太祝、內侍先捧几匱跪置於輿①。几在前，匱在後。又太祝、宮闈令捧接神主，攝侍中、禮官等前引，跪置於輿上几後，覆以帕。繳扇、侍衛如式。侍中以下分左右前引，百官分左右後從，由南神門入。內百官由東西偏門入。導從、扇繳至殿階下依左右立，腰輿至階。百官立於享官之南，東西相向，重行，以北爲上。

攝侍中於腰輿前奏"請降輿陞座"。腰輿、繳扇退，捧几太祝、內侍捧几匱前，太祝、宮闈令捧接升座，帝主在西，后主在東。神主南面，題處向北，用帕覆。侍中以下各復本位。奉禮郎贊曰："再拜。"太尉以下、百官在位者皆再拜。

禮直官詣太尉之左，曰："有司謹具，請行事。"協律郎跪，俯伏興，樂作。禮直官引太尉詣盥洗位，立定，樂止。搢笏，盥手，帨手，執笏。詣爵洗位，北向立，搢笏，洗瓚，拭瓚，以授執事者，執笏。升殿，樂作，至酒尊所西南立，樂止。執事者以爵瓚奉初獻，初獻搢笏，執瓚，執事者舉冪，太官令酌鬱鬯訖，初獻以瓚授執事者，執笏。詣神位前，北向立，搢笏，跪。執事者以瓚奉初獻，初獻執瓚，以鬯祼地，訖，設沙池，授執事者，搢笏②，俯伏興。出戶外，北向，再拜訖，初獻降階，樂作，復位，樂止。

初獻將升祼，祝史奉毛血、肝膋豆，齋郎奉爐炭、蕭蒿黍稷筐，各於饌幔內以俟。初獻晨祼訖，以次入自正門，升階。太祝迎毛血、肝膋豆於階上，入奠於神座前。齋郎所奉爐炭、蕭蒿黍

---

① "輿"，原作"與"，據曹本、文淵閣本、廣雅本改。
② 按此時初獻官行祼禮已畢，"搢笏"當作"執笏"。

稷篚各置於室户外之左，與祝史俱降階以出[①]。太祝取肝脊，洗於鬱鬯，燔於爐炭，訖，還尊所。

既升祼，太官令帥進饌者奉陳於南神門外饌幔內。禮直官引司徒出，詣饌所。司徒與薦俎齋郎奉俎、并薦籩豆簠簋官奉籩豆簠簋、禮直官、太官令以序入自正門，樂作。升階，太祝迎引於階上，樂作，設於神位前。訖，禮直官引司徒以下降階，樂止。太祝取蕭蒿黍稷擩於脂[②]，燔於爐炭，還尊所。

禮直官引初獻詣罍洗位，樂作，至位，北向立，樂止。搢笏，盥手，帨手，執笏。詣爵洗位，北向立，搢笏，洗爵，拭爵，以爵授執事者，執笏。升殿，樂作，詣酌尊所，西向立，樂止。執事者以爵授初獻，初獻搢笏，執爵，執事者舉冪，太官令酌酒訖，初獻以爵授執事者，執笏。詣神位前，樂作，北向立。搢笏，跪，執事者以爵授初獻，初獻執爵，三祭酒於茅苴，奠爵，執笏，俯伏興，出户立，樂止。

贊者次引太祝詣室户外，東北向，舉祝官跪舉祝版。太祝搢笏，跪，讀祝文。讀訖，置祝於案，俯伏興，舉祝官皆却立北向位。贊者曰：“再拜。”初獻就兩拜，降階，樂作，復位，樂止。舉祝、讀祝官後從，復本位。

禮直官次引亞、終獻詣盥洗位及升殿行禮，如上儀。出户外，北向，再拜，止，降階，樂作。無讀祝一節。降階，復位。

次引太祝徹籩豆，籩豆各少移。樂作，卒徹，樂止。俱復位。禮直官[③]：“賜胙。”贊者承傳曰：“賜胙，再拜。”在位者皆再拜。攝侍

---

① “祝史”二字原倒，文淵閣本、廣雅本同，據曹本乙。

② “脂”，原作“詣”，曹本同，據文淵閣本、廣雅本改。

③ 據文例及本書卷一八《時享上·攝行禮》，此下當有“曰”字。

中、太廟令、太祝、宮闈令納神主於室,復本位。禮直官、贊者引行事、執事官各就位。奉禮贊曰:"再拜。"贊者承傳,在位者皆再拜。贊者曰:"禮畢。"引享官自東門出,禮直官引百官自南神門出。大樂令帥工人以次出。太官令帥其屬徹禮饌,次引監察御史詣殿監視①,卒徹訖,還齋所。太廟令闔戶以降。太祝藏祝版于匱。光禄卿以胙奉進。監察御史展視②,光禄卿望闕再拜訖,奉進。

大定十五年四月十七日,夏享太廟,同時行禮。命判宗英王爽攝太尉,充初獻官;兵部尚書讓攝司徒;差大理卿天錫攝太常卿,充亞獻;大興少尹高居中攝光禄卿,充終獻。并差太常、光禄卿、大樂、太廟令、司尊彝、太常博士、監察③、讀祝官一,太官令二,奉瓚、奉爵酒官一,舉祝官二,太祝、奉禮、協律郎一,齋郎十,廩犧令、罍爵洗官一,巾篚官二,宮闈令一,禮直官七,贊者一。其齋戒、陳設、省牲、晨裸、饋食、酌獻並如太廟儀,係用一室籩豆尊彝之數。自是,歲常五享。

大定十七年十月十四日,祫享太廟。緣武靈皇帝已建別廟,檢討到唐孝敬皇帝廟時享用廟舞、宮懸樂、登歌,讓皇帝廟該至禘祫月一祭,只用登歌。其禮制損益不同,及俱不係曾經在位。兼武靈皇帝廟庭與太廟地步不同,難以容設宮懸樂舞,并樂器亦是闕少。看詳恐合依上項讓皇帝祫享典故,樂用登歌,所有牲牢樽俎同太廟一室行禮。及契勘得自來祫享遇親祠,每室一犢;攝官行禮,共用三犢。今添武靈皇帝別廟行禮,合無依已奏定共用

---

① "監察",曹本同,文淵閣本、廣雅本作"監祭"。本書卷一八《時享上·攝行禮》亦作"監祭"。

② "監察",曹本同,文淵閣本、廣雅本作"監祭"。本書卷一八《時享上·攝行禮》亦作"監祭"。

③ "監察",曹本同,文淵閣本、廣雅本作"監祭"。

三犢，或增添牛數①。奏奉敕旨，太廟、別廟共用三犢，武靈皇帝廟樂用登歌。差官奏告，並准奏。命判宗英王爽充攝太尉、祫享初獻官，左丞石琚充亞獻，右丞安禮充終獻，樞副宗尹攝司徒行禮，差户部尚書張仲愈、勸農使莎魯古攝太常、光禄卿，御史中丞邈充奏告官，於十月六日告本廟。并差太常、光禄卿、三品。大樂、太廟令、司尊彝、六品。太博、監御、讀祝太祝官一，太官令二，奉爵酒官一，七品。舉祝官二、太祝一、祝史二，奉禮、協律郎一，齋郎十六，廩犧令、罍洗、爵洗官一，巾篚官、八品。宮闈令一、禮直官八，贊者一。九品。時享自太常以下部擬差，祫享太常、光禄省差。除享前七日，太尉、初獻讀誓文，享官散齋四日，致齋三日，陳設、省牲、晨裸、饋食、酌獻並如時享之儀。

大定十九年四月二十日，升祔太廟，依唐中宗還祔太廟故事，其舊廟坼毀。

大金集禮卷第二十二

---

① “添武靈皇帝別廟行禮合無依已奏定共用三犢或增”二十一字原奪，廣雅本已據《禮志六·別廟》補，今從補。

大金集禮卷第二十三

御名　聖節

御名

　　天會十四年六月,齊國申乞降下御名音切及同音字號,下禮部檢討,問具申覆施行①。天會十三年十一月,已依亡遼乾統二年體式定撰牒草,令沿邊州城牒報高麗、齊、夏國。

　　皇統三年,學士院看詳高麗賀表內犯太廟諱同音,緣元初不經開牒,至有犯諱。今來只合全錄廟諱、御名及同音字號,分朗開牒施行。尚書省商量,擬與宋國一就開坐牒報。敕旨準奏。

　　大定元年十二月十六日,御前批送下御名、廟諱、欽慈皇后、貞懿皇后諱并萬春節。二年閏二月十一日,奏定御名、廟諱并欽慈、貞懿皇后廻避字樣,合遍下隨處外,御名、廟諱報諭外方。四月九日三國牒草不該閔宗諱,以議立別廟故。

　　大定九年正月二十三日,檢討到《唐會要》該古不諱嫌名,若"禹"與"雨"是也,後世廣避,故諱同音,別無廻避相類字典故。今御名同音已經頒降廻避,外有不係同音相類字,蓋是訛誤犯,止合省諭,各從正音。餘救切二十八字係正字同音,合廻避;尤

---

①　"問",曹本、文淵閣本同,廣雅本作"開",疑是。

救切十六字不係同音，不合廻避。敕旨準奏。

　　大定十四年三月四日，禮部尚書張景仁進入下項更名典故。五日，宰臣奉敕旨檢擬字樣。十一日，奏定於容切字，命學士撰詔。十七日，頒下，仍遣官分告天地、宗廟、社稷、五嶽。具奏告門。

　　　　漢宣帝初名病已，元康二年夏五月詔曰：“聞古天子之名，難知而易諱也。今百姓多上書觸諱以犯罪者，朕甚憐之。其更諱‘詢’①。諸觸諱在令前者，赦之。”唐武宗初名瀍②，會昌六年三月，制曰：“漢宣帝御曆十年，乃從美稱。朕遠追大漢之事，改名爲‘炎’。仍令所司擇日，分命宰臣告天地、宗廟。其舊名中外奏章不得更有廻避。”五代後唐明宗初名嗣源，天成二年正月，制改名爲“亶”。宣訖，百寮稱賀，兼差官告郊廟、社稷。五代漢高祖本名知遠，乾祐元年正月，敕曰：“君父之名，貴於易避，臣子之敬，難以斥尊。苟觸類以妨言，必迂文而害理，爰從改革，庶叶典章。今改名‘暠’③。”宋《國史》，太宗初名光義，太平興國二年春二月，詔曰：“制名之訓，典經攸載。矧乃膺期纂極，長世御邦，思稽古以酌中，貴難知而易避。朕改名‘炅’。除已改州縣、職官及人名外，舊名二字不須廻避。”

　　制曰：天子之名，貴難知而易避；人君之德，當寬御以簡臨。以其字有於協音，是使語涉於觸諱。若因循而不改，則過誤以誰無。朕甚慼焉，期無犯者。今更名，仍令所司擇日告天地、宗廟、

---

① “更”，原作“便”，曹本同，據文淵閣本、廣雅本及《漢書》卷八《宣帝紀》改。
② “瀍”字原闕，據曹本、文淵閣本、廣雅本補。
③ “今”，原作“令”，曹本同，據文淵閣本、廣雅本及《册府元龜》卷三《帝王部三·名諱》改。

社稷、五嶽，其舊名更不須廻避。布告中外，咸使聞知。

四月二十七日，擬奏官制國號，大國內有一字犯御名，送學士院檢定到，《史記》周武王之子虞封於唐，其地在今太原，若以代合避國名，似爲允當。從之。

五月，又以武清民姓犯御名。太常寺檢討到，《舊五代史·晉帝紀》天福七年敕，應宮殿、州縣名及官名府號①、人姓名有與高祖諱同音者，悉改之。今前人本姓於平聲、去聲韻內各行收入，疑混不明，字畫正犯御名，亦合廻避。學士院檢照到唐《廣韻》去聲犯御名字，注云："姓。《風俗通》云：'文王子犯御名伯之後②。'"又《春秋左氏傳》僖公二十四年，富辰曰：管、蔡、郕、霍、魯、衛、毛、聃、郜、犯御名、曹、滕、畢、原、酆、郇，文之昭也。注云：十六國皆文王之子。釋文云：犯御名，於用反。又何承天《姓苑》平聲"姬"字，注云：周姓也。今以衆説參考，犯御名氏其先蓋出犯御名伯之後，周文王之子封於犯御名，後世因以爲姓。周本姓姬，擬從其本姓，改曰"姬"。二十二日，准呈。

聖節

太宗皇帝十月十五日，天清節，受百官及外國使朝賀。夏使自會二年，高麗使自會四年，齊使自會八年。

閔宗皇帝七月七日生辰，天會十三年六月二十一日，詔以每歲正月十七日爲萬壽節，受諸國朝賀。以七月七日，景宣皇帝忌辰；又以

---

① "官名"，原誤"官府"，據曹本、文淵閣本、廣雅本及《舊五代史》卷八一《晉少帝紀一》天福七年七月戊子條改。

② "子"，原作"字"，曹本同，據文淵閣本、廣雅本及《廣韻》卷四改。

暑雨泥潦，使驛艱阻，故用正月。而群臣宗戚獻壽賜宴，則於生辰之明日。

天會十四年□月①，以隨處申稟，萬壽節未審於正生辰或正月十七日開設道塲齋筵。奏奉敕旨，七月七日是生辰，止緣係景宣皇帝忌辰，以此改正月十七日爲萬壽節②，宜於其日資集。天清節，崇壽寺道塲三晝夜；萬壽節，七月七日，依例。

大定元年十二月二十六日，御前批劄，三月一日爲萬春節。

大定四年正月，敕旨，隨處供納正旦、生辰禮物，今後並行免進。禮部擬自定五年爲頭免納，只拜表稱賀。蒙批降，已起發在路之物，並合免納；進表事准呈。隨京府州軍并運司每年合供正旦、生辰禮物，綾羅共二千三十段，內正旦、生辰綾各四百九十四段，羅各五百四十一段。

大定二年二月十一日，禮部擬呈，依准前來舊例，五品已上文武職事官依下項等第供進銀香合，蒙准行。三師、三公，五十兩；親王、宰臣、使相，四十兩；執政官，三十兩；二品，二十五兩；三品，二十兩；四品，十五兩；五品，一十兩。具位臣姓名今謹進獻萬春節祝聖壽儀物如後：香一銀合。重四十兩，紅羅複全。右謹隨狀上進以聞，謹進。年月日，具位臣姓名上進。

大定十六年三月，萬春節，職事官進到銀香合。奉敕旨，四品已下官並免，三品已上官依例交納。

大定十三年閏正月十三日，奏請：自來萬春節止禁斷屠宰一日，切恐未爲允當。檢討到《宋會要》，承天節禁屠七日，乾元節禁屠三日。今據萬春節三月一日爲頭，禁斷屠宰三日。從之。

隨朝官賀儀。具朝會門上。《儀制》：諸外路京府州軍縣分等處，每遇聖節筵會，如有賜宴天使者，官、職從一高敍；非賜宴者，

---

① "月"前原闕一字。
② "爲"下原復衍一"萬"字，據曹本、文淵閣本、廣雅本刪。

並以職爲敘；若寄居無職事官，並以前職爲敘；如無前職，以散官爲敘，品從雖高，亦在見任官長之下。又京府并運司每遇萬春節筵會，留守、府尹與運使客禮東西相見，並坐。又隨朝官差出外路勾當，如遇萬春節筵會，並不合赴。又諸官司每遇聖節賜宴，並服公裳，至席，起簪花者，仍戴至所居。

大金集禮卷第二十三

大金集禮卷第二十四　赦詔

御樓宣赦　　隨朝拜赦詔　　外路迎拜赦詔
隨朝迎拜曆日詔　　外路迎拜曆日詔

御樓宣赦

　　大定七年正月十一日，上尊册禮畢。十四日，御應天門頒赦儀：

　　前期，宣徽院帥其屬陳設應天門之內外，設御座於應天門上①，又設更衣御幄於大安殿門外稍東，南向。閣門使設捧制書箱案於御坐之左②。少府監准備樹雞竿於樓下之左。竿上置大盤，盤中置金雞，雞口銜絳幡，幡上金書"大赦天下"四字，其幡乃卷而銜之。盤四面近邊安大鐵鐶四隻，盤底四面近邊懸氂紅繩四條，以俟四伎人攀緣。又設捧制書木鶴仙人一，以紅繩貫之，置於御前欄干上。繩用轆轤引。又設承鶴畫臺於樓下當中。臺以弩手四人對舉。大樂署設宮懸於樓下，又設鼓一於宮懸之左稍北，東向。兵部立黃麾仗於門外。刑部、御史臺、大興府以囚徒集於左仗外。御史臺、閣門司設文武百官位於樓下，東西相向。又設典儀位於門下稍東，西向。宣徽院設承受

---

①　"設御座於應天門上"，此句原奪，曹本、文淵閣本同，廣雅本據《禮志九·肆赦儀》補，今從補。

②　"閣"，原作"閤"，曹本、文淵閣本同，據廣雅本改。

制書案於畫臺之前。又設皇太子侍立褥位於門下稍東,西向;又設皇太子致賀褥位於百官班前。又設協律郎位於樓上前楹稍東,西向。尚書省委所司設宣制書位於百官班之北稍東,西向。司天臺設雞唱生於東闕樓之上。尚衣局准備皇帝常服。_{如常日視朝所服之服。}尚輦設輦於更衣御幄之前。

躬謝禮畢,皇帝乘金輅入應天門,至幄次前,侍中俯伏跪,奏"請降輅入幄",俯伏興。_{凡奏請准此。}皇帝降輅,入幄,簾降。少頃,侍中奏"中嚴"。又少頃,俟典贊儀引皇太子就門下侍立位,通事舍人引群官就門下分班相向立。侍中奏"外辦"。皇帝服常服以出。_{如常日視朝所服之服。}尚輦進輦,侍中奏請升輦,繳扇、侍衛如常儀。由左翔龍門踏道升應天門,至御座東,侍中奏"請降輦升座",宮懸樂作。所司索扇,_{扇五十柄}①。扇合,皇帝臨軒即御座。樓下鳴鞭,簾捲,扇開,_{執御繳者張於軒前以障日。}樂止。東上閣門使捧制書置於箱,閣門舍人二員從,以俟引繩降木鶴仙人。

通事舍人引文武群官合班北向立,宮懸樂作,立定,樂止。_{應分班、合班並樂作,立定即樂止。}典儀曰:"再拜。"在位官皆再拜,拜訖,分班相向立。侍中詣御座前承旨,退,稍前,南向宣曰:"奉敕樹金雞。"通事舍人於門下稍前,東向宣曰:"奉敕樹金雞。"退復位。金雞初立,大樂署擊鼓,樹訖,鼓止。竿木伎人四人緣繩上竿,取雞所銜絳幡,展示訖,三呼"萬歲"。通事舍人引文武群官合班北向立。樓上乘鶴仙人捧制書循繩而下,至畫臺,閣使奉承,置於案。

---

① "五十",原倒作"十五",諸本均同,據《禮志九·肆赦儀》及本書卷二《帝號下·大定七年冊禮》乙正。

閤門舍人四員舉案，又二員對捧制書，閤使引至班前，西向，稱“有制”。典儀曰：“拜。”在位官皆再拜，訖，以制書授尚書省長官，稍前，搢笏，跪受訖，以付右司官。右司官搢笏，跪受訖，長官出笏，俯伏興，退復位。右司官捧制書詣宣制位，都事對捧，右司官宣讀，至“咸赦除之”，所司帥獄吏引罪人詣班南，北向，躬稱脫枷訖，三呼“萬歲”，以罪人過。右司官宣制訖，西向，以制書授刑部官。跪受訖，以制書加於笏上，退，以付其屬，歸本班。典儀曰：“拜。”在位官皆再拜，舞蹈，又再拜。

典贊儀引皇太子至班前褥位，立定。典儀曰：“拜。”皇太子已下群官皆再拜。典贊儀引皇太子稍前，俯伏跪，致詞，云云。俯伏興。典儀曰：“再拜。”皇太子已下群官皆再拜，搢笏，舞蹈，又再拜。侍中於御座前承旨，退，臨軒宣曰：“有制。”典儀曰：“再拜。”皇太子已下群臣皆再拜。侍中宣答，云云。宣訖，歸侍位。典儀曰：“再拜。”皇太子已下群官皆再拜，搢笏，舞蹈，又再拜，訖。典贊儀引皇太子至門下褥位，通事舍人引群官分班相向立。

侍中詣御座前，俯伏跪，奏“禮畢”，俯伏興，退復位。所司索扇，宮懸樂作，扇合，簾降，皇帝降座，樂止。樓下鳴鞭，皇帝乘輦還內，繳扇、侍衛如常儀。侍中奏“解嚴”，通事舍人承敕，群官各還次，將士各還本所。

大定十一年冬至，南郊禮畢，御應天門宣赦儀：

前期，殿中監帥尚舍設御幄於大安門外之東，南向，設御閤於應天門上。近後設。張設門之內外，設御座於前楹當中，南向。又設捧赦書儀物於御座之東稍南。少府監設雞竿於樓前。大樂令設宮懸於橫階之南，鼓一，在懸西稍北，東向。諸軍儀仗陳列如式。

期日，御史臺、刑部、大興府以囚徒集於儀仗後。東上閣門設文武百官位於樓下。少頃，皇帝便服自御幄前乘輿升應天門，導駕官、儀衛前導。導駕官俟皇帝升，即還班退。升應天門，至御閣東，降輿，歸閣，簾降。翰林學士進呈赦書訖，以授東上閣門使，捧置於箱，付閣門舍人二員，以俟降木鶴仙人。儀鸞司准備懸朱系繩木鶴。閣門以赦書安設。東上閣門使設制案於樓下，用黃羅案褥、案衣。立於案側。百官於樓前分班立定。

侍中升，詣御座之東，西向立。通事舍人引侍中跪奏"中嚴"。少頃，又奏"外辦"。並俯伏跪，俯伏興。簾捲，大樂令撞黃鍾之鐘，右五鐘皆應，《昌寧》之樂作。扇合，皇帝服常服朝服出閣，臨軒，即御座。樓下鳴鞭，扇開，樂止。侍衛如常儀。禮直官、通事舍人分引皇太子、三公、親王、宰執以下橫行北向立。如常朝儀。典儀曰："再拜。"贊者承傳，在位者皆再拜，分班，東西相向。

通事舍人一員詣樓前北向立，侍中於御座前承旨，退，稍前，西向，宣曰："奉敕立金鷄。"退復位。樓下舍人東向宣曰："奉敕立金鷄。"宣付所司，少府監。退復位。金鷄初立，大樂署擊鼓，樹訖，鼓聲止。竿木伎人四人緣索爭上，取鷄口所銜絳幡，幡長七尺，捲之。捧赦書循繩而下，至地，以畫臺承鶴。

門下侍郎一員搢笏，就捧赦書，北向跪奏："制書請付外施行。"制書權付禮直官。執笏，俯伏興，躬身北向。次引侍中詣御座前承旨，退，西向宣曰："制可。"退復位。禮直官引首相與門下侍郎北向並跪，門下侍郎搢笏，捧赦書授首相。首相受訖，權付禮直官。執笏，俯伏興，捧歸位，以授右司郎中。右司郎中跪受訖，捧置於制案。禮直官、通事舍人引百官合班北向立。右司郎中詣宣制位，省令史二人捧制書。立，東上閣門使立於位東北，宣曰："有制。"

典儀曰："再拜。"贊者承傳，在位官皆再拜。右司郎中宣制[1]，至"咸赦除之"，司獄一員詣班南，北向，躬稱脫枷訖，三呼"萬歲"，以罪人過。右司郎中捧制書付刑部尚書，刑部尚書受訖，執笏，以赦書加於笏上，以授所司，還位。典儀曰："再拜。"贊者承傳，在位官皆再拜。

通事舍人引班首稍前，俯伏跪，致詞，云云。訖，復位。典儀曰："再拜。"贊者承傳，在位官皆再拜，搢笏，舞蹈，又再拜。東上閤門使詣樓前，北向承旨，退，於班首前西向，稱"有制"。典儀曰："再拜。"在位官皆再拜。東上閤門使宣荅，云云。訖，復位。典儀曰："再拜。"在位官皆再拜，舞蹈，又再拜訖，分東西班序立。

通事舍人引侍中詣御座前，跪奏"禮畢"。扇合，大樂令撞蕤賓之鐘，左五鐘皆應，《昌寧》之樂作。簾降，皇帝降座，還御閤，樂止。樓下鳴鞭，百官退立。乘輿還宮，導駕官、繳扇、侍衛、警蹕如常儀。至致齋殿，侍中俯伏跪，奏"請解嚴"，俯伏興。通事舍人承旨，宣曰："奉敕放仗。"群臣各還次，將士各還其所。

皇統元年十月，行冊禮，十二日，大赦，取得金鷄合支賜分例，具到亡遼大冊體例恩賞下項。奉敕旨，除古籠勾當不與外，並奏准支。

綿襖子一領，銀束帶一條，絹一十疋，銀一十兩，錢一百貫，餧金鷄粟一百石。外，與訖燕京六州二十四縣散樂、筋斗[2]、杆杖、古籠勾當。大定十一年，金鷄七兩，戶部無支賜例，工部卷該依金價贖換。

---

① "右司"，原作"左司"，曹本、文淵閣本同，廣雅本已據上文改，今從改。
② "筋斗"，原作"筯斗"，曹本同，廣雅本作"觔斗"，據文淵閣本改。

隨朝拜赦書[①]已上四件並《大定儀制》。[②]

宣赦日，於應天門外設香案，及設香輿於案前，又於東側設棹子[③]。自皇太子、宰臣已下序班定。閤門官於箱內捧赦書出門，置於案。閤門官案東立，南向，稱"有赦"。贊皇太子、宰臣、百寮再拜。皇太子少前，上香訖，復位。皇太子、宰臣、百寮又再拜。閤門官取赦書授尚書省都事，都事跪受。及尚書省令史二人齊捧，同陛於棹子，讀，在位官皆跪聽。讀訖，赦書置於案，都事復位。皇太子、宰臣、百寮以下再拜，搢笏，舞蹈，執笏，俯伏興，再拜。拱衛直以下三稱"萬歲"訖，退。其降諸書禮亦准此，惟不稱"萬歲[④]"。

外路迎拜赦詔

尚書省差官送赦書到京府節鎮，先遣人報，長官即率寮屬、吏從人等，備旗幟、音樂、綵輿、香輿，詣五里以來迎接[⑤]。見送赦書官，即於道側下馬，所差官亦下馬，取赦書置於綵輿中。長官詣香輿前，上香訖，所差官在香輿後，長官以下皆上馬後從，鳴鉦

---

① "赦書"，曹本、廣雅本同，文淵閣本及卷前小題作"赦詔"。

② "已上"，曹本、文淵閣本同，廣雅本作"已立"，均不可通，疑當作"已下"，謂其下四儀皆出於《大定儀制》也。

③ "東側"二字原闕，曹本、文淵閣本同，廣雅本據《禮志九·臣下拜詔儀》補，今從補。

④ "惟"字原奪，據曹本、文淵閣本、廣雅本及《禮志九·臣下拜詔儀》補。

⑤ "詣"，原作"訖"，曹本、文淵閣本同，廣雅本據《禮志九·臣下拜詔儀》改，今從改。

鼓作樂前導。至公廳,從正門入,所差官下馬。

執事者先設案并望闕褥位於庭中,香輿置於案之前,又設所差官褥位在案之側,又設棹子在案之東南。所差官取敕書置於案,綵輿退。所差官稱:“有敕”。贊長官以下皆再拜。長官少前,上香訖,退復位,又再拜。所差官取敕書授都目,_{都目跪受。}及孔目官二員_{如闕則司吏内上三人。}齊捧敕書,同陞棹子上讀,在位官皆跪聽。讀訖,敕書置於案,都目等復位。長官以下再拜,舞蹈,俯伏興,再拜。公吏及從人以下三稱“萬歲”。長官以下與所差官相揖訖,於廳前勸酒饌。_{如京府節鎮差公吏送敕書於支郡、屬縣,並同。其相揖勸酒饌及下禮數不用。}

如京府節鎮有舊例幣物之禮來獻,所差官以付從人。所差官行,長官率寮屬、公吏、音樂送至城門外客亭。長官以下與差官相揖,勸酒一厄。長官已下俱別,所差官上馬,乃退。_{尚書省差官送詔書儀禮倣此[①],惟幣物不用。}

諸京府并運司如遇降敕詔,合行同共迎接,候本京府官員禮畢,即就用元迎接伎樂、旗幟導引,前去本司,依例祇受。

天德二年正月,禀定隨衙門與送敕使臣錢數,以公用錢充,館待同送宣儀。行省、元帥府,五百貫;留守、總管、招討、統軍司,三百貫;府、詳穩、統牧、都運、節度使,二百貫;轉運、防禦、群牧,一百貫。膳下去處,不得率斂饋遺,并例外受者科違制。

隨朝拜曆日詔

詔下日,於尚書省_{元帥府、宗正府等即於本府,尚書省於都堂前。}設香

---

①　“詔”,原作“紹”,據曹本、文淵閣本、廣雅本改。

案，宰執依次序班定。閣門官於箱內捧詔書出，置於案。閣門官於案東立，南向，稱"有敕"。贊宰執以下再拜。班首少前，上香訖，復位。宰執以下再拜。閣門官取詔書授尚書省都事，都事跪受，置於案，都事復位。宰執以下再拜，搢笏，舞蹈，執笏，俯伏興，再拜訖，乃退。

外路迎拜曆日詔

尚書省差官送詔書到京府等處，先遣人報，長官率僚屬、吏從人，備旗幟、音樂、綵輿、香輿，詣五里以來迎接。望見送詔書官，即於道側下馬，所差官亦下馬，取詔書置輿中。長官詣香輿前，上香訖，所差官上馬，在綵輿後，長官以下皆上馬後從，鳴鉦鼓作樂前導至公廳。從正門入，所差官下馬。

執事者先設案并望闕褥位於庭中，香輿置於案之前，又設所差官褥位於案之側。所差官取詔書置於案，綵輿退。所差官稱："有敕"。贊長官以下皆再拜。長官少前，上香訖，復位，又再拜。所差官取詔書授都目，都目跪受，以詔書置於案，都目復位。長官以下再拜，舞蹈，俯伏興，再拜訖，退。與所差官相揖畢，於廳前勸酒饌，訖。所差官行，長官率寮屬送至城門客亭，長官以下與所差官下馬相揖，勸酒一巵相別，所差官上馬，乃退。

大金集禮卷第二十四

大金集禮卷第二十五　宣命

宣麻　賜敕命　送宣賜生日

宣麻

大定四年十一月，檢討宣麻典故，參酌定到下項：封皇太子妃，元議宣麻，後止給誥。

學士院撰到制書，用白詔紙，依寫詔字大小，録一本①，不用寶，進呈訖。次日，分付閤門司，設制案於東上閤門之外。俟朝退，駕還内，以制書置於案上。御史臺催百官班，分左右入，每品重行，立於博道之外，左班西向，右班東向。皆以北爲上。閤門使引制案，當殿，在殿階下稍近南。案前北向立，搢笏，跪，閤門使捧制授宰臣，俯伏興，執笏，捧制歸位。搢笏，轉授宣讀通事舍人，執笏，捧制揖訖，由東博道赴宣制位，在常朝百官拜褥之北，制案之南。西向揖訖，北向立。左右班百官皆轉身北面立。贊者稱“有制”，在位官皆再拜。舍人搢笏，宣讀。讀訖，在位官皆再拜，搢笏，舞蹈，又再拜。舍人執笏，捧制，搢笏，授宰臣。授訖，制付有司，百官以次分班出。

---

① “一本”，原作“不本”，據曹本、文淵閣本、廣雅本改。

賜敕命

天眷二年八月，學士院定撰到文武官給告式，蒙准行下項：

諸后、妃、公主、一品及二品執政官、三品諸京留守、元帥、監軍、都監、殿前都點檢、統牧、統軍、招討、節度使，並制授告庭，內藩鎮非會要及帶知字者並敕除。餘並敕授給告。四品已上用□辭①。

敕授者，五品以上內外文武官除職遷官，六品、七品省臺寺監、東宮、學士院、客省、引進、四方館、閤門副使、司天監少、太醫使副除職，九品已上有勞特遷官、草澤遺逸上封事特命官，並給告。諸除官五品已上出宣，六品已下出敕牒外，其應給告者，吏部限三日報學士院命詞，制授限五日，敕授限三日納尚書省。制敕授官者並用吏部告印。

大定見行官制：親王、公主、王妃、郡縣主、王夫人及一品官爵，並制授，餘並敕授。又五品以上遷官除職及因子孫封贈授官者，六品、七品省臺寺監、謂尚書省部、御史臺、太常、大理寺、秘書、國子、太少府、都水監，其所轄司局非。東宮、學士院、國史、記注、諫院、宣徽院、客省、引進、四方館、東西上閤副除職，並給告，仍並命詞②。

大定二年七月五日，奏定妃嬪已下告身並用有司印。十一月十五日，敕旨內職四品以上給宣告，五品以上只給告。十一年八月三日，敕旨今後宮中妃嬪止以誥授，不用宣。二十三年三月七日，敕旨一品官職及宮中公主、妃用玉寶。九日，稟奏緣內職、

---

① "辭"前原闕一字，文淵閣本不留空，廣雅本作"命"。

② "東宮"至"命詞"原誤作小字注文，曹本、文淵閣本同，廣雅本改爲大字正文，是，今從改。

公主、王妃等並係誥授，用吏部告印，奉敕旨妃嬪已上及公主、王妃並給宣誥，其誥仍舊，已下止給告。

授宣敕見行儀式：六品已下官於仁政殿門外公服北向立，俟閣門將敕出，搢笏，跪，接敕置於懷，出笏，兩拜退。五品以上受宣官俟奏事畢，引至丹墀，閣門以箱複擎宣命至，聞敕，先兩拜。又拜，跪，搢笏，捧接宣命，置於懷，出笏，就拜，又兩拜訖，退至丹墀之東。開視訖，閣門引升副階靠南[①]，奏謝，致詞，訖，兩拜，降自西副階。六品、七品受敕合奏謝者並一班。二品扣欄子，一品欄子內，如上儀。降至東副階，視訖，升謝。

送宣賜生日

《儀制》：受宣命官如係見任京府節鎮州軍或別司長貳官，即使者預於前一程爲宿頓，當日遣人報。受宣官以次質明率屬官、吏從，備旗幟、音樂、綵輿、香輿，貳官并別司長貳並移文置司所在京府州鎮，取索排辦音樂、綵輿、香輿。詣五里以來迎接。望見使者，即於道側下馬。使者約百步間亦下馬，取宣置綵輿中。受宣官詣香輿前，上香訖，退，遣人覆知使者：“爲未受宣命，未敢參見使者。”上馬皆行，使者在宣命綵輿後，受宣官次行，屬官皆上馬後從，鳴鉦鼓作樂前導，至所居，如閑居官，即使者入館，遣人往報受宣官。受宣官令人傳語，取覆給宣之日，先於本宅隨力排辦，仍報所在京府州郡差借知禮數人并合用案褥等物。其京府州郡須得應副，隨本官往所館，導引至所居處。自來無音樂、旗幟者更不排辦。皆從正門入，使者下馬。

---

① “閣”，原作“開”，據曹本、文淵閣本、廣雅本改。

執事者先設宣命案并望闕褥位於庭中，傳宣褥位在宣案之側①。香輿置於宣案之前。使者取宣於綵輿，奉置案上，案上仍設衣襆。綵輿退。使者就傳宣褥位立，受宣官就望闕褥位立，贊再拜，上香，又再拜訖。使者稱“有敕賜卿宣命”，受宣官又再拜，跪。使者取宣於案，以授受宣官，受宣官受訖，又一拜起，稍退。恭閲宣命訖，就褥位再五拜，舞蹈，畢。受宣官近使者前，望闕跪問聖躬萬福，使者躬荅曰：“聖躬萬福。”受宣官起。

贊者引使者陞廳正坐，受宣官展狀參見問候，使者坐受。以次佐貳屬官展狀參見，亦如上儀。禮畢，即設果棹。受宣官躬揖，揖笏，酌酒一卮，跪勸使者，樂作。使者坐飲訖，復酌一卮，坐勸受宣官，跪飲，樂闋。再揖訖，以次佐貳跪勸酒。至三行，受宣官執笏，命執事人持幣物，其幣物之數依大定重修制款。揖笏，奉獻使者，以付從人，訖。徹果棹，入食案。受宣官邀請以次官陪坐，供食。食畢，徹食案，再以果棹前。使者命受宣官坐，即坐就食。執事者斟酒無筭，使者請罷酒，至再，乃徹果棹。

牽使者馬上階②，上馬，受宣官與餘官、音樂皆送至館。如至夜，添設燭籠。留連館待不過三日。

使者欲行，受宣官率僚屬、公吏、音樂、旗幟送至客亭，無客亭者設幕次，不過三里。使者下馬正坐，受宣官率僚屬以下前，揖使者畢，揖笏，酌酒一卮奉勸，使者坐受訖，酬酢如初見之儀。禮畢，受宣官展辭狀，率以下官俱揖別，使者亦坐受。候使者上馬，乃退。

① “傳宣”，原作“侍宣”，曹本、文淵閣本同，廣雅本作“待宣”，按下云“使者就傳宣褥位立”，今據改。

② “上階”，曹本、文淵閣本、廣雅本均作“在階”。

　　其在闕下受賜宣命生日禮物者,已受命,先報知受賜官以甚時至宅。其受賜官得報,即穿執恭待於門外,候使者至,其參見勸酬之禮並如上儀,唯不用旗幟、音樂等引導。禮畢,止攀送於門外。舊例有謝表者,只於門首攀送處跪授使者。若賜飲食、藥餌、花果之類,其受賜官跪受,望闕再拜。天德二年正月,尚書省啟請:古者王人傳命於諸侯,諸侯跪聞聽王命,而跪非跪於使人也。周王遣使賜齊桓公胙曰:"伯舅耆老,無下拜。"桓公曰:"天威不違顏咫尺,小白敢不下拜。"登受。爲天子所賜下拜,非拜使者也。歷考載籍,皆無人臣正坐受拜之禮。按開元故事,遣使宣勞賜會,使者將至,刺史出城迎於一里外,相去九十步,刺史路左下馬,使者亦下馬。稍進,使者命刺史上馬,乃俱行馬。其至所居,若未宣制書,則使者南面立於制書案側,稱"有制",刺史以下皆北面再拜。宣制畢,又再拜。皆爲拜制書,非拜人也。及設會就席,則使者席在東,西向,刺史及應升階者升就席,屬官在庭中,則文東武西。以上下班序點之,則刺史坐席在西東向可知。宋時,所在州府有傳宣官到,應受命者郊迎,大率如開元禮。惟所居庭中設制書案、香案、望闕褥位、傳宣褥位,受宣官望闕拜,傳宣官側立傳詔,授既畢,相揖升階,全用客禮。遼時迎待天使之儀,天使正坐受拜、受酒,略不起避,頗似御筵進酒,非人臣所可當。況古者大臣進見,天子御坐爲起,在輿爲下。彼遼制乃令小臣坐受大臣拜,非古者別嫌疑,定尊卑,比肩事主,尊無二上之義。兼檢尋古制,君有賜於臣,如飲食、藥餌、果實之屬,止令上臣持往,則不爲專使,故謂之"廩人繼粟,庖人繼肉",見於《孟子》。惟賜胙乃有專使者,是爲祭祀重禮,均福之意。以此參酌古今,擬定其儀。蒙准行。今上項《儀制》稱有更異。

　　天德二年正月,擬槀送宣及賜物事例。古者謂之私覿,亦曰私面,所與不過衣帶,大者或以幣馬。唐時,中使所邀索過多,史臣書之,極爲弊事。遼時不常所與,富者倍多以求媚悅,清廉守道者不能備辦,多取怨怒,其小官不量力,殫貨傾産,終不能給,會計所授歲俸,不及所用十之一二。宋時押賜,以十分之一與押賜官,其押賜中冬衣襖之類,只委本路奏事廉訪使者賫賜,不受事例。又古者,諸侯方有遣王人錫命之禮,書於《春秋》,最爲重事。今若循舊例，小官皆特遣使送宣，恐使命太輕，非所以重國體。今擬定到內外官合專使賫送宣命品從并賜物使命事例如後，外，據其餘品從更不專送，只因走馬人附□至都管衙門①，就便鑒付。

專使送內外任官宣命事例：並謂職事官，內任謂自外除入者②。正一品，一千貫；宗室封一字王者皆同。從一品，八百貫；正二品，七百貫；從二品，六百貫；正三品，五百貫；從三品，四百貫；正四品，二百貫；從四品并上中下刺史、知軍，一百貫。宣賜生日并賜物等專使不得受所賜拾分之貳。已上專使擬自護衛小底已上取旨差。已上送宣命、敕書、賜物等專使所定合與禮物，若例外受者，並科違制。雖自願與者，亦准上科罪。

大定二年四月七日，奏改定送宣禮物：正一品，一千貫③；宗室封一字王者亦同。從一品，九百貫；正二品，八百貫；從二品，七百貫；正三品，六百貫；從三品，五百貫；正四品，四百貫；從四品并諸刺史、知軍，三百貫；正五品，二百貫。

二十六年□月二十一日④，以言事者乞罷送宣禮物，奏減定：從五品，一百貫；正五品及諸千戶，二百貫；刺史并從四品、正四品，三百貫；從三品，四百貫；正三品，五百貫；從二品、正二品，六百貫；從一品、正一品，七百貫。

賜皇太子、親王、公主生日儀。具各門。

大金集禮卷第二十五

---

① "附"下原闕一字。
② "內任"，原作"內在"，曹本同，文淵閣本作"內任"，然誤作大字摻入正文，今據廣雅本改。
③ "一千貫"，原誤作"一十貫"，據曹本、文淵閣本、廣雅本改。
④ "月"前原闕一字。

大金集禮卷第二十七　儀仗上

行仗　立仗_闕

行仗

天眷三年九月，幸燕，儀衛用法駕。總數稍異，具行幸門。

攝官：六百九十九人。將軍、大將軍四十三人，折衝、果毅一百二十六，校尉五十六，郎將三十四，帥兵官二百四十六，統軍六，都頭六，千牛一，旅帥二，部轄指揮使二，押纛二，押衙四，四色官四，押旗二，引駕官四，進馬四，押仗通直二，押仗大將二，碧襴一十六^①，長史二，鼓吹令二，鼓吹丞二，典事五，太史令一，太史正一，司丞一，府牧一，刻漏生四，縣令一，御史大夫一，僚佐一十，進輅職掌二，夾輅將軍二，陪輅將軍二，教馬官二，四省局官八，導駕官四十八，抱駕頭官一，執扇筐一，尚輦奉御二，殿中少監二，供奉職官二，令史四，書令史四，押仗二，殿中侍御史二十四。

人，一萬四千五十六人：

諸班直隊二千九百四十五人：鈎容直三百六人^②，人員六，長行

---

①　"碧襴"，原作"碧欄"，曹本、文淵閣本同，據廣雅本、《儀衛志上・行仗法駕》改。

②　"鈎容直"，原作"鈎容直"，文淵閣本同，據曹本、廣雅本及《儀衛志上・行仗法駕》改。

三百。執旗一百三十六人,引駕六十二人,人員二,長行六十。駕頭天武官一十二人,執從物茶酒班一十一人,御龍直仗劍六人,天武把行門八人,殿前班擊鞭一十人,御龍直四十人,人員二,長行三十八。骨朵直一百三十四人,部押二人,殿前班行門三十五人,捧日馬隊七百人,奉宸步隊七百人,天武骨朵大劍三百一十人,人員一十,長行三百。東第四班三十一人,人員一,長行三十。扇箑天武二十人,捧日隊從領人員一十七人,簇輦茶酒班三十一人,人員一,長行三十。鈞容直三十一人①,人員一,長行三十。招箭班三十三人,人員三,長行三十。天武約欄三百一十人。人員一十,長行三百。

車輅下駕士六百三十八人:玉輅下一百四十人,控踏路馬四,駕士一百二十八,挾輅八。金輅下六十四人,控踏路馬四,駕士六十。象輅下駕士四十人,革輅下駕士四十人,木輅下駕士四十人,耕根車四十人,輅車一十八人②,革車二,共五十人,指南車三十人,記里車三十人,鸞旗車一十八人,皮軒車一十八人,黃鉞車一十五人,豹尾車一十五人,屬車八,共八十人。

輦輿下六百八十五人:小輿一,攆士長行二十四人③;逍遙一,共三十五人;十將節級九,長行二十六。平輦下四十二人;十將節級九,人員七,長行二十六。腰輿共一十九人;人員一,十將虞候二,長行一十六。大輦下三百七十一人;掌輦人員四,十將一十二,長行三百五十五,分五番。芳亭輦一,攆士長行六十人;御馬三十二疋下共一百三十四人,控

---

① “鈞容直”,原作“釣容直”,文淵閣本同,據曹本、廣雅本及《儀衛志上·行仗法駕》改。

② “輅車”,諸本均同。按五輅之外不當別有“輅車”,下文“馬六千余疋”下有“軺車,二疋”,天德五年黃麾仗中有“軺車一,駕士一十八人,赤馬二”,此處“輅車”疑爲“軺車”之誤。

③ “攆士”,原作“檋士”,廣雅本同,據曹本、文淵閣本改。

馬天武官六十四人，挾馬騎御馬直長行六十四人。押馬六人：騎御馬直人員三，天武節級三人[①]。

象二十三人。

擎執、舁士共八千七百七十一人：擎執人共八千四百三十三人，舁士三百三十八人。

鼓吹局樂工九百九十四人。數不足隨京府差。

馬六千餘疋：御馬二十二疋，御鞍轡全，添差從馬四疋。玉輅，青馬八疋，內二疋踏道；金輅，赤馬八疋，內二疋踏道；象輅，白馬六疋；革輅，圖上該騧馬六疋；木輅，黑馬六疋；耕根車，青馬六疋：依驗隨輅顏色各差從馬二疋。軺車，二疋；革車[②]，八疋；指南車，馬四疋；記里車，四疋；鸞旗車，四疋；皮軒車，四疋；黃鉞車，二疋；豹尾車，二疋：並赤馬，依驗隨車各添從馬一疋。誕馬一十疋，添從馬二疋。攝官馬七百八疋。儀仗內擎執馬三千九百七十六疋，甲馬一千二百六十九疋。

天德五年，遷都燕京，儀衛用黃麾仗，增爲一萬三百四十八人，馬三千九百六十九疋。元檢討具行幸門。

共合用人馬等分爲八節：

人，一萬三百四十八人：導駕官四十二員，攝官五百六十七人，儀仗司一十一人，駕頭擊鞭內侍一十一人，鼓吹樂工一千四百一十人，輔龍直樂三十一人。擎執人八千二百七十六人：一千六百五十八人帶甲執擎，八百二十九人坐馬，八百二十九人步行，係玉輅左右

---

①　“押馬六人”，原在“節級三人”之後，且作大字正文。按如此則輦輿下共六百九十一人，較總數多出六人，今據《儀衛志上·行仗法駕》改。

②　“革車”，原作“革馬”，曹本、文淵閣本同，廣雅本已改正，今從改。

并輔龍直等合用人數。六千六百一十八人執擎。

馬，三千九百六十九疋：御馬一十六疋。玉輅，青馬八疋；金輅，赤馬八疋；輧車，赤馬四疋；革車，赤馬八疋；指南車，赤馬四疋；記里車，赤馬四疋；鸞旗車，赤馬四疋；黃鉞車，赤馬二疋；豹尾車，赤馬二疋。導駕官，四十二疋；攝官，五百六十六疋；擎執、樂工等，馬三千三百一疋。帶甲執擎，馬八百二十九疋；樂工，一千四百令一十疋；擎執，一千六十二疋。

第一節：人，七百八十人；內攝官二十六人。馬，三百九十九疋。內攝仗司一疋。

中道五百四十二人：

象下二十二人，並服花脚幞頭、青錦絡縫緋裌衫、金鍍銀雙鹿束帶。節級二人，銅鑼一，七寶鈎一，銀鈎一，碯石鈎一，鐵鈎一，小旗兒十五。

第一引，七十二人：清道一①，武弁冠、緋雲鶴袍、袴、革帶、黑漆杖子。韇弩一，赤平巾幘、緋辟邪袍、革帶、赤袴，馬。誕馬二，控四人，平巾幘②、緋寶相花袍③、革帶，纓轡、涼屜二副。輧車一，駕士一十八人，赤馬二，纓轡、涼屜、銅面④、包尾，武弁、緋雉大袖衫⑤、袴、勒帛。縣令一員，朝服⑥，坐輧車⑦。紫方傘一，黃抹額、

---

① "清道"，原作"清導"，曹本、文淵閣本同，據廣雅本及《儀衛志上‧黃麾仗》改。
② "平巾幘"，原作"平巾績"，據曹本、文淵閣本、廣雅本及《儀衛志上‧黃麾仗》改。
③ "相"字原奪，曹本、文淵閣本同，據廣雅本及《儀衛志上‧黃麾仗》補。
④ "銅面"，原作"馬面"，曹本、文淵閣本同，據廣雅本及《儀衛志上‧黃麾仗》改。
⑤ "衫"字原奪，曹本、文淵閣本同，據廣雅本及《儀衛志上‧黃麾仗》補。
⑥ "朝"，原作"月"，據曹本、文淵閣本、廣雅本及《儀衛志上‧黃麾仗》改。
⑦ "輧"字原舛入下文"大口"與"袴"之間，曹本、文淵閣本同，據《儀衛志上‧黃麾仗》移正。

寶相花衫①、革帶、大口袴②。朱團扇一、曲蓋一，並緋抹額、寶相花衫③、革帶、袴。僚佐四員，並朝服，馬。控馬八人，錦帽、絡縫紫寬衫、大珮銀帶。青衣二，青平巾、素衫、袴、革帶、青竹竿子。車輻棒二④，赤平巾、緋白澤袍、革帶、赤袴。告止幡二首，六人，緋抹額、寶相花衫⑤、革帶、袴。傳教幡一首，三人，信幡一首，三人，並黃抹額、寶相花衫、⑥革帶、大口袴。小戟一十六人，黃抹額、寶相花衫、⑦革帶、袴子。

　　第二引，二百六十四人：清道二，武弁、緋雲鶴袍、革帶、袴、黑杖子。幰弩一，赤平巾、緋辟邪袍、革帶、赤袴，馬。誕馬四疋，控八人，平巾、緋寶相花衫、革帶、袴，纓轡、涼屜四副。楇皷一，金鉦一，平巾幘、緋鷥衫、抹帶、袴、錦騰虵⑧，馬。大鼓六人，黃雷花袍、袴、抹額、抹帶，馬。節一、幢一、麾一、夾稍二人、角四、儀刀一十，並平巾幘、緋寶相花袍⑨、革帶、大口袴。革車一，駕士二十五人，武弁、獬豸大袖、勒帛、袴；赤馬四疋，纓轡、涼屜、銅面⑩、包尾。府牧一員，朝服，坐革車，僚佐四員，並朝服，馬。控馬八人，錦帽、絡縫紫寬衫、大珮銀腰帶。鐃鼓一、簫二、笳二、笛一、

---

①　"相"字原奪，曹本、文淵閣本同，據廣雅本及《儀衛志上·黃麾仗》補。
②　"袴"前原有"韜"字，曹本、文淵閣本同，已移至上文"坐"與"車"之間。
③　"相"字原奪，曹本、文淵閣本同，據廣雅本及《儀衛志上·黃麾仗》補。
④　"車輻棒"，原作"車輻捧"，曹本、文淵閣本同，據廣雅本及《儀衛志上·黃麾仗》改。
⑤　"抹"、"相"二字原奪，曹本、文淵閣本同，據《儀衛志上·黃麾仗》補。
⑥　"相"字原奪，曹本、文淵閣本同，據廣雅本及《儀衛志上·黃麾仗》補。
⑦　"相"字原奪，曹本、文淵閣本同，據廣雅本補。
⑧　"平巾"下"幘"字、"騰虵"前"錦"字原奪，曹本、文淵閣本同，據廣雅本及《儀衛志上·黃麾仗》補；又"騰"，原作"滕"，曹本、文淵閣本同，據廣雅本改。
⑨　"相"字原奪，曹本、文淵閣本同，據廣雅本及《儀衛志上·黃麾仗》補。
⑩　"銅面"，原作"馬面"，曹本、文淵閣本同，據廣雅本及《儀衛志上·黃麾仗》改。

篳篥一,並平巾幘、緋寶相花袍①、銀褐抹帶,褐馬。大橫吹一,緋苣紋袍②、袴、抹額、抹帶,馬。青衣四,青平巾、青素衫、袴、革帶、青竹竿子。車輻棒四③,赤平巾、緋白澤袍、赤袴、革帶。紫方傘一,黃抹額、寶相花衫④、革帶、大口袴。朱團扇四、曲蓋一,並緋抹額、衫、革帶、袴。告止幡二首,六人,緋抹額、寶相花衫⑤、革帶、袴。信幡、傳教幡共四首,一十二人,黃抹額、衫、革帶、袴。小戟四十人,黃抹額、寶相花衫⑥、革帶、大口袴。銀褐刀盾三十六人,銀褐抹額、寶相花衫、銀革帶⑦、袴。弓矢三十六人,錦帽、青寶相花袍、銀革帶⑧、袴。稍三十六人,錦帽、紫寶相花袍⑨、革帶、袴。

朱雀旗隊三十四人,騎:折衝都尉三人,平巾幘、紫辟邪袍、革帶、大口袴、錦騰虵⑩、橫刀、弓矢,馬。㸑稍二人,平巾幘、緋寶相花衫⑪、革帶、袴,馬。朱雀旗一口,五人,緋抹額、寶相花衫⑫、革帶、大口袴、橫刀,引夾人加弓矢,馬。弩六人、弓矢六人、稍一

---

①　"平巾幘",原作"平巾績",據曹本、文淵閣本、廣雅本及《儀衛志上·黃麾仗》改;又"相"字原奪,曹本、文淵閣本同,據廣雅本及《儀衛志上·黃麾仗》補。

②　"苣紋",原作"巨紋",曹本、文淵閣本同,據廣雅本及《儀衛志上·黃麾仗》改。

③　"車輻棒",原作"袋全輻捧",曹本、文淵閣本同,據廣雅本及《儀衛志上·黃麾仗》改。

④　"相"字原奪,曹本、文淵閣本同,據廣雅本補。

⑤　"相"字原奪,曹本、文淵閣本同,據廣雅本補。

⑥　"相"字原奪,曹本、文淵閣本同,據廣雅本補。

⑦　"相"、"銀"二字原奪,曹本、文淵閣本同,據廣雅本及《儀衛志上·黃麾仗》補。

⑧　"相"、"銀"二字原奪,曹本、文淵閣本同,據廣雅本及《儀衛志上·黃麾仗》補。

⑨　"相"字原奪,曹本、文淵閣本同,據廣雅本及《儀衛志上·黃麾仗》補。

⑩　"騰",原作"滕",曹本、文淵閣本同,據廣雅本改。

⑪　"相"字原奪,曹本、文淵閣本同,據廣雅本及《儀衛志上·黃麾仗》補。

⑫　"抹"、"相"二字原奪,曹本、文淵閣本同,據廣雅本及《儀衛志上·黃麾仗》補。

十二人，並平巾幘、緋寶相花衫①、橫刀、革帶、袴。

龍旗隊七十一人，並馬：大將軍一員，朝服，馬。引旗四人，黃抹額、寶相花衫②、革帶、大口袴，執弓矢。旗一十二口，計六十人，五色衫、抹額、革帶、袴、橫刀，引夾人加弓矢：風伯一、雨師一、雷公一、電母一、北斗一、金木水火土五、左右攝提旗二。副竿二，錦帽、黃寶相花衫③、革帶、袴。護旗四人，黃抹額、寶相花衫④、革帶、袴、弓矢。

太僕寺車三具，每具車各赤馬四疋，駕士共七十八人，並武弁冠、緋絁繡大袖、銀褐帶、袴。隨車前各有一名執黑杖子。指南車三十人，孔雀大袖；記里車三十人，獬豸大袖；鸞旗車一十八人，瑞鷹大袖。

外仗二百三十八人：

白澤旗二口，每口五人，並綠具裝冠，人馬甲、錦臂勾、橫刀，內引夾人加弓矢，馬。

金吾牙門旗第一門，共一十八人，並馬：監門校尉六人，長腳幞頭、緋抹額、緋師子裲襠、革帶、橫刀、弓矢、烏皮靴，馬。牙門旗四口，每口三人，計一十二人，服青寶相花衫、抹額⑤、革帶、大口袴、橫刀，內引夾人加弓矢，馬。

前部馬隊，第一、第二、第三共二伯一十人，並馬：

第一隊⑥，七十人：折衝、果毅都尉二人，錦帽、緋辟邪袍、革帶、袴、刀、弓矢，馬。角宿、斗宿、亢宿、牛宿旗四口，每口五人，

---

① "相"字原奪，曹本、文淵閣本同，據廣雅本及《儀衛志上·黃麾仗》補。
② "抹"、"相"二字原奪，曹本、文淵閣本同，據廣雅本及《儀衛志上·黃麾仗》補。
③ "相"字原奪，曹本、文淵閣本同，據廣雅本補。
④ "相"字原奪，曹本、文淵閣本同，據廣雅本補。
⑤ "衫"字原舛在"額"字之下，曹本、文淵閣本同，廣雅本已移正，今從移。
⑥ "第一隊"，原作"隊第一"，諸本均同，據《儀衛志上·黃麾仗》乙正。

並五色寶相花衫、抹額、革帶、橫刀,引夾人加弓矢。弩六,弓矢一十四,並錦帽、青寶相花袍、革帶、袴,馬。矟二十八,並錦帽、緋寶相花袍、革帶、袴。

第二隊,七十人:折衝、果毅都尉二人,錦帽、緋白澤袍①、袴、革帶、橫刀、弓矢,馬。氐宿、女宿、房宿、虛宿旗四口,每口五人,並五色寶相花衫、抹額、革帶、橫刀,引夾人加弓矢。弩六、弓矢十四,並錦帽、青寶相花袍、革帶、袴,馬。矟二十八,並錦帽、緋寶相花袍、革帶、袴,馬。

第三隊,七十人:折衝、果毅都尉二人,錦帽、緋白澤袍、袴、革帶、橫刀、弓矢,馬。心宿、危宿、尾宿、室宿旗四口,每口五人,並五色寶相花衫、抹額、革帶、橫刀,引夾人加弓矢。弩六、弓矢十四,並錦帽、青寶相花袍、革帶、袴,馬。矟二十八,並錦帽、緋寶相花袍、革帶、袴,馬。

第二節:人,一千一百七人;內攝官七十七人。馬,一千二十八疋。內儀仗司一疋。

中道五百六十九人②,並馬:

金吾引駕騎二十人,並馬:折衝都尉二人,平巾幘、緋辟邪袍、革帶、袴、橫刀、弓矢,馬。弩六、弓矢六、矟六,並平巾幘、緋寶相花裲襠、革帶、袴,馬。

前部鼓吹五百四十七人,自鼓吹令至大橫吹並馬:鼓吹令二人,長腳襆頭、綠公服、皂角帶、絲鞭、烏皮靴。府史四人,長腳襆

---

① “緋”下原衍“寶”字,曹本、文淵閣本同,廣雅本已刪,按下文第三隊謂“緋白澤袍”,今據刪。

② “五百六十九”,當作“五百六十七”。按中道金吾引駕騎二十人,前部鼓吹五百四十七人,共五百六十七人;又前謂總人數爲一千一百七人,下文外仗五百四十人,亦可知中道爲五百六十七人。

頭、綠寬衫、皂角帶、黃絹半臂、烏皮靴。部轄指揮使一名,平巾幘、紫寶相花袍、革帶、錦騰蛇①。主帥四十八人,分五項,平巾幘、緋鸞衫、革帶、袴,執儀刀。桐鼓、金鉦二十四人,並平巾幘、緋鸞衫、銀褐抹帶、錦騰蛇②。大鼓、長鳴二百四十,步,並黃雷花袍、袴、抹額、抹帶。鐃鼓一十二人,並緋苣紋袍、袴、抹額、抹帶。歌色二十四、拱辰二十四、簫二十四、笳二十四,並平巾幘③、緋鸞衫、銀褐抹帶、大口袴。大橫吹一百二十人,緋苣紋袍、袴、抹額、抹帶。

外仗五百四十人:

前部馬隊,第四至第十隊,並馬:

第四隊,六十人:折衝都尉二人,錦帽、緋飛麟袍、革帶、袴、橫刀、弓矢。箕宿旗一、壁宿旗一,計一十人,五色衫、抹額、革帶、橫刀,引夾人加弓矢。弩六、弓矢一十四,並錦帽、青寶相花袍、革帶、袴。稍二十八,並錦帽、緋寶相花袍、革帶、袴子。

第五隊,六十人:折衝都尉二人,錦帽、緋繡飛麟袍④、革帶、大口袴、橫刀、弓矢。奎宿旗一、井宿旗一,計一十人,五色衫、抹額、革帶、橫刀,引夾加弓矢。弩六、弓矢一十四,並錦帽、青寶相花袍、袴、革帶。稍二十八,並錦帽、緋寶相花袍、革帶、袴。

第六隊,六十人:折衝都尉二人,錦帽、緋瑞鷹袍、袴、革帶、橫刀、弓矢。婁宿旗一、鬼宿旗一,計一十人,五色寶相花衫、抹額、革帶、橫刀,引夾加弓矢。弩六、弓矢一十四,並錦帽、青寶相

---

① "騰",原作"滕",曹本、文淵閣本同,據廣雅本改。
② "騰",原作"滕",曹本、文淵閣本同,據廣雅本改。
③ "平巾幘",原作"平巾績",據曹本、文淵閣本、廣雅本改。
④ "繡飛"二字原倒,曹本、文淵閣本同,廣雅本無"繡"字據文義乙正。

花袍、袴、革帶。稍二十八,並錦帽、緋寶相花袍、袴、革帶。

　　第七隊,六十人:折衝都尉二人,錦帽、緋瑞鷹袍、袴、革帶、橫刀、弓矢。胃宿旗一、柳宿旗一,計一十人,五色寶相花衫、抹額、革帶、橫刀,引夾加弓矢。弩六、弓矢一十四,並錦帽、青寶相花袍、袴、革帶。稍二十八,並錦帽、緋寶相花袍、袴、革帶。

　　第八隊,六十人:折衝都尉二人,錦帽、緋瑞鷹袍、袴、革帶、橫刀、弓矢。昴宿旗一、星宿旗一,計一十人,五色衫、抹額、革帶、橫刀,引夾人加弓矢。弩六、弓矢一十四,並錦帽、青寶相花袍、袴、革帶。稍二十八,並錦帽、緋寶相花袍、袴、革帶。

　　第九隊,六十人:折衝都尉二人,錦帽、緋赤豹袍、袴、革帶、橫刀、弓矢。畢宿旗一、張宿旗一,計一十人,五色衫、抹額、革帶、橫刀。弩六、弓矢一十四,計二十人,錦帽、青寶相花袍、袴、革帶,馬。稍二十八人,並錦帽、緋寶相花袍、袴、革帶,馬。

　　第十隊,七十人:折衝都尉二人,錦帽、緋瑞馬袍、袴、革帶、橫刀、弓矢,並馬。觜宿旗一口、翼宿旗一口、參宿一口、軫宿一口,計二十人,五色衫、抹額、革帶、橫刀、弓矢。弩六、弓矢一十四,並錦帽、青寶相花袍、袴、革帶,馬。稍二十八,並錦帽、緋寶相花袍、大口袴。

　　步甲隊,第一、第二隊共一百一十人:領軍衛將軍二人,平巾幘①、紫白澤袍、袴、革帶、錦騰蛇②、橫刀、弓矢,馬。㸌稍四人,平巾幘、緋寶相花衫、革帶、大口袴,馬。折衝都尉四人,平巾幘、紫白澤袍、大口袴、革帶、錦騰蛇③、橫刀、弓矢,馬。鸐鷄旗二、鸜旗

---

①　"幘"字原奪,曹本及《儀衛志上‧黃麾仗》同,據文淵閣本、廣雅本補。
②　"騰",原作"滕",曹本、文淵閣本同,據廣雅本改。
③　"騰",原作"滕",曹本、文淵閣本同,據廣雅本改。

二,計二十人,五色衫、抹額、革帶、橫刀,引夾弓矢,馬。皮朱牟甲八十副,頭牟、甲身、披膊、錦臂勾、行縢①、鞋韈、勒甲皮條全。朱牟甲弓矢四十、朱牟甲刀盾四十。

第三節:人,九百九十七人;內攝官五十二人。馬,六百一十六疋。內儀仗司一疋。

中道五百一名:

前部鼓吹,節鼓爲頭,共四百九十六人,並馬:節鼓二人、笛二十四人、簫二十四人、篳篥二十四人、笳色二十四人、桃皮篳篥二十四人,共一百二十二人,黑平巾幘、緋對鸞衫、銀褐勒帛、大口袴,馬。主帥二十六人,分四項,並黑平巾幘、緋對鸞衫、革帶、大口袴,執儀刀,馬。欞鼓一十二、金鉦十二,共二十四人,黑平巾幘、緋繡對鸞衫、銀褐勒帛、大口袴、錦騰蛇②,馬。小鼓一百二十人、中鳴一百二十人,五色角衣全。共二百四十人,黃雷花袍、袴、抹額、抹帶,馬。菊葆鼓一十二人,青苣紋袍、袴、抹額、抹帶,馬。歌色二十四人、拱辰管二十四人、簫色二十四人,共七十二人③,黑平巾幘④、緋繡對鸞衫、銀褐勒帛、大口袴,馬。

侍御史二員,朝服,馬。黃麾幡一首,三人,並武弁冠、緋寶相花衫、銀褐勒帛、大口袴,執馬、絍人步。

外仗五百二十五人⑤:

────────

①　"縢",原作"滕",曹本同,文淵閣本作"膡",據廣雅本、《儀衛志上‧黃麾仗》改。

②　"騰",原作"滕",曹本、文淵閣本同,據廣雅本改。

③　"共七十二人",文淵閣本、廣雅本同,曹本作"笳二十四人共一百零八人",《儀衛志上‧黃麾仗》於歌、拱辰管、簫各二十四之後,亦有"笳二十四"。

④　"巾"字原奪,曹本同,據文淵閣本、廣雅本補。

⑤　"百"前"五"字原闕,文淵閣本、廣雅本作"一",據曹本補。

步甲隊,第三至第十隊共四百一十六人:

第三隊,五十二人:折衝、果毅都尉二人,平巾幘、紫瑞馬袍、袴、騰蛇①、革帶、刀、弓矢,馬。玉馬旗二口,計一十人,五色衫、抹額、革帶、橫刀,引夾加弓矢,馬。青牟甲弓矢四十人②,頭牟、甲身、披膊、錦臂勾、行縢③、鞋韈、勒甲皮全。

第四隊,五十二人:折衝、果毅都尉二人,平巾幘、紫瑞鷹袍、袴、騰蛇④、革帶、橫刀、弓矢,馬。三角獸旗二口,計一十人,五色抹額、衫、革帶、橫刀,引夾加弓矢,馬。青牟甲刀盾四十人,頭牟、甲身、披膊、錦臂勾、行縢⑤、鞋韈、勒甲皮條全。

第五隊,五十二人:折衝、果毅都尉二人,黑平巾幘、紫白澤袍、袴、革帶、騰蛇⑥、橫刀、弓矢,馬。黃鹿旗二口,計一十人,五色衫、抹額、革帶、橫刀,引夾加弓矢,馬。黑牟甲弓矢四十人,頭牟、甲身、披膊、臂勾、行縢⑦、鞋韈、勒甲皮條全。

第六隊,五十二人:折衝、果毅都尉二人,黑平巾幘、紫白澤袍、袴、錦騰虵⑧、革帶、橫刀、弓矢,馬。飛麟旗二口,計一十人,五色寶相花衫、抹額、革帶、橫刀,引夾人加弓矢,馬。黑牟甲刀盾四十人,頭牟、甲身、披膊、臂勾、行縢⑨、鞋韈、勒甲皮條全。

第七隊,五十二人:折衝、果毅都尉二人,平巾幘、紫赤豹袍、

---

① “騰”,原作“縢”,曹本、文淵閣本同,據廣雅本改。
② “青”下原衍“巾”字,曹本、文淵閣本同,據廣雅本、《儀衛志上·黃麾仗》刪。
③ “縢”,原作“滕”,曹本同,文淵閣本作“膌”,據廣雅本改。
④ “騰”,原作“縢”,曹本、文淵閣本同,據廣雅本改。
⑤ “縢”,原作“滕”,曹本、文淵閣本同,據廣雅本改。
⑥ “騰”,原作“縢”,曹本、文淵閣本同,據廣雅本改。
⑦ “縢”,原作“滕”,曹本同,文淵閣本作“膌”,據廣雅本改。
⑧ “騰”,原作“縢”,曹本、文淵閣本同,據廣雅本改。
⑨ “縢”,原作“滕”,曹本同,文淵閣本作“膌”,據廣雅本改。

大口袴、錦騰蛇①、革帶、横刀、弓矢，馬。駃騠旗二口，計一十人，五色寶相花衫、抹額、革帶、横刀，引夾人加弓矢，馬。銀褐牟甲弓矢四十人，頭牟、甲身、披膊、臂勾、行縢②、鞋韈、勒甲皮條全。

第八隊，五十二人：折衝、果毅都尉二人，平巾幘、紫赤豹袍、大口袴、錦騰蛇③、革帶、横刀、弓矢，馬。鸞旗二口，計一十人，五色寶相花衫④、抹額、革帶、横刀，引夾人加弓矢⑤，馬。銀褐牟甲刀盾四十人，頭牟、甲身、披膊、錦臂勾、行縢⑥、鞋韈、勒甲皮條全。

第九隊，五十二人：折衝、果毅都尉二人，平巾幘、紫瑞鷹袍、大口袴、錦騰蛇⑦、革帶、横刀、弓矢，馬。麟旗二口，計一十人，五色寶相花衫、抹額、革帶、横刀，引夾人加弓矢，馬。黃牟甲弓矢四十人，頭牟、甲身、披膊、錦臂勾、行縢⑧、鞋韈、勒甲皮條全。

第十隊，五十二人：折衝、果毅都尉二人，黑平巾幘、紫瑞鷹袍、大口袴、錦騰蛇⑨、革帶、横刀、弓矢，馬。馴象旗二口，計一十人，五色寶相花衫、抹額、革帶、横刀，引夾人加弓矢，馬。黃牟甲刀盾四十人，頭牟、甲身、披膊、錦臂勾、行縢⑩、鞋韈、勒甲皮條全。

---

① "騰"，原作"滕"，曹本、文淵閣本同，據廣雅本改。
② "縢"，原作"滕"，曹本同，文淵閣本作"勝"，據廣雅本改。
③ "騰"，原作"滕"，曹本、文淵閣本同，據廣雅本改。
④ "相"字原奪，曹本同，據文淵閣本、廣雅本補。
⑤ "引夾人"，原作"引甲人"，文淵閣本同，據曹本、廣雅本改。
⑥ "縢"，原作"滕"，曹本同，文淵閣本作"勝"，據廣雅本改。
⑦ "騰"，原作"滕"，曹本、文淵閣本同，據廣雅本改。
⑧ "縢"，原作"滕"，曹本、文淵閣本同，據廣雅本改。
⑨ "騰"，原作"滕"，曹本、文淵閣本同，據廣雅本改。
⑩ "縢"，原作"滕"，曹本、文淵閣本同，據廣雅本改。

金吾牙門第二門：牙旗四口，一十二人，青抹額、寶相花衫、大口袴、革帶、横刀，引夾人加弓矢，馬。監門校尉六人，長脚幞頭、緋抹額、獅子裲襠、革帶、烏皮靴、横刀、弓矢，馬。

黄麾前部，第一部六十二人：左右屯衛大將軍二人，平巾幘、紫飛麟袍、大口袴、錦騰虵[①]、革帶、横刀、弓矢，馬。絳引幡二十首，計六十人，武弁冠、緋繡寶相花衫、銀褐勒帛、大口袴。

第四節，一千三百二十七人，内攝官九十三人。馬一百一十一疋。内儀仗司一疋。

中道五百一十五人：

六軍儀仗二百五十二人：統軍六人，花脚幞頭、紫繡抹額、孔雀袍、革帶、横刀、鞦轡、器仗、珂馬、弓矢、靴、弩，馬。都頭六人，長脚幞頭、紫寶相花大袖、革帶、横刀，馬。神武軍旗二、羽林軍旗二、龍武軍旗二，共三十人，五色寶相花衫、錦帽、革帶、横刀、臂勾，引夾加弓矢。執人錦帽，引夾人貼金帽。排攔旗四十八口[②]，吏兵、力士旗各四口，赤豹、黄熊旗各四口，龍君、虎君旗各四口，掩尾天馬旗六口，共七十八人，錦帽、五色寶相花衫、革帶、錦臂勾。白簳槍九十人[③]，交脚幞頭、五色寶相花衫、抹額、革帶、汗胯。柯舒二十四人、蹬仗一十八人[④]，並貼金帽、五色寶相花衫、革帶。

引駕龍墀旗隊五十人：排仗通直二人、排仗大將二人，並長脚幞頭、紫公服、紅鞓帶、絲鞭、烏皮靴，馬。天王旗四人、十二時辰旗一十二人，並錦帽、五色寶相花衫、革帶、臂勾。天下太平旗

---

① “騰”，原作“滕”，曹本、文淵閣本同，據廣雅本改。

② “排”，原作“緋”，曹本、文淵閣本、廣雅本同，據《儀衛志上・黄麾仗》改。

③ “白簳槍”，原作“白捍槍”，曹本、文淵閣本同，據廣雅本及《儀衛志上・黄麾仗》改。

④ “蹬仗”，諸本均同，《儀衛志上・黄麾仗》作“鐙杖”。

一口、五方龍旗五口，計三十人，五色寶相花衫、革帶、錦帽、橫刀、錦臂勾，引夾加弓矢。執人錦帽，引夾人貼金帽①。

龍墀隊一十五人：君王萬歲旗一口、日月旗共二口，計一十五人，五色寶相花衫、錦帽、革帶、大口袴、錦臂勾、橫刀，引夾人加弓矢。執人錦帽，引夾人貼金帽。

御馬下六十六人：御馬一十六疋，每疋四人，計六十四人，三十二人控馬，貼金帽、紫寶相花衫、革帶；三十二人夾馬②，皂帽、青錦襖、金銅束帶。部押廣武節級一名，錦帽、紫寶相花衫、革帶、黑杖子。管押騎御馬直人員一名，皂帽、紅錦襖③、金銅束帶，馬。

中道隊三十二人：大將軍一員，朝服、絲鞭、馬。日月合璧旗一口④、莒紋旗二口、五星連珠旗一口、祥雲旗二口，計三十人，五色寶相花衫、抹額、抹帶、錦臂勾、橫刀，引夾加弓矢。長壽幢一⑤，平巾幘、緋寶相花衫、革帶、大口袴。

金吾細仗一百人：青龍旗一、白虎旗一、五岳神旗五、五方神旗五，已上計旗一十二口，每口四人，計四十八人，並四色寶相花衫、青黃銀褐皂抹額⑥、抹帶、橫刀，引夾加弓矢。押旗二人，長脚幞頭、紫公服、紅鞓角帶、烏皮靴，馬。五方龍旗各三，計一十五

---

① “金”，原作“錦”，曹本同，據文淵閣本、廣雅本及《儀衛志上·黃麾仗》改。

② “三”字原奪，曹本、文淵閣本同，據廣雅本、《儀衛志上·黃麾仗》補。

③ “紅錦襖”，原作“紅綿襖”，據曹本、文淵閣本、廣雅本及《儀衛志上·黃麾仗》改。

④ “璧”，原作“壁”，曹本同，據文淵閣本、廣雅本及《儀衛志上·黃麾仗》改。

⑤ “長壽幢”，原作“長壽撞”，據曹本、文淵閣本、廣雅本、《儀衛志上·黃麾仗》改。

⑥ “皂”下原衍“衫”字，曹本、文淵閣本同，按前已有四色寶相花衫，據廣雅本、《儀衛志上·黃麾仗》刪。

口，五方鳳旗各三，計一十五口，計三十人，並五色衫、抹額、抹帶、橫刀。江河淮濟瀆旗共四口，計二十人，並皂寶相花衫、抹額、革帶、橫刀，引夾弓矢。

外仗共八百一十二人：

黃麾前第一部至第三部：

二百六十八人①，並服青：

殿中侍御史二員，朝服。左右屯衛大將軍二人、折衝都尉二人，平巾幘、紫飛麟袍、革帶、大口袴、錦騰蛇②、橫刀、弓矢，馬。主帥二十人③，平巾幘、緋寶相花衫、革帶、袴、儀刀，馬。龍頭竿一百人、揭鼓六人、儀鍠斧二十人、小戟二十人、弓矢四十人、朱刀盾二十人、稍二十人、綠縢絡刀盾二十人④，共二百四十二人⑤，青寶相花衫、抹額、抹帶、勾、行縢⑥、鞋韈。

第二部，二百七十二人：

殿中侍御史二員，朝服，馬。左右領軍衛大將軍二人、折衝都尉二人，並黑平巾幘、紫繡白澤袍、革帶、大口袴、錦騰蛇⑦、橫刀、弓矢，馬。主帥二十人⑧，平巾幘、緋寶相花衫、革帶、袴、儀刀，馬。龍頭竿一百人、揭鼓六人、儀鍠斧二十人、小戟二十人、

---

① 按此"二百六十八人"爲黃麾前第一部之總人數，其前蓋有奪文。
② "騰"，原作"縢"，曹本、文淵閣本同，據廣雅本改。
③ "帥"，原作"師"，曹本同，據文淵閣本、廣雅本及《儀衛志上·黃麾仗》改。
④ "稍二十人綠"五字原奪，曹本、文淵閣本同，據廣雅本、《儀衛志上·黃麾仗》補；又"縢"，原作"滕"，曹本、文淵閣本同，據廣雅本、《儀衛志上·黃麾仗》改。
⑤ "共二百四十二人"，曹本、文淵閣本同，廣雅本改作"共二百四十六人"。按自龍頭竿至綠縢絡刀盾合共二百四十六人，此處統計有誤，然原文如此，今仍舊。
⑥ "縢"，原作"滕"，曹本同，文淵閣本作"勝"，據廣雅本、《儀衛志上·黃麾仗》改。
⑦ "騰"，原作"滕"，曹本、文淵閣本同，據廣雅本改。
⑧ "主帥"，原作"主師"，曹本同，據文淵閣本、廣雅本、《儀衛志上·黃麾仗》改。

弓矢四十人、朱縢刀盾二十人、稍二十人、綠縢刀盾二十人①,共二百七十二人②,緋寶相花衫、抹額、抹帶、勾、行縢③、鞋韈。

第三部,二百七十二人,並服黄:

殿中侍御史二員,朝服,馬。左右屯衛大將軍二人、折衝都尉二人,並平巾幘、紫瑞鷹袍、革帶、大口袴、錦縢蛇④、横刀、弓矢,馬。主帥二十人⑤,平巾幘⑥、緋寶相花衫、革帶、大口袴,執儀刀,馬。龍頭竿一百人、揭鼓六人、儀鍠斧二十人、小戟二十人、弓矢四十人、朱縢刀盾二十人、稍二十人、綠縢刀盾二十人⑦,共二百四十六人,黄寶相花衫、抹額、抹帶、勾、行縢⑧、鞋韈。

第五節:人,一千四百二十人;攝官一百一十七人。馬,二百九疋。

中道六百五人:

八寶、香案共二百三十二人:八寶輿士九十六人,平巾幘、緋寶相花衫、大口袴、塗金銀束帶。燭籠三十二,平巾幘⑨、緋寶相花衫、袴、大珮銀腰帶。行馬一十六,平巾幘、緋寶相花衫、袴、大珮銀腰帶。碧襴十六⑩,弓脚幞頭、碧襴衫、金銅束帶、烏皮靴,後

---

① 二“縢”字,原並作“膝”,曹本同,文淵閣本作“勝”、“膝”,據廣雅本、《儀衛志上·黄麾仗》改。

② “共二百七十二人”,按自龍頭竿以下合共二百四十六人,廣雅本已改,今仍舊。

③ “縢”,原作“膝”,曹本同,文淵閣本作“勝”,據廣雅本改。

④ “騰”字原奪,曹本同,文淵閣本作“勝”,據廣雅本補。

⑤ “主帥”,原作“主師”,曹本同,據文淵閣本、廣雅本改。

⑥ “平巾幘”,原作“平巾績”,據曹本、文淵閣本、廣雅本改。

⑦ 二“縢”字,原並作“膝”,曹本、文淵閣本同,據廣雅本、《儀衛志上·黄麾仗》改。

⑧ “縢”,原作“膝”,曹本同,文淵閣本作“勝”,據廣雅本改。

⑨ “平巾幘”,原作“平巾績”,據曹本、文淵閣本、廣雅本改。

⑩ “碧襴”,原作“碧欄”,文淵閣本同,據曹本、廣雅本、《儀衛志上·黄麾仗》改。

四人執長刀，並馬。符寶郎八員，長腳幞頭、綠公服、皂角帶、槐簡，步導①。援寶三十二人：人員二，武弁、紫寶相花衫、革帶，執黑漆杖子；長行三十人，武弁、緋寶相花衫、革帶，執黑漆杖子。香案八，計三十二人，平巾幘、緋寶相花衫、大口袴、大珮銀腰帶。

　　寶案後金吾仗六人：方傘二柄，二人，大雉扇四柄，共四人，並弓腳幞頭、碧襴衫、大口袴、金銅腰帶、烏皮靴。

　　金吾仗十二人：四色官四人，長腳幞頭、綠公服、大口袴、金銅腰帶、烏皮靴，馬，前二人執槐簡，後二人執金銅儀刀。押仗二人，長腳幞頭、紫公服、紅鞓帶、烏皮靴，馬。金甲二人，甲身、披膊、兜牟、鉞斧、錦臂勾②、勒甲條。進馬四人，平巾幘、紫犀牛裲襠、革帶、大口袴、橫刀、弓矢，馬。

　　金吾引駕千牛一十五人：千牛將軍一、千牛一十人、郎將二人，並緋繡抹額、紫犀牛裲襠、革帶、大口袴、橫刀、弓矢、珂馬，並騎；將軍二人，平巾幘③，無抹額；千牛、郎將十二人花腳幞頭。長史二人，長腳幞頭、綠公服、金銅腰帶、袴、烏皮靴，馬。

　　腰輿、平輦等下一百六十三人④：

　　引駕官四人，長腳幞頭、紫公服、紅鞓帶、烏皮靴，馬。中雉扇十二、大傘二、小雉扇四、華蓋二、香蹬一坐八人、火燎一個二人，共三十人，武弁冠、緋寶相花大袖衫⑤、革帶、大口袴。

---

　　① “步導”，原作“步道”，曹本、文淵閣本同，據廣雅本、《儀衛志上·黃麾仗》改。
　　② “臂勾”，原作“背勾”，曹本同，據文淵閣本、廣雅本、《儀衛志上·黃麾仗》改。。
　　③ 按上文謂“千牛將軍一”，此處之“二人”二字疑衍，或當作“一人”。《儀衛志上·黃麾仗》無此二字。
　　④ “腰輿平輦等下一百六十三人”，按此下統計共一百三十七人，尚缺二十六人，疑有脫文。
　　⑤ “相”字原奪，曹本、文淵閣本同，據廣雅本、《儀衛志上·黃麾仗》補。

腰輿下人員、十將三人，皂帽子、紅錦襖、塗金銀束帶，内人員執杖子。長行一十六人，拳脚幞頭、紅錦四襆襖、塗金銅腰帶①。

排列官二人，長脚幞頭、紫公服、紅鞓帶、烏皮靴，馬。

小輿下二十四人，拳脚幞頭、紅錦四襆襖、白鞓銀束帶。

逍遥輦下人員②、十將十六人，皂帽子、塗金銀束帶、紅錦方勝練鵲，内人員執黑漆杖子。長行二十六人，拳脚幞頭、紅地白獅子錦四襆襖、塗金銀帶。

平輦下人員、十將一十六人，皂帽子、紅錦團襖、塗金銀腰帶。

諸班開道旗隊一百七十七人，並馬：開道旗一口，鐵甲、頭牟、紅背子、劍、緋馬甲。皂纛旗十二口，黑漆鐵笠子、皂皮人馬甲。引駕六十二人，皂帽子、紅錦團襖、紅背子、鐵甲人馬甲，帶鑞劍、弓箭、器械、骨朵。輔龍直一百二人，皂帽子、鐵甲、紅背子，執骨朵，人馬鐵甲。

外仗八百一十六人：

黃麾第四部，共二百七十二人：殿中侍御史二員，朝服。左右武衛大將軍二人、折衝都尉二人，並平巾幘、紫飛麟袍③、革帶、大口袴、錦騰蛇④、橫刀、弓矢，馬。主帥二十人⑤，平巾幘、緋寶相

---

① “銅腰帶”，曹本、文淵閣本同，廣雅本、《儀衛志上·黃麾仗》作“銀”腰帶。

② “逍遥輦”，原作“逍遥子”，曹本、文淵閣本同，據廣雅本、《儀衛志上·黃麾仗》改。

③ “紫”，原誤“飛”，據曹本、文淵閣本、廣雅本改。

④ “騰”，原作“滕”，曹本、文淵閣本同，據廣雅本改。

⑤ “帥”，原作“師”，據曹本、文淵閣本、廣雅本及《儀衛志上·黃麾仗》改；又“人”上原衍“八”字，諸本均同，據《儀衛志上·黃麾仗》刪。

花衫、革帶、袴、儀刀，馬。龍頭竿一百人、揭鼓六人、儀鍠斧二十人、小戟二十人、弓矢四十人、朱縢刀盾二十人、稍二十人、綠縢刀盾二十人①，共二百四十六人，黃寶相花衫、抹額、勒帶帛、行縢②、鞵韈。

第五部，共二百七十二人：殿中侍御史二員，朝服，馬。左右驍衛大將軍二員、折衝都尉二人，並平巾幘、紫赤豹袍、革帶、大口袴、錦騰蛇③、橫刀、弓矢，馬。主帥二十人，平巾幘、緋寶相花衫、革帶、大口袴、儀刀，馬。龍頭竿一百人、揭鼓六人、儀鍠斧二十人、小戟二十人、弓矢四十人、朱縢刀盾二十人、稍二十人、綠縢刀盾二十人④，共二百四十六人，銀褐寶相花衫、抹額、革帶、勾、行縢⑤、鞵韈。

第六部，共二百七十二人：殿中侍御史二員，朝服，馬。屯衛大將軍二員、折衝都尉二人，並平巾幘、紫瑞馬袍、袴、儀刀。主帥二十人，平巾幘⑥、緋寶相花衫、革帶、袴。龍頭竿一百人、揭鼓六人、儀鍠斧二十人、小戟二十人、弓矢四十人、朱縢刀盾二十人、稍二十人、綠縢刀盾二十人⑦，共二百四十六人，皂寶相花衫、抹額、抹帶、勾、行縢⑧、鞵韈。

---

① "朱縢"，原作"朱縢"，曹本、文淵閣本同，據廣雅本、《儀衛志上·黃麾仗》改；又"稍二十人綠縢刀盾二十人"十一字原奪，據《儀衛志上·黃麾仗》及上下文參補。

② "縢"，原作"縢"，曹本同，文淵閣本作"縢"，據廣雅本改。

③ "騰"，原作"縢"，曹本、文淵閣本同，據廣雅本改。

④ 二"縢"字，原並作"縢"，曹本、文淵閣本同，據廣雅本改。

⑤ "縢"，原作"縢"，曹本同，文淵閣本作"縢"，據廣雅本改。

⑥ "平巾幘"，原作"平巾績"，據曹本、文淵閣本、廣雅本改。

⑦ 二"縢"字，原並作"縢"，又"稍二十"下原衍"二"字，曹本、文淵閣本同，據廣雅本改、刪。

⑧ "縢"，原作"縢"，曹本同，文淵閣本作"縢"，據廣雅本改。

第六節：人，二千二百一十六人；攝官十人。馬，七百七十八匹。玉輅，帝后同乘，太子陪坐，太僕卿執綏，點檢攝。金輅，皇太后乘，公主侍坐，依圖本周圍導從用太后本宮弩手、傘子六十人，并添差訖護衛三十人。

中道二千一百六十四人：

五方色龍旗五、馬執門旗四十、麋旗一、簇輦紅龍旗八、日月旗二、麟旗一、鳳旗二[①]、赤白赤黑大黃龍旗五，共六十四口，計六十四人，並鐵頭牟、甲身、紅錦襖、紅背子。紅錦襖、紅背子二十四人步執，紅背子四十人馬執。步執紅龍門旗六十人，並鐵頭牟、甲身、紅錦團襖、紅背子，帶劍。

擊鞭內侍一十人，皂帽子、紅錦襖、塗金銀束帶。

金輅九十四人，赤平巾幘、緋繡對鳳大袖、緋抹額[②]、赤袴、鞋韈。並控鶴并馬步軍內添差。駕頭下一十五人：除內侍外，並係控鶴。抱駕頭內侍一員，長腳幞頭、紫羅公服、塗金銀束帶，馬；控馬二人，錦帽、錦絡縫寬衫、銀大珮腰帶；廣武官十二人，錦帽、白鞓銀束帶、襖子。緋對鳳六領，紫對鳳六領。茶酒班執從物十一人，皂帽、碧錦團襖、紅錦背子、塗金銀束帶。並控鶴充。水罐子二人、香毬二人、唾盂一名、厮羅一名、御椅三人、手巾一名、踏床一名。

拱聖直四十人，紅錦四襨襖、塗金銀束帶：並弩手、傘子充。人員二，皂帽子；長行三十八人，真珠頭巾。

導駕官四十二員，朝服，騎。從人八十四人，錦帽、紫絡縫寬衫、大珮銀腰帶。仗劍六人，皂帽、紅錦團襖、紅錦背子、鐵甲、弓矢、器械。護衛內差。廣武把行門八人，殿班把行門三十五人，並皂

---

① "鳳旗二"，諸本均同，《儀衛志上·黃麾仗》作"鳳旗一"。

② "額"，原作"帶"，曹本、文淵閣本同，據廣雅本、《儀衛志上·黃麾仗》改。

帽子、紅錦襖、紅錦背子、真鐵甲、弓矢、器械。護衛充。

玉輅下一百五十人①，並係弩手、傘子：千牛將軍一員，具裝，執長刀於輅右②。差尚廄局使充。左右點檢，披金甲。管勾將軍，披間金甲。夾輅大將軍二員、陪輅將軍二員，並朝服。進輅職掌二人，長脚幞頭、紫寬衫、塗金銀腰帶。教馬官二員，尚廄局馬群直長充③。長脚幞頭、緋抹額、紫寶相花衫、塗金銀腰帶。部押二人，皂帽、鐵甲、紅錦襖、執骨朵。護衛內差到六人輪番承應。挾輅八人，控攏踏路馬二疋④，四人，銅面⑤、包尾、涼屜。駕士一百二十八人。弩手、傘子。共一百四十人，平巾幘、青絁繡對鳳大袖、青袴、勒帛、鞋韈。

龍翔馬隊二十隊，分左右，每隊人員三人、殿侍二十八人，計六百二十人，並馬、劍：係護駕軍差。人員六十人，皂帽子、鐵甲身、紅錦襖、紅背子、弓矢、器械、劍，執骨朵，並人馬甲；殿侍五百六十人，紅錦背子、人馬鐵甲。

東第五班，共六隊，每隊旗三人、鎗五人、弓矢二十人，器械，計一百六十八人，旗十八人、鎗三十人、弓矢一百二十人。器械，並裹鐵頭牟。

金槍共六隊，每隊旗三人、槍二十五人，計一百六十八人，旗

---

① "一百五十人"，曹本、文淵閣本同，廣雅本據《儀衛志上·黃麾仗》改爲"一百五十三人"。按《儀衛志上·黃麾仗》無"管勾將軍，披間金甲"一句，若管勾將軍爲一人，則玉輅下實共一百五十四人。

② "具裝"與"執"字原誤倒，曹本、文淵閣本同，據廣雅本、《儀衛志上·黃麾仗》乙正。

③ "馬群"，原作"馬郡"，諸本均同，按《金史》卷五六《百官志二》尚廄局下有"直長一員，司馬牛群"，今據改。

④ "控攏"，原作"控櫳"，曹本同，廣雅本作"控籠"，據文淵閣本改。

⑤ "銅面"，原作"馬面"，曹本、文淵閣本同，據文淵閣本、《儀衛志上·黃麾仗》改。

一十八人、金槍一百五十人。並裹鐵笠子。銀槍六隊，每隊旗三人、槍二十五人，計一百六十八人，旗一十八人，銀槍一百五十人。並裹鐵笠子。

東第四班，共二隊，每隊旗三人、弩手二十五人，計五十六人。旗六人，弩五十人，鞴韝。並裹鐵笠、頭牟。

神勇步隊七百人，分左右，各作四重，並鐵甲：護駕軍差。人員十人，皂帽子、紅錦團襖、弓矢、器械、骨朵。長行六百六十人，鐵頭牟、甲身，内拱聖骨朵直一百六十四人，執骨朵；拱聖槍直一百六十四人，小旗兒一百六十二人，執槍①；拱聖弓箭直一百六十六人，弓矢、器械、執骨朵；拱聖弩直一百六十六人，挾弩、鞴韝。

廣武骨朵大劍三百一十人：係南京揀到射粮軍。人員一十人，皂帽、紅錦襖、背子、塗金銀腰帶、骨朵。指揮使五人，紅錦襖子、紅背子；都頭五人，紅襖子、紅背子。長行三百人，内一百人簇四金鵰錦帽、紫孔雀寬襖子、白鞓銀束帶②、骨朵；二百人金鍍銀花朱紅笠子、緋對鳳寬襖子、白鞓銀束帶③，執銀花大劍。

導駕官四十二員下從人八十四人。事具行幸上。④

外仗，青龍白虎隊五十二人，並馬：彈壓所軍内差。果毅都尉二人、平巾幘、緋瑞馬袍、革帶、袴、橫刀、弓矢，馬。青龍白虎旗二口，計一十人，五色衫、抹額、抹帶、臂勾、橫刀，引夾加弓矢。弩六人、弓矢十四人、稍二十人，並平巾幘、⑤緋寶相花衫、抹帶、大

---

① “執槍”，原作“直槍”，曹本、文淵閣本同，據廣雅本、《儀衛志上·黃麾仗》改。
② “白鞓”，原作“白成”，曹本、文淵閣本、《儀衛志上·黃麾仗》同，廣雅本已改正，今從改。
③ “白鞓”，原作“白成”，曹本、文淵閣本同，據廣雅本改。
④ “事”，原作“四”，曹本、文淵閣本同，廣雅本已改正，今從改。
⑤ “平巾幘”，原誤“平巾績”，據曹本、文淵閣本、廣雅本改。

口袴、橫刀。

第七節：人，一千三百一十七人；攝官一百一十人。馬，四百六十八疋。

中道四百八十五人：

駕後輔龍直樂三十一人，皂帽子、紅錦襖、塗金銀束帶，並馬：人員一名，執骨朵；三十人長行，樂器自備。拍板一名、^①篳篥十五人、笛一十四人。　已下原闕。^②

立仗原闕③

大金集禮卷第二十七

---

① "拍板"，原誤"拍扳"，據曹本、文淵閣本、廣雅本、《儀衛志上·黃麾仗》改。

② "已下原闕"，文淵閣本、廣雅本同，曹本無此四字。《儀衛志上·黃麾仗》此下仍有第七節、第八節之內容，無有闕文。

③ "立仗原闕"，文淵閣本、廣雅本同，曹本無此四字。

大金集禮卷第二十八　儀仗下

皇后鹵簿　皇太子鹵簿　雜録

皇后鹵簿

大定十九年，昭德皇后吉儀，用唐令皇后鹵簿①，共二千八百四十四人：

清游旗隊三十人，執帶橫刀②；二人夾，並帶弓箭、橫刀：並平巾幘、緋裲襠、大口袴。金吾衛折衝都尉一人，平巾幘、紫裲襠、大口袴、錦騰虵銀梁金隱起③，帶弓箭、橫刀，騎。餘折衝、果毅服仗並准此。領四十人，並騎，平巾幘、緋裲襠、大口袴，帶橫刀：二十人執矟、四人帶弩、十六人帶弓箭橫刀。二人執㦸矟，並平巾幘、緋衫、大口袴，騎，夾折衝。次虞候佽飛二十八人，騎，夾道單行，帶弓箭、橫刀，並平巾幘、緋裲襠、大口袴，分左右均布至黃麾仗。次內僕令在左，僕丞一人在右，依品服；餘仗官服准此。各書令史二

---

①　"唐令"，曹本、文淵閣本同，廣雅本奪"令"字。《儀衛志下·皇太后皇后鹵簿》謂"用唐、宋制"。

②　"清游旗隊三十人執帶橫刀"，諸本均同，《儀衛志下·皇太后皇后鹵簿》作"清游隊三十人，清游旗一，執一人，引二人，夾二人"，此處疑有脱文。

③　"騰"，原作"滕"，曹本、文淵閣本同，據廣雅本及《儀衛志下·皇太后皇后鹵簿》改。

人騎從，平巾幘、緋衫、大口袴。餘從人准此。次黃麾一，執人騎，夾①，武弁、朱衣、革帶，正道。次左右廂黃麾仗，廂各三行，行列一百人：從内第一行，短戟、五色氅②，執人並黃地白花綦襮、帽、行縢③、鞋韈；次外第二行，戈、五色氅④，執人並赤地黃花綦襮、帽、行縢⑤、鞋韈；次外第三行：儀鍠⑥、五色幡，執人並青地赤花綦襮⑦、帽、行縢⑧、鞋韈。左右領軍衛、左右威衛、左右武衛、左右驍衛、左右衛等衛各三行，行二十人，十人前，十人後。衛別主帥六人，並平巾幘、緋裲襠、大口袴、被豹文袍、帽，領軍衛前後獅子文，餘衛並豹文。執鍮石裝長刀，騎領；各分前後。左右領軍衛主帥各三人，服仗同前。護後衛別果毅都尉一人被繡袍檢校，各一人步從。左右領軍衛各絳引幡六口，三口引前，三口掩後⑨。執人平巾幘、緋衫、大口袴。次内謁者監四人、給事二人、内常侍二人、内侍二人，並

---

① 按下文有“次後黃麾一，執人騎，夾二人騎”，以之參照，此處“次黃麾一執人騎夾”后當有奪文。《儀衛志下·皇太后皇后鹵簿》作“次黃麾一，執一人，夾二人”。

② “氅”，原作“擎”，曹本、文淵閣本、廣雅本同，據《儀衛志下·皇太后皇后鹵簿》改。

③ “縢”，原作“滕”，曹本、《儀衛志下·皇太后皇后鹵簿》同，文淵閣本作“勝”，據廣雅本改。

④ “氅”，原作“擎”，曹本、文淵閣本、廣雅本同，據《儀衛志下·皇太后皇后鹵簿》改。

⑤ “縢”，原作“滕”，曹本同，文淵閣本、《儀衛志下·皇太后皇后鹵簿》作“勝”，據廣雅本改。

⑥ “儀鍠”，原作“鍾”，曹本、文淵閣本同，據廣雅本、《儀衛志下·皇太后皇后鹵簿》改。

⑦ “花”字原奪，曹本同，據文淵閣本、廣雅本及《儀衛志下·皇太后皇后鹵簿》補。

⑧ “縢”，原作“滕”，曹本同，文淵閣本、《儀衛志下·皇太后皇后鹵簿》作“勝”，據廣雅本改。

⑨ “掩後”，原作“引後”，曹本、文淵閣本同，據廣雅本、《儀衛志下·皇太后皇后鹵簿》改。

騎，分左右；自内謁者監以後各内給使一人步從。

次内給使一百二十人，並平巾幘、緋衫、大口袴，分左右，單後行，盡宮人車。次偏扇、團扇、方扇各二十四①，分左右，宮人執，間綵大袖裙襦、綵衣、革帶、履。次香蹬一，内給使四人舁，並平巾幘、緋裲襠、大口袴，在重翟車前。重翟車，駕四馬，駕士二十四人，並平巾幘、青衫、大口袴、鞋韈。次行障二具，分左右，夾車，宮人執，服同前。次坐障三具②，分左右，夾車，宮人執，服同前。次内寺伯二人，騎，領寺人六，分左右，夾重翟車，並平巾幘、緋裲襠、大口袴，執御刀。次腰輿一，執人八③。團雉扇二，夾輿。次大繖四，次大雉扇八，並分左右，橫行，爲二重。次錦花蓋二，單行，正道。次小雉尾扇、朱畫團扇各十二，並橫行。次錦曲蓋二十四，橫行，爲二重。次錦六柱八扇，分左右。自腰輿以下並内給使執，服同前。次宮人車。次絳麾二，分左右，各一人執，武弁、朱衣、革帶、鞋韈。次後黃麾一，執人騎，夾二人騎，武弁、朱衣、革帶，正道。次供奉宮人，在黃麾後。次牙門，在次後。次厭翟車，駕四馬，駕士二十四人。次翟車，駕四馬，駕士二十四人。次安車④，駕四馬，駕士二十四人。次四望車，駕牛，駕士十二人。次金根車，駕牛，駕士十二人。其駕士並平巾幘、大口袴、鞋韈、衫從車色。

---

① “團扇方扇”四字原奪，曹本、文淵閣本同，據廣雅本、《儀衛志下·皇太后皇后鹵簿》補。

② “三具”，曹本同，廣雅本據《儀衛志下·皇太后皇后鹵簿》改作“二具”。按《新唐書》卷二三下《儀衛志下》、《政和五禮新儀》卷一八《皇后鹵簿》均有行障六、坐障三，今仍舊。

③ “執人”，諸本均同，《儀衛志下·皇太后皇后鹵簿》作“舁士”。

④ “次”，原作“四”，曹本、文淵閣本同，廣雅本已改正，今從改。

　　次左右廂，各置牙門二，門二人執、四人夾，並赤綦襖、被黃袍①。第一門在前黃麾前，第二門在後黃麾後。次左右領軍衞廂各一百五十人，執㲯，並赤地黃花綦襖、帽、行縢②、鞋韈，前與黃麾仗齊，後盡鹵簿曲折陪後門③。廂各主帥四人，並平巾幘、緋衫、大口袴、被黃袍、帽，服獅子文一④，引前；豹文二，在內；獅子文一，護在後。執鍮石裝長刀，騎，檢校。次左右領軍衞折衝都尉各一，檢校，㲯仗，各一騎從。次盡鹵簿後㲯仗內正道置牙門一，人數、衣服同前，所開牙門並在㲯仗行內。每牙門皆監門校尉二人，騎，監當，平巾幘、緋裲襠、大口袴，執銀裝長刀。廂各巡檢校尉一人⑤，騎，服仗同前，帶銀裝橫刀，往來檢校。

　　前部鼓吹人共五百八人，鼓吹令、府史二、棡鼓六、金鉦六、主帥四、大鼓六十、主帥一十、長鳴六十、主帥三、鐃鼓六、歌十二、簫十二、笳十二、主帥二人、大橫吹六十、節鼓一、笛十二、簫十二、篳篥十、笳十二、桃皮篳篥十二、主帥五、棡鼓六、金鉦六、主帥二、小鼓六十、主帥五、中鳴六十、主帥三、菊葆鼓六、歌十二、簫十二、笳十二、主帥二。後部鼓吹人共二百一十五人，鼓吹丞一、典史二、菊葆鼓六、歌十二、簫十二、笳十二、主帥二、鐃鼓六、歌十二、簫十二、笳十二、主帥二、小橫吹六十、笛十二、簫十

----

①　"黃袍"，原作"黃色"，文淵閣本、廣雅本同，據曹本、《儀衞志下·皇太后皇后鹵簿》改。
②　"縢"，原作"膝"，曹本、《儀衞志下·皇太后皇后鹵簿》同，文淵閣本作"勝"，據廣雅本改。
③　"簿"，原作"薄"，據曹本、文淵閣本、廣雅本及《儀衞志下·皇太后皇后鹵簿》改。
④　"服"，原作"廂"，諸本均同，按《儀衞志下·皇太后皇后鹵簿》謂"其服豹文者二在內，服獅子文者二，一引前，一護後"，今據改。
⑤　"檢"字原奪，曹本、文淵閣本同，據廣雅本、《儀衞志下·皇太后皇后鹵簿》補。

二、篳篥十二、笛十二、桃皮篳篥十二、主帥四。

是時，鹵簿內重翟等六車改用圓方輅等，及行障、坐障、錦六柱、宮人車、供奉宮人各不見人數，再檢討定制度人數。並具園陵門。

皇太子鹵簿

大定八年正月，皇太子受册後謝廟鹵簿，檢討《開元》、《開寶禮》全數計二千二十人，《五禮新儀》二千三百七十三人，奏定用一千人。

中道五百九十二人：

清游隊二十四人，並騎：折衝都尉一，白澤旗一口，五人，弩四，弓六，稍八。

清道直盪隊一十八人：折衝都尉二，騎；矟稍四，騎；弓矢十二；誕馬四疋，控攏八人。

正直旗隊三十三人：果毅都尉一，騎；重輪旗一口，五人；馴犀旗二口，十人；野馬旗一口，五人；馴象旗二口①，十人；副竿二。旗竿。

細引隊一十四人：果毅都尉二，騎；弓矢六、稍六。

前部鼓吹九十八人，並騎：府史二、金鉦二、棡鼓二、大鼓十二、長鳴八、鐃鼓二、簫六、笛四、帥兵官二、節鼓二、小鼓十二、中鳴八、桃皮篳篥四、歌四、拱辰六、篳篥六、大橫吹十二、茹葆二、帥兵官二。

---

① "旗"字原奪，曹本、文淵閣本同，據廣雅本、《儀衛志下·皇太后皇后鹵簿》補。

繖扇下八人：梅紅傘二，大雉扇四，中雉扇二。

小輿下一十八人。

導引官一十二人，並騎：中允二、諭德二、庶子二、詹事二、太師、太傅、太保、少師。<small>少師在金輅後。</small>

親勳翊衛圍子隊七十四人，並騎：郎將二、儀刀七十二。

金輅下七十人。三衛隊一十八人。<small>執儀刀。</small>

厭角隊六十二人：郎將一，騎；祥雲旗五人；弩三、弓七、稍十五，並騎。又郎將一，騎；祥雲旗五人；弩三、弓七、稍十五，並騎。

朱團扇一十六人：司禦率府校尉四，騎；朱團扇三、紫曲蓋三；朱團扇三、紫曲蓋三。

大角一十八人。

後部鼓吹五十四人，並騎：管轄指揮一、金鉦一、棡鼓一、鐃鼓二、簫六、歌六、篳篥六、節鼓一、主帥二、笛六、笳四、拱辰六、小橫吹十、主帥二。

後拒隊四十六人：果毅都尉一，騎；三角獸旗一口，五人；弩四、弓十六、稍二十。

外仗，左壁二百四人：

牙門旗下十六人，並騎：牙門旗一口[①]，三人，監門校尉三、郎將一、班劍九。

前第一隊二十七人：司禦率府一、果毅都尉一、折衝都尉一、主帥一，並騎；絳引幡三首，九人；麟頭竿二、儀鍠斧二、弓矢二、麟頭竿二、儀鍠斧二、朱刀盾二、小戟二。

第二隊、第三隊、第四隊、第五隊各一十四人，與第一部麟頭

---

① "旗"字原奪，曹本、文淵閣本同，據廣雅本、《儀衛志下·皇太后皇后鹵簿》補。

竿已後同。

後第一隊四十七人：牙門旗一口，三人，騎；監門校尉三、果毅都尉一、主帥一①、並騎；絳引幡三首，九人；鶡雞旗一口，五人；稍四、弩三、稍四、弓矢三、稍四、弓矢三、朱刀盾二、小戟二②，並騎。

後第二隊二十九人：果毅都尉一，騎；綱子旗一口，五人；稍五、弩三、稍五、弓矢三、稍三、弓矢四，並騎。

後第三隊二十九人：果毅都尉一，騎；黃鹿旗一口，五人；稍五、弩三、稍五、弓矢三、稍三、弓矢四，並騎。

右壁二百四人，排列相同。

大定二十七年三月，皇太孫受册謝廟，鹵簿六百人。於前數減損用之。

雜録

常朝儀衛：執金鍍銀骨朵二人；左右扇共一十柄，共一十人；左右拂子共四柄，四人；左右香盒一對，左右香毬一對，左右節一對，左右幢一對，各用二人；盂子一、唾盂一、净巾一、鐭鑼一、水罐一、交椅一，各一名；執斧一名。

常行儀衛：弩手二百五人，軍使五員③，各執金鍍銀蒜瓣骨

---

① "主帥一"三字原奪，曹本、文淵閣本同，廣雅本已據《儀衛志下·皇太后皇后鹵簿》補，今從補。

② "朱刀盾二小戟二"七字原奪，曹本、文淵閣本同，廣雅本已據《儀衛志下·皇太后皇后鹵簿》補，今從補。

③ "軍使"二字原闕，曹本、文淵閣本同，據廣雅本、《儀衛志上·常行儀衛》補。

朵①；長行二百人：列絲骨朵七十七柄、瓜八十九柄②、鐙三十四；控鶴二百人，首領四人，各執金鍍銀蒜瓣骨朵③；長行二百人：二人穿紫衫導引，無執物，金吾杖八十根，金花大劍六十口④，大紅絨結子。儀鍠斧五十八柄。

　　貞元儀式：弩手、傘子並服紅地藏根牡丹紅錦襖子、金鳳花幞頭、金鍍銀束帶。

大金集禮卷第二十八

大金集禮卷第二十九　輿服上

輅輦　冠服　皇后車服　皇太子車服

輅輦

大定十一年，將有事於南郊，太常寺檢引宋南郊禮例，鹵簿內合用玉輅、金輅、象輅、革輅、木輅、耕根車、明遠車、指南車、記里車①、崇德車、皮軒車、進賢車、黃鉞車、白鷺車、鸞旗車、豹尾車、韜車、羊車各一，革車五，屬車十二。今除見有車輅外，闕少象輅、革輅、木輅、耕根車、明遠車、皮軒車、進賢車、白鷺車、羊車、大輦各一，革車三，屬車四。今檢討《五禮新儀》并《鹵簿圖》車輅製度於下項：八年十一月十一日，奏定止用玉輅、金輅、象輅、革輅、木輅、大輦、指南車②、記里車、鸞旗車、豹尾車、進賢車各一，革車二，屬車八。

象輅，黃質，金塗銅裝，以象飾諸末，建大赤，餘同玉輅。輪衣等以銀褐③，輪轅以淺黃。

革輅，黃質，鞔之以革，建大白，餘同玉輅。輪衣等及輪轅並以黃。

木輅，黑質，漆之，建大麾，餘同玉輅。輪衣等以皁，輪轅以

---

① "記里車"，諸本均同，《輿服志上·天子車輅》作"記里鼓車"。
② "車"字原奪，曹本、文淵閣本同，廣雅本已補正，今從補。
③ "褐"，原誤"揭"，曹本同，據文淵閣本、廣雅本、《輿服志上·天子車輅》改。

黑。凡玉輅用金鍍銀裝者，象輅、革輅、木輅並金塗銅裝。

耕根車，青質，蓋三層①，制飾如玉輅而無玉飾。

皮軒車，赤質，上有漆柱，貫五輪相重，畫虎紋，一轅。

進賢車，赤質，如革車，緋輪衣、絡帶、門簾並繡鳳，上設朱漆床、香案、紫綾衣，一轅。

明遠車，制如屋，攝頂、重欄、勾欄②，頂上有金龍③，四角垂鐸，上層四面垂簾，下層周以花板，三轅。

白鷺車，赤質，周施花板，上有漆柱，柱杪刻木爲鷺鷥，銜鵝毛箭④，紅綬帶，柱貫五輪相重，輪衣、皂頂、緋裙、緋絡帶並繡飛鷺⑤，一轅。

羊車，赤質，兩壁油畫龜文、金鳳翅，幰衣、結帶並繡瑞羊，二轅。

革車、屬車，依見有制度成造。

大輦，赤質，正方⑥，油畫，金塗銀葉龍鳳裝。其上四面施行龍、雲朵、火珠、方鑑、銀絲囊網、珠翠結雲龍、鈿窠霞子。四角龍頭銜香囊，頂輪施耀葉，中有銀蓮花坐龍紅綾裹碧牙壓帖，內設圓鑑、香囊，銀飾勾欄、臺坐⑦，紫絲條網⑧、帉錆，中施黃褥，上置

---

① “三層”，原作“二層”，諸本均同，據《輿服志上·天子車輅》改。
② “欄”，原作“襴”，曹本同，文淵閣本作“襴”，廣雅本已改正，今從改；又“欄”，原作“襴”，文淵閣本同，據曹本、廣雅本、《輿服志上·天子車輅》改。
③ 原無“龍”字，按《太常因革禮》卷二二《輿服二》載明遠車“上有金龍”，今據補。
④ “銜”，原誤“御”，曹本、文淵閣本同，據廣雅本、《輿服志上·天子車輅》改。
⑤ “飛鷺”，原作“緋鷺”，文淵閣同，據曹本、《輿服志上·天子車輅》改。
⑥ “正方”，原作“五方”，諸本均同，據《輿服志上·天子車輅》、《太常因革禮》卷二一《輿服一》改。
⑦ “銀飾”，原作“銀輪”，諸本及《輿服志上·天子車輅》均同，據下文及《太常因革禮》卷二一《輿服一》改。
⑧ “紫”字原奪，曹本、文淵閣本同，據廣雅本、《輿服志上·天子車輅》補。

御座、曲几、香爐、錦結綬。几衣、輪衣、絡帶並緋綉雲龍寶相花，金綫壓。長竿四，飾以金塗銀龍頭。畫梯、托叉、行馬。

續檢到《五禮新儀》車輅制度：象輅，黃質，金塗銅裝，以象飾諸末，建大赤，餘同玉輅；革輅，黃質，鞔之以革，建大白，餘同玉輅。又檢到《太常因革禮》該，自金輅而下，其制皆同玉輅。即見得製度高下，五輅一同，所有見成造三輅，合比擬見在金、玉輅成造。

又《五禮新儀》，凡玉輅之式以青者，金輅以緋，象輅以銀褐，革輅以黃，木輅以皂①。蓋其間所設之物，有合隨輅色者，如玉輅用青絲繡雲龍絡帶、青羅綉寶相花帶、青畫輪轅、青氂毛尾，此玉輅合用青者。若象②、木、革輅則以緋、以銀褐、以黃、以皂也。

若坐褥、踏床褥，皆至尊乘御及步武所及③，當用紅或黃，非若餘物但爲觀美也④。兼《五禮新儀》玉輅平盤上布紅羅繡雲龍褥，《鹵簿圖》玉輅平盤上布黃褥，此所設之褥不隨輅色，止用紅、黃也。今造象、木、革三輅上所設坐褥，並合用紅黃。據已科到踏床褥、椅背、踏道褥用紅錦⑤，已是相應外，有座子合用黃羅，繡盤龍地衣薄褥并錦薄褥並用黃色⑥，行馬褥兒用銀褐、黃、青錦，外據元料透背夾簾三副，用銀褐、黃、皂三色透壁。今檢到《五禮新儀》玉輅上用紅錦織龍鳳門簾，《鹵簿圖》玉輅青繡門簾，比前

---

① "以"，原誤"一"，曹本、文淵閣本同，據廣雅本改。

② "象"前當有"金"字。

③ "乘御"，原誤"秉衙"，曹本同，文淵閣本作"秉銜"，據廣雅本、《輿服志上・天子車輅》改。

④ "但"，原作"也"，曹本、文淵閣本同，據廣雅本、《輿服志上・天子車輅》改。

⑤ "踏道"，原作"踏到"，曹本、文淵閣本同，據廣雅本、《輿服志上・天子車輅》改。

⑥ 二"薄"字，原均作"簿"，據曹本、文淵閣本、廣雅本改。

代多不同，有隨輅色，有用別色者，今擬用銀褐、黃、青三色。

又《開元禮義鑑》該大輦，中方八尺，左右開四望，別無高下尺丈。又檢到《宋會要》建隆四年[①]，陶穀爲禮儀使，創意造爲大輦，至大中祥符初，以舊輦太重，命減去七百餘斤，見得宋時亦無定制。又大輦制度，照到《鹵簿圖》係扶几，《五禮新儀》却稱曲几，有此兩說，見得本無定制，合以意從長斟酌。銀飾勾欄臺座等，既已擬金鍍，其銀絲囊網亦合一類造作。《鹵簿圖》稱其上四面施行龍、雲朶、火珠、方鑑、銀絲囊網，見得亦是大輦上面使用物，珠翠結雲龍亦合勒畫人出雲龍形狀，以珠翠結之。其二項安頓去處，緣典故別無分朗語句，只合造作所隨宜斟酌，或比擬其它車輅畫樣安頓。

冠服

天眷三年正月，以車駕將幸燕京，合用通天冠、絳紗袍，據見闕名件咨行省依樣成造。

元畫禮服圖本內名件：袍、裳、方心曲領、中單、蔽膝、革帶、大帶、玉具劍、綬、佩、舄、韈。乘輿服大綬六采，黑、黃、赤、白、縹、青黃色曰縹。綠，小綬三，色同大綬，間施三玉環，大綬五百首，小綬半之，白玉雙珮、革帶、玉鈎䚡。

皇統元年十月，奏稟：太常寺申，竊見古禮，天子黃屋[②]，說者爲御蓋以黃爲裏，今來供御緘表裏紅羅，於古制未合，欲乞自今

---

① "建隆"，原作"建龍"，曹本、文淵閣本同，據廣雅本改。
② "黃屋"，原誤"黃屠"，曹本同，據文淵閣本、廣雅本改。

後御紅繳並用黃綾爲裏，以應古制。

皇統九年十月二十四日，禮部下太常寺畫到鎮圭式樣，呈大禮使照驗。據《三禮圖》，長一尺二寸①，廣三寸，厚半寸，剡上左右各寸半，以四鎮山爲琢飾，用古尺。

大定十一年，太常寺檢討《周禮考工記》，大圭長三尺，杼上，終葵首，天子服之。説者曰，王所搢大圭也，或謂之珽。自西魏、隋、唐以來，大圭長尺二寸，與鎮圭同。鎮圭以鎮天下，蓋以四鎮山爲琢飾，舊有鎮圭已依得古制，外有大圭，依《周禮》制度，杼上終葵首，杼，殺也，終葵，椎也。今御府有白圭，是白玉素圓圭，無上殺及首如椎樣。按《隋書志》，天子笏曰珽②，長尺二寸，以球玉爲之。《唐志》亦云，天子之珽，相承舊制，以白玉爲之，長尺二寸。《熙豐奏議》云，西魏以來所制玉笏皆長尺二寸，方而不折，雖非先王之法，蓋以後世玉難得，隨宜爲之也。今御府所藏白玉圭，首如笏樣，蓋宋日所製大圭也，將來行禮擬就用。

大定十一年九月，大禮使劄付禮部下宣徽院：前所奏稟衮冕有無創造，通天冠、絳紗袍亦合修飾。計問得內藏庫，奉聖旨已制成造。

祕書監見收冠服圖樣下項：冕，天板長一尺六寸，廣八寸，前高八寸五分，後高九寸五分，身圍一尺八寸三分，并納言並用青羅爲表，紅羅爲裏，週廻用金稜③。天板下有四柱，四面珍珠網結子，花、素墜子。舊用金絲網子，今減輕用真珠結造。前後珠旒共二十四，

---

① “尺”，原誤“丈”，據曹本、文淵閣本、廣雅本改。

② “珽”，原作“球”，諸本均同，據《隋書》卷一二《禮儀志七》改。

③ “稜”，原作“祾”，曹本、文淵閣本作“稜”，據廣雅本、《輿服志中·天子衮冕》改。

旒各長一尺二寸。青碧線織造天河帶一條,長一丈二尺,闊二寸,兩頭各有真珠金碧旒三節,玉滴子節花全。紅線組帶二條,上有真珠金翠旒,玉滴子節花全,下有金鐸子二箇。梅紅線款幔帶一條①,尯繶二箇,真珠垂繋,上用金萼子二箇。簪窠、款幔組帶鈿窠各二②,內組帶窠四並玉鏤塵碾造。玉簪一,頂方二寸,導長一尺二寸③。簪頂係鏤塵雲龍。

衮服,衣用青羅夾造,上五綵間金,繪畫日、月、星辰、山、龍、華蟲、火、宗彝。正面日一、月一、昇龍四、山十二;上下襟華蟲、火各六對,虎、蜼各六對④;背面星一、昇龍四、山十二,華蟲、火各十二對,虎、蜼各六對。中單一,白羅單造,領、褾、襈。裳一,腰帶、褾、襈全,紅羅八幅夾造⑤,上繡出藻、粉、米、黼、黻⑥。藻三十二、粉十六、米十六、黼三十二、黻三十二。蔽膝一,腰帶、褾、襈全,並紅羅夾造,上繡昇龍二條。綬一幅,六彩織造,紅羅托裡,小綬三,色同大綬,銷金黃羅綬頭全,上間施三玉環,並碾雲龍造。緋白大帶一條,銷金黃羅帶頭全。鈿窠二十四。紅羅勒帛一,青羅抹帶一。佩二,玉上、中、下璜各一⑦,半月各二,並碾雲龍造。玉滴子各二,並真珠穿造,金筐鈎、獸面、水葉環子、釘子全。涼帶一條,紅羅裹⑧,縷金造,上有玉鵝七箇,撻尾、束子各一,金攀龍口,玳瑁襯釘脚全。舄一對,重底,紅羅面,

---

① “幔”,原作“慢”,曹本、文淵閣本同,據廣雅本、《輿服志中·天子衮冕》改。

② “幔”,原作“慢”,曹本、文淵閣本同,據廣雅本、《輿服志中·天子衮冕》改。

③ “導”,原作“道”,諸本均同,據《輿服志中·天子衮冕》改。

④ “六”字原奪,曹本、文淵閣本同,據廣雅本、《輿服志中·天子衮冕》補。

⑤ “八幅”,原作“八副”,據曹本、文淵閣本、廣雅本、《輿服志中·天子衮冕》改。

⑥ “米”字原奪,按注文明言“米十六”,廣雅本已補,今從補。

⑦ “佩二玉”三字,曹本、文淵閣本同,廣雅本作“佩玉二”,《輿服志中·天子衮冕》作“玉佩二”。

⑧ “裹”,曹本、《輿服志中·天子衮冕》同,文淵閣本、廣雅本作“裏”。

白綾托裡，如意頭，造銷金黄羅緣口，玉鼻人真珠全①。緋羅綿襪一緉，繫帶全。

皇后車服

大定十九年，檢定皇后車服制②。二十二年，奉都省處分，綵畫樣本付有司。

六車：

重翟車，青質，金飾，金鍍銅釱花葉段裝釘，耀葉二十四，明金立鳳一，紫羅銷金生色寶相帷一，青羅、青油幰衣各一，朱絲絡網、紫羅明金生色雲龍絡帶各二，兩箱明金五彩間裝翟羽二，金鍍碯石長轅鳳頭三，橫轅立鸞八，香爐、香寶子一副，宜男錦結帶全，朱紅漆杌子③、踏床各一，扶板扶魚一副，紅羅明金衣褥全，紅羅襯褥一④，青羅行道褥四，青羅明金生色雲鳳夾幔一，紅羅明金緣紅竹簾二，金鍍銅葉斷行馬二，胡梯一，青羅胡梯尋儀褥二，踏道褥十，青絹裹大麻索二，油帕全。

厭翟車，赤質，金飾，金鍍銅釱花葉段裝釘，耀葉二十四，明金立鳳一，倒仙錦帷一，紫羅、紫油幰衣各一，朱絲絡網⑤、宜男錦絡帶各二，兩廂明金五綵翟羽二，金鍍碯石長轅鳳頭三，橫轅立

---

① “人”，曹本、文淵閣本同，廣雅本、《輿服志中·天子袞冕》作“仁”。

② 此下原復衍一“制”字，曹本同，據文淵閣本、廣雅本刪。

③ “全朱”二字，原作“金衣”，曹本、文淵閣本同，《輿服志上·皇后妃嬪車輦》僅一“朱”字，今據廣雅本及下文厭翟車條改。

④ “一”字原奪，曹本、文淵閣本同，據廣雅本、《輿服志上·皇后妃嬪車輦》補。

⑤ “朱絲”，原作“珠絲”，曹本、文淵閣本同，據廣雅本、《輿服志上·皇后妃嬪車輦》改。

鸞八,香爐、香寶子一副,宜男錦結帶全,朱紅漆杌子、踏床各一,紅羅衣褥全①,紅羅襯褥一,紅羅行道褥四,紅羅明金生色夾幔一,紅羅明金緣紅竹簾二②,金鍍銅葉斷行馬二,胡梯一,紅羅胡梯尋儀褥二,踏道褥十,緋絹裹大麻索二,油帕全。

翟車,黃質,金飾,碔石葉段裝釘,宜男錦帷一,黃羅、油幰衣各一,朱絲絡網、宜男錦帷帶各二,兩廂明金五彩翟羽一,碔石長轅鳳頭三,香爐、香寶子一副,宜男錦結帶全,朱紅漆杌子、踏床各一,紅羅衣褥全,紅羅襯褥一,黃羅行道褥四,黃羅生色明金幔一,紅羅明金紅簾二,碔石葉行馬二,胡梯一,黃羅胡梯尋儀褥二,踏道褥八,黃絹裹大麻索二,油帕全。

安車,赤質,金飾,碔石葉段裝釘,倒仙錦帷一,紫油幰衣各一③,朱絲絡網、天下樂錦絡帶各二,碔石長轅鳳頭三,朱紅漆杌子、踏床各一,紅羅衣褥全,紅羅襯褥一,紅羅行道褥四,紅羅明金生色幔一,緣紅竹簾二④,碔石葉段行馬二,胡梯一,紅羅胡梯尋儀褥二,踏道褥八,緋絹裹大麻索二,油帕全。

四望車,朱質,碔石葉段裝釘,宜男錦帷一,青油幰衣各一⑤,朱絲絡網、宜男錦絡帶各二,碔石長轅螭頭二,朱紅漆杌子、踏床各一,紅綾衣褥全,紅羅襯褥一,紅羅行道褥四,紅羅明金生色幔一,紅羅緣紅竹簾四⑥,碔石葉段行馬二,胡梯一,紅羅胡梯尋儀褥二,踏道褥八,緋絹裹大麻索二,油帕全。

---

① "全",原誤"金",曹本同,據文淵閣本、廣雅本改。
② "緣",原作"綠",曹本、文淵閣本同,據廣雅本及上文重翟車條改。
③ 據前後各條,"紫油幰衣各一"前蓋脫"紫羅"二字。
④ "緣",原作"綠",曹本、文淵閣本同,今據廣雅本及前後各條改。
⑤ 據前後各條,"青油幰衣各一"前蓋脫"青羅"二字。
⑥ "緣"原誤"綠",又"紅竹"二字原誤倒,曹本、文淵閣本同,據廣雅本改、乙。

金根車，朱質，碔石葉段裝釘，宜男錦帷一，紫羅、紫油幰衣各一，朱絲絡網、倒仙錦絡帶各二，碔石長轅螭頭二，朱紅漆杌子、踏床各一，紅綾衣褥全，紅綾襯褥一，紅綾行道褥四，紅羅明金生色幔一，紅羅緣紅竹簾二①，碔石葉段行馬二，胡梯一，紅綾胡梯尋儀褥二，踏道褥八，緋絹裏大麻索二，油帕全。

冠服：

花珠冠，用盛子一，青羅表，青絹襯金紅羅托裡，用九龍四鳳，前面大龍衒穗毬一朵，前後有花珠各一十二，及鸂鶒、孔雀、雲鶴、王母、仙人隊、浮動插瓣等②，後有納言，上有金蟬鑻金兩博鬢，已上並用鋪翠滴粉縷金裝真珠結造，下有金圈口，上用七寶鈿窠，後有金鈿窠二箇，穿紅羅鋪金款幔帶一條。

褘衣，深青羅織成翬翟之形③，素質，十二等，領、褾、袖、襈並紅羅織成龍。

青紗中單，素青紗製造，領織成黼形十二，褾、袖、襈織成雲龍，並織紅縠造。

裳，八幅，深青羅織成翟文六等④，褾、襈織成紅羅雲龍，明金腰帶。

蔽膝，深青羅織成翟文三等，領緣緅色羅織成雲龍，明金帶。

綬一副，大綬一，長五尺，闊一尺，黃白赤黑縹綠等六采織成，小綬三，色同大綬，間七寶鈿窠，施三玉環，上碾雲龍，撚金線織成大小綬頭，紅羅花襯。

---

① "緣"，原誤"綠"，曹本、文淵閣本同，據廣雅本改。
② "瓣"，原誤作"辨"，曹本、文淵閣本同，據廣雅本、《輿服志中·皇后冠服》改。
③ "翬翟"，原誤"暈翟"，曹本同，據文淵閣本、廣雅本及《輿服志中·皇后冠服》改。
④ "羅"字原奪，曹本、文淵閣本同，據廣雅本、《輿服志中·皇后冠服》補。

大帶，青羅，朱裡，紕其外，上以朱錦，下以緑錦，紐約用青組①，撚金線織成帶頭。

玉珮二朵，每朵上中下璜各一，半月墜子各二，並玉碾，縷金打鈒獸面、篦鈎佩子各一，水葉子全，真珠穿綴。

青衣革帶，縷金，用青羅裹造，上用金打鈒水地龍，鵝眼撻尾共八事，玳瑁襯金脚釘造龍口攀束子全②。

抹帶二條，並明金造，各長一尺五寸，紅羅一條，青羅一條。

青羅舄一量，白綾裹，如意頭，明金黃羅，準上用玉鼻仁真珠裝綴，繫帶全。

韈一量，青羅表裏造，繫帶全。

頭冠匣一具，鹿頂卸塵連梯朱紅漆造，五綵縷金裝，束腰花板上用銀鍍金葉子裝釘，金鍍銀手鈀、鋸鈒③、彎攀、水葉、鑠鑰全，梅紅細法大綾花裏，上有梔黃羅夾四幅蓋帕一條，內有天下樂暈錦可底褥子一片兩幅全，梅紅羅蓋襯帕一條。

頭冠匣子內罩子一坐，方眼造，梅紅紗糊緑羅緑貼提板一，梅紅細法大綾糊造④，上有雕木蓮花座子，上雕五層蓮花，下雕起突草山水盤龍，五彩帖縷金裝造，上有鍍金銀打鈒圍子一箇。

犀冠子一頂，減撥花樣金縷裝造，上有玉簪一條，下有□稜玳瑁盤子一面⑤。

腰轝一擎，並用朱紅漆造，上用天下樂暈錦可面襯褥一片，

① "紐約"，原作"鈕鈞"，曹本作"紐鈞"，文淵閣本作"紐鈞"，據廣雅本、《輿服志中·皇后冠服》改。
② "全"，原作"金"，曹本、文淵閣本同，廣雅本已改正，今據改。
③ "鈒"，原作"鈒"，曹本、文淵閣本同，據廣雅本改。
④ "梅紅"二字原倒，據曹本、文淵閣本、廣雅本乙。
⑤ "有"下原闕一字，曹本、文淵閣本同，廣雅本補一"金"字。

銀鍍金葉段釘子裝釘,四竿,銀鍍金打龍頭四箇,銀鍍金坐龍、拴寨、鋸鉞①、索子全,天下樂暈錦看褥八片,緋羅繫帶全,鍍金裹鐵胎簾鈎二對,上有梅紅扁索全。

行馬一對,朱紅漆造,以銀鍍金葉段釘子裝釘。

衣匣一具,四幅梔黃夾蓋帕一條,明金蓋襯三幅帕一條。

腰轝一擎、行馬一對,已上共用梔黃羅四幅夾蓋帕一條。

舄匣一具,內有梅紅羅明金一副半蓋襯夾帕一條②。

佩匣一具,內有梅紅羅明金一副半蓋襯夾帕一條③。

腰轝一擎,行馬一對。

皇太子車服

大定六年十二月五日,奏稟,皇太子金輅,檢討到典故製度,及將見用金輅式樣參酌詳定,開具下項。奉敕旨,輈、旗④、旂首及應用龍處並改飾以麟,郭塵物等三件亦從省去,餘並准奏行。

《隋志》內該,皇太子金輅製同副車,具體而小,製度色數照得與見用金輅相同,外有伏鹿軾,金鳳一,在軾前,并建旂九旒,八鸞在衡,駕赤駵四。見用金輅軾前有金龍,改爲伏鹿,軾上坐龍改爲鳳,建旂十二旒減爲九旒,駕赤駵六減爲四,係並依古制。

見用金輅箱頂、輪衣等有繡畫龍處,緣東宮見用器服並飾以麟,有無亦以麟爲飾。

---

① “鉞”,原作“鉞”,曹本、文淵閣本同,據廣雅本改。
② “一副”,諸本均同,當作“一幅”。
③ “一副”,諸本均同,當作“一幅”。
④ 據下文,“旗”當作“旂”。

見用金輅上名件色數，有無依上公以九爲節之數，減四分之一。謂如繡帶八，擬用六，銅佩八，擬用六之類。

照得古典，有龍輈，并建旂，上繡降龍，及旂首金龍頭銜結綬，係三處用龍。

古制，金輅上有鄛塵，在龍輈之上，并二鈴在軾，及銀穗毬二。緣見用金輅上無，今來有無合從有去。

鋪陳簾褥用黃羅處，有無改用梅紅。

其餘物件有無裁減具體成造。如椅子、踏道之類。

赤質，金飾諸末。重較，箱畫虞文鳥獸，黃屋。伏鹿軾，龍輈，金鳳一，在軾前。設鄛塵。朱蓋黃裏。輪畫朱牙。左建旂九旒，右載闟戟，旂首銜金龍頭結綬及鈴緌。八鸞在衡，二鈴在軾。駕赤騮四，金鐷，方釳，插翟尾，鏤錫①，鞶纓九就。

見用金輅自頂至地高一丈七尺三寸，今擬減四分之一，該一丈三尺二寸，長短寬狹皆減四分之一。

十二月十五日，奏稟，太常寺檢討，見用金輅於典禮有無不用事數。照到隋《禮儀志》，玉輅青蓋黃裏；唐《車服志》，蓋從輅質，惟裏皆用黃。近奏過皇太子金輅制度內，輈、旂、旂首用龍處飾以麟，鋪陳用黃羅處改用梅紅。緣今來輅頂上朱蓋雖是以赤爲質，有無亦改奉用梅紅黃裏。奉敕旨，見用金、玉輅依舊，皇太子金輅上朱蓋表裏並用梅紅。

七年九月十七日，奏稟，將來皇太子受冊謝廟禮數，合用鹵簿，其間制度與大駕同者，擬依前來造皇太子金輅用龍鳳處改用

---

① "鏤錫"，原誤"鏤錫"，曹本同，據文淵閣本、廣雅本、《輿服志上·皇太子車制》改。

麟鸞、純用紅黃處改用梅紅。又升降輅合用輿，輿制似輦而小，今比擬平頭輦減小成造，別無窒礙，所有文飾處亦依金輅制度施行。從之。

大定二年五月十一日，皇太子合用冠冕制度檢定下項。奏奉敕旨，委內藏官監造。

袞冕，白珠九旒，紅絲組爲纓，青纊充耳，犀簪導。青衣朱裳，九章，五章在衣——山、龍、華蟲、火、宗彝，四章在裳——藻、粉米、黼、黻。白紗中單，青襈、襈、裾。革帶，塗金銀鉤䚢。蔽膝隨裳色，爲火、山二章。瑜玉雙佩。四采織成大綬，間施玉環三。白襪，朱舄。舄加金塗銀釦①。謁太廟服之。

遠遊冠，十八梁，金塗銀花飾。博山附蟬，絲組爲纓，犀簪導。朱明服，紅裳，白紗中單，方心曲領，絳紗蔽膝，白韈，黑舄。餘同袞冕。冊寶服之。

《太常因革禮》，皇太子宜服桓圭，長九寸，廣三寸，厚半寸，用白玉，若屋之桓楹，琢爲二稜，於禮爲當。

袍、帶、傘、鞦、交椅、唾盂等。具皇太子門。

大金集禮卷第二十九

① “加”，原誤“如”，曹本、文淵閣本同，據廣雅本、《輿服志中·皇太子冠服》改。

大金集禮卷第三十　輿服下

寶　印　臣庶車服

寶

天眷元年九月，編類到寶、印、圭璧下項：

玉寶十五面，並獲於宋：受命寶一，咸陽，三寸六分，文曰"受命於天[①]，既壽永昌"，係藍田秦璽，并白玉蓋、螭虎紐。傳國寶一。螭虎紐。鎮國寶一，大觀，二面並碧色，文曰"承天休，延萬億，永無極"。受命寶一，大觀，文曰"受命於天，既壽永昌"。"天子之寶"一，"天子信寶"一，"天子行寶"一，"皇帝之寶"一，"皇帝信寶"一，"皇帝行寶"一，係八寶；"皇帝恭膺天命之寶"二，四寸八分，內一面螭紐、白玉伴環，并綬、白玉蓋、金玉檢牌及玉座子、沉香雲盆；一玉童子二。"御書之寶"二，龍紐一、螭紐一。"宣和御筆之寶"一[②]，螭紐。并八寶共一十三面，並白玉。

四面獲於遼："通天萬歲之璽"一，"受天明命，惟德乃昌"一[③]，白，方三寸。"嗣聖"寶一，御封不辨印文一。

金寶并印八面，獲於宋："天下同文之寶"一，龍紐[④]，金檢、環、綬

---

① "於"，文淵閣本同，曹本、廣雅本及《禮志四·陳設寶玉》作"于"。

② "一"字原奪，曹本、文淵閣本同，據廣雅本、《禮志四·陳設寶玉》補。

③ "受天"二字原倒，據曹本、文淵閣本、廣雅本及《禮志四·陳設寶玉》乙。

④ 此下原衍"一"字，曹本、廣雅本同，據文淵閣本刪。

全。"御前之寶"二，"御書之寶"一，"宣和殿寶"一，"皇后之寶"一，金檢、牌、座全。"皇太子寶"一，龜紐，玉環、綬全。"皇太子妃印"一。龜紐。

二面獲於遼："御前之寶"一，見用。"書詔之寶"一。見用。

金塗銀寶五面，並獲於宋："皇帝欽崇國祀之寶"一，降香詞表用之。"天下合同之寶"一，中書門下奏報畫可等用之。"御前之寶"一，宣劄用之。"御前錫賜之寶"一，賜荅藥合等用之。"書詔之寶"一。

圖書印三十八面，並獲於宋："內府圖書之印"一，"御書"三，"御筆"一，"御畫"一，"御書玉寶"一，"天子萬年"一，"天子萬壽"一，"龜龍上珍"一，"河洛元瑞"二，"雲漢之章"一，"奎璧之文"一，"華國之瑞"一，"大觀中秘"一，"大觀寶篆"一，"政和"一，"宣和"三，"宣和御覽"一，"宣和中秘"一，"宣和殿制"一，"宣和大寶"一，"宣和書寶"二，"宣和畫寶"一，"常樂未央"一，"古文"二，"封"四，共三十五面，並玉；"封"字一，"御畫"一，二面並馬腦；"政和御筆"一，係水晶。

玄圭一，白玉圭一十九。

皇統五年二月二日，施用新寶，詔曰："惟帝王傳信之章，取天地合符之義，倣羲圖而制範，疊軒篆以成文。所以施命四方，作孚萬世，古今所尚，損益可知。我國家一統光臨，四征者定，疆理所至，咸績於禹功；印璽之傳，尚循於遼舊。襲用既久，漫漶靡鮮，乃命有司，爲之更制。縱廣契三才之妙，高厚法五行之成。鳩工雖假於人爲，創意乃由於帝錫，涓日祇受，與天匹休。其新造'御前之寶'、'書詔之寶'，已於今月二日施用，布告中外，咸使聞知。"

施用新寶儀注，係降御札，尚書省謄作敕牒，誕告天下。選擇進呈、施用及宣御札、受賀日辰。

　　其日，百官公服，於常朝殿門外祗候立班。宰臣、執政官、管勾鑄造官恭奉新鑄"御前之寶"、"書詔之寶"於内殿進呈，取旨付點檢司符寶局。次尚書省以宣命一二道請用新鑄"御前之寶"，次學士院以御札進呈請用新鑄"書詔之寶"，訖，其宣付左右司，御札付宣徽院。閣門引百官就班，宰執自内出，立班定。閣門使奉御札出殿門，仍以舍人二員用箱複對捧，於東階面西立定。閣門使唱曰："御札。"百官再拜，閣門使搢笏，就箱中取御札以授宣讀官。宣讀官搢笏，讀畢，百官皆再拜。恭俟皇帝靴袍出御殿，百官班入側，宣贊唱引轉當殿，並如常儀，立，拜，舞蹈。班首出班問聖體訖，又再拜。引班首升殿當御座前，致賀訖，復引下殿歸班。宣徽使承旨，臨殿階稱"有敕旨"，百官再拜。宣徽使宣曰："寶印肇新，示信天下，與卿等同慶。"百官又五拜，舞蹈，卷班西出。皇帝還内。若於内中進酒、賜酒，並取旨。

　　大定十八年十月，緣奉聖旨造寶及降到寶文"大金受命萬世之寶"，下太常寺檢討到[①]，唐《車服志》："初，太宗刻受命玄璽，以白玉爲螭首，文曰：'皇天景命，有德者昌'。至武后改璽皆爲寶。中宗即位，復爲璽。開元六年，復爲寶。天寶十載，改傳國寶爲承天大寶。"史臣所書者止如此，别無膺受典禮。并本部檢到宋《禮閣新編》，紹聖四年，永興軍咸陽縣民段義於本家地内掘出青白玉二塊，有古體篆文，禮部、學士院、太常寺考驗到委是漢以前傳國寶。又檢到《宋哲宗實錄》，禮部、太常寺言："奉詔詳定沿寶法物、禮儀，擬就五月朔大朝會日，以禮祗受。前期，有司預行製

----

① "太"，原作"大"，據曹本、文淵閣本、廣雅本改。

造沿寶法物，并寶進納入內。俟降出，權於寶堂安奉。前三日，差官奏告天地、宗廟、社稷。前一日，上齋於內殿。其日，服通天冠，御大慶殿，降坐受寶，群臣上壽稱賀。"從之。詔命宰臣章惇書寫玉檢，以'天授傳國受命之寶'爲文。五月戊申朔，御大慶殿，受傳國寶，行朝會禮，布告天下。癸丑，以受寶畢，恭謝景靈宮。及本朝皇統五年造訖"御前之寶"、"書詔之寶"，降詔中外。本部契勘，今創造受命寶，與前例不同，緣地不愛寶，適得美玉，稽古創制，出自聖意，永爲本朝受命萬世之寶，其事至重，有司不敢輕議。

十一月二十三日，奏劄，檢得別無受寶典故，參酌定七年并十一年進上冊寶禮儀，擬於受寶前差官奏告天地、宗廟、社稷。至日，設黃麾仗一千人於大安殿前。皇帝服通天冠、絳紗袍，御大安殿，奉寶太尉、讀寶侍中以次行事官并文武百寮各法服行禮。俟進寶訖，皇太子與百官稱賀、進酒上壽。從之。并選用十二月二十三日及定到儀注下項：

受寶前三日，合遣使奏告天地、宗廟、社稷。依定十一年受冊奏告儀。

前二日，所司停奏刑罰文字，百官習儀。

前一日，各就所居清齋，非上寶事皆不治。

攝官員數：奉寶太尉一，讀寶侍中一，行禮侍中二，奏"中嚴"、"外辦"及宣荅[①]，并奏"制可"、"上壽"與"解嚴"、"禮畢"等禮數。舉寶給事中二，捧寶官四，以三品、四品官充。押寶禮部侍郎一，太常卿二，一員贊道行禮，一員押樂。以上省擬奏差。昇寶盝官，依例量輕重差省令史。大樂令

---

① "外辦"，原誤"外辨"，曹本同，據文淵閣本、廣雅本改。

一，掌寶官二，引寶入進，以宮闈使副充。協律郎二，一員殿上，一員殿庭。典儀、贊者各一，閤門官充。引皇太子典贊儀二，閤使充。太常博士二，引寶，俟奉寶訖，即引太尉，閤門充。通事舍人五，二員引寶，同太常博士，二員分引左右班，一員引攝侍中，閤門官充。舁寶案六員，六部令史內充。以上並部擬省差。

兵部帥其屬設黃麾仗於大安殿前①。立仗一千人。

宣徽院帥儀鸞司於前一日設御座於大安殿中間，南向，又設東西房於御榻之次左右，及殿上下陳設，并前楹施簾，又設香爐、香案於殿下龍墀上，又設爐四於御榻之左右。又設皇太子侍立褥位於殿之東間西向。又設寶幄於大安殿門外稍東，西向，又設藉寶褥位一於沙墀上香爐案南②。又設皇太子致賀褥位於百官班褥位之前，又設皇太子致賀褥位於殿階上。又設皇太子褥位於橫階之北稍東，西向。係百官分班時立位。又設藉寶床褥位一於殿西階下道西，又設藉寶褥位一於御榻前稍南。奉寶訖便充皇太子致賀褥位。又設奉寶太尉、讀寶侍中共褥位一於欄子北，藉寶褥位之南。又設藉寶盝案褥位一於殿上之東間③。又設群官次於大安殿門外西廊下④。又設侍中奏請上壽褥位於橫階南，置於皇太子、百寮班前。宣徽院勒所司排辦御茶床⑤，并合差官提點捲簾外執扇五十人開合如儀，執扇差供奉官。及勒閤門司省會，但於行

---

① “黃麾”下“仗”字原奪，曹本同，據文淵閣本、廣雅本補。

② “藉寶”，原作“籍寶”，曹本同，據文淵閣本、廣雅本改。

③ “又設藉寶床褥位”至此處四“藉”字，原均誤“籍”，曹本同，據文淵閣本、廣雅本改。

④ “西廊”，曹本、文淵閣本同，廣雅本作“兩廊”。按本書卷八《皇太子·大定八年冊命儀》謂“又設文武百寮、應行事官、東宮官等次於門外之東西廊”，疑此處奪“東”字，或“西”當作“兩”。

⑤ “排辦”，原誤“排辨”，曹本同，據文淵閣本、廣雅本改。

禮節次委分管施行,及準備昇寶床弩手、繳子人等共三十二人,前一日自制造所分番擡寶床赴尚書省置定。

次日行禮,大樂令與協律郎前一日展設樂懸於殿庭。又設協律郎舉麾位二,一於殿西階,東向;一於樂懸西北,亦東向。又設登歌樂架於殿上。

閣門司提點有司設百官位於殿庭①,如常朝會儀。又設贊者位於班前東北,又設典儀位於殿階上。又設行事官位牌如儀。

太常寺其日帥昇寶案官先入,置案於殿之東間藉寶褥位上②,置訖,昇案官各退。

學士院定撰賀詞及上壽賀詞并宣荅制詞、大樂曲名并登歌詞、奏告祝文,及書寫訖,進請御署。

尚醞局備酒并殿下酹酒如常儀。尚衣局准備進通天冠、絳紗袍。侍儀司准備警蹕繳扇儀物如常。拱衛司委繳子執擎曲直華蓋。

符寶郎其日俟文武群官入,奉八寶置於御座左右,東西相向,昇八寶人,控鶴門仗官③。符寶郎四員分立於寶後。才候上寶訖,復帥昇寶還所司。

宮苑司前期洒掃大安殿及殿門之內外。

少府監合造位牌二十面,准備預先書寫行事官。各長一尺二寸,闊一尺,厚八分,黑油。

進寶儀:

其日質明,奉寶太尉、讀寶侍中以次應行事官並集於尚書

①　"百官"下"位"字原奪,曹本同,據文淵閣本、廣雅本補。
②　"藉寶",原誤"籍寶",曹本同,據文淵閣本、廣雅本改。
③　"人",原作"入",曹本、文淵閣本同,據廣雅本改。

省，各朝服，今法服。乘馬，人從依導駕人從服飾。奉迎受命寶至應天門，下馬，由正門步導入內。至大安殿門外，置寶於幄次，舁寶床弩手人等立於左右。文武群臣等並朝服入次。攝太常卿與大樂令帥工人入就位，協律郎各就舉麾位。舁寶案官由西偏門先入，置案於殿東間褥位，置訖，各退於西階寶床褥位後。捧寶官、舁寶盝官由偏門先入，至殿西階下寶褥位之西，東向立俟，等探閤門報。

通事舍人引攝侍中版奏“中嚴”，訖，典儀、贊者各就位，退。通事舍人引文武百寮分左右入，於殿階下墀道之東西相向立。符寶郎奉八寶由東西偏門分入，升殿，置於御座之左右，東西相向，訖，分左右立於寶後。元舁八寶人下殿，退立於殿東西階下稍南。通事舍人引攝侍中版奏“外辦”，內侍承旨，索扇，扇合，皇帝服通天冠、絳紗袍以出。曲直華蓋、侍衛警蹕如常儀。殿上鳴鞭訖，殿下亦鳴。凡鳴鞭皆准此。初索扇，協律郎跪，俯伏興，工鼓柷，宮懸樂作。皇帝出自東房，即御座，南向。儀鸞使副添香。殿下第一墀香爐別差閤門一員添香。爐香升，扇開，簾捲，協律郎偃麾，戛敔，樂止。凡樂皆協律郎舉麾、工鼓柷而後作，偃麾、戛敔而後止，下皆准此。

太常博士、通事舍人各二員自寶幄分引寶，太常卿前導，禮部侍郎押寶而行，奉寶太尉、讀寶侍中、舉寶官於寶後以次從之。由正門入，宮懸樂作，太常卿於寶床前導，至第一墀香案前，藉寶褥位上少置①。太常卿與舉寶官於寶褥稍西東向立以俟，博士、舍人皆立其後，舁寶床弩手等又於其後，皆東向。太尉、侍中於寶後面北以次立，禮部侍郎、行禮侍中次立於其後，立定，樂止。

通事舍人分引殿下東西兩班群官合班，轉北向立，東班以西爲

---

① “藉寶”，原作“籍寶”，曹本同，據文淵閣本、廣雅本改。

上，西班以東爲上。中間少留班路。俟立定，太常博士、通事舍人四員分引太尉、侍中、禮部侍郎、太常卿、舉寶官等以次各復本班①，訖，博士、舍人退以俟。初引時，宮懸樂作，至位立定，樂止。典儀曰“拜”，贊者承傳，太尉以下應在位群官皆舞蹈，五拜。班首出班起居，訖，又再拜。

太常博士、通事舍人四員再拜②，太尉、侍中以次官復進至寶所，依位立定。舁寶床弩手並進前，舉寶床興。太常博士、通事舍人二員分引寶，太常卿前導，禮部侍郎押寶而行，奉寶太尉、讀寶侍中、舉寶官於寶後以次從之。詣殿西階下，至寶褥位，少置。太尉以下以次東向立，舁寶床弩手等退於後稍西東向立。

捧寶官與舁寶盝官並進前，去寶盝蓋置於床。取寶盝升。太常博士、通事舍人分引寶盝，太常卿導寶先升③，奉寶太尉、讀寶侍中、舉寶官、捧寶官於寶後以次從升。禮部侍郎不升，立於寶床之西。寶初行，宮懸樂作，進至殿上，博士、舍人並於前楹稍東立以俟④，讀寶侍中於前楹閒稍西立俟，舉寶官、捧寶官立於其後。奉寶太尉從寶升，進至御座前褥位。奉寶太尉擂笏，少進，跪置訖，執笏，俯伏興，樂止。太尉退於前楹稍東立以俟，博士、舍人立於後。太常卿少退，東向立。舁寶盝官分立於其後，皆東向。

捧寶官先入，舉寶官次入，讀寶侍中又次入。捧寶官四員皆擂笏雙跪捧。兩員於寶北，一員稍東，一員稍西；兩員於寶南，一員稍東，一員稍西。舉寶官二員亦擂笏，兩邊單跪對舉。侍中執笏進，跪，稱“侍

---

① “以次”上原衍“一”字，曹本同，據文淵閣本、廣雅本刪。

② 據卷二《帝號下·大定七年册禮》，此處之“拜”字當作“引”。

③ “太常卿”，原誤“官常卿”，據曹本、文淵閣本、廣雅本改。

④ “並”，原誤“立”，曹本、文淵閣本同，廣雅本刪此字，今據卷二《帝號下·大定七年册禮》改；又“楹”，原誤“行”，據曹本、文淵閣本、廣雅本改。

中臣某讀寶”，訖，俯伏興。侍中俟舉寶官興，先退，博士、舍人引太尉、侍中降自東階，復本班。舁寶盝官進前，與捧寶、舉寶官等取寶盝興，置於殿之東閒褥位案上，西向。捧寶、舉寶官等與太常卿俱降自東階，及禮部侍郎皆復本班，舁寶官等亦降自東階，退入百官班。典儀曰“拜”，贊者承傳，在位官皆再拜。

賀儀：

受寶日，皇太子於殿東廊幕次改服遠遊冠、朱明衣，先於大安殿後陪侍，皇帝升殿，於殿上御榻東稍南面西向侍立。俟侍中讀寶訖，殿下官皆再拜，典贊儀引皇太子出殿。降自東階，宮懸奏，前後樂曲並見樂門。至褥位，立定。

侍中前，俯伏跪，奏稱“群臣稱賀上壽”。侍中俯伏興，退復位，樂止。典儀曰“拜”，贊者承傳，皇太子并在位群官皆再拜，訖。典贊儀引皇太子升殿東階，宮懸樂作，至殿陛褥位立定，樂止。所司以盞盤授皇太子，皇太子搢圭，執盤盞進酒。皇帝受盞，置茶床。皇太子執盤退，復階上褥位，以盤授執事者，執圭。二閤使齊引至欄子內褥位，俯伏跪，致詞訖，俯伏興，退復褥位，同殿下臣寮皆再拜。侍中承旨，退，臨階西向立，稱“有制”。典儀曰“拜”，贊者承傳，皇太子及在位群官皆再拜訖，且躬。宣詞畢，上下舞蹈，五拜，平立。皇太子搢圭，執盤，登歌樂作，皇帝舉酒飲訖，皇太子以盤受虛盞，退復褥位，樂止。轉盤訖，執圭，降殿，至丹墀位。群官再拜，分班序立。

侍中奏“禮畢”，內侍索扇，扇合，簾降，鳴鞭。協律郎俯伏跪，舉麾，興，工鼓柷，宮懸樂作。皇帝降座，入自西房，還幕次，樂止。掌寶帥舁寶床弩手、繖子升殿，取盝，降殿，蓋訖，置於床。引進官前導，通事舍人贊引，詣東上閤門上進。通事舍人引侍中版奏"解嚴",所司承旨放仗,群官以次出。

大定二十二年九月,奏稟,近奉敕旨,如使玉寶印宣詔,有無典故,如無,若成造亦有無典故。太常寺檢討到《通典》:"秦以印稱'璽'。以玉,不通臣下用。"天子之信,古曰"璽",今曰"寶"①。《六典》,《漢舊儀》曰"天子有六璽,皆白玉"。唐八寶並用玉:神寶,承百王,鎮萬國;受命寶,修封禪,禮神祇;"皇帝行寶",荅疏王公則用之;"皇帝之寶",勞來勳賢則用之;"皇帝信寶",徵召臣下則用之;"天子行寶",荅四夷書則用之;"天子之寶",慰撫蠻夷則用之;"天子信寶",發蕃國兵則用之。《通典》,北齊六璽,"皇帝行璽"、"皇帝之璽"、"皇帝信璽"並用玉,"天子行璽"、"天子之璽"、"天子信璽"並用金;後周六璽皆白玉爲之;隋因舊制;南齊、梁、陳以金爲之。并内藏庫即今所收八寶,"皇帝神寶"、"受命於天,既壽永昌"、"皇帝行寶"、"皇帝之寶"、"皇帝信寶"、"天子行寶"、"天子之寶"、"天子信寶",及皇統五年造"御前之寶",印宋國書并常例奏目等。"書詔之寶",印高麗、夏國詔并頒詔則用之。大定十八年造"大金受命萬世之寶"。奉敕旨,再商量。尋擬定作"宣命之寶"。從之。

二十三年五月三日,工畢,寶樣面直徑四寸二厘,厚一寸四分,手把高一寸九分,通高三寸三分,字深二分。擇定五月七日、九日係進呈吉日,奏奉敕旨,遇朝日進呈。太常寺具到皇統五年已行禮數,并參酌定到儀注下項:

皇統五年禮數。見前。

今參酌擬定,舁寶盝官八員,以供奉班充,窄紫。擡腰輿一十六

---

① "古",原作"故",文淵閣本、廣雅本同,據曹本改。《唐六典》卷八符寶郎條注云:"天子之信,古曰璽,今曰寶。"

人，以弩手充。仍用本服。是日，製造官公服自製造所用腰輿、行馬恭奉新造“宣命之寶”，於東上閤門安置定，擡舁弩手並退。舁寶盝官、奉寶盝官於寶案後俟。駕坐，百官班退，宰執升殿，製造官帥舁寶盝官、奉寶盝官，製造官前導，於露階上安置。宣徽使取旨，付點檢司，製造官以下皆退。符寶郎一員於寶盝内取寶，用金斗奉寶進呈，取旨，封收。如何行用，臨時奏稟。禮畢，付所司。裹寶大紅綿五兩，裹寶表裹大紅夾羅複一條二幅。寶上檢牌一，用金，於上鐫“宣命之寶”字。寶紐上用大紅絨條一條，金斗一個，臺鈒纏龍金鍍銀印色盒子二个，寶案一，寶上合用護御畫封麂皮一。寶盝二重，朱漆，背裝以金，以紅羅明金帕，以載腰輿及行馬，並飾以金。

大定二十三年，恭奉敕旨，用金鑄造“宣命之寶”，以三月十一日進呈爲始，一品及王公、妃用玉寶，二品已下用金宣寶。其進呈儀注如前。

天會十□年①，講究到，太皇太后有璽綬，見前漢《元后傳》。皇后有璽綬，見前、後《漢書》及諸史。妃亦當有印綬。光武貴人金印紫綬。貴人位次皇后。晉《輿服志》，貴人、夫人、貴嬪皆金章紫綬，章文曰貴人、夫人、貴嬪之章。皇后赤紱玉璽，《通典》。皇后赤綬玉璽，蔡氏《獨斷》。又令文“太皇太后、皇太后、皇后、皇太子、皇太子妃寶以上寶，金爲之。並不行用，其封令書，太皇太后、皇太后各用宮官印，餘條不言太皇太后者，與皇太后同。皇后用内侍省印，皇太子用左春坊印，太子妃用内坊印”。謹按漢、晉以來，太皇太后皆有璽綬，其璽別不載用之與否，至唐令明著其寶並不行用，其封令書用宮官印。今即宜奉太皇太后之寶，仍置宮官，其寶□而不用②，凡有令書，於正封外別置重封，用

---

① “十”下原闕一字，曹本、文淵閣本同，廣雅本作“三”，蓋以下文言“今即宜奉太皇太后之寶，仍置宮官”，而尊奉兩宮太皇太后在天會十三年也。

② “寶”下原闕一字，曹本作“實”，文淵閣本作“設”，廣雅本作“備”。

宮官印,書宮官具位姓名。以尊令書故,並宜加"臣"字,庶合典禮。

太后寶。具太后門。太后太妃寶[①]。具妃門。皇太子寶,又守國寶。具皇太子門大定十八年儀[②]。

印

禮部自來鑄印方寸制度下項:依正隆元年,有批。

三師、三公、親王、尚書令,並金印,方二寸,金重八十兩,馳爲紐。餘王印紐同。一字王印,方一寸七分半,金鍍銀鑄,銀重四十兩,鍍金三字。諸郡王印,方一寸六分半,金鍍銀鑄,銀重三十五兩,鍍金三字。一品印,方一寸六分半,金鍍銀鑄,銀重三十五兩,鍍金三字。二品印,方一寸六分,並用金鍍銅鑄,銅用二十六兩。東宮三師、宰執,金鍍銀,重與郡王同。三品印,方一寸五分半,銅,重二十四兩。四品印,方一寸五分,銅,重二十兩。五品印,方一寸四分,銅,重上同。六品印,方一寸三分,銅,重十六兩。七品印,方一寸二分,銅,重上同。八品印,方一寸一分半,銅,重一十四兩。九品印,方一寸一分,銅,重一十四兩。凡朱記,方一寸,銅,重一十四兩。

天德二年八月,緣行省咨,見使印樣差小,乞比類尚書省印小一等改鑄,呈稟訖,依禮部篆到所指印樣鑄造分付。

大定十九年,稟奏,國公自來不曾鑄印,別無鑄印故事,難以給鑄。從之。

---

① "太后太妃",疑當作"太皇太妃",本書卷七《妃·册太皇太妃》内有寶制度。
② 按本書卷八《皇太子·大定八年册命儀》及《守國儀》分載皇太子寶與守國寶制度,然前者爲大定八年,後者爲二十四年,均非十八年。

大定二十四年二月，奏稟，禮部呈，車駕行幸上京，契勘行尚書省、御史臺并左右三部各有合用印信，擬乞依見用大小制度另行鑄造。從之。

臣庶車服

貞元元年，遷都燕京，儀仗内攝官四員并導駕官四十二員所用法服下項：

正一品四員，侍中二、中書令二。貂蟬籠巾，七梁額花冠，貂鼠立筆，銀立筆，犀簪，佩劍，緋羅大袖一，緋羅裙一，緋羅蔽膝一，緋白羅大帶一，天下樂暈錦玉環綬一，白羅方心曲領一，白紗中單一，銀褐勒帛一，玉珠珮二朵①，金鍍銀革帶一②，烏皮履一對，白綾韈一對。

正二品五員，門下、中書侍郎各二，大興牧一。七梁冠，銀立筆，犀簪，緋羅大袖一，緋羅裙一，緋羅蔽膝一，緋白羅大帶一，雜花暈錦玉環綬一，白羅方心曲領一，白紗中單一，銀褐勒帛一，玉琳珮二朵，金鍍銀革帶一，烏皮履一對，白綾韈一對。

正四品一十六員③，御史中丞二，給事中四，中書舍人六，左右諫議大夫各一。五梁冠，銀立筆，犀簪，内御史中丞獬豸冠。緋羅大袖一，緋羅裙一，緋羅蔽膝一，緋白羅大帶一，白獅子錦銀環綬一④，内御史中丞青荷蓮綬。白羅方心曲領一，白紗中單一，銀褐勒帛一，珠珮二朵，銀

---

① "珠"，原作"朱"，曹本同，文淵閣本作"琳"，據廣雅本、《輿服志中·臣下朝服》改。

② "銀"字原奪，曹本同，據文淵閣本、廣雅本、《輿服志中·臣下朝服》補。

③ "正四品一十六員"，按注文中僅十四員。

④ "環"，原作"鐶"，曹本同，據文淵閣本、廣雅本及《輿服志中·臣下朝服》改。

革帶一，烏皮履一對，白綾韈一對。

正五品一十四員，夾輅大將軍二，陪輅將軍二，中道隊大將軍一，龍旗隊大將軍一，寮佐八。四梁冠，銀立筆，犀簪，緋羅大袖一，緋羅裙一，緋羅蔽膝一，緋白羅大帶一，簇四金鵰錦銅環綬一①，白羅方心曲領一，白紗中單一，銀褐勒帛一，銀珠珮二朵，銀革帶一，烏皮履一對，白綾韈一對。

正六品至七品四十三員，正六品，侍御史二，大興令一；從六品，修起居注四；正七品，左右拾遺二，左右補闕二，殿中侍御史二十四；從七品，通事舍人八。三梁冠，銀立筆，犀簪，緋羅大袖一，緋羅裙一，緋羅蔽膝一，緋白羅大帶一，黃獅子錦銅環綬一，白羅方心曲領一，白紗中單一，銀褐勒帛一，銅珠珮二朵，銅束帶一，烏皮履一對，白綾韈一對。

大定二十二年祫享，攝官并導駕官所用法服下項：

攝官，二品已上九員，終獻一，大禮使一，太尉一，司徒一，侍中三，門下侍郎一，中書侍郎一，七梁、貂蟬籠巾冠服。三品七員②，翰林學士一，太常卿一，光祿卿二，太僕卿一，殿中監一，四品四員，七祀獻官一，功臣獻官二，大司樂一。並用六梁冠服，有金花。五品一十二員③，太府少監一，戶部郎中一，符寶郎四，東上閤門使一，奉瓚等官四，舉冊官二，五梁冠服。六品官二十八員，尚輦一，夾侍四，從升護衛四，尚舍二，光祿丞一，大樂令一④，太廟令一，司尊彝十四，四梁冠服。七品官二十四員，助奠官六，博士四，監察二，太官令四，通事舍人七，太廟丞一。三梁冠服。內監察獬豸、青綬。八品官二百六十九員，太祝一十六，祝史二十八，奉禮郎二，七祀祝史一，協律郎二，齋郎二百八，太官

① "銅"字原奪，曹本同，文淵閣本作"銀"，據廣雅本、《輿服志中·臣下朝服》補。
② "三品七員"，按注文中僅六員。
③ "五品一十二員"，按注文中共十三員。
④ "大樂令"，原作"太樂令"，據曹本、文淵閣本、廣雅本改。

丞一，良醞令二，廩犧令一，亞終獻執事官八。**九品官一百一十員**，内侍八，宮闈令一十七，別廟内侍二，禮直官一十，贊者二十，七祀祝史三，七祀功臣進饌四十，七祀爵洗執事已下一十。**並二梁冠服。**

導駕官四十員，其冠服與攝官同。如内有御史臺官，合依本職品從服豸冠、青綬。

大定《官制》，諸服飾佩帶，文資五品已上服紫，六品、七品服緋，八品、九品服綠，若職事高於散官者，並從職事借本品服色，隨職俱降；如職事低於散官，並從散官服色。應武官並服紫。皇太子玉帶，佩玉雙魚袋。親王玉帶，佩玉魚。一品玉帶，佩金魚。二品笏頭毬文金帶，佩金魚。三品、四品荔枝或御仙花金帶，佩金魚。餘服紫者紅鞓烏犀帶，佩金魚。服緋者並紅鞓烏犀帶，佩銀魚。服綠者並皂鞓烏犀帶。武官一品、二品佩帶與文官同，三品、四品金帶，五品、六品、七品紅鞓烏犀帶，皆不佩魚，八品已下並皂鞓烏犀帶。應殿庭祇應五品已下官，如閤門、橫班、六尚之類。非入内不許金帶。又展紫入殿庭者皆許服紅鞓，不佩魚。又二品以上許兼服通犀帶，三品官若治事及見賓客許兼服花犀帶。又品官帶，上得兼下，下不得僭上[①]。

大定二年條約，趨朝不得服花犀。

十年，省批，學士院官并修注等當直服金帶。

十一年，奏定，東宮左右衛率、僕正副、典贊儀、内直郎丞當直服金帶。具雜儀式卷上。

壽王不合佩玉魚[②]。具宗室門。

大定十一年四月五日，奏稟，太常寺檢討到唐《車服志》并

---

① "下"字原奪，曹本同，據文淵閣本、廣雅本補。

② 據本書卷九《親王宗室・宗室》，此事在大定三年。

《宋會要》該，品官公服各有綾羅花樣，等第不同，今參酌擬：三師、三公、親王、宰相、一品官服大獨科花羅，直徑不過五寸。執政官服小獨科花羅，直徑不過三寸。二品、三品服散搭花頭羅——謂無枝葉者①，直徑不過一寸半。四品、五品服小雜花羅——謂花頭碎小者，直徑不過一寸。六品、七品服芝蔴羅。八品、九品服無紋羅。已上職事、散官從一高，皆上得兼下，下不得僭上②。窄紫亦同服色，各依官制品格。其諸局分承應人並服無紋素羅。外據官民常服不在此限。從之。

　　大定十五年五月三日，奏稟，朝日百官公服有襴無襴，制度不同，檢討到《唐書》，馬周上議，《禮》無服衫之文，三代之制有深衣，請加襴、袖。長孫無忌議，服袍者下加襴。若依上項典故，袍不加襴，即非古制，有虧禮體。奉敕旨，文資官公服加襴。

　　大定三年三月十七日，詹事奏奉敕旨，皇太子三位妃傘用青表紫裏金浮圖。

　　大定制文，五品已上官及母妻許用傘蓋，官、職從一高，駙馬都尉依本品。即在都無職事官并母妻皆不得用。若致仕及曾任五品以上職事身故官母妻，并不因天子別加邑號者，不在禁限。

　　大定《儀制》，親王、公主、王妃傘金鍍銀浮圖、青表紫裏，郡主、縣主、夫人金花銀浮圖、青表紫裏，三師、三公、宰相、樞密使、郡王、一品執政官、樞密副使、御史大夫銀浮圖、青表紫裏，一品官爵銀浮圖、青表朱裡，執政官、樞密副使、御史大夫朱紅浮圖、青表紫裡，以上並用羅。二品朱紅浮圖、青表朱裏，三品朱紅浮

---

① “無”字原奪，曹本、文淵閣本同，據廣雅本、《輿服志中·公服》補。

② “下”字原奪，曹本同，據文淵閣本、廣雅本、《輿服志中·公服》補。

圖、青表碧裏，四品、五品青浮圖、青表碧裏，以上並用絹。品官母妻各從夫子用傘。前宰執任外路執事，傘蓋仍舊。大定四年三月二十三日，奏稟，檢討到典故，宋太宗製㡓頭帶以賜輔臣，其罷免者尚亦服之，此蓋前代優待勳舊之禮。兼見行《儀制》內，前宰執職在外路，長官見佐貳官，并經過州縣迎送禮數，比之庶僚，亦是優異，其真定尹翟永固係前宰執，傘蓋擬仍舊。從之。吏職入品預朝參帶五品官者並許用傘蓋。

親王赴朝，鞍轡及圈背銀交椅。具親王門。宰執等并內外官制度及親王、宰執治事服帽、帶，餘展皂。見雜儀式下卷。

大定制文，諸車，一品用銀螭頭，涼棚杆子、月板並許以銀裝飾；三品以上螭頭，不得施銀，涼棚杆子、月板亦聽用銀裝飾；五品以上獅頭；六品以下雲頭；庶人平頭。

又宗室及外戚，謂皇家小功以上親，太皇太后、皇太后大功以上親，皇后期以上親。並一品官及官職俱至三品以上者，許用金花鞍韉，餘並禁斷①。若經賜或御毬場內打毬者，不在此限。百姓并奴僕不得用玉較具、鞍轡。

又五品以上官，官、職從一高。母妻許披霞帔。

又宗室及外戚并一品命婦衣服聽用明金釵使。品官之家婦女，同籍不限親疎，期親雖別籍亦是，出嫁同。唯首飾、霞帔、領袖、繫腰許用明金，軟金、籠金、間金之類亦同。衣服止用金條壓。正班局分承應帶官人雖未出職係班，其祖母及母妻、子孫之婦、在室之女孫女姊妹、同籍兄弟之妻亦准此。只令本家成造。如無工匠，即許雇賃。餘並禁斷。

又禁私家用純黃帳幕陳設，若曾經宣賜鑾輿、服御車輿、日月雲肩龍文黃服、五箇鞘眼之鞍，皆須更改。謂龍去一角，鞍填一眼之

---

① "餘並"二字原倒，曹本同，據文淵閣本、廣雅本乙。

類。即服用物上造獸似龍形者，及諸用物上有龍文而存留者，並禁斷。大定八年十月初三日，奉敕旨，應官員、百姓之家舊器物上有獸似龍文者，不須毀壞，仰自今後不得創行成造。

　　大定十三年十一月二十三日，左司郎中奏過，前來尚書省集議鑄錢利害等事。吏部尚書梁肅議，民間錢難，蓋由風俗奢華所致，今則吏卒、屠販、奴僕之賤，各衣羅紈綺繡，服帶金魚，以致錢貨盡入富商大賈及兼并之家，擬乞嚴行禁約，明定服色，自然民有餘財。送禮部勘當到，除制條內已有立定禁約之物，其餘服用之物，若擬立定隨色等第，別行禁斷，見得繁碎難行。本部所見，止合仍舊。臣等商量，自國家有天下到今，凡法度皆緣民情，中間恐風俗僭侈，遂以車輿傘蓋、明金衣物、金花鞍韉、玉較具、鞦轡各限品級①，以至純黃帳幕陳設、銀褐油子雨衣及應用諸物上有龍文者皆有禁斷條理，行之已久，愚民不曉，尚有違犯。若准所言，將屠販、奴僕等衣著服帶之物更行創立等第，恐所禁繁細，徒生詞訟，若只依舊，似爲長便。當日奉都堂台旨，連入卷付架閣②。

　　太常寺元擬，庶人之家單戶同。只許服絁紬③、絹布、毛褐、花紗、無紋素羅、絲綿，其頭巾、繫腰、領帕許用芝蔴羅，條子用絨織，其餘綾羅、綺縠、錦繡、紵絲、熟綾線羅、大物織廗、繪畫之類並不得服用。裀褥、幰帳、車氈絆之類同。仍不得以金玉犀象諸寶物謂瑪瑙、玻璃之類。爲器皿及裝飾刀靶鞘，并銀裝釘床榻之類。婦人首飾不許用珠翠鈿子等物，翠毛除許裝飾花環冠子，餘外並禁。假者同。兵卒許服無紋素壓羅、絁紬、絹布、毛褐，充引接、本破在公門承應

自從儀制內服飾。兵奴婢只許服絁紬、絹布、毛褐。士人_{謂得鄉薦及係}學籍者，及實有才學，雖不得鄉薦、不係學籍者並同。及僧道有師號_{尼女同}。并良閑官八品以上許服花紗、綾羅、絲紬，_{士人及良閑官家屬并其餘僧道與}_{庶人同}。在官承應有出身人帶八品以下官_{未帶官亦同}，帶七品以上官與品_{官同}。許服花紗、綾羅、紵絲、絲紬^①，_{家屬同}。婦人許用珠子爲首飾。無出身人正九品與良閑八品以上同。遇入宮承應日，或從駕出入，衣服承舊^②。_{東宮承應人同}。帶正六品以上官與有出身同^③，_{京府州縣司吏與庶人同}。_{都孔目官與良閑八品同}。倡優遇迎接宣詔、聖節賜宴及公筵承應，許暫服繪畫之服，私服與庶人同。外，車馬鞍轡除制條該載諸車、庶人平頭及百姓奴僕不得用玉較具鞦轡外，擬庶人坐車只用一色黑油，馬鞍許用黑漆，以骨、角、鐵爲飾，不得用焰銀銜鐙、鍍金鞘眼及金銀犀象寶物等裝飾鞍轡。_{假者同}。

大定二十四年五月，以言事者乞限約民間衣服佩飾使有等差，送太常寺檢討，本寺具申前議。禮部勘當，雖定十三年擬定止合依舊，隨其貧富任意服用羅綺、錦繡、紵絲、繪畫等物，緣人情爭尚無厭，若不定立等差，見得已久風俗奢靡，以致困弊。申呈都省。自後別無施行。

大金集禮卷第三十

---

① “服”，原作“復”，據曹本、文淵閣本、廣雅本改。
② “承舊”，文淵閣本、廣雅本同，曹本作“仍舊”。
③ “六”，原作“品”，據曹本、文淵閣本、廣雅本改。

大金集禮卷第三十一　班位表奏

班序　命婦　牋表　奏事

班序

天眷二年五月十三日，奏定朝參儀式内，親王、宗室已命官者年十六以上並赴起居，宗室隨文武官班。親王班退，即引文武百寮以次入，并見謝辭等班列。其朝會門。

天德二年四月二十九日，海陵庶人旨，殿前文武官排次并以職爲序，如親王、國公及帶官宗室未有職事應朝參者，皆入皇親班，其散官并應任流外職者並不預朝參。如前殿預朝會使客等筵宴亦以職爲序。親王、宗室未有職事宴，如後殿預宴者，緣不係公禮，除宰執外不問散官、職事①，止從一高，親王、國公已有職事者並別設隔坐。

大定五年八月十二日，以判宗正英王職從一品②，王爵正一品，次國；判府皇子許王職正三品，王爵正一品，大國。每遇朝參，不見如何班次。下太常寺檢照到，官制，王正一品，判大宗正從一品，府尹正三品。緣皇子許王見封大國，英王封次國③，及檢

討到《唐六典》親王府注云，隋皇叔、昆弟、皇子爲親王。唐宋《公式令》，若親王任卑官職事者，仍依王品。見得親王不合依判宗、京尹品秩，只合依大國許王品序班位在次國英王之上①。蒙准呈。

大定五年十一月，以太子太保溫王職正二品，爵正一品，不見於殿庭朝宴如合排次，及太子看書如合坐位。檢討得《唐六典》，太子三師，太子太師一人、太子太傅一人、太子太保一人。又官制，太子太師、太傅、太保掌護東宮，導以德義，又云公集並以職爲上，若宴若職事官、爵從一高②。看詳太子太保溫王於殿庭朝宴排次，自有閤門常行班位；若太子看書，與太傅同到東宮，正是公集，依官制合以職爲上，坐位太子太傅下。下禮部，准申施行。

《大定儀制》，親王每遇朝參，並依王爵敘班。

命婦

皇統元年正月十八日，奏請，日近皇后殿行册禮，命婦並入朝，兼會到親王、宗室除正嫡已封妃、夫人外，次室並無封號，難定班列。今擬親王正嫡封國妃者，次室二人封國夫人；正嫡封王妃者，次室二人封王夫人；一品官封正嫡國夫人者，次室二人封郡夫人；二品、三品官正嫡封郡夫人者，次室二人封郡君。特旨更增封人數者，不拘此限。勑旨，准奏行，仍據封國夫人者，以國

---

① “英王”，原誤“史王”，曹本、文淵閣本同，廣雅本已改正，今從改。
② “宴”下一“若”字，曹本、廣雅本同，文淵閣本作“饗”。

號爲上下,王夫人在正嫡國夫人之下,郡夫人、郡君等亦並在正嫡郡夫人、郡君下排列。

天德二年正月尊奉永壽、永寧宫①,并二年十月册中宫禮畢,内外命婦稱賀。具太后皇后門。

大定十七年五月三日,擬奏皇家祖免以上親不帶邑號預宴坐次。按唐典故,凡朝會之禮,應陪位預會者,皇周親準三品,大功親、小功尊屬準四品,小功親、緦麻尊屬準五品,緦麻、祖免親並準六品。今皇家祖免以上親無邑號婦女預宴坐次,合依上項典故。從之。

大定二十年七月二十一日,敕旨,今後遇有命婦合入朝事務,四品郡君已上女直、契丹、渤海人并皇家三從已上親命婦、娘子各刷見名姓,遇有事筵,須得分朗告報,有不來者,仰宣徽體察端的。至日聞奏施行。大定五年七月十六日,敕旨,今後如遇拜天并妃生日及有頭段禮數須合來者,仰三品已上職事官女直、契丹、渤海命婦、無夫主、國夫人及妃每親眷等盡赴宫中,不得推稱病患事故,如有不赴者,仰宣徽院聞奏。

牋表

大定四年正月,禮部申呈,近奉敕旨,正旦、生辰禮物並免進,今擬自大定五年爲始免納,只令隨處拜表稱賀。蒙准行。

大定二年十一月,檢擬皇太子奉表謝、賀及用印例。按《唐志》,太子通表如諸臣之禮②。除無節辰奉表典故外,如遇合稱賀奉表,有令文格式下項。若封令書,用宫師印外,別無上表用印

---

① "寧宫"前原無"永"字,曹本、文淵閣本同,據廣雅本補。
② "太",原作"天",據曹本、文淵閣本、廣雅本改。

典故。擬依即今奏目體例，更不用印。蒙准呈。

臣某言，云云。臣某誠惶誠懼、賀則云"誠歡誠忭"，後章末准此。頓首頓首，入詞，云云。謹奉表稱謝以聞，稱賀、陳讓、陳乞並倣此。臣誠惶誠懼、頓首頓首，謹言，年月日①，皇太子臣名上表。

尚書省上表，用奏目紙三張，每張約六行或七行，每行不限字數，末後紙三行或五行，前張押貼黃，下邊用印，末後年月上用印，紙縫背用印，用深紅羅夾複一條封裹。貼黃云"上表爲問聖躬事"，封皮同。其日質明，於都堂前設百寮褥位，重行序立，望闕先兩拜。沿堂單跪，以表授班首，單跪捧表，以付所差人。所差人跪受訖，班首起立，在位官皆再拜，退。

外路拜表儀，大定十六年禮部行下：

其日質明，望闕置香案，並設官屬褥位，敘班立。禮生贊拜，在位官皆再拜。捧表人司吏。單跪，以表授班首，單跪捧受，以付所差人。所差人跪受訖，班首起立。禮生贊拜，在位官皆再拜，退。

大定八年□月二十一日②，敕旨，前來尚書省每十日一次上表問聖躬，今後二十日一次上表。外，合奏文字每十日一次差人前來。

正隆六年十月，檢討到令文，大慶、大禮、元日，諸州府軍監長史及諸道節度、觀察、防禦、團練使、刺史、轉運使等立奉表賀，其長官闕者，次官賀。今太原府尹雖不闕，見在軍前，合候供進表章時置立見管府事官名銜。禮部准申行下。

---

① "月日"二字原倒，據曹本、文淵閣本、廣雅本乙。
② "月"前原闕一字。

大定七年九月，檢討到《唐會要》，貞元二年十月九日，御史臺奏，每有慶賀及須上表，並合上公行之；如無上公，即尚書令、僕已下行之。續再檢到《宋會要》①，太常禮院言，唐貞元詔，每有慶賀及諸上表，並合上公爲首，如三公闕，令、僕已下行之，中書、門下別貢章表。又按《五代會要》，晉天福二年，中書、門下奏，今後凡有謝賀上表，望並准唐敕，上公行之，如三公闕，令、僕行之，中書、門下別貢章表。今來雖有三公，依上項典故，尚書省亦合別貢章表。禮部呈省點檢。

正隆六年六月，蔡州申稟，駕幸南京，合無上表。檢照到天德五年幸中都時，刺史州軍衙門以上長官②，不以遠近，盡行上表稱賀。緣不見得昨來幸中都，特隨州軍緣何上表，及隨處進到表文還於何處類納。再檢討到《開寶通禮義纂》云③，巡狩、親征及諸大事並皆朝賀，諸州刺史及都督、京官五品已上在外者並奉疏賀，皆禮部爲奏。有此典故。今來遷都南京，隨處賀表依上項典故，合於尚書禮部類納。蒙准呈。

大定二十五年，車駕還都，檢討得別無百官奉表稱賀典故。

大定八年十月，滄州上表牋，爲賀生皇孫事。檢討到《唐會要》，御史臺奏，應諸道管內州合進元日、冬至、端午、慶陽等四節賀表，除四節外，非時別有慶賀，使司便牒支郡取表狀急遞至上都，委留後官進奏。有此典故。禮部將表牋牒付所司進奏，緣何爲例遍行之事，呈奉都省批降准外，不須遍行。

大定二年五月，以滄州申稟賀皇太子牋紙樣、複、匣等事。

---

① "續再檢到宋會要"，原作"續檢到到唐會要"，據曹本、文淵閣本、廣雅本改。

② "州軍"，原誤"周軍"，曹本同，據文淵閣本、廣雅本改。

③ "開寶"，原誤"開元"，據曹本、文淵閣本、廣雅本改。

檢到令文，上東宮牋，除改定字數外，並同表式，其紙與上表紙一同。又按《宋事實》，皇太子凡飾用龍者皆以螭龍。《廣韻》云，螭無角，如龍而黃。其牋匣畫龍者①，比附上件典故，合畫螭龍。所有裹牋單複，合用梅紅羅。禮部准申遍下。

大定八年，受册，外路稱賀牋式：某言，伏審皇太子殿下於某月日受册命禮成者，入詞，某誠歡誠忭、叩頭叩頭。伏惟皇太子殿下，入詞。某伏限祇守官司，不獲稱慶宮庭，某無任歡欣忭躍、激切屏營之至，謹奉牋稱賀以聞。某誠歡誠忭、叩頭叩頭，謹言，某言，月日，具位姓名上牋。貼黃云“上牋爲賀受册禮成事”②，問候牋即云“上牋爲問清躬事”。

大定九年六月五日，奏稟，皇太子前去坐夏日，官合無具牋問候。檢討得別無典故體例。奉敕旨，具牋問候。尋講究到，前來遇車駕行幸，官赴尚書省拜表，近皇太子前去坐夏，百官送再拜，皇太子荅拜。今來奉牋，只合尚書省首相具銜位姓名等修寫如儀，於都堂以牋授走馬人，更不合集會百官。外，司徒合另具牋問。蒙准呈。

奏事

天眷二年五月十三日，詳定所定到奏事儀。敕旨，准奏。領省及宰執自東西分陛陞殿，左司侍郎執奏牘從宰執入殿，以奏目授宰執訖，於殿欄子内柱下立，餘並不得陞殿。候奏事訖，即降

---

① “牋匣”，原誤“綫匣”，曹本同，據文淵閣本、廣雅本改。
② “爲”，原誤“受”，據曹本、文淵閣本、廣雅本改。

左階①,於東序立。右司侍郎自西階陞殿,如左司儀②,降自右階,於西序立。俟領省、宰執出,各稟覆簽所得聖旨。

皇統二年四月七日,擬定奏目體式。敕旨從之。奏目後,年月日,宰執繫署臣并書名,仍宰相累書,執政官側書。奏目前,宰執自簽聖旨,仍當簽者亦繫署臣并書名。

大定二年八月,檢討左右司奏事典故。按漢制,尚書郎奏事。晉已後,八座丞郎多不奏事。梁武帝天監初,詔曹郎可依昔奏事。左右司郎定至隋時方置,隋以前通謂之尚書曹郎。唐令,中書令、正三品。中書侍郎、正四品。中書舍人,正五品。並掌敷奏。宋《職官志》,中書令、正一品。中書侍郎、正二品。中書舍人,正四品。並掌中外取旨之事。遼時,都承旨奏事。本朝太宗時,亦係都承旨奏事。熙宗時,執政官奏事。奉敕旨,奏目只令左右司依舊。

大定四年三月二十三日,敕旨,今後每朝,宰執奏事罷,遇有御史臺奏事,宰執退。

皇統六年五月二十三日,奏稟今後接告人,委點檢司分付御史臺取問,直行聞奏事。送討論所議定,點檢司以接告人分付告人,本臺自合備坐聖旨牒送。如訴尚書省偏錯,本臺便合申取天案點勘。若論不肯授理,即先行申會,見得所告事元不曾纏由都省,即取妄告情罪并具所告公事一就聞奏,取旨斷遣,却付尚書省依罪施行。所據本臺勘定公事,若却從法寺檢斷,切慮防嫌,合依故事,專置檢法官二員,一員檢斷女直、契丹等,一員檢斷漢兒:漢、渤海。准備聞奏。若奏事,即本臺長官與應勘之官同奏,別具奏目,

① “即降”,原誤作“降降”,據曹本、文淵閣本、廣雅本改。
② “左司”,原作“左右”,曹本、廣雅本同,據文淵閣本改。

依都省見行例，各隨契丹、漢兒隨色字作奏目。並於朝日宰執奏事罷，官長率其屬上殿進呈。如事干急速，亦許非時於内殿奏。奏畢得旨，即連奏目前案以別紙，批所得聖旨，繳申尚書省，送所屬部分施行。若尚書省見得御史臺所奏内有未允當事理①，許行覆奏。其進退遠近體式，即官長在前，餘官重行在後。若有所顧問，即應奏之官皆得專對。兼御史臺除見設今譯、通事外，無管勾文字人，既專行奏事，擬添設典事二人。一名管女直、契丹文字，一名管漢兒文字。敕旨從之。

皇統二年七月二十一日，奏請，今後繁細有例公事，更行聞奏，實應有煩聖聽。擬自今凡有下項事，並依例施行。從之。都目出職，諸京府州鎮承應人吏、番譯、通事出職，諸經科年遷并腰遷、滿遷，諸寺提點并僧道録判、僧尼臨壇首座等三學法師傳授戒本，弩手并隨路軍員擺轉遷加，六品已下換授。

大金集禮卷第三十一

---

① "見得"，原誤"見御"，據曹本、文淵閣本、廣雅本改。

大金集禮卷第三十二　輟朝廢務

輟朝　廢務　休假

輟朝

大定八年正月九日，敕旨，自今後凡享太廟行禮日免朝。

大定九年二月，勘當祭太社太稷行禮日，有無合免朝事。檢討到《唐會要》社稷門該，天寶三載，昇爲大祠，又牲用太牢、太尉攝行事、祭之日不坐，並是大祠之義。又輟朝門該，貞元十五年正月十三日①，延英開，群臣候對，已而，上却不坐，以中書侍郎有事於太清宮故也。詳此典故，唐之故祠，有司攝事，其日皆不視朝②。本部契勘，今來祭太社稷行禮日，然有前項典故該，其日皆不視朝，緣今月一日春祭太社稷行禮日，有蒙免朝，不見得宣徽院曾無捧到敕旨，爲此移文本。會得宣徽院令左西副就禮部檢到，《唐會要》太社典故，祭之日不坐，以明大祠之義。稟奏過，奉敕旨免朝，緣係已久爲例之事，呈省點驗。

大定三年六月一日，日蝕。依舊典故，太陽虧，有司預奏，皇

---

① 據《唐會要》卷二五，此事實在元和十五年。
② "其"，原作"具"，曹本同，據文淵閣本、廣雅本改。

帝不視事。百官各守本司，不治務，過時乃罷①。自後以爲常式。

十五年四月十五日，救旨，今後每遇太陰、太陽虧蝕，並免朝。

大定十三年六月二十三日，以奉安昭德皇后於別廟，奉救旨免朝。

十五年三月二十七日，奉安武靈皇后於別廟②，亦免朝參。似此百官行禮，其日並免朝。

皇統二年，太師宗翰薨、薛王宗强薨③，並輟朝七日；平章昂薨，輟朝三日。九年，太師宗弼薨④，輟朝三日。大定十九年十一月七日，改葬昭德皇后，前後各一日不視朝，廢務。自來凡遇妃、主、大臣薨逝及出葬，並輟朝廢務。

廢務 承安二年七月十三日，聖旨，七月十五日是拜天打毬節，自是不朝，今後不索降奏。

大定二年五月十一日，奏請，睿宗皇帝忌辰有無廢務。奉救旨，廢務，仍爲定制。五月十六日，貞懿皇后忌辰，亦廢務，過大祥後不廢。

大定十九年五月十一日，奏請，即今衍慶宮創建世祖、太宗、

---

① “乃罷”，原誤“罷罷”，據曹本、文淵閣本、廣雅本改。

② “武靈皇后”，諸本均同，據本書卷二二《別廟·孝成舊廟》，當作“武靈皇帝”或“武靈皇帝、悼皇后”。

③ 據《金史》卷四《熙宗紀》，宗翰薨於皇統元年五月，宗强薨於六月，而卷六九《宗强傳》則謂其薨於二年十月。

④ 據《金史》卷四《熙宗紀》及卷七七《宗弼傳》，宗弼薨於皇統八年十月辛酉。

睿宗御容殿閣①，與太祖爲四廟，緣太祖、太宗、睿宗忌辰並廢務，今來世祖皇帝五月十五日忌辰，有無合行一體廢務。從之。

大定二十六年十一月一日，奏定，熙宗忌辰亦廢務。

大定三年六月一日，日蝕，依典故，百官守本司，不治務，過時乃罷，遂爲常式。自來宗廟從祀并原廟、別廟奉安、尊享及凡慶慰等禮數用百官者，並廢務。

大定十九年十一月七日，改葬昭德皇后，前後各一日廢務。二十五年六月，皇太子薨，廢務、禁樂三日；及但用百官祭奠行禮日，亦廢務；其發引并葬日並廢務、禁樂。

休假

天眷二年五月十三日，詳定所定到儀式一款，旬休及節序假寧休務日下項。敕旨，准奏。

元正、冬至、寒食各節，前後其休務三日。上元、立春、秋社、上巳、端午、三伏、立秋、重陽、授衣——九月一日②、國忌、每月三旬，以上各休務一日。

五年四月③，奏稟，舊令文內該諸節辰與見今節辰內有不同，除見今施用節假外，下項未曾施用。奉敕旨，俱各一日。夏至、中元、下元各三日，人日、中和節、七夕、春分、立夏、立冬各一日。

大定二年閏二月九日，奏稟，天德二年十月條理，內外官司

---

① "世祖"，原作"世宗"，諸本均同，按世宗時正在位，下文謂"今來世祖皇帝"云云，今據改。

② "授衣"，原作"授依"，據曹本、文淵閣本、廣雅本改。

③ 此處五年之前未繫年號，據下文，則天德二年十月後休假制度已與之大異，此當是皇統五年。

自來准式休假頗多，不無曠廢官中書務，自今後除旬假外，年節前後各給假一日，共三日，清明、冬至日各一日，其餘節辰並不給假。奉敕旨，清明與假三日。尚書省相慶，各給清明前二日，共三日。

大定二年十一月，奏定，内外官司除旬假外，元日、寒食前後各給假一日，寒食係冬至後一百五①。冬至、立春、重五、立秋、重九各給假一日。公務急速不在此限。

大金集禮卷第三十二

---

① 曹本同，文淵閣本、廣雅本此下有“日”字。

大金集禮卷第三十四　岳鎮海瀆

祀儀　雜録

祀儀

大定四年六月二十一日,奏稟,近奉敕旨,五岳四瀆等每歲行禮,合行講究。謹按,《尚書·舜典》,"望秩於山川";漢文帝詔,增修山川群祀,以祈豐年;武帝祀名山大川;唐岳鎮海瀆以五郊迎氣日祭之,及祭於州界;宋《五禮新儀》,太常寺預於隨季以四立、土王日祭五方岳鎮海瀆,_{立春日東方,立夏日南方,立秋日西方,立冬日北方,土王日中方}。又具日時下本州,亦以四立、土王日祭之。今參酌定到下項禮數,擬自將來立春爲始行禮。從之。

依典禮,以四立、土王日,只於所在州界就本廟致祭。外,南岳衡山、南鎮會稽山,權衡遥祀於中岳嵩山;東瀆大淮,舊在唐州祭;南海、南瀆大江遥祀於東海廣德王廟。_{萊州。}

祝版,按唐《通典》,委所司至時先奏取署,附使送往。今擬每季前期進請御署,差官送至所在州府。

《通典》,祀官以當界都督、刺史充。今擬獻官以本界都管官司長貳官充,如在支郡,以都管長官充初獻,支郡長貳官充亞終獻。

牲牢，依唐、宋典禮，每位用羊一、豕一、酒一斝。餘籩豆之實依常禮。

東岳岱山，兗州。唐天齊王，宋天齊仁聖帝。

東鎮沂山，沂州。安東公①。

東海，萊州。淵聖廣德王。

東瀆大淮，唐州。長源王。

南岳衡山，潭州。司天昭聖帝，唐王。

南鎮會稽山，越州。永興公。

南海，廣州。洪聖廣利王。

南瀆大江，益州。廣源王。

中岳嵩山，河南府。中天崇聖帝。

中鎮霍山，平陽府。應聖公。

西岳華山，華州。金順天聖帝。

西鎮吳山，隴州。成德公。

西海，河中府。通聖廣潤王。

西瀆大河，河中府。靈源王。

北岳恒山，定州。安天玄聖帝。

北鎮醫無閭山，廣寧府。廣寧公。唐、宋遙祀於北岳定州界。

北海，孟州。沖聖廣潤王。

北瀆大濟，孟州。清源王。

下項行禮次第，並准呈。

差三獻官，并讀祝官一、捧祝官二、盥洗官二、爵洗官二、奉

---

① “安東公”，本書卷三八《沿祀雜録》所載沂山祝文稱“東安公”，又《金史》卷一〇《章宗紀二》及卷三四《禮志七·岳鎮海瀆》載明昌六年十二月加五鎮四瀆王爵，沂山封“東安王”，此處“安東”二字疑倒。

爵官一、司尊彝一、禮直官四。以本州府司吏充。

前三日，應行事、執事官散齋二日①，治事如故，宿於正寢，不弔喪問疾、作樂、判刑殺文書、決罰罪人，及不與穢惡。致齋一日，於祀所，唯享事得行，其餘悉禁。享官已齋而闕者，通攝行事。

前二日，有司設行事、執事官次於廟門外，隨地之宜。掌廟者掃除廟之内外。

前一日，有司牽卜牲詣祠所，享官以下常服閱饌物，視牲充腯。

享日丑前五刻，執事者設祝版於神位之右，置於坫，及以血豆設於饌所。次設祭器，皆藉以席，掌饌者實之。左十籩，爲三行，以右爲上；第一行，乾蕒在前②，乾棗、形鹽、魚鱐次之；第二行，鹿脯在前，榛實、乾桃次之；第三行，菱在前，芡、栗次之。右十豆，爲三行，以左爲上。第一行，芹菹在前，筍菹、葵菹、菁菹次之③；第二行，韭菹在前，魚醢、兔醢次之；第三行，豚拍在前，鹿臡、醓醢次之。左簠二，實以稻、粱，粱在稻前④。右簋二，實以黍、稷，稷在黍前。在籩豆外俎間。俎二。牲體皆載右胖，前脚三節一段⑤，肩、臂、臑皆載之；後脚三節一段，去下一節，載上豚、胳二節⑥；又取正脊、中脊、橫脊、短脇、正脇、代脇，各二骨。次設犧尊二、象尊二，在堂上東南隅，北向西

①　"執事官"，原誤"執爵官"，曹本、廣雅本同，據文淵閣本、《禮志七·岳鎮海瀆》改。

②　"乾蕒"，原作"乾𧅄"，曹本同，廣雅本作"乾橑"，據文淵閣本、《禮志七·岳鎮海瀆》改。

③　"葵菹菁菹"四字原奪，曹本、文淵閣本同，據廣雅本及《禮志七·岳鎮海瀆》補。

④　二"粱"字，原均誤"梁"，據曹本、文淵閣本、廣雅本改。

⑤　"三節"，原作"之節"，曹本、廣雅本同，據文淵閣本改。

⑥　"豚胳"，諸本均同，當作"肫胳"。

上,犧尊在前,皆有坫,加勺、冪爲酌尊。實以法酒。犧尊,初獻官酌之;象尊,亞終獻酌之。又設太尊一、山尊一,在神位前,實以法酒,皆設而不酌[1]。有司設燭於神位前。洗二,東階之下,直東霤,北向。盥洗在東,爵洗在西。罍在洗東,加勺;篚在洗西,南肆,實以巾。若爵洗之篚即又實以爵,加坫。執罍、篚者位於其後。又設揖位於廟門外,初獻在西,東向,亞、終及祝在東,南向北上[2]。祝位少却。開瘞坎於廟內堂之壬地,祭海、瀆別無望瘞位。方深取足容物,南出陛。設望瘞位於其南,三獻官在南,北向西上;祝在東,西向。又設三獻官席位於堂下東階東南[3],西向北上;設祝席位於庭中,北向。又設祝位於堂上前楹東,西向。

享日丑前五刻,行事,春、冬用丑時七刻,夏、秋用丑時一刻。行事、執事官各就次。掌饌者帥其屬實饌具畢。凡祭官各服其服。贊者引初獻,凡行事、執事官行止皆贊者引。升自東階,凡行事、執事官升降皆東階。點視陳設訖,退就次。引初獻以下詣廟南門外揖位立定,贊禮者贊揖。次引祝入就堂下席位,北向立。次引三獻官入就席位,西向立。又引行事官、執事官就堂下席位,北向立,以西爲上。贊者曰“再拜”,在位者皆再拜。贊者請諸執事官各就位。凡執事官廟中行禮,取、奠物皆跪。

次引祝升堂,就位立定。次引初獻詣盥洗位,北向立,搢笏,盥手,帨手,執笏。詣爵洗位,北向立,搢笏,洗爵,以爵授執事者,執笏。升堂,詣酌尊所,西向立,執事者以爵授初獻。初獻搢

---

① “實”字原奪,曹本同,據文淵閣本、廣雅本補。

② “南向”,諸本均同,然於理不合,疑當作“西向”。

③ “又設三獻官”下原衍“在南北向西上祝在東西向又設三獻官”十六字,諸本均同,今參據《政和五禮新儀》卷九六《諸州祭嶽鎮海瀆儀》刪。

筊，執爵，執尊者舉冪，執事者酌酒，初獻以爵授執事者，執筊。詣神位前，北向立，搢笏，跪。執事者以爵授初獻，初獻執爵，三祭酒，奠爵訖，執笏，俯伏興，少立。次引祝詣神位前①，東向立，搢笏，跪，讀祝訖，執笏，興，退復位。初獻再拜，贊禮者引初獻復位。

次引亞獻酌獻，並如初獻之儀。<small>唯不讀祝，亦不飲福受胙。</small>次引終獻，並如亞獻之儀。

贊者引初獻官詣神位前，北向立。執事者以爵酌清酒，進初獻之右，初獻跪，祭酒，啐酒②，奠爵。執事者以俎進，減神座前胙肉前脚第二節，共置一俎上，以授初獻，以授執事者。初獻取爵，遂飲，卒爵，執事者進受爵，復於坫。初獻興，再拜，贊者引初獻復位。贊者曰"再拜"，獻官以下皆再拜。<small>已飲福受胙者不拜。</small>

次引初獻已下詣望瘞位③，岳令進<small>岳令以廟官充。</small>神位前，以俎載牲體并血、黍稷飯，詣瘞坎，以饌物置於坎。<small>祭海、瀆，獻官拜訖，瀆令以血沉於瀆。</small>東西廂各二人，贊者曰"可瘞"，實土半坎④。贊者又曰"禮畢"，遂引初獻，初獻官已下出。祝與執尊罍篚冪者俱復位立定，贊者曰"再拜"，再拜訖，遂出。祝板燔於齋所。

按《宋事實》，太平興國九年六月詔⑤，自今遣官奉青詞、祝板、御封香往諸處致告，並令緘封護持，每至驛舍，安置静處，務

---

① "詣"下原復衍一"詣"字，據曹本、文淵閣本、廣雅本刪。

② "啐酒"，原誤"啐爵"，曹本、廣雅本同，據文淵閣本、《禮志七·岳鎮海瀆》改。

③ "詣"字原奪，曹本同，據文淵閣本、廣雅本補。

④ "實土半坎"原舛在"贊者"之前，曹本、文淵閣本同。按此與行禮次序不合，據廣雅本、《禮志七·岳鎮海瀆》移正。

⑤ 今本李攸《宋朝事實》不載此條，據《宋會要輯稿·禮一四》及《續資治通鑑長編》卷八七，則真宗大中祥符九年六月十六日己丑頒下此詔，而太平興國九年未見相關記載，疑此處繫年有誤。

極嚴肅。又《五禮新儀・春秋薦獻諸陵受香表》儀該，前期，太常卿奉香、表至鞏縣，以香、表置於腰輿，與獻官以次從行，至昭孝禪院，引香表腰輿置於堂上，禮直官贊各俯伏跪，以表授獻官，省視香、表訖，復置於腰輿，從行至陵所。今來御署祝版亦合比附上件典故，每至驛舍，安置靜處，務極嚴肅。到本州府縣，前期告報，置腰輿，獻官已下迎接，將祝板置於腰輿，獻官已下從行，於本廟齋廳安置訖。如無齋廳，別設位次。禮直官引獻官省視訖，贊獻官已下皆再拜訖，退。并祝版如書寫彼州府官姓名充獻官，進請訖御署，切恐到彼，本官差出事故，擬於各處祝版上只書寫行禮年月日并祝文，到彼，見得本州長官別無差出事故，即勒就便書填本官姓名職任；若是差出事故，即便依上書填以次佐貳官等姓名，依准已行禮數行禮。蒙准呈。

大定四年閏十一月二十五日，奉敕旨，岳廟致祭務要嚴潔。六年五月十五日，奉敕旨，祭五岳進祝版時，仍請御封香一就賫封前去，又今後請香，前期理會，并用木合子，打角。

大定八年九月十九日，奏稟，隨方岳鎮海瀆祝版，惟五岳進請御署，是有不同。檢討到唐《開元禮》、宋《開寶禮》、《五禮新儀》祭岳鎮海瀆儀注內，祝版皆進請御署。又唐開元九年，太常奏，古者五岳視三公，四瀆視諸侯，則不合親署，從之。至開元二十年，新禮頒行，其儀注內却該親署①。又宋太宗時亦有上言不合親署者，太宗荅以“朕爲萬民祈福，舊制素定，不可廢也”。有此典故不同。奉敕旨，依舊進請。

十六年九月十一日，奏請，檢到《唐書・禮儀志》，岳瀆祝版

---

① “却該”，原誤“該該”，據曹本、文淵閣本、廣雅本改。

御署北面再拜，證聖元年，有司請署而不拜，從之。開元九年，太常奏，五岳視三公，不合親署。當時雖從之，至開元二十年，新禮頒行，却用進署。貞元十二年，太常博士裴堪奏①，星辰岳瀆是天地從官，恐人君不得如公侯之禮而臣下之。又《禮記》云，内事曰"孝王某"，外事曰"嗣王某"，"某"謂天子名也，内事宗廟，外事郊社岳瀆。參詳上項典故，前代並署御名，唐初署訖仍再拜，自後署而不拜，於禮似爲得中。今來祭五岳祝版，擬依舊進請。從之。

雜録

大定八年九月十九日，奏稟，近奉敕旨，南京、五岳自合仍舊，今五岳合如何。檢討到《尚書・舜典》，"望於山川"，疏云："泰山爲東岳，華山爲西岳，霍山爲南岳，恒山爲北岳，嵩山爲中岳。"又《周禮・大宗伯》②，祭五岳，注云："泰山東岳，衡山南岳，華山西岳，恒山北岳，嵩高山中岳。"疏該："周國在雍州時無西岳，權立吳岳爲西岳，蓋非常法，以東都爲定，故《爾雅》載華山爲西岳。"又《詩・崧高》疏："或以謂《雜問志》有云，周都豐鎬，故以吳岳爲西岳，若必據己所都以定方岳，則五岳之名無代不改，何則？軒居上谷③，處恒山之西，舜居蒲坂，在華陰之北，豈當據己所在改岳祀乎。"又秦、漢、隋、唐皆都長安，五岳並在東方。禮部、學士院、太常寺公共參詳，自三皇以來，五岳皆有定名，周都

---

①　"裴堪"，原誤"斐堪"，據曹本、文淵閣本、廣雅本及《唐會要》卷二二《嶽瀆》改。
②　"大宗伯"，原誤"太宗伯"，曹本同，據文淵閣本、廣雅本、《金文最》改。
③　"上谷"，原作"山谷"，曹本同，據文淵閣本、廣雅本、《金文最》改。

雍州，雖曾權立吳岳爲西岳，蓋非常法，又《詩·崧高》疏已有如此定議，依上典故，其五岳依舊，是爲相應。奉敕旨，依舊。

十二月三日，再具前項典故聞奏。奉敕旨，依舊。《尚書·舜典》，"望於山川"，疏云："泰山爲東岳，華山爲西岳，衡山爲南岳，恒山爲北岳，嵩高山爲中岳。"三代之居皆河、洛之間，而五岳各如其方；至秦、漢、隋、唐皆都長安，而五岳並在東方；後魏都雲中，而祭恒山爲北岳。《雜問志》有云，周都豐鎬，故以吳岳爲西岳，蓋非常法，故《爾雅》止載華山爲西岳。若必據己所都以定五岳，則五岳之名無代不改，何則？軒居上谷，處恒山之西，舜居蒲坂，在華陰之北，豈據己所在改岳祀乎。兼自三皇以來，五岳皆有定名，有司不敢輕議。

大定十八年六月三日，檢擬東岳廟災祭享事。謹按，《尚書·舜典》曰："禋於六宗，望於山川，徧於群神①。崴二月，東巡狩，至於岱宗，柴望秩於山川。"孔安國注云："九州名山大川，五岳四瀆之屬，皆一時望祭之。"又《周禮·小宗伯》之職，兆五帝於四郊，四望、四類亦如之。自虞舜至於成周以來②，俱言望祭，不預廟之存亡也，不可謂火焚神像而廢泰山之祀。合依例差人臨時齎送祝版，前去致祭施行。蒙准呈。

大定二十一年正月十二日，奉敕旨，東岳官裏蓋來底五大殿、三大門撰名。閏三月一日，奏定，正殿曰"仁安"，皇后殿曰"蕃祉"，寢殿曰"嘉祥"，真君殿曰"廣福"，炳靈王殿曰"威明"；外門曰"配天"，《左傳》云，山岳配天。東門曰"晨暉"，取日之象。西門曰"圓景"。取月之象。

大定二十二年四月二十一日，以修蓋東岳廟告成，奏奉敕旨，令翰林侍講學士楊伯仁撰碑文。十月九日，又以中岳、西岳、

---

① "群神"，原作"群祀"，曹本同，據文淵閣本、廣雅本及《尚書·舜典》改。
② "成周"，原作"城周"，據曹本、文淵閣本、廣雅本改。

北岳重修廟宇工畢，命待制黃久約、修撰趙攄、應奉党懷英定撰各廟碑文。

大定十三年，送下陳言文字該，嵩山中岳乞依舊令本處崇福宮道士看守①。禮部擬定，委本府於所屬揀選有德行名高道士二人看管，仍令登封縣簿、尉兼行提控。蒙准呈。續送到陳言文字該，隨處岳鎮海瀆神祠係民間祈福處所②，自來多是本處人家占守，及有射糧軍指作優輕，數換去處，遇有祈求，邀勒搔擾，深不利便，乞選差清高道士專一看守。契勘岳鎮海瀆係官爲致祭祠廟③，合依准中岳廟體例，委所隸州府選有德行名高道士二人看管，仍令本地八官員常切提控④。外，其餘不係官爲致祭祠廟止合准本處舊來例施行。蒙准呈。

十九年十月，看岳廟道士告，乞依舊例差設百姓廟子人等勾當。本部擬依泰安軍講究到，設廟七人，招召土居有物力、不作過上户充，於本廟收到香火錢内，每月支錢三貫，二年一替，是爲長便。後蒙批降，仰設道士十人管勾，如本處數少，於附近州府縣分選取，滿替依舊例。二十一年，奉敕旨，泰山三峯左側護媵十餘里并至廟沿路，不得教採斫樹木。二十二年二月，兵部擬呈，岳廟殿廊共八百五十四間，各設兵士三十人，依舊清衛指揮名稱，常穿日夜巡防，如有修造，便充夫役。蒙批降，據請受錢粮招置分例，並於香火錢内支遣。餘並准行。

大定二十三年十二月八日，奉敕旨，每年五岳降香，若到上

---

① “乞”，原誤“乙”，曹本同，據文淵閣本、廣雅本改。
② “民間”，原作“民門”，曹本同，據文淵閣本、廣雅本改。
③ “祠廟”，原作“祀廟”，廣雅本同，據曹本、文淵閣本改。
④ “八官員”，廣雅本同，文淵閣本作“人官員”，曹本作“官八員”。

京，使走馬人來，往回地里寫遠，走馬郎君都是小孩兒，恐不潔淨。運司香是官裡香，預先着好香，兼鍍金銀合子裡封了，與隨處長官，傳旨令齋戒沐浴，在意上香。二十六日，奉批降，香合仰各路運司期扣差相當官坐長行馬賷送。二十四年正月，申稟，五岳前來各有令降御署祝版，有無依例准備；鎮海瀆雖前來不曾降香，每年只賷進祝版，委各處長官行禮，今來合無批准備。蒙省批，五岳祝版別聽旨揮，鎮海瀆止委隨處長官依時行禮。二十五年十一月十七日，奏請，昨奉敕旨，五岳教運司着好黃香，鍍金銀合子封了，與隨處長官，教在意上香。今車駕還都，所有祭岳鎮海瀆，若依舊例，降祝版、香合，差走馬郎君賷送。奉敕旨，祝版休止，令各運司降香，長白山一體施行。

大金集禮卷第三十四

大金集禮卷第三十五　長白山

封册禮　雜録

封册禮

大定十二年二月三日，檢討到長白山建廟典故下項。敕旨，准奉行。

《尚書·舜典》，"封十有二山"，注謂"每州之名山，殊大者以爲其鎮"。《通典》載唐天寶八載封太白山爲"神應公"①，其九州鎮山除入諸岳外，並宜封公。又《通典》，秦有名山大川祠，漢修山川群祀。唐、宋岳鎮海瀆及名山皆有廟。今來長白山在興王之地，比之輕餘諸州鎮山，更合尊崇。擬別議封爵，仍修建廟宇。

十二月一日，禮部、太常寺、學士院檢定到爵號名稱，及差官相視到建廟地步下項。奏奉敕旨，封王，仍以"興國靈應"爲名。

唐天寶八載，封太白山爲"神應公"②，并九州鎮山除入諸岳外並封公。唐清泰初，封吳山爲"靈應王"。宋元豐七年，封吳山爲"成德王"。擬具到爵號、名稱：王、公；開祥應德、興國靈應、開聖永寧。山北地一段各面七十步，可以興建廟宇。

---

① "神應公"，原作"應神公"，曹本、廣雅本同，據文淵閣本及本卷下文、《通典》卷四六改。

② "太白山"，原作"泰白山"，曹本同，據文淵閣本、廣雅本改。

十五年三月二十三日①，奏稟封册儀物②、册祝文并合差使副、選定月日、行禮節次、春秋降香等事，從之。其餘擬定事理，並准呈。

封册儀物：

九旒冠冕，板廣七寸，長一尺二寸，璪玉三采——朱、白、蒼，玉笄九。

章服一，五章在衣，山、龍、華蟲、火、宗彝，四章在裳，藻、粉米、黼、黻。裙、蔽膝、中單、帶、革帶、玉環綬、玉佩劍、韈、舄等，並依前來封高麗國王冕服等制度。

玉圭一，同桓圭，長九寸，廣三寸，厚半寸。

玉册一，用次玉，長九寸，廣九分，簡數視册文多少。

節二。持節擬依於本處差官二員。

合降册文、祝文。

香用黃香。

幣用青幣，一丈八尺。

奉册使副各一員，五品、六品内奏差。宣判張國基充副使，起馬前去；咸平府少尹婁室充使。

進發日，册匣、衮冕等各置以輿，約量差軍人援護，所過州縣更替。每行，節在輿前，使副在後。逐程置於驛之正廳③。無驛廳處即於屋宇嚴潔處安置。册案在路，人皆避路。至山下，安置潔净去處。行禮官並散齋二日於公館，致齋一日於祠所。

前一日，所司於廟中陳設如儀，於廟門外設玉册、衮冕幄次，

① "二十三日"，原誤"三十三日"，據曹本、文淵閣本、廣雅本改。
② "封册"，原作"封稟"，曹本、文淵閣本同，廣雅本已改正，今從改。
③ "逐程"，原作"逐呈"，曹本、廣雅本同，據文淵閣本改。

及設使副幕次，設登歌、鍾磬兩架，<small>無即以常樂充</small>。及用導從人、<small>本處軍人内差</small>。牙杖①、旗鼓、從物等，視一品儀。持節者乘馬前導，册使副騎從。就本處官屬差三獻官，并選定近上官一十員導引册興，如不足，以次官充，並公服。本處差捧册官二員，讀册官一員。至廟門外，步入廟中。玉册幄次，册使副奉玉册、衮冕入次訖，改服公服。禮生贊引三獻官致祭，樂作，降神，如今祭岳鎮之儀。應本處官屬並公服陪位，立班，北向，以西爲上。

三獻官致祭訖，禮生引册使副出自幄次，奉玉册、衮冕由正門入，持節者去節衣前導②，樂作，升殿上門西褥位，樂止。玉册在前，衮冕次之，使副立於其後。禮生贊“拜”，殿下官屬並再拜。禮生引册使當神座前立，“具銜某奉敕册長白山神爲‘興國靈應王’，賜玉册、衮冕”。言訖，稍西立。副使奉册案詣神前，置褥位訖，少退西立。禮生引册使至案南，捧册官跪捧册，讀册官跪讀册訖，樂作，副使及捧册官同奉册匣入殿内安置訖，出，立殿外少西，樂止。禮生又引副使奉衮冕至殿門外褥位，北向。册使副同奉入殿，樂作，至殿内奉安訖，置於匱，出，立殿門外少西，樂止。少頃，禮生引使副降殿，持節者加節衣前導以出，復門外位，送神樂作，一成止。禮生贊“拜”，殿下祀官及群官皆再拜，以次退。祝官焚祝板、幣帛如儀③。

封册用八月二十日戊辰，如有妨礙，用二十四壬申。

每歲於春秋二仲月擇日降香致祭。<small>元擬春祭東方岳鎮時，差走馬送</small>

_____

① “牙杖”，原誤“牙枚”，曹本同，據文淵閣本、廣雅本及《禮志八·諸神雜祠·長白山》改。

② “節衣”，原作“節依”，諸本均同，按下文云“持節者加節衣前導以出”，知此處爲除去節衣，今據改。

③ “祝板”、“幣帛”，原誤“祀板”、“弊帛”，據曹本、文淵閣本、廣雅本改。

祝版，委本屬長貳官致祭，奉特旨，興國靈應王每歲兩次降香。再檢用《唐會要》，"開元十一年四月敕，霍山宜崇飾祠廟，秩視諸侯，晉州刺史春秋致祭"典故。

册文：維年月日[1]，皇帝若曰，自兩儀剖判，山岳神秀，各鍾於其分野[2]。國將興者，天實作之；對越神休，必以祀事。故肇基王迹，有若岐陽[3]；望秩山川，於稽《虞典》。厥惟長白，載我金德[4]，仰止其高，實惟我舊邦之鎮。混同流光，源所從出，秩秩幽幽[5]，有相之道。列聖蕃衍熾昌，迄於太祖，神武徵應，無敵於天下，爰作神主。肆予沖人，紹休聖緒，四海之內，名山大川，靡不咸秩。矧王業所因，瞻彼旱麓，可儉其禮云。服章爵號，非位於公侯之上，不足以稱焉。今遣某官某持節備物，册命茲山之神爲"興國靈應王"，仍敕有司歲時奉祀。於戲！廟食之享，亘萬億年，維金之禎，與山無極，豈不偉歟。

祝文：蓋以發祥靈源，作鎮東土，百神所寰，群玉之府[6]。勢王吾邦，日隆丕緒，祀典肇稱，寵章時舉。顯顯真封，巖巖祠宇，神之聽之，永膺天祜[7]。

---

① "維"，原誤"准"，曹本同，據文淵閣本、廣雅本改。

② "鍾"，原誤"種"，曹本同，據文淵閣本、廣雅本、《金文最》及《禮志八·諸神雜祠·長白山》改。

③ "岐"，原誤"歧"，據曹本、文淵閣本、廣雅本、《金文最》及《禮志八·諸神雜祠·長白山》改。

④ "德"字原奪，曹本同，據廣雅本、《金文最》及《禮志八·諸神雜祠·長白山》補。

⑤ 原奪一"秩"字，曹本同，據文淵閣本、廣雅本、《金文最》及《禮志八·諸神雜祠·長白山》補。

⑥ "府"，原誤"玉"，據曹本、文淵閣本、廣雅本及《金文最》改。

⑦ "天祜"，原作"天祐"，曹本同，據文淵閣本、廣雅本及《金文最》改。

雜録

十四年六月，建畢正殿三間，正門三門，兩挾廊各二間，北廊准上，惟不設門，東西兩廊各七間，東廊當中三間就作齋廳，神厨三間，并添寢殿三間，貯廊三間。

十三年十月，於賜遣千户下差人丁多者兩户看管，免雜役浮泛差使。

十五年閏九月，看廟二户於上户内輪差，周年一替，千户、謀克行禮。

十五年五月，敕長白山興國靈應王依五岳例降香。檢討到唐《開元禮》，諸岳鎮每年止是一祭，各以五郊迎氣日祭，如立春祭東岳是也。又大定四年祭五岳禮儀内，下内藏庫進請祭岳御封香合。依奉今年正月初九日敕旨，長白山興國靈應王仰每歲兩次降香，比准唐開元間霍山祠廟春秋二仲月致祭典禮。長白山係興王之地，如每歲兩次降香，嚴奉祭祀，可以副國家尊崇名山之意，若依五岳例降香，亦合内藏庫進請御封香合。外，五岳爲是號祝版進請御署，海鎮並不進署。今來長白山王合進請御封香，牢醴用羊一、豕一、酒一，籩豆、簠簋依常禮，其祝版止合依海鎮一體。

大金集禮卷第三十五

大金集禮卷第三十六　宣聖廟

祀儀　雜錄

祀儀

　　皇統元年三月戊午日①,帝詣文宣王廟奠祭,北面再拜,謂儒臣曰:"爲善不可不勉②,孔子雖無位,以其道可尊,使萬世高仰如此。"

　　大定十四年正月六日,以國子監申請:"每年春秋仲月上丁日釋奠於文宣王,按典禮合用籩、豆、俎、坫、簠、簋、冪、樽等爲祭器,實以豕羊牲體、鹿醢、醯醢等爲祭。酌獻杓、爵、罍、洗、篚、箱皆有制度,獻官拜、跪、登廟、降階皆有節次。學生各執事廟庭,奏大樂,三獻官并分獻以次行禮畢,焚祝與幣。今每遇釋奠,官破本監房錢六十貫,支用非輕。止造茶食等物,以大小椀楪排設,用留司樂,以樂工爲禮生,率倉場等官陪位,以未合古禮③。伏覩國家承平日久,典章文物當燦然備具,以光萬世。況京師爲首善之地,四方之所觀仰,據釋奠合用器物以至行禮次序,有無

---

　　① "三月戊午日",原作"二月戊午日",曹本、文淵閣本、广雅本同。按是年二月庚午朔,戊午日在三月,又據《金史》卷一〇五《孔璠傳》,知此事實在三月戊午,今據改。
　　② "勉"前"不"字原奪,據曹本、文淵閣本、廣雅本及《禮志八·宣聖廟》補。
　　③ "以",曹本、廣雅本同,文淵閣本作"似",義長。

行下詳定。兼兗國公,親承聖教者也,鄒國公,力扶聖教者也①,當俱在廟,於宣聖像以左右列之。今孟子以宴服在後堂,宣聖像側還虚一位,未見應禮。有無遷孟子像於宣聖右,與顏子相對,據改塑冠冕,粧飾法服,於本監房錢内支破。"

本部下太常寺檢討擬定下項,蒙准呈外,借差樂工一節,再勘當。即目大成殿文宣王塑像,冠十二旒,服十二章。兗國公像,冠九旒,服九章。勘當到《唐郊祀録》,開元二十七年八月,下詔追謚孔子爲文宣王,仍内出王者袞冕之服以衣之。按《周禮》,王者之服,袞冕十有二旒,其服十有二章;諸公之鷩祇九就。今文宣王、兗國公冠服以依典故,其鄒國公合與兗國公一體,粧塑九章服。擬遷鄒國公神像於宣聖之右,與兗國公相對,准上冠冕粧塑②。

檢討到唐《開元禮》,參酌擬定釋奠禮數。合用祭器:内文宣王、兗國公、鄒國公每位籩、豆各十,犧尊一,象尊一,簠、簋各二,俎二,祝版各一,皆設案。七十二賢、二十一先儒,每位各籩一,豆一,爵一,兩廡各設象尊二。總用籩、豆各一百二十三,簠、簋各六,俎六,犧尊三,象尊七,爵九十四。其尊皆有坫。罍二,洗二,篚、勺各二,幂六。正位并從祀藉罇罍俎豆席約用三十領。_{尊席用葦,俎、豆席用莞。}每祭用羊三,豕三,酒二十瓶。

檢討到唐《開元禮》,釋奠用軒懸,後又用宮懸。契勘釋奠係中祀,似大重,今擬只用登歌,似爲相應。并契勘到合用樂工三十九人,及樂曲:迎神,三奏,送神同。沽洗宮;初獻盥洗,沽洗宮;

---

① "力"字原奪,曹本、文淵閣本同,廣雅本補"功"字,今據《禮志八·宣聖廟》補。

② "准上",原作"唯",曹本同,廣雅本作"唯上",據文淵閣本、《孔氏祖庭廣記》卷三《崇奉雜事》改。

初獻升殿，降同。其曲名與盥洗同。南呂宮；奠幣，沽洗宮；正配位酌獻、亞終獻，通用沽洗宮。及合用樂器等，擬於大樂署附餘內借用。

祝版，國子監計置，用初獻官銜。祝文令本監定撰書填。

攝官並部差，祭酒、司業、博士爲三獻官。禮部、太常寺、國子監官充攝。分奠官二，讀祝官一，太官令一，捧祝官二，八品官內選差[①]。罍洗官一，爵洗官一，巾篚官二，學生內選差。大樂令一，本署官充。禮直官十一，三人充禮直官，八人充贊者。其餘學生儒服陪位。

國子監預於隔季以仲春仲秋釋奠至聖文宣王報太常寺，太常寺具時散告。

前釋奠三日，應行事、執事官散齋二日，治事如故，宿於正寢，不弔喪問疾、作樂、判書刑殺文書、決罰罪人及與穢惡。致齋一日，於本司，質明至齋所。唯釋奠事得行，其餘悉禁。已齋而闕者，通攝行事。

前三日，所司設行事、執事官次於祠所。

前一日，太官令陳禮饌於殿之東，南向，牽牲詣祠所。太常設省饌位於禮饌之南。三獻官在南，北向西上，分奠官位於其後。大樂令、太祝、太官令在東，西向北上。位皆稍却。大樂令設登歌之樂於殿上前楹閒稍南，北向。

釋奠日丑前五刻，禮直官、贊者、諸司職掌各服其服[②]。設祝版各於神位之右，置於坫。次設祭器，皆藉以席，太官令實之。正位至聖文宣王，配位兗國公顏子、鄒國公孟子。每位各左十籩，爲三行，以右

---

① “差”字原誤作大字正文，文淵閣本同，據曹本、廣雅本改。
② “職掌”，原作“直掌”，曹本、廣雅本同，據文淵閣本改。

爲上；第一行，乾蕨在前，乾棗、形鹽、魚鱐次之；第二行，鹿脯在前，榛實、乾桃次之；第三行，菱在前，芡、栗次之。右十豆，爲三行，以左爲上；第一行，芹菹在前，筍菹、葵菹、菁菹次之；第二行，韭菹在前，魚醢、兔醢次之；第三行，豚胉在前，鹿臡、醓醢次之。俎二，一在籩前，實以羊腥七體：兩髀、兩肩、兩脇幷脊。兩髀在兩端，兩肩、兩脇次之，脊在中。一在豆前；實以豕腥七體，其載如羊。簠二、簋二，在籩豆外二俎間，簠在左，簋在右。簠實以稻、粱，粱在稻前；簋實以黍、稷，稷在黍前①。又設犧尊、象尊在殿上前楹間，北向西上，皆有坫，加勺幂爲酌尊。犧尊一，實以泛齊，初獻酌之；象尊一，實以醴齊，亞、終獻酌之②。並代以法酒。俱北向西上，加幂，藉以席。又設諸從祀位祭器：左一籩，實以鹿脯。右一豆；實以鹿臡。爵一，在籩豆之南。兩廡各設象尊二。實以法酒。設燭於神位前，洗二於東階之東，盥洗在東，爵洗在西。罍在洗東，加勺，篚在洗西，南肆，實以巾。若爵洗之篚則實以爵，加坫。執罍、篚者位於其後。

設揖位於南神門外：三獻官在西，東向，分奠官位於其後；大樂令、太祝、太官令在東，西向，俱北上。開瘞坎於殿西北壬地，方深取足容物，南出陛。設望瘞位於瘞坎之南，如省饌之位。唯不設太官令位。又設三獻官席位殿下東階之東，西向北上，分奠官位於其後。大樂令席位於殿之南，北向，太祝、太官令位於其後，俱西上，陪位生員位其後，俱北向西上。太祝在東，西向北上。大樂令於樂簴北，太官令於酌尊所，俱北向。

前一日，行事、執事官集初獻齋所肄儀③，太祝習讀祝文。次

---

　　①　"簠實以稻粱粱在稻前簋實以黍稷稷在黍前"，此句原作大字正文，曹本同，據文淵閣本、廣雅本及上下文例改；又前一"粱"字，原誤"梁"，曹本同，據文淵閣本、廣雅本改。

　　②　"酌"，原作"之"，據曹本、文淵閣本、廣雅本改。

　　③　"肄儀"，原作"隸儀"，曹本同，據文淵閣本、廣雅本改。

禮直官①、贊者分引行事、執事就省饌位，凡初獻行事，禮直官引；餘皆贊者引。立定。禮直官贊揖所司省饌具，畢，禮直官贊"省饌畢"，揖，訖，俱還齋所②。次引三獻官詣厨省鑊、視祭器滌溉及視牲充腯，乃還齋所。未後一刻③，太官令帥宰人以鸞刀割牲，祝史以槃取毛、血置饌所，遂烹牲。晡後④，有司帥其屬掃除殿之內外，訖，還齋所。

釋奠日丑前五刻行事，春用丑前七刻，秋用丑前一刻。初獻以下並赴祠所就次，太官令帥其屬實饌具，畢。次樂工升東階，各入就位。三獻官以下各服法服。次引執事官詣南神門外揖位，立定，禮直官贊揖。次引大樂令先入就殿下席位，北向立，贊者曰"再拜"，大樂令再拜，升殿。次引太祝、太官令入就殿下席位，北向立。次引三獻官入就殿下席位，西向立。禮直官稍前，贊："有司謹具，請行事。"樂作三成，止。贊者曰："再拜。"在位者皆再拜。次引太祝、太官令俱升殿，各就位立定。

次引初獻官詣盥洗位，樂作，凡初獻升降、行事皆作。至洗位，北向立，樂止。搢笏，盥手，帨手，訖。執笏，樂作，升，詣文宣王神位前，北向立，樂止。搢笏，跪，執事者以幣授初獻，初獻受幣，樂作，奠訖，執笏，俯伏興，少退，再拜。詣配位前奠，並如上儀，樂止。初獻降階，樂作，復位，樂止。

---

① "官"，原誤"禮"，曹本同，文淵閣本奪此字，據廣雅本及上下文改。
② "所"字原奪，曹本同，據文淵閣本、廣雅本補。
③ "未後"，原作"未明"，曹本、文淵閣本同，廣雅本據前後行禮次序及下文二十三年儀改，今從改。
④ "晡"，原作"脯"，曹本同，據文淵閣本、廣雅本改。

少頃,引初獻再詣盥洗位,北向立,搢笏,洗爵①,拭爵,以爵授執事者。執笏,樂作,升,詣正位酌尊所,西向立,樂止。執事者以爵授初獻,搢笏,執爵,執尊者舉冪,太官令酌犧尊之泛齊,訖,先詣兗國公酌尊所,北向立。初獻以爵授執事者,執笏,樂作,詣文宣王神位前,北向立,搢笏,跪。執事者以爵授初獻,初獻執爵,三祭酒,奠爵,執笏,俯伏興,少立,樂止。

次引太祝詣神位前,東向,搢笏,跪,讀祝文。讀祝訖,執笏,興,先詣兗國公神位前,南向立。初獻再拜。次詣鄒國公神位前行禮,並如上儀。太官令復詣正位酌尊所,太祝復位。初獻將降階,樂作,復位,樂止。

次引亞獻詣盥洗位,北向立,搢笏,盥手,帨手。執笏,詣爵洗位,北向立,搢笏,洗爵,拭爵,以爵授執事者。執笏,升,詣文宣王位酌尊所,西向立,樂作。執事者以爵授亞獻,搢笏,執爵,執尊者舉冪,太官令酌象尊之醴齊,訖,先詣兗國公位酌尊所,北向立。亞獻以爵授執事者,執笏,升,詣文宣王神位前,北向立,搢笏,跪。執事者以爵授亞獻,執爵,三祭酒,奠爵,執笏,俯伏興,少退,再拜。次詣配位行禮,並如上儀,樂止②。降階,復位。

次引終獻詣洗位、升殿、行禮,並如亞獻之儀。降階,復位。

初,亞獻將升,引分奠官詣洗位,盥手,帨手,訖,分奠殿內及兩廊諸神位。搢笏,跪,執爵,三祭酒,奠爵,執笏,俯伏興,再拜。分奠訖,俱降復位。

禮直官曰:"賜胙。"贊者承傳曰:"賜胙,再拜。"在位者皆再

① 據行禮次序,初獻當在盥洗位盥手帨手之后,再詣爵洗位洗爵拭爵。此處蓋有脫文。
② "樂止"二字原倒,文淵閣本、廣雅本同,據曹本乙。

拜。送神,樂作,一成,止。

次引三獻詣望瘞位。有司各詣神位前,取祝版置於瘞坎。引大樂令、太祝詣望瘞位,立定。禮直官曰:"可瘞。"實土半坎,初獻以下詣南神門外揖位,立定。禮直官贊:"禮畢。"揖,訖,退。太官令帥其屬徹禮饌,乃退。即今不用大樂令、禮直官。

十五年七月,檢討到唐《祠令》并《開元禮》,皆云:"日月星辰、社稷、嶽鎮海瀆、孔宣父並爲中祀①。"本朝祭太社、太稷用大樂署樂工,釋奠文宣王既與社稷並爲中祀,若依前項典故,亦用大樂署樂工,別無妨礙。

十八年四月十七日,又勘會到《禮記》該,上丁釋奠,命樂工習舞習吹。今祭社稷之禮,歌鍾歌磬,據唐韓愈之論,文宣王與社稷一體,合用前件樂無疑,本庫見有附餘,可以就用。禮部契勘太常寺所申,檢討到典故,其樂工合於太常寺取用,恐難准使,前來釋奠止用留司樂工。擬令國子監取見有附餘鍾磬等修整,只令留司樂工習學,依舊承應。蒙准呈。

大定二十二年十二月十三日,因奏立宣聖廟碑,奉敕旨:"如差官祭奠,有無典故,奏知。"檢討到唐典故,宣聖係中祀,春秋二仲月釋奠,令三公攝行事。開元二十七年,追諡文宣王,命右丞相裴耀卿攝太尉②,就廟册命畢,奠祭,亦如釋奠之禮。

---

① "孔宣父",原作"孔宣文",曹本作"孔文宣",文淵閣本作"孔聖文宣",廣雅本作"孔宣聖文"。按《大唐開元禮》卷一《擇日》、《唐六典》卷四祠部郎中員外郎條均作"孔宣父",今據改。

② "攝"字原奪,曹本同,據文淵閣本、廣雅本補。

二十三年二月十三日，奏奉敕旨："差右丞相致祭，仍攝太尉[1]。祝版不御署。"二十三日，省差直學士吕忠翰攝祭酒，充亞獻官，待制任侗攝司業，充終獻官，并光禄少卿一，分奠官十，監祭御史、大樂令、奉禮郎、差舍人。讀祝太祝官各一，捧祝官二，太官令、尊罍官、奉爵酒官、盥洗官各一，巾篚官二，祝史三，部令、譯、通事。已上並部差。禮直官一十五。贊者在內。於二月二十九日行禮。參酌《開元禮》，定到儀注，准呈下項：

祝文，合下學士院撰詞書寫訖，以付所司。正位，皇帝謹遣某官姓名；配位，尊號皇帝遣某官姓名。

前致祭三日，應行事、執事官散齋二日，治事如故，唯不弔喪問疾，不作樂，不判署刑殺文書，不行刑罰，不預穢惡。致齋一日，於本司，無本司者於齋所，唯享事得行，其餘悉斷。其享官已齋而闕者，通攝行事。官及諸生皆清齋於學館一宿[2]。

前二日，所司設行事、執事次於祠所[3]。

前一日，光禄少卿陳禮饌於殿之東，南向，牽牲詣祠所。太常少卿設省饌位於禮饌之南。獻官國子祭酒、司業。在南，北向西上，分奠官位於其後。監察御史在西，東向[4]。光禄少卿、奉禮郎、太祝、太官令在東，西向北上。凡奉禮郎以下位皆稍却。大樂令設登歌之樂於殿上前楹間稍南，北向。

---

① "攝"，原作"設"，曹本、廣雅本同，據文淵閣本改；又《金史》卷八《世宗紀下》大定二十三年二月"戊申，以尚書右丞張汝弼攝太尉，致祭于至聖文宣王廟"，此處"右丞相"疑當作"右丞"。

② "官"，曹本、文淵閣本同，廣雅本無此字。按《大唐開元禮》卷五四《國子釋奠於孔宣父》謂，"館官及諸學生皆清齋於學館一宿"，此句前蓋奪"館"字。

③ "所"字原奪，曹本、廣雅本同，據文淵閣本及上文十四年儀補。

④ "監察"，曹本、廣雅本同，文淵閣本作"監祭"。

其日丑前五刻,禮直官、贊者、諸司職掌各服其服①。法服闕則服公服。太常設幣篚各於神位之左,幣以白。祝版各於神位之右,置於坫。設祭器,皆藉以席,光祿實之。每位各左十籩,爲三行,以右爲上;第一行,乾? 在前,乾棗、形鹽、魚鱐次之;第二行,鹿脯在前,榛實、乾桃次之;第三行,菱在前,芡、栗次之。右十豆,爲三行,以左爲上;第一行,芹菹在前,筍菹、葵菹、菁菹次之②;第二行,韭菹在前,魚醢、兔醢次之;第三行,豚胉在前,鹿臡、醓醢次之。俎二,一在籩前,實以羊腥七體:兩髀、兩肩、兩脇并脊③。兩髀在兩端,兩肩、兩脇次之,脊在中④。一在豆前;實以豕腥七體,其載如羊。又俎六,在豆右,爲三行,以北爲上;第一重,一實以羊腥腸胃肺,離肺一,在上端,刌肺三次之⑤,腸三、胃三又次之;一實以豕腥,膚九,橫載。第二重,一實羊熟腸胃肺,一實以豕熟膚,其載如腥。第三重,一實以羊熟十一體,肩、臂、臑、肫、胳、正脊一、直脊一、橫脊一、長脇一、短脇一、代脇一,皆二骨以並,肩、臂、臑在上端,肫、胳在下端,脊、脇在中;一實以豕熟十一體,其載如羊。皆羊在左,豕在右。簠二、簋二,在籩豆外二俎間,簠在左,簋在右;簠實以稻、粱,粱在稻前;簋實以黍、稷,稷在黍前。鉶三,在籩豆間;一在前,二在後,實以羹,加毛、滑⑥。登二,一在鉶前⑦,實以太羹。一在籩左;實以肝膋。槃一,在鉶後。實以毛、滑⑧。

---

① 原奪"諸"字,曹本同,據文淵閣本、廣雅本補。

② "菁",原作"青",據曹本、文淵閣本、廣雅本改。

③ "兩肩兩脇",原作"兩肩脇",曹本同,廣雅本作"兩脇肩",據文淵閣本及上文十四年儀改。

④ "在兩端",原作"在前",廣雅本同,曹本作"在",據文淵閣本改;又"兩肩",原作"兩脊",曹本、廣雅本同,據文淵閣本改。

⑤ "刌",原作"刮",曹本、文淵閣本作"刮",據廣雅本改;又"肺",原作"胏",曹本同,據文淵閣本、廣雅本改。。

⑥ "毛",諸本均同,當作"芼"。《儀禮·公食大夫禮》:"鉶芼:牛、藿,羊、苦,豕、薇;皆有滑。"

⑦ "一"字原奪,曹本、廣雅本同,據文淵閣本補。

⑧ "滑",諸本均同,當作"血"。下文云"太官令帥宰人以鸞刀割牲,祝史以槃取毛、血置於饌所",可證。

設犧尊四、象尊四，爲二重，在殿上前楹間，北向西上，犧尊在前，皆有坫，加勺冪爲酌尊。犧尊一實明水爲上尊，餘實泛齊，代以供內法酒，初獻酌之。象尊一實明水爲上尊，餘實醴齊，代以祠祭法酒，亞、終獻酌之。又設太尊二、山尊二，在神位前，太尊一實泛齊，山尊一實醴齊，各以一尊實明水。著尊二、犧尊二、象尊二、壺尊六，在殿下，著尊一實盎齊，犧尊一實醴齊①，象尊一實沈齊，各以一尊實明水。壺尊三實玄酒，三實三酒。明水、玄酒皆在上。俱北向西上，加冪。五齊三酒皆設而不酌②。藉以席。又設諸從祀位祭器：每位各左二籩，栗在前，鹿脯次之。右二豆；菁菹在前，鹿臡次之。俎一，在籩豆間；實以羊、豕腥肉。簠一，在籩南；實以稷。簋一，在豆南；實以黍。爵一，在籩豆之南。兩廡間各設象尊二。實以祀祭法酒③。太常設燭於神位前，洗二於東階之東，盥洗在東，爵洗在西。罍在洗東，加勺，篚在洗西，南肆，實以巾。若爵洗之篚則又實以爵，加坫。執罍、篚者位其後。

設揖位於南神門外：三獻官在西，東向，分奠官位於其後；監察御史④、大樂令、奉禮郎、太祝、太官令在東，西向，俱北上。開瘞坎於殿西北壬地，方深取足容物，南出陛。設望瘞位於瘞坎之南，如省饌之位。唯不設太官令位。又設三獻官席位於殿下東階之東，西向北上，分奠官位於其後。監察御史⑤、大樂令席位殿南，北向，奉禮郎、太祝、太官令位於其後，俱西上。光禄少卿席位於

---

① 按山尊已實醴齊，犧尊所實不當重複。《周禮・天官・酒正》：「辨五齊之名，一曰泛齊，二曰醴齊，三曰盎齊，四曰緹齊，五曰沈齊。」「緹齊」即「醍齊」，以諸尊次序考之，此處之犧尊當實醍齊。

② 「五齊」，原誤「五齋」，據曹本、文淵閣本、廣雅本改。

③ 「以」，原作「祭」，曹本同，據文淵閣本、廣雅本改。

④ 「監察」，曹本同，文淵閣本、廣雅本作「監祭」。

⑤ 「監察」，曹本同，文淵閣本、廣雅本作「監祭」。

監察御史之東①，陪位生員位其後，俱北向西上。又設監察御史位於殿上樂虡之北②，在西，東向；奉禮郎、太祝在東，西向北上。大樂令於樂虡北，太官令於酌尊所，俱北向。

前一日，行事、執事官集齋所肄儀，太祝習讀祝文及視幣。次禮直官、贊者分引行事、執事官就饌位立定，禮直官贊揖所司省饌具，畢，禮直官贊“省饌畢”，揖，訖，俱還齋所。次引監察御史詣厨省鑊③，視祭器滌溉及視牲充腯，乃還齋所。未後一刻，太官令帥宰人以鸞刀割牲，祝史以槃取毛、血置於饌所，遂烹牲。晡後，有司帥其屬掃除殿之内外，訖，還齋所。

其日丑前五刻，初獻以下並赴祠所就次，太官令帥其屬實饌具，畢。次引光禄少卿入就殿下位，北向立，贊者曰“再拜”，光禄少卿再拜，升自東階，凡行事、執事官升降自東階。點視禮饌，畢。次引監察御史升殿④，下閲除設，糾察不如儀者。凡點視及點閲皆先詣正位。次樂正帥工人升東階⑤，各入就次。光禄少卿還齋所，餘官各服祭服。次引行事、執事官詣南神門外揖位，立定，禮直官贊揖。次引大樂令先入就殿下席位，北向立，贊者曰“再拜”，大樂令再拜，升殿就位。次引監察御史⑥、奉禮郎、太祝、太官令入就殿下席位，北向立。次引三獻官入就殿下席位，西向立。禮直官稍前，贊：“有司謹具，請行事。”樂作三成，止。贊者曰：“再拜。”在

---

① “監察”，曹本同，文淵閣本、廣雅本作“監祭”。
② “監察”，曹本同，文淵閣本、廣雅本作“監祭”。
③ “監察”，曹本同，文淵閣本、廣雅本作“監祭”。
④ “監察”，曹本同，文淵閣本、廣雅本作“監祭”。
⑤ “樂正”，原作“樂工”，據曹本、文淵閣本、廣雅本改。
⑥ “監察”，曹本同，文淵閣本、廣雅本作“監祭”。

354

位者皆再拜。次引監察御史①、奉禮郎、太祝、太官令俱升殿，各就位立定。

次引初獻詣盥洗位，樂作，至洗位，北向立，搢笏，盥手，帨手，訖。執笏，升，詣文宣王神位前，北向立，樂止。搢笏，跪，樂作。次引奉禮郎搢笏，西向跪，執事者以幣授奉禮郎。奉禮郎奉幣，授初獻，執笏，興，先詣文宣王神位前，北向立。初獻受幣，奠訖，執笏，俯伏興，少退，再拜。次詣兗國公位，次詣鄒國公位前，奠幣②，並如上儀，樂止。奉禮郎復位。初獻將降階，樂作，復位，樂止。

少頃，引初獻再詣盥洗位，樂作，至洗位，北向立，搢笏，盥手，帨手。執笏，詣爵洗位，北向立，搢笏，洗爵，拭爵，以爵授執事者。執笏，升，詣正位酌尊所，西向立，樂止。執事者以爵授初獻，搢笏，執爵，執尊者舉冪，太官令酌犧尊之泛齊，訖，先詣兗國公酌尊所，北向立。初獻以爵授執事者，樂作，執笏，詣文宣王神位前，北向立，搢笏，跪。執事者以爵授初獻，初獻執爵，三祭酒，奠爵，執笏，俯伏興，少立，樂止。次引太祝詣神位前，東向，搢笏，跪，讀祝文。讀訖，執笏，興，先詣兗國公神位前，南向立。初獻再拜，次詣配位，每位行禮，並如上儀。太官令復詣正位酌尊所，太祝復位。初獻將降階，樂作，復位，樂止。

次引亞獻詣盥洗位，北向立，搢笏，盥手，帨手。執笏，詣爵洗位，北向立，搢笏，洗爵，拭爵，以爵授執事者。執笏，升，詣文宣王位酌尊所，西向立，樂作。執事者以爵授亞獻，亞獻搢笏，執

① “監察”，曹本同，文淵閣本、廣雅本作“監祭”。
② “幣”，原作“弊”，據曹本、文淵閣本、廣雅本改。

爵,執尊者舉冪,大樂令酌象尊之醴齊①,訖,先詣兗國公位酌尊所,北向立。亞獻以爵授執事者,執笏,升,詣文宣王神位前,北向立,搢笏,跪。執事者以爵授亞獻,亞獻執爵,三祭酒,奠爵,執笏,俯伏興,少退,再拜。次詣每位行禮,並如上儀,樂止,降復位。

次引終獻詣爵洗位、行禮,並如亞獻之儀,降復位。

初亞獻將升,引分奠官詣洗,盥手,帨手,訖,分奠殿內及兩廊諸神位。搢笏,跪,執爵,三祭酒,奠爵,執笏,俯伏興,再拜。分奠訖,俱復位。

禮直官曰:"賜胙。"贊者承傳曰:"賜胙,再拜。"在位者皆再拜。送神,樂作,一成,止。

次引三獻官詣望瘞位。有司各詣神位前,取幣、祝版置於瘞坎。次引監察御史②、大樂令、奉禮郎、太祝詣望瘞位,立定。禮直官曰:"可瘞。"實土半坎,初獻以下詣南神門外揖位,立定。禮直官贊:"禮畢。"揖,訖,退。太官令帥其屬徹禮饌,監察御史詣殿上監視收徹③,乃退。又擬光禄卿進胙,蒙准呈。

大定十八年十一月,以涿州申稟釋奠牲器禮儀。檢討到唐《開元禮》諸州釋奠禮數下項。契勘自定十八年仲秋上丁國學釋奠,禮數內減去飲福受胙之禮,未審在外諸州有無一體遵用。省部參詳:飲福受胙一節,不合減去。

外,行禮禮秩,本朝州府不設置,擬助教以學正,教、參軍

---

① 按酌酒非大樂令之責,此處之"大樂令"當是"太官令"之訛。
② "監察",曹本同,文淵閣本、廣雅本作"監祭"。
③ "監察",曹本同,文淵閣本、廣雅本作"監祭"。

356

等①，各係唐禮秩，本朝州府不設置。擬助教以學正代，祝以學生充，參軍事以禮生充。省部准申行下。

前享三日，刺史散齋於別寢二日，致齊於廳事一日。亞獻以下預享之官散齋二日，各於正寢，致齋一日於享所。<small>上佐爲亞獻，博士爲終獻。若刺史有故②，並以次差設③；博士有故，次取參軍以上攝也。</small>散齋理事如舊，唯不弔喪問疾，不作樂，不判署刑殺文書，不行刑罰，不預穢惡。致齋唯享事得行，餘並悉禁斷。享官已齋而闕者，通攝行事。助教及學生皆清齋於學館一宿。

前二日，本司掃除內外。又爲瘞坎於院內堂之壬地，方深取足容物，南出陛。本司設刺史以下次於門外④，隨地之宜。

前一日晡後，本司帥其屬守門。本司設三獻位於東陛東南，每等異位，俱西面。設掌事位於三獻東南，西面北上。設望瘞位於堂之東北，當坎，西向。設助教位於西階西南，當掌事位，學生位於助教之後，俱東面北上。設贊唱者位於三獻西南，西面北上。又設贊唱者位於瘞坎東北，南向東上。設三獻門外位於道東，每等異位，俱西面，掌事者位於終獻之後，北上。

祭器之數：每座樽二、籩八、豆八、簠二、簋二、俎三。<small>羊、豕及腊各一俎。</small>掌事者以樽、坫升設於堂上前楹閒，北向。先聖之樽在西，先師之樽在東，俱西上，加冪、勺。先聖爵一，配座爵四，各置

---

① “行禮禮秩本朝州府不設置擬助教以學正教參軍等”，此句與下文重複，顯有訛誤，然無從訂正，姑仍其舊。

② “若刺史有故”，曹本、文淵閣本同，《大唐開元禮》卷六九《諸州釋奠於孔宣父》於“刺史”下有“上佐”二字，廣雅本據補。

③ “設”，曹本、廣雅本同，文淵閣本、《大唐開元禮》卷六九《諸州釋奠於孔宣父》作“攝”，是。

④ “史”字原奪，據曹本、文淵閣本、廣雅本補。

於坫。設幣篚於樽所。設洗於東，直榮，南北以堂深，罍水在洗東，加勺、冪，篚在洗西，南肆，實爵三、巾二於篚，加冪。執樽、罍、洗、篚者各位於樽、罍、洗、篚之後。

享日未明，烹牲於廚。夙興，掌饌者實祭器。牲體，羊、豕皆載右胖，前脚三節，肩、臂、臑，節一段，皆載之。後脚三節，節一段，去下一節，皆載上肫、胳二節。又取正脊、脡脊、橫脊、短脇、正脇、代脇①，各二骨以並。餘皆不設②。簠實黍、稷，簋實稻、粱。籩實石鹽、乾魚、棗、栗、榛、菱、芡、鹿脯；豆實韭菹、醓醢、菁菹、鹿醢、芹菹、兔醢、筍菹、魚醢。若土無者，各以其類充之③。本司帥掌事者設先聖神席於堂上西楹閒，東向，設先師神席於先聖神座東北，南向。席皆以莞。

質明，諸享官各服祭服，助教儒服，學生青衿服。本司帥掌事者入實樽、罍及幣，每座樽二，一實玄酒爲上，一實醴齊次之。神之幣用白，各長一丈八尺。祝版各置於坫。贊唱者先入就位。祝二人與執樽、罍、篚者入立於庭④，重行，北向西上，立定。贊唱者曰：“再拜。”祝以下皆再拜⑤。執樽、罍、篚者各就位。祝升自東階，行掃除，訖，降自東階，各就位。

刺史將至，贊禮者引享官已下俱就門外位，助教、學生並入就門內位。刺史至，參軍事引之次。贊唱者先入就位。祝入，升

---

① “正脇代脇”四字原奪，曹本、文淵閣本同，廣雅本據《大唐開元禮》卷六九《諸州釋奠於孔宣父》補，今從補。

② “設”，原作“簋”，據曹本、文淵閣本、廣雅本、《大唐開元禮》卷六九《諸州釋奠於孔宣父》改。

③ “類”，原作“數”，曹本、廣雅本同，據文淵閣本、《大唐開元禮》卷六九《諸州釋奠於孔宣父》改。

④ “與”，原作“於”，據曹本、文淵閣本、廣雅本、《大唐開元禮》卷六九《諸州釋奠於孔宣父》改。

⑤ “祝”前原衍“執”字，曹本、文淵閣本同，據廣雅本、《大唐開元禮》卷六九《諸州釋奠於孔宣父》刪。

自東階,各立於樽後。刺史停於次少頃,服祭服出次。參軍事引刺史入就位,西向立,參軍事退立於左。贊禮者引享官以下次入就位,<small>凡導引者,每曲一逡巡。</small>立定。贊唱者曰:"再拜^①。"刺史以下皆再拜。參軍事少進刺史之左,北面,曰:"請行事。"退復位。祝俱跪,取幣於篚,興,各立於樽所。<small>凡請物者皆跪,俯伏而取以興;奠則奠訖,俯伏而後興。</small>本司帥執饌者奉陳於門外。

參軍事引刺史升自東階,進先聖神座前,西向立。祝以幣北向授刺史,參軍事引刺史進,西向跪,奠於先聖神座,興,少退,西向再拜,訖。參軍事引刺史當先師神座前,北向立,祝又以幣西向授刺史^②,受訖,參軍事引刺史進,北向跪,奠於先師神座,興,少退,北向再拜。參軍事引刺史降,復位。

本司引饌入,升自東階。祝迎引於階上,各設於神座前。<small>籩豆、蓋、冪先徹乃升^③;簠簋既奠,却其蓋於下。籩居右,豆居左,簠簋居其間。羊、豕二俎橫而重於右,腊俎特居左。</small>設訖,本司與執饌者降出,祝還樽所。

參軍事引刺史詣罍洗,執罍者酌水,執洗者跪取盤,興,承水。刺史盥手,執篚者跪取巾於篚,興,刺史帨手,訖。執篚者受巾,跪奠於篚,遂取爵,興,以進刺史。受爵,執罍者酌水,刺史洗爵,執篚者又跪取巾於篚,興,進刺史,拭爵,訖,受巾,跪奠於篚。奉盤者跪奠盤,興。

---

① "曰"字原奪,曹本、廣雅本同,據文淵閣本、《大唐開元禮》卷六九《諸州釋奠於孔宣父》補。

② "祝又"二字原倒,曹本、文淵閣本同,據廣雅本、《大唐開元禮》卷六九《諸州釋奠於孔宣父》改。

③ "冪"字原奪,曹本、文淵閣本同,據廣雅本、《大唐開元禮》卷六九《諸州釋奠於孔宣父》補。

參軍事引刺史升自東階，詣先聖酒樽所。執尊者舉冪①，刺史酌醴齊。參軍事引刺史詣先聖神座前，西向跪，奠爵，興，少退，西向立。祝持版進於神座之右，北向跪，讀祝文。維某年歲次月朔日子，刺史具官封姓名，敢昭告於先聖孔宣父云云②。祝興，刺史再拜。祝進，跪奠版於神座，興，還尊所。刺史拜訖，參軍事引刺史詣先師酒尊所，取爵於坫，執尊者舉冪，刺史酌醴齊。參軍事引刺史詣先師神位前，北向跪，奠爵，興，退，北向立。祝持版進於神位之左③，西向跪，讀祝文。云云④。維某年歲次月朔日子，刺史具官封姓名，敢昭告於先師顏子云云。祝興，刺史再拜。祝進，跪奠版於神座，興，還樽所。

刺史拜訖，參軍事引刺史詣東序，西向立。祝各以爵酌罍福酒⑤，合置一爵，一祝持爵進刺史之左，北向立。刺史再拜，受爵，祭酒，奠爵，俯伏興。祝各帥執饌者進俎，跪，減先聖神前胙肉，各取前脚第二骨。共置一俎上。又以籩取稷、黍，共置一籩。興，祝先以飯進刺史，受以授執饌者，又以俎進刺史，受以授執饌者。刺史跪取爵，遂飲，卒酒，祝進受爵，復於坫。刺史興，再拜。參軍事引刺史降，復位。

初，刺史獻將畢，贊禮者引亞獻詣罍洗、盥手、洗爵、升獻、飲

---

① "執尊者"，原作"執事者"，曹本、廣雅本同，據文淵閣本、《大唐開元禮》卷六九《諸州釋奠於孔宣父》改。

② "孔宣父"，原作"孔宣文"，曹本、文淵閣本同，據《大唐開元禮》卷六九《諸州釋奠於孔宣父》改；又"云云"二字原在"先聖"之前，曹本同，據文淵閣本、廣雅本乙。

③ "進"字原脱，曹本、廣雅本同，據文淵閣本、《大唐開元禮》卷六九《諸州釋奠於孔宣父》補。

④ "云云"，曹本同，文淵閣本、廣雅本無此二字。

⑤ "罍福酒"三字原奪，曹本、文淵閣本同，據廣雅本、《大唐開元禮》卷六九《諸州釋奠於孔宣父》補。

福，如刺史之儀。

雜録

天德五年二月一日，都省批剳：隨處宣聖廟宇多有損壞，官司不用心提控修完①，致有如此。委隨路轉運司差佐貳官或幕官一員，專一管勾，遇有損壞，即便檢修。

大定十年八月七日，以懷州申稟釋奠幣帛合無焚燒②。檢討到唐《開元禮》，釋奠禮畢，太祝各執篚進神座前③，跪取幣，詣瘞坎，以幣置於坎，訖，奉禮曰：“可瘞。”又宋《熙寧祀儀》，釋奠禮畢，有司各詣神座前取幣，置於瘞坎，版置於燎柴。據上項典故，其幣帛皆是埋，並無焚燒幣帛典故。禮部准申行下。

大金集禮卷第三十六

---

① “控”字原奪，曹本、廣雅本同，據文淵閣本補。
② “幣”，原作“弊”，據曹本、文淵閣本、廣雅本改。
③ “進”字原脱，曹本、廣雅本同，據文淵閣本補。

大金集禮卷第三十七　雜祠廟

宮觀　保陵公　應聖公^①　嘉蔭侯　河神

宮觀

　　大定□年^②，駕幸天長觀拜數。<small>天長觀再修建畢，命侍讀鄭子聃撰碑文^③，於二十年九月立石。</small>前期一日，所司設幄次於觀內。至日，皇帝便服出宮，導從如常儀，百官奉迎於觀門外，再拜。皇帝至幄次，百官先於殿階下立班。俟班齊，皇帝玉袍、帶，宣徽使前導，至三清殿神位前，再拜，百官皆再拜。皇帝三上香，復再拜，百官皆再拜，禮畢。至昊天上帝閣下，如上儀，百官亦分班陪拜。<small>特旨，上香禮畢，皇太子升殿上香。</small>

　　大定□年^④，獻言者以南京上清宮、中太一宮、佑神觀、延祥觀、葆真觀年深損壞，宜檢料修完，從之。共修訖殿廊七百餘閒，令道士看管，幕官一員提控，相沿交割。

---

　　①　"保陵公"、"應聖公"，原作"保陵宮"、"應聖宮"，曹本同，據文淵閣本、廣雅本改。

　　②　"年"前原闕一字。

　　③　"聃"，原作"眈"，曹本同，文淵閣本、廣雅本作"珊"，按《金史》卷一二五本傳作"聃"，今據改。

　　④　"年"前原闕一字。

保陵公①

大定二十年十月三日，敕旨，山陵下蓋山神廟，今後但節下去後，便交享祭。

二十一年四月十七日，檢定下項禮數，蒙准呈。每遇享祭日，先次設祭物於神廟。俟差去官山陵行禮之後，禮直官引提點山陵官公服詣神位前，再拜，少進，北向跪，奠訖，俯伏興，復位立。讀祝官讀祝訖，俯伏興，獻官再拜，讀祝官奠版於神位前。俟禮畢，諸陵署官取祝版焚之。

大定二十一年，敕旨，墳山起蓋山神堂，合封王、合封神，禮部定了奏知。本部檢討得，別無端的典故，擬以王爵封之。尋送禮部、學士院檢定。學士院官所見，若便定撰，緣照得五鎮四瀆並係公爵，今來山陵土地之神，恐難比擬長白山神在鎮瀆之上。八月十七日敕旨，封公，以“崇安”爲名，如山陵致祭，亦祭。續奉敕旨，山神本爲保護山陵，“崇安”止是高大、安寧，無保護山陵之意。後改封保陵公②。

大定二十二年四月二十八日，行封冊禮。鷩冕，八旒；服七章。三章在衣，蟲、火、宗彝；四章在裳，藻、粉米、黼、黻。餘同衮冕。圭、冊、香、幣，使副持節行禮，並如冊長白山之儀。涿州刺史高季孫充冊使，修撰趙攄充副使。

冊文：維年月日，皇帝若曰，古之建邦設都，必有名山大川以

---

① “保陵公”，原作“保陵宫”，據曹本、文淵閣本、廣雅本改。

② “保陵公”，原作“保陵宫”，據曹本、文淵閣本、廣雅本改。

爲形勝。我國家既定鼎於全燕，西顧郊圻^①，巍然大房，秀拔混厚^②，雲雨之所出^③，萬民之所瞻仰。祖宗陵寢，於是焉依。抑惟岳鎮，古有秩序，皆載祀典，矧兹大房，豈可獨闕其禮哉。其爵號、服章，俾列於侯伯之上，庶足以稱。今遣某官備物，册命兹山之神爲"保陵公"，申敕有司，歲時奉祀。其封域之内，禁無得樵採弋獵，著爲憲令，使草木禽蟲各遂其性，所以廣先聖之德澤，而報神之功也。於戲！享之廟食，錫乃多儀，佑列聖以妥安，期億年而有永，以篤金祐^④，時惟神休。

祝文：蓋以磐基所鞏，陵寢是安，惟爾有神，實受其職。是用昭報，錫以顯封，尚鑒予誠，永修靈祐。

應聖公

大定二十五年四月十三日，奏請，混同江，太祖征遼，策馬引軍徑渡，蓋江神靈應之事，雖有廟宇，前來未曾封册，擬再行修完，加賜封爵。奉敕旨，舊廟修完，仍封"興國應聖公"，令學士院撰碑文，用女直、漢字刊寫。

二十六年六月五日，奉敕旨，依長白山致祭。

七月十九日，行册禮，並如封册保陵公之儀。

---

① "郊圻"，原誤"郊忻"，據曹本、文淵閣本、廣雅本、《金文最》及《禮志八·諸神雜祠·大房山》改。

② "混厚"，原誤"混後"，曹本、文淵閣本同，據廣雅本、《金文最》及《禮志八·諸神雜祠·大房山》改。

③ "出"，原作"立丘墟"三字，曹本同，文淵閣本作"降出丘墟"四字，據廣雅本、《金文最》及《禮志八·諸神雜祠·大房山》改。

④ "祐"，曹本同，文淵閣本、廣雅本、《金文最》作"祜"。

册文：昔我太祖武元皇帝，受天明命，掃遼季荒茀，成師以出，至於大江，浩浩洪流，不舟而濟。雖穆滿渡江而黿梁，光武濟河而水冰，自今觀之，無足言矣。執徐之歲，四月孟夏，朕時邁舊邦，臨江永歎，仰藝祖之開基，佳江神之效靈①。至止上都，議所以尊崇之典。蓋古者五岳視三公，四瀆視諸侯，至有唐以來，遂享帝王之尊稱。非直後世彌文，而崇德報功，理亦有當然者。矧茲江源，出於長白，經營帝鄉，實相興運，非錫以上公之號，則無以昭荅神休。今遣某官持節備物，册命此江之神爲“興國應聖公”，申命攸司，歲時奉祀。於戲！嚴廟貌，正封爵，禮亦至矣。惟神其衍靈長之德，用輔我國家彌億年，神亦享廟食於無窮，豈不休哉！

祝文；蓋以滔滔靈源，東土之紀，義師初濟，實發其祥。爰秩典文，肇稱册號，丕顯休命，神其聽之。

嘉蔭侯

大定二十五年四月二十日，奉敕旨，林神廟賜名“護國嘉蔭侯”②，逢七日，令上京幕官一員燒香，仍常修緝。

二十六年四月，檢討到自昔封拜公侯，雖有册命，緣照得唐以來典故，封五岳四瀆爲王公曾行册禮，別不見封侯行册命之儀。近世襃禮神靈，亦止給衣冠，不行册命，至於王公之封，例亦

---

① “佳”，曹本、《禮志八·諸神雜祠·混同江》同，文淵閣本、廣雅本、《金文最》作“嘉”。

② “蔭”，原作“廕”，曹本、文淵閣本同，廣雅本及《禮志八·諸神雜祠·嘉蔭侯》作“蔭”，按底本標題亦作“蔭”，今統一。

不行册禮。兼侯爵品秩稍卑，今擬嘉蔭侯止頒給敕命①，降賜冠服，差人賫付本處長吏，用祝版擇日祭告。定到下項儀注：

毳冕，七旒；服五章。三章在衣，宗彝、藻、粉米；二在裳，黼、黻。玉圭同信圭，長七寸，廣三寸，厚半寸。祝文，學士院撰。香用黃香。幣用白繪，長一丈八尺。

行禮官清齋一日。

擇日祭告。前一日，所司於廟中陳設如儀，於廟門外設冠服幄次。

差官並本處官充，內三獻官本部差。初獻委長官，如闕，即以次官。外，委本處就便差讀祝官一、捧祝官二、盥洗官二、爵洗官二、奉爵官一、司尊彝一、禮直官四。以本處司吏充。

祭日丑前五刻，行事、執事官各就次，掌饌者帥其屬實饌具畢。凡祭官各服其服。贊者引初獻官升自東階，點視陳設訖，退就次。次引初獻以下詣廟南門外揖位立定，贊禮者贊節②。次引祝入就堂下席位，北向立。次引三獻入就席位，西向立。又引行事、執事官就堂下席位，北向立，以西爲上。贊者曰"再拜"，在位者皆再拜。贊者請諸執事官各就位。

次引祝升堂，就位立定。次引初獻詣盥洗位，北向立，搢笏，盥手，帨手，執笏。詣爵洗位，北向立，搢笏，洗爵，拭爵，以爵授執事者，執笏。升堂，詣酌尊所，西向立。執事者以爵授初獻，初獻搢笏，執爵，執尊者舉冪，執事者酌酒，初獻以爵授執事者，執笏。詣神位前，北向立，搢笏，跪，執事者以爵授初獻。初獻執爵，三祭酒，奠爵訖，執笏，俯伏興，少立。次引祝詣神位前，東向

---

① "蔭"，原作"廕"，曹本、文淵閣本同，據廣雅本改。
② "贊節"，曹本、文淵閣本同，廣雅本改爲"贊揖"，當是。

立,搢笏,跪,讀祝。讀祝訖,執笏,興,退復位。初獻再拜。贊禮者引初獻復位。

次引亞獻、終獻酌奠,並如初獻之儀。唯不讀祝,不飲福受胙。

贊者引初獻官詣神位前,北向立,執事者以爵酌清酒,進初獻之右。初獻跪,祭酒,啐酒①,奠爵。執事者以俎進,減神座前胙肉前脚第二節,共置一俎上,以授初獻,初獻以授執事者。初獻取爵,遂飲,卒爵。執事者進受爵,復於坫。初獻興,再拜,贊者引初獻復位。贊者曰“再拜”,獻官已下皆再拜。已飲福受胙者不拜。

次引初獻以下就望瘞位,廟令進神座前,以俎載牲體并血、黍稷飯,詣瘞坎,以饌物置於坎。東西廂各二人,贊者曰“可瘞”,實土半坎②。贊者又曰“禮畢”。遂引初獻官以下奉氅冕服匣并敕命匣入殿內,安置訖,以出。祝與執尊罍篚冪者俱復位立定。贊者曰再拜,訖,遂出。祝板燔於齋所。

六月五日,奏定,止頒給敕命,降賜冠服,令本處長官擇日祭告,仍出訖敕命。部卷,六月五日省劄該,護國嘉蔭侯是“蔭”字。又省劄,上京護國林神可特封“護國嘉蔭侯”。右依上出給敕命云云。

祝文:蔚彼長林,實壯天邑,廣袤百里,惟神主之。廟貌有嚴,侯封是享,歆時蠲潔,相厥茲榮。

河神

大定十九年十一月十七日,奏稟,言事者以瀘溝河水勢泛

---

① “啐酒”,原誤“啐爵”,曹本同,據文淵閣本、廣雅本改。

② “贊者曰可瘞”與“實土半坎”二句原誤倒,曹本、文淵閣本同,廣雅本已乙正,今從乙。

漲，損壞民田，乞官爲封册神號，建立祠堂。檢討得典故止載祭
祀嶽鎮海瀆，其山林川澤之神，有功德於人者，乃降封爵，未有非
在祀典，止用損壞民田賜號建廟之理，難准所言施行。從之。

　　大定十七年十二月，以都水監節次申稟，陽武上埽聖后廟乞
檢料修整①，倒換誥敕，并每年五月一日降香祈謝。尋檢討到唐
令，嶽鎮海瀆，中祀也，其祭用酒、脯、醢，牲饌太牢，祀官當界都
督、刺史充，有事故者遣上佐行事，遇旱而祈，其禮亦如之；其餘
山川判司行事，縣則令、丞行事，亦用酒、脯、醢。今聖后之廟，蓋
山林川澤之屬，爲小祀，宜依有唐仲春祭五龍祠故事，以羊、豕各
一外，仍設酒、脯、醢，於二月內卜日行祠事。祭官差隨縣縣令
充，外，降香一節，歷代俱無似禮秩，并前代已封加敕誥，亦難倒
換。蒙准呈行下。

　　大定二十七年十一月二十六日，禮部准戶部、工部關，省批
三部呈，承省劄，奉聖旨，黃河聖后廟、瀘溝安平侯廟仰修蓋得好
者，教本縣官以時祭祀，其祭祀所須之物，官爲約量應副。爲此
下太常寺檢討到差官禮數，蒙批，呈訖，奉台旨，仰行下所屬，每
歲委本縣官長春秋致祭，餘並准呈，送部。

大金集禮卷第三十七

---

　　① “埽”，原作“掃”，據曹本、文淵閣本、廣雅本及《禮志八·諸神雜祠·昭應順濟
聖后》改。

大金集禮卷第三十八　沿祀雜録

沿祀雜録

皇統六年三月，奏稟，宗廟、諸陵修完守護等事，依《唐六典》隸大宗正府，慶元宮崇奉太祖皇帝神御，亦合與太廟一體，其祭祀禮數等事，合依舊隸太常寺管勾。外，太社屬郊社署，合置令、丞，雖隸太常寺，緣修完守護等事別無部轄人力，合委會寧府勾當，其祭祀禮儀事依官制隸太常寺。所有諸陵署，古來雖爲朝廷之官，緣爲有時車駕行幸別京，即諸陵署官難爲扈從，兼自來詳定所定作外官，合依已定施行。如有修完守護等事，申覆宗正府外，祭祀禮儀等事申稟太常寺施行。從之。定四年閏十一月，奏定太廟、諸陵署俱作隨朝職任。

皇統八年閏八月十一日，奏請，即目太廟已經起建了畢，兼慶元、明德、永祚三宮，見闕提舉供奉官，擬依唐制，合設太廟署，令、丞各一員，兼通供奉三宮事務，仍將本署隸屬太常寺。從之。

天德二年四月二十三日，呈稟，官格，太常寺領三署，内大樂署兼鼓吹署，設令、丞。照到《唐六典》，大樂署，令、丞各一人，樂正八人。《宋會要》，樂正二人。本寺雖有亡宋樂正劉希顏、運譜田仲等二人，自令、丞以下並不蒙設置，即目國家見議郊廟禮數，并改製樂舞准備教習，其樂正人等係干緊切。及燕京送到大樂器無人專一管勾，切慮錯失。擬差設大樂令、丞各一員，兼權郊社署，仍差協律郎、樂正副各一名，其樂正副從九品。令、丞若有闕①，即於樂正轉；樂正有闕，即於諸部內轉。從之。

天德二年四月五日，呈稟，以太常寺申，取到禮直官等狀，宋時太廟南神門設定香案、匙、合，每日早并月一、十五日上香。緣別無典故，監官行禮不爲相應。不許。

天眷元年，行臺尚書省劄子，廢齊每年隨時祭祀天地、上帝、五方帝、岳鎮海瀆、真君等，係請御署，朝廷差官行禮，恐合並罷。敕旨，准奏，權罷。

天眷三年，奏稟，亡遼時，若遇車駕幸燕，十月一日并六節辰只是京僚燒飯，外，朝僚不曾赴殿燒飯。檢詳歷代典禮，係四孟月內，擇日皇帝親饗，比至講明施行，擬依自來體例，委本處有司酌獻。從之。

貞元元年六月十七日，呈稟，按禮《雜記》曰：“祭稱孝子孝孫，喪稱哀子哀孫。”又《曲禮》曰②：“居喪未葬讀喪禮③，既葬讀祭禮。”又曰：“祭事不言凶。”《王制》曰：“喪三年不祭，天地社稷④，爲越紼而行事。”《後漢志》亦同。《宋會要》該，建隆二年六月二日，昭憲皇太后崩；五日，太常禮院請准禮例，合停太廟時享，俟山陵畢，復舊，從之；是年十月十三日啟攢宮，十五日發引，十六日葬安陵。今來太后園陵未畢，其祫享禮數，有無依前代體例，權停太廟時享并祫祭。從之。

貞元三年十一月二十七日，呈稟，檢到《宋會要》：“太常禮院

---

① “若”，原作“旨”，曹本、廣雅本同，據文淵閣本改。

② “曲禮”，原誤“典禮”，諸本均同，按下引文出自《禮記·曲禮下》，今據改。

③ “居喪”，原誤“未喪”，據曹本、文淵閣本、廣雅本及《禮記·曲禮下》改；又“喪禮”，原誤“葬禮”，曹本、文淵閣本同，據廣雅本及《禮記·曲禮下》改。

④ 按《禮記·王制》，“天地社稷”前有“唯祭”二字。

上言：‘今月二十三日臘享太廟，伏緣孟冬已行時享，冬至又嘗親祠。又禮，其袷禘之月①，即不行時享，慮成煩數，有爽恭虔。請罷臘日薦享之禮。’從之。”今太廟袷享與臘享日期相近，擬依前項典禮停臘享。從之。

大定十三年十二月二十三日，奏稟，大理卿梁蕭議秋冬行刑。檢討到唐《刑法志》②：“凡斷屠日及正月、五月、九月不行刑。”唐令：“從立春至秋分不得奏決死刑。若犯惡逆以上，及奴婢③、部曲殺主者，不拘此令。其大祭祀及致齋、朔望、上下弦、二十四氣、雨未晴、夜未明、斷屠日及假日並不決死刑。”奉敕旨，准唐令。十四年四月，以隨處申稟大祭祀及致齋日，檢討到《開元禮》并《禮閣新儀》④，天地、宗廟、別廟、日月、社稷皆爲大祀。看詳除或遇郊壇親祠，自有預先降詔頒下月日外，其餘宗廟、社稷、時享止是預前日近擇日，其遠路州府開報不及，兼前亦不曾開報外路。所有大祭祀、致齋日只合在都禁決死刑。蒙准呈。

大定六年九月十四日，奉敕旨，今後廟門外皇太子以下奉迎兩拜不須要，其餘拜禮依舊。及入廟晨祼行禮⑤，自大次導引至版位，先見神兩拜，詣罍洗位盥洗訖，再導引至版位，又兩拜，謁隨位祼鬯訖⑥，還版位，再兩拜，還小次。酌獻時，先至罍洗位盥訖，導引至版位，先兩拜，隨位酌獻訖，還版位，再兩拜。只將始祖一室祝册於版位西南安置，讀册訖，又兩拜，還小次。飲福時，

---

①　“月”，原作“日”，諸本均同，據《宋會要輯稿·禮一七》改。
②　“刑”字原奪，曹本、文淵閣本同，廣雅本已補，今從補。
③　“奴婢”，原誤“奴俾”，據曹本、文淵閣本、廣雅本改。
④　“閣”，原作“閣”，文淵閣本、廣雅本同，據曹本改。
⑤　“晨祼”，原作“神祼”，曹本、廣雅本同，據文淵閣本改。
⑥　“訖”，原作“跪”，曹本同，據文淵閣本、廣雅本改。

導引至飲福位，先兩拜，揖圭跪，俟祭酒、啐酒、受胙、飲福訖，執圭興，兩拜。並只依此禮數施行。

大定九年，祫享，奏定，拜數依定六例，又皇太子往還並免奉迎。二十二年，奏定，並依大定九年例，免奉迎；若禮畢，將至應天門，惟文武百官、宗室等再拜奉迎。

大定十一年，朝享太廟，定到下項權宜拜數：其日，太祝、宮闈令捧出帝后神主，昭穆相對。皇帝晨祼，至版位，先兩拜，詣罍洗位盥洗訖，詣隨位祼鬯，直跪，祼鬯訖，還版位，兩拜，還小次。皇帝酌獻，詣隨位如上儀，畢，還版位，兩拜。只讀始祖祝冊，於版位西南安置，讀冊訖，再兩拜，還小次。皇帝飲福，至位，直跪，啐酒，飲福訖，再兩拜。不見依十六拜，或依此。

天德四年正月，以行幸有期，據上京太廟每歲五享及逐月薦新，合差攝官員數並行禮次第，參擬到下項。呈稟訖，蒙准行，外，宮闈令一十一員，於落後宗室子孫內差充。

每月薦新，以會寧府官充。光祿卿合進胙，只就便委光祿卿奉進，仍不合望闕再拜。監祭御史受訖福酒、胙肉，更不得動封，便將市內散與諸百姓。初獻、攝太尉，留守充；亞獻、攝太常卿，同知充；終獻、攝光祿卿，副留守充。司徒，落後宗屬在上官充。監察御史只差一員①，推官充。廩犧令一員，警判充。太廟令一員，有正員。七祀獻官一員，留判充。讀祝官一員，會寧令充。司尊彝二員，警巡使充。舉祝官二員，女直、漢兒知法充。大樂令一員，大樂丞充。協律郎一員，樂正充。七祀讀祝一員，都目

---

① "監察"，曹本同，文淵閣本、廣雅本作"監祭"，

充。太官令二員，兼良醖令。珍羞令，兼良醖令①。擬富藏市令、麯税監并倉庫官輪充。執事官二員，於富藏市丞、會寧主簿、麯税院使内輪充。七祀祝史一員，進饌官二員，並於左右衛差充。齋郎八十八員，於會寧府所轄千户、謀克帶五品已上官兄弟子孫，并良閑官員及帶官司吏、番譯、通事内差遣。太祝一十一員，於落後宗室兄弟子孫内差充。宫闈令一十一員，擬摘留内侍一十一員，或於落後宗室兄弟子孫内差充。奉禮郎一員，贊者一員，禮直官十員，並於會寧府面前内權行差使②，仍典客署摘留二人在此指教，亦候閲習精熟，還本署承應。博士二員，不行差攝，亦無失事。

自來每遇遣使行禮，並光禄卿詣闕進胙，看詳將來暑月地遠，難赴行宫進胙，擬依太常寺元定享禮，光禄卿以胙奉進，監察御史就位展視③，光禄卿望闕再拜，乃退。

每享用祝版一十一片，請御署訖以付所司。參詳若依例於版上書寫請署，恐妨路次雨水及磨擦動，有無只用奏目紙書寫請署，貼在祝版上行禮。

大樂局人數并在廟合干人等及樂架、法服、祭器等諸物，擬并存留，准備行禮。

自來依典故，太常卿每月薦新。緣太常寺將來隨駕前去，擬委太廟署或會寧府官依太常寺舊例，每月薦新行禮。尚書省依例委司天臺預選定日辰，并下學士院書寫祝文，附於行宫尚書省

---

① 二“醖”字，原均誤“醢”，曹本同，文淵閣本分作“醖”、“醢”，按歷代均無“良醢令”之名，今改。

② “差使”，曹本、文淵閣本、廣雅本均作“差取”。

③ “監察”，曹本同，文淵閣本、廣雅本作“監祭”。

請署訖,送赴在此,至日恭依行禮。

天德二年十月十五日,呈稟,按《五禮精義》該,中祀已上有司攝祭者皆光禄卿詣闕進胙,不該合用是何儀物。責得禮直官趙保寧等伏稱[①],據宋時太廟遣使禮畢,有光禄卿進胙禮數。緣禮失當求之野,所說似有可采,今參酌定下項,蒙准行。中祀已上有司攝祭者,擬光禄卿詣闕進胙,用朱紅腰輿,蓋鎖訖,黃封具細銜臣姓名上進謹封,更用黃羅大帕蓋覆,差傘子四人擡擎,本官押,詣通進司進入,乃退。

大定六年四月時享,緣車駕行幸西京,不見如何進胙。太常寺檢討到,《論語》云,祭肉不出三日,出三日,不食之矣;注疏云,是褻慢鬼神之餘。若赴西京進呈,見得出三日之外,如在都有落後宮禁妃嬪,合宮中收受,只用看廟軍人時暫賚擎前去,光禄卿押送至宮門,交付與宮門官轉入。本部看詳,見有宮夫人,即與宮禁妃嬪無異,兼定四年春享,車駕在春水,其福酒胙肉等擬宮中銷用,蒙准呈行訖。今駕幸西京,據夏享合進胙,擬依太常寺所定並上項條例施行。蒙准呈。

大定十五年四月十五日,擬定武靈皇帝廟,光禄卿別無進胙禮數。蒙准申。

大定二十三年二月,祭宣聖廟,攝光禄少卿合無進胙事。檢討得唐《開元禮·國學釋奠於文宣王》,亦係遣官行禮,別無進胙之文。却緣《五禮精義》該,君不親祭,則當歸胙。又唐令,諸大祀[②]、中祀,有司行事則光禄卿率太官令詣闕進胙。今奉敕旨,差

---

① "伏",疑當作"狀",上文天德二年四月五日,"取到禮直官等狀",可證。

② "大祀",原誤"太祀",曹本同,據文淵閣本、廣雅本改。

攝太尉行事,看詳《五禮精義》及唐令,合行進胙。蒙准呈。

大定七年閏七月,檢討祭社日遇雨如何行禮。按《開元禮義鏡》該,王公郊廟祭祀,臨時雨霑服失容,則以常服從事,謂有常期,不可廢也;若已行事遇雨,不脱祭服。又《宋會要》,太常禮院言,郊廟及諸壇祀祭,准禮例,如遇雨雪霑服失容,即於齋宮望祭;又判太常寺李宗諤等言,值雨雪望祭日,不設登歌,祀官以公服行事。今祭社稷,行禮日如遇雨霑服失容,擬於齋廳望祭,不設登歌①,攝事官以公服行事。其齋廳可安設神位、祭器及獻官拜位,兩廊亦可排設盥洗位并獻官、攝事官等位,至日從宜安設,別無窒礙行禮之事。蒙准呈。

大定十八年八月,禮部准御史臺牒,郊社致齋,攝司徒劉通議茶褐領繫有無違礙。檢討到《禮記》,深衣爲朝、祭之次,衣純緣制度,其色或以青,或以繢②,或以素。又晉令,朝服皂緣,於禮無嫌。《唐會要》只有赴宗廟禁縿服,亦不分吉服、喪服,純緣合以何色。又按《禮記・王制》篇,喪三年不祭,唯祭天地、社稷,爲越紼而行事③。注云,不敢以卑廢尊;越,猶躐也;紼,輴車索。《唐律疏》云,其祭天地、社稷不禁者,不避有慘,故云則不禁。據前項禮文,則祭社稷與宗廟典秩各異也。蒙准申,移牒照會。

陵廟祝版,自來行禮之後並藏諸匱,奏告祝板則焚之。大定四年定到,岳瀆等祝版並燔於齋所。檢討到《唐郊祀録》,凡告宗廟祝版,焚之齋坊。又《禮閣新儀》④,貞元元年十一月十一日,德

---

① “登”,原作“祭”,據曹本、文淵閣本、廣雅本改。
② “繢”,原誤“繢”,曹本同,據文淵閣本、廣雅本改。
③ “越紼”,原誤“白紼”,曹本同,據文淵閣本、廣雅本改。
④ “閣”,原作“閤”,文淵閣本、廣雅本同,據曹本改。

宗有事郊廟，太常博士陸質奏請准禮用祝版，祭畢焚之，制曰可。擬享廟祝版，太常卿於齋所監視焚之；祭山陵祝版，提點山陵所官監視焚燎。大定二十一年閏三月十四日，蒙准呈，太廟及山陵、岳鎮海瀆祝版並焚燒。祝板以梓楸木爲之，長二尺，廣一尺，厚六分。

天德二年十一月，呈稟，昨檢討到唐《開元禮》，時享祝文並用定本。宋《國朝會要》該，太宗淳化二年七月，祕書監李至上言：“臣職祕省，實掌祝辭，竊見向來所用之文，多是臨時撰進，辭義淺近，罔依古式①，施於聖世，實謂非宜。況前代舊文，辭體典正，臣請自今止用舊文，其舊有所闕及歷代帝王近列於祀典者，並擬古式修撰。”凡一百九十三首，內八十四首新制，餘皆舊辭，分爲三卷，目曰《正辭錄》，詔永爲定式。擬依前項典禮，時享祝文並用定本，今定撰到春夏秋冬臘每享祝文下項，蒙准行。

十一室通用祝文：

維某年歲次甲子某月甲子朔某日甲子，孝曾孫嗣皇帝臣御名謹遣具官臣姓名，敢昭告於始祖尊謚皇帝、祖妣尊謚皇后：伏以歲序伊始，品物咸新，有嚴太宮，聿修時祀，仰祈監格，永錫繁釐。謹以柔毛、剛鬣、明粢、薌合、薌萁、嘉蔬、嘉薦、醴齊，虔恭齊栗，以備清祀。尚饗。今於康宗以下稱孝孫，於睿宗稱孝子，於熙宗止稱嗣皇帝，於別廟、皇后言尊號。夏云“序當長養，化屬南訛”；秋云“孟秋屆序，萬寶順成”；冬云“玄英首氣，閉塞成冬”；臘云“歲功云畢，樂茲嘉平”。

七祀通用祝文：

維年月日甲子，皇帝遣具官姓名，昭告於司命/户/竈/中霤/門/厲/行，以茲孟月，享於太宮，惟爾有神，宜膺典祀。謹以犧

① “罔”，原誤“网”，曹本同，據文淵閣本、廣雅本改。

齊、粢盛、庶品，式遵常禮。尚饗。臘享即云"以兹嘉序"。

山陵元日遣使副祭奠祝文：

維某年歲次某月朔某日辰，孝孫／子嗣皇帝御署謹遣具官臣姓名，敢昭告於諡號皇帝、諡號皇后：伏以歲律更新，物華資始，感兹時序，仰上園陵，庸致吉蠲，冀垂昭鑒。尚饗。寒食云"和律吹灰，燧榆改火"；七月十五云"田甫登場，月當流火"；冬至云"律候陽生，日迎長至"。十九年六月二十三日，敕旨，今後山陵祝版用女直字，又以祝版文理輕，別行撰定，七月十五祝文云："孟秋暨望，新穀將升①，感時序以興懷，仰園陵而致孝。薦馨香於令節，庶髣髴其平生。庸表精誠，冀垂昭鑒。尚饗。"

山陵忌辰遣使副祭奠祝文：定十九年七月，改用女直字。二十六年，熙宗忌辰亦遣使，祭文用女直字撰。

維年歲次月朔日辰，孝曾孫嗣皇帝臣御署謹遣具官臣某，敢昭告於世祖尊諡皇帝：伏以佑我後人，丕惟聖緒，永懷遐馭，適及今朝，敬薦哀悰，冀垂昭鑒。尚饗。

維年歲次月朔日辰，孝孫嗣皇帝御署謹遣具官臣某，敢昭告於太祖尊諡皇帝：伏以洪惟聖緒，眇質獲承，邈矣仙遊，陵園在望。適及遏音之日，靡勝濡露之思，嘉獻就陳，哀悰可鑒。尚饗。

維年歲次月朔日辰，孝孫嗣皇帝御署謹遣某官臣某敢昭告於太宗尊諡皇帝：伏以獲承基緒，祇奉陵園，迨兹遏密之辰，深盡傷之念②。就陳嘉薦，庶鑒哀悰。尚饗。

維年歲次月朔日辰，孝子嗣皇帝臣某謹遣某官臣某，敢昭告於睿宗尊諡皇帝，伏以僊馭遐登，歷年滋久，望陵園之館御，鬱霜露之哀悰。庸致蠲烝，式昭永慕。尚饗。大定二年十月，奉遷景陵，自後

①　"暨"，曹本、廣雅本同，文淵閣本、《金文最》作"既"；又"升"，原誤"外"，據曹本、文淵閣本、廣雅本、《金文最》改。

②　"盡"，曹本同，文淵閣本於"盡"下注"闕"字，廣雅本、《金文最》作"□盡"。

遣使。

維年月日，孝子嗣皇帝御名謹遣某官臣某，敢昭告於皇妣貞懿皇后：伏以在遼之陽，聖善寢御，兹屬永違之日，不勝感慕之誠。嘉薦就陳，瞻言如在。尚饗。大定十八年始用祝文。

祖宗忌辰祭保陵公文：

維年月日歲次月朔日辰，皇帝謹遣某官某昭薦於保陵公，祇奉永陵，睿陵、恭陵、思陵、景陵。式臨諱日，追伸感慕，往致吉蠲。仍敕使軺，展祀祠宇，聿遵彝典，宜鑒精衷。

皇后忌辰祭保陵公文：

西山之原，陵寢斯在，屬當諱日，爰舉祭儀。惟爾有神，宜從兹薦。

七月十五日祭文：

列聖園陵，神實保佑[1]，比頒顯册，封以上公。申敕有司，俾修祀事，從厥歲序，著爲彝儀。

冬至祭文：

瞻彼西山，園陵斯在，以左以右，惟神之功。長至在辰，宜從與享，尚其英爽，歆此酻觴。

元日祭文：

陵寢孔固，繄神之功，式因歲元，聿修祀事。

寒食祭文：

陵園孔固，惟神尸之，相爾有功，宜在祀典。兹爰改火，禮亦順時，往致薦羞，是用昭報。

大定三年十月奉上睿宗册寶奏告文：

---

[1]　“保佑”，原作“保右”，曹本、廣雅本同，據文淵閣本、《金文最》改。

睿考祔廟,禮先尊崇,涓擇吉辰,以時昭告。云云。仰惟神鑒,悉此孝誠。

太廟祫享奏告文:

廟祔之禮,祔享有經,爰命攸司,擇吉昭告。云云。仰惟靈鑒,悉此孝誠。

太廟祝文:

廟祔有經,睿考升祔,睿宗室曰"皇考"。歲序循次,禮宜合食。謹以一元大武,云云。肅陳明獻,表茲孝誠。

別廟祝文:

正位坤儀①,依神別廟,歲序循次②,適茲合食。今以一元大武,云云。具陳明薦,以申祫禮③。

定六年祫享太廟奏告文:

維年歲次月朔日辰,孝曾孫嗣皇帝臣御名敢昭告於始祖尊謚皇帝、祖妣尊謚皇后:伏以三年一祫,百代彝儀,惟時孟冬,將致大享。先期以告,昭鑒其臨。

太廟祝文:

維年月朔日辰,孝曾孫嗣皇帝御署敢昭告於始祖尊謚皇帝、祖妣尊謚皇后:歲律云周,時惟冬孟,載考彝儀,大陳合食。謹以一元大武、柔毛、剛鬣、脡祭、明粢、薌合、薌萁、嘉蔬、嘉薦、醴齊,用肅明獻,式表孝思。十三室同。

別廟祝文:

---

① "坤儀",原作"神儀",曹本、文淵閣本同,據廣雅本、《金文最》改。

② "歲序",原誤"歲次",曹本同,據文淵閣本、廣雅本、《金文最》改。

③ "申",原誤"神",曹本同,廣雅本、《金文最》作"伸",據文淵閣本及下文大定六年別廟祝文改。

維年月朔日辰，_{尊號}皇帝昭薦於昭德皇后：歲律云周，時惟冬孟，載考彝儀，大陳合食。今以_{云云}。嘉薦、醴齊，備茲明獻，以申祫禮。

七祀祝文：

維年月朔日辰，_{尊號}皇帝謹遣某官銜，昭告於司命、戶、竈、中霤、門、厲、行：歲序載周，式遵常禮，以醴齊、粢盛、庶品，明薦於神。

定十四年祫祭太廟奏告文：

維年月日，孝曾孫/子嗣皇帝_{御名}謹遣某官臣某，敢昭告於始祖_{尊謚}皇帝、祖妣_{尊謚}皇后：伏以大享惟祫，祭莫重焉，將合於堂，昭穆之序。先期以告，昭鑒其臨。

太廟祝文①：

維年月日，孝曾孫/子嗣皇帝臣_{御署}謹遣某官臣某，昭告於始祖_{尊謚}皇帝、祖妣_{尊謚}皇后：伏以九廟可觀，五年一祫，舊章茲率，大祭是承。謹以一元大武、柔毛、剛鬣、脡祭、明粢、薌合、薌萁、嘉蔬、嘉薦、醴齊，惟永孝思，冀垂昭鑒。

別廟祝文：

維年月日甲子，_{尊號}皇帝遣某官臣某，敢昭薦於昭德皇后：伏以九廟可觀，五年一祫，舊章茲率，大祭是承。今以一元大武、柔毛、剛鬣、脡祭、明粢、薌合、薌萁、嘉蔬、嘉薦、醴齊，有□_{音徽}②，其歆祀事。

七祀祝文：

---

① "太"，原作"大"，據曹本、文淵閣本、廣雅本、《金文最》改。
② "有"下原闕一字，曹本作"有亦"，文淵閣本作"亦有"，廣雅本、《金文最》作"有奕"。

維年月日，皇帝遣某官某昭告於司命、户、竈、中霤、門、厲、行：大祭於廟，兹惟其時，以爾有靈，宜膺秩祀。謹以醴齊、粢盛、庶品，明薦於神。

大定七年仲秋爲始，祭太社、太稷文：

維年歲次月朔日辰，嗣天子御署謹遣攝太尉具銜位臣某，敢昭告於太社：惟神五土是司，容養萬物，博厚以載，德合無疆。謹因仲秋/仲春。式薦明祀，恭以玉帛、柔毛、剛鬣、明粢、薌合、薌萁、嘉蔬、嘉薦、醴齊，備兹禋瘞，用申報本。以后土勾龍氏配神作主。

維年歲次月朔日辰，尊號皇帝謹遣攝太尉具銜位臣某，敢昭告於后土氏：爰兹仲秋仲春。吉日，有事於太社，惟神力平九州，功德甚茂，其從享之，典禮惟舊。謹以制幣、柔毛、剛鬣、明粢、薌合、薌萁、嘉蔬、嘉薦、醴齊，旅於表位，作主侑神。

維年歲次月朔日辰，嗣天子御署謹遣攝太尉具銜位臣某，敢昭告於太稷：惟神五穀是生，八政爰始①，人之司命，功莫重焉。謹因仲秋/仲春。式薦明祀，恭以玉帛、柔毛、剛鬣、明粢、薌合、薌萁、嘉蔬、嘉薦、醴齊，式陳禋瘞，備修常秩。以后稷棄配神作主。

維年歲次月朔日辰，尊號皇帝謹遣攝太尉具銜位臣某，敢昭告於后稷氏：爰兹仲秋/仲春。吉日，有事於太稷，惟神誕相稼穡，粒我蒸民，功在祀典，爰用陟配。謹以制幣、柔毛、剛鬣、明粢、薌合、薌萁、嘉蔬、嘉薦、醴齊，旅於表位，作主侑神。

大定五年立春爲始，立、土王日，祭岳鎮海瀆祝文：

維年歲次月朔日辰，嗣天子御署謹遣具銜某，敢昭告於東岳

---

① "八政"，原作"八正"，曹本、廣雅本、《金文最》同，據文淵閣本改。

天齊仁聖帝：惟神贊養萬物，作鎮一方，式因春始，用伸明祀。謹以犧齊、粢盛、庶品，明薦於神。

維年歲次月朔日辰，皇帝敬遣具銜某，敢昭告於東鎮東安公①：惟神贊養萬物，作鎮一方，式因春始，用伸明祀。謹以犧齊、粢盛、庶品，明薦於神。

維年歲次月朔日辰，皇帝敬遣具銜某，敢昭薦於東海廣德王：惟神百川所歸，眾靈是宅，浮天載地，坎德攸先。爰及孟春，用遵薦禮，謹以犧齊、粢盛、庶品，明薦於神。

維年歲次月朔日辰，皇帝敬遣具銜某，敢昭告於東瀆大淮長源公：惟神源流深悐，潛潤博洽，阜成百穀，疏滌三川②。青春伊始，用遵典秩，謹以犧齊、粢盛、庶品，明薦於神。

維年歲次月朔日辰，嗣天子御署謹遣具銜某，敢昭薦於南岳司天昭聖帝：惟神贊養萬物，作鎮一方，式因夏始，用伸明祀。謹以犧齊、粢盛、庶品，明薦於神。

維年歲次月朔日辰，皇帝敬遣具銜某，敢昭薦於南鎮永興公：惟神贊養萬物，作鎮一方，式因夏始，用伸明祀。謹以犧齊、粢盛、庶品，明薦於神。

維年歲次月朔日辰，皇帝敬遣具銜某，敢昭薦於南海廣利王：惟神百川所歸，眾靈是宅，浮天載地，坎德攸先。爰及孟夏，用遵薦禮，謹以犧齊、粢盛、庶品，明薦於神。

維年歲次月朔日辰，皇帝敬遣具銜某，敢昭薦於南瀆大江廣源公：惟神總納大川，朝宗巨海，功昭潤化，德表靈長。爰因夏

---

① “鎮”，原作雙行小字“鎮/岳”，曹本同，據文淵閣本、廣雅本刪改。

② “三川”，原誤“三州”，曹本、文淵閣本同，據廣雅本、《金文最》及《大唐開元禮》卷三六《祭四海四瀆》改。

首,修其禮典,謹以犧齊、粢盛、庶品,明薦於神。

維年歲次月朔日辰,嗣天子_{御署}謹遣具銜某,敢昭薦於中岳中天崇聖帝:惟神贊養萬物,作鎮一方,式因季夏,用伸明祀。謹以犧齊、粢盛、庶品,明薦於神。

維年歲次月朔日辰,皇帝敬遣具銜某,敢昭薦於中鎮應聖公:惟神贊養萬物,作鎮一方,式因季夏,用伸明祀。謹以犧齊、粢盛、庶品,明薦於神。

維年歲次月朔日辰,嗣天子_{御署}謹遣具銜某,敢昭告於西岳金天順聖帝:惟神贊養萬物,作鎮一方,式因秋始,用伸明祀。謹以犧齊、粢盛、庶品,明薦於神。

維年歲次月朔日辰,皇帝敬遣具銜某,敢昭薦於西鎮成德公:惟神贊養萬物,作鎮一方,式因秋始,用伸明祀。謹以犧齊、粢盛、庶品,明薦於神。

維年歲次月朔日辰,皇帝敬遣具銜某,敢昭薦於西海廣潤王:惟神百川所歸,衆靈是宅,浮天載地,坎德攸先。爰及孟秋,用遵薦禮,謹以犧齊、粢盛、庶品,明薦於神。

維年歲次月朔日辰,皇帝敬遣具銜某,敢昭薦於西瀆大河靈源公:惟神上通雲漢,光啓圖書,分道九支,旁潤千里。素秋式序,用率常典,謹以犧齊①、粢盛、庶品,明薦於神。

維年歲次月朔日辰,嗣天子_{御署}謹遣具銜某,敢昭薦於北岳安天玄聖帝②:惟神贊養萬物,作鎮一方,式因冬始,用伸明祀。謹以犧齊、粢盛、庶品,明薦於神。

①　"齊"字原奪,據曹本、文淵閣本、廣雅本、《金文最》補。
②　"玄",原作"元",曹本、廣雅本同,據文淵閣本及本書卷三四《岳鎮海瀆·祀儀》改。

　　維年歲次月朔日辰，皇帝敬遣具銜某，敢昭薦於北鎮廣寧王：惟神贊養萬物，作鎮一方，式因冬始，用伸明祀。謹以犧齊、粢盛、庶品，明薦於神。

　　維年歲次月朔日辰，皇帝敬遣具銜某，敢昭薦於北海廣澤王：惟神百川所歸①，衆靈是宅②，浮天載地，坎德攸先。爰及孟冬，用遵薦禮，謹以犧齊、粢盛、庶品，明薦於神。

　　維年歲次月朔日辰，皇帝敬遣具銜某，敢昭告於北瀆大濟清源公：惟神泉源清潔，浸被遐遠，播通四氣，作紀一方。玄冬肇節，聿修典制，謹以犧齊、粢盛、庶品，明薦於神。

　　郊祀奏祭告文：

　　維大定十一年歲次辛卯十月壬寅朔二十七日戊辰，嗣天子臣御署謹遣攝太尉具官臣某③，敢昭告於昊天上帝：伏以遹追祖武，嗣守靈符，祇講曠儀④，肇修大報。前期潔告，舊典有稽，仰冀威明，俯垂眷顧。謹以今年十一月十七日合祭天地於圓壇，不敢不告。

　　維年月日辰，嗣天子臣御名謹遣攝太尉具官臣某，敢昭告於皇地祇：伏以肇舉上儀，有嚴合饗，豫申祇告，率迪舊章，誠冀聰靈，昭垂鑒格。謹以今年十一月十七日合祭天地於圓壇，不敢不告。

　　維年月日辰，孝曾孫/子嗣皇帝臣御名謹遣攝太尉具官臣某，敢昭告於十一室：各書帝后諡號。伏以天明地察，有國所尊，將秩曠

---

①　“百川”，原誤“北川”，曹本同，據文淵閣本、廣雅本改。
②　“宅”字原闕，據曹本、文淵閣本、廣雅本補。
③　“官”字原奪，文淵閣本作“銜位”，據曹本、廣雅本補。
④　“祇”下原衍“謹”字，曹本同，據文淵閣本、廣雅本刪。

文①,肇稱元祀,前伸潔告,仰冀鑒臨。謹以今年十一月十七日合祭天地於南郊,不敢不告。

維年月日辰,嗣皇帝御署謹遣具官臣姓名,敢昭告於諸陵:各書帝后謚號,并貞懿皇后。天明地察②,有國所尊,將秩曠文③,肇稱元祀,前伸潔告,仰冀鑒臨。謹以今年十一月十七日合祭天地於南郊,不敢不告。

維大定十一年歲次辛卯十一月辛未朔十五日乙酉,孝孫嗣皇帝臣御署謹遣攝太尉具官臣某,敢昭告於太祖尊謚皇帝:伏以受天成命④,詒我燕謀,慶集眇沖,運洽平泰,修明曠典,大報神休⑤。禮重肇禋,功宜陟配,先申虔告,仰冀顧歆。謹以今年十一月十七日合祭天地於圓壇,不敢不告。

維大定十一年歲次辛卯十月壬寅朔二十七日戊辰,嗣天子御署謹遣攝太尉具官臣某,敢昭告於太社/太稷:伏以天明地察,有國所尊,將秩曠文,肇稱元祀,前期以告,靈鑒是孚。謹以今年十一月十七日合祭天地於南郊,不敢不告。

維年月日辰,尊號皇帝遣攝太尉具官臣某,敢昭薦於昭德皇后:伏爲國家肇造,受命於天,今方聿修郊見之禮,惟靈伊邇,其鑒於茲。謹以今年十一月十七日合祭天地於南郊,敢用昭告。

維年月日辰,嗣天子御署謹遣具銜某,敢昭告於某岳:伏以禮莫重者,天地之祀,將迎長至,肇禋於郊,飭遣守臣,告茲大典。謹以今年十一月十七日合祭天地於南郊,敢用昭告。

---

① "曠文",原誤"廣文",曹本同,據文淵閣本、廣雅本改。
② 此前當有"伏以"二字,廣雅本已補,然曹本、文淵閣本皆無,今仍舊。
③ "曠文",原誤"廣文",曹本同,據文淵閣本、廣雅本改。
④ "成命",原作"承命",曹本同,據文淵閣本、廣雅本、《金文最》改。
⑤ "大",原誤"太",據曹本、文淵閣本、廣雅本、《金文最》改。

維年月日辰,尊號皇帝敬遣具銜某,敢昭薦於五岳、四瀆:各寫。伏以禮莫重者,天地之祀,將迎長至,肇禋於郊,飭遣守臣,告茲大典。謹以今年十一月十七日合祭天地於南郊,敢用昭告。

維大定十一年歲次辛卯十一月辛未朔十六日丙戌,尊號皇帝遣某官告於龍津橋/壕橋之神:長梁通濟,往來之衝,相我吉行,惟神之功。

維大定十一年歲次辛卯十一月辛未朔十六日丙戌,尊號皇帝遣某官致祭於行神:泰壇奉祀,鑾駕啟行,軷國門①,稽若彝典,既陳明薦,護相是期。

太廟朝享祝冊文:

維大定歲次辛卯十一月辛未朔十六日丙戌,孝曾孫嗣皇帝臣御署敢昭告於謚號皇帝、皇后:隨室如祫享式。伏以聖德靈長,流慶光遠,克開厥後,燕及於今。肇修郊禋,昭茲嗣服,載懷先烈,祗謁神宮。謹以牲齊粢盛、苾芬庶品,潔誠明薦,仰祈顧歆。

別廟薦享祝冊文:

維年月朔日辰,尊號皇帝昭告於昭德皇后:升禋泰壇,國之大祀,有嚴廟薦,典禮攸先。今以牲齊粢盛、苾芬庶品,備茲嘉獻。

七祀祝文:

維年月日辰,皇帝遣具官姓名,昭告於司命、戶、竈、中霤、門、厲、行:稱秩元祀,禮先太宮,用協彝章,備陳嘉薦。

昊天上帝祝冊文:

---

① "軷國門",此句奪一字,曹本同,廣雅本、《金文最》"軷"前有一方圍,文淵閣本"軷"下有"于"字。

維年月日辰，嗣天子臣_{御署}敢昭告於昊天上帝：伏以天有成命，烈祖受之，眇躬嗣服，天其子之。迄用康年，繫其本始，肆類於郊，式昭大報。謹以玉帛、犧齊、粢盛、庶品，虔修祀事，太祖武元皇帝配神作主。

皇地祇祝册文：

伏以有天下者，父天母地，尊事地察，率由舊章。於兹圓壇，饗以並位，神靈之祉①，申錫無疆。

配帝祝册文：

維年月日辰，孝孫嗣皇帝臣_{御署}敢昭告於太祖尊謚皇帝：伏以於皇聖祖，駿命所基，功加於時，肇造區夏。克開厥後，無疆惟休，燕及皇天，推以克配。謹以制幣、犧齊、粢盛、庶品，虔修祀事，侑神作主。

大金集禮卷第三十八

---

① “祉”，原作“祇”，據曹本、文淵閣本、廣雅本、《金文最》改。

大金集禮卷第三十九　朝會上

元日稱賀儀　聖節稱賀儀　曲宴儀
人使辭見儀

元日稱賀儀

　　皇帝即御座，鳴鞭，報時訖，殿前班小起居，到侍立位。引皇太子并臣寮、使客合班入，至丹墀，舞蹈，五拜，平立。引皇太子升露階，二閣使齊揖入欄內，拜，跪致詞。殿下臣寮折躬。祝訖，拜，起，與臣寮平立①。却引復丹墀位，舞蹈，五拜。宣答，聞制，兩拜。宣訖，舞蹈，五拜，各祗候平立。

　　隨司奏諸道表目，更不分班②，便進壽酒，兩拜訖，平立。床入，引皇太子升褥位，接檯，進酒訖，退復位，放檯③。二閣使再揖入欄內，拜，跪致詞。殿下臣寮折躬。祝訖，拜，起，與臣寮平立。退復褥位，兩拜。宣答，聞制，兩拜。宣訖，舞蹈，五拜，各祗候平立。皇太子執檯④，臣寮分班，教坊奏樂。皇帝舉酒時，殿上下臣寮并侍立官並兩拜，樂止，教坊兩拜。接盞，退復褥位，轉檯⑤。

---

①　“臣”字原奪，曹本同，據文淵閣本、廣雅本及下文補。
②　“更”，原作“便”，曹本、文淵閣本同，據廣雅本及下文《聖節稱賀儀》改。
③　二“檯”字，原均作“擡”，諸本均同，據文義改正。
④　“檯”，原作“擡”，曹本、文淵閣本同，廣雅本作“事”，據文義改正。
⑤　“檯”，原作“擡”，諸本均同，據文義改正。

引皇太子降階,臣寮合班,床出。皇太子至丹墀位,兩拜。

分引預宴官上殿。次引宋國人從入,至丹墀,兩拜,不出班,奏"聖躬萬福",兩拜。有敕賜酒食,兩拜,各祗候平立,引左廊立。次高、夏國從人分引左右廊立。床入,進酒,皇帝飲時,坐宴并侍立官並兩拜。進酒官接盞,還位,坐宴官兩拜,坐。行酒,傳宣,立飲訖,兩拜,坐。次從人兩拜,坐。三盞,致語,揖臣使并從人立。誦口號訖,坐宴并侍立官并兩拜,坐。次從人兩拜,坐。食入。七盞,將曲終,揖從人立,兩拜訖,引出。聞曲時,揖臣使起,兩拜,下殿。床出。至丹墀,合班,謝宴,舞蹈,五拜,各祗候。分引出。

今減定拜數:皇太子並臣寮、客使合班入,至丹墀,稱賀,舞蹈,五拜,平立。閤使奏諸道表目訖,皇太子已下皆再拜。引皇太子陞殿階褥位,搢笏,捧盞盤進酒,皇帝受盞,置御案上。皇太子退復褥位,轉盤與執事者,出笏。二閤使齊揖入欄內,拜,跪致詞:"元正啓祚,品物咸新,恭惟皇帝陛下與天同休。"祝訖,拜,起,復褥位,同殿下臣寮皆再拜。宣徽使稱"有制",在位皆再拜。宣荅:"履新上壽,與卿等內外同慶。"詞畢,舞蹈,五拜,齊立。皇太子搢笏,執盤,臣寮分班,教坊奏樂。皇帝舉酒時,殿下臣僚並侍立官皆再拜[①]。皇太子受虛盞,退至褥位,轉盤盞與執事者,出笏,左下殿,樂止。合班,在位臣僚皆再拜。分引預宴官上殿。

---

① 據上文及《禮志九·上壽儀》,"殿"下當脫"上"字。

聖節稱賀儀

皇帝即御座，鳴鞭，報時訖，殿前班小起居，到侍立位。引皇太子并臣寮、使客左右合班入，至丹墀，舞蹈，五拜，平立。引皇太子升露階，二閤使齊揖入欄内，拜，跪致詞。<small>殿下臣寮折躬。</small>祝訖，拜，起，與臣寮平立。却引復丹墀位，舞蹈，五拜了，各祇候平立。

隨司奏諸道表目，更不分班，便進壽酒，兩拜訖，立。床入，引皇太子升至露階褥位，接檯①，進酒訖，退復位，放檯。二閤使齊揖入欄内，拜，跪致詞。<small>殿下臣寮折躬。</small>祝訖，拜，起，與臣寮平立。退復褥位，兩拜。宣荅，聞制，兩拜。宣訖，舞蹈，五拜了，各祇候平立。皇太子執檯②，臣寮分班，教坊奏樂。皇帝飲時，殿上下并侍立官並兩拜③，樂止，教坊兩拜。接檯，退復褥位，轉檯訖④。引皇太子降階，臣寮合班，床出。皇太子至丹墀位，兩拜。

分引預宴官升殿，坐宴，如元日之儀。

今減定拜數，並如《元日稱賀儀》。惟祝詞云“萬春令節，謹上壽巵，伏願皇帝陛下萬歲萬萬歲”；宣荅云“得卿等壽酒，與卿等内外同慶”。

---

① “檯”，原作“擡”，諸本均同，據文義改正。
② “檯”，原誤“事”，諸本均同，據上文《元日稱賀儀》改。
③ “殿”字原奪，曹本、廣雅本同，據文淵閣本補。
④ 二“檯”字，原均作“擡”，諸本皆同，據文義改正。

曲宴儀

　　皇帝即御座，鳴鞭，報時訖，殿前班小起居，到侍立位。引臣寮并使客左入，傍折，通班。至丹墀，舞蹈，五拜，不出班，奏“聖躬萬福”，又兩拜。出班，謝宴，舞蹈，五拜，各上殿祇候。分引預宴官上殿，其餘臣寮右出。次引宋使從人入，至丹墀，兩拜，不出班，奏“聖躬萬福”，又兩拜。有敕賜酒食，又兩拜，引左廊立。次引高、夏從人入，分引左右廊立。果床入，進酒，皇帝舉酒時，上下侍立官並兩拜。接盞訖，候進酒官到位，合坐者兩拜①，坐。便行臣使酒，傳宣，立飲訖，兩拜，坐。次從人兩拜，坐。至四盞，餅茶入，致語。聞鼓笛時，揖臣使并人從立。口號訖，坐宴并侍立官並兩拜②，坐。次從人兩拜，坐。食入。五盞，歇宴，教坊謝恩訖，揖臣使起。果床出。皇帝起，入閣。臣使下殿，歸幕次，賜花，人從隨出。戴花了，先引人從入，左右廊立；次引臣使入，左右上殿位立。皇帝出閣，坐，果床入③，坐立并兩拜，坐。次從人兩拜，坐。九盞，將曲終，揖從人至位兩拜，引出。聞曲時，揖臣使起，兩拜，下殿。果床出。至丹墀，謝宴，舞蹈，五拜，分引出。

---

　　①　“者”字原奪，曹本、文淵閣本同，廣雅本據《禮志一一·曲宴儀》補，今從補。

　　②　“并”，原誤“教”，曹本、文淵閣本同，據廣雅本及《禮志一一·曲宴儀》改。

　　③　“坐”，原誤“座”，曹本、文淵閣本同，據廣雅本及《禮志一一·曲宴儀》改；又“果”，原誤“東”，曹本同，據文淵閣本、廣雅本及《禮志一一·曲宴儀》改。

人使辭見儀

皇統二年六月二十五日，奏稟，伏見夏國人使入見，頓改爲大起居，擬自後人使辭見，臣寮穿執，止依常朝起居拜數。從之。

舊例，宋國人使三品官內閤插，高麗、夏國使五品官內閤插。

皇帝即御座，鳴鞭，報時訖，殿前班小起居訖，至侍立位。引臣寮左右入，至丹墀，小起居訖，宰執上殿，其餘臣僚分班出。閤使奏見牓子。先引宋使副，出笏，捧書，左入，至丹墀，面殿立定。閤使左下接書，捧書者單跪，轉接訖，拜，起立。閤使左上露階，右入欄內，奏“封全”。轉讀訖，引使副左上露階，齊揖入欄內。揖使副躬身，使少前，拜，跪，附奏訖，拜，起，復位立。宣問宋皇帝時，並躬身。受敕旨訖，再揖躬身，使少前拜，跪奏訖，拜，起復位，齊退。却引使副左下，至丹墀，面殿立定。禮物右入，左出盡，揖使副傍折，通訖。再引至丹墀，舞蹈，五拜，不出班，奏“聖躬萬福”，兩拜。揖使副躬身，使出班，謝面天顏，復位，舞蹈，五拜。再揖使副躬身[1]，使出班，謝遠差接伴兼賜湯藥諸物等，復位，舞蹈，五拜，各祗候。引右出，賜衣。次引宋人從入，通名已下，兩拜，不出班，又兩拜，各祗候，亦引右出。

次引高麗使左入，至丹墀，面殿略立。引使左上露階，立定。揖橫使躬身，正使少前，拜，跪，附奏訖，拜，起，復位立。閤使宣問王時，並躬。受敕旨訖，再揖橫使躬身，正使少前，拜，跪奏訖，

---

① “使副”二字原誤倒，曹本、廣雅本、《禮志一一·外國使入見儀》同，據文淵閣本乙正。

拜,起復位,齊退。却引左下,至丹墀,面殿立定。禮物右入,左出盡,揖使傍折,通訖。引至丹墀,通一十七拜,各祗候平立,引左階立。

次引夏使見,如上儀。引右階立。

次再引宋使副左入,至丹墀,謝恩,舞蹈,五拜,各祗候平立。次引高、夏使並至丹墀。三使並躬身,有敕賜酒食,舞蹈,五拜,各祗候,引右出。次引宰執下殿,禮畢。

皇帝即御座,鳴鞭,報時訖,殿前班小起居,至侍立位。引臣僚合班入,至丹墀,小起居。引宰執上殿,其餘臣僚分班出。閤使奏辭榜子。先引夏使左入,傍折,通訖。至丹墀,兩拜,不出班,奏"聖躬萬福",又兩拜。揖使副躬身,使出班,戀闕致詞,復位,又兩拜。喝"各好去",引右出。

次引高使,如上儀,亦引右出。

次引宋使副左入,傍折,通訖。至丹墀,依上通六拜,各祗候平立。閤使賜衣馬,躬身,聞敕,兩拜。賜衣馬訖,平身,搢笏,單跪,受別錄。物過盡,出笏,拜,起。謝恩,舞蹈,五拜。有敕賜酒食,舞蹈,五拜。引使副左上露階,齊搢入欄內。揖躬身,大使少前,拜,跪受書,直起,復位。揖使副齊躬身,受傳達訖,齊退。却引左下,至丹墀,躬身。喝"好去",引右出。次引宰執下殿,禮畢。

大金集禮卷第三十九

大金集禮卷第四十　朝會下

朔望常朝儀　雜錄

朔望常朝儀

天眷二年五月十三日，詳定內外制度儀式所定到常朝及朔望儀式下項。敕旨准奏。

朔旦，拜日。具拜日門。

朝參日，供御弩手、傘子直於殿門外分兩面排立。司辰入殿報時畢，皇帝御殿坐，鳴鞭。其內侍退立左右，擎執內侍下①。閤門報"班齊"。執擎儀物內侍分降殿階兩傍，面南立。宿衛官自都點檢至左右親衛，祗應官自宣徽使、閤門祗候，先兩拜，班首少離位，奏"聖躬萬福"，兩拜。弩手、傘子直於殿門外奏"萬福"，山呼聲喏，起居畢。閤門引親王班，贊班首名以下，再拜訖，班首少離位，奏"聖躬萬福"，歸位，再拜訖，先退。次引文武百寮班首以下應合朝參官入殿，依位班立，閤門贊班首以下起居。同親王儀。領省、宰執陞殿奏事，餘先退。閤門引教坊班奏"萬福"，山呼聲喏，起居，兩班訖，退。次引合見謝辭官班。閤門先具奏知。領省、宰執奏事畢，下殿直出。

---

① "擎執"，原作"擎報"，曹本、文淵閣本同，據廣雅本改。

宰執奏事。具奏事門。

帝初坐,置寶匣於殿階上東南角,直日主寶捧寶當殿扣欄,奏"封全"。符寶郎及當監印郎中各一員,監當手分、令史用印訖,主寶吏封授主寶,俟奏事畢,進封訖,內侍去案。

百官卯時到幕次,辰時視朝。

朔望,御服靴、袍,百官並常服。古者,天子玄衣、玄冕以朝日,蓋亦有所尊,其禮不敢不備,今朝有拜日之儀,擬同望日並靴袍,一彰肅敬①。常朝,御服小帽、紅襴、偏帶或束帶,百官展紫。都、副點檢,朔望公服,偏帶,執骨朵;常朝展紫。左右衛將軍、宿直官,展紫,金束帶、骨朵。其骨朵用玉、水晶及金飾,並乞如舊。左右親衛,盤裹,紫襖子、塗金束帶、骨朵,所帶兵械如舊。主寶、主符,展紫,金束帶。以上束帶擬用御仙、荔枝、太平等花,隨類一樣服用。近侍、給使、供御筆硯、符寶吏,紫襖子、塗金束帶。每朝輪直近侍、給使八人,筆硯二人。宣徽、閣門,並常服,常朝展紫。供御弩手、傘子直一百人②,並金花交腳幞頭、塗金銅平級襯花束帶、骨朵。左右班執儀物內侍二十人,並展紫、塗金束帶。以上禁中供奉人,朝退並只便服。

弩手班直等擬於殿門外東西向排立,點檢司赴起居時,即令相應就位,面北山呼訖,即相向對立,駕興,乃退③。擎御傘直,遇坐朝在左班內侍上排立。點檢司起居畢,都點檢以次三員陞殿陛,都點檢在東邊,近南,左副又少南,右副東向相對。左右衛在殿下,東西對立。左右司侍郎隨班起居畢,從宰執奏事。殿中侍

---

①　"一",曹本、文淵閣本同,廣雅本改作"以",義長。

②　"傘子",原誤"散子",曹本同,據文淵閣本、廣雅本及《儀衛志上·常朝儀衛》改。

③　"乃退",原誤"少退",據曹本、文淵閣本、廣雅本改。

御史隨班起居畢,在殿下東西對立,其位在左右衞將軍侍立之北,仍各少前。修起居注遇視朝,起居畢,分班陞殿陛,於殿欄子外副階下東西對立,俟奏事畢,退。師、傅起居畢,御案自東入,置定,捧案内侍東西分下,各直殿基隅侍立,俟主寶封寶畢,即對入殿門出案。其案始置右殿外東階隅[①],由東偏門入,出自西偏門,置於西階隅。

案古禮,王者日視事於内朝,降及遼、宋,亦未或易。擬今每日視朝,以示聖慮憂勤,日新聽斷,萬機之務庶無壅滯。如謂朝廷事簡,擬依唐制,隔日視朝。若止用六參,方未嘗有[②],須當改易。

准前代,六參合用一日、六日、十一日、十五日、二十一日、二十六日。

親王及宗室已命官者,年十六以上並赴起居。宗室並隨文武官班。諸色人任七品以上職事及七品以上散官充吏職、伎術官同。七品以下散官權翰林應奉,並隨班起居。舊例校書郎、權直史官並赴朝參。

班首遇朝參有故不赴,以次官押班。

尚書省諸司局因公事入殿門者,左右司每司不得過三人,餘司局止一人,於左右親衞外立。

五品以上及侍御史、尚書諸司郎中、太常丞、翰林修撰、起居注、殿中侍御史、補闕、拾遺、監察御史赴召、參假、謂一月以上。除官、出使之類,並通班入見謝、辭,餘官於殿門外。見謝班並舞蹈,七拜,辭班四拜;門見謝、辭兩拜[③]。

---

① "右",諸本均同,疑當作"於"。
② "方",曹本、文淵閣本同,廣雅本作"古"。
③ "除官"至"兩拜",原作小字注文,據曹本、文淵閣本、廣雅本及《禮志九·朝參常朝儀》改。

入宮從人給牌。具雜儀式下門。

遇朝參，臣寮並不得將帶從人入殿門。特旨，非遇朝參，應便服人並不得入殿門，及於御坐殿側觀看。

凡有禮儀，御史臺門告報，諸司局取知委。

臣寮遇朝參有故不赴，申牒御史臺照會。如不申牒而併兩次輒不赴者，御史臺申尚書省，於隨品當月俸錢一色內尅罰三分之一。

大寒暑、大風及雨雪霑服致失禮容，並放朝參。即有機速事當面陳，宰執於便殿。若遇雨之類①，御史臺牒宣徽，聞奏，候得旨，仍預告報。

合差司天臺官晝日於宮中報時，刻漏壺箭乞令較定。

臣寮班列，合依位置牌。

閣門宣制贊喝②，其聲高低擬更調習。

假寧休務日。具休假門。

大定二年五月，御史臺擬定朝參禮數，蒙都省准行下項：

五品已上官職趨朝自來依制服朝服③，若赴省入局治事並各展皂。自來朝參，除殿前班外，若遇朔望，自七品已上職事官盡赴。其餘朝日，自五品已上職事官得赴，六品已下只於本司局治事；如左右司員外郎、侍御史、記注院等官職雖不係五品，亦合並赴朝參。外，拜詔等禮數，自來但有職事并七品已上散官並赴④。及前來每遇朝日，已是七品已上職事官並赴。緣禮部先擬七品已下流外職並入宮，各於本幕次內治事，更不朝參，外，拜詔等禮

---

① "遇雨"，原作"速雨"，曹本、廣雅本同，據文淵閣本改。

② "贊喝"，曹本、廣雅本同，文淵閣本作"贊唱"。

③ "自來"，原作"迋來"，曹本同，據文淵閣本、廣雅本改。

④ "但有"，原誤"旦有"，據曹本、文淵閣本、廣雅本及《禮志九·朝參常朝儀》改。

數散官、職事但係七品已上者並赴。

今契勘四月三日，臺官奏奉敕旨，每遇朝參，百官職得將帶合得人從入宮外，吏員、令譯史、通事、檢法各於本局等候，官員朝退後，赴各司局簽押文字，更不得依前宮內簽押文字。今擬七品已下流外職遇朝日亦不合入宮，只於本司局治事，如左右司都事有須合取奏事理，令行入宮。

七品已上職事官依准自來條理。如遇使客朝參，見日依朔望日，並赴。據元日、聖節及拜詔并遇車駕出獵送迎、詣祖廟燒飰，亦擬依准自來但有職事并七品以上散官並赴。

并再檢照到，正隆元年二月二十八日，海陵庶人旨，諸赴朝參官除殿前外，若遇每月朔望，可七品以上職事官盡赴；其餘朝日，自五品已上職事官得赴，六品已下只於本司局治事，如左右司員外郎、侍御史、記注院等官雖不係五品，亦合並赴。但朝參官並穿執。今即七品已上職事官常朝日並赴。伏乞尚書省詳酌。

蒙批，送本臺勘當端的。本臺點到，大定二年二月二十一日，敕旨，倉場、庫務、監當酒稅七品已下，今月二十一日爲頭，便不赴朝參。今再勘當到上件，七品職事官除倉場、庫、監酒稅官合依已降敕旨施行外，其餘七品職事官擬常朝日並赴。

今常朝儀，親王班退，七品已上職事官分左右班入，至丹墀，兩拜。班首離位少前，復位，再兩拜。宰執升殿，餘官分班出。

朔望儀，朔旦拜日訖，常朝官并府、運六品已上官並左入，至丹墀之東，西向，躬身，閤門通唱訖，引至丹墀，舞蹈，五拜，又兩拜訖，右出。望日如上儀，唯不拜日。

雜録

天眷三年□月一日①，奏稟，生辰、正旦花宴，亡遼時合用山樓一座。奉敕旨，依例起蓋。

貞元二年正月，山樓以"萬春山"爲名。

大定五年二月二十一日，學士院撰擬到壽山名額。奉敕旨，以"仁壽山"爲名。

二十二年正月四日，敕旨，今後綵山正旦以"仁壽山"爲名，萬春節以"萬春山"爲名。

皇統二年六月二十三日，擬奏，自古並無伶人日赴朝參之例，所有教坊人員只合准備宣唤②，不合同百寮赴起居。從之。

皇統二年十二月十一日，擬奏，司天、太醫提點及長二官合日參，其長行七品以上止合元日、慶節及人使見辭日朝。從之。

大定二年四月二十九日，奏稟，榷貨務使係合赴朝參③，若候朝退出宮，緣本務發賣鹽鈔，切慮注滯客旅，今擬除朔望外，與免朝參。從之。

大定二十四年六月，禮部會到定二年三月二日，大興尹面奉敕旨，府、運兩司文字繁多，每遇月一、十五日朝參外，免常朝。今即車駕幸上京，其會寧府官并所轄七品已上職事官，比依前項所奉敕旨，亦合免常朝。并據會寧府申，朔望慶元宮行禮，更赴朝參，兩處難迭。下太常寺參酌到，會寧府官朔望於慶元宮合質

---

① "月"前原闕一字。

② "教坊"，原誤"教場"，曹本同，據文淵閣本、廣雅本改。

③ "榷"，原作"推"，曹本、廣雅本同，據文淵閣本改。

明行禮畢,趁赴朝參。

大定二年十一月一日,奏定,隨朝職官遇迎拜詔書、頒降曆日^①、接送車駕、享祀祖廟等處不到者,當月俸內三分內尅一。此譯到字不同。

大定二年正月一日,承省剳,刑部呈并御史臺申,今若有省部諸局執事官員不赴^②,并遇拜日^③、拜詔、迎車駕出獵、詣祖廟燒飰亦有不到官員,還如何懲罰。本部今擬隨朝職事官并七品以上散官每遇拜日并拜詔、送迎車駕行幸、詣祖廟燒飰及省部諸局治事官員不赴者,將當月請俸將三分每尅罰一分,七品以上散官不在拜日之限。臣等商量,若准所擬,是爲相應。奏訖,奉聖旨,准奏行。

大金集禮卷第四十

① "曆日",原誤"厤日",據曹本、文淵閣本、廣雅本改。
② "今"下原衍"有"字,曹本同,據文淵閣本、廣雅本刪;又"執事",據本卷上下文,當作"治事"。
③ "遇",原誤"過",廣雅本同,據曹本、文淵閣本改。

附録一
《金文最》引用《大金集禮》文章詳表

《大金集禮》卷目	《金文最》卷次篇名
卷1帝號上・皇統元年册禮	卷4受尊號詔
	卷9上熙宗尊號册文
	卷12上熙宗尊號表
卷2帝號下・大定七年册禮	卷5受尊號詔
	卷5却尊號禮册詔
	卷9上世宗尊號册文
	卷11受尊號大赦天下制
	卷12上世宗尊號表
	卷12再上世宗尊號表
	卷12請受尊號禮册表
卷2帝號下・大定十一年册禮	卷11受加上尊號制
	卷9加上世宗尊號册文
	卷12加上世宗尊號表
	卷12加上世宗尊號第二表
	卷12加上世宗尊號第三表
卷3追加諡號上・天會三年奉上太祖諡號	卷3允上太祖諡號詔
	卷3上太祖諡號布告中外詔
	卷9上太祖尊諡册文
	卷12上太祖諡號表
卷3追加諡號上・天會十三年奉上太宗諡號	卷9上太宗尊諡册文
卷3追加諡號上・天會十三年奉上景宣皇帝諡號	卷9上景宣皇帝尊諡册文
	卷12賀追尊皇考妣禮成表

续表

《大金集禮》卷目	《金文最》卷次篇名
卷 3 追加謚號上・天會十四年奉上祖宗謚號	卷 3 追上祖宗謚號詔
	卷 57 追尊祖宗謚號議
卷 3 追加謚號上・皇統五年增上太祖尊謚	卷 4 令增上太祖謚號詔
	卷 9 增上太祖尊謚册文
	卷 57 增上太祖謚號議
卷 3 追加謚號上・皇統五年增上祖宗尊謚	卷 4 令增上祖宗謚號詔
	卷 11 增上祖宗謚號大赦天下制
	卷 57 增上祖宗謚號議
卷 4 追加謚號下・大定三年增上睿宗尊謚	卷 9 增上睿宗尊謚册文
	卷 57 增上睿宗謚號議
卷 4 追加謚號下・大定十九年奉上孝成皇帝謚號	卷 5 上閔宗謚號詔
	卷 6 增上孝成皇帝謚號詔
	卷 9 增上孝成皇帝尊謚册文
	卷 57 增上孝成皇帝謚號議
	卷 57 改謚閔宗議
卷 4 追加謚號下・雜錄	卷 15 請削去明肅帝封號表
卷 5 皇太后皇后・天會十三年尊奉兩宮太皇太后	卷 3 尊太祖太宗皇后爲太皇太后詔
卷 5 皇太后皇后・皇統元年册皇后	卷 10 立貴妃裴滿氏爲皇后册文
	卷 11 立貴妃裴滿氏爲皇后制
卷 6 追謚后・聖穆光懿皇后	卷 9 上聖穆皇后尊謚册文
	卷 9 上光懿皇后尊謚册文
卷 6 追謚后・欽仁皇后	卷 9 上欽仁皇后尊謚册文
卷 6 追謚后・宣獻皇后	卷 5 上宣獻皇后謚號詔
卷 6 追謚后・昭德皇后	卷 5 追謚妃烏林答氏爲昭德皇后詔

《大金集禮》卷目	《金文最》卷次篇名
卷 8 皇太子・皇統二年誥授儀	卷 4 立皇子濟安爲皇太子詔
	卷 10 立皇子濟安爲皇太子册文
	卷 11 皇子生大赦天下制
	卷 62 皇子剪鬀文
	卷 62 剃頭人念文
卷 8 皇太子・大定八年册命儀	卷 10 立楚王爲皇太子册文
	卷 11 立楚王爲皇太子制
卷 8 皇太子・大定二十七年册皇太孫	卷 10 立原王爲皇太孫册文
	卷 11 立原王爲皇太孫制
	卷 12 立原王爲皇太孫謝表
	卷 12 立原王爲皇太孫群臣賀表
卷 10 皇帝夏至日祭方丘	卷 61 夏至祭地祇祝文
	卷 61 孟冬祭神州祝文
	卷 61 夏至祭地祇以太祖配祝文
	卷 61 孟冬祭神州以太宗配祝文
卷 20 原廟上・奉安	卷 64 户工部移禮部關
卷 21 原廟下・朝拜	卷 12 奉安三聖御容群臣賀表
卷 22 别廟・孝成舊廟	卷 18 覆奏立武靈皇帝别廟疏
卷 23 御名	卷 5 改名告中外詔
卷 25 宣命・送宣賜生日	卷 18 尚書省請擬定迎待天使儀注疏
卷 30 輿服下・寶	卷 4 施用新寶詔
卷 30 輿服下・臣庶車服	卷 18 尚書省覆奏梁肅請立衣服禁約疏
卷 34 岳鎮海瀆・雜録	卷 18 覆奏嶽祀疏
卷 35 長白山・封册禮	卷 10 封長白山神爲靈應王册文
	卷 61 祭長白山神祝文
卷 37 雜祠廟・保陵公	卷 10 封大房山神爲保陵公册文
	卷 61 祭大房山神祝文

续表

《大金集禮》卷目	《金文最》卷次篇名
卷 37 雜祠廟·應聖公	卷 10 封混同江神爲應聖公册文
	卷 61 祭混同江神祝文
卷 37 雜祠廟·嘉蔭侯	卷 61 祭林神祝文
卷 38 沿祀雜録	卷 61 太廟十一室通用祝文
	卷 61 七祀通用祝文
	卷 61 山陵元日祭奠之祝文
	卷 61 大定改定七月十五日祭山陵祝文
	卷 61 世祖忌辰祭山陵祝文
	卷 61 太祖忌辰祭山陵祝文
	卷 61 太宗忌辰祭山陵祝文
	卷 61 睿宗忌辰祭山陵祝文
	卷 61 貞懿皇后忌辰祭山陵祝文
	卷 61 祖宗忌辰祭保陵公祝文
	卷 61 皇后忌辰祭保陵公祝文
	卷 61 七月十五日祭保陵公祝文
	卷 61 冬至祭保陵公祝文
	卷 61 元日祭保陵公祝文
	卷 61 寒食祭保陵公祝文
	卷 61 睿宗升祔祫享太廟祝文
	卷 61 睿宗升祔祫享別廟祝文
	卷 61 祫享太廟祝文
	卷 61 祫祭七祀祝文
	卷 61 禘祭太廟祝文
	卷 61 禘祭七祀祝文
	卷 61 祭太社祝文
	卷 61 祭后土句龍氏祝文
	卷 61 祭太稷祝文
	卷 61 祭后稷祝文

《大金集禮》卷目	《金文最》卷次篇名
卷38沿祀雜録	卷61祭東嶽祝文
	卷61祭東海祝文
	卷61祭東瀆大淮祝文
	卷61祭南瀆大江祝文
	卷61祭西瀆大河祝文
	卷61祭北瀆大濟祝文
	卷61祭天祝文
	卷61祭地祝文
	卷61合祭天地以太祖配祝文
	卷61祭七祀祝文
	卷61太廟朝享祝册文
	卷61別廟薦享祝册文
	卷62祭天奏告文
	卷62祭地奏告文
	卷62合祭天地奏告太廟文
	卷62合祭天地以太祖配奏告文
	卷62合祭天地奏告昭德皇后文
	卷62合祭天地奏告五嶽四瀆文
	卷62合祭天地奏告龍津橋橋神文
	卷62合祭天地奏告行神文
	卷62禘祭太廟奏告文
	卷62祫享太廟奏告文
	卷62奉上睿宗册寶奏告文
	卷62睿宗升祔祫享太廟奏告文

附録二
《大金集禮》書目著録及學者提要序跋

錢曾《也是園書目·史部·儀注》（瞿鳳起編《虞山錢遵王藏書目録彙編》，古典文學出版社，1958年，第50頁）：

《大金集禮》四十卷

錢曾《述古堂書目·政刑》（瞿鳳起編《虞山錢遵王藏書目録彙編》，第50頁）：

《大金集禮》三十卷，六本。鈔。

《藏園批注讀書敏求記校證》卷二之上《史》（錢曾撰，管庭芬、章鈺校證，傅增湘批註，馮惠民整理，中華書局，2012年，第150—151頁）：

《大金集禮》四十卷　　題詞本有。〇《述古目》作三十卷，注"鈔"字。〔補〕黄録《採遺》云："金明昌六年禮部尚書張暐等進。原四十卷，今止存十九卷。又自十二卷下多缺文。但《敏求記》謂此書諸家目録均不載，藏書家無有蓄之者。今本雖非完書，金源典故猶藉以有考焉。"鈺案：《四庫》本不云有缺卷。《提要》云，《金史》諸志藍本全出於此。〔藏園批注〕曾見汲古閣精寫本，缺卷亦同。今在周叔弢家。假校一過，改正廣雅本錯簡數處。

首列太祖、太宗即位儀，諸〔補〕宋校本"諸"作"注"。凡朝家大典，輿服制度禮文，莫不班班可考。嗟乎，"杞宋無征"，子之所歎。金源有人，勒成一代掌故。後之考文者，宜依仿編集，以詔來葉。此書諸家目録俱不載，藏書家亦無有畜之者。尚是金人鈔本，撫

卷有諸夏之亡之慨。案:張氏《藏書志》云:"《大金集禮》四十卷,舊抄本,述古堂
藏書。金張暐撰,缺卷十二至十八,又卷三十三。是書紙質甚松,蓋以閣中預備票擬
之紙寫録。《敏求記》直以爲金人鈔本,似未的。"又何義門先生跋云:"此書乃錢遵王
故物,康熙己丑,余偶至虞山,得之質庫所鬻雜書中,不知何時何人從文淵閣抄出者。
前代票擬皆裁此紙作簽,今則彌疏而易壞爛,然其種類一也。"〔補〕錢大昕云,晤周漪
塘,見《大金集禮》四十卷,中數卷有缺文。

何焯《義門先生集》卷九《跋・跋〈大金集禮〉舊鈔本》(道光三
十年刊本,葉 4b—5a):

此書乃錢遵王故物,康熙己丑,余偶至虞山,得之質庫所鬻
雜書中,不知何時何人從文淵閣鈔出者,前代票擬皆裁此紙作
簽,今則彌疏而易壞爛,然其種類一也。何焯記。

孫從添《上善堂宋元板精鈔舊鈔書目・舊鈔本》(《宋元版書
目題跋輯刊》第 2 册影印民國瑞安陳氏刻《湫漻齋叢書》本,北京
圖書館出版社,2003 年,第 457 頁):

舊鈔《大金集禮》三本不全,錢遵王藏本。

朱學勤《朱修伯批本四庫簡明目録》卷八《史部十三・政書
類・儀制之屬》(北京圖書館出版社,2001 年,第 313 頁):

《大金集禮》四十卷　金明昌六年張祎等奏進①。《敏求》有
金人抄本。

張金吾《愛日精廬藏書志》卷一九《史部・政書類・儀制》

---

① 　按"張祎"當爲"張暐"之誤。

（中華書局，1990 年，第 436 頁）：

《大金集禮》四十卷 舊抄本 述古堂藏書

【金】張暐撰，闕卷十二至十八，又卷三十三。是書紙質甚松，蓋以閣中預備稟擬之紙寫錄，敏求記以爲金人鈔本，似未的。

何氏手跋曰：此書乃錢遵王故物，康熙己丑，余偶至虞山，得之質庫所鬻雜書中，不知何時何人從文淵閣抄出者。前代稟擬皆裁此紙作簽，今則彌疏而易壞爛，然其種一也。何焯記。

張金吾《愛日精廬藏書簡目》（煮雨山房輯、林夕主編《中國著名藏書家書目匯刊》明清卷第 29 冊影印國家圖書館藏抄本，商務印書館，2005 年，第 91 頁）：

《大金集禮》四十卷　舊抄本，金張暐撰。闕卷十二至十八，又卷三十三。是書紙質甚松，蓋以閣中預備稟擬之紙寫錄，《敏求記》直以爲金人鈔本，似未的焉。

莫友芝撰、傅增湘訂補、傅熹年整理《藏園訂補郘亭知見傳本書目》卷六《史部十三‧政書類‧儀制之屬》（中華書局，2009 年，第 1 冊，第 432 頁）：

《大金集禮》四十卷 四庫依抄本錄。○錢遵王有金人抄本，云諸家書目俱不載，後歸何義門，見昭文張氏書志。○近廣東刻本。

〔附〕○金鈔本，缺卷十二至十八，又二十三。義門記。（邵氏）

邵懿辰撰、邵章續錄《增訂四庫簡明目錄標注》卷八《史部十三·政書類·儀制之屬·大金集禮》（上海古籍出版社，1979 年，第 341 頁）：

【續録】金鈔本，後歸何義門，見昭文張氏書志。　傅沅叔云，金鈔本缺卷十二至十八，又二十三，義門記。

曹寅《楝亭書目》卷三《經濟補遺》（《遼海叢書》本，遼沈書社，1986 年，第 2641 頁）：

《大金集禮》抄本，金張暐等集，四十卷，一函三冊。

曹寅《楝亭書目·經濟補遺》（《中國著名藏書家書目匯刊》明清卷第 15 册影印國家圖書館藏抄本，第 133 頁）：

《大金集禮》　抄本。金　　集，四十卷。三冊。

鄒道沂《〈金集禮〉跋》（國家圖書館藏曹寅本《大金集禮》，館藏號 19481）：

《金集禮》四十卷。四庫館《總目》云：不著撰人姓氏，亦不著成書年月。考《千頃堂書目》，蓋明昌六年禮部尚書張瑋等所進。此書分類排纂，條理秩然，自尊號、册謚以及祠祀、朝會、燕饗諸儀悉備。《金史》諸志其藍本全出於此，惜托克托等援引頗多漏失也云云。是此書足備金源掌故，考禮家所不能廢矣。按四庫所收録者爲兩淮馬氏藏本。此本不知何人所抄，其與馬氏本有合否未可知，然四十卷始終鑿然也。此本爲楝亭曹氏舊藏，册中朱筆校誤者，或系楝亭之手。以典禮不可少之，書又出於賞鑒極精者之手，洵此本之足貴也。庚寅八月，聊城寄萍散人鄒道沂識於濟南客舍。

傅增湘《藏園群書經眼録》卷六《史部四・政書類・典禮》
（中華書局，1983年，第481頁）：

《金集禮》四十卷

舊寫本，十五行二十二字。鈐有曹楝亭藏印及長白敷槎氏
藏印。（壬子）

莫友芝撰、傅增湘訂補、傅熹年整理《藏園訂補邵亭知見傳
本書目》卷六《史部十三・政書類・儀制之屬・大金集禮》（第
432頁）：

〔補〕○舊寫本，十五行二十二字。有曹寅及昌齡藏印。

《北京圖書館古籍善本書目・史部・政書類》（書目文獻出
版社，1987年，第857頁）：

《金集禮》四十卷_{金張瑋等輯}，清抄本，_{鄒道沂跋，八册，十五行二十一字，}
_{小字雙行同，無格。}　　一九四八一

吳焯《〈大金集禮〉跋》（南京圖書館藏吳焯本《大金集禮》，館
藏號 GJ/EB/110379）：

竹垞檢討評脱脱等修三史金爲差善，余謂金舊聞放失，遺集
傳世者略無數家，論其義例嚴整稍優於二史，如云該括一朝事
蹟，則吾未之信也。此編不著撰人姓氏，始太祖，終世宗。其後
章宗明昌六年，禮部尚書張暐等進《大金儀禮》，豈此編後更續
耶，抑史遺之耶。文獻可征，藉是不少。雍正元年中秋朔，繡穀。

禮先圜丘而後方丘，編中脱去郊儀，原編必不應爾，不僅廟
祭之闕文也。校對《金史》禮志，頗多抵牾，隔代述史，全在考證

舊聞,況朝家著作安可遺佚。三史之蕪陋,此其大較矣。然則於《金史》又安得稱善乎。秋熱,不能成寐,披卷至鼓四通,再書幅前。蟬花居士焯。

丁丙《善本書室藏書志》卷一三《史部·政書類》(中華書局,2006年,第550頁。又見於南京圖書館藏本。):

《大金集禮》四十卷　精寫本　吳尺鳧藏書

不題撰人姓氏,前後亦無序跋,據黃虞稷《千頃堂書目》,明昌六年禮部尚書張瑋等所進,其書分類排纂,具有條理。自尊號册諡以及祠祀朝會燕饗諸儀,燦然悉備。原闕第廿六卷、第三十三卷、第六卷悼平皇后篇、第廿七卷立仗篇,第十二卷至十七卷俱有闕文。此本前有雍正元年中秋繡穀手題云:"竹垞檢討評脱脱等修三史金爲差善,余謂金舊聞放失,遺集傳世者略無數家,論其義例嚴整稍優於二史,如云該括一朝事蹟,吾未之信也。此編始太祖,終世宗。其後章宗明昌六年,張瑋等進《大金儀禮》,豈此編後更續,抑史遺之。文獻可征,藉是不少。"又云:"禮先圜丘而後方丘,編中脱去郊儀,原編必不應爾,不僅廟祭之闕文也。校對《金史》禮志,頗多抵牾,隔代述史,全在考證舊聞,況朝家著作安可遺佚。三史之蕪陋,此其大較矣。焯。"鈐有"述古遺音"、"蟬華"兩印。案彭元瑞曰:"此書在元時已非全帙,矧五百年後乎。""余前後校三過,庶幾成善本矣。"

丁立中《八千卷樓書目》卷九《史部·政書類·儀制之屬》(《海王村古籍書目題跋叢刊》第4册影印民國十二年錢塘丁仁聚珍仿宋版印本,中國書店,2008年,第126頁):

《大金集禮》四十卷　金張暐等奉敕撰,抄本。

《江南圖書館善本書目·第四十五號》(《明清以來公藏書目匯刊》第 25 册影印民國間南陽印刷廠鉛印本,北京圖書館出版社,2008 年,第 78 頁):

《大金集禮》四十卷　金張暐等奉敕撰。精寫本。吳尺鳧藏書。四本。

《江蘇省立國學圖書館圖書總目》卷一五《史部·政書類·通禮》(《明清以來公藏書目匯刊》第 33 册影印 1933—1935 年鉛印本,第 592 頁):

《大金集禮》四十卷　金張暐等奉敕撰。精寫本。有"述古遺言"①、"清英"、"蟬華"諸印。丁書。善甲四五。四册。

《江蘇省立國學圖書館現存書目》卷五《史部·政書類·儀制之屬》(1948 年,第 2 頁):

《大金集禮》四十卷　金張暐等奉敕撰。精寫本。丁書,善甲,四册。

允祥《怡府書目·史類》(《中國著名藏書家書目匯刊》明清卷第 22 册影印國家圖書館藏民國抄本,第 184 頁):

四十四號　《大金集禮》　抄本,二套,計二十本。

---

①　按"言"爲"音"之誤。

邵懿辰撰、邵章續録《增訂四庫簡明目録標注》卷八《史部十三·政書類·儀制之屬·大金集禮》（第341頁）：

【續録】盛意園藏汲古閣影金鈔本，絕精美，爲景樸孫收去。

傅增湘《藏園群書經眼録》卷六《史部四·政書類·典禮》（第481頁）：

《大金集禮》四十卷

影鈔本，中版心，九行十八字，楷法精美，似毛鈔。鈐有“怡府世寳”、“安樂堂藏書記”（均朱）、“明善堂覽書畫印記”、“宗室盛昱收藏圖書記”（均白）等印。（景樸孫遺書，文德堂送閲。丙寅）

莫友芝撰、傅增湘訂補、傅熹年整理《藏園訂補邵亭知見傳本書目》卷六《史部十三·政書類·儀制之屬·大金集禮》（第432頁）：

〔補〕〇影鈔本，九行十八字，似毛鈔。有怡府及盛昱藏印。景賢遺書。

《自莊嚴堪善本書目·政書類》（天津古籍出版社，1985年，第35頁）：

《大金集禮》四十卷。（清抄本，二十册）存三十八卷。（一至二十五、二十七至三十二、三十四至四十）

《北京圖書館善本書目》卷三《史部下·政書類·典禮》（中華書局，1959年，葉34a）：

《大金集禮》四十卷　清抄本　二十册　周捐　八一〇六

《北京圖書館古籍善本書目·史部·政書類》（書目文獻出版社，1987 年，第 857 頁）：

《大金集禮》四十卷 金張暐等輯，清抄本，二十册，九行十八字，白口，左右雙邊。　八一〇六

存三十八卷一至二十五，二十七至三十二，三十四至四十。

題阮元《文選樓藏書記》卷二（王愛亭、趙嫄點校，上海古籍出版社，2009 年，第 156 頁）：

《金雜禮》十九卷。不著撰人姓名。抄本。是書記金代册立、字號、分封、祭享等制度儀文。自十二卷以下原有缺文。①

沈初等《浙江採集遺書總録》丁集《史部掌故類一·總類》（杜澤遜、何燦點校，上海古籍出版社，2010 年，第 204 頁）：

《金集禮》十九卷。寫本。

金明昌六年禮部尚書張暐等進。原有四十卷，今止存十九卷。又自十二卷以下多缺文。但按《敏求記》謂此書諸家目録俱不載，藏書家亦無有蓄之者。則今本雖非完書，金源典故猶藉以有考焉。

翁方綱纂《翁方綱纂四庫提要稿》（吳格整理，上海科學技術文獻出版社，2005 年，第 400—409 頁）：

---

① 據楊洪升《〈文選樓藏書記〉考實》（《文獻》2011 年第 4 期，第 66—79 頁），此書實爲浙江進呈四庫館的書目清單之一部分。又"金雜禮"當作"金集禮"，考國家圖書館藏清抄本（即王愛亭等點校本所據爲底本者，《中國著名藏書家書目匯刊》明清卷第 25 册影印，第 82 頁）原作"金襍禮"，蓋"集"誤爲"襍"，又改爲"雜"。

《大金集禮》四十卷 金佚名編(16/1386)

《大金集禮》四十卷。(目録前未有進表及撰輯人名。汪彦孫云:有一本前有銜名,中文亦有夾註者,此皆無之。今查亦有之。)

卷第一 帝號上

太祖皇帝即位儀(收國元年春正月壬申朔,諸路官民耆老畢會,議創新儀,奉上即皇帝位。阿离合懣宗翰乃陳耕具九,祝以辟土養民之意。復以良馬九隊、隊九匹,別爲色,並介胄弓矢矛劍奉上。上命國號"大金",建元"收國"。二年十二月庚申朔,皇弟諳版勃極烈率百官宗族奏言:自遼主失道,奉天伐罪,數摧大敵,克定諸路,功德之隆,亙古未有,敢上尊號爲"大聖皇帝"。)

太宗皇帝即位儀。(天會元年九月六日,皇弟諳版勃極烈即皇帝位。)

皇統元年册禮。(天會十三年正月廿五日,受遺詔即位,頒詔天下。皇統元年正月二日,太師宗翰率百寮上表,奉上尊號。十日,帝御元和殿,宗翰率百僚奉册禮。)

天德貞元册禮。(天德二年二月。每條下低一格"貞元儀"云云,其小注内亦有之。"貞元儀"與此正文禮儀詳略、樂章名目,皆互有異同,蓋當時别有《貞元儀》一書也。)

卷第二 帝號下

大定七年册禮。(大定元年十月□日,上即位東京。七年正月十一日,御大安殿,右丞相紇石烈、良弼等奉册①。此條内亦引大定十一年儀。)

---

① 按紇石烈良弼是一人,紇石烈爲女真人常見姓氏,此處標點有誤。

大定十一年册禮。（大定十一年八月，詔以十一月十七日有事於南郊。二十二日，御大安殿，李石等奉册。）

卷第三　追加謚號上

天會三年奉上太祖謚號。（十二月二十三日，奉册曰"孝弟嗣皇帝"，"臣諱謹再拜稽首上言曰"云云。"伏惟兄大聖皇帝"云云。"謹奉玉册至寶，恭上尊號曰武元皇帝，廟號太祖"。）

天會十三年奉上太宗謚號。

天會十三年奉上景宣皇帝謚號。

天會十四年奉上祖宗謚號。（"伏惟皇九代祖"云云。"皇八代祖"、"皇七代祖"云云。"皇六代祖徙居得吉"云云。"皇五代祖孛堇"云云。"皇高祖太師"云云。"皇曾祖太師"云云。"皇曾叔祖太師"云云。"皇曾叔祖太師"云云。"皇伯祖太師"云云。"累代祖妣"云云。）

皇統五年增上太祖尊謚。

皇統五年增上祖宗尊謚。

卷第四　追加謚號下

大定三年增上睿宗尊謚。（直學士劉仲淵撰。）

大定十九年奉上孝成皇帝謚號。（此條内引大定三年儀，注内亦然。其另行低二格之文亦皆注也，亦有似按語者。"惟年月日嗣皇帝臣御名"云云。）

雜録（天德二年興聖宫上謚儀，與統五同兼封遼王事節，故併入"雜録"）。

卷第五　皇太后皇后

天會十三年尊奉兩宫太皇太后

天德二年尊奉永壽永寧宫。

皇統元年册皇后。

天德二年册徒單氏。（此條下引《五禮精義》，云"册命大事"云云。）

雜録。

卷第六　追諡后

聖穆光懿皇后（天會十三年二月十一日追册）

欽獻皇后（天會十四年二月五日上）

欽仁皇后（皇統三年八月二十二日上）

惠昭皇后（天會十三年九月二日追册）

永寧宫（貞元三年十月二十一日上）

欽慈貞懿皇后（大定元年十一月十五日追册）

宣獻皇后（大定二年四月）

昭德皇后（大定二年四月）

卷第七　妃

册太皇太妃（天德二年正月）

追封（天會十三年二月）

雜録（内一條下引《貞元儀式》。）

卷第八　皇太子

皇統二年誥授儀。（皇統二年二月二十八日，命皇子名曰"濟安"。）

（《剪鬚文》、《剃頭人念文》。）

天德四年册命儀。（正月九日詔立儲嗣。二月二日受册，三日謝宗廟。命學士劉長言撰册文，直學士施宜生書。此内引《宋會要》、《太常因革禮》、《五禮精義》。）

大定八年册命儀。（此内引《晉書》、《宋事實》、《宋會要》、

《唐開元禮》、《宋開寶禮》、《五禮新儀》、《五禮精義》，又云“依貞元儀式”。册曰“維大定八年戊子正月甲子朔十七日庚辰，咨爾楚王某”。）

大定二十七年册皇太孫。

守國儀。（車駕將幸上京，擬定東宮治事儀。大定二十三年十二月二十一日准奏。二十四年三月十九日，敕造監國印，比親王印稍大半分，以金分之，龜紐，篆文曰“監國之寶”。詔書迎接儀。萬春節若有天使賜宴儀。賜生日或年節儀。賜書迎接儀。）

雜錄（天德四年九月十五日檢討到避名諱一條。大定二年十一月九日擬到百官並宮官相見儀。内引“今大定儀制云”云云。）

卷第九　親王公主

親王（天眷元年定到國封等第。大定二年奏定例用金印等。二年奏定見客儀式。二十年宣徽院奏定賜生日儀。）

宗室（大定十八年皇太子封金源郡王。此條内引《唐會要》，“貞元”、“武德”、“貞觀”三處皆不應抬寫，須改正。）

公主（天眷二年奏定公主禮物“裙子五十腰，小襖子五十領”云云。定磁一千事。三年二月，銀針兒五十餘萬個。）

郡縣主（唐制，皇姑封大長公主，皇姊妹封長公主，皇女封公主。此内引唐《初學記》、唐《百官志》，謂據此則郡主、縣主之婿止合以所授之官爲稱，以郡馬、縣馬皆無所據，前賢亦論其非。）

卷第十　皇帝夏至日祭方丘（后土同）

齋戒

陳設

省牲器

鑾駕出宫（凡六樽之次，太樽爲上，實以泛齊；著樽次之，實以醴齊；犠樽次之，實以盎齊；象樽次之，實以醍齊；壺樽次之，實以沈齊；山罍爲下，實以三酒。配帝著樽爲上，實以沈齊；犠樽次之，實以醴齊；象樽次之，實以盎齊。已上孟冬同。神主太樽實以沈齊，立方岳鎮海瀆之山樽，實以醍齊；山林川澤之蜃樽，實以沈齊；止陵以下之散樽，實以清酒；玄酒各實於諸齊之上樽。）

奠玉帛

進熟

祭五岳、四鎮、四海、四瀆。

鑾駕還宫

卷第十一　皇帝祭皇地祇於方丘儀（注：每年夏至日祭。）

齋戒

陳設（皇地祇神座，配位神座，神州地祇神座，又昆侖山林川澤二十一座，丘陵墳衍原隰三十座，子陛、卯陛、午陛、酉陛。）

省牲器

奠玉幣

進熟

鑾駕還宫

卷第十二至第十七卷（元有闕文。）

（静因院提控每年太后忌辰。貞懿皇后影殿。東京太后塔位。孝寧宫塔依舊提點。各陵位忌辰祭。廟殿。神位。尊彝。享禮。每室神位行禮。夏祀灶。以上大略如此，不能細分其段。）

卷第十八　時享

攝行禮（陵寢紅排沙。自墳山西北係奉先縣所管神寧鄉上冶村，龍泉河爲西界。）

卷第十九　時享下

攝行禮（内引天德二年儀，云有“百官”字未當。）

卷第二十　原廟上

奉安（太祖御容一十二軸：法服容一，展立容一，衣甲容一，弓箭容一，坐容一，頭巾紅襖子容一，展坐容一，以上會寧府奉遷到。頭子容二，春衣容一，頭巾紅襖子容二，以上中都舊御容殿奉遷到。）

卷第二十一　原廟下

朝祠（忌辰親祠儀。一條云“餘如十六年、十九年之儀”，一條引《唐禮閣新編》、《唐六典》、《唐會要》。）

卷第二十二　別廟

孝成舊廟（檢到《唐會要》，見得唐立別廟，不必專在太廟垣内。此條内引唐中宗時祔太廟一條，“太廟”字不應抬寫。《五代會要》周世宗顯得六年，博士聶崇義奏請將來夾室安排位次。）

卷第二十二　御名（天會十四年六月，齊國申乞降下御名音切及同音字號，下吏部檢討。）

聖節

卷第二十四　赦詔

大定七年正月十一日，上尊册禮畢。十四日，御應天門頒赦儀。

大定十一年冬至，南郊禮畢，御應天門宣赦儀。

皇統元年十月，行册禮，大赦。

隨朝拜赦書（注一條，云“已上四件，並大定儀制”。）

外路迎拜赦詔

隨朝拜曆日詔

外路迎拜曆日詔

卷第二十五　宣命

宣麻

賜敕命

送宣賜生日（注一條，云"其幣物之數依大定重修制款"。）

卷第二十七　儀仗上

行仗（此條之末原闕。）

立仗（原闕。）

卷第二十八　儀仗下

皇后鹵簿（大定十九年，昭德皇后吉儀用唐令。）

皇太子鹵簿（大定八年正月，皇太子受册後謝廟鹵簿，檢討開元、開寶禮。）

雜録（常朝儀衛。常行儀衛。貞元儀式。）

卷第二十九　輿服上

輅輦（大定十一年，將有事於南郊，太常寺檢引宋南郊禮例。）

冠服

皇后車服

皇太子車服

卷第三十　輿服下

寶（天眷元年九月，編類到寶因圭璧下項玉寶十五面，並獲於宋。受命寶一，咸陽，三寸六分，文曰"受命於天既壽永昌"，係藍田秦璽，並白玉蓋、螭虎紐。傳國寶一，螭虎紐。鎮國寶一，大觀，二面並碧色，文曰"承天依延萬億永無極"。受命寶一，大觀，文曰"受命於天既壽永昌","御書之寶","宣和御筆之寶","天下同文之寶","御前之寶","御書之寶","宣和殿寶","皇帝欽崇國祀之寶","天下合同之寶","大觀中秘","政和","宣和","宣和御覽","宣和中秘","宣和書寶","宣和畫寶","新造御前之寶","書詔之寶"。太常寺檢到唐《車服志》、宋《禮閣新編》，又檢到宋《哲宗實錄》"昇寶盞官"。）

印

臣庶車服（大定官制。大定二年條約。）

卷第三十一　班位表奏

班序（天眷二年五月十三日奏定）

命婦

牋表（每張約六行或七行，每行不限字數。末後紙三行或五行，前張押貼黃，下邊用印，末後年月上用印，紙縫背用印，用深紅羅夾複一條封裹。）

奏事（典事二人，一名管女貞、契丹文字，一名管漢兒文字。）

卷第三十二　輟朝廢務

輟朝

廢務（拜天打毬節，七月十五日。）

休假

卷第三十四　岳鎮海瀆

祀儀（依典禮以四立土王日，只於所在州界就本廟致祭，外南岳衡山、南鎮會稽山，權衡遙祀於中岳嵩山。東瀆大淮，舊在唐州祭，南海、南瀆大江，遙祀於東海廣德王廟［萊州］。）

東嶽岱山兗州（唐天齊王、宋天齊仁聖帝。）

東鎮沂山沂州（安東公）

東海莱州（淵聖廣德王）

東瀆大淮唐州（長源王）

南岳衡山潭州（司天昭聖帝唐王）

東鎮會稽山越州（永興公）

南海廣州（洪聖廣利王）

南瀆大江益州（廣源王）

中岳嵩山河南（中天崇聖帝）

中鎮霍山平陽府（應聖公）

西岳華山華州（金順天聖帝）

西鎮吳山隴州（成德公）

西海河中府（通聖廣潤王）

西瀆大河河中府（靈源王）

北岳恒山定州（安天玄聖帝）

北鎮醫無閭山廣寧府（廣寧公唐宋遙祀於北岳定州界）

北海孟州（沖聖廣潤王）

北瀆大濟孟州（清源王）

雜録（大定八年九月十九日奏，檢討到《尚書·舜典》、《周禮·大宗伯》云云，疏該周國在雍州，時無西岳，權立吳岳爲西岳，蓋非常法。或以謂《雜問志》有云周都豐鎬，故以吳岳爲西岳。若必據己所都以定方岳，則五岳之名無代不改。何則，軒居上穀，處恒山之西；舜居蒲阪，在華陰之北，豈當據己所在改岳祀乎。又秦漢隋唐皆都長安，五岳並在東方。自三皇來，五岳皆有定名，五岳依舊，是爲相應。奉敕旨依舊。此條下又有小注一段，與此文相仿略節，似是貼黃之類。）

　　卷第三十五　　長白山

封册禮（大定十二年二月三日，檢討到長白山建廟典故，《尚書》、《通典》，岳鎮海瀆及名山皆有廟，今長白山在興王之地，比之輕餘州鎮山更合尊崇，擬別議封爵，仍修建廟宇。十二月一日敕旨封王，仍以"興國靈應"爲名。）

雜録

卷三十六　宣聖廟

祀儀（皇統元年二月戊午，帝詣文宣王廟。）

雜録

卷三十七　雜祠廟

宮觀

保陵宮

應聖公（混同江）

嘉蔭侯（林神，祝文"蔚彼長林"。）

河神（瀘溝河，安平侯。）

卷第三十八　沿祀雜録

十一室通用注文，大定十九年改用女直字。

卷第三十九　朝會上

元日稱賀儀（鳴鞭，舞蹈五拜，舉酒時再拜。次引宋國人從入，至丹墀兩拜。）

聖節稱賀儀

曲宴儀

人使辭見儀（宋國人，高麗、夏國人。）

卷第四十　朝會下

朔望常朝儀（天眷二年五月十三日詳定。一條注云"具休假門"，今"休假門"未見。）

雜録（祖廟燒飰）

此書内所載事，有大定七年、十一年、十九年、二十七年（册太孫事在三月），大約其書之編輯告成，在大定之末年，俟考。

謹按：《大金集禮》四十卷，無編輯年月姓氏。金世宗時，命官參校唐宋故典沿革，匯次上之。至章宗明昌初書成，凡四百餘卷，名曰《金纂修雜録》。今其書不傳。此書則又在明昌編輯之前，惟見於《金史·張行簡傳》，而其編次之詳不著。以其時核之，當是大定末年所編耳。

（格按：《四庫全書總目》“史部政書類”二著録。）

翁方綱纂《翁方綱纂四庫提要稿·別録》（第 1205 頁）：

一、纂修翁第一次分書二十四種（9/729）

（一）擬先進呈者一種：

《大金集禮》四十卷。

（眉注：序。）

自尊號、册謚，以及祠祀、朝會、燕饗諸儀節，分門按年編載。蓋合天德、貞元、大定先後所編禮儀，集爲一書。無撰輯年月名氏。大約其書成於大定末年。

《四庫全書初次進呈存目·史部·故事類》（臺灣商務印書館、臺北“國家圖書館”，2012 年，第 889—891 頁）：

《大金集禮》四十卷

是書無編輯年月姓氏。考金世宗時嘗命官參校唐宋故典沿革，匯次上之，至章宗明昌初書成，凡四百餘卷，名曰《金纂修雜録》，今其書不傳。此書則又在明昌之前，惟見於《金史·張行簡傳》，而纂輯之詳弗著，以其時核之，當是大定末年所編次也。自尊號、册謚以及祠祀、朝會、燕饗諸儀節，燦然悉備。《金史》諸志全本於此，而賴是書補闕者尚多。若祭方邱儀，是書有前祭二日太尉告廟之儀，而《金史》則未之載；又《金史》云設饌幕於内壇東門之外道北，南向，考之此書，則陳設饌幕乃有東門、西門二處，蓋壇上及神州、東方、南方之饌陳於東門外，西方、北方之饌陳於西門外，《金史》獨載設於東門外者，於禮爲舛，未若此本之完善也。惟第十卷載夏日祭方邱儀，而圜邱郊天儀獨闕，考金自天德以後並祀南北郊，大定、明昌其制漸備，編書者既載北郊儀注，不應反遺南郊，當爲脱佚無疑耳。

文淵閣《四庫全書》本《大金集禮》書前提要（臺灣商務印書館，第 648 册，第 32—33 頁）：

臣等謹案，《大金集禮》四十卷，原本無編輯年月姓氏。考金世宗時嘗命官參校唐宋故典沿革，匯次上之，至章宗明昌初書成，凡四百餘卷，名曰《金纂修雜録》，今其書不傳。此書則又在明昌之前，惟見於《金史·張行簡傳》，而纂輯之詳弗著，以其時核之，當是大定末年所編次也。自尊號、册謚以及祠祀、朝會、燕饗諸儀節，燦然悉備。《金史》諸志全本於此，而賴是書補闕者尚多。若祭方丘儀，是書有前祭二日太尉告廟之儀，而《金史》則未之載；又《金史》云設饌幕於内壇東門之外道北，南向，考之此書，則陳設饌幕乃有東門、西門二處，蓋壇上及神州、東方、南方之饌陳於東門外，西方、北方之饌陳於西門外，《金史》獨載設於東門外者，於禮爲舛，未若此本之完善也。惟第十卷載夏日祭方丘儀，而圜丘郊天儀獨闕，考金自天德以後並祀南北郊，大定、明昌其制漸備，編書者既載北郊儀注，不應反遺南郊，當爲脱佚無疑。又卷十二至卷十七原本多闕，因並爲一卷書之，而卷二十六、三十三全文俱佚，無可校補，今姑仍之云。乾隆四十二年三月恭校上。

《四庫全書總目》卷八二《史部三十八·政書類》（中華書局影印浙本，1965 年，第 703 頁）

《大金集禮》四十卷 兩淮馬裕家藏本

不著撰人名氏，亦不著成書年月。據黄虞稷《千頃堂書目》，蓋明昌六年禮部尚書張瑋等所進。今考書中紀事斷至大定，知爲章宗時書，虞稷所載當不誤也。其書分類排纂，具有條理，自尊號、册謚以及祠祀、朝會、燕饗諸儀，燦然悉備，以《金史》諸志相校，其藍本全出於此。而志文援引舛漏，失其本意者頗多。若祭方丘儀，是書有前祭二日太尉告廟之儀，而《金史》遺落不載；又《金史》云設饌幕於内壇東門之外道北，南向，考之此書，則陳設饌幕乃有東門、西門二處，蓋壇上及神州、東方、南方之饌陳於東門外，西方、北方之饌陳於西門外，《金史》獨載設於東門外者，於禮爲舛。如斯之類，不一而足，非得此書，無以知史志之疏謬也。則數金源之掌故者，此爲總匯矣。惟第十卷載夏至日祭方丘儀，而圜丘郊天儀獨闕，考《金史》，自天德以後並祀南北郊，大定、明昌其制漸備，編書者既載北郊儀注，不應反遺南郊，蓋傳寫脱佚，非原書有所不備也。

錢恂《壬子文瀾閣所存書目》卷二《史部·政書類·典禮之屬》（《明清以來公藏書目匯刊》第 1 册影印 1923 年刻本，第 169

頁）：

《大金集禮》四十卷　十冊。計補抄者八冊。舊鈔存卷七、八、卷二十四至二十七。

楊立誠《文瀾閣目索引》（《明清以來公藏書目匯刊》第 2 冊影印浙江省立圖書館四庫目略發行處鉛印本，第 15 頁）：

《大金集禮》。金張暐等撰。四〇（卷）。一〇（册）。政書（類）。史（部）。二二（櫥）。四五二（號）。丁氏補抄。

彭元瑞《知聖道齋書目》卷二《史部》（《中國著名藏書家書目匯刊》明清卷第 23 册影印清宣統二年上虞羅氏刊《玉簡齋叢書》本，第 97 頁）：

《大金集禮》　金張暐　八本
又　　　　　　　　　六本

彭元瑞《〈大金集禮〉跋》（上海圖書館藏《大金集禮》，館藏號 829898—903。又見於《知聖道齋讀書跋》卷一，《叢書集成初編》本，第 12 頁）：

《大金集禮》四十卷，原闕卷十二之十七、卷二十六、卷三十三，又卷二十七之半。其中有方邱而無圜邱，其自注"見行幸門"、"皇太子門"皆無之，今所傳本俱同。《元史·禮志》云："蔡流弗東，圖籍散逸，韓企先等所論，禮官張瑋與其子行簡所私著《自公紀》亦亡其傳。故書之存僅《集禮》若干卷，其藏史官者又殘缺弗完。"然則自元時已非全書矣，矧五百年後乎。顧《禮志》所載郊禮及立仗、天德行幸儀仗第七八節，今書所無，則又非元之舊矣。余藏此書十年，暇日以《金史》對勘，又借館本馬氏叢書樓本校定，正其錯簡訛字及舊鈔跳行之誤、小注混入本文之不可讀者，一一改准。又間録《禮志》之可以補其所未備者，前後凡校三過，庶幾此書善本矣。乾隆甲辰孟秋朔陪祀歸邱□記。元瑞。

朱學勤《結一廬藏宋元本書目·鈔本·史部》（賈貴榮、王冠輯《宋元版書目題跋輯刊》第 1 册影印清光緒二十一年長沙葉氏《觀古堂書目叢刻》本，第 626 頁）：

《大金集禮》四十卷　金張暐撰，彭文勤手校。六册。

朱學勤《結一廬書目》卷二《史部·政書類》（《中國著名藏書家書目匯刊》近代卷第 3 册影印光緒二十一年湘潭葉氏刊本，第 483 頁）：

《大金集禮》四十卷　計六本。金張暐等撰。舊鈔本，彭文勤公手校。

孫星衍《平津館鑒藏記書籍》卷三《舊影寫本》（焦桂美、沙莎標點，上海古籍出版社，2008 年，第 98 頁）：

《大金集禮》四十卷

不題撰人姓氏。前後亦無序跋。據黃虞稷《千頃堂書目》，明昌六年，禮部尚書張瑋等所進。原闕第廿六卷、第卅三卷、第六卷《悼平皇后篇》、第廿七卷《立仗篇》。第十二卷至十七卷，俱有闕文。

孫星衍《孫氏祠堂書目》內編卷三《史學第七·故事》（焦桂

美、沙莎標點，上海古籍出版社，2008 年，第 489 頁）：

《大金集禮》四十卷

無撰人名氏。

瞿鏞《鐵琴銅劍樓藏書目録》卷一二《史部五·政書類·典禮》（上海古籍出版社，2000 年，第 309 頁）：

《大金集禮》四十卷 鈔本

不著撰人。黃俞邰《千頃堂書目》謂，金章宗明昌六年，禮部尚書張暐等所進。今案：書中“雍”字稱御名，則當成於大定之世。舊闕第十二卷至十七、第二十六卷、第三十三卷。此陽湖孫氏藏本。卷面篆書書名，淵翁筆也。

《北京圖書館古籍善本書目·史部·政書類》（書目文獻出版社，1987 年，第 857 頁）：

《大金集禮》四十卷 金張暐等輯，清抄本，十六册，九行十九字，無格。
三四五一

存三十八卷 一至二十五，二十七至三十二，三十四至四十。

黃丕烈《士禮居藏書題跋記》卷二（潘祖蔭輯，書目文獻出版社，1989 年，第 63 頁）：

《大金集禮》四十卷 舊鈔本

《大金集禮》世鮮善本，惟錢遵王《讀書敏求記》載此書，以爲尚是金人鈔本，惜未知流落何所。偶與余友張秋塘談及此書，秋塘云：“數年前余從騎龍巷顧氏得之，而歸於馬鋪橋周香嚴矣。”香嚴與余相友善，有秘書，彼此俱易觀，惟請觀此書則以朽腐不可觸手爲辭，余亦以家無別本可校不敢固請。今春觀書於華陽橋顧聽玉家，適得是本，遂攜向香嚴處請其書比較之，紙墨皆古，惜朽腐處殘缺不可盡讀，末有何義門先生跋，亦自敘其得書之由，而書之爲金鈔與否，義門卒不能定也。余略爲翻閱，覺卷第脱誤，彼此相同，似余書即從錢本所出，然行款不同，第一卷中反多貞元云云四葉，欲征信而反滋疑，香嚴與余唯有相視而笑已耳。適錢少詹辛楣先生借閱，藉以折衷，遇疑處皆筆諸紙條貼其上，足見前輩好學深思，不務涉獵，實爲後生龜鑒。歸架日，追敘得書顛末，並著辛楣校閱，以傳信於後云。嘉慶元年六月中浣二日書於士禮居。棘人黄丕烈。

錢大昕《潛研堂文集》卷二八（《嘉定錢大昕全集》第 9 册，江蘇古籍出版社，1997 年，第 482 頁。）

跋《大金集禮》

《大金集禮》四十卷，周漪塘、黄蕘圃兩家抄本皆云卷十二至十七元有闕文，又卷廿六、卷卅三元闕。今檢弟十、弟十一兩卷係《夏至祭方丘之儀》，篇中有云"如圓丘儀"，則此兩卷之前已闕《圓丘儀》矣。其目録次序恐未足信。此書雖無序文，不知纂輯年月，要必成於大定之世，故於"雍"字稱御名而不及明昌以後事。獨補闕文一葉有明昌、承安、泰和及世宗廟號，蓋後人取它書攙入，非《集禮》元文也。

馬瀛《唅香仙館書目·史部·政書類》（潘景鄭校訂，古典文學出版社，1958 年，第 23 頁）：

《大金集禮》四十卷　明昌六年禮部尚書張暐等奏進。黄蕘圃跋，錢竹汀依金抄本校。　　鈔本，二本。

馬瀛《馬氏唫香館藏書目》（《中國著名藏書家書目匯刊》明清卷第 30 册影印宣統三年海寧費氏抄本，第 92 頁）[1]：

《大金集禮》　　二本

陸心源《皕宋樓藏書志》卷三五《史部·政書類》（中華書局，1990 年，第 400 頁）：

《大金集禮》四十卷　舊抄本

【金】張暐

黄氏手跋曰：《大金集禮》世鮮善本，惟錢遵王《讀書敏求記》載此書，以爲尚是金人鈔本，惜未知流落何所。偶與余友張秋塘談及此書，秋塘云：“數年前余從騎龍巷顧氏得之，而歸於馬鋪橋周香嚴矣。”香嚴與余相友善，有秘書，彼此俱易觀，惟請觀此書則以朽腐不可觸手爲辭，余亦以家無別本可校不敢固請。今春觀書於華陽橋顧聽玉家，適得是本，遂攜向香嚴處請其書比較之，紙墨皆古，惜朽腐處殘缺不可盡讀，末有何義門先生跋，亦自敘其得書之由，而書之爲金鈔與否，義門卒不能定也。余略爲翻閱，覺卷第脱誤，彼此相同，似余書即從錢本所出，然行款不同，第一卷中反多貞元云云四葉，欲征信而反滋疑，香嚴與余唯有相視而笑已耳。適錢少詹辛楣先生借閱，藉以折衷，遇疑處皆筆諸紙條貼其上，足見前輩好學深思，不務涉獵，實爲後生龜鑒。歸架日，追敘得書顛末，並著辛楣校閱，以傳信於後云。嘉慶元年

---

① 　據費寧序，此即《唫香仙館書目》之稿。

六月中浣二日書於士禮居。棘人黄丕烈。

河田羆《静嘉堂秘笈志》卷二一《政書類》（賈貴榮輯《日本藏漢籍善本書志書目集成》第 6 冊影印日本大正六年刻本，北京圖書館出版社，2003 年，第 22—25 頁）：

《大金集禮》金張暐撰　　舊鈔六本

志《大金集禮》四十卷舊鈔本

金張暐撰。

黄氏手跋曰：《大金集禮》世鮮善本，惟錢遵王《讀書敏求記》載此書，以爲尚是金人鈔本，惜未知流落何所。偶與余友張秋塘談及此書，秋塘云：“數年前余從騎龍巷顧氏得之，而歸於馬鋪橋周香嚴矣。”香嚴與余相友善，有秘書，彼此俱易觀，惟請觀此書則以朽腐不可觸手爲辭，余亦以家無別本可校不敢固請。今春觀書於華陽橋顧聽玉家，適得是本，遂攜向香嚴處請其書比較之，紙墨皆古，惜朽腐處殘缺不可盡讀，末有何義門先生跋，亦自敘其得書之由，而書之爲金鈔與否，義門卒不能定也。余略爲翻閲，覺卷第脱誤，彼此相同，似余書即從錢本所出，然行款不同，第一卷中反多貞元云云四葉，欲征信而反滋疑，香嚴與余唯有相視而笑已耳。適錢少詹辛楣先生借閲，藉以折衷，遇疑處皆筆諸紙條貼其上，足見前輩好學深思，不務涉獵，實爲後生龜鑒。歸架日，追敘得書顛末，並著辛楣校閲，以傳信於後云。嘉慶元年六月中浣二日書於士禮居。棘人黄丕烈。

案卷首又有錢氏手跋曰：《大金集禮》四十卷，周漪塘、黄蕘圃兩家抄本皆云卷十二至十七元有闕文，又卷廿六、卷卅三元闕。今檢第十、第十一兩卷係夏至祭方丘之儀，篇中有云“如圓丘儀”，則此兩卷之前已闕圓丘儀矣。其目録次序恐未足信。此書雖無序文，不知纂輯年月，要必成於大定之世，故於“雍”字稱御名而不及明昌以後事。獨補闕文一葉有明昌、承安、泰和及世宗廟號，蓋後人取它書攙入，非《集禮》元文也。嘉定錢大昕。卷中有“馬玉堂印”白文、“笏齋”朱文二方印，“鷗寄室王氏考藏”朱文方印。

《提要》云：《大金集禮》四十卷兩淮馬裕家藏本

不著撰人名氏，亦不著成書年月。據黄虞稷《千頃堂書目》，蓋明昌六年禮部尚書張暐等所進。今考書中紀事斷至大定，知爲章宗時書，虞稷所載當不誤也。其書分類排纂，具有條理，自尊號、册謚以及祠祀、朝會、燕饗諸儀，燦然悉備，以《金史》諸志相校，其藍本全出於此。而志文援引舛漏，失其本意者頗多。中略。數金源之掌故者，此爲總匯矣。

《静嘉堂文庫漢籍分類目録・史部・政書類・儀制》（1930年，第 368 頁）：

《大金集禮》 四〇卷（有原缺）。金張暐撰。寫。六册。一〇函，二五架，十萬卷樓。

嚴紹璗《日藏漢籍善本書録・史部・政書類》（中華書局，2007 年，第 674—675 頁）：

《大金集禮》四十卷

金人不著姓名

舊寫本　黄蕘圃　錢大昕手識本　共六册　静嘉堂文庫藏本　原馬玉堂　陸心源等舊藏

【按】卷前後無序跋，不著撰人姓名。據黃虞稷《千頃堂書目》記，此書爲金明昌六年(1195)禮部尚書張瑋等所進。

是書分類排纂，具有條理。自尊號册諡以及祠祀朝會，燕饗諸儀，燦然悉備。

此本有清嘉慶元年(1796)黃蕘圃手識文。文曰：

"《大金集禮》，世鮮善本。惟錢遵王《讀書敏求記》載此書，以爲尚是金人鈔本。惜未知流落何所。偶與余友張秋塘談及此書，秋塘云，數年前余從騎龍巷顧氏得之，而歸於馬鋪橋周香嚴矣。香嚴與余相友善，有秘書，彼此俱易觀。惟請觀此書，則以朽腐不可觸手爲辭，余亦以家無別本可校，不敢固請。今春觀書於華陽橋顧聽玉家，適得是本，遂攜向香嚴處，請其書比較之。紙墨皆古，惜朽腐處殘缺不可盡讀。末有何義門先生跋，亦自敘其得書之由。而書之爲金鈔與否，義門卒不能定也。余略爲翻閱，覺卷第脫誤，彼此相同。似余書即從錢本所出，然行款不同，第一卷中反多貞元云云四頁，欲征信而反滋疑。香嚴與余唯有相視而笑已耳。適錢少詹辛楣先生借閱，藉以折衷。遇疑處皆書諸紙條貼其上，足見前輩好學深思，不務涉獵，實爲後生龜鑒。歸架日，追敘得書顛末，並著辛楣校閱，以傳信於後云。嘉慶元年六月中浣二日，書於士禮居。棘人黃丕烈。"

卷首又有錢大昕手識文。文曰：

"《大金集禮》四十卷，周漪塘、黃蕘圃兩家抄本，皆云卷十二至十七有闕文，又卷廿六卷卅三元闕。今檢第十、第十一兩卷，係夏至祭方丘之儀。篇中有云"如圓丘儀"，則此兩卷之前已闕圓丘儀矣。其目録次序，恐未足信。此書雖無序文，不知纂輯年月，要必成於大定之世，故於雍字稱御名而不及明昌以後事。獨補闕一葉，有明昌、承安、泰和及世宗廟號，蓋後人取它書攙入，非《集禮》元文也。嘉定錢大昕。”

卷中有“馬玉堂印”白文方印、“笏齋”朱文方印、“鷗寄室王氏考藏”朱文方印等印記。

【附錄】《商舶載來書目》記載，光格天皇天明六年（1786 年）中國商船“多字號”載《大金集禮》一部二帙抵日本。

王鳴盛《蛾術編》卷一一《説録十一·大金集禮》（商務印書館，1958 年，第 171—172 頁）：

《大金集禮》

《金史·禮志》敘首云：“世宗命官參校唐宋故典沿革，始匯次之，知明昌初，書成，凡四百餘卷，名曰《金纂修雜録》。宣宗南播，疆宇日蹙，旭日方升，爝火滅矣。圖籍散逸，既莫可尋，而其宰相韓企先等所論列，禮官張瑋與其子行簡所私著《自公記》，亦亡其傳。故書之存，僅《集禮》若干卷，其藏於史館者，又殘缺弗完。姑掇其郊社宗廟諸神祀朝覲會同等儀而爲書。”考《大金集禮》四十卷，不但卷第十二至卷第十八、及卷第二十六、卷第三十三等元闕也，即其見存者，如卷第十載皇帝夏至日祭方丘儀，方丘、北郊也，而其前並無冬至日祭南郊圜丘儀，則殘缺殊多，《禮志》當別有據。此書朱竹垞未見，故集中如《唐開元禮》及《政和五禮新儀》皆有跋，而此書獨無。鶴壽案：《金史·太祖紀》云：“收國元年夏五月甲戌，拜天射柳。”《禮志》云：“金之郊祀，本於其俗有拜天之禮。其後太宗即位，乃告祀天地，蓋設位而祭。天德以後，始有南北郊之制。大定、明昌，其禮寖備。南郊壇在豐宜門外，冬至日合祀昊天上帝、皇地祇於圜丘。”《世宗紀》云：“大定十一年十一月丁亥，有事於圜丘，大赦。”《禮志》云：“命宰臣議配享之禮，左丞石琚言禮記萬物本乎天，人本乎祖，此所以祖配上帝也。配之者，侑神作主也，自外至者，無主不止，故推祖考配天。兩漢、魏、晉以來,皆配以一祖,至唐高宗,始以高祖、太宗崇配,垂拱初,又加以高宗,遂有三祖同配之禮。至宋,亦嘗以三帝配,後禮院上議,以爲對越天地,神無二主,由是止以太祖配。臣謂冬至親郊,宜從古禮。帝曰,唐宋以私親,不合古,不足爲法,今止當以太祖配。又謂宰臣曰,本國拜天之禮甚重,今汝等言依古制築壇亦宜,我國家紹遼宋主,據天下之正,郊祀之禮,豈可不行。乃以八月詔曰:國莫大於祀,祀莫大於天,振古所行,舊章咸在。仰唯大祖之基命,紹我本朝之燕謀,奄有萬邦,於今五紀。因時制作,雖增飾於國容;推本奉承,猶未違於郊見。況天麻滋至,而年穀屢豐,敢不敷繹曠文,明昭大報。取陽升之至日,將親享乎圜壇。嘉與臣工,共圖熙事。以今年十一月十七日,有事於南郊,咨爾有司,各揚乃職,相予祀事,罔或不欽。乃於郊見前一日,遍見祖宗,告以郊祀之事。其日,備法駕鹵簿,躬詣郊壇行禮。《章宗紀》云:承安元年十一月戊戌,有事於南郊,大赦改元。二年十一月甲辰,有事於南郊。《禮志》所載儀注,自齋戒大祀,散齋四日,致齋三日,至擇日稱賀,極其詳備。今《大金集禮》已殘缺不全,未知《禮志》曾採取於此否。然金禮大半本於宋禮,故《禮志》序首云,金人入汴,悉收其圖籍,載其車輅、法物、儀仗而北,既而即會寧建宗社,庶事草創。皇統間,熙宗巡幸析津,始乘金輅,導儀衛,陳鼓吹,而宗社朝會之禮亦次第舉行。繼以海陵命官修汴故宮,繕宗廟社稷,悉載宋故禮器以還。世宗既興,復收向所遷宋故禮器。《章宗紀》亦云,明昌五年,初用唐宋典禮。

張鈞衡《適園藏書志》卷五《史部三·政書類·通制》(《海王村古籍書目題跋叢刊》第 6 册影印民國五年南林張鈞衡家塾刻本,第 317 頁):

《大金集禮》四十卷　舊鈔本

不著撰人名氏,前後亦無序跋。據黄虞稷《千頃堂書目》,明昌六年吏部尚書張瑋等所進。其書分類排纂,具有條理,自尊號册諡以及祠祀燕饗諸儀,燦然悉備。原闕第廿六卷、第三十三卷、第六卷悼平皇后篇、第廿七卷立仗篇,第十二卷至十七卷俱有缺文。此本舊鈔,有"王鳴盛印"白文、"西沚居士"朱文、"甲戌榜眼"朱文、"光禄卿"朱文,皆方印。

《"國家圖書館"善本書志初稿》(臺北"國家圖書館",1997年,第 255 頁):

【大金集禮存三十八卷八册】舊鈔本 04542

金張暐等撰。暐字明仲,日照人。正隆進士,累官御史大夫,歷太常禮部二十餘年,最明古今禮學。

全幅高 28.8 公分,寬 17.8 公分。每半葉九行,行十九字。版心上方記書名卷第(如"大金集禮卷一"),下方記葉次。原四十卷,今闕卷二十六、三十三凡二卷。

首卷首行頂格題"大金集禮第一卷",卷末有尾題。卷首有目錄。卷十二至卷十七下題"元有闕文",卷二十六題"元闕",卷第二十七子目立杖條下題"元闕",卷第三十三題"原闕"。按今卷十二至卷十七合爲一卷,有餘文共九葉。

書中鈐有"國立中央圖/書館收藏"朱文長方印、"莅圃/收藏"朱文長方印、"王鳴/盛印"白文方印、"西沚/居士"朱文方印、"甲戌/榜眼"朱文方印、"光禄/卿章"朱文方印、"汪士鐘/讀書"朱文長方印、"吳正裕號"朱文長方印四周飾以花紋。

《適園藏書志》卷五有著錄。(林偉洲/吳慧萍)

周星詒《傳忠堂書目》卷二《史部》(羅振常重編,《中國著名藏書家書目匯刊》近代卷第 9 册影印民國二十五年上虞羅氏蟫隱廬石印本,第 86 頁):

《大金集禮》四十卷　八册。

金張暐等。吳省蘭手抄本。

周星詒《書鈔閣行篋書目》不分卷《史部》(《中國著名藏書家書目匯刊》近代卷第 9 册影印國家圖書館藏民國元年海寧費寅復齋鈔本,第 292 頁):

《大金集禮》 八本 吳省蘭抄本。

蔣鳳藻《秦漢十印齋藏書目》卷二《史部·政書類》(《中國著名藏書家書目匯刊》近代卷第 10 册影印國家圖書館藏民國間刻藍印樣本,第 32 頁):

《大金集禮》四十卷 金張暐撰 吳省蘭手抄本。

《"國家圖書館"善本書志初稿》(第 255 頁):

【大金集禮存三十八卷四册】舊鈔本 04543

金張暐等撰。

全幅高 28.4 公分,寬 17.8 公分。本書除字體不同於前一書號,餘版式行款、内容俱同①。卷四十最末葉殘闕。

首册封面左上方題"大金集禮四十卷四册"。

書中鈐有"國立中央圖/書館收藏"朱文長方印、"柯印/逢時"白文方印、"茂苑香生/蔣鳳藻秦/漢十印齋/秘篋圖書"朱文方印、"文淵閣校/理翰林/院編修吳/省蘭印"朱文方印。(林偉洲/吳慧萍)

《"國立中央圖書館"善本書目》(增訂二版)(臺北"國立中央

---

① 按"前一書號"指王鳴盛舊藏本,書號 04542,見前。

圖書館",1986年,第1冊,第353頁):

《大金集禮》

存三十八卷四冊,金張暐等撰,清康雍間鈔本,闕卷二十六、三十三。

孔廣陶《三十有三萬卷堂書目略》卷二《史部・政書類・儀制之屬》(《中國著名藏書家書目匯刊》近代卷第6冊影印國家圖書館藏鈔本,第158頁):

《金集禮》四十卷

嶽雪樓綠絲闌抄本,原缺未全,一函八本。四庫著録。 金張暐等。

郁松年《宜稼堂書目》不分卷七號在外上(《中國著名藏書家書目匯刊》近代卷第1冊影印國家圖書館藏鈔本,第142頁):

《大金集禮》 抄金 八本 十元 二十元

《嘉業堂藏書志》卷二《史部・政書類》(繆荃孫、吳昌綬、董康撰,吳格整理點校,復旦大學出版社,1997年,第366頁):

《大金集禮》四十卷 舊鈔本

不著撰人名氏。明昌六年禮部尚書張瑋等所進。然書已殘闕。錢竹汀先生謂第十、第十一兩卷係夏至祭方丘儀,篇中有云"如圜丘儀",則此兩卷之前已闕"圜丘儀"。其目録次序,恐未足信。今檢十八、十九兩卷,題"時享"上、下,而皆云"攝行禮",則"親祀儀"亦闕,正不獨"圜丘儀"。即卷十題:皇帝夏至祭方丘。注:后土同。卷十一又題:皇帝祭皇地祇於方丘。注:夏至日祭。

案，方丘即皇地祇，一事而錯寫複出其文，則卷十爲親祀儀，卷十一爲攝事儀，與題絶不相應。且於親祀儀篇屢注"攝事"，無"某某儀"，亦不當别出"攝事儀"。大抵後人掇拾叢殘，隨意羼入，其文與目不盡原撰也。考《金史·禮志》，言宣宗南播，圖籍散逸，故書之存，僅《集禮》若干卷，其藏史館者又殘缺弗完，姑掇其郊社宗廟諸神祀、朝覲會同等儀而爲書，則志文全取諸此。今《史志》圜丘、廟享諸儀尚存，而此本並缺，又非復史臣所見本矣。錢遵王指爲金鈔，正恐未然。編内如册禮諸節，歷朝大同，饌器陳實，諸篇不異，而復一一詳敘。至如沿祀雜録天德二年一條，呈稟不許，亦行列入。蓋徒據册檔所存，草草編纂，未經修飾者。説者稱其條理燦備，反訾志文爲援引舛漏，殆但見"方丘儀"有前二日告廟之儀，《史志》不載耳。抑知《史志》别有告廟儀，已云郊祀則告，故此從省。讀此編，正見《史志》之簡括有法也。然亦有足補《史志》之疏者，如祭岳鎮海瀆，詣門外位下，有引入就堂下位諸儀。大定七年册禮，宫縣奏《大寧》之曲下，有侍臣進鎮圭儀、進册寶迄，有皇太子陪侍諸儀。天德二年册后禮，有皇后謁廟儀之類。《史志》皆略，不止"方丘儀"設饌幕有東門、西門二處也。金源掌故，存者寥寥，況此爲《史志》所本，雖殘缺，亦足寶貴。收藏有「戈小蓮秘笈」朱文長印。（繆稿）

劉承幹《嘉業藏書樓鈔本書目》卷二《史部·政書類》（《中國著名藏書家書目匯刊》近代卷第 32 册影印復旦大學圖書館藏民國抄本，第 47 頁）：

《大金集禮》四十卷　舊鈔本　十六册　有缺卷

傅增湘《藏園群書經眼録》卷六《史部四·政書類·典禮》（第 481 頁）：

《大金集禮》四十卷卷十二至十七原有缺文，卷二十六、三十三原缺，存三十卷。

舊寫本，九行十七字。藏印有："曾寄申江郁氏處"朱方、"戈小蓮秘笈印"。

莫友芝撰、傅增湘訂補、傅熹年整理《藏園訂補郘亭知見傳本書目》卷六《史部十三·政書類·儀制之屬·大金集禮》（第 432 頁）：

〔補〕○舊寫本，九行十七字，有戈襄、郁松年藏印。

繆荃孫《藝風藏書記》卷四《史學第五·經政》（黃明、楊同甫標點，上海古籍出版社，2007 年，第 92 頁）：

《大金集禮》四十卷

舊鈔本。不題撰人名氏。黃虞稷《千頃堂書目》："明昌六年禮部尚書張暐等所進。"原闕第二十六卷、第六卷《悼平皇后篇》、第二七卷《立仗篇》，第十二卷之十七卷俱有脫文。廣雅刻是書，荃孫細校一過，中有脫衍錯出及小注誤入正文處，成《校勘記》一卷。收藏有"破車錢氏藏書"，蓋錢冬士家物也。

李盛鐸《木犀軒收藏舊本書目·史部·政書類》（《中國著名藏書家書目匯刊》近代卷第 19 冊影印國家圖書館藏民國鈔本，第 49 頁）：

《大金集禮》四十卷　舊鈔本　八冊一函 100

李盛鐸《木犀軒藏書書録》卷二《史部・政書類》(張玉範整理《木犀軒藏書題記及書録》,北京大學出版社,1985 年,第 146頁):

【大金集禮】四十卷〔(缺卷二六卷三三)　金張暐等撰〕　舊鈔本〔清抄本〕　李 597

半葉九行,行十九字。語涉金帝均跳行空格。惟卷十二至十七殘缺不全。

《北京大學圖書館藏李氏書目・史部・政書類・儀制》(1956 年,第 104 頁):

《大金集禮》四十卷(闕卷二六及三三)　金張暐等撰。清抄本(有闕文)。八册(李□597)

《北京大學圖書館藏古籍善本書目・史部・政書類・儀制》(北京大學出版社,1999 年,第 169 頁):

《大金集禮》四十卷(闕卷二十六至三十三)

金張暐等撰　清抄本(有闕文)八册□597

傅增湘《藏園群書經眼録》卷六《史部四・政書類・典禮》(第 481 頁):

《金集禮》四十卷

明寫本,棉紙藍格,七行二十字。鈐有"梅谷"葫蘆形朱文印、"陸烜子章之印"朱、"用□圖書"朱、"奇晉齋"各印。

傅增湘《雙鑒樓善本書目》卷二《史部》(《中國著名藏書家書

目匯刊》近代卷第 28 册影印民國十八年江安傅氏藏園刻本,第
69 頁):

　　《大金集禮》四十卷

　　舊抄本,十五行二十二字,改訂廣雅局本訛字錯簡甚多。
(第 28 册,第 69 頁)

　　傅增湘《雙鑒樓珍藏秘笈目録》(《中國著名藏書家書目匯
刊》近代卷第 28 册影印民國鉛印本,第 492 頁):

　　《大金集禮》四十卷

　　舊抄本,十五行二十二字,改訂廣雅局本錯簡訛字甚多。

　　莫友芝撰、傅增湘訂補、傅熹年整理《藏園訂補邵亭知見傳
本書目》卷六《史部十三·政書類·儀制之屬·大金集禮》(第
432 頁):

　　〔補〕〇清光緒二十一年廣雅書局刊本,余藏。余據舊寫本
校。改訛字錯簡甚多。廣雅本附廖廷相撰識語一卷、繆荃孫撰
校勘記一卷。

　　《北京圖書館善本書目》卷三《史部下·政書類·典禮》(葉
34a):

　　《大金集禮》四十卷識語一卷清廖廷相撰校勘記一卷清繆荃
孫撰　清光緒二十一年廣雅書局刻本　傅增湘校　四册　傅捐
一〇一

　　毛春翔《浙江圖書館善本書目》甲編卷二《史部·政書類·

典禮之屬》(1956 年,葉 20b):

《大金集禮》四十卷,十六册。　不著撰人名氏。鈔本。知足知不足館王紹蘭、蔡氏墨海樓舊藏。萱蔭樓捐贈。

《中山大學圖書館古籍善本書目·史部·政書類·典禮》(1982 年,第 90—91 頁):

0510《大金集禮》四十卷　V/K892.96/5

(金)張暐等纂　清抄本　八册(合訂一册)

九行,十九字,無格。有清曾釗"面城樓藏書印"藏章及順德溫君勒藏書諸朱印。

0511《大金集禮》四十卷　V/K892.96/5.1

(金)張暐等纂　清抄本　六册　存卷一至卷十一(卷十二至十七原闕文)。按清錢大昕《潛研堂文集》卷二十八云:"《大金集禮》四十卷,周漪塘、黄蕘圃兩家抄本皆云卷十二至十七原有闕文,又卷二十六卷三十三原缺……此書雖無序文,不知纂輯年月,要必成於大定之世。"

九行,二十二字,紅欄格,白口,四周單邊。

《中山大學圖書館館藏保存本圖書目録》乙編(1957 年 2 月油印本,第 19 頁):

《大金集禮》四十卷　不著撰人,舊抄本。有曾釗面城樓及溫君勒藏印。八册(合裝一大册)　善 2165

何多源編《館藏善本書題識·史部·政書類》(嶺南大學圖書館,1937 年,第 36—37 頁):

《大金集禮》 四十卷 不題撰人名氏 舊抄本 有曾釧面城樓藏書印 955.6/963

此書據《千頃堂書目》題明昌六年禮部尚書張暐等進,原闕第二十六卷卅三卷,又第六卷悼平皇后篇第廿七卷立仗篇,又第十二卷至十七卷原有闕文,本館所藏者與繆荃孫《藝風藏書記》所載者相同,此書廣雅書局有刻本,但經繆荃孫細校一過,據云中有脫行錯出及小注誤入正文處,並由繆氏編成校勘記一卷。

此書首列太祖太宗即位儀,諸凡朝家大典,輿服制度禮文,莫不斑斑可考,故書非完璧,然金源典故,猶藉以有考焉。

《"國家圖書館"善本書志初稿》(第 256 頁):

【大金集禮存三十四卷六冊】清乾嘉間鈔本 04544

金張暐等撰。

全幅高 27.2 公分,寬 17.5 公分。每半葉八行,行十九字。注文小字雙行,字數同。版心上方記卷第(如"卷一"),下方記葉次。"玄"字闕末筆。原四十卷。今闕卷十三至卷十七、卷三十三,凡六卷。

首卷首行頂格題"大金集禮卷第一"。卷末有尾題。

書中鈐有"國立中央圖/書館收藏"朱文長方印、"思簡/樓"白文方印、"苹鄉文/氏前虛/鑒藏"朱文方印、"小琅嬛/福地繕/鈔珍藏"白文方印、"成此書/費辛苦/後之人/其鑒諸"朱文方印、"琴川張氏小/琅嬛清閟/精鈔秘帙"朱文長方印、"曾藏/張蓉/鏡家"朱文方印、"文印/素松"白文方印、"蓉/鏡"白文方印、"芙川/張蓉/鏡藏"白文方印。(林偉洲/吳慧萍)

《"國家圖書館"善本書志初稿》(第 256 頁):

【大金集禮存三十八卷四册】鈔本 04545

金張暐等撰。

全幅高 28.3 公分,寬 18.9 公分。每半葉十一行,行二十四字。注文小字雙行,字數同。版心中間記書名卷第(如"大金集禮卷一"),下方記葉次。原四十卷,今闕卷二十六、三十三,凡二卷。

首卷首行頂格題"大金集禮卷一"。卷末有尾題。卷首有目録。

書中鈐有"國立中央圖/書館收藏"朱文長方印、"振/宜"朱文方印、"燕庭/劉氏/珍藏"白文方印、"貴陽趙氏/壽華軒藏"朱文長方印。(林偉洲/吳慧萍)

《圖書寮漢籍善本書目·史部·政書類》(1930 年,葉 41b—42a):

《大金集禮》四十卷十二册 四〇二/五〇

鈔本。不題撰人姓名,前後無序跋。據黃虞稷《千頃堂書目》,金明昌六年禮部尚書張瑋等所進。文政中毛利出雲守高翰所獻幕府。首有"佐伯侯毛利高標字培松藏書畫之印"印,又每册首有"秘閣圖書之章"印記。

嚴紹璗《日藏漢籍善本書録·史部·政書類》(第 675 頁):

《大金集禮》四十卷

金人不著姓名

舊寫本 共十二册

宮内廳書陵部藏本 原豐後佐伯藩主毛利氏家等舊藏

【按】此本不題撰人姓名，前後無序跋。

卷首有"佐伯侯毛利高標字培松藏書畫之印"印記。每冊首又有"秘閣圖書之印"印記。此本係仁孝天皇文政年間（1818—1829 年）出雲守毛利高翰獻於幕府，明治年間初期，歸內閣文庫。明治二十四年（1891 年）移送宮內廳圖書寮（即今宮內廳書陵部）。①

《上海圖書館善本書目》卷二《史部·政書類·典禮之屬》（1957 年，葉 25a）：

《大金集禮》四十卷_{舊題金張暐等撰。抄本。}

方功惠《碧琳琅館珍藏書目·史部·政書》（北京大學圖書館藏德化李氏抄本）：

鈔本《大金集禮》四十卷　四本　金張暐等。

王聞遠《孝慈堂書目·故事·職官》（《中國著名藏書家書目匯刊》明清卷第 15 冊影印國家圖書館藏民國八年漢陽周氏書種樓抄本，第 503 頁）：②

《大金集禮》四十卷。四冊，抄，白，三百二十四番。

金檀《文瑞樓藏書目》卷二《史部·雜史》（《中國著名藏書家

---

①　按嚴書於上一條黃丕烈舊藏本《大金集禮》後附錄曰："《商舶載來書目》記載，光格天皇天明六年（1786 年）中國商船"多字號"載《大金集禮》一部二帙抵日本。"疑即此本。

②　按"故"字旁校"政"字。

書目匯刊》明清卷第 20 册影印清嘉慶十六年桐川顧氏讀畫齋刻本,第 296 頁):

《大金集禮》四十卷　鈔。明楊循吉輯。

趙昱《小山堂藏書目録備覽》(《中國著名藏書家書目匯刊》明清卷第 21 册影印國家圖書館藏清光緒三十四年黄陂陳氏燈崖閣抄本,第 331 頁):

《大金集禮》

汪憲《振綺堂書目》卷一第八廚翰(中樓東二)鈔本史部(《中國著名藏書家書目匯刊》明清卷第 21 册影印民國十六年東方學會鉛印本,第 468 頁):

《大金集禮》四册　四十卷　金張瑋等撰。

趙魏《竹崦盦傳鈔書目》不分卷《史部・政書類》(《中國著名藏書家書目匯刊》明清卷第 24 册影印光緒三十年湘潭葉氏刊《觀古堂書目叢刻》本,第 14 頁):

《大金集禮》四十卷　六百六十六[①]

許宗彦《鑒止水齋藏書目》史部第十廚(《中國著名藏書家書目匯刊》明清卷第 26 册影印國家圖書館藏民國國立北平圖書館傳抄南陵徐氏藏抄本,第 118 頁):

《大金集禮》四本

①　按葉序:"此目正經正史諸子别集有刻本者皆未箸録,惟傳抄之本,並載頁數。"(第 6 頁)則此"六百六十六"爲頁數。

陳世鎔《問源樓書目初編》卷二上《史部·政書類·儀制之屬》(《中國著名藏書家書目匯刊》明清卷第 27 册影印天津圖書館藏清抄本,第 51 頁):

《大金集禮》四十卷　金張暐等纂,寫本。

陳征芝藏、陳樹杓編《帶經堂書目》卷二《史部·政書類》(《中國著名藏書家書目匯刊》明清卷第 28 册影印清宣統順德鄧氏風雨樓鉛印本,第 354 頁):

《大金集禮》四十卷　抄本

金張暐等撰。此本從明人舊抄本傳録,闕卷十二至十八、卷三十三,共闕七卷。

趙宗建《舊山樓書目》(古典文學出版社,1957 年,第 20、55 頁):

《大金集禮》　鈔本　六本
《大金集禮》　明抄　六本

倪模《江上雲林閣書目》卷二《史部·政書類》陽字號(燕京大學據清華藏道光二十三年南昌刊本抄印,1935 年,第 33 頁):

《大金集禮》四十卷　十二本　金張暐撰,抄本。

周中孚《鄭堂讀書記》卷二九《史部十五·政事類》(《國家圖書館藏古籍題跋叢刊》第 12 册,北京圖書館出版社,2002 年,第 154—155 頁):

《大金集禮》四十卷 寫本

不著撰人名氏。《四庫全書》著録。據黄氏《千頃堂書目》,

爲明昌六年禮部尚書張瑋等所進，倪氏補《遼金元志》、錢氏補《元志》俱同。考其書中紀事亦至大定二十七年而止也，其書凡號謚、詔册、祭祀、祠廟、輿服、朝會、燕饗諸禮儀皆分類編次，標以子目，於金一代典章最爲賅備，凡《金史》諸書之所未詳者，此皆具有始末，足以備後來之考證。金人著作傳世日希，子書別集亦無幾種，至乙部之書惟此及《大金德運圖説》、《大金國志》而已。然《德運説》止一卷，《大金國志》詳事蹟而略典制，又非當時人所撰，至托克托等《金史》援引潦草，往往失其本意，端賴是篇以垂金源之掌故，並可訂正史志之訛矣。

　　盧沚《四明盧氏藏書目録》（《中國著名藏書家書目匯刊》明清卷第 23 册影印民國二十二年國立北平圖書館傳抄江安傅氏藏津寄盧抄本，第 18 頁）：
　　《大金集禮》四十卷　精鈔本　金張瑋撰。

　　孫毓修《小淥天孫氏鑒藏善本書目·史部》（《中國著名藏書家書目匯刊》近代卷第 27 册影印國家圖書館藏民國鉛印本，第 428 頁）：
　　《大金集禮》　舊抄本　6

　　邵懿辰撰、邵章續録《增訂四庫簡明目録標注》卷八《史部十三·政書類·儀制之屬·大金集禮》（第 341 頁）：
　　《大金集禮》四十卷。　金明昌六年禮部尚書張瑋等奏進。
　　張目有舊鈔本。　四庫著録亦鈔本。　振綺堂有鈔本。
錢遵王家有金人抄本，云諸家目録皆不載。　許氏有精鈔本。

偽董其昌《玄賞齋書目》卷二《儀注》(《宋元明清書目題跋叢刊》明代卷第二册,中華書局,2006年,第73頁):

《大金集禮》

廖廷相《校勘〈大金集禮〉識語》(《大金集禮》,光緒二十一年廣雅書局刊本):

《大金集禮》四十卷,傳鈔本,初自巴陵方氏借出。卷十二至十七注"元有闕文",又卷二十六至三十三注"元闕"①,與《潛研堂集》所云周漪塘、黃蕘圃兩家本同,謂奪錯簡,文注混淆,蕘翁惜其不可盡讀,信矣。錢竹汀謂:"弟十、弟十一兩卷係《夏至祭方丘儀》,篇中有云'如圓丘儀',則此兩卷之前已闕《圓丘儀》。其目錄次序恐未足信。"今檢十八、十九兩卷題《時享》上下,而皆云《攝行禮》,則親祀儀亦闕,正不獨圓丘儀。即卷十題《皇帝夏至祭方丘》,注"后土同",卷十一又題《皇帝祭皇地祇於方丘》,注"夏至日祭"。案方丘即皇地祇,一事而錯寫複出,其文則卷十爲親祀儀,卷十一爲攝事儀,與題絶不相應。且於親祀儀篇屢注攝事無某某儀,亦不當別出攝事儀。大抵後人掇拾叢殘,隨意屬入,其文與目不盡原撰也。考《金史・禮志》言:"宣宗南播,圖籍散逸,故書之存,僅《集禮》若干卷,其藏史館者又殘缺弗完,姑掇其郊社宗廟諸神祀、朝覲會同等儀而爲書。"則志文全取諸此。今史志圓丘、廟享諸儀尚存,而此本並缺,又非復史臣所見本矣。錢遵王指爲金鈔,正恐未然。編內如册禮諸節,歷朝大同,饌器陳實,諸篇不異,而復一一詳敘;至如《沿祀雜錄》天德二年一條,

---

① 《大金集禮》闕卷二六與卷三三,此處"至"字有誤。

呈稟不許，亦行列入。蓋徒據冊檔所存，草草編纂，未經修飾者。說者稱其條理燦備，反訾志文爲援引舛漏，殆但見方丘儀有前二日告廟之儀，史志不載耳。抑知史志別有告廟儀，已云郊祀則告，故此從省，讀此編，正見史志之簡括有法也。然亦有足補史志之疏者，如祭嶽鎮海瀆，詣門外位下有引入就堂下位諸儀；大定七年冊禮，宮縣奏《太盃》之曲下有侍臣進鎮圭儀，進冊寶訖有皇太子陪侍諸儀；天德二年冊后禮有皇后謁廟儀之類。史志皆略，不止方丘儀設饌幕有東門西門二處也。金源掌故，存者寥寥，況此爲史志所本，雖殘缺亦足寶貴。因取關涉諸書，詳爲攷訂。適同年繆君筱珊自京鈔寄一本，大段無異，筱珊復爲《校勘記》一卷，正其譌錯，所見亦同。遂合兩本覆校一過，記其續正者於後，原缺無從攷補，而存者亦庶可讀。惜未得見竹汀手校本耳。南海廖廷相識。

　　右所録，文内皆已更正，惟疑者仍之。原鈔本每卷分題低四格，凡遇稍涉朝廟字樣，皆空一格，不便省覽。今惟別一事始空一格，餘皆連文，分題改爲低二格。又原鈔本凡小注皆單行頂格，其下正文又復接寫，既非體例，亦易混淆，展轉鈔傳，遂致文注互誤，其間亦時有用夾注者，參差不一，今概改爲夾注。皆用《大唐開元禮》例也。廷相又識。

附録三 《大金集禮》書影

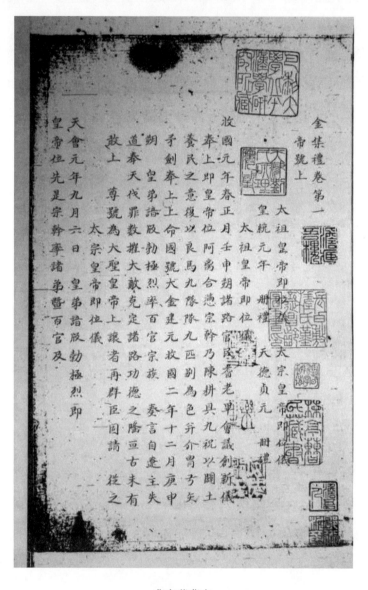

曹寅舊藏本

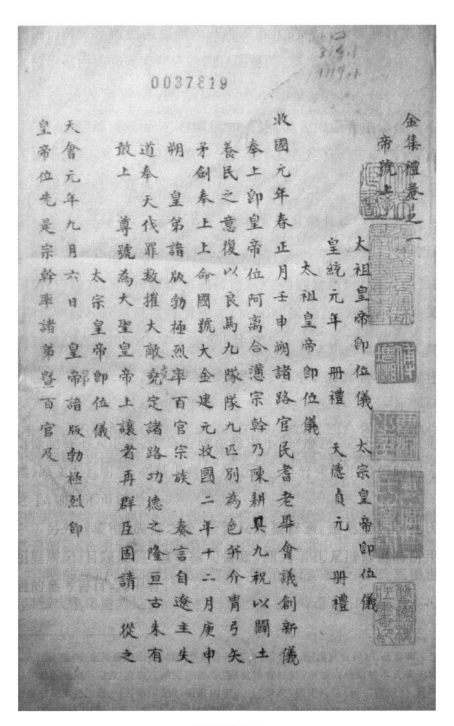

金集禮卷之一
帝號上

大祖皇帝即位儀　太宗皇帝即位儀
天德貞元　冊禮

皇統元年　冊禮

太祖皇帝即位儀

收國元年春正月壬申詔諸路官民耆老畢會議創新儀
奉上卽皇帝位阿离合懣宗幹乃陳耕具九祝以闢土
養民之意復以良馬九隊隊九匹別為色幷介胄弓矢
矛劍奉上命國號大金建元收國二年十二月庚申
朔皇第詣版勃極烈竟完定諸路功德之隆亙古未有
　　秦言自遜主失

道奉天伐罪數推大敵
敬上尊號為大聖皇帝上讓著再群臣固請從之

太宗皇帝即位儀

天會元年九月六日皇帝詣版勃極烈卽
皇帝位先是宗幹率諸第暨百官及

傅增湘舊藏本

455

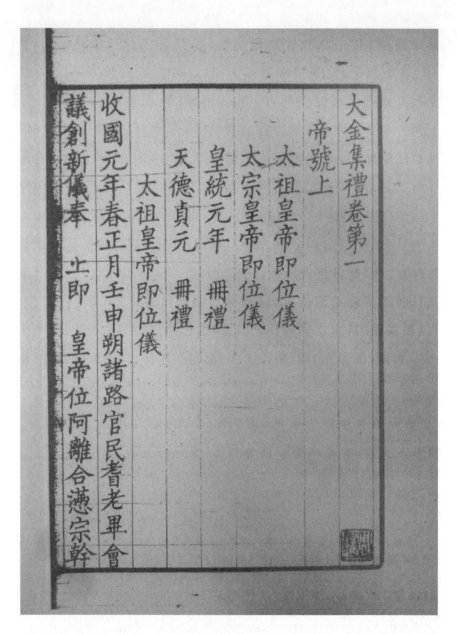

大金集禮卷第一

帝號上

太祖皇帝即位儀

太宗皇帝即位儀

皇統元年　冊禮

天德貞元　冊禮

太祖皇帝即位儀

收國元年春正月壬申朔諸路官民耆老畢會

議創新儀奉　上即　皇帝位阿離合懣宗幹

怡府舊藏本

456

大金集禮卷第一

帝號上

太祖皇帝即位儀

太宗皇帝即位儀

皇統元年冊禮

天德貞元冊禮

太祖皇帝即位儀

收國元年春正月壬申朔諸路官民耆老畢會議創新儀

奉上即皇帝位阿離合懣宗幹乃陳耕其九祝以闥

土養民之意復以良馬九隊隊九四別為色并介冑弓矢

矛劍奉上 上命國號大金建元收國二年十二月庚申

朔皇帝詔版勃極烈率百官宗族 奏言自遼主失道

奉天伐罪數摧大敵克定諸路功德之隆亘古未有敢上

大金集禮第一卷

帝號上

太祖皇帝即位儀

太宗皇帝即位儀

皇統元年　冊禮

天德貞元　冊禮

太祖皇帝即位儀

收國元年春正月壬申朔諸路官民耆老畢會儀創新儀

奉上　皇帝位阿骨合懣宗幹乃陳耕具乃祝以闕

土養民之意復以良馬九隊乃匹別爲色弁介冑引矢

乎劍奉　上上命國號大金建元收國二年十月二庚申

胡　皇弟諤版勃極烈率百官族　奏言自邃主失道

奉天伐罪戡戮摧大猷克定諸路功德之隆亘古未有敢上

嶽雪樓抄本

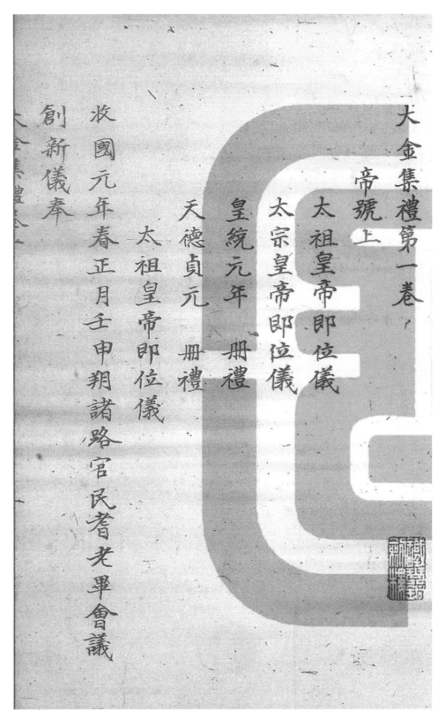

大金集禮第一卷

帝號上

太祖皇帝即位儀

太宗皇帝即位儀

皇統元年　冊禮

天德貞元　冊禮

太祖皇帝即位儀

收國元年春正月壬申朔諸路官民耆老畢會議

創新儀奉

孫星衍舊藏本

大金集禮第一卷

帝號上

太祖皇帝即位儀

太宗皇帝即位儀

皇統元年　冊禮

天德貞元　冊禮

太祖皇帝即位儀

收國元年春正月壬申朔諸路官民耆老畢會議

創新儀奉

李盛鐸舊藏本

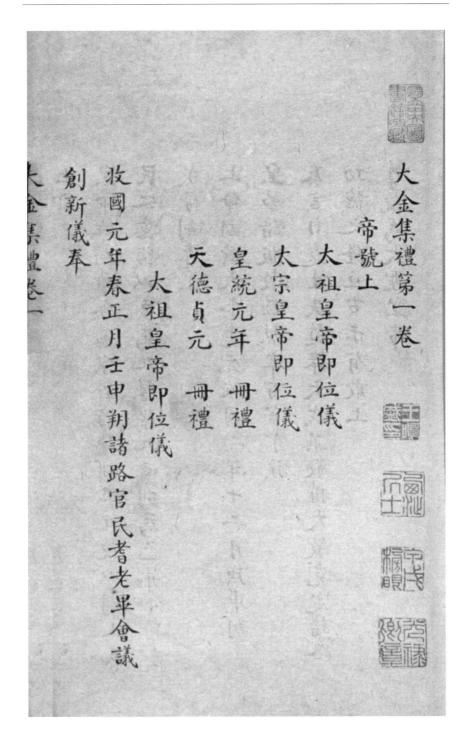

大金集禮第一卷

帝號上

太祖皇帝即位儀

太宗皇帝即位儀

皇統元年 冊禮

天德貞元 冊禮

太祖皇帝即位儀

收國元年春正月壬申朔諸路官民耆老畢會議

創新儀奉

大金集禮卷一

王鳴盛舊藏本

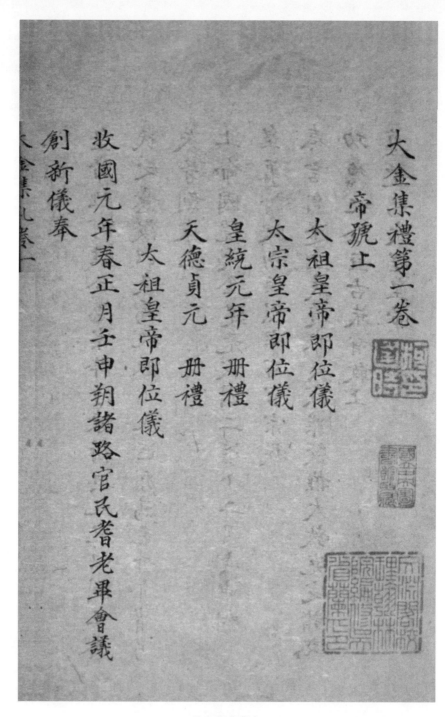

大金集禮第一卷

帝號上

　太祖皇帝即位儀

　太宗皇帝即位儀

　皇統元年　册禮

　天德貞元　册禮

　太祖皇帝即位儀

收國元年春正月壬申朔諸路官民耆老畢會議

創新儀奉

吳省蘭舊藏本

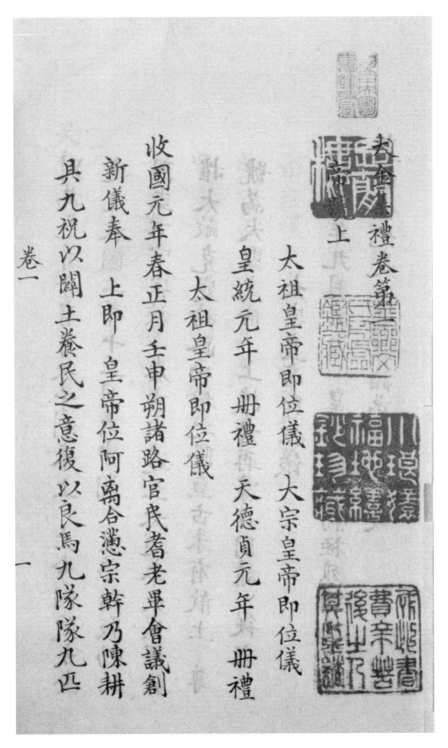

太金集禮卷第一

宗上

太祖皇帝即位儀　大宗皇帝即位儀

皇統元年冊禮　天德貞元年冊禮

太祖皇帝即位儀

收國元年春正月壬申朔諸路官民耆老畢會議創

新儀奉　上即　皇帝位阿离合懣宗幹乃陳耕

其九祝以闢土養民之意復以良馬九隊隊九匹

卷一

一

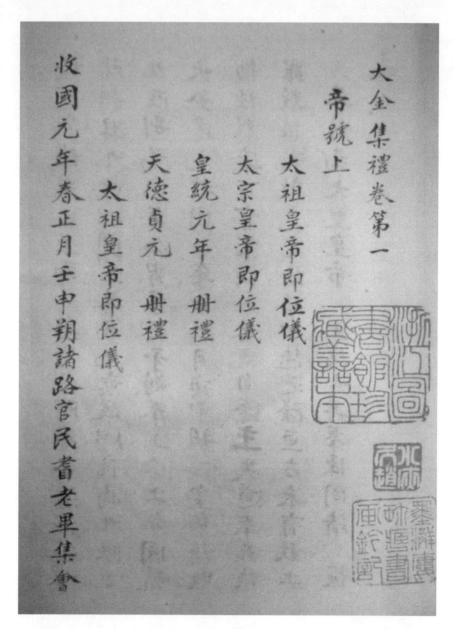

大金集禮卷第一

帝號上

太祖皇帝即位儀

太宗皇帝即位儀

皇統元年冊禮

天德貞元冊禮

太祖皇帝即位儀

收國元年春正月壬申朔諸路官民耆老畢集會

王紹蘭舊藏本(1)

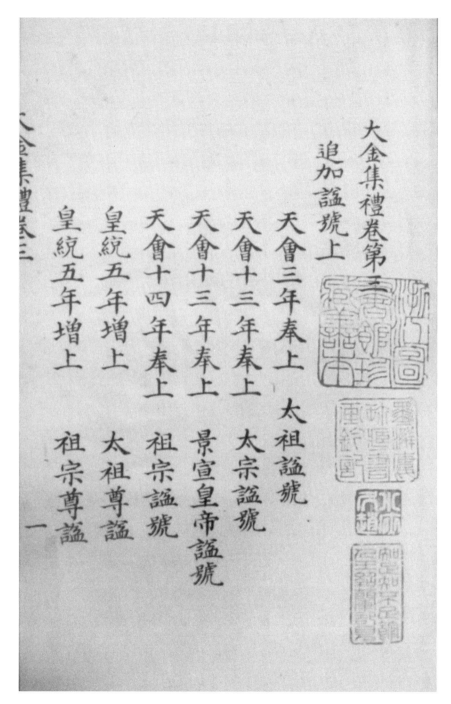

大金集禮卷第三

追加謚號上

天會三年奉上　太祖謚號

天會十三年奉上　太宗謚號

天會十三年奉上　景宣皇帝謚號

天會十四年奉上　祖宗謚號

皇統五年增上　太祖尊謚

皇統五年增上　祖宗尊謚

大金集禮卷三

一

王紹蘭舊藏本（2）

大金集禮卷第一

帝號上

太祖皇帝即位儀

太宗皇帝即位儀

皇統元年　冊禮

天德貞元年　冊禮

太祖皇帝即位儀

收國元年春正月壬申朔諸路官民耆老畢會議剙新
儀奉上即皇帝位阿离合懣宗翰乃陳耕具九祝以
闢土養民之意復以良馬九隊隊九四別為色并介

大金集禮卷一

帝號上

　太祖皇帝即位儀

　太宗皇帝即位儀

　皇統元年冊禮

　天德貞元冊禮

太祖皇帝即位儀

收國元年春正月壬申朔諸路官民耆老畢會議冊新儀奉上

即皇帝位阿離合懑宗幹乃陳耕具九祝以闢土養民之意復

以良馬九隊隊九四別爲色并介冑弓矢矛劍奉上上命國號

大金建元收國二年十二月庚申朔皇弟諸版勃極烈率百官

《大金集禮》卷一

一

趙慰蒼舊藏本

467

附録四　《大金集禮》研究

　　禮是華夏文化或曰漢文化的重要特徵,故傳統漢族王朝的國家制度中,禮制往往佔有突出的地位。中國歷史上還有若干由北方民族入主漢地建立的王朝,通過採納漢制與改造舊俗,也會建立一套國家禮樂制度。

　　公元十二世紀初,生女真崛起於白山黑水之間,建立了金王朝,很快就滅遼覆宋,佔據了淮河以北的中原漢地,並實行了穩定的統治。與鮮卑、契丹、蒙古等北方草原遊牧民族不同,女真人的原居地在東北地區,兼有農耕與漁獵、畜牧多種經濟。有研究者認爲,在阿骨打建國之前,農業已經成爲女真人"社會生產中的決定性部門"。[1] 此外,女真人建城寨以居的生活方式也與中原漢人相同。近代研究女真漢化的學者已經指出,農業與定居,這兩點使得女真人更容易接受漢文化。[2] 在北族王朝中,金朝也的確是採納漢文化比較深入的一個,後人評價其"一代文物,上掩遼而下軼元"[3],"一代制作能自樹立唐、宋之間"[4],皆認爲其典章制度並不遜色於漢族王朝。

---

　　[1]　漆俠、喬幼梅《中國經濟通史・遼夏金經濟卷》,經濟日報出版社,1998 年,第 321 頁。

　　[2]　陶晉生《女真史論》,稻鄉出版社,2010 年,第 15—18 頁;劉浦江師《女真的漢化道路與大金帝國的覆亡》,《國學研究》第 7 卷,北京大學出版社,2000 年,收入《松漠之間——遼金契丹女真史研究》,中華書局,2008 年,第 235—273 頁。

　　[3]　趙翼撰、王樹民校證《廿二史劄記校證(訂補本)》卷二八"金代文物遠勝遼元"條,中華書局,2010 年,第 623 頁。

　　[4]　《金史》卷一二五《文藝傳》序,中華書局,1975 年,第 2713 頁。

然而,時至今日,金源一朝之傳世文獻已無多,劉浦江師在《窮盡·旁通·預流:遼金史研究的困厄與出路》一文中指出,"遼金史的困窘和蕭條,最根本的癥結在於史料太少",而在今天的遼金史學界,這些僅存的"傳世文獻資料仍遠未得到充分的發掘利用",故欲"改變遼金史學的面貌,提升遼金史的學術品質",一定要在史料的發掘與解讀上下足功夫。①

《大金集禮》(以下或簡稱《集禮》)四十卷②,是今存部帙最大的金朝官修典籍,彙編了金初至世宗末年與禮制相關的資料,是研究金朝禮儀制度最豐富的史料淵藪。同時還收録了一些官制、文書制度等方面的材料,這對於今日的史學研究來說,無疑更增加了其重要性。

《集禮》在清代以前均以鈔本形式流傳,得見者鮮,至光緒二十一年(1895)廣雅書局刊印之後,始較爲易得。不過,目前學界對此書的認識和使用還遠遠不夠充分,與其蘊藏的史料價值很不相稱。清代學者曾做過一些書目提要性質的文字,但零散而不成系統,現代學者中,只有三上次男在研究金代官制時,曾連帶進行過一些探討,指出其與《大金儀禮》並非一書,並對其編纂情況提出了一些推斷③。陳戍國則在《大金祭祀與相關問題》一文中,指出現存《集禮》卷一〇實爲《通典》卷一一二之文,非金代

① 劉浦江師《窮盡·旁通·預流:遼金史研究的困厄與出路》,《歷史研究》2009年第6期,第24—29頁。

② 今傳各本《集禮》均至四十卷而止,但其中頗有缺佚,實存不足三十二卷。根據現有資料推測其缺失的部分,大概正在八九卷左右,詳見本文第二節。因此,《集禮》一書很可能原本即是四十卷。

③ 三上次男《金史研究》二《金代政治制度の研究》,中央公論美術出版,1970年,第35—40頁。

禮制①。

　　迄今爲止，即便是此書的作者及成書年代這樣基本的問題，學界的認識也仍存在不清楚甚至錯誤之處。這種狀況直接影響到了金朝禮制史的研究。如楊志剛在《中國禮儀制度研究》一書中，列舉了《大金集禮》各卷内容之後，得出"金朝未形成五禮制度"、"金朝没有採納漢族的祭天禮"等結論。② 其論證實大有問題，須知《集禮》並不是像《大唐開元禮》那樣以五禮分類的國家禮典，只是一部會要形式的史料彙編③，據此判斷金朝是否形成五禮制度是很靠不住的。而且《集禮》之所以没有祭天禮，恐怕正是殘缺的緣故，《金史・禮志一》即詳細載録了南郊儀注，怎可説没有採納漢族的祭天禮？

　　基於此，本文擬對《大金集禮》進行較全面的文獻學考察。首先致力於解決《集禮》的成書年代與作者問題，其次推測今本所缺佚的内容，探索本書的原貌，並對其性質進行分析，再次梳理《集禮》的流傳經過和版本源流。《金史》禮、樂、儀衛、輿服四志大量採用《集禮》的内容，其所據底本比今天的傳本要完善很多，本文探索其史源，以爲研究《集禮》之助。此外，還以《集禮》爲基礎，分析金代禮制對前代的沿襲採納情況。最後略爲分析《集禮》一書的史料價值。希望通過本文的研究，能澄清一些誤解，并爲學界今後利用此書提供一些方便。

---

① 陳成國《大金祭祀與相關問題》，《湖南師範大學社會科學學報》2000 年第 3期，第 81—88 頁。
② 楊志剛《中國禮儀制度研究》，華東師範大學出版社，2001 年，第 219 頁。
③ 詳參本文第二節。

第一節　《大金集禮》的成書年代及相關問題

　　《大金集禮》原名《國朝集禮》，見於《金史・張行簡傳》及《孔氏祖庭廣記》①。元代及明初，則習稱《集禮》，如王惲《傳國玉璽記》謂"按金《集禮》云……校《集禮》所載，即此璽也"②；元修《金史・禮志》序亦稱"故書之存，僅《集禮》若干卷"云云③；又如明洪武時所修《明集禮》載："金《集禮》曰：'司圍四十人。'"④皆以《集禮》簡稱此書。

　　《大金集禮》之名，今日可考者始於清初。就筆者所見，當以錢曾的書目著録爲最早，其《也是園書目》、《述古堂書目》均著録《大金集禮》一書⑤。據錢曾自序，《述古堂書目》成於康熙八年

---

　　①　《金史》卷一〇六《張行簡傳》，第 2331 頁；孔元措《孔氏祖庭廣記》目録末《編類檢閱書籍》，張元濟輯《續古逸叢書》影印蒙古壬寅年刊本，江蘇古籍出版社，2001年，第 99 頁。

　　②　王惲《秋澗先生大全文集》卷四〇，《四部叢刊》影印明弘治本，葉 1a—1b。

　　③　《金史》卷二八《禮志一》，第 692 頁。

　　④　《明集禮》卷四四《儀仗・響節》，臺灣商務印書館影印文淵閣《四庫全書》第650 册，第 313 頁。

　　⑤　錢曾撰、瞿鳳起編《虞山錢遵王藏書目録彙編》，古典文學出版社，1958 年，第50 頁。按錢曾《也是園書目》、《讀書敏求記》均著録爲四十卷（錢曾撰，管庭芬、章鈺校證，傅增湘批註，馮惠民整理《藏園批注讀書敏求記校證》卷二之上《史》，中華書局，2012 年，第 150—151 頁），《述古堂書目》則著録爲三十卷，蓋偶誤。又題明代董其昌《玄賞齋書目》卷二《儀注》著録有"大金集禮"（《宋元明清書目題跋叢刊》明代卷第二册，中華書局，2006 年，第 73 頁），然此書目實爲清人僞撰，主要抄自《近古堂書目》與《也是園藏書目》，參李丹、武秀成《一部僞中之僞的明代私家書目——董其昌〈玄賞齋書目〉辨僞探》（《中國典籍與文化論叢》第九輯，北京大學出版社，2007 年，第 184 頁），故不足爲據。

(1669)①，而《也是園書目》可能更早②，這是目前所見《大金集禮》一名的最早記載。是後此書流傳漸廣，諸家著錄多稱《大金集禮》，亦有少數稱《金集禮》。《四庫全書》本和此書的第一個刊本，即廣雅書局本，皆名《大金集禮》。故《大金集禮》已爲今日學界視爲定名，本文亦仍之。

關於《大金集禮》，清代以來普遍存在一個誤解，即將其與《金史·章宗紀》所載明昌六年十二月戊午張暐等進呈的《大金儀禮》混爲一談。本節先檢討這種誤解產生的來龍去脈，證明其不可信，然後再對《集禮》的成書年代提出自己的看法。由於這種誤解與《四庫全書》的纂修密切相關，所以本節最後將從四庫學的角度詳細考察其源流。

一、《大金集禮》非張暐等所進《大金儀禮》

《大金集禮》本不題作者名氏，從金末到明初，此書雖屢被徵引，但從未有人提及其作者與成書年代。元修《金史·禮志》以《集禮》爲基礎，也止稱"故書之存，僅《集禮》若干卷"而已③，於其纂修情況未做任何交代。至清乾隆年間，《四庫全書總目》（以下或簡稱《總目》）對此書的作者及成書年代進行了考辨，稱：

> 《大金集禮》四十卷。不著撰人名氏，亦不著成書年月。
> 據黃虞稷《千頃堂書目》，蓋明昌六年禮部尚書張暐等所進。

---

① 錢曾《述古堂藏書目序》，瞿鳳起編《虞山錢遵王藏書目錄彙編》附錄一，第312頁。

② 參嚴佐之《近三百年古籍目錄舉要》，華東師範大學出版社，2008年，第19頁。

③ 《金史》卷二八《禮志一》，第692頁。

今考書中紀事斷至大定，知爲章宗時書，虞稷所載當不
誤也。①

由此知四庫本《集禮》本來亦不著撰人名氏與成書年月，館臣根
據其所見黃虞稷《千頃堂書目》的著録，並參照書中記事下限，遂
明確肯定爲金章宗明昌六年（1195）張暐等人所進。

由於《總目》的巨大影響，這種説法逐漸流傳開來②，此後各
種書目著録《集禮》，除不題撰人之外，幾乎都是沿襲此説。如孫
星衍《平津館鑒藏記書籍》、張金吾《愛日精廬藏書志》、周中孚
《鄭堂讀書記》、陸心源《皕宋樓藏書志》、丁丙《善本書室藏書
志》、繆荃孫《藝風藏書記》等，皆以《集禮》爲明昌六年張暐等
進③，無能出其外者。拾補金代藝文的學者也都直接或間接受其
影響，如錢大昕《元史藝文志》即著録《集禮》爲“明昌六年禮部尚

---

①　《四庫全書總目》卷八二《史部·政書類·大金集禮》，中華書局影印浙本，
1965年，第703頁。“張暐”原誤作“張瑋”，據殿本改正，見臺灣商務印書館影印文淵
閣《四庫全書》第2册，第699頁。

②　《四庫全書簡明目録》（卷八《史部十三·政書類》，上海古籍出版社，1985年，
第341頁）與《總目》的説法一致，對此説的廣泛流傳也有不容忽視的作用。

③　孫星衍《平津館鑒藏記書籍》卷三《舊影寫本》，上海古籍出版社，2009年，第
98頁；張金吾《愛日精廬藏書志》卷一九《史部·政書類》，中華書局，1990年，第436
頁；周中孚《鄭堂讀書記》卷二九《史部·政事類》，北京圖書館出版社，2002年，第154
頁；陸心源《皕宋樓藏書志》卷三五《史部·政書類》，中華書局，1990年，第400頁；丁
丙《善本書室藏書志》卷一三《史部·政書類》，中華書局，2006年，第550頁；繆荃孫
《藝風藏書記》卷四《史學·經政》，上海古籍出版社，2007年，第92頁。饒有趣味的
是，由於浙江刊本《總目》將“張暐”誤刻爲“張瑋”，不少藏家在著録時因仍不改，或有
未言《總目》而徑引《千頃堂書目》者，藉此亦可知其所據實爲《總目》。1985年中華書
局新印本《叢書集成初編》，亦將《集禮》誤題爲“張瑋等撰”（1936年商務印書館《叢書
集成初編》本則題“撰人未詳”），其流波所及，多有學者沿襲其謬，今不贅舉。

書張暐等進"①,與四庫館臣之語完全相同。②

　　然而,《總目》的這種説法實有嚴重問題。按《總目》稱其所據爲黄虞稷《千頃堂書目》(以下或簡稱《千目》),今查通行本《千目》,《大金集禮》的確被著録爲"明昌六年禮部尚書張暐等進"。③但是,若對《千目》的源流與版本情況加以考察便會發現,上述記載並非該書原貌,而是傳抄過程中出現的一處錯謬。

　　日本學者井上進在研究《千頃堂書目》與《明史藝文志》(以下簡稱《明志》)稿本的關係時,曾注意到這一問題。按黄虞稷於康熙十九年(1680)由徐元文薦修《明史》,最遲至二十八年以前,由他纂修的《明史藝文志》已經成稿。由於遼金元三史均無藝文志,《宋史·藝文志》又漏略不完,所以《明志》稿除收録明人著作外,也附録宋遼金元四朝典籍。衆所周知,《千目》與《明志》稿之間存在著十分密切的源流關係,唯二者究竟孰先孰後,學界則有不同的看法。王重民推測《千目》爲《明志》稿之藍本④,而井上氏根據京都大學所藏舊鈔《明志》殘稿本判斷,《千目》應是由《明

　　① 錢大昕《元史藝文志》卷二《史部·儀注類》,《嘉定錢大昕全集》第5册,江蘇古籍出版社,1997年,第31頁。
　　② 按《元史藝文志》又有《神僧傳》九卷,謂"起摩騰、法蘭,終八思巴,不著撰人"(卷三《子部·釋道類》,第55頁。點校者誤將"摩騰、法蘭"標爲一人,今正),然此書實爲明成祖所撰,且終於膽巴,非八思巴,錢氏之誤與《總目》完全相同,此其參考《總目》之證,詳參陳垣《中國佛教史籍概論》(中華書局,1962年,第153頁)。故《元史藝文志》對《集禮》的著録無疑也是根據《總目》而來。
　　③ 黄虞稷《千頃堂書目》卷九《史部·儀注類》,臺灣商務印書館影印文淵閣《四庫全書》第676册,第252頁。1913年張鈞衡刻《適園叢書》本(葉38a)及近年瞿鳳起、潘景鄭整理本(其底本即《適園叢書》本。上海古籍出版社,2001年,第258頁)亦同。
　　④ 參王重民《〈千頃堂書目〉考》,《中國目録學史論叢》,中華書局,1984年,第191—194、205—208頁。

志》稿增訂改編而成①。井上氏發現,在《明志》殘稿本史部儀注類中,緊挨著著録了《大金儀禮》與《大金集禮》兩書,分別著録爲"《大金儀禮》,明昌六年禮部尚書張暐等進"及"《大金集禮》四十卷",盧文弨據《明志》稿本輯録的《補遼金元藝文志》亦與此完全相同。②

　　按《金史·章宗紀》明昌六年十二月戊午載,"禮部尚書張暐等進《大金儀禮》"③,此即《明志》稿中《大金儀禮》條所據。由此可知,黃虞稷本將《大金儀禮》與《大金集禮》作爲兩種書分別著録。而在通行本《千目》中,兩書則分見於經部禮樂書類與史部儀注類,前者著録爲"《大金儀禮》,明昌六年禮部尚書張暐等進",後者著録爲"《大金集禮》四十卷,明昌六年禮部尚書張暐等進"。顯然,《大金集禮》的成書信息源自《大金儀禮》條。井上氏認爲,這是由於《千目》將《大金儀禮》一書由史部改置於經部時,不慎將原有注文誤繫於《集禮》條下所致。

　　井上氏的分析頗有道理,但對於《千目》致誤原因的認識尚有待深入。按乾嘉以來通行的《千目》版本,如文淵閣《四庫全書》本、《適園叢書》本的史部儀注類固然皆未著録《大金儀禮》,而稱《集禮》爲張暐等進。然筆者在國家圖書館所見多種清抄本中,則至少有四個抄本的史部儀注類同時著録有《大金儀禮》與

　　① 井上進《〈千頃堂書目〉と〈明史藝文志〉稿》,《東洋史研究》57卷2號,1998年9月,第71—100頁。
　　② 井上進《〈千頃堂書目〉と〈明史藝文志〉稿》,第71—100頁;盧文弨輯刻本《補遼金元藝文志》,光緒十七年廣雅書局刊本,葉31b。
　　③ 《金史》卷一〇《章宗紀二》,第237頁。

《集禮》兩書，與《明志》稿完全相同①。也就是説，《千目》本來並無訛誤，通行本將“明昌六年禮部尚書張暐等進”一語繫於《集禮》之下，不是變更部類所致，而是在傳抄過程中出現的文本訛誤，誤將相鄰的兩條合併爲一條。四庫館臣依據的《千目》恰好是已經出現錯誤的版本，又未深入考辨，遂沿襲其誤，並一直影響到今天。

所謂《集禮》爲“明昌六年禮部尚書張暐等進”一説的來龍去脈既已釐清，可知其並無堅强的證據，不足深信。但《大金集禮》與《大金儀禮》的書名僅一字之差，而《大金儀禮》今日又別無傳本，二者是否有可能是同書異名呢？有不少學者即持此種意見，他們注意到了二者書名的差別，但仍視之爲一書。如完成於乾隆五十年（1785）的《續通志》，其《金紀》部分乃依《金史》本紀所修，卻徑將明昌六年十二月戊午張暐等所進之《大金儀禮》改爲《大金集禮》②，修撰者顯然是將二者視爲同書異名，遂不憚於改動《金史》原文。又孫德謙《金史藝文略》云：

> 《大金儀禮》。無撰人。見《補遼金元藝文志》，云明昌六年禮部尚書張暐進。案此疑即《大金集禮》，然《補志》於是書下並列《大金集禮》，故亦存其目。③

孫氏也明確表示懷疑二者本是一書，只是因爲《補遼金元藝文

---

① 國家圖書館館藏號分别爲善本 15068、15111，及普通古籍目 41/823.2、目 41/823.3。其中善本 15068 爲吴騫校本，有“兔床經眼”朱文長方印，是現存較早的抄本。

② 《續通志》卷五二《金紀六》，浙江古籍出版社，2000 年，第 3564 頁。成書年代據總目後按語（第 3253 頁）。又此書《藝文略》據《四庫全書》修成，亦著録《集禮》爲“金張暐等所進”（卷一五七《藝文略·禮類第二·儀注》，第 4186 頁）。

③ 孫德謙《金史藝文略·史部·儀注》，《遼金元藝文志》，商務印書館，1958 年，第 101 頁。

志》將兩書並列,才仍然著録爲兩條。直至今日,認爲《大金集禮》即《大金儀禮》的觀點在學術界仍十分常見①。

實際上,早在上世紀五十年代,日本學者三上次男已經注意到這個問題,並進行了較爲深入的研究,可惜其研究成果並未引起學界應有的關注。三上氏雖然不清楚通行本《千頃堂書目》出現錯訛的原委,但他明確指出《集禮》與《大金儀禮》並非同一部書,並舉出如下三個理由:其一,《大金儀禮》應是金代制定的一部禮典,當按照唐禮的體裁,分設吉、賓、軍、嘉、凶五禮等門類,而《集禮》具會要風格,二者有明顯區別;其二,《大金儀禮》成書於明昌六年十二月,理應包括明昌年間所制之禮,而《集禮》則没有相關内容;其三,孔元措《孔氏祖庭廣記》卷首"編類檢閲書籍"中,同時列有《大金儀禮》與《國朝集禮》,後者即《大金集禮》,可見二者並非同書異名。② 在三上氏的三條理由中,第二條最不具説服力,因爲即便《集禮》成書於明昌六年,其不載明昌間事亦屬正常,四庫館臣以其記事斷至大定來印證明昌六年成書説,正可從反面説明三上氏的這一邏輯並不嚴密。其他兩條較有説服力,第一條很敏鋭地注意到了二書性質的不同,但尚是出於推測,没有進行具體論證,筆者下文將詳細討論這一問題。第三條亦可成立,然需要對孔氏引用的《國朝集禮》之所指加以補充説明。按《孔氏祖庭廣記》成書於金哀宗正大四年(1227),金亡之

---

① 如楊翼驤編,喬治忠、朱洪斌訂補《增訂中國史學史資料編年(宋遼金卷)》,商務印書館,2013年,第322—323頁;何忠禮《中國古代史史料學》,上海古籍出版社,2004年,第157頁;陳智超、陳高華《遼金西夏史史料》,陳高華等《中國古代史史料學(修訂本)》,天津古籍出版社,2006年,第273頁;薛瑞兆《金代藝文敘録》,中華書局,2014年,第530—534頁。

② 三上次男《金史研究》二《金代政治制度の研究》,第35—40頁。

後，又於蒙古壬寅年（1242）"增補校正重開，以廣其傳"①，今之所傳即爲此本。元代亦有同名之《國朝集禮》，唯其成書已晚在世祖至元二十九年（1292）②，故孔元措參據的《國朝集禮》必指《大金集禮》無疑。

其實，關於《集禮》與《大金儀禮》的區別，我們可以在金代文獻中找到更多的線索。在趙秉文爲張暐之子張行簡、張行信所作的兩通神道碑中，都提到了張暐修《大金儀禮》一事。張行簡神道碑云：

> 明昌、泰和間，明天子勵精政事，修飾治具，典章文物高出近古。公之父清獻公任奉常、春官，朝廷典憲皆其討定。修國朝《儀禮》，完然爲一代法。③

張行信神道碑亦云：

> 大定、明昌間，朝廷清明，天下無事，上方留意稽古禮文之事，於是御史大夫清獻張公釐正國朝《儀禮》，成一代大典，潤色太平，皇矣唐矣。④

兩文中的"清獻公"即張暐，而所謂"國朝《儀禮》"無疑即是《大金儀禮》。從趙秉文的描述來看，張暐不僅是此書的領銜進呈者，而且在編纂過程中發揮了至關重要的作用。從《大金儀禮》的性質來看，既謂其"完然爲一代法"、"成一代大典"，可見是彰顯金

---

① 孔元措《孔氏祖庭廣記》書末重刊題記，第 179 頁。
② 《元史》卷一五〇《趙璠傳附子秉溫傳》，中華書局，1976 年，第 3555 頁。
③ 趙秉文《閑閑老人滏水文集》卷一一《張文正公碑》，《四部叢刊》影印汲古閣精寫本，葉 12b。
④ 趙秉文《閑閑老人滏水文集》卷一二《張左丞碑》，葉 4b。

源一代典章制作、"潤色太平"之書，當與唐代之《大唐開元禮》、宋代之《政和五禮新儀》相類，而絕非資料彙編性質的《集禮》可比。

此外，《集禮》與《大金儀禮》在體裁上也有明顯的區別。《集禮》是禮制沿革之書，所載皆爲禮制故事；而《大金儀禮》則爲創修的禮典，是爲以後行禮制定的規範。承安元年(1196)禮官對《大金儀禮》的一次引用可以准確地反映這一特點。《金史·禮志》載：

> 承安元年，將郊，禮官言："禮神之玉當用真玉，燔玉當用次玉。昔大定十一年(1171)，天、地之玉皆以次玉代之，臣等疑其未盡。禮貴有恆，不能繼者不敢以獻。若燔真玉，常祀用之恐有時或闕，反失禮制。若從近代之典及本朝《儀禮》，真玉禮神，次玉燔瘞，於禮爲當。"①

禮官所言的"近代之典"當指唐宋典故，而"本朝《儀禮》"自然是此前一年新編定的《大金儀禮》。在承安元年之前，金朝只在大定十一年舉行過南郊禮，其時禮神與燔瘞皆用次玉，而《大金儀禮》的新制則是禮神用真玉，燔瘞用次玉。這鮮明地顯示出《大金儀禮》垂憲作則、爲行禮制定規範和依據的性質，而僅僅記載禮制故事的《集禮》不可能具備這種功能。

綜上所論，《集禮》與《大金儀禮》在性質、體裁上均有明顯區別，二者絕非同一部書，明昌六年張暐等進《大金儀禮》之事與《集禮》毫無關係，不可混爲一談。

---

① 《金史》卷二八《禮志一》，第 707—708 頁。"儀禮"二字原未加書名號，今補。

二、《大金集禮》成書年代再檢討

既然《大金集禮》不是明昌六年張暐等進呈的《大金儀禮》，那麼，其成書時間無疑需要重新檢討。關於這一問題，三上次男曾做過一些推測，他首先引用了《金史·禮志》序關於世宗朝的一段文字，今亦引之如下：

> 世宗既興，復收向所遷宋故禮器以旋，乃命官參校唐、宋故典沿革，開"詳定所"以議禮，設"詳校所"以審樂，統以宰相通學術者，於一事之宜適、一物之節文，既上聞而始匯次，至明昌初書成，凡四百餘卷，名曰《金纂修雜錄》。①

從這段記載來看，世宗時代已在大規模地制禮作樂，其工作至章宗明昌初年完成，並編撰了四百餘卷的《金纂修雜錄》。三上氏認爲，《禮志》序在此前沒有關於其他禮書的記載，因此《集禮》必定編撰於《纂修雜錄》完成的明昌元年以後；而且《集禮》很多卷都有"雜錄"，這揭示了其與《纂修雜錄》的關係。三上氏又認爲《集禮》的編撰大概在《纂修雜錄》完成後不久即開始，成書則可能在明昌二、三年間。他並進一步推測編撰《集禮》的理由，是因爲《纂修雜錄》卷帙浩繁，且以資料搜集爲主，使用不便，而四十卷的《集禮》正是其一個簡本。②

三上氏關於《集禮》成書時間的判斷完全出於推測，舉出的兩條證據幾乎沒有任何説服力。首先，《禮志》序在《纂修雜錄》之前沒有提到其他禮書，並不等於金代沒有編纂過其他禮書，更不能證明《集禮》的編撰一定在《纂修雜錄》成書之後。其次，設

---

① 《金史》卷二八《禮志一》，第 691—692 頁。
② 三上次男《金史研究》二《金代政治制度の研究》，第 35—40 頁。

置"雜録"本是會要體典籍的通例,用以記載與正文體例有別或較爲瑣細之事,《集禮》本具會要的性質(詳參本章第二節),其"雜録"也是如此,不能説明與《纂修雜録》有何關係。三上氏的論證無法成立。

否定了三上氏的意見之後,還需要重新探討《集禮》的成書年代。《金史·張行簡傳》曾提到《集禮》,其文曰:

> 久之,兼同修國史。改禮部侍郎、提點司天臺,直學士,同修史如故。……行簡轉對,……曰:"今雖有《國朝集禮》,至於食貨、官職、兵刑沿革,未有成書,乞定會要,以示無窮。"承安五年,遷侍講學士,同修史、提點司天如故。①

張行簡在禮部侍郎任上的這次轉對中提到了《集禮》,則其成書當在此之前。但張行簡何時改任禮部侍郎,《金史》的記載不是很明確,需要略加考證。按張行簡神道碑云:"初,清獻公由禮部郎中出守林棣,代爲郎中;及以尚書遷亞相,公復爲侍郎。"②據《金史》本紀,張暐由禮部尚書遷御史大夫(亞相)是在承安三年三月③,則張行簡改禮部侍郎大致即在此時。又金代官制以三十月一考爲常④,張行簡於承安五年再次遷官,由此逆推,亦可知其任禮部侍郎當在三年。如此一來,張行簡提及《集禮》的時間就可確定在承安三年到五年之間,這可初步作爲《集禮》成書時間的下限。

---

① 《金史》卷一〇六《張行簡傳》,第2330—2331頁。
② 趙秉文《張文正公碑》,葉14a。按《金文最》此文"代爲郎中"前有"公"字(張金吾《金文最》卷八八,中華書局,1990年,第1287頁),於義爲長。
③ 《金史》卷一一《章宗紀三》,第248頁。
④ 《金史》卷五二《選舉志二》、卷五四《選舉志四》,第1158、1197頁。

在此基礎上,要想進一步探討其成書年代,就只能從《集禮》書中尋找帶有時代特徵的内證了。首先是《集禮》記事的時間斷限,前人多已注意到這一點,如吴焯於雍正元年(1723)題自藏《集禮》云:

> 此編不著撰人姓氏,始太祖,終世宗。其後章宗明昌六年,張暐等進《大金儀禮》,豈此編後更續耶,抑史遺之耶。①

指出《集禮》所載内容止於世宗時,並懷疑明昌六年的《大金儀禮》或許是此書的續編。按上文已證,《大金儀禮》與《集禮》性質不同,故續編之説不足取信,但這反映出吴氏認爲《集禮》的成書當在明昌六年之前。翁方綱的分析較吴氏更爲具體,其言曰:

> 此書内所載事,有大定七年、十一年、十九年、二十七年(册太孫事在三月),大約其書之編輯告成,在大定之末年,俟考。②

翁氏蓋以大定二十七年册皇太孫爲《集禮》最晚的記事,並據以推斷其成書在大定末年。按《集禮》卷二一《原廟下》有停東京、西京太祖廟朔望祭享一條,其時已在大定二十八年八月,爲《集禮》記事最晚者,翁氏偶失檢。不過,推斷《集禮》的成書時間,僅有記事斷限一條證據無疑是很不充分的,因爲這只提供了其成書的時間上限,不能説明其下限。

除了記事時限之外,《集禮》書中還有一些因素帶有很強烈

---

① 南京圖書館藏吴焯舊藏本《大金集禮》跋,館藏號 GJ/EB/110379;又見於丁丙《善本書室藏書志》卷一三《史部·政書類》,第 550 頁。
② 翁方綱纂、吴格整理《翁方綱纂四庫提要稿》,上海科學技術文獻出版社,2005年,第 409 頁。

的時代特徵,有助於判斷其成書時間。錢大昕在這方面作過敏銳的分析。前文已指出,錢氏在嘉慶五年(1800)所刊《元史藝文志》中採用了《四庫全書總目》的觀點,但在此之前,他還另有一種不同的判斷。其嘉慶元年爲黄丕烈藏《集禮》所作跋曰:

> 此書雖無序文,不知纂輯年月,要必成於大定之世,故於"雍"字稱御名而不及明昌以後事。獨補闕文一葉有明昌、承安、泰和及世宗廟號,蓋後人取它書攙入,非《集禮》元文也。①

錢氏的結論也是《集禮》成於大定之世,但他比翁方綱提出了更深刻的證據,即書中於世宗諱"雍"字稱"御名",且没有出現過世宗的廟號。②

錢氏所謂於"雍"字稱御名的證據,當是指《集禮》卷九親王門天眷元年(1138)所定封國名内,"豫"、"兗"之間有"御名"二小字,而同卷所載大定格此處則作"唐"。按金世宗於大定十四年改名雍,故將封國中的"雍"改爲"唐"③,因知此處本當作"雍"。既稱"御名"而不稱"廟諱",可見其成書正在世宗之時。雖然其他卷中也有不避"雍"字諱的情況,如卷六天會十三年(1135)追諡聖穆皇后册文"肅雍塞淵",卷三四大定八年禮官引《周禮·大宗伯》疏"周國在雍州時無西岳",④但皆是引用舊文,蓋偶爾

---

① 錢大昕《潛研堂文集》卷二八《跋〈大金集禮〉》,《嘉定錢大昕全集》第9册,第482頁。作跋時間據黄丕烈著、潘祖蔭輯《士禮居藏書題跋記》卷二《大金集禮》,書目文獻出版社,1989年,第63頁。
② 瞿鏞亦由書中於"雍"字稱"御名"證其成於大定之世。見瞿鏞《鐵琴銅劍樓藏書目録》卷一二《史部五·政書類》,上海古籍出版社,2000年,第309頁。
③ 《金史》卷七《世宗紀中》,第161頁;《大金集禮》卷二三《御名》。
④ 《大金集禮》卷六《追諡后·聖穆光懿皇后》、卷三四《岳鎮海瀆·雜録》。

漏改。

　　錢氏還指出，除了補闕文一葉之外①，全書不見世宗廟號。按《集禮》所載以大定間事最多，若説《集禮》成於章宗以後，而全書四十卷中竟然一次都没有提到世宗的廟號，可能性恐怕不大，這也是《集禮》編纂於世宗時的一條旁證。

　　這兩條證據都很有説服力，充分展現了錢氏作爲一名傑出學者的判斷力。雖然錢氏的觀點前後不一，但今天看來，《集禮》成書於大定末年的説法無疑更加可信。除錢氏所舉證據外，今又檢得書中還有其他材料可以證明此論斷不誤。《集禮》卷三八《沿祀雜録》載：

　　　天德二年（1150）十一月，呈稟，……擬依前項典禮，時享祝文並用定本，今定撰到春夏秋冬臘每享祝文下項。蒙准行。

　　　十一室通用祝文：維某年歲次甲子某月甲子朔某日甲子，孝曾孫嗣皇帝臣御名謹遣具官臣姓名，敢昭告於始祖尊謚皇帝、祖妣尊謚皇后：伏以歲序伊始，品物咸新，……尚饗。今於康宗已下稱孝孫，於睿宗稱孝子，於熙宗止稱嗣皇帝，於別廟、皇后言尊號。

按海陵天德二年擬定的宗廟時享祝文爲後代沿用，只是皇帝更換之後，宗廟中所奉祀的帝后名號與在位皇帝的自稱會有改變。在這則祝文的小注中，“康宗以下”指康宗、太祖、太宗，三位皇帝均係世祖之子，於熙宗、海陵、世宗爲祖父輩；睿宗則是太祖之子，世宗之父；熙宗爲海陵所弑，降爲東昏王，世宗即位後始恢復皇帝稱號。能夠同時"於康宗已下稱孝孫,於睿宗稱孝子,於熙宗止稱嗣皇帝"的,在金代只有世宗一人。這裏的別廟當指宣孝太子廟,即世宗之子、章宗之父,後來被稱爲顯宗的允恭,皇后則爲世宗昭德皇后,世宗對於他們則自稱尊號。所以,注文中的"今"只能是世宗時。按世宗崩於大定二十九年正月二日癸巳,三月上廟號,五月祔廟,[①]這條注文反映的時代一定在此之前。

這樣《集禮》的成書時代就可以大致確定了,不過,任何書的編修都不是一日之間可以完成,在没有絶對證據的情況下,推定的時間越精確,越容易出現錯誤。雖然以上證據都可表明《集禮》成書於世宗時,但《集禮》最晚的記事已經到了大定二十八年八月,距世宗之崩僅四個多月,不能完全排除其最終成於世宗崩後的可能性,但時間不會太遲,否則書中總該留下一些痕跡。因此,將《集禮》的成書時間稍微籠統地説成是大定末年,會比較穩妥。

《集禮》成書於大定二十八年以後,其開始編纂的時間則遠在此之前,書中對熙宗的稱呼可以反映出這一點。按熙宗先後有兩個廟號,大定元年十一月所上爲閔宗,至二十七年二月改爲熙宗[②]。但在《集禮》中,卻還有很多稱"閔宗"的例子,其中大部分可以認爲是史料原本如此,另有一些則可以確定是本書編纂者的語言。如卷四《追加謚號下·雜録》謂"(大定)十九年四月,閔宗既升祔"云云,卷一九《時享下·攝行禮》最末一條謂"十九年,就禘祭升祔閔宗",又如卷二三《御名》大定二年閏二月條小

---

① 《金史》卷八《世宗紀下》、卷九《章宗紀一》,第 203、209 頁。又卷三二《禮志五·上尊謚》謂世宗廟號爲四月乙丑所上(第 784 頁),與本紀不同。

② 《金史》卷六《世宗紀上》、卷八《世宗紀下》,第 124、197 頁。

注云"四月九日三國牒草不該閔宗諱",同卷《聖節》載"閔宗皇帝七月七日生辰"等,均顯爲《集禮》編撰者的敘述之語,其稱熙宗爲"閔宗",可見這些卷次在大定二十七年二月之前即已屬稿。與此相對,卷三一《班位表奏‧奏事》大定二年條、卷三二《輟朝廢務‧廢務》大定二十六年條、上引卷三八《沿祀雜録》十一室通用祝文小注及其後的山陵忌辰遣使副祭奠祝文小注等,則均稱"熙宗",可見這些卷次的編纂已在二十七年二月之後。值得注意的是,稱"熙宗"的卷次都比較靠後,而且不再出現"閔宗"字樣,這應該正好反映了《集禮》前後不同卷次屬稿時間的變化。

綜上所論,《集禮》的編纂經始於大定二十七年二月之前,有一半以上的卷次在此前即已屬稿,全書則最終完成於大定末年。

至於《集禮》的編纂者,現在還没有足夠的證據可以獲得確切的認識,只能通過歷代禮書編纂的慣例並結合金代的實際情況略加推論。自唐代中期以至兩宋,官修禮書大致可以分爲兩種:彰顯一代制作、由國家頒行天下的禮典,由朝廷組織專門的制禮機構來修撰,如《大唐開元禮》、《開寶通禮》、《政和五禮新儀》等;其他禮書則往往限於彙集整理前代的儀注,而非創作新禮,一般由太常寺或太常禮院的官員進行編纂,如唐代的《大唐郊祀録》、《開元後禮》、《禮閣新儀》、《曲臺新禮》、《續曲臺禮》,宋代的《禮閣新編》、《熙寧祀儀》、《元豐續因革禮》、《中興禮書》及其《續編》等①。《大金集禮》所載爲金代開國至大定末年的典禮故事,將相關的公文、儀注彙編成書,其門類編排雖有如會要,但

---

① 參張文昌《制禮以教天下——唐宋禮書與國家社會》(臺大出版中心,2012年)第四章第二、三節,尤其是第 255—262、278—283 頁。

體例仍與後一種禮書相似。以唐宋時代的傳統來推測,《集禮》大概也是由禮部或太常寺的禮官編纂的。

三、《大金集禮》的續編

《集禮》編成於大定末年,已如上述,但書中還有兩條後人附入的小注,需要在這裏説明一下。卷八《皇太子·守國儀》大定二十四年三月十九日條末有小注:

> 《雜録》云:"三月七日,皇太子御前受寶記。"《實録》,三月七日授之。

所謂《雜録》或許即《纂修雜録》,而《實録》則當爲《世宗實録》或《顯宗實録》,皆爲章宗時所成之書①,非《集禮》纂修時可見。又卷三二《輟朝廢務·廢務》題下小注:

> 承安二年七月十三日,聖旨:七月十五日是拜天打毬節,自是不朝,今後不索降奏。

這條記載不入正文,而是附注在卷中小題"廢務"之下,其非《集禮》原文尤爲明顯,必是出自後人之手。至於究竟出自何時何人之手,則已不可確考。

另外,《集禮》成書之後,金代又曾纂修過《續集禮》。《孔氏祖庭廣記》目録後的"編類檢閲書籍"開列了孔元措修書時所用過的參考書目,其中有:

---

① 按《金史·章宗紀》明昌四年八月辛亥書"國史院進《世宗實録》",而泰和三年(1203)十月庚申又書"尚書左丞完顔匡等進《世宗實録》",中華書局點校本於後一條出校勘記云:"按卷一〇《章宗紀》,明昌四年八月'辛亥,國史院進《世宗實録》',此又重見,故錢大昕《元史藝文志》、施國祁皆以完顔匡所進爲《顯宗實録》。"(第230、261、265頁)

《大金儀禮》《纂修雜録》《國朝集禮》《國朝續集禮》①

在《國朝集禮》即《大金集禮》之後緊接著列有一部《國朝續集禮》，無疑是《集禮》的續編，可惜未能流傳下來。

知道了金代曾編纂過《續集禮》，有助於加深我們對某些史料的理解。如元代《太常集禮》載元貞二年（1296），太常寺博士廳官員引金代《集禮》諸州祭社稷之文約兩千字，從壇壝制度到祭祀儀注，十分詳細，内稱"謹按《集禮》：祭之日，以春秋二仲月上戊日"云云，或以爲所引即《大金集禮》。② 然而，金代自明昌二年始講求州縣社稷之禮③，此前只有太社太稷，其祭有定月而無定日④，至明昌四年"始以春、秋二仲月上戊日祭社稷"⑤。元貞二年禮官引"集禮"所載爲州郡社稷祭禮，又固定在春秋二仲月的上戊日，則必爲明昌以後之禮，故其所引儀注當出自《續集禮》。⑥蓋元人以"集禮"之名同時指稱《大金集禮》與《續集禮》兩書。

又《金史·禮志》序曰：

> 故書之存，僅《集禮》若干卷，其藏史館者又殘缺弗完，姑掇其郊社宗廟諸神祀、朝覲會同等儀而爲書，若夫凶禮則

---

① 孔元措《孔氏祖庭廣記》，第 99 頁。

② 《永樂大典》卷二〇四二四稷字"郡縣社稷"，中華書局，1986 年，第 7647—7648 頁。參馬曉林《元代國家祭祀研究》，南開大學 2012 年博士學位論文，第 388 頁。

③ 《金史》卷九《章宗紀一》明昌二年五月戊辰，第 218 頁。

④ 《大金集禮》卷三八《沿祀雜録》載大定十四年四月，禮官議稱："看詳除或遇郊壇親祠，自有預先降詔頒下日月外，其餘宗廟、社稷、時享止是預前日近擇日。"可證。

⑤ 《金史》卷一〇《章宗紀二》明昌四年二月戊戌，第 228 頁。

⑥ 又元世祖至元十年（1273）或十二年，太常寺引"前代禮書"諸州社稷之制，與《永樂大典》所載者同，蓋亦指《續集禮》。見《元典章》卷三〇《禮部三·禮制三·祭祀·立社稷壇》、附録一《文書補遺·祭祀社稷體例》，中華書局、天津古籍出版社，2011 年，第 1078、2284—2286 頁。

略焉。[①]

從這段話來看，似乎《禮志》所據僅爲《集禮》一書，但《禮志》記事直至金末，其章宗以後的資料必定另有史源。現在可做一合理推測，即史官所謂"《集禮》若干卷"者，實是包括《續集禮》而言[②]。如序稱於《集禮》採擇郊社之禮，而《禮志七》所載中央祭社稷之禮以春秋二仲月上戊日，爲明昌四年以後的制度，其與同卷所載州郡祭社稷禮當皆出於《續集禮》。

又今本《集禮》卷一二至卷一七原闕，僅有幾段不成系統的文字，即錢大昕所稱"獨補闕文一葉有明昌、承安、泰和及世宗廟號，蓋後人取它書攙入，非《集禮》元文也"[③]。這一部分除大定十八年一條外，其餘均爲章宗以後事，最晚的已至衛紹王大安三年（1211），顯然是混入了《集禮》以外的文字。然而其體例與《集禮》近似，或許即出自《續集禮》也未可知。

由於《續集禮》的資料太少，其編纂時間不易確定。孔元措引用《續集禮》是在正大四年，《金史·禮志》所載則以正大二年新定夏使儀注爲最晚，則《續集禮》之纂修可能即在哀宗時，或此前已開始，而一直延續到正大年間。

四、《集禮》爲明昌六年張暐等所進之説的四庫學考察

關於《大金集禮》的成書年代問題，本節已經討論明白，可知其纂成於大定末年。但《集禮》爲明昌六年張暐等所進之説在學界影響深遠，其源流還值得仔細研究。此説始自《千頃堂書目》

---

① 　《金史》卷二八《禮志一·序》，第 692 頁。
② 　關於《金史·禮志》的史源詳見本文第五節。
③ 　錢大昕《潛研堂文集》卷二八《跋〈大金集禮〉》，第 482 頁。

在流傳中出現的一處訛誤，但其所以能產生廣泛而深刻的影響，最關鍵的因素無疑是《四庫全書總目》。然而四庫館臣的觀點前後並不一致，從《集禮》一書的採進到《總目》提要的最後形成，經過了相當曲折的歷程。而在《四庫全書》的覆校時，不同閣書又就此做了不同的處理。對這一過程進行研究，不但可以明確館臣對此書的認識如何發展變化，也可以爲四庫提要的研究提供一個具體的案例。

在四庫館開館之前，清高宗已下令廣征天下圖籍，據《四庫採進書目》可知，各地搜羅上進的書籍中，至少有兩部《大金集禮》。一部是兩淮馬裕家藏本，一部是浙江採進本①。

其中浙江省爲了搜訪書籍，曾在杭州開設書局，由丁憂在籍的翰林院侍講沈初總理其事，對選取的書籍“序列目錄，開注某朝某人所著，書中要旨，分別刊本、抄本”，②開列清單，並在後來進一步修訂、彙集爲《浙江採集遺書總錄》。對於所採進的《集禮》，沈初等謂：

> 《金集禮》十九卷。寫本。金明昌六年禮部尚書張暐等
> 進。原有四十卷，今止存十九卷。又自十二卷以下多缺文。
> 但按《敏求記》謂此書諸家目錄俱不載，藏書家亦無有蓄之
> 者。則今本雖非完書，金源典故猶藉以有考焉。③

---

① 《兩淮商人馬裕家呈送書目》、《浙江省第六次呈送書目》，吳慰祖校訂《四庫採進書目》，商務印書館，1960 年，第 72、120 頁。

② 《署理浙江巡撫熊學鵬奏購訪遺書情形並進呈書目折（乾隆三十七年十一月二十一日）》，中國第一歷史檔案館編《纂修四庫全書檔案》一一，上海古籍出版社，1997 年，第 17—19 頁。

③ 沈初等撰，杜澤遜、何燦點校《浙江採集遺書總錄》丁集《史部掌故類一·總類》，上海古籍出版社，2010 年，第 204 頁。

這是一部僅有十九卷的殘本，沈初等人將其定爲明昌六年張暐等所進，但是並沒有説明理由。按今傳《文選樓藏書記》實即浙江進呈四庫館的書目清單之一部分①，其中著録此本《集禮》云：

> 《金雜禮》十九卷。不著撰人姓名。抄本。是書記金代册立、字號、分封、祭享等制度儀文。自十二卷以下原有缺文。②

按金代别無《金雜禮》一書，此必是《金集禮》之誤。考國家圖書館藏清抄本《文選樓藏書記》原作"金褋禮"③，蓋"集"誤爲"褋"，又改爲"雜"。可知此本《集禮》原不著撰人姓名，沈初等人關於編撰情況的説法並非根據原書，而是另有所本。按沈初等人序録各書時，曾參考過各家公私目録和其他相關圖籍，如《千頃堂書目》、《經義考》、《讀書敏求記》等④，《集禮》此條的根據大概就是《千頃堂書目》，且其所據本已經訛誤。

《四庫全書總目》的《集禮》提要雖與沈初等人的意見一致，卻並非是直接由此而來，館臣的提要初稿完全是另一種説法。四庫館中負責擬寫《集禮》提要初稿的是翁方綱，他所據的本子不是浙江採進本，也沒有採取沈初等人的意見。按清高宗在徵集天下圖書時，要求各省督撫學政等"先將各書序列目録，注係某朝某人所著，書中要旨何在，簡明開載，具折奏聞。候匯齊後，

---

① 楊洪升《〈文選樓藏書記〉考實》，《文獻》2011年第4期，第66—79頁。

② 題阮元撰，王愛亭、趙嫄點校《文選樓藏書記》卷二，上海古籍出版社，2009年，第156頁。

③ 題阮元《文選樓藏書記》，《中國著名藏書家書目匯刊》明清卷第25冊影印國家圖書館藏清抄本，商務印書館，2005年，第82頁。此即王愛亭等點校本所據爲底本者。

④ 杜澤遜、何燦《浙江採集遺書總録·點校説明》，第2頁。

令廷臣檢核,有堪備覽者,再開單行知取進"①。是以各地進書往往分爲兩步,先將本地採集到的書籍製成目錄奏呈,其後才將書籍上進。但是各地官員在實際操作中,爲了避免麻煩,也有的直接將目錄與書籍一起上進。兩淮馬裕家藏本《集禮》由兩淮鹽政李質穎於乾隆三十八年四月初六日連同書目一起解送進京;浙江採進本《集禮》所在的這批書籍,則於同年五月十三日呈送書目,九月初六解送原書②。翁方綱在五月初八日已經領到了第一次分配的二十四種書,其中即有《集禮》③,此時浙江尚未呈送書目,則這部《集禮》自然不可能是浙江所進。《總目》注明《集禮》爲"兩淮馬裕家藏本"④,翁氏領到的大概就是李質穎所進的馬裕藏本。

在《集禮》提要初稿中,翁氏於其編撰情況云:

> 此書內所載事,有大定七年、十一年、十九年、二十七年(册太孫事在三月),大約其書之編輯告成,在大定之末年,俟考。

> 謹按:《大金集禮》四十卷,無編輯年月姓氏。金世宗時,命官參校唐宋故典沿革,匯次上之。至章宗明昌初書

---

① 《諭內閣著各直省督撫學政購訪遺書(乾隆三十七年正月初四日)》,《纂修四庫全書檔案》一,第2頁。

② 《兩淮鹽政李質穎奏續呈馬裕家藏及總商等訪得書籍折(乾隆三十八年四月初六日)》、《浙江巡撫三寶奏續購得遺書情形並進呈書目折(乾隆三十八年五月十三日)》、《浙江巡撫三寶奏派員解送在局書籍並呈續獲遺書清單折(乾隆三十八年九月初六日)》,《纂修四庫全書檔案》五六、七一、一○五,第93—94、112—113、149—150頁。

③ 沈津《翁方綱年譜》引南京圖書館藏《蘇齋纂校四庫全書事略》稿本,臺北"中央研究院"中國文哲研究所,2002年,第68頁;翁方綱纂、吳格整理《翁方綱纂四庫提要稿》別錄"纂修翁第一次分書二十四種",第1205頁。

④ 《四庫全書總目》卷八二《史部·政書類》,第703頁。

成，凡四百餘卷，名曰《金纂修雜録》。今其書不傳。此書則又在明昌編輯之前，惟見於《金史・張行簡傳》，而其編次之詳不著。以其時核之，當是大定末年所編耳。①

由此可知，馬裕藏本《集禮》没有關於"編輯年月姓氏"的信息，翁氏根據書内所載各事的時間，推斷其爲大定末年所編。在這篇提要初稿中，看不出沈初等人意見的影響，也没有提到過張瑝，大概翁氏並不知道有《集禮》爲明昌六年所進之説。

《集禮》提要稿在乾隆三十九年七月之前已經進呈，沿用了翁氏的上述推斷，其言曰：

> 是書無編輯年月姓氏。考金世宗時嘗命官參校唐宋故典沿革，匯次上之，至章宗明昌初書成，凡四百餘卷，名曰《金纂修雜録》，今其書不傳。此書則又在明昌之前，惟見於《金史・張行簡傳》，而纂輯之詳弗著，以其時核之，當是大定末年所編次也。②

這份提要稿對於《集禮》成書年代的分析和判斷，與翁氏提要初稿的觀點完全一致，僅僅在文字上作了一些潤飾而已。文淵閣本《集禮》進呈於四十二年三月，文溯閣本進呈於四十七年四月，文津閣本進呈於四十九年閏三月，三本的書前提要除一二文字

---

① 翁方綱纂、吴格整理《翁方綱纂四庫提要稿》，第 409 頁。

② 《四庫全書初次進呈存目・史部・故事類》，臺灣商務印書館、臺北"國家圖書館"，2012 年，第 889—891 頁。關於此部提要稿的年代可參劉浦江師《〈四庫全書初次進呈存目〉再探——兼談〈四庫全書總目〉的早期編纂史》，《中華文史論叢》2014 年 3 期，第 295—330 頁。

差異之外,均與此份提要稿幾乎完全相同。①

　　但這並不是四庫館臣的最終意見,《四庫全書總目》的《集禮》提要才是最後的定稿。《總目》首先也説明《集禮》"不著撰人名氏,亦不著成書年月",但隨後卻放棄了大定末年成書的結論,而採納了所見《千頃堂書目》中明昌六年張暐等進書之説,且謂"今考書中紀事斷至大定,知爲章宗時書,虞稷所載當不誤也"②。《四庫全書簡明目録》(以下簡稱《簡明目録》)的《集禮》提要與《總目》觀點全同,只是更加簡潔明瞭,徑云"金明昌六年禮部尚書張暐等奏進"③。蓋館臣初纂提要時未知此説,後來檢得《千頃堂書目》此條,認爲其可信,遂改變了原來的觀點。但館臣所據《千頃堂書目》已然出現錯訛,又没有詳細考察其説的來源,遂一仍其誤,不知張暐等所進本是《大金儀禮》,而非《集禮》。

　　《簡明目録》成於乾隆四十七年七月④,則館臣之改變觀點當在此之前。但是,不僅文淵、文溯兩閣《集禮》的書前提要没有重寫,進呈於四十九年的文津閣本也未改寫,這大概是謄録人員手中所據提要一直未曾抽換之故。除了書前提要之外,文淵閣本《集禮》書中也仍然未題作者,文溯閣本的情況現在無法得知,令人感到蹊蹺的是文津閣本,每一卷的卷題之下都題有"金張暐等撰"五字。按文津閣本《集禮》除了漏抄目録之外,内容與文淵閣

　　① 《大金集禮》書前提要,臺灣商務印書館影印文淵閣《四庫全書》第 648 册,第 32—33 頁;《金毓黻手定本文溯閣〈四庫全書〉提要》,中華全國圖書館文獻縮微複製中心,1999 年,第 366 頁;文津閣《大金集禮》書前提要,商務印書館影印文津閣《四庫全書》第 648 册,第 544 頁。

　　② 《四庫全書總目》卷八二《史部·政書類》,第 703 頁。

　　③ 《四庫全書簡明目録》卷八《史部十三·政書類》,第 341 頁。

　　④ 《質郡王永瑢等奏〈四庫全書簡明目録〉等書告竣呈覽請旨陳設刊行折(乾隆四十七年七月十九日)》,《纂修四庫全書檔案》八九六,第 1602 頁。

本全同，並非底本有異，然則爲何會題有作者名氏，又爲何時所題，便成了亟待解決的問題。

　　筆者發現，文津閣本《集禮》與其他庫書相比，每卷首的行款有所不同。《四庫全書》的通用行款是每半葉八行，每行二十一字，卷首第一行頂格題"欽定四庫全書"，第二行退一格題書名卷數，第三行題作者。但文津閣本《集禮》的作者卻題在第二行書名卷數之下，與體例不合，可見最初抄寫《集禮》時並未題作者名氏，而是全書抄成之後補題。卷一二至卷一七更是存在明顯的挖補痕跡，此六卷《集禮》原闕，僅存幾段文字並爲一卷，題"大金集禮卷十二至卷十七原有闕文"。按《四庫全書》所題作者包括朝代、作者姓名、編撰形式三項内容，三者之間各空一格，行末又餘二格，是以《集禮》作者雖只"金張暐等撰"五字，卻需占九格。而此卷由於卷題字數過多，剩餘格數已不足補題作者，遂進行挖補，將"原有闕文"四字移至第三行，作者仍與書名卷數擠寫於第二行。但如此一來，此葉則多出一行，於是又將原占五行共九十一字之正文第一段重寫，改爲每行二十三字，遂僅占四行，仍保持半葉八行。[①]　此葉之所以要挖補換寫，顯是爲了補題作者。

　　既然文津閣本《集禮》的作者爲後來補題，那麼，其補題的原因與時間究竟如何呢？　筆者推測，這大概與《四庫全書》的覆校有關。爲明確覆校《集禮》的負責官員，需先將《四庫全書》繕録特別是題寫銜名的問題略作説明。《四庫全書》在繕録時，首先由謄録抄寫，然後經過分校官、覆校官（乾隆四十二年末改爲總

---

　　①　《大金集禮》，商務印書館影印文津閣《四庫全書》第 649 册，第 20 頁。

校官）的校勘①，並於“每册後副頁填寫銜名，以便稽核”②，又經總裁閲看之後始行上進。全書告成之後，還存在很多疏失舛漏的問題，爲此曾進行過兩次大規模的覆校。其中北四閣的第一次覆校是在乾隆五十二年至五十五年，第二次覆校則在五十六年至五十七年③。這兩次覆校的負責官員都在書前副頁上用浮簽留下了自己的銜名。第一次覆校的官員稱“詳校官”，“於書前副頁下粘簽注明詳校官恭閲銜名”④，如文淵閣本《集禮》題“詳校官監察御史臣劉芬”，文津閣本題“詳校官檢討臣德生”，劉芬與德生即是這次覆校兩閣《集禮》的負責官員。第二次覆校則稱“覆勘”，這在相關檔案中隨處可見，如五十六年十二月初九日奏“遵旨覆勘《四庫全書》”，五十七年四月初十日奏“前赴熱河覆勘文津閣書籍”等等⑤，文淵閣本《集禮》題“編修臣程嘉謨覆勘”，文津閣本題“臣紀昀覆勘”，説明二人分別負責覆勘兩閣《集禮》。

需要説明的是，這兩次覆校都是於書前副頁粘貼浮簽注明負責官員銜名，與纂修全書時於書後副頁填寫謄録與校對官銜名不同。現今影印出版的文淵閣本全書將“原書之封面、封面裏

① 參黄愛平《四庫全書纂修研究》，中國人民大學出版社，1989年，第141頁。

② 《辦理四庫全書處奏遵旨酌議排纂四庫全書應行事宜折（乾隆三十八年閏三月十一日）》，《纂修四庫全書檔案》四九，第75頁。

③ 關於《四庫全書》的覆校問題可參看黄愛平《四庫全書纂修研究》第七章《〈四庫全書〉的撤改與復校》，尤其是第二節《内廷四閣全書的復校》（第190—211頁）。

④ 《質郡王永瑢等奏遵旨酌定校勘文淵文源閣全書章程折（乾隆五十二年五月二十三日）》，《纂修四庫全書檔案》一二〇五，第2009頁。

⑤ 《左都御史紀昀奏文淵閣書籍校勘完竣並進呈舛漏清單折》、《左都御史紀昀奏前赴熱河覆勘文津閣書籍情形折》，《纂修四庫全書檔案》一四二三、一四四一，第2273、2299頁。

之浮簽及每册末頁之總校與謄録者之姓名職銜,皆一體印出"①,
但這三項内容是被合爲一葉印於册首,與原書分列於册首册尾
形式不同。影印文津閣本每種書的第一册也是如此,第二册以
後則不再印封面,而將各人銜名一併印於本册末頁,不過國家圖
書館的網站展示有文津閣本《四庫全書》②,可以很方便地看到其
原始形式。

根據兩次覆校的情況,筆者推測文津閣本《集禮》所題"金張
暐等撰"字樣可能是在第二次覆校時補上的,這與此次覆校的重
點有關,也與此次覆校的負責人有關。按乾隆五十六年七月,高
宗發現文津閣本《揚子法言》卷一篇首有空白兩行,"因檢查是書
次卷核對,竟係將晉、唐及宋人注釋名氏脫寫",大爲震驚,要求
紀昀帶人將"此外各書有似此脫誤者,一體抽閱填改。如再不細
心詳檢,經朕看出,必將紀昀等加倍治罪,不能再邀寬貸也"③。
《四庫全書》的第二次覆校由此開始。這次覆校的觸發點是脫寫
作者名氏的問題,而且是文津閣《四庫全書》的問題,可以想見,
紀昀等人在覆校時必然會對類似問題加倍注意,文津閣本更是
不容怠慢。今文津閣本《集禮》題有"臣紀昀覆勘"五字,可見是
由紀昀親自覆勘。紀昀被高宗點名批評,在覆勘時自然倍加認
真,此時《總目》已定《集禮》爲張暐等進,紀昀大概即據以補題作
者。而且紀昀是四庫提要的總纂官,《集禮》改寫提要一事應當

---

① 《影印文淵閣四庫全書緣起》,臺灣商務印書館影印文淵閣《四庫全書》第 1
册,第 6 頁。
② 中國國家圖書館網站華夏記憶—精品展廳—文津閣四庫全書,http://www.
nlc.gov.cn/hxjy2008/shipinskqsskqs.swf。
③ 《諭內閣將文津閣全書內〈揚子法言〉空行交軍機大臣填補等事(乾隆五十六
年七月十八日)》,《纂修四庫全書檔案》一三九一,第 2233 頁。

經過了他的同意，或許即出自他的意見也未可知，若果真如此，則此次覆校補題作者更屬順理成章。文淵閣本的覆校可能不如文津閣本嚴密，其負責人程嘉謨也未必知道此説，遂仍然未題撰人。

關於《集禮》的編撰情況，除了大定末年成書説與明昌六年張暐等進書説之外，四庫館臣在别處提要中還有另一種完全不同的説法。《總目》的《金史》提要云："《曆志》則采趙知微之《大明曆》而兼考渾象之存亡，《禮志》則掇韓企先等之《大金集禮》而兼及雜儀之品節。"①則又將《集禮》的作者定爲韓企先等人。按韓企先雖然對金代的制度建設起過很大作用，但他是金初人，熙宗皇統六年(1146)即已去世，②不可能是《集禮》的作者，《總目》此説無稽。查《金史·禮志》序曰：

> 圖籍散逸既莫可尋，而其宰相韓企先等之所論列，禮官張暐與其子行簡所私著《自公紀》，亦亡其傳。故書之存，僅《集禮》若干卷。③

在《集禮》之前曾提到過韓企先，但二者之間顯然没有什麽直接聯繫。館臣此説大概即源自這段文字，而偶有疏失，誤將二者混在一起。

通過以上考證可以看出，四庫館中關於《集禮》的成書問題有三種不同的説法：其一，翁方綱提要初稿和書前提要的大定末年成書説；其二，《簡明目録》和《總目》的明昌六年張暐等進書

---

① 《四庫全書總目》卷四六《史部·正史類》，第 414 頁。
② 《金史》卷七八《韓企先傳》，第 1778 頁。
③ 《金史》卷二八《禮志一》，第 692 頁。

説;其三,韓企先所撰説。其中,前兩種説法經歷了頗爲曲折的變化,反映出《四庫全書》纂修的複雜性。由於《簡明目録》與《總目》的廣泛流傳,《大金集禮》爲明昌六年張暐等進呈説的影響最爲深遠,爲眾多學者所沿襲,可謂貽誤久遠。經過本文從四庫學的角度仔細爬梳,終於基本弄清了這一問題的來龍去脈,庶使其説不再誤導後人。

第二節　《大金集禮》原貌探賾——兼論其會要性質

《大金集禮》一書分門類事,每一門都按時間順序記載相關禮儀制度與事件,若有與本門相關而又較次要較瑣細者,則附於其後爲雜録。全書涉及金代禮儀的各個方面,如郊祀、宗廟、孔廟、諸神祠、尊號、儀衛、輿服、朝會、各種儀制等,有些内容已超出傳統的五禮範圍。從時間上來看,則太祖、太宗兩朝記事甚少,而以熙宗、海陵、世宗三朝之事爲主。

《集禮》修成之後,在流傳過程中逐漸殘缺不完。元代所修《金史·禮志》序曰:“故書之存,僅《集禮》若干卷,其藏史館者又殘缺弗完,姑掇其郊社宗廟諸神祀、朝覲會同等儀而爲書,若夫凶禮則略焉。”[1]知其時已頗有殘缺,但元朝史臣所見者較之今本仍要完整許多,故《金史·禮志》的很多内容在今本《集禮》中已了無痕跡。其他典籍對《集禮》的引用雖然不多,也頗有超出今本之外者。本節的主要目的就是探尋《集禮》究竟缺佚了哪些部

---

[1]　《金史》卷二八《禮志一》,第 692 頁。

分，以求儘量把握其原貌，並在此基礎上判明其性質與體例。

一、《大金集禮》缺佚門目探微

今本《大金集禮》盡於四十卷，而缺佚頗多，卷二六與卷三三兩卷全闕，卷六《追諡后》缺《悼平皇后》部分，卷二七《儀仗上》缺《行仗》的末尾部分與《立仗》的全部。此外，卷一二至卷一七原共六卷，今僅有數條並爲一卷，所載爲東京貞懿皇后影殿及中都山陵之事，除大定十八年一條，其他皆爲章宗、衛紹王時事，錢大昕已指出"蓋後人取它書攙入，非《集禮》元文也"。① 更值得注意的是卷一〇《皇帝夏至日祭方丘后土同》，所載實爲唐禮，彭元瑞已發現此點，指出："卷中如高祖、太宗文武聖皇帝及介公、酅公，俱唐事，文亦與《開元禮》大概相同，核此書次序，此卷當是圜丘儀，本書已亡，好事者鈔《開元禮》以足之，而少變其文也。"② 陳成國又進一步發現，此卷實爲《通典》卷一一二《開元禮纂類七》之文③，其非《大金集禮》原文可以確定。總計以上，今本《集禮》缺佚的內容有八九卷之多，約占全書的五分之一强。

那麽，這些缺佚的部分原本記載了哪些內容呢？ 有些卷次較容易推測，如卷六與卷二七，通過卷前小題即可知所缺之門目，尤其是卷二七雖然所缺甚多，但《金史·儀衛志》關於行仗、立仗的記載十分完整，可知在元修《金史》時，這一部分尚存。彭元瑞謂："顧《禮志》所載郊禮及立仗、天德行幸儀仗第七八節，今

---

① 錢大昕《潛研堂文集》卷二八《跋〈大金集禮〉》，第 482 頁。上節指出可能是《續集禮》之文。

② 上海圖書館藏彭元瑞校本《大金集禮》卷一〇，館藏號 829898-903。

③ 參陳成國《大金祭祀與相關問題》，《湖南師範大學社會科學學報》，2000 年第 3 期，第 81—87 頁。

書所無,則又非元舊矣。"①已經指出《金史·禮志》所載郊禮及《儀衛志》所載立仗、天德行幸儀仗的第七八兩節,當爲《集禮》所缺失的部分。按《儀衛志》所載立仗包括大定八年所用黄麾半仗與黄麾細仗,行仗則包括天眷法駕、天德黄麾仗、大定黄麾仗與大駕鹵簿,除天眷法駕與天德黄麾仗的大部分今本《集禮》尚存,無需討論外,其他部分都應該是《集禮》卷二七《儀仗上》的原有内容。

其他各卷所缺内容則不能如此輕易推知,卷一二至一七、卷二六、卷三三,這八卷不但正文已佚,而且没有留下任何標題,只能求諸他法。本文擬採用以下兩種途徑來尋繹其原貌。其一,《集禮》現存各卷中經常有"具某某門"或"見某某門"的小注,有些門名是今本《集禮》所没有的,這可以用來推測其原本有過哪些門目。彭元瑞已注意到這一點,曾謂"其自注'見行幸門'、'皇太子門'皆無之"②,不過他没有系統地進行過整理。其二,通過其他文獻對《集禮》的引用來探求,這方面的材料比較少,需要結合《金史》、《集禮》加以比對,以獲得更多的信息。

首先依據第一種方法進行探討。兹將《集禮》各處所見"具某某門"的小注,及其是否見於今本《集禮》的情況,列表如下:

---

① 彭元瑞《知聖道齋讀書跋》卷一《大金集禮》,《叢書集成初編》本,第12頁。
② 彭元瑞《知聖道齋讀書跋》卷一《大金集禮》,第12頁。按《集禮》卷八即爲皇太子門,今尚完好無缺,彭氏藏本亦然,跋文偶誤,但行幸門確爲今本所缺。

《集禮》注文所見門目表

門目	出處	今本有無此門及所在卷次	有無小注所指之事
奏告門	卷 23	無	
朝會門上	卷 23	卷 39	有
朝會門	卷 31	卷 40	有
皇太子門	卷 25、卷 29、卷 30	卷 8	有
親王門	卷 25、卷 30	卷 9	有
公主門	卷 25	卷 9	有
行幸門	卷 27（兩見）	無	
園陵門	卷 28	無	
樂門	卷 30	無	
太后門	卷 30	卷 5	有
太后皇后門	卷 31	卷 5	有
妃門	卷 30	卷 7	有
宗室門	卷 30	卷 9	有
雜儀式卷上	卷 30	無	
雜儀式下卷	卷 30	無	
雜儀式下門	卷 40	無	
拜日門	卷 40	無	
奏事門	卷 40	卷 31	有
休假門	卷 40	卷 32	有

此種小注今共檢得二十二條，所見共十五門，分別是奏告、朝會、皇太子、親王、公主、行幸、園陵、樂、皇太后皇后、妃、宗室、雜儀式、拜日、奏事、休假[①]。其中九門現存，小注中所指之事也都可以找到。另外有奏告、行幸、園陵、樂、雜儀式、拜日六門，則

[①]　注文所見太后門與太后皇后門均指卷五《皇太后皇后》；雜儀式卷上、雜儀式下卷、雜儀式下門蓋均指雜儀式門，而又有上下之分，當原有兩卷。

今已不存,下面依次進行詳細論述。

1. 奏告門

"具奏告門"小注出自卷二三《御名》,大定十四年世宗更名爲"雍",三月十七日頒佈更名詔書,並且:

> 仍遣官分告天地、宗廟、社稷、五嶽。具奏告門。

此次更名曾遣官奏告天地、宗廟、社稷、五嶽,其詳見於奏告門。今本《集禮》此門已不存,然《金史·禮志四·奏告儀》正有大定十四年之事,並詳載所遣官員之名及奏告太廟之儀注[①]。可見《集禮》此門在元修《金史》時尚存,《禮志四·奏告儀》正是據其修入。除大定十四年奏告之外,《禮志四》還有貞元四年(1156)及大定七年上尊號奏告天地之事,則《集禮》奏告門也應有此二事。

2. 行幸門

"具行幸門"小注凡兩條,均出自卷二七《儀仗上·行仗》,原文如下:

> 天眷三年九月,幸燕,儀衛用法駕。總數稍異,具行幸門。
>
> 天德五年,還都燕京,儀衛用黃麾仗,增爲一萬三百四十八人,馬三千九百六十九匹。元檢討具行幸門。

《集禮》卷二七記載的是所用儀仗的具體内容,即車馬儀物之明細,但這些内容是如何確定的,其討論的經過如何,則當載於行幸門。《金史·禮志》與《儀衛志》皆無檢討儀仗的相關記載,大概在元修《金史》時,《集禮》此門即已缺失。推測行幸門除了天

---

① 《金史》卷三一《禮志四·奏告儀》,第752—753頁。

眷幸燕、天德遷燕兩事外,還應有其他行幸之事的記載,如世宗大定六年幸西京、二十四年幸上京等。

3. 園陵門

"園陵門"之名出自卷二八《儀仗下·皇后鹵簿》。本卷記載了大定十九年改葬昭德皇后於大房山時討論所用鹵簿之事,其末云:

> 是時,鹵簿內重翟等六車改用圓方輅等,及行障、坐障、錦六柱、宮人車、供奉宮人各不見人數,再檢討定制度人數。並具園陵門。

此處所謂圓方輅、行障、坐障等制度人數,全載於《金史·輿服志上》[①],則元修《金史》時此門尚存。園陵門所載蓋即與帝室園陵相關之事,不過此門還有哪些內容,在《金史》諸志中似乎找不到十分確切的線索。唯《金史·禮志》序稱:"姑掇其郊社宗廟諸神祀、朝覲會同等儀而爲書,若夫凶禮則略焉。蓋自熙宗、海陵、衛紹王之繼弒,雖曰'鹵簿十三節以備大葬',其行乎否耶,蓋莫得而考也,故宣孝之喪禮存,亦不復紀。"[②]則《集禮》中有關於宣孝太子喪禮的記載,或許即出自園陵門。[③]

4. 樂門

"樂門"之名見於卷三〇《輿服下·寶》。世宗大定十八年造"大金受命萬世之寶",上進之後,皇太子與百官稱賀,其儀注云:

---

① 《金史》卷四三《輿服志上·皇后妃嬪車輦》,第973頁。

② 《金史》卷二八《禮志一》,第692頁。

③ 今本《集禮》卷一二至一七載有明昌、大安年間山陵祭享及勘定地界之事,或原爲《續集禮》園陵門之文?

典贊儀引皇太子出殿,降自東階,宮懸樂作,前後樂曲並見樂門。至褥位,立定。

這裏沒有言明皇太子降階時宮懸所奏樂曲,而謂"前後樂曲並見樂門",知樂門必載有此次上寶儀所用樂曲。按《金史·樂志下》亦載有此次上寶儀所用之樂歌,正包括"皇太子升殿、並自侍立位降階,宮懸《稱觴介壽之曲》"及樂章[①],則其必録自《集禮》樂門。由此更進一步推論,《集禮》其他卷次所載典禮儀注中,或不載樂曲之名,或有曲名而無樂章,其樂曲當均載於樂門。《金史·樂志》殿庭樂歌及其前後的郊祀樂歌、宗廟樂歌、鼓吹導引曲、采茨曲等也應出自《集禮》樂門。當然,宗廟樂歌中的世宗、顯宗、章宗、宣宗四帝樂曲時代在《集禮》成書之後,可能是録自《續集禮》,或另有其他來源。

5.雜儀式門

"雜儀式門"在卷三〇《輿服下·臣庶車服》、卷四〇《朝會下·朔望常朝儀》共出現三次。卷三〇出現的場合如下:

(大定)十一年,奏定,東宮左右衛率、僕正副、典贊儀、内直郎丞當直,服金帶。具雜儀式卷上。

(大定儀制官員服用制度)宰執等並内外官制度,及親王、宰執治事服帽帶,餘展皂。見雜儀式下門。

卷四〇則出現在天眷二年所定朔望常朝儀中:

(官員)入宮從人給牌。具雜儀式下門。

這三條涉及到官員服用及牌符制度,時代自天眷至大定,相關制

---

① 《金史》卷四〇《樂志下·殿庭樂歌》,第914頁。

度的概況基本明確，但仍然需要與雜儀式門互見，則彼處所載必定更爲詳細。結合《集禮》其他卷的内容可以推測，雜儀式門當不僅載有相關的制度，還應載有擬定這種制度的過程，以及其間臣僚的討論。雜儀式門分上下兩卷，内容應該較爲豐富，除了與官員服用和牌符制度相關的資料外，還有哪些内容，今不能確知，唯《金史·禮志四》卷末有一些與宗廟相關的記載，包括大定中討論祭祀所用犧牲品物之事，總名曰"雜儀"①，或許與此門有一定的淵源關係。

6. 拜日門

"拜日門"見於卷四〇《朝會下·朔望常朝儀》。天眷二年所定常朝及朔望儀式規定：

> 朔旦，拜日。具拜日門。

這裏只記載了拜日的時間，至於具體儀節則應載於拜日門。《金史·禮志二》有朝日夕月儀，但除了最開始的五十餘字之外，其他内容都是拜日儀，正包括天眷二年禮的詳細儀節②，其出自《集禮》拜日門當無可疑。因知該門在元修《金史》時尚存，《禮志二》所載金初至大定年間與拜日相關的制度，當皆源出於此。

以上，根據《集禮》書中的小注並結合《金史》，討論了《集禮》一部分缺佚門目的情況，計有奏告、行幸、園陵、樂、雜儀式、拜日六門。接下來，再從其他文獻對《集禮》的引用來進一步探討其缺佚内容。

《金史·禮志》據《集禮》修成，是尋求《集禮》原貌最重要的

---

① 《金史》卷三一《禮志四·雜儀》，第 765—766 頁。
② 《金史》卷二九《禮志二·朝日夕月儀》，第 722 頁。

資料。《禮志》首載南郊之儀,但今本《集禮》卻僅有夏至祭皇地祇之儀。按南郊爲吉禮之最重者,《集禮》不當缺載,故歷代學者於此均致疑義。吳焯云:"禮先圜丘而後方丘,編中脫去郊儀,原編必不應爾。"①彭元瑞、錢大昕、《四庫全書總目》也皆認爲原書當有南郊之儀②。按陳戍國已經指出,今本《集禮》卷一〇《皇帝夏至日祭方丘》實爲《通典》之文,所載爲唐禮,而非金禮③。然而,此卷原來載有何種禮制呢?《金史·禮志》序稱史館所藏"僅《集禮》若干卷,……姑掇其郊社宗廟諸神祀、朝覲會同等儀而爲書"④,明謂郊社之儀採自《集禮》。而《集禮》卷一一爲北郊祭方丘之禮,南郊當在北郊之前,則《集禮》卷一〇的原文極有可能就是南郊儀注。

又《金史·樂志上·雅樂》宗廟部分謂"其別廟昭德皇后、宣孝太子所用,並載儀注、樂章"⑤。按昭德皇后、宣孝太子別廟所用樂章載在《樂志下·宗廟樂歌》⑥,蓋出自《集禮》樂門,而其儀注卻不見於史文。《金史》中關於兩所別廟的材料集中在《禮志六》,其中昭德皇后廟的部分完全没有祭享儀注,宣孝太子廟雖有"樂用登歌,今量減用二十五人,其接神用無射宫,升降徹豆則歌夾鐘"一句⑦,其宫調亦與《樂志》所載樂章相合,但是也没有行禮用樂的具體儀注。史官謂"並載儀注、樂章",殆當時尚能得見

---

① 丁丙《善本書室藏書志》卷一三《史部·政書類》,第 550 頁。
② 彭元瑞《知聖道齋讀書跋》卷一《大金集禮》,第 12 頁;錢大昕《潛研堂文集》卷二八《跋〈大金集禮〉》,第 482 頁;《四庫全書總目》卷八二《史部·政書類》,第 703 頁。
③ 陳戍國《大金祭祀與相關問題》,第 81—87 頁。
④ 《金史》卷二八《禮志一》,第 692 頁。
⑤ 《金史》卷三九《樂志上·雅樂》,第 886 頁。
⑥ 《金史》卷四〇《樂志下·宗廟樂歌》,第 908—909 頁。
⑦ 《金史》卷三三《禮志六·別廟》,第 800 頁。

相關材料，並有意修入史中，後來漏載儀注，遂致前後不相照應。史官所據當即《集禮》，今本《集禮》卷二二《別廟》僅有孝成舊廟，而大定十五年奉安儀注云"儀衛如昭德皇后過廟儀"，則《集禮》原本必有關於昭德皇后廟的内容，今本已缺失。繆荃孫謂："史志此下尚有昭德皇后廟、宣孝太子廟諸禮節，而此無之，當亦闕佚也。"[①]謂《金史·禮志六·別廟》部分源於此卷，其所論當是。但需要注意的是，《集禮》卷二二所載兩別廟之禮應還有超出《禮志六》的内容。

除了《金史》之外，其他元明史籍稱引《集禮》者，也有助於推測其亡逸部分。《元典章》載：

> 至元九年(1272)正月，中書吏禮部：……其重五、重九拜天，據《集禮》所載，金人立國之初，重五拜於鞠場，重九拜於都城外。[②]

按元代所修禮書最早者亦名《國朝集禮》，然其成書已在至元二十九年，且内容皆屬朝儀[③]，此處引用之《集禮》所載爲金人拜天之事，顯然與其無涉，故只能是指《大金集禮》。按今本《集禮》已無相關内容，而《金史·禮志八》有拜天之禮，其首段正有關於拜天時間、地點的記載[④]，與此相合，其出於《集禮》無疑。《禮志》所載拜天禮自具首尾，考慮到《集禮》有拜日門，則或許還有拜天

---

① 繆荃孫《〈大金集禮〉校勘記》卷二二，廣雅書局刊本，葉14b。
② 《元典章》卷三〇《禮部三·禮制三·祭祀·革去拜天》，第1079—1080頁。
③ 參《元史》卷一五〇《趙璟傳附子秉溫傳》，中華書局，1976年，第3555頁；蘇天爵《滋溪文稿》卷二二《故昭文館大學士中奉大夫知太史院侍儀事趙文昭公行狀》，中華書局，1997年，第366—367頁。
④ 《金史》卷三五《禮志八·拜天》，第826—827頁。

一門。

又上節已論《金史·禮志七》所載中央與州郡祭社稷之禮皆當出自《續集禮》，蓋《續集禮》原有社稷一門，《集禮》應亦如此，以載世宗以前之資料。唯這一部分可能在元修《金史》時已經缺失，故《禮志》對大定以前的社稷記載只有很簡單的一兩句。[①]

至此，通過以上兩種方法的考索，已探明了今本《集禮》所缺的部分門目，但《集禮》原貌的完全恢復，恐已爲不可能之事。爲儘量了解《集禮》一書的基本情況，這裏還有必要對《集禮》門目與卷數的關係問題稍加討論。

《集禮》一書分門類事，有些門下又分子目，但卷與門並不一一對應，卷題也不一定就是門名。以小注中所見門目與各卷對照，可知各門的篇幅也有很大差距，有的一門獨佔兩卷，如朝會門分爲上、下，當今本卷三九、四〇；有的一卷即有數門，如小注中所見親王門、宗室門、公主門均在卷九，而此卷尚有"郡縣主"一部分，即卷九包含四門。今各卷卷首既有總題，又有分題，有些門名與總題對應，如皇太子門、朝會門；有些則與分題對應，如上舉親王門、宗室門等。所以各卷標題如何與門名對應需要慎重考慮。今以小注中所見各門，結合各卷標題，一般以總題當一門，已知分題爲門名者，則以分題當一門，則今本《集禮》可分爲以下各門：

　　1 帝號。2 追加謚號。3 皇太后皇后。4 追謚后。5 妃。6 皇太子。7 親王。8 宗室。9 公主。10 郡縣主。11 祭皇地祇於方丘。12 時享。13 原廟。14 別廟。15 御名。16 聖

---

① 《金史》卷三四《禮志七·社稷》，第 803 頁。

節。17 赦詔。18 宣命。19 儀仗。20 輿服。21 班序。22
命婦。23 牋表。24 奏事。25 輟朝。26 廢務。27 休假。28
岳鎮海瀆。29 長白山。30 宣聖廟。31 雜祠廟。32 沿祀雜
錄。33 朝會。

以上共三十三門,加上小注中出現的奏告、行幸、園陵、樂、雜儀
式、拜日六門,可得三十九門。再加上通過其他途徑得知的南
郊、拜天、社稷等,則《集禮》原本當有四十多門。今本《集禮》盡
於四十卷,與門數大致相當,則其原本蓋即四十卷。

二、禮典抑或會要——《大金集禮》性質再認識

在大致了解《集禮》的原貌之後,可以對其性質與體例進一
步分析,以獲致更準確的認識。《集禮》作爲金代流傳下來的唯
一一部以記載禮制爲主的典籍,往往被視爲金代禮典,而與《大
唐開元禮》、《政和五禮新儀》等並稱。如《四庫全書總目》云:

> 其一朝令典,今有傳本者,惟《開元禮》、《政和五禮新
> 儀》、《大金集禮》、《明集禮》,大抵意求詳悉,轉涉繁蕪,以備
> 掌故則有餘,不能盡見諸施行也。[①]

《書目答問》也以四者並稱[②]。而本文開首所引楊志剛《中國禮儀
制度研究》以《集禮》來判斷金代是否有五禮制度,其態度蓋亦相
去不遠。然而,細察《大金集禮》的內容與體例,實與《大唐開元
禮》等書性質不同,並不具備"一朝令典"的地位。

臺灣學者張文昌對唐宋時代的禮書作過較系統的研究,他

---

① 《四庫全書總目》卷八二《史部·政書類·欽定大清通禮》,第 706 頁。
② 張之洞撰、范希曾補正、孫文泱增訂《增訂書目答問補正》卷二《史部·政書類
·古制之屬》,中華書局,2011 年,第 258 頁。

將國家禮典分爲兩類。一類稱爲"五禮禮典",其特點是内容全面且完整,包括吉、凶、軍、賓、嘉五類儀典,並由國家正式頒佈天下行用,作爲官民士庶行禮與教化之成文範式。較具代表性者,如唐代的《大唐開元禮》、宋代的《開寶通禮》與《政和五禮新儀》、明代的《大明集禮》、清代的《大清通禮》等。另一類稱爲"儀注集",爲與"五禮禮典"相對,也稱作"行政禮典",是禮官將當代所行之各式儀注彙編成書,從性質上來説是對五禮禮典的補充與修正,其行用範圍僅限於朝廷執行典禮的官員。如唐代的《禮閣新儀》、《曲臺新禮》,宋代的《禮閣新編》、《太常新禮》、《太常因革禮》、《中興禮書》、《中興禮書續編》等等。①

張氏的分類方法頗值得參考,以此二分法爲標準來衡量,《集禮》顯與《大唐開元禮》等書的性質判然有別,它不具備爲一代創法立制的性質,而更接近是一種儀注集。但《集禮》又與唐宋的儀注集類禮書不完全相同,而有獨具的特點。首先,唐、宋都是先有五禮禮典,勒成一代之法,其後不欲重新制禮,乃因事制宜,對五禮禮典進行補充與修正,形成變禮,儀注集就是這些變禮的彙編。而金代在《集禮》之前並没有頒佈五禮禮典,没有一部可以作爲基礎與典範的禮書。其次,儀注集是對五禮禮典的補充與修正,故其編撰也以五禮爲序,而《集禮》的編排則較爲淩亂。再次,《集禮》的内容雖以禮儀之事爲主,但有些部分已經超出傳統的五禮範圍,如卷九親王門首載封國等第,次載俸禄、印制、傔從、服制、班序,次載見客儀式、賜生日儀,就兼載了一部

---

① 張文昌《制禮以教天下——唐宋禮書與國家社會》,第39—41、131、227—228頁。

分官僚制度。故《集禮》尚不能簡單地認爲是儀注集類禮書。

　　從編撰形式上看,《集禮》分門類事,每一門都按時間順序,記載相關典故與制度沿革,若有與本門相關而又較次要較瑣細者,則附於其後爲雜録。這種分門類事與後附雜録的體例,與會要相同。三上次男也提到《集禮》具有會要風格[①],其觀點深具史識,唯尚未深入討論《集禮》與會要的關係究竟如何,今試更申論之。

　　按《金史·張行簡傳》云:

　　　　行簡轉對,因論典故之學,乞於太常博士之下置檢閱官二員,通禮學資淺者使爲之,積資乃遷博士。又曰:"今雖有《國朝集禮》,至於食貨、官職、兵刑沿革,未有成書,乞定會要,以示無窮。"[②]

在張行簡看來,關於禮制之事,已有《集禮》可備檢討典故之用,而食貨、官職、兵刑部分則尚未編纂,所以,金朝需要編修會要,以便於朝廷行事時講求典故。會要包括朝廷制度的各個方面,而張行簡之意,蓋以《集禮》當會要之禮制部分。

　　除了檢討典故的功用以外,《集禮》與會要還有其他相似之處。在門目設置與編排次序上,若將《集禮》與傳統禮書相比,似乎顯得雜亂無章,然而,若與會要體典籍相比,則正與其中的帝系、禮儀等部分接近。以下試將《集禮》與王溥所作《唐會要》、《五代會要》做一對比,分析其間有何異同。三者都在一些門類之後附有雜録,與編排次序無關,暫時忽略。

---

① 　三上次男《金史研究》二《金代政治制度の研究》,第 36、37 頁。
② 　《金史》卷一○六《張行簡傳》,第 2331 頁。

設置帝系類並置於書首,是會要體史書的一個特點。蓋會要本爲便於檢討朝廷典故,出於尊崇帝室之義,故設在最前面。馬端臨曾説:"王溥作唐及五代會要,首立帝系一門,以敘各帝歷年之久近,傳授之始末;次及后妃、皇子、公主之名氏封爵。後之編會要者仿之,而唐以前則無其書。凡是二者,蓋歷代之統紀,典章係焉。"①闡明了會要中帝系類的内容與意義,而其《文獻通考》中亦設置帝系考一門。《集禮》雖未出現帝系之名,然前九卷皆爲帝系之事,其各門如下:

> 帝號、追加謚號、皇太后皇后、追謚后、妃、皇太子、親王、宗室、公主、郡縣主。

而《唐會要》前六卷的各門是:

> 帝號、追謚皇帝、皇后、内職、出宫人、儲君、追謚太子、皇太孫、諸王、公主、和蕃公主。

《五代會要》前二卷的相關各門則是:

> 帝號、追謚皇帝、皇后、内職、諸王、公主、婚禮。

可以看到,《集禮》與《唐會要》、《五代會要》不但都把帝系之事放在本書最前,而且在門目的設置和次序的編排上均極相近,大致都是按照皇帝、后妃、皇子、宗室、公主爲序②。不過,《集禮》畢竟不是完全按照會要的標準纂修的,故在具體内容的編排取捨上

---

① 馬端臨《文獻通考·序》,中華書局,1986年,第3頁。

② 《宋會要》首設帝系、后妃二類,皇子、宗室、公主入帝系類,在后妃之前(參陳智超《解開〈宋會要〉之謎》,社會科學文獻出版社,1995年,第143—151頁);南宋徐天麟所撰《西漢會要》、《東漢會要》帝系類以皇帝、皇后、皇子、宗室、公主、妃嬪爲序。皆與《唐會要》、《五代會要》不同。

有所不同。馬端臨作帝系考小序説明其編撰原則謂："今仿王溥唐及五代會要之體,首敍帝王之姓氏出處,及其享國之期、改元之數,以及各代之始終,次及后妃、皇子、公主、皇族,其可考者,悉著於篇。而歷代所以尊崇之禮、册命之儀,並附見焉。"①以此標準來衡量,則知會要近於史,故以帝王授受、名氏封爵爲重,相應禮儀制度則爲附見,故於王溥書中多入之雜録;而《集禮》則近於禮,故以"尊崇之禮、册命之儀"爲重,以儀注爲主。所以《集禮》這部分雖在編排上對王溥之書顯有借鑒,但在内容的畸輕畸重上也顯有區別。

在帝系之後,兩種會要與《集禮》所載均爲禮樂輿服之事,今亦就其門目次序加以討論。三者在相關門類的設置與編排上均不以五禮爲序,且多有超出傳統五禮之外者,蓋出於朝廷實際行政的考慮,並不追求禮制上的整齊劃一②。由於唐、五代、金中前期三個時代的實際政治運作有很大不同,所以三種書在門目多少、名稱、次序上也有很多差異。如《唐會要》有封禪一門,《五代會要》與《集禮》均無,是由於其皆無封禪之事;又如《唐會要》、《五代會要》均有武成王廟一門,而金代直到章宗泰和六年(1206)始建武成王廟,《集禮》中自然無此一門。類似的情況,在下面的比較中不能一一詳論,只略舉其大概,庶免繁蕪枝節。

比較時可分爲三個部分。第一部分,《唐會要》除卷七封禪外,卷八至卷一九主要是郊祀與宗廟之事,《五代會要》卷二後半

---

① 馬端臨《文獻通考·序》,第8頁。

② 《宋會要》的情況,據《玉海》卷五一所載,王珪所修《國朝會要》在帝系、后妃之後有禮、樂、輿服、儀制四類,其中禮"分爲五",顯然是以五禮爲序,與此不同。(王應麟《玉海》卷五一《慶曆國朝會要·元豐增修》,廣陵書社,2003年,第975頁)

與卷三前半亦是郊祀、宗廟。至於《集禮》，雖然卷一〇至卷一七大部分缺失錯亂，但通過前文的考證，卷一〇當爲南郊，卷一一爲祭皇地祇於方丘，卷一八至卷二二分別爲時享、原廟、別廟三門，均係宗廟之事；可以推測，《集禮》卷一〇至卷二二也是以郊祀與宗廟爲主。《唐會要》、《五代會要》這一部分皆有禘祫、功臣配享二門，爲今本《集禮》所無，然而《金史·禮志三》有禘祫一目，《禮志四》有功臣配享一目，或即源自《集禮》。

第二部分，《唐會要》卷二〇至卷二三主要有諸陵、社稷、風雷雨師、嶽瀆、前代帝王、武成王廟、緣祀裁制；《五代會要》的卷三後半及卷四前半則主要是社稷、嶽瀆、武成王廟、緣祀裁制、諸陵，與《唐會要》不同的是，把諸陵放在了後面。而《集禮》的編排次序也不太相同，在《集禮》接下來的卷二三至三二凡十卷皆無以上之事，與之相當者在卷三四至卷三八，分別是岳鎮海瀆、長白山、宣聖廟、雜祠廟、沿祀雜録。三者的内容均以郊祀宗廟之外的祭祀之禮爲主。按《集禮》卷三三原闕，前文考證《集禮》原有園陵、社稷二門，參考《唐會要》、《五代會要》的次序，原本可能就在卷三三。《集禮》又新設長白山一門，則是由其爲女真人興王之地，金代加以封册祭祀，故次於岳鎮海瀆之後。另一個較大的不同是，《集禮》於長白山門之後設置了宣聖廟一門，而《唐會要》、《五代會要》雖然在這裏有武成王廟，但“褒崇先聖”、“釋奠”二門則是在禮樂諸事之後，與學校、經籍等列在一起[1]。蓋《集禮》不載學校之事，故將宣聖廟雜厠於長白山與雜祠廟之間。此外，雖然《集禮》沒有風雷雨師、前代帝王、武成王廟三門，但《金

---

[1]　《唐會要》在卷三五，《五代會要》在卷八。

史·禮志》則均有之，查其事均在章宗以後①，或許《續集禮》曾設此三門。

　　第三部分，《唐會要》卷二三後半至卷三四門目設置十分瑣細，今略爲簡省，如受朝賀、諸侯入朝、朔望朝參等總稱朝會，大內、弘義宮、通義宮、慶善宮等總稱宮殿，則有諱、朝會、輟朝、百官奏事、班序、冊讓、命婦朝皇后、皇太子嘉禮、牋表例、待制官、行幸、祥瑞、追賞、節日、宮殿、輿服、樂等門目；《五代會要》卷四後半至卷七亦略爲簡省，計有諱、冊命、皇太子親王見三師禮、牋表例、待制官、祥瑞、行幸、追賞、節日、宮殿、朝會、輟朝、百官奏事、班序、章服、樂等。《集禮》剩餘的卷次，即卷二三至卷三二分別爲御名、聖節、赦詔、宣命、儀仗、輿服、班序、命婦、牋表、奏事、輟朝、廢務、休假，又卷三九與卷四〇爲朝會。這一部分的排列次序看不出明顯的規律，即使同爲王溥所修的兩種會要之間也有很大不同，但大致來説，皆以與皇帝制度、官僚制度相關者爲多。《集禮》在門目的設置上與兩種會要既有相似或相同的地方，也有區别。如御名、聖節、輿服、班序、命婦、牋表、奏事、輟朝、朝會諸門皆可在兩會要中找到相當的部分，有些全同，有些則略有區别，如御名門與兩會要的諱門相當，聖節門在兩會要中併入節日門。又上文已述《集禮》原有行幸與樂二門，兩會要亦有相應門目，《集禮》這一部分中卷二六原闕，其原本可能就是這兩門。此外，《集禮》也有些門目與兩會要差異較大，如赦詔、宣命、儀仗、廢務爲《集禮》所獨有，祥瑞、宮殿等部分則爲《集禮》所無；休假一門在《集禮》與兩會要中的位置最爲不同，《唐會要》在

---

① 　《金史》卷三四《禮志七》、卷三五《禮志八》，第809—810、818—819頁。

卷八二,《五代會要》在卷一二,與其他各門均相距極遠;又兩會要中有關皇太子禮儀的部分,《集禮》則均列入卷八皇太子門。

綜合而言,《大金集禮》一書雖以"集禮"爲名,實與唐宋時代的傳統禮書不同,其編排不以五禮爲序,内容亦不限於禮制,而多有與政治制度相關的部分。全書分類排纂,以門類事,詳載金初至世宗末年的制度沿革,内容相關又不便入正文者,則作爲雜録附於各門之後,與"專詳一代典制,而又以明因革損益"的會要體史籍相似①。在與《唐會要》、《五代會要》的對比中,可以看到無論從門類設置還是編排次序,《集禮》與兩會要雖有一些區別,但相似性也十分顯著,其受到了後者的影響當無疑問。因此,與其將《集禮》與《大唐開元禮》這類禮典等而視之,倒不如説它是金代的一部以禮儀制度爲中心的會要體文獻。

第三節　《大金集禮》流傳史探繹

《大金集禮》是金代一部以禮儀制度爲中心的會要體文獻,故在金、元兩代常爲禮官檢討典故之用,在今日亦爲研究金代典章制度的重要資料。然而此書入明之後卻晦而不章,清代始流傳漸廣,本節擬對其流傳問題加以探討。

《集禮》在金朝大定末年修成之後,蓋藏於太常寺。宣宗南遷之後,官府典籍存於汴京,哀宗正大四年,時任知集賢院兼行太常丞的孔元措纂修《孔氏祖庭廣記》,對所能利用的金代禮書

---

① 用金毓黻《中國史學史》第六章之語(河北教育出版社,2003年,第136頁)。

皆加參考,其引用書目中,就包括《國朝集禮》與《國朝續集禮》,[1]
也即《大金集禮》與《續集禮》,其時兩書當仍完好。

金亡以後,《集禮》的流傳情況需要更多的探索。元修《金
史》所用爲"史館"所藏者[2],史館即翰林國史院,其所藏《集禮》由
何而來? 考金元易代之際,典籍頗有亡佚,其時最注意保存金代
內府圖籍者當首推張柔。《元史·張柔傳》載:"(1233年)崔立以
汴京降,柔於金帛一無所取,獨入史館,取《金實錄》並秘府圖書;
訪求耆德及燕趙故族十餘家,衛送北歸。"又曰:"(中統)二年
(1261),以《金實錄》獻諸朝。"[3]張柔所得金代"秘府圖書"蓋甚
多,至中統二年爲修《金史》,將《金實錄》獻於朝廷,由翰林國史
院收藏。然筆者頗疑張柔所獻不止《金實錄》,史官蓋僅舉其最
重要者,藏於翰林國史院的這部《集禮》可能也是張柔所獻。

在元代,這部官方所藏的《集禮》間或被人利用。世祖時代,
中書吏禮部官員即曾引用之,據《元典章》載:

> 至元九年正月,中書吏禮部:……其重五、重九拜天,據
> 《集禮》所載,金人立國之初,重五拜於鞠場,重九拜於都
> 城外。[4]

所謂《集禮》即《大金集禮》。世祖以後,王惲曾引用此書,按世祖
於至元三十一年正月去世,此時崔或得到傳國玉璽,上之於成宗
母徽仁裕聖皇后,二月初一日,右丞相完澤率翰林、集賢兩院學
士十一人入賀,並得以觀賞玉璽。王惲事後作《傳國玉璽記》,其

① 孔元措《孔氏祖庭廣記》目録末《編類檢閱書籍》,第99頁。
② 《金史》卷二八《禮志一》,第692頁。
③ 《元史》卷一四七《張柔傳》,第3473—3474、3476頁。
④ 《元典章》卷三〇《禮部三·禮制三·祭祀·革去拜天》,第1079—1080頁。

文有曰：

> 臣惲復考其近而明見者，按金《集禮》云：玉璽一十五
> 面，俱得之於宋。内受天璽者，宋紹聖間得之咸陽段氏，當
> 時命禮部、翰林、太常寺官考驗，實係漢前傳璽，遂以禮祇
> 受。金亡，莫究其所在。今之所進，其文章制度玉色，校《集
> 禮》所載，即此璽也。[①]

王惲所引見於《集禮》卷三〇《輿服下·寶》，但並非引用原文，而
是略取其義。王惲時爲翰林學士，其所用《集禮》，當即藏於翰林
國史院者。成宗元貞二年，太常寺博士廳官員也曾引《續集禮》
諸州祭社稷之文[②]。由此看來，在元代唯朝廷官員得以利用《集
禮》，蓋其流傳範圍僅限於官方，但本書是否仍保存完整則無法
得知。

可以確定的是，元順帝至正三年（1343）至四年修《金史》時，
《集禮》已有缺佚。《金史·禮志》序稱："故書之存，僅《集禮》若
干卷，其藏史館者又殘缺不完。"[③]史館藏本《集禮》雖已殘缺，但
比今本仍然要完善很多。《金史》的《禮志》、《樂志》、《儀衛志》、
《輿服志》均主要據《集禮》修成[④]，有很多内容是今本《集禮》已經
亡逸的，這從上一節對《集禮》缺佚内容的考證中也可看出。

明洪武元年（1368），徐達克燕，收元圖籍，輦送南京，其中也
包括《大金集禮》。二年至三年修《明集禮》時還曾引用，《明集禮

---

① 王惲《秋澗先生大全文集》卷四〇，葉 1b—2a。
② 《永樂大典》卷二〇四二四稷字"郡縣社稷"引《太常集禮》，第 7647—7648 頁。
詳參本文第一節。
③ 《金史》卷二八《禮志一》，第 692 頁。
④ 關於四志的史源，詳參本文第五節。

·儀仗》載：

> 按宋《會要》曰："天武一百五十人充圍子，入內院子五十人充圍子。"金《集禮》曰："司圍四十人。"皆不注其義。①

所引之文不見於今本《集禮》，也不見於《金史》。唯其既與儀仗相關，或許出自《集禮》卷二七《儀仗上》已缺佚的部分，大概明初所見本仍比今本要完整。《明集禮》中明確徵引《大金集禮》者僅此一條。其後，完成於永樂六年（1408）的《永樂大典》似未曾徵引此書，今存《永樂大典》殘本中有關金代禮制的部分全取《金史》②。正統六年（1441）所成之《文淵閣書目》亦不載此書。疑永樂之前，此書已由宮廷流出。

《大金集禮》在明代的流傳情況無法詳考，今存明代書目中亦無著錄者③。直至清初，此書始再次出現，其中當有明代抄本，但今傳各本皆無明人鈐印或題跋，各藏家亦無人能確切地追溯所藏本在明代之源流。

錢曾是今日所知清代最早獲藏《大金集禮》之人，而且其藏本很可能是一個明抄本。成於康熙八年之前的《也是園書目》、《述古堂書目》均著錄了《大金集禮》④，其入藏自然更早。錢氏以此本爲金代抄本，其《讀書敏求記》云：

---

① 《明集禮》卷四四《儀仗三·響節》，第 313 頁。

② 如卷一七〇八五廟字"原廟"引《金史》卷三三《禮志六·原廟》，第 7088—7089 頁；卷一三四五一士字"衛士"引《金史》卷四一《儀衛志上·常朝儀衛》，第 9141 頁；卷一九七九一服字"祭服"引《金史》卷四三《輿服志中·臣下祭服》，第 7472—7473 頁；卷一九七九二服字"公服"引《金史》卷四三《輿服志中·公服》，第 7477—7478 頁。

③ 按題明董其昌《玄賞齋書目》著錄有"大金集禮"，然此目實爲清人僞撰，詳見第一節注文。

④ 錢曾撰、瞿鳳起編《虞山錢遵王藏書目錄彙編》，第 50 頁。

> 此書諸家目録俱不載，藏書家亦無有畜之者。尚是金
> 人鈔本，撫卷有諸夏之亡之慨。①

錢氏未言其本得自何處，至於斷爲金人鈔本，則後人多不以爲
然。此本後爲何焯所得，《義門先生集》有《跋〈大金集禮〉舊鈔
本》，其言曰：

> 此書乃錢遵王故物，康熙己丑（四十八年），余偶至虞
> 山，得之質庫所鬻雜書中，不知何時何人從文淵閣鈔出者，
> 前代票擬皆裁此紙作籤，今則彌疏而易壞爛，然其種一也。
> 何焯記。②

何氏斷定此本所用紙張爲明代票擬用紙，並由此認爲是由文淵
閣抄出者。此本後來又輾轉歸於張金吾，張氏的觀點與何氏一
致，其《愛日精廬藏書志》謂："是書紙質甚松，蓋以閣中預備稟擬
之紙寫録，《敏求記》以爲金人鈔本，似未的。"③然而，明代《文淵
閣書目》、《内閣藏書目録》皆未著録《集禮》，且前文考證，《集禮》
一書蓋在永樂之前即從宫廷流出，其時尚無内閣票擬之制，故錢
曾藏本雖與内閣票擬所用紙張相同，恐非出於文淵閣，而是後來
輾轉傳抄之本。

錢曾藏本的下落今已不可考，從何焯、張金吾的描述來看，
其紙"彌疏而易壞爛"、"紙質甚松"，不適合長期保存。在張金吾
之前，周錫瓚亦曾獲藏此本，黃丕烈在嘉慶元年得到另一本《集

---

① 錢曾撰，管庭芬、章鈺校證，傅增湘批註，馮惠民整理《藏園批注讀書敏求記校
證》卷二之上《史》，第 150 頁。
② 何焯《義門先生集》卷九，道光三十年（1850）刊本，葉 4b。
③ 張金吾《愛日精廬藏書志》卷一九《史部·政書類》，第 436 頁。

禮》後，曾與之比較，其跋謂錢本"朽腐不可觸手"、"朽腐處殘缺不可盡讀"①，知當時已頗有損壞，後來大概就散佚了。此本雖然較早，但並非善本，黃跋又曰：

> 余略爲翻閱，覺卷第脱誤彼此相同，似余書即從錢本所出，然行款不同，第一卷中反多"貞元"云云四葉，欲征信而反滋疑，香嚴（周錫瓚）與余唯有相視而笑已耳。

錢大昕亦曾閱周、黃兩家藏本，其跋云：

> 周漪塘、黃蕘圃兩家抄本皆云卷十二至十七元有闕文，又卷廿六卷卅三元闕。②

從黃、錢二氏的跋文可知，錢曾藏本闕卷情況與今傳各本無異。若何焯、張金吾所斷不誤，此本確爲明抄，則可證今傳各本《集禮》的版本系統可以上溯到明代，且其缺佚情況在明代已經形成。

自錢曾之後，關於《集禮》的著録漸多，凡詳細著録闕卷情況的，皆與今本無異，顯示這些抄本具有共同的源頭。有些書目僅著録"《大金集禮》四十卷"，不言是否有闕卷，當是疏略之故，而非另有完本。今日海內外所存的各種抄本尚多，就筆者所見所知已有二十三種（不計《四庫全書》本），見於清人著録者更多。但書目著録既略，偶有題跋亦不言其本所出，故各本之間的確切源流很難一一考清，其詳細情況可參下節與本書附録二《〈大金集禮〉書目著録及學者提要序跋》。

---

① 黃丕烈著、潘祖蔭輯《士禮居藏書題跋記》卷二《大金集禮》，第 63 頁。
② 《潛研堂文集》卷二八《跋〈大金集禮〉》，第 482 頁。

　　雖然今日所知各本《集禮》闕卷情況皆同，但有一個疑點必須加以討論。即清人引用此書，偶有超出今本之外者。首先是康熙五十年所成之《佩文韻府》下平聲煙字"神煙"條：

　　　　《大金集禮·樂章》：禋禮薦精虔，高燎亙——。

又虔字"申虔"條：

　　　　《大金集禮》：嚴祀——，登降有容。①

這兩條都是樂曲之詞，《集禮》原有樂門，當即其原始出處，但今本此門已闕。"嚴祀申虔，登降有容"一條，又見於《金史·禮志八》，爲祭宣聖廟初獻升階時所奏南吕宫《肅寧之曲》②。"禋禮薦精虔，高燎亙神煙"一條，則不見於《金史》，而且似乎也不見於其他有關金代的文獻。按金代祭祀所奏樂曲皆四字一句，只有皇帝行仗中所奏采茨曲與導引曲有五字一句者③，這兩句從内容來看，可能是大定十一年南郊所用采茨曲或導引曲。

　　《佩文韻府》以元陰時夫《韻府群玉》、明凌稚隆《五車韻瑞》兩書爲基礎，加以增訂而成。每字之下，"韻藻"部分收陰、凌二書原有詞條，"增"部分則收新增詞條④。神煙、申虔兩條皆在"增"字下，知爲康熙時修書新增入者。以此看來，似乎康熙時尚能得見一較完整之《大金集禮》，然而，類書所引資料多輾轉傳抄，此兩條《集禮》之斷章殘句也極有可能是引自某部前代文獻。

---

　　①　《佩文韻府》卷一六上一先韻煙字增、卷一六下一先韻虔字增，上海古籍書店，1983 年，第 666、737 頁。
　　②　《金史》卷三五《禮志八》，第 817 頁。
　　③　見《金史》卷三九、四〇《樂志》，第 893—919 頁。
　　④　曹紅軍《康熙朝〈佩文韻府〉的編撰與刊刻過程考》，《圖書館雜誌》2005 年第 5 期，第 72—75 頁。

又乾隆《御製文三集》有《搢圭説》，云：

> 《大金集禮》祀昊天上帝，皇帝至中壝門，執大圭，盥手，
> 搢大圭；盥訖，執大圭，至壇上，搢大圭，執鎮圭；至座，跪，奠
> 鎮圭訖，執大圭，進玉幣，搢大圭；奠訖，執大圭，還次，釋大
> 圭。又進饌，搢大圭者四。按此不言搢法。①

按《御製文三集》所收爲乾隆五十一年至六十年所作之文。又
《御製詩五集》載五十七年春《再詠漢玉穀圭迭戊子韻》，謂："近
作《圭瑂説》，辨古無覆圭首之瑂；又作《搢圭説》，辨古無長三尺
之大圭。"②則《搢圭説》即作於五十七年稍前。此段文字爲金代
南郊禮中用圭之法，不見於今本《集禮》。這似乎又説明在清代
內府，還藏有一本比較完整的《集禮》，但此本既未收入《四庫全
書》，亦不見於書目著錄，明顯不合情理。今查其文俱見於《金史
·禮志》③，又《搢圭説》文中云："因命翰臣博稽唐宋以來之制，則
自唐至明五代禮儀志皆有'搢大圭，執鎮圭'之文。"筆者懷疑，翰
臣所採金制實出於《金史·禮志》，又知《禮志》源自《集禮》，乃標
其出處爲《集禮》。乾隆不察，遂於文中誤稱引文出處。

此外，周春《增訂遼詩話》卷下有《鼓吹曲》一則，云：

> 熙宗天眷三年九月幸燕京，所用《鼓吹導引曲》，尚仍遼
> 舊。(《大金集禮》)案其辭〔無射宮〕云："五年一巡狩，仙仗
> 到人間。問稼穡艱難。蒼生洗眼秋光裏，今日見天顏。金

---

①　清高宗《御製文三集》卷三，臺灣商務印書館影印文淵閣《四庫全書》第 1301
册，第 591 頁。

②　清高宗《御製詩五集》卷七一，臺灣商務印書館影印文淵閣《四庫全書》第
1311 册，第 39—40 頁。

③　《金史》卷二八《禮志一·郊》，第 703—707 頁。

戈玉斧臨香火，馳道六龍閑。歌謡到處皆相似，天子壽南山。"(《金史·樂志》　案當是遼時文臣所作，今不可考矣。)①

按周春所引《大金集禮》謂熙宗天眷三年幸燕京所用鼓吹導引曲尚仍遼舊，此條記載爲今本《集禮》所無。然《金虜圖經》明謂是曲爲邢具瞻所作②，並非因仍遼舊，且周春引書往往不夠嚴謹③，所謂引自《大金集禮》者亦未必可靠。

綜上，清人引用《集禮》超出今本之外的事例，唯一較可信者即《佩文韻府》所引"禋禮薦精虡，高燎互神煙"十字。筆者懷疑，清代並不存在一較爲完整的《集禮》傳本，此十字或是轉抄自其他明以前文獻。

第四節　《大金集禮》現存版本考述

《大金集禮》在清代流傳較廣，但大部分時間以抄本形式流傳，直到光緒二十一年始有廣雅書局校刊本。除了《四庫全書》本和廣雅書局本之外，海内外現存《集禮》抄本至少有二十三種，各本闕卷情況均同，顯示這些抄本具有共同的源頭。其確切的祖本雖難以考明，但仍可分爲幾個不同的系統，本節即將所見各本《集禮》按系統一一介紹。《四庫全書》本和廣雅書局本在近代

---

①　蔣祖怡、張滌雲整理《全遼詩話》，嶽麓書社，1992年，第104頁。
②　徐夢莘《三朝北盟會編》卷二四四引張棣《金虜圖經》，上海古籍出版社，1987年，第1752頁；又見題宇文懋昭撰、崔文印校證《大金國志校證》卷三三《儀衛》，中華書局，1986年，第475頁。
③　可參康鵬《白居易詩文流傳遼朝考——兼辨耶律倍仿白氏字號説》，《中國史研究》2015年第4期，第103—116頁。

以來影響甚大,也略作考述①。

自清初以來,各家所藏《集禮》的題名分爲《金集禮》與《大金集禮》兩種,這正好反映了兩個系統。《金集禮》系統傳世較少,僅有三本,《大金集禮》系統則傳世較多。兩者相較,《金集禮》系統所出較早,且與元朝史官所用本較爲接近,理由有三點。

首先,《金集禮》系統最明顯的特徵是書前沒有目録,而《大金集禮》系統則均有目録。其目録中注明的闕卷情況皆與正文相同,說明是在正文出現闕卷之後所編。《金集禮》尚無目録,故所出較早。

其次,《大金集禮》系統於正文闕卷處皆予注明,如卷六小題"悼平皇后"下注"闕"字;卷第一二至一七注"元有闕文";卷二七卷首小題"立仗"下亦注"闕"字,正文則在最末注"以下原闕",且又標一"立仗闕"之小題。這些"闕"、"元有闕文"、"以下原闕"等字樣,以及卷二七最後的"立仗闕"之小題,一定是在出現缺佚之後才加上的。而《金集禮》系統沒有這些文字,可見其所出較早。

再次,一些内容上的差異可以反映《金集禮》系統與元朝史官所用本相近。按《集禮》卷二七《儀仗上·行仗》所載海陵遷燕行仗第三節前部鼓吹,《金集禮》系統作"歌色二十四人、拱辰管二十四人、簫色二十四人、笳二十四人",《大金集禮》系統則無"笳二十四人"五字。《金史·儀衛志》作"歌二十四,拱辰管二十四,簫二十四,笳二十四"②,可見其所據與《金集禮》系統相同。

---

① 潘欣怡《四庫全書史部政書類通制及儀制二屬各書著録及版本之研究》曾簡單梳理過《大金集禮》的書目著録情況("國立"臺北大學古典文獻學研究所 2009 年碩士學位論文,第 154—158 頁),但十分不全,且缺乏研究性的分析,對本文參考價值不大。

② 《金史》卷四一《儀衛志上·黄麾仗》,第 935 頁。

又行仗第五節"小輿下二十四人"與第六節"廣武官十二人",其所服皆有"白鞓銀束帶",兩處"鞓"字,《金集禮》系統與《金史·儀衛志》均作"成",而《大金集禮》系統則作"鞓"①。此外,《金集禮》卷二九《輿服上·皇后車服》裳制有"明金帶腰",《金史·輿服志》同②,但《大金集禮》系統卻作"明金腰帶"。以上均可證《金集禮》系統與元朝史官所據本較爲接近。

《金集禮》系統雖然更多地保存了一些原貌,但除了以上所舉之外,與《大金集禮》系統的差異並不明顯,今傳各本的時代亦並不更早,文本品質上也没有可稱爲善本者。錢曾所藏《大金集禮》的殘缺情況與今本無異,則兩個系統的分化應該早在明代即已完成,並且是在闕卷情況已經固定之後完成的。以下分別介紹各本的情況。

一、《金集禮》系統

此系統今存三本。

1. 曹寅舊藏本

現藏國家圖書館(館藏號:19481),凡八册,書影見附錄三。前有光緒十六年(1890)鄒道沂跋。書中鈐有"楝亭曹/氏藏書"朱文長方印、"長白敷/槎氏董/齋昌齡/圖書印"朱文方印、"鄒鍾/私印"白文方印、"樂/生"朱文方印、"安成/鄒氏"白文方印、"澹藏/吾樓"朱文方印、"澹吾/丶人"朱文方印、"鄒道/沂章"白文方印、"研理樓/劉氏藏"朱文長方印、"天津劉/氏研理/廔藏"朱文方印、"劉明/陽字/静遠"朱文方印、"巴黎大/學北平/漢學

---

① 點校本《金史》據《大金集禮》改作"鞓",見《金史》卷四一《儀衛志上·黄麾仗》,第 939、940、946 頁。

② 《金史》卷四三《輿服志中·皇后冠服》,第 978 頁。

研/究所藏”朱文方印。可知此本曾經曹寅、富察昌齡、鄒鍾鄒道沂父子、劉明陽、巴黎大學北平漢學研究所收藏。

書前無目録。半葉十五行二十二字，無欄線。卷首題“金集禮卷第×”，卷末無尾題。每大段首行頂格，次行以下退一格；注文提行作大字，前標“○”符號，退二格，其後之正文再提行。卷一《帝號上·天德貞元册禮》“○貞元儀無此异出再進入一節”以下五葉（凡四葉又九行），誤裝入第六册末尾卷二九之後。

卷一至卷三在天頭有校記，鄒道沂跋稱“册中硃筆校誤者，或系棟亭之手”，未知信否。書中又有徑直塗改原字者，可分兩種：一種是改錯字，或描潤不清晰的字，這一種筆跡較淡，似與校記同；一種是爲避諱而塗改，如“玄”改爲“元”，“丘”改爲“丠”、“邱”，“曆”改爲“歷”之類，筆跡較粗較深，與校記顯然不同，蓋乾隆以後人所爲。

此本多簡筆字、俗體字，如“數”之作“数”、“獻”之作“献”、“斷”之作“断”、“遷”之作“迁”、“於”之作“于”、“來”之作“来”、“群”之作“羣”、“體”之作“躰”等等，不一而足，幾乎全書皆然。

2. 傅增湘舊藏本

現藏北京大學圖書館（館藏號：SB/319.1/1117.1），凡四册，書影見附録三。書中鈐有“傅/增湘”白文方印、“雙鑒樓/藏書印”白文長方印、“九峰舊廬珍/藏書畫之記”朱文長方印、“九峰舊/廬藏/書記”朱文方印、“綏珊六十/以後所/得書畫”朱文方印、“杭州王氏九峰/舊廬藏/書之章”朱文方印、“綏珊收/藏善本”朱文方印、“琅園/秘笈”朱文方印、“北京大學藏書”朱文方印，知此本曾經傅增湘、王體仁收藏。此本又有“曹溶/之印”白文方印、“檇李曹/氏藏書”白文長方印，然印色暗淡粗劣，蓋出後人僞造；且曹溶爲明末清初人，而此書中避玄、丘、弘等字，知爲清後期抄本，不可能出於曹溶所藏。

書前無目録。半葉十五行二十二字，無欄線。卷首題"金集禮卷之×"，無尾題。每大段首行頂格，次行以下退一格；注文提行作大字，退三格，其後之正文再提行。蓋即從曹寅本出。

此本簡筆字、錯字甚多，書中僅卷一首葉有朱筆校記三處，一處原作"堯定諸路"，"堯"旁校"克"；一處原作"皇帝譜版勃極烈"，"帝"旁校"弟"；一處原作"諸弟暨有官"，"有"旁校"百"，均極明顯之誤，可見其抄寫之粗疏。

3.陸烜舊藏本

現藏上海圖書館（館藏號：線善 753324－39），凡十六册。書中鈐有"陸烜/子章/之印"朱文方印、"梅谷"朱文葫蘆形印、"奇晉齋"朱文長方印、"用澠/圖書"朱文方印、"温柔/鄉主"朱文方印、"花好/月圓/人壽"朱文方印、"小名弄/玉小字/瓊奴"朱文方印、"毗陵/董康/審定"朱文長方印、"毗陵董/康鑒定/金石書/籍之印"白文方印、"上海圖/書館藏"朱文長方印。知此本曾經陸烜、董康收藏。

書前無目録。半葉七行二十字，藍格，左右雙邊。卷首題"金集禮卷第×"，卷末無尾題。每大段首行頂格，次行以下退一格；注文提行作大字，前標"○"，退二格，其後之正文再提行。卷一《帝號上·天德貞元册禮》"○貞元儀無此异出再進入一節"以下十一葉誤綴於卷三○之後。

傅增湘謂此本爲明寫本①，今查書中於"玄"字缺末筆，而弘、曆字皆不避，知爲清代康雍間抄本。

二、《大金集禮》系統

除以上三本之外，其他各本均題《大金集禮》，依據其行款不同，又可分爲幾個不同的小系統。

（一）九行十八字本，共一本。

4. 怡府舊藏本

現藏國家圖書館（館藏號：8106），凡二十册，書影見附錄三。書中鈐有"明善堂/覽書/畫印記"白文長方印、"怡府/世寶"朱文方印、"安樂堂/藏書記"朱文長方印、"宗室盛/昱收藏/圖書印"白文方印、"周/暹"白文方印、"北京/圖書/館藏"朱文方印。知此本曾經怡府、盛昱、周叔弢收藏。又據邵章、傅增湘等人記載，在盛昱之後，曾爲完顏景賢收藏②。

書前有目錄。半葉九行十八字，小字單行十八字同。烏絲欄，左右雙邊，單魚尾，魚尾下記書名卷第，版心下方記葉次。卷首題"大金集禮卷第×"，卷末尾題同。

此本抄寫十分認真，書法精美，錯誤亦少，爲現存各本中之善本。或以爲是汲古閣抄本，邵章記此本謂"盛意園藏汲古閣影金鈔本，絶精美，爲景樸孫收去"③；傅增湘下語較謹慎，僅云"楷法精美，似毛鈔"④。傅氏並曾借校廣雅書局本，在校本中，傅氏

---

① 傅增湘《藏園群書經眼録》卷六《史部四·政書類·典禮》，中華書局，1983年，第481頁。

② 邵懿辰撰、邵章續録《增訂四庫簡明目録標注》卷八，上海古籍出版社，1979年，第341頁；傅增湘《藏園群書經眼録》卷六，第481頁。

③ 邵懿辰撰、邵章續録《增訂四庫簡明目録標注》卷八，第341頁。

④ 傅增湘《藏園群書經眼録》卷六，第481頁。

則徑稱"據汲古閣影寫本校"①。此本於明、清諱皆不避，然是否汲古閣鈔本，則無明確證據。

此本卷四《追加謚號下・雜録》"大定二年十二月敕旨以舊謚景宣皇帝爲號"下，奪"今來閔宗雖已升祔太廟擬依舊以景宣皇帝爲號"凡二十字。這一漏誤僅見於此本，其他各本似無與此出於同一系統者。

（二）十三行二十二字本，共四本。

5. 吳焯舊藏本

現藏南京圖書館（館藏號：GJ/EB/110379），凡四册，書影見附録三。前有吳焯雍正元年二跋，又有丁丙跋。書中鈐有"述古/遺音"朱文長方印、"蟬/華"朱文方印、"清/英"朱文長方印、"錢唐/丁丙/藏書"白文方印、"八千卷樓/珍藏善本"朱文長方印、"八千卷/樓藏/書印"朱文方印、"江蘇第一/圖書館/善本書/之印記"朱文方印。知此本曾經吳焯、丁丙收藏。

書前有目録。半葉十三行二十二字，無欄線。卷首題"大金集禮卷第×"，卷末尾題同。其注文形式前後不同，前八卷除少數例外，皆提行頂格作大字，下徑連正文，無所區分；自卷八《皇太子・大定二十七年册皇太孫》開始，則變爲單行小字。唯卷一《帝號上・天德貞元册禮》葉 12b 僅六行，未滿頁，至"内侍局舁御床出"止；葉 13a 則自"貞元儀無此舁出再進入一節"起，至卷末共四葉，其注文亦爲單行小字。蓋此四葉本來誤抄在較靠後的位置，後來才被訂正。

---

① 傅校本今藏國家圖書館（館藏號 101），卷一末稱"據汲古閣影寫本校"。又《藏園批注讀書敏求記校證》也徑稱"汲古閣精寫本"。

6. 錢步文舊藏本

現藏上海圖書館（館藏號：817502-11），凡十册。書中鈐有
"破車/錢萬/之書"白文長方印、"藝風堂/藏書"朱文方印、"荃
孫"朱文長方印、"雲輪閣"朱文長方印、"古書流通處"朱文長方
印、"陳立炎"朱文長方印、"上海圖/書館藏"朱文長方印。知此
本曾經錢步文、繆荃孫、陳琰收藏。

書前有目録。半葉十三行二十二字，無欄線。卷首題"大金
集禮第×卷"，卷末尾題同。注文形式與吴焯舊藏本同。

此本頗有舛奪之處，如卷一《帝號上・天德貞元册禮》第八
葉即與第十一葉互舛。

7. 嶽雪樓抄本

孔廣陶《三十有三萬卷堂書目略》著録爲"嶽雪樓緑絲闌抄
本，原缺未全，一函八本"①，書影見附録三。此本後爲中國書店
所收②，在 1998 年嘉德春季拍賣會上拍出③；至 2004 年 11 月，又
一次拍出④。鈐有"梁兆曹愚庵氏印"。嶽雪樓即孔廣陶藏書
樓⑤，知此本曾經孔廣陶、梁兆曹收藏。

---

① 孔廣陶《三十有三萬卷堂書目略》卷二《史部・政書類・儀制之屬》，《中國著
名藏書家書目匯刊》近代卷第 6 册影印國家圖書館藏鈔本，第 158 頁。
② 中國書店編印《中國書店三十年所收善本書目》・史部・政書類》，1982 年，
第 72 頁。
③ 姜尋編《中國拍賣古籍文獻目録（1993—2000）》，上海書店出版社，2001 年，
第 336—337 頁。
④ 趙燦鵬《南海孔氏嶽雪樓抄本四海遺珍録》，《廣東史志視窗》2007 年第 4 期，
第 75—78 頁。其所注出處爲中國書店"海王村拍賣有限責任公司"網頁 http://
www.zgsd.net/paimai/views.asp? PLUCODE＝16608，2006 年 7 月 30 日，今日此網
頁已打不開。
⑤ 可參徐紹棨《廣東藏書紀事詩》孔廣陶嶽雪樓條，沈雲龍主編《近代中國史料
叢刊續編》第二十輯，文海出版社，1975 年，第 216—218 頁。另參上引趙文。

此本今日不知藏於何處,於嘉德公司網站可見一葉,爲目録末葉 b 面與卷一首葉 a 面①。半葉十三行二十二字,四周雙邊,單魚尾,魚尾下題"大金集禮卷×",下記葉次,版心最下方題"嶽雪樓鈔本"。卷一首行題"大金集禮第一卷"。

從卷一首葉 a 面來看,此本訛誤較多。如誤"議創"爲"儀創",誤"十二月"爲"十月二",又奪"百官宗族"之"宗"字。半葉之中已有三誤,可知其非善本。

8.黄丕烈舊藏本

現藏日本静嘉堂文庫,凡六册,書前有錢大昕、黄丕烈跋文。書中鈐有"馬玉堂印"白文方印、"笏齋"朱文方印、"鷗寄室王氏考藏"朱文方印等②。知其在黄丕烈之後,又經馬玉堂、王錫瑷收藏。

黄丕烈謂此本較錢曾藏本"第一卷中反多'貞元'云云四葉"③,今查諸本之中,唯吴焯舊藏本與錢步文舊藏本卷一自"貞元儀無此昇出再進入一節"以下恰爲四葉,則此本當亦爲十三行二十二字本。

(三)九行十九字本,共八本。

此系統今日傳本最多,然而似無善本,從注文形式及舛錯訛奪情況來看,當出自十三行二十二字本。

---

① 網址 http://www.cguardian.com/tabid/77/Default.aspx? oid＝178159。
② 據河田羆《静嘉堂秘笈志》卷二一《政書類》,賈貴榮輯《日本藏漢籍善本書志書目集成》第 6 册影印日本大正六年刻本,北京圖書館出版社,2003 年,第 22—25 頁;嚴紹璗《日藏漢籍善本書録・史部・政書類》,中華書局,2007 年,第 674—675 頁。黄跋可見於《士禮居藏書題跋記》卷二《大金集禮》,第 63 頁;錢跋可見於《潛研堂文集》卷二八《跋〈大金集禮〉》,第 482 頁。
③ 黄丕烈著、潘祖蔭輯《士禮居藏書題跋記》卷二《大金集禮》,第 63 頁。

9. 孫星衍舊藏本

現藏國家圖書館(館藏號:3451),凡十六册,書影見附録三。書中鈐有"孫忠愍/侯祠堂/藏書記"朱文方印、"丁未/一甲/進士"白文方印、"孫印/星衍"白文方印、"鐵琴銅/劍樓"白文長方印、"北京/圖書/館藏"朱文方印。可知此本曾經孫星衍、瞿氏鐵琴銅劍樓收藏。封面篆書題"大金集禮四十卷",瞿鏞謂出於孫星衍之手①。

書前有目録。半葉九行十九字,無欄線,版心上方記書名卷第,下方記葉次。卷首題"大金集禮第×卷",卷末尾題同。其注文形式與吳焯舊藏本相同,前八卷除少數例外,皆提行頂格作大字,下徑連正文,無所區分;自卷八《皇太子·大定二十七年册皇太孫》開始,則變爲單行小字。唯卷一葉 24a"貞元儀無此舁出再進入一節"以後共七葉,注文亦爲單行小字。

此本非善本,多有錯字、簡筆字,錯簡亦多。如卷一《帝號上·天德貞元册禮》"兩員於册北一員稍東……俱降自西階及吏部侍郎皆"一段(葉 20a 第 7 行至葉 21b 末行)與"定通事舍人引攝侍中升自東階……東階升初升宫懸奏肅寧之曲"(葉 15a 首行至葉 16b 第 7 行)一段互舛,正爲吳焯舊藏本之第八葉和第十一葉。又卷三五《長白山·雜録》"十五年五月敕長白山興國靈應王依"之下(葉 6a),舛入大量卷三六《宣聖廟·祀儀》之文字,自"省饌之位唯不設太官令位"至"太常少卿設省饌位於禮",正爲吳焯舊藏本卷三六第四葉。又卷三八《沿祀雜録》天德四年正月條"每月薦新以會"之下(葉 7b),"寧府官充……太常卿每月薦新緣

① 瞿鏞《鐵琴銅劍樓藏書目録》卷一二《史部五·政書類·典禮》,第 309 頁。

太常”一大段與“寺將來隨駕前去……看詳五禮精義及唐令”一大段，前後互舛，恰爲吳焯舊藏本第四、五兩葉。顯然，此本或直接或間接，必出自十三行二十二字本，故所舛之文字，皆在彼本恰爲整葉。蓋彼本有裝訂倒錯之處①，抄者不察，沿襲其誤。而此本行款既改，則唯有明其所出，方能知其致誤之由。

此本又多闕奪文字。如卷四《追加諡號下》葉2b第四行以下全爲空白；又卷五《皇太后皇后》葉13a第六行僅二字，自第七行以下至b面，每行均缺末四字；卷六《追諡后》葉1b第四行以下亦爲空白。又如卷二七《儀仗上·行仗》天德幸燕黃麾仗，“援寶三十二人人員二武弁紫寶相花衫革”下，奪“帶執黑漆杖子……引駕六十二人皂帽子”一段（葉20a），正當吳焯舊藏本之第十二葉；卷三〇《輿服下·寶》“大定二十三年恭奉勅旨用金鑄造宣命之寶以三”之下，奪“月十一日進呈……本寺具申前議禮部”之大幅文字（葉20a），恰相當於吳焯舊藏本之第十至十六葉。此種奪文情況，亦可證其出自十三行二十二字本。

10.彭元瑞舊藏本

現藏上海圖書館（館藏號：829898－903），凡六册。彭元瑞校，前有彭氏乾隆四十九年跋。書中鈐有“南昌/彭氏”朱文方印、“知聖道/齋藏書”朱文長方印、“遇讀/者善”白文方印、“北平謝氏/藏書印”朱文長方印、“東武劉氏味經書屋藏書印”朱文長方印、“劉”朱文圓印、“燕庭/藏書”朱文方印、“燕庭/藏書”白文方印、“劉印/喜海”白文方印、“燕/庭”白文方印、“文正/曾孫”白文方印、“仁和朱/復廬校/藏書籍”朱文方印、“結一/廬藏/書印”

---

① 如錢步文舊藏本卷一第八葉與第十一葉即互舛。

朱文方印、"朱澄/之印"白文方印、"子清/校讀"朱文長方印、"徐乃/昌讀"朱文方印、"上海圖/書館/藏書"朱文方印。知曾經彭元瑞、謝賓樹、劉喜海、朱學勤朱澄父子、徐乃昌收藏。

書前有目録。半葉九行十九字,無欄線,版心上記"大金集禮卷×",下記葉次。卷首題"大金集禮第×卷",卷末尾題同。注文形式與孫星衍舊藏本同,唯卷一《帝號上·天德貞元册禮》無"貞元儀無此异出再進入一節"至卷末之文。全書最末又有十三葉文字,前七葉爲卷一《帝號上》第十二至十八葉之重出;後六葉版心題爲卷六第一至六葉,實則前四葉爲卷六《追謚后》之文,末二葉爲卷四《追加謚號下》之文。

此本卷一、卷三五與卷三六、卷三八之舛錯情況,以及卷四、卷五、卷六、卷二七、卷三〇之闕奪文字皆與孫星衍舊藏本同[①]。

雖然經過了彭元瑞校勘,但此本仍非善本。如前文所舉五處闕奪文字,僅卷五已經校補完整,其他四處皆仍舊。彭元瑞跋稱:"余藏此書十年,暇日以《金史》對勘,又借館本馬氏叢書樓本校定,正其錯簡訛字及舊鈔跳行之誤、小注混入本文之不可讀者,一一改準,又間録《禮志》之可以補其所未備者,前後凡校三過,庶幾此書善本矣。"[②]所謂"馬氏叢書樓本"即兩淮馬裕家藏本,爲《四庫全書》之底本。以跋文與書中校勘情況參看,彭元瑞的校勘工作主要是用《金史·禮志》進行的,而對於馬裕藏本則利用得不夠充分。上述五處闕奪情況,文淵閣《四庫全書》本均不奪,可知馬裕藏本亦當不奪,而彭氏並未據以補全,知其於馬

---

① 唯卷四葉 2b 第四行尚存一"典"字。
② 此跋又見於彭元瑞《知聖道齋讀書跋》卷一《大金集禮》,第 12 頁。

裕藏本用力不多。

11.胡惠孚舊藏本

現藏上海圖書館（館藏號：N020128），凡八册。書中鈐有"當湖胡/篷江珍藏"白文長方印、"曾藏當湖/胡篷江家"朱文長方印、"胡印/惠孚"白文方印、"篷江"朱文方印、"鹽官蔣/氏衍芬/草堂二世/藏書印"朱文方印、"臣光/焴印"白文方印、"寅昉"朱文方印、"上海圖/書館藏"朱文長方印。知曾經胡惠孚、蔣光焴收藏。

書前有目録。半葉九行十九字，無欄線，版心上記"卷×"，下記葉次。卷首題"大金集禮第×卷"，卷末尾題"大金集禮第×卷終"。注文形式與孫星衍舊藏本同。

此本亦非善本，卷一之錯簡以及卷四、卷五、卷六之闕文，皆與孫星衍舊藏本相同。

12.馮雲濠舊藏本

現藏上海圖書館（館藏號：813621－36），凡十六册。鈐有"五橋/珍藏"白文方印、"慈溪馮/氏醉經/閣圖籍"朱文方印、"上海市/人民圖/書館藏"朱文方印、"上海圖/書館藏"朱文長方印。知其爲馮雲濠醉經閣舊物。

書前有目録。半葉九行十九字，無欄線，版心上題"大金集禮"，中記"卷×"，下記葉次。卷首題"大金集禮第×卷"，卷末尾題同。注文形式與孫星衍舊藏本同。

此本亦非善本，卷一之錯簡以及卷四、卷五、卷六之闕文，皆與孫星衍舊藏本相同。

13.李盛鐸舊藏本

現藏北京大學圖書館（館藏號：LSB/597），凡八册，書影見附録三。書中鈐"麐嘉/館印"朱文方印,知爲李盛鐸舊藏。

書前有目録。半葉九行十九字,無欄線,版心上記"大金集禮卷×",下記葉次。卷首題"大金集禮第×卷",卷末尾題同。注文形式與孫星衍舊藏本同。

此本錯字、簡筆字亦多,錯簡亦多。其卷一、卷三五與卷三六、卷三八之錯簡,卷四、卷五、卷六、卷二七、卷三〇之闕奪文字皆與孫星衍舊藏本同。①

14. 王鳴盛舊藏本

現藏臺北"國家圖書館"(館藏號:04542),凡八册,書影見附録三。書中鈐有"汪士鐘/讀書"朱文長方印、"王鳴/盛印"白文方印、"西沚/居士"朱文方印、"甲戌/榜眼"朱文方印、"光禄/卿章"朱文方印、"莐圃/收藏"朱文長方印、"吳正裕號"朱文長方印四周飾以花紋、"國立中央圖/書館收藏"朱文長方印。知此本曾經王鳴盛、汪士鐘、張鈞衡等人收藏。

書前有目録。每半葉九行十九字。版心上方記書名卷第(如"大金集禮卷一"),下方記葉次。首卷首行頂格題"大金集禮第一卷",卷末有尾題②。

15. 吳省蘭舊藏本

現藏臺北"國家圖書館"(館藏號:04543),凡四册,書影見附録三。此本除字體之外,版式行款、内容俱與上一本同。卷四十最末葉殘闕。書中鈐有"文淵閣校/理翰林/院編修吳/省蘭印"朱文方印、"茂苑香生/蔣鳳藻秦/漢十印齋/秘篋圖書"朱文方

---

① 唯卷四葉 2b 第四行尚存一"典"字。

② 以上均據《"國家圖書館"善本書志初稿》,臺北"國家圖書館",1997 年,第 255 頁。

印、"柯印/逢時"白文方印、"國立中央圖/書館收藏"朱文長方印①。知此本曾經吳省蘭、蔣鳳藻、柯逢時收藏。

又《國立中央圖書館善本書目》謂此本爲康雍間抄本②。蔣鳳藻《秦漢十印齋藏書目》、周星詒《傳忠堂書目》則著録吳省蘭手抄本，周目並著録爲八册③，與此册數不同，蓋後來曾重新裝訂。

16. 曾釗舊藏本

現藏中山大學圖書館（館藏號：V/K892.96/5），原八册，合訂爲一册。九行十九字，無格。有清曾釗"面城樓藏書印"藏章及順德温君勒藏書諸朱印④。知此本曾經曾釗、温樹梁收藏。

（四）八行二十字本，共二本。

17. 王紹蘭舊藏本

現藏浙江圖書館（館藏號：善 1646），凡十六册，書影見附録三。有後人過録吳焯二跋。書中鈐有"知足知不足館/人王紹蘭記見"朱文長方印、"墨海樓/珍藏書/畫鈐記"朱文方印、"浙江圖/書館珍/藏善本"朱文方印，又據《浙江圖書館善本書目》，知

---

① 《"國家圖書館"善本書志初稿》，第 255 頁。

② 《"國立中央圖書館"善本書目》（增訂二版），臺北"國立中央圖書館"，1986年，第 1 册，第 353 頁。

③ 蔣鳳藻《秦漢十印齋藏書目》卷二《史部·政書類》，《中國著名藏書家書目匯刊》近代卷第 10 册影印國家圖書館藏民國間刻藍印樣本，第 32 頁；周星詒《傳忠堂書目》卷二《史部》，《中國著名藏書家書目匯刊》近代卷第 9 册影印民國二十五年上虞羅氏蟫隱廬石印本，第 86 頁。

④ 《中山大學圖書館館藏保存本圖書目録》乙編（前嶺南大學），1957 年 2 月油印本，第 19 頁；《中山大學圖書館古籍善本書目·史部·政書類·典禮》，1982 年，第 90 頁。

爲萱蔭樓捐贈。① 則此本曾經王紹蘭、蔡氏墨海樓、李氏萱蔭樓
收藏。

此本第一册與其他各册字體、版式皆不同，且無王紹蘭鈐
印，蓋原有缺失，爲蔡氏收藏之後所補抄者。第一册含目録及前
二卷，半葉八行十九字，無欄線，版心亦不記葉次。第二册以下
半葉八行二十字，每大段首行頂格，次行退一格，無欄線，版心上
記"大金集禮卷×"，下記葉次。卷首題"大金集禮卷第×"，卷末
尾題同。注文形式與孫星衍舊藏本同。

第一册前有吳焯跋，蓋從吳焯舊藏本出。然第二册以後則
非，吳焯舊藏本卷二〇《原廟上·奉安》大定二十一年閏三月所
定崇聖閣奉安物，末尾奪"芝麻羅雲龍"凡五字（葉 7b），而此本不
奪，可證其別有所本。

18. 張蓉鏡舊藏本

現藏臺北"國家圖書館"（館藏號：04544），凡六册，書影見附
録三。書中鈐有"小琅嬛/福地繕/鈔珍藏"白文方印、"成此書/
費辛苦/後之人/其鑒諸"朱文方印、"琴川張氏小/琅嬛清閟/精
鈔秘帙"朱文長方印、"曾藏/張蓉/鏡家"朱文方印、"蓉/鏡"白文
方印、"芙川/張蓉/鏡藏"白文方印、"文印/素松"白文方印、"思
簡/樓"白文方印、"苹鄉文/氏前虛/鑒藏"朱文方印、"國立中央
圖/書館收藏"朱文長方印。知此本曾經張蓉鏡、文素松收藏。

此本爲乾嘉間抄本，"玄"字闕末筆。版心上方記卷第（如
"卷一"），下方記葉次。首卷首行頂格題"大金集禮卷第一"，卷

---

① 毛春翔《浙江圖書館善本書目》甲編卷二《史部·政書類·典禮之屬》，1956
年，葉 20b。

末有尾題①。

關於此本的行款，《"國家圖書館"善本書志初稿》著録爲半葉八行十九字，注文小字雙行，字數同。然據書影來看，實爲八行二十字，正文首行頂格，次行以下皆退一格。

（五）十行二十一字本，共一本。

19. 鳴野山房抄本

現藏南京圖書館（館藏號：GJ/EB/115104），凡八册，書影見附録三。書中無任何鈐印，難以知其流傳情況。

書前有目録。半葉十行二十一字。烏絲欄，左右雙邊，版心中題"大金集禮卷×"及葉次，下題"鳴野山房鈔本"。卷首題"大金集禮卷第×"，卷末尾題同。每大段首行頂格，次行以下退一格。其注文形式前後不同，前八卷除少量例外，皆提行作大字，前標"○"，退二格，其後之正文再提行；自卷九之後則爲單行小字。唯卷一《帝號上・天德貞元册禮》自葉 20a "貞元儀無此异出再進入一節"至卷末共六葉，則爲單行小字。

此本訛奪較多，如卷二〇《原廟上・奉安》大定二十一年閏三月所定崇聖閣奉安物，末尾奪"芝麻羅雲龍"凡五字（葉 12a）；卷二四《赦詔・御樓宣赦》奪"通事舍人於門下稍前東向宣曰"十五字；卷二七《儀仗上・行仗》天德黄麾仗第二節末奪"八十副頭牟甲"六字（葉 10b），第五節奪"行馬一十六平巾幘緋寶相花衫袴大佩銀腰帶"十九字（葉 16b），復衍"武弁冠緋寶花大袖衫革帶大口袴腰輿下人員十將三人"二十三字（葉 17b）；卷二八《儀仗下・皇后鹵簿》奪"次坐障三具分左右夾車宫人執服同前"十六字（葉

---

①　《"國家圖書館"善本書志初稿》，第 256 頁。

2b）；卷三〇《輿服下·寶》奪"方一寸六分半金鍍銀鑄銀重三十五兩鍍金三字二品印"二十三字（葉 18b）。以上均與文淵閣《四庫全書》本同，疑即出自某閣《四庫全書》。

（六）十一行二十四字本，共一本。

20.趙慰蒼舊藏本

現藏臺北"國家圖書館"（館藏號：04545），凡四册，書影見附錄三。

半葉十一行二十四字，注文小字雙行，字數同，無欄線，版心中間記書名卷第（如"大金集禮卷一"），下方記葉次。首卷首行頂格題"大金集禮卷一"，卷末有尾題。卷首有目錄。

書中鈐有"振/宜"朱文方印、"燕庭/劉氏/珍藏"白文方印、"貴陽趙氏/壽華軒藏"朱文長方印、"國立中央圖/書館收藏"朱文長方印①。知此本曾經趙慰蒼收藏。查此本行款、字體與廣雅書局刊本全同，或即廣雅書局所抄清樣之一，季振宜、劉喜海之藏印恐不足信。

（七）九行二十二字本，共一本。

21.中山大學圖書館藏本

現藏中山大學圖書館（館藏號：V/K892.96/5），凡六册，半葉九行二十二字，紅欄格，白口，四周單邊。僅存卷一至卷十一②。

（八）其他，共二本。

22.南京圖書館藏本

---

① 《"國家圖書館"善本書志初稿》，第 256 頁。
② 《中山大學圖書館古籍善本書目》，第 90—91 頁。

現藏南京圖書館（館藏號：GJ/118746），三册，有吴昌綬跋。僅存十三卷，爲卷二七至卷三二、卷三四至卷四〇[1]。其行款等信息未知。

23.毛利高標舊藏本

此本共十二册，前後無序跋。現藏日本宫内廳書陵部，原豐後佐伯藩主毛利氏家等舊藏。卷首有"佐伯侯毛利高標字培松藏書畫之印"印記。每册首又有"秘閣圖書之章"印記。此本係仁孝天皇文政年間（1818—1829）出雲守毛利高翰獻於幕府，明治初期，歸内閣文庫。明治二十四年（1891）移送宫内廳圖書寮（即今宫内廳書陵部）。[2]

三、《四庫全書》本與廣雅書局本

《大金集禮》一書在乾隆年間修入《四庫全書》，其中文淵閣本曾經臺灣商務印書館兩次影印[3]，文津閣本也已由北京商務印書館影印出版，成爲流傳較廣的本子。四庫底本爲兩淮馬裕家藏本，其本今日蓋已不存。彭元瑞雖曾據以校己所藏，然用力未多，其校本中也無更多關於馬裕本的信息。故關於四庫底本，今日已難知其詳。文淵、文津兩閣本差别不大，今據文淵閣本略作分析。

---

① 《中國古籍善本書目（史部）》卷一二《政書類·典禮》，上海古籍出版社，1991年，第1147頁。

② 《圖書寮漢籍善本書目·史部·政書類》，1930年，葉41b—42a；嚴紹璗《日藏漢籍善本書録·史部·政書類》，第675頁。按嚴書於上一條黄丕烈舊藏本《大金集禮》後附録曰："《商舶載來書目》記載，光格天皇天明六年（1786年）中國商船"多字號"載《大金集禮》一部二帙抵日本。"疑即此本。

③ 除1983—1986年整體影印文淵閣《四庫全書》外，還在1978年收入《四庫全書珍本》八集。

　　文淵閣本半葉八行二十一字。注文分兩種，前八卷除少數例外，多爲提行退格作大字，正文再提行頂格；卷一《帝號上·天德貞元册禮》"貞元三年十一月太師思忠"以後至卷末，以及卷九以後則爲雙行小字。

　　文淵閣本經過四庫館臣的校勘，改正了不少錯誤，但所有譯名皆經改譯，不能保存原來面目，而且也多有脱誤。如卷二《帝號下·大定七年册禮》奪"捧册官先入舉册官次入讀册中書令又次入捧册官四員皆搢笏雙跪捧"二十九字；卷三《追加謚號上》正文小題"皇統五年增上祖宗尊謚"，於"五年"下衍"十一月七日"五字；卷二〇《原廟上·奉安》大定二十一年閏三月所定崇聖閣奉安物，末尾奪"芝麻羅雲龍"五字；卷二四《赦詔·御樓宣赦》奪"通事舍人於門下稍前東向宣曰"十五字；卷二七《儀仗上·行仗》天德黄麾仗第二節末奪"八十副頭牟甲"六字，第五節奪"行馬一十六平巾幘緋寶相花衫袴大佩銀腰帶"十九字，復衍"武弁冠緋寶花大袖衫革帶大口袴腰輿下人員十將三人"二十三字；卷二八《儀仗下·皇后鹵簿》奪"次坐障三具分左右夾車宫人執服同前"十六字；卷三〇《輿服下·寶》奪"方一寸六分半金鍍銀鑄銀重三十五兩鍍金三字二品印"二十三字；卷三八《沿祀雜録》奪"郊祀奏祭告文"六字。凡此種種，不一而足，這説明文淵閣本不足以稱善本。

　　廣雅書局本《大金集禮》刊行於光緒二十一年，至 1920 年徐紹棨匯印《廣雅書局叢書》，又收入叢書的史學部分。逮商務印書館輯印《叢書集成初編》，又據以排印。故此本對於今日學界影響最大。

　　廣雅本的底本爲方功惠舊藏，而方本今已不存。廣雅本經繆荃孫、廖廷相二人校勘，消除了很多錯誤，如卷一八《時享上·攝行禮》自"享所已齋而闕者通攝行事"至卷末皆舛入卷一二至一七，諸本均同，廣雅本已移正；又如卷二二《別廟·孝成舊廟》大定十七年十月十四日條，諸本均奪"添武靈皇帝別廟行禮合無依已奏定共用三犢或增"二十一字，廣雅本據《金史》卷三三《禮志六·原廟》補齊。

　　但廣雅本未能糾正或新產生的錯誤也很多，從中並可以推測其底本情況。如卷六《追謚后·永寧宮》奪"復設香案南拜褥宣徽使太常卿前導皇帝進就褥位"二十一字，其底本"皇帝"前當有空格，則正奪二十二字。卷二〇《原廟上·奉安》大定二十一年閏三月所定崇聖閣奉安物，末尾奪"黃羅帷幄各一座計三座係芝麻羅紫羅薄地褥各一片計三片黃羅明金柱衣各二條計六條係是芝麻羅雲龍"凡四十四字。卷三八《沿祀雜録》祭保陵公文奪"縶神之功式因歲元聿修祀事寒食祭文陵園孔固"凡二十字，其底本"神"、"寒食"前當有空格，亦共二十二字；又天德四年正月條"每月薦新以會"下之舛錯，亦與彭元瑞舊藏本同。卷六、卷三八之奪文爲廣雅本所特有，別本均不奪，而皆爲二十二字，故其底本當爲十三行二十二字本。[①]

第五節　《大金集禮》與《金史》禮樂四志

　　《金史》諸志中與禮儀制度相關者主要有四，即《禮志》、《樂

---

① 　廖廷相又謂"原鈔本凡小注皆單行頂格，其下正文又復接寫，既非體例，亦易混淆，展轉鈔傳，遂致文注互誤，其間亦時有用夾註者，參差不一"（《大金集禮·識語》，葉 11b—12a），則其底本之注文形式亦與十三行二十二字之吳焯舊藏本前八卷相同。唯不知其底本全書均係如此，或如吳焯舊藏本僅前八卷如此。

志》、《儀衛志》、《輿服志》。後三者雖不以禮爲名,但皆與禮關係密切。樂自不必多説,歷代正史中即常有以禮、樂合爲一志者。輿服雖多獨立成志,但也有歸入禮志名下者,如沈約《宋書》云:"蔡邕《朝會》,董巴《輿服》,並各立志。夫禮之所苞,其用非一。……旗章服物,非禮而何? 今總而裁之,同謂《禮志》。"①即將輿服部分記入《禮志》,可見其與禮的緊密關係②。朱熹在討論經禮、曲禮之别時,也把"制器、備物、宗廟、宮室、衣冠、車旗之等"視爲曲禮③。至於儀衛,前期正史中多將相關内容與輿服合載,其單獨成志則始於《新唐書》,元修《金史》、《宋史》皆設有禮、樂、儀衛、輿服四志④,顯然經過了統一規劃,並受到了《新唐書》的影響。爲行文方便,本文將這四種志統稱爲"禮樂四志"。

《金史》禮樂四志共計十六卷,即《禮志》十一卷、《樂志》兩卷、《儀衛志》兩卷、《輿服志》一卷,與《大金集禮》同爲研究金朝禮制的基本史料,而且有著密切的源流關係。唯《集禮》爲金代禮官所修,主要是彙編官府檔案而成,在編排過程中雖不免有所剪裁,仍可近似地視爲第一手材料。而《金史》禮樂四志則爲元代史官所修,已是第二手材料,要想正確充分地利用,首先要對其内容及史源進行分析。這一工作完成之後,也有助於我們更準確的推斷《集禮》的情況。

---

① 《宋書》卷一一《志序》,中華書局,1974年,第204頁。
② 《隋書》亦將輿服部分載於《禮儀志》,見《隋書》卷一〇至一二,中華書局,1973年,第191—284頁。
③ 衛湜《禮記集説》卷一,清《通志堂經解》本,葉2b。
④ 與金、宋二史同修的《遼史》立有《禮志》、《樂志》、《儀衛志》,其輿服部分併入《儀衛志》。

一、《大金集禮》與《金史・禮志》的史源

元修《金史》成於至正四年（1344），《禮志》序稱：“故書之存，僅《集禮》若干卷，其藏史館者又殘缺弗完，姑掇其郊社宗廟諸神祇、朝覲會同等儀而爲書。”①於此可知，《禮志》的主要依據就是史館即翰林國史院所藏的“集禮”。歷來學者多將此“集禮”等同於今日尚有傳本的《大金集禮》②，這一認識雖看似順理成章，但並不能視爲定論，而需要進一步深化。前文已經論證，元人以“集禮”來統稱《大金集禮》與《續集禮》③，則《禮志》序所稱“集禮”自然也是如此。弄清楚了這一關鍵，對研究《禮志》的史源十分重要。蓋《禮志》所載雖詳於世宗以前，但章宗以後之事也不在少數，其依據不可能僅僅是《大金集禮》，當有一部分出自《續集禮》者。

《大金集禮》是一部會要體的文獻，其編排不以五禮爲序，以常理推之，《續集禮》的體例當與此一致。元朝史臣“掇其郊社宗廟諸神祇、朝覲會同等儀”而纂成《金史・禮志》，各卷也沒有標以吉、凶、賓、軍、嘉五禮之名，這與同時纂修的宋、遼二史不同。之所以如此，當有《集禮》不以五禮爲序的緣故。但從各卷內容來看，《禮志》並未沿襲《集禮》的編排次序，雖然沒有嚴格劃分五禮，但仍具有五禮的粗略輪廓，大致説來，前八卷爲吉禮，次二卷爲嘉禮，最後一卷爲賓禮，而沒有軍禮和凶禮。

---

① 《金史》卷二八《禮志一》，第 692 頁。
② 如施國祁《金史詳校》卷三下，《續修四庫全書》第 293 冊影印會稽章氏刊本，上海古籍出版社，2002 年，第 107 頁；《四庫全書總目》卷八二《史部・政書類・大金集禮》，第 703 頁。
③ 參本文第一節。

《禮志》不載軍禮蓋由於缺乏相關資料，爲不得已之事。至其缺載凶禮，則是史臣有意爲之。《禮志》序云：

> 若夫凶禮則略焉。蓋自熙宗、海陵、衛紹王之繼弒，雖曰"鹵簿十三節以備大葬"，其行乎否耶，蓋莫得而考也，故宣孝之喪禮存，亦不復紀。噫，告朔餼羊雖孔子所不去，而史之缺文則亦慎之。[①]

史臣這段話陳述了不載凶禮的理由，唯所言則似是而非。按序文在此前敘述世宗、章宗朝禮制發展概況時，謂"又圖吉、凶二儀：鹵簿十三節以備大葬，小鹵簿九節以備郊廟"。所謂"鹵簿十三節"是世宗章宗時的制度，其實行與否和熙宗、海陵是否被弒全然無關。此後雖然衛紹王亦被弒，但世宗、章宗、宣宗三朝皇帝均以壽終，其葬禮自當依制而行，纂修《金史》時若詳爲討尋，其制度儀節未必皆不可考，此蓋由於修史時日迫切，故史臣未用心搜討，遂以之爲藉口。不特如此，據序文言，當時宣孝太子，也即顯宗允恭的喪禮仍存，蓋即載於《集禮》書中，而史臣仍不加記載，遂使此僅存之金代喪禮資料湮沒無聞。按世宗在允恭亡後，"命皇太子妃及諸皇孫執喪，並用漢儀"[②]，甚至"欲加帝號"[③]，其時又當金朝全盛之日，允恭喪葬之禮制度儀文必有可觀者，元代史臣闕而不載，使後世學者對金代喪葬禮無從詳考，對金史研究造成了不可彌補的損失。

關於《禮志》的史源，雖然史官明言是《大金集禮》與《續集

---

① 《金史》卷二八《禮志一》，第 692 頁。

② 《金史》卷八《世宗紀下》大定二十五年六月戊寅，第 189 頁。

③ 《金史》卷一九《世紀補·顯宗》，第 415 頁。

禮》,但實際上,問題並不如此簡單,而需要具體分析。以下即一
一考察各卷的史源,並間或論及史官剪裁失當之處。

(一)卷二八《禮志一》

本卷爲《禮志》的第一卷,卷首有元朝史官所作序文,闡明編
撰本志的緣由。序文從太宗時金軍入汴敘起,略述歷朝禮制建
設大概,至海陵朝,所述都很籠統,蓋史臣總括之語,未必有什麼
特別的史源。至世宗、章宗二朝則記載稍詳,關於此期制禮作樂
的經過,序文曰:

> 世宗既興,復收向所遷宋故禮器以旋,乃命官參校唐、
> 宋故典沿革,開"詳定所"以議禮,設"詳校所"以審樂,統以
> 宰相通學術者,於一事之宜適、一物之節文,既上聞而始匯
> 次,至明昌初書成,凡四百餘卷,名曰《金纂修雜録》。凡事
> 物名數,支分派引,珠貫棋布,井然有序,炳然如丹。又圖
> 吉、凶二儀:鹵簿十三節以備大葬,小鹵簿九節以備郊廟。
> 而命尚書左右司、春官、兵曹、太常寺各掌一本,其意至深
> 遠也。①

這段文字中沒有出現制禮作樂具體的年月和參與此事的官員,
但對於機構的設置、編撰的流程、收藏的機構都記載得相當詳
細,必然有所依據。元修《金史》最重要的史料基礎是金朝實録,
但這段文字僅見於此,《金史》本紀、列傳中皆難以尋得相關内
容,故史臣所據應當不是實録。

序文隨後論述禮制文獻存佚時謂"其宰相韓企先之所論列,
禮官張暐與其子行簡所私著《自公紀》,亦亡其傳",這段話也應

---

① 《金史》卷二八《禮志一》,第691—692頁。

該別有所據。按《金史·張行簡傳》，謂其"所著文章十五卷，《禮例纂》一百二十卷，會同、朝獻、禘袷、喪葬，皆有記錄，及《清臺》、《皇華》、《戒嚴》、《爲善》、《自公》等記，藏於家"①，云《自公紀》爲張行簡自己所著，而非父子合著，與《禮志》序不同。且《禮志》序特舉《自公紀》，而不言《禮例纂》及其他記錄，知其所據必非張行簡行狀傳記之類資料。

史臣的以上兩段文字很不完善，一個最大的問題是對於金朝禮典，即明昌六年（1195）所成之《大金儀禮》竟未著一字，令人不解。但所言又比較詳細具體，絶不能憑空造作，必是有所因襲，其所據又非實錄、傳記等普通史料，具體來源已難以確定。筆者在此願意提出一種推測以供參考，元世祖朝王鶚等議修《金史》，其所擬《金史》框架中有《禮儀志》②。當時尚能看到更多的禮制文獻，如王惲就曾見過章宗朝的《元會圖》、《郊天儀仗圖》、《郊天圓丘圖》等③，《禮志》的這兩段文字十分符合史志序文的體例，或許即是王鶚史稿之文，而爲至正史臣所因襲。

下面對本卷的正文進行分析。《禮志一》卷首所列小題爲"郊"，此題較爲廣泛，可以包括南郊圓丘、北郊方丘、東郊朝日、西郊夕月四個部分；正文中的標題則是"南北郊"。正文首先記載了四郊壇墠之制與祭祀時間，其次是南郊的舉行與儀注，至於方丘儀與朝日夕月儀則載於下一卷。也就是説，本卷的標題實際上涵蓋了卷二八、二九兩卷内容。

本卷正文可分爲三個部分。自"金之郊祀"至"秋分夕月於

① 《金史》卷一〇六《張行簡傳》，第2333頁。
② 王惲《玉堂嘉話》卷八，中華書局，2006年，第180—181頁。
③ 王惲《玉堂嘉話》卷八，第103頁。

西郊"爲總論金代郊祀,記述了四郊壇墠之制與祭祀時間。這段記載十分系統,但内容偶有錯誤。如謂南郊壇爲"圓壇三成",而據本卷下文所載郊祀儀注,實應爲四成①。按金代大定十一年(1170)始行南郊禮,明昌五年始定朝日夕月禮②,前者制度當載於《大金集禮》,後者制度則當載於《續集禮》,故這段文字疑爲元朝史臣綜合《集禮》與《續集禮》的記載而成。

自"大定十一年始郊"以下至"承安元年"之前爲第二部分,所載均爲大定十一年南郊之事。最開始是世宗與臣下關於南郊禮的討論,其中與石琚討論配享之事一節,又見於《金史·石琚傳》③,文字小有出入。按《集禮》中基本没有皇帝與臣下討論的直接記載,臣下奏請多稱"有司"、"尚書省"、"禮部"、"太常寺"等,並不出現某個官員的姓名,只有差官行禮及宰執親王領銜上表時方出現姓名;皇帝旨意則多以"奉敕旨"等表示。所以,世宗與石琚議配享之事以及與宰臣言"本朝拜天之禮"云云,疑出自《世宗實録》,而非《集禮》。

其後八月所降南郊詔書的出處,則《世宗實録》與《集禮》均有可能,因二者皆會收録相關詔令。再後"乃於前一日,遍見祖宗,告以郊祀之事。其日,備法駕鹵簿,躬詣郊壇行禮"一句,則爲元朝史官總括之語,並且又出現了一個失誤。按《金史·儀衛志》詳細載録了世宗南郊所用儀仗,爲"大駕鹵簿"④,而此處稱爲"法駕鹵簿",顯然是史官不慎致誤。

---

① 《金史》卷二八《禮志一》,第 697—698 頁。
② 《金史》卷一〇《章宗紀二》明昌五年三月庚辰、卷三四《禮志七·風雨雷師》,第 232、809 頁。
③ 《金史》卷八八《石琚傳》,第 1960 頁。
④ 《金史》卷四二《儀衛志下·大駕鹵簿》,第 950 頁。

　　這一部分的主體是大定十一年郊祀儀注,當出自《集禮》卷一〇,相關討論已見第二節,此處不贅。值得注意的是,郊祀儀注中齋戒一節謂"大祀,散齋四日,致齋三日。中祀,散齋二日,致齋一日"。按南郊爲大祀,這裏爲何要並載中祀之制?考金朝大定之制,若皇帝親行大祀,則散齋四日、致齋三日,若有司攝事,爲了避免齋戒日多影響政務,則用中祀之制,散齋二日、致齋一日,自大定三年所擬有司時享太廟之禮已然[1],《禮志二》所載方丘儀爲有司攝事,亦是如此[2]。筆者以爲,本卷標題既包括卷二八、二九兩卷,故需將兩卷合觀,此處中祀齋戒之制實爲下卷方丘儀而伏筆。可能南郊儀注與方丘儀注本爲同時擬定,故並載大祀中祀之制。

　　本卷正文第三部分爲"承安元年"以下,記載承安元年(1196)郊祀時的相關討論,涉及到用玉和用牲兩個問題,皆對大定十一年南郊禮儀做出了某些改變。其史源疑爲《續集禮》。

　　(二)卷二九《禮志二》

　　本卷所載共有三種禮儀,即方丘儀、朝日夕月儀、高禖。

　　方丘儀爲有司攝事之儀,出自《集禮》卷一一。但元朝史官沒有將《集禮》原文全部照抄,而是省略了一些與上卷所載南郊儀注相同的部分,僅説明"如郊祀"。如齋戒部分謂"齋禁並如郊祀",陳設部分謂"大樂令帥其屬,設登歌之樂於壇上,如郊祀",光禄卿入實正配位及神州地祇籩豆皆謂"其實並如郊祀"[3]。這些部分在《集禮》中均有詳細記載,與南郊儀注完全相同,元朝史

①　《大金集禮》卷一九《時享下·攝行禮》。
②　《金史》卷二九《禮志二·方丘儀》,第 711 頁。
③　《金史》卷二九《禮志二·方丘儀》,第 712、715 頁。

官將其省略,可謂得載筆之宜。

朝日夕月儀可分爲兩部分。一部分是有司攝事儀,但《禮志》没有詳細記載其儀注,僅云:"齋戒、陳設、省牲器、奠玉幣、進熟,其節並如大祀之儀。朝日玉用青璧,夕月用白璧,幣皆如玉之色。牲各用羊一、豕一。有司攝三獻司徒行事。"顯然,元朝史官能夠看到朝日夕月儀的完整儀注,但由於其祭祀環節與"大祀"(當指南郊與方丘儀)相同,故不再詳載,這與方丘儀省略與南郊相同的部分如出一轍,只是更加徹底而已。按金章宗明昌五年,禮官請求講定天地、日月、風雨雷師之常祀儀注,三月庚辰,"初定日月風雨雷師常祀"①,則有司奉行之朝日夕月常祀儀注即定於此時。其儀應載於《續集禮》中,故《禮志》此段文字疑爲元朝史官據《續集禮》簡括而來。

另一部分是金代皇帝親行朝日儀,有天會二年(1124)、天眷二年(1139)、大定二年、十五年、十八年事,雖名"朝日",實際上是源自北族傳統的拜日禮。按《集禮》原有拜日門,載録了天眷二年所定儀注,相關討論已見第二節。《禮志》此處謂天眷二年"定朔望朝日儀",當即出於《集禮》拜日門。以此類推,其他各年之事亦當出於此門。唯《集禮》僅稱"朔旦拜日",又稱"今朔有拜日之儀,擬同望日並靴袍",又稱"望日如上儀,唯不拜日"②,知金人望日不行此禮,《禮志》言"朔望"者實誤。

高禖儀爲明昌六年所定,其原因是章宗長期未有子嗣,故臣僚奏行此禮,《金史·章宗紀》載明昌六年二月己未,"始祭高

①　《金史》卷一〇《章宗紀二》、卷三四《禮志七·風雨雷師》,第232、809頁。
②　《大金集禮》卷四〇《朝會下·朔望常朝儀》。

禖”①，即此事。其儀注亦有省略，如謂“壇如北郊之制”，又謂“其齋戒、奠玉幣、進熟，皆如大祀儀”。按北郊壇壝制度及南北郊儀注皆已詳於前文，故史官爲節省篇幅，刪去不載。但是高禖儀一些特有的因素則並未省略，如築壇方位、神位、用御弓矢弓韣、玉幣、用牲、攝官、飲福進胙等。這一部分疑出自《續集禮》。

（三）卷三〇《禮志三》

本卷所載爲金代宗廟之儀。據卷前小題，分宗廟、禘祫、朝享、時享儀四部分。

宗廟部分首載金代宗廟禮制發展概況，所言皆可與《金史》本紀相互參證，蓋史臣據實錄等資料總括之語。次記廟制，云：“其廟制，史不載，傳志雜記或可概見，今附之。”遂詳載汴京宗廟之制，謂其廟共二十五間，兩側爲夾室，中二十三間爲十一室，始祖室獨佔三間，祔德帝、安帝、獻祖、昭祖、景祖五位祧主，世祖室祔肅宗，穆宗室祔康宗，其餘八室無祔。以此推之，其餘八室所奉神主當爲太祖、太宗、熙宗、睿宗、世宗、顯宗、章宗、宣宗，則此處所載廟制當爲金哀宗時制度。對於宗廟間數，史官在小注中還記載了一種十七間的説法，則史官所見“傳志雜記”當不止一種。史官沒有明言“傳志雜記”的作者或篇名，按本段文字“從西三間爲一室”至“門在左，牖在右”一節略見於楊奐《與姚公茂書》②，“殿階二級”至“則廟署也”一節略見於王惲《遺廟記》③，此二篇文章必在史官所據“傳志雜記”之內。其他文字的出處今不

---

① 《金史》卷一〇章《章宗紀二》，第 235 頁。
② 楊奐《還山遺稿》卷上《與姚公茂書》，《適園叢書》本，葉 11a—12b；又見於蘇天爵編《國朝文類》卷三七，《四部叢刊》影印元西湖書院刊本，葉 3a—5a。
③ 王惲《秋澗先生大全文集》卷三七《遺廟記》，葉 13b—15b。

可考，史官當別有所據。廟制之後爲室次，其中大定年間升祔閔宗之事，出自《集禮》卷二二《別廟》；至大定二十九年升祔世宗、顯宗，及貞祐南遷後奉安神主之事，蓋出自《續集禮》。其次爲主、祏室、黼扆、五席、几等宗廟雜制，"主用栗，依唐制"一條明確稱爲皇統九年（1149）所定，疑其他制度亦定於此時，這部分可能出自今本《集禮》已缺失的卷次。

禘祫部分所載爲大定十一年尚書省奏定禘祫之儀，除奏議之外，僅略記神主、差官等事，没有具體儀注，最末並明謂"儀闕"。這部分疑出自《集禮》，蓋史臣所見《集禮》此卷已殘缺不完，故没有詳細儀注①。

朝享部分是大定十一年十一月郊祀前一日朝享太廟之儀，疑源自《集禮》。其末謂"七祀、功臣分奠，如祫享之儀"，按《金史·禮志》未載祫享儀注，這句話一定是照抄《集禮》原文。《集禮》編者蓋以此前已載祫享儀注，故有此語，這也可證明《集禮》本有禘祫之禮。唯本卷所載朝享儀似非最後確定之儀注，按《樂志》謂"天德二年（1150），晨裸畢，還小次，方奏迎神曲。大定十一年，朝享，奏依《開元》、《開寶禮》，至版位，即奏"②，則朝享儀當於皇帝至版位時即奏迎神曲，在行晨裸禮之前。然本卷儀注仍在皇帝晨裸畢還小次後方奏迎神曲，與天德儀相同，而與《大唐開元禮》有異。則此處所載朝享儀當是禮官最初擬定的儀注，後來於奏迎神曲一節又有改動，元朝史臣不察，未能注意到這一變化。

---

① 並參本文第二節。
② 《金史》卷三九《樂志上·雅樂》，第885頁。

時享儀部分，元朝史官未交待其爲何時之制度。據《集禮》可知，此儀爲天德二年所定，源自《集禮》卷一八《時享上》。

（四）卷三一《禮志四》

本卷所載亦多與宗廟相關，卷前分列八小題：奏告儀、皇帝恭謝儀、皇后恭謝儀、皇太子恭謝儀、薦新、功臣配享、陳設寶玉、雜儀。

奏告儀在一段小序之後，首載大定十四年世宗更名奏告太廟之儀，當源於《集禮》奏告門①。其後是貞元四年（1156）及大定七年上尊號奏告天地之儀，亦當出自《集禮》奏告門。

皇帝恭謝儀爲大定七年上尊號禮畢皇帝恭謝太廟之儀，不見於今本《集禮》。按《集禮》所載皇后恭謝儀、皇太子恭謝儀皆載於受册儀注之後（見下文），皇帝恭謝儀不應例外。世宗大定七年上尊號册禮儀注見於《集禮》卷二《帝號下·大定七年册禮》，内有"六年十二月十七日，敕旨詳定恭謝太廟之禮"一條，但不見具體儀注，疑有脱文，《禮志》所載或出於此處。

皇后恭謝儀，《禮志》不言其爲何時之儀。據《集禮》卷五《皇太后皇后·天德二年册徒單氏》，知實爲天德二年徒單氏册爲皇后之後，恭謝太廟之儀，即爲《禮志》所本。然而，《集禮》於儀注末謂"册禮畢，百官上表稱賀，並以牋賀中宮"，是就整個册禮而言，所謂"上表稱賀"是向皇帝稱賀，與皇后恭謝太廟無關。《禮志》既題爲"皇后恭謝儀"，而仍保留此句，令人不知所云，實爲失於剪裁。

皇太子恭謝儀，《禮志》亦不言爲何時之儀。據《集禮》卷八

---

① 參本文第二節。

《皇太子·大定八年册命儀》，知爲大定八年皇太子受册後恭謝
太廟之儀，即爲《禮志》所本。不過，《集禮》於儀注末稱"後一日，
於東宫受群官賀，如元正受賀之儀"，此受賀是由於行皇太子册
禮，而不是由於恭謝太廟。《禮志》此處既題爲"皇太子恭謝儀"，
自應止載恭謝之儀，不當仍存此句。而且，《集禮》卷八《皇太子
·雜録》載有皇太子元正、誕日受賀儀注，故此處僅稱"如元正受
賀之儀"，而《禮志》不載元正受賀儀，此處卻仍沿用《集禮》之文，
實在啟人疑寶。元朝史官於此處不但失於剪裁，而且失於前後
照應。

薦新部分所載爲天德二年及大定三年之事，疑出於《集禮》。
但在薦新物"正月，鮪"之下，注云"明昌間用牛魚"，此句疑源自
《續集禮》。

功臣配享，這一部分首敘明昌五年閏十月丙寅以歡都等配
享世祖廟庭之事，按此條有明確的干支紀日，又與《金史·章宗
紀》相合，惟《章宗紀》僅謂"歡都等五人"①，此則備舉五人之名，
二者當同源於《章宗實録》。其次述天德二年、大定三年、八年、
十六年、十八年、二十二年及明昌四年之事，則疑出於《集禮》及
《續集禮》②。

寶玉部分，卷首標題稱"陳設寶玉"，正文則無"陳設"二字。
卷首所以稱"陳設"者，蓋由於"凡天子大祀，則陳八寶及勝國寶
於庭"③。按金代寶玉依來源不同可分爲三類，即獲於遼者、獲於
宋者、本朝所制者，《禮志》即照此順序記述。獲於遼、宋的兩段

① 《金史》卷一〇《章宗紀二》明昌五年閏十月丙寅，第233—234頁。
② 並參本文第二節。
③ 《金史》卷三一《禮志四》，第763頁。

源自《集禮》卷三〇《輿服下·寶》。本朝所制者大部分亦源自《集禮》卷三〇《輿服下·寶》。唯"禮信之寶"一條不見於《集禮》,其寶始用銅鑄,明昌間更以銀,二事見於《金史·世宗紀》與《章宗紀》①,當源自《世宗實録》與《章宗實録》。"又有太皇太后、皇太后、皇后、皇太妃寶,又有皇太子及守國寶,皆用金"一條的史源稍微複雜,按《集禮》卷三〇《輿服下·寶》僅列出以上諸人皆有寶,而不言其材質,惟以小字注明詳見各門。今查《集禮》卷五《皇太后皇后·天德二年尊奉永壽永寧宫》、卷七《妃·册太皇太妃》、卷八《皇太子·天德四年册命儀》及《大定八年册命儀》正有各人所用寶的制度,皆用金,則《禮志》此條乃綜合《集禮》數卷之内容而成。最末大定二十四年皇太子守國寶一條亦出自《集禮》卷八《皇太子·守國儀》。

雜儀,可分爲三個部分。大定三年、十年、十二年、二十二年諸條爲宗廟所用犧牲品物之事,大定二十九年、明昌三年兩條爲禘祫之事②,疑出自《集禮》與《續集禮》③。其後爲貞祐四年(1216)奉安太廟神主之事,宣宗初擬十六拜,後從張行信之言改爲四十四拜,遂以十月辛酉行禮。按此事有十月己未、辛酉等明確的干支紀日,前後因果又見於《金史·宣宗紀》及《張行信傳》,惟詳略不同④,蓋紀、志、傳三處記載有共同的史源,史官依體例

---

① 《金史》卷八《世宗紀下》大定二十五年十二月甲戌、卷一〇《章宗紀二》明昌四年七月己丑,第 191、229 頁。

② 按明昌三年條下有"大定六年……凡十六拜"一段,施國祁已指出,此實爲明昌三年劉瑋對章宗之語,非獨立一條。見施國祁《金史詳校》卷三下,第 114 頁。

③ 《大金集禮》有雜儀式門,見本文第二節,此處題爲"雜儀",或許與之有關。

④ 《金史》卷一四《宣宗紀上》貞祐四年二月甲辰、三月乙卯、五月癸丑及丙子、八月甲寅及壬戌、十月己未及辛酉、卷一〇七《張行信傳》,第 317—320、2367 頁。

分於三處而詳略互見，疑皆出於《宣宗實録》。

（五）卷三二《禮志五》

本卷所載内容較爲單一，爲上尊謚之禮。

其中天會三年奉上太祖謚號廟號、十三年奉上太宗及景宣皇帝謚號廟號、十四年奉上始祖至穆宗各代祖妣謚號廟號、皇統五年增上太祖謚號及各代祖宗謚號，皆出自《集禮》卷三《追加謚號上》。大定三年增上睿宗謚號、十九年奉上孝成皇帝（熙宗）謚號兩段，則源自《集禮》卷四《追加謚號下》。内熙宗部分雖以“大定十九年，奉上孝成皇帝謚號”冠於最前，所載内容實包括大定元年至二十七年之事，此處之所以如此標目，是因襲《集禮》卷四《追加謚號下・大定十九年奉上孝成皇帝謚號》的標題。然而該題既不能包括所有内容，又不用“熙宗”標目，實欠妥當。

本卷最後載有大定二十九年上世宗與顯宗謚號廟號、大安元年（1209）上章宗謚號廟號、正大元年（1224）上宣宗謚號廟號之事。此數條記事干支明確，又僅載謚號廟號而無儀注，其史源應該不是《續集禮》，而是金朝實録。需要指出的是，此處載上世宗謚號在大定二十九年四月乙丑，而《世宗紀》則作“三月辛卯朔”；此處載上章宗謚號在大安元年二月丁卯，而《章宗紀》則作“正月”[1]，兩處不同。或本紀所載爲定議上謚號之日，而《禮志》所載爲正式行禮之日。

（六）卷三三《禮志六》

本卷所載仍爲宗廟之禮，分爲原廟、朝謁儀、朝拜儀、別廟四個部分。

---

① 《金史》卷八《世宗紀下》、卷一二《章宗紀四》，第 203、285 頁。

原廟主要包括上京慶元宮、中都衍慶宮和東京御容殿三處，這部分內容幾乎全部出自《集禮》卷二〇《原廟上·奉安》。只有最開始"太宗天會二年，立大聖皇帝廟於西京"一條不見於《集禮》，而此事《太祖紀》、《太宗紀》均載在天會三年[1]，《禮志》所據當即實録而繫年有誤。

朝謁儀爲大定十六年衍慶宮奉安世祖御容時，世宗親行朝謁之禮。出自《集禮》卷二一《原廟下·朝拜》。

朝拜儀是朝拜原廟之禮，這一部分内容較多。首先是太祖忌辰皇帝親祠之禮，《禮志》僅泛言"初，太祖忌辰"云云，未有明確斷限。據《集禮》卷二一《原廟下·朝拜》，可知大定五年、十一年宣徽院申明當時所行之禮均是如此，至十九年始加以改變，則《禮志》所載爲大定前中期之制。其次爲大定二十一年所定睿宗忌辰親祠之禮，再次是大定五年、六年、十六年、十八年、二十六年共五條與原廟朝拜相關的禮儀雜事，均出自《集禮》卷二一《原廟下·朝拜》。需要注意的是，大定十六年一條，《禮志》謂"世祖、太宗忌辰一體奉奠"，而《集禮》僅言及世祖；十八年八月一條，《集禮》則無繫年。此或由於今本《集禮》有奪文，而史臣所據本尚完好之故。

別廟包含熙宗、昭德皇后、宣孝太子三廟。熙宗初謚武靈，後改謚孝成，此部分即出自《集禮》卷二二《別廟·孝成舊廟》，惟大定"十四年，廟成"一句不見於《集禮》。按《集禮》未明確記載孝成廟畢工時間，唯載十三年三月啟土動工，十月上梁，十五年三月奉安神主，《禮志》所謂十四年廟成者，疑爲史臣據此推斷之

---

① 《金史》卷二《太祖紀》、卷三《太宗紀》天會三年十月甲辰，第42、53頁。

言,而非别有所據。昭德皇后廟與宣孝太子廟當亦出於《集禮》
已缺的部分①。

(七)卷三四《禮志七》

本卷有社稷、風雨雷師、嶽鎮海瀆三個部分。

社稷部分關於金朝社稷沿革者唯有兩句:"貞元元年閏十二
月,有司奏建社稷壇於上京。大定七年七月,又奏建壇於中都。"
按海陵貞元元年已經遷都燕京,故所建壇當在中都,此謂"上京"
者顯然有誤②,未知史官何據而有此説。其次爲社稷壇之制度與
祭祀儀注,皆爲中央太社太稷之制,地方社稷則惟最末"其州郡
祭享,一遵唐、宋舊儀"一句。按前文已論,此處所載爲明昌以後
所定之禮,州郡祭禮的詳細儀注尚可見於《永樂大典》所引元《太
常集禮》之中③。《禮志》所據當爲《續集禮》。

風雨雷師,章宗明昌五年始講求其禮,《禮志》未載具體月
日,據《章宗紀》,知爲明昌五年三月庚辰所定④。《禮志》詳載講
求此禮之始末,所據疑爲《續集禮》⑤。

嶽鎮海瀆部分主要是大定四年所定祭祀儀注,出自《集禮》
卷三四《岳鎮海瀆》。然"立春,祭東嶽於泰安州"至"濟爲清源
王"一段,則爲《集禮》所無,按泰安州本爲軍,至大定二十二年始
升爲州⑥,則此處所載祭祀地點絶非大定四年所定。其間又有明

---

①　詳參本文第二節。
②　武英殿本《金史》考證(《武英殿本二十三史考證》,《四庫未收書輯刊》第 10 輯
第 6 册,北京出版社,2000 年,第 687 頁)、施國祁《金史詳校》卷三下(第 119 頁)、點校
本《金史》校勘記(第 812—813 頁)皆已指出此點。
③　見本文第一節。
④　《金史》卷一〇《章宗紀二》、卷三四《禮志七·風雨雷師》,第 232、809 頁。
⑤　並參本文第二節。
⑥　《金史》卷二五《地理志中》,第 616 頁。

昌中封五鎮、四瀆爲王之事,據《章宗紀》,知在明昌六年十二月①。故疑此二段出自《續集禮》。

(八)卷三五《禮志八》

本卷卷首分列七個小題:宣聖廟、武成王廟、前代帝王、諸神雜祠、祈禜、拜天、本國拜儀,但實際上諸神雜祠又包含了長白山、大房山、混同江、嘉蔭侯、瀘溝河神、昭應順濟聖后、鎮安公、瑞聖公、貞獻郡王廟九個小部分。

宣聖廟部分,皇統元年、大定十四年記事源自《集禮》卷三六《宣聖廟·祀儀》,樂歌部分疑出自《集禮》已亡佚的樂門。承安二年與宣宗遷汴二條則疑出自《續集禮》。最末"其諸州釋奠並遵唐儀"則顯爲史臣總括之語,所據亦爲《集禮》卷三六。

武成王廟,始建於泰和六年(1206),七年又以金朝功臣配享,宣宗遷汴又重新營建,此數條記事疑皆出自《續集禮》②。

前代帝王部分,首謂三年一祭伏羲等,而未言其禮爲何時所定,次記泰和三年關於祝版問題的討論。按《金史·章宗紀》載,泰和四年二月庚戌,"始祭三皇、五帝、四王",③蓋是禮之討論始自泰和三年,至四年二月首次實行。此部分疑出自《續集禮》④。

諸神雜祠包含了九個不同的神靈,需分別論述。長白山部分主要出自《集禮》卷三五《長白山》,惟明昌四年一條疑出自《續集禮》。大房山、混同江、嘉蔭侯、瀘溝河神皆出自《集禮》卷三七《雜祠廟》。昭應順濟聖后共兩條,其中大定十七年陽武聖后廟

---

① 《金史》卷一〇《章宗紀二》明昌六年十二月乙亥,第 237 頁。

② 並參本文第二節。

③ 《金史》卷一二《章宗紀四》,267 頁。

④ 並參本文第二節。

一條出自《集禮》卷三七，二十七年正月鄭州河陰縣聖后廟一條又見於《金史·河渠志》[①]，文字全同，惟多“每歲委本縣長官春秋致祭，如令”一句，其史源不詳。需要指出的是，加封昭應順濟聖后的是河陰縣聖后廟，與陽武縣者無關，史臣蓋以兩處皆爲黃河之神，遂牽連書之，實有不妥。鎮安公、瑞聖公主要是章宗朝的記事，《禮志》載封册鎮安公在明昌六年八月、瑞聖公在四年八月，而《章宗紀》皆載於六年九月[②]，紀、志不同，故疑此二條非出於《章宗實録》，而可能出自《續集禮》。貞獻郡王廟一條略見於《金史·章宗紀》[③]，蓋出自《章宗實録》。

祈禜爲大定四年所定祈雨之禮，又有十七年一條記事，疑出自《集禮》。

拜天部分當源於《集禮》拜天門，相關討論已見第二節。

本國拜儀先敘女真人拜制，其出處未詳。次記承安五年討論拜禮之事，與《章宗紀》所載詳略互見[④]，疑出自《章宗實録》。

（九）卷三六《禮志九》

本卷卷首共列六目：國初即位儀、受尊號儀、上壽儀、朝參常朝儀、肆赦儀、臣下拜詔儀，均可認爲屬於嘉禮。

國初即位儀爲太祖、太宗即位之禮，出自《集禮》卷一《帝號上·太祖皇帝即位儀》與《太宗皇帝即位儀》。

受尊號儀爲皇統元年、大定七年上尊號之禮，但大定七年儀注中誤抄入海陵天德册禮之文，已經點校本校勘記指出[⑤]。其文

全出自《集禮》卷一《帝號上·皇統元年册禮》、《天德貞元册禮》及卷二《帝號下·大定七年册禮》。唯《禮志》謂大定七年册禮"奏告天地宗廟社稷"者有誤,次年並未奏告社稷①。

上壽儀一目,正文標爲"元日聖誕上壽儀",所載儀注出自《集禮》卷三九《朝會上·元日稱賀儀》與《聖節稱賀儀》。其聖節儀中皇太子致詞稱"萬春令節"云云,按萬春節爲世宗生辰,知此爲大定制度。儀注之後有大定六年正月侍宴者有定員一條,其史源未詳。又有十七年一條,詔定皇族親屬無官爵者與宴班次,此條略見於《集禮》卷三一《班位表奏·命婦》,然《集禮》所載僅限於命婦之禮,《禮志》此條則包括所有皇族,疑史官別有所據。

朝參常朝儀爲天眷二年五月所定,大定二年又有所更改,主要出自《集禮》卷四〇《朝會下·朔望常朝儀》。惟大定五年移剌子敬言猛安謀克朝見一事不見於《集禮》,而見於《金史·移剌子敬傳》,據《傳》知其爲世宗幸西京時事,唯世宗幸西京在大定六年②,不在五年。《禮志》此條蓋出於實錄,而繫年有誤。

肆赦儀所載爲大定七年上尊號禮畢後肆赦之儀,出自《集禮》卷二四《赦詔·御樓宣赦》。唯《禮志》言"十一年制同",據《集禮》同卷所載十一年肆赦儀,則兩年儀注互有異同,《禮志》所言不確。

臣下拜詔儀一目,正文標爲"臣下拜赦詔儀",所言更爲準確,包括京師官員與外路官員兩種拜赦詔之儀,出自《集禮》卷二

---

① 參本文結語。
② 《金史》卷六《世宗紀上》、卷八九《移剌子敬傳》,第 137、1989 頁。

四《赦詔·隨朝拜赦書》及《外路迎拜赦詔》①。

（一〇）卷三七《禮志一〇》

本卷分列五目：册皇后儀、册皇太后儀、册皇太子儀、皇太子正旦生日受賀儀、皇太子與百官相見儀。

這五個部分都可以在《集禮》中找到相關記載，史源比較清楚。册皇后儀出自《集禮》卷五《皇太后皇后·天德二年册徒單氏》，册皇太后儀出自同卷《天德二年尊奉永壽永寧宫》。册皇太子儀出自《集禮》卷八《皇太子·大定八年册命儀》。皇太子正旦生日受賀儀定於大定二年，皇太子與百官相見儀亦定於大定二年，而七年、九年又別有新制，這兩部分均出自《集禮》卷八《皇太子·雜録》。惟皇太子與百官相見儀中大定九年一條，《禮志》謂"班首致辭云'青宫萬福'"，而《集禮》僅言"班首致辭"，不言致辭内容，略有小異。查"青宫萬福"之語別不見於他處，《集禮》載大定二年定制，東宫官見皇太子依例言"清躬萬福"②，蓋元朝史臣誤以東宫官見皇太子禮誤爲朝廷百官見皇太子之禮，又誤"清躬"爲"青宫"，並非別有所據。

（一一）卷三八《禮志一一》

本卷爲賓禮，包括四個部分：外國使入見儀、曲宴儀、朝辭儀、新定夏使儀。

外國使入見儀、曲宴儀均出自《集禮》卷三九《朝會上·曲宴儀》及《人使辭見儀》。朝辭儀的儀注亦出自《集禮》同卷《人使辭見儀》，但需要説明的是，朝辭儀注之後記載了很多與外國使節

---

① 按《大金集禮》卷二四卷前小題作"隨朝拜赦詔"，正文則作"隨朝拜赦書"，此從正文。

② 《大金集禮》卷八《皇太子·雜録》。

相關的禮制沿革情况，其時間從熙宗一直到章宗承安三年，這部分内容不限於朝辭，其來源也比較複雜。最開始的熙宗朝記事部分，大都可由《集禮》卷三九《朝會上·人使辭見儀》總括而得，惟諸國使朝辭時賜物一節，《禮志》謂宋使庭授，夏、高麗使賜於會同館，而《集禮》僅載宋使庭授，夏、高麗使不庭授，未出現會同館字樣。按人使朝辭，所賜之物若不庭授，則必賜於使者所居之會同館，此可想而知，史臣蓋熟知其例，遂徑書賜於會同館，不必別有所據。其次大定五年罷高麗使私進禮一條，亦見於《金史·外國傳》①，然而文字互有異同，疑同出於《世宗實録》。其後又有大定六年定外國使出入之門、二十九年宋使朝辭及生辰改日受賀、承安三年討論花宴之禮，則未知源自何處。

本卷最後是新定夏使儀注，首載正大元年至四年金夏交聘之事，次載正大二年所定儀注，其具體出處不詳，或出自《續集禮》，也或許直接出自遺存的金朝檔案。最末“賜宋、高麗使之物，其數則無所考”一句，則自爲史臣總括之語。

綜合來看，《金史·禮志》的史源以《集禮》與《續集禮》爲主，這與《禮志》序的説法是一致的。此外，還有一些内容來自金朝實録以及某些金末元初人的零散著作，如王惲《遺廟記》等，但所占比例較小。《禮制》史源比較單一，蓋由元修《金史》成書甚速，史官不及多所取材而致。

二、《大金集禮》與《金史》樂、儀衛、輿服三志的史源

在《金史》禮樂四志中，只有《禮志》序明確交代了其主要依據的史料，《樂志》、《儀衛志》、《輿服志》則没有這方面的内容，所

---

① 《金史》卷一三五《外國下·高麗》，第 2886 頁。

以,對此三志史源的考察更加困難,以下試分論之。

（一）《樂志》

《金史》卷三九、四〇兩卷爲《樂志》上、下,迄今爲止,對《金史·樂志》研究最多的學者當屬王福利。但對於《樂志》的史源,王氏僅稱:"其《樂志》的史料當主要源自《實録》,或參資以《大金集禮》和《金纂修雜録》。"①而且他並没有舉出任何材料來證實這一論斷,也没有進一步分析哪些内容源自《實録》,哪些内容源自《集禮》。筆者懷疑,王氏或許是根據整部《金史》纂修的情况推論出的這一判斷,其言似乎無稽。實録是編年體史書,也會有一些大臣的附傳,説《金史》的紀、傳部分源自實録,較爲合理。若要説某一種志主要源自實録,又不進行充分的論證,無疑是很難讓人信服的。以下擬對《樂志》的史源略作推測,並對元朝史官剪裁失當之處稍加分析。

《樂志》卷首總序爲史臣總括之語,不必别有出處,可不詳論。需要注意的是,其所言頗不完備,且多有訛誤。如謂:"其隸太常者,即郊廟祀享、大宴、大朝會宫懸二舞是也。隸教坊者,則有鐃歌鼓吹,天子行幸鹵簿導引之樂也。"按金代太常雅樂有三,宫懸、登歌及文武二舞,而此處漏記登歌;又太常寺設大樂署,兼鼓吹署②,則鼓吹樂亦隸於太常,此謂其隸於教坊,實屬大謬。又序中謂"有散樂,有渤海樂,有本國舊音",正文中散樂與本國舊音皆列專目,渤海樂卻無專門記載,僅兩見於雅樂與散樂二目之下,不具首尾③。凡此皆由於史臣不肯用心,故漏略如是。

---

① 王福利《遼金元三史樂志研究》,上海音乐学院出版社,2005年,第30頁。
② 《金史》卷五五《百官志一》,第1249頁。
③ 《金史》卷三九《樂志上》,第886、889頁。

　　《樂志》正文共兩卷，上卷分列五小題：雅樂、散樂、鼓吹樂、本朝樂曲、郊祀樂歌；下卷列四小題：宗廟樂歌、殿庭樂歌、鼓吹導引曲、采茨曲。實際上，郊祀樂歌與下卷各題都是記載樂章，可以視作一類。這樣，《樂志》的正文可分爲五個部分，即雅樂、散樂、鼓吹樂、本朝樂曲和樂章。

　　雅樂部分，首先述其使用場合，謂"凡大祀、中祀、天子受册寶、御樓肆赦、受外國使賀則用之"，這是元朝史官根據金代的禮制實踐總括而得，其所據殆即《集禮》。但這一總結並不全面，如本節末句就稱"其册命中宫、皇太子、太孫，受外國使賀，宴外國使，皆用宫懸"，又列出了五個使用雅樂的場合。揆之史例，這些使用場合應於本節開頭一併敘述，史官分列兩處，實欠妥當。

　　其次述金代雅樂之沿革。其中一部分内容可能來自於《集禮》的樂門[1]，按《集禮》各門大都以時間爲序記載禮制沿革，樂門也不應例外。雅樂沿革中皇統元年用宋樂及大定十四年定樂名二條，有明確的時間，所載較詳，又不見於他書，疑即出自《集禮》樂門。還有一部分内容應是史臣總括之語，如文武二舞之沿革共載皇統間、貞元儀、大定十一年三條，皆僅記樂舞之名，不及其他，而且頗有錯訛。除皇統一條限於資料無法驗證之外，其他兩條皆誤。史官謂"貞元儀又改文舞曰《保大定功之舞》，武舞曰《萬國來同之舞》"，按《大金集禮》卷一《帝號上·天德貞元册禮》載錄了天德册禮儀注，並將貞元儀中不同之處附注於下，其儀注云："文舞入……宫懸奏《保大定功之舞》，貞元儀奏《萬國來同之舞》。三成，止，出。……武舞入，……宫懸奏《萬國來同之舞》，貞元儀奏

---

　　① 　關於《大金集禮》樂門的討論見本文第二節。

《保大定功之舞》。三成,止,出。"是天德儀與貞元儀文武二舞之名正好相反,而《樂志》所載實乃天德儀,非貞元儀。《樂志》又謂"大定十一年又有《四海會同之舞》,於是一代之制始備",按大定七年世宗受尊號册禮已有《四海會同之舞》[①],不必至十一年始備其制。筆者頗疑此段是史臣從《集禮》相關儀注中摘出,故簡略疏舛一至於斯。此後的明昌五年置所講議禮樂、宣宗修汴京太廟兩條,所載甚詳,或許出自《續集禮》。

其次爲郊祀、宗廟所用樂舞之沿革。郊祀樂舞爲大定十一年討論確定,疑即源自《集禮》,惟末句"方丘如圜丘之儀,社稷則用登歌"似爲元朝史官總括之語。宗廟用樂大定以前之部分,亦當源自《集禮》,然所載諸室之曲已至宣宗,當是據《續集禮》。從"舊制,太廟、皇考廟樂工各三十九人"之下,主要是章宗一朝樂工數額的沿革,以及宣宗行祔享禮一條。其中泰和四年減定教坊人數一條又略見於《金史·章宗紀》[②],則出自《章宗實録》無疑,其他數條或亦出自實録。哀宗天興二年七月己巳一條,則可以確定出自王鶚《汝南遺事》[③]。樂舞名數包括了太廟親祠與有司攝事兩種情況下所用的宮懸、登歌、文武二舞的詳細内容,必是出自專門的禮樂典籍,疑即爲《集禮》樂門。

最後爲皇帝受册寶和御樓宣赦兩種場合下使用雅樂的儀注。前者出自《集禮》卷三〇《輿服下·寶》大定十八年進"大金受命萬世之寶"之禮,後者則出自《集禮》卷二四《赦詔·御樓宣赦》,此略加比對即可明曉,不煩詳論。而史臣節略頗有未當,如

---

① 《大金集禮》卷二《帝號下·大定七年册禮》。
② 《金史》卷一二《章宗紀四》泰和四年八月丁巳,第269頁。
③ 王鶚《汝南遺事》卷一,《叢書集成初編》本,第11頁。

此云"皇帝受册寶",實際上只是進寶,並未受册;又如御樓宣赦將大定七年與十一年兩次儀式雜糅在一起,未能完全反應實際行禮的情況。末二句"凡皇帝出入升降"至"宴外國使,皆用宫懸"則爲史臣總括之語,其根據主要是《集禮》所載各禮儀注。

散樂部分,首句"元日、聖誕稱賀,曲宴外國使,則教坊奏之",總敘散樂應用場合。按《集禮》卷三九《朝會上》包含有《元日稱賀儀》、《聖節稱賀儀》與《曲宴儀》三個子目,《樂志》正是由此總括而來。實際上,散樂的應用遠不止此,如《集禮》所載皇統五年增上太祖尊謚、天德二年尊奉永壽永寧宫、大定二年奉安睿宗御容等亦用教坊樂[1],而史官皆不之及,難以反映金代散樂全貌。

除首句以外,相關記載僅有三條。皇統二年一條出自《集禮》卷四〇《朝會下·雜録》;明昌二年一條又見於《金史·章宗紀》[2],當是出自《章宗實録》;泰和初一條又見於上文雅樂宗廟部分,實爲泰和四年之事,蓋亦出自實録。

鼓吹樂部分,其小序爲史臣總括之語,其言謂"海陵遷燕及大定十一年鹵簿,皆分鼓吹爲四節,其他行幸惟用兩部而已",所謂"其他行幸"蓋即大定三年祫享、六年自西京還都之類[3]。本部分主要内容是鹵簿中所用四節鼓吹的詳細構成,與《集禮》卷二七《儀仗上·行仗》及《金史·儀衛志》對比,可知其爲海陵遷燕

---

① 《大金集禮》卷三《追加謚號上·皇統五年增上太祖尊謚》、卷五《皇太后皇后·天德二年尊奉永壽永寧宫》、卷二〇《原廟上·奉安》。

② 《金史》卷九《章宗紀》明昌二年十一月甲寅,第219頁。

③ 《金史》卷四二《儀衛志下·大駕鹵簿》,第949—950頁。

時所用①，其史源亦即《集禮》卷二七。

本朝樂曲部分，均爲世宗時事，共三條，皆與《世宗紀》互見②，當即出自《世宗實録》。其中大定二十四年一條載有詳細的樂曲歌詞，本志卷首序謂"有本國舊音，世宗嘗寫其意度爲雅曲，史録其一，其俚者弗載云"，所謂"史"即指《世宗實録》而言。

除以上四題之外，本志其餘部分均爲樂章。郊祀樂歌包括南郊與方丘兩種，宗廟樂歌包括禘祫親享、大定十一年郊祀前朝享太廟及昭德皇后別廟③、大定十二年所定禘祫及時享有司攝事④、昭德皇后時享、宣孝太子別廟、大定三年上睿宗册寶、十九年升祔熙宗等，殿庭樂歌爲大定七年册禮、十一年册禮、十八年上受命寶、天德二年册立中宮、四年册皇太子、大定八年册皇太子、二十七年册皇太孫各禮所用樂章。《樂志下》卷首所列小題有"鼓吹導引曲"，又有"采茨曲"，實際上前者可包括後者，正文中也没有分列兩題，有天眷三年熙宗幸燕導引曲、天德二年祫享回鑾導引曲、貞元元年幸中都導引及采茨曲、三年祫享回鑾采茨曲、正隆六年(1161)幸南京導引及采茨曲、大定三年祫享回鑾采茨及導引曲、二十七年皇太孫謝廟導引曲。按前文已言《集禮》所載大定十八年上受命寶儀謂"前後樂曲並見樂門"，本志殿庭樂歌中亦有此次行禮之樂章，且與《集禮》所載儀注一一符合，知其必然出自《集禮》的樂門。由此更進一步推論，《樂志》所載其

---

① 《大金集禮》卷二七《儀仗上·行仗》；《金史》卷四一《儀衛志上·黄麾仗》，第933—935、942—943頁。

② 《金史》卷六至八《世宗紀》，第145、159、188—189頁。

③ 原未繫年，按所載朝享太廟樂章至睿宗而止，故爲世宗時事，而世宗南郊僅大定十一年一次。

④ 原未繫年，據本志上文雅樂宗廟部分"大定十二年制"條。

他殿庭樂歌以及郊祀樂歌、宗廟樂歌、鼓吹導引曲也當出自《集禮》樂門。在這裏只有宗廟樂歌中禘祫親享的一小部分樂章例外,按《集禮》成於大定末年,而《樂志》所載諸室之曲已至宣宗,當是據《續集禮》增入。

　　(二)《儀衛志》

　　《金史》卷四一、四二爲《儀衛志》上、下。上卷分列五小題:常朝儀衛、内外立仗、常行儀衛、行仗法駕、黄麾仗。卷前總序爲史臣總括之語,其依據當與正文所依據者無異,所以判明正文之來源,則總序之來源自明。

　　常朝儀衛中,"初國制"與正隆元年兩條,來源不明。自"其儀"以下爲都副點檢等侍衛諸人的朝參服制,"朝參日"以下方爲朝參之儀,均源自《集禮》卷四〇《朝會下·朔望常朝儀》。

　　内外立仗部分,雖然開頭謂"凡遇大禮、大朝會,則有内外立仗",然所載儀仗均爲舉行册禮時所用,無大朝會之例。首段熙宗、海陵、世宗册禮的立仗情況出自《集禮》卷一及卷二《帝號》。按《集禮》載大定六年十二月討論册禮所用儀仗,謂"有司援前代舊儀,大朝會設黄麾大仗五千二十五人"云云,又"舊儀,大朝會陳五輅於庭"云云[①],史臣蓋以此言大朝會有内外立仗。然《集禮》所謂"舊儀"實爲宋代之《政和五禮新儀》[②],非金代舊儀,史臣誤讀禮文,故前後矛盾。"是後,或減至二千,或一千、或八百、或六百人"一句則爲史臣據《集禮》總括之語,大定十一年册禮用二千人,大定三年追尊睿宗、十八年受寶用一千人,十九年奉上熙

---

① 《大金集禮》卷二《帝號下·大定七年册禮》。
② 《政和五禮新儀》卷一一《序例·車輅·皇帝車輅》、卷二一《序例·大慶殿大朝會》,臺灣商務印書館影印文淵閣《四庫全書》第 647 册,第 170、209 頁。

宗謚號用六百人①,惟不知何時曾用八百人,或在《集禮》已缺佚的部分。其後,天德二年條出自《集禮》卷五《皇太后皇后·天德二年册徒單氏》,大定八年與二十七年條出自《集禮》卷八《皇太子·大定八年册命儀》及《大定二十七年册皇太孫》。再後即爲大定八年册皇太子時所用黄麾半仗與黄麾細仗的具體内容,蓋出自《集禮》卷二七《儀仗上·立仗》,可惜的是《集禮》這一部分已經全闕。

常行儀衛大致見於《集禮》卷二八《儀仗下·雜録》,然而有所出入,且有《集禮》所無者,史臣似别有所據,今不可詳考。

行仗法駕部分開始一段,實連大駕述之,爲法駕與大駕的總序。天眷三年及海陵遷都二條源自《集禮》卷二七《儀仗上·行仗》,天德二年一條及世宗時制均不見於今本《集禮》,疑在缺佚部分,世宗時制又詳見於《儀衛志下·大駕鹵簿》。其次天眷法駕與海陵遷都所用黄麾仗的具體内容,亦是源自《集禮》卷二七《儀仗上·行仗》,惟其中多有小異,且海陵法駕共八節,而《集禮》僅存不足七節,《金史》則全文俱在。

卷四二《儀衛志下》分列六小題,即大駕鹵簿、皇太后皇后鹵簿、皇太子鹵簿、親王儀從、諸妃嬪導從、百官儀從。

大駕鹵簿部分,主要是世宗朝的制度,最開始爲大定三年與六年的黄麾仗,按《集禮》卷二七《儀仗上·行仗》所載海陵時黄麾仗已經不全,其後仍有殘缺,此處世宗時制當即出自亡逸的部分。其下大定六年皇太子乘輅及七年告廟用儀仗事,又見於《金

---

① 分别見於《大金集禮》卷二《帝號下·大定十一年册禮》、卷四《追加謚號下·大定十九年奉上孝成皇帝謚號》、卷三〇《輿服下·寶》。

史·世紀補》，蓋出自《世宗實錄》或《顯宗實錄》。其次十一年南郊論儀仗事，疑亦出自《世宗實錄》。再後占最大篇幅的是十一年所用黃麾仗七千人的具體內容，當是出自《集禮》卷二七《儀仗上·行仗》，而今本已缺佚。最後明昌五年、承安元年、泰和六年、八年共四條，其出處不能確知，疑出自《續集禮》或《章宗實錄》。

皇太后皇后鹵簿雖不言其制定時間，然據《集禮》可知，實爲大定十九年改葬昭德皇后時所用鹵簿，出自《集禮》卷二八《儀仗下·皇后鹵簿》。末言"是歲"云云，然史臣於此前既不言十九年，則"是歲"所指不明，可見剪裁失當。其後天德二年一條出自《集禮》卷五《皇太后皇后·天德二年册徒單氏》；皇太后導從、永壽永寧宮二條則出自同卷《雜錄》，惟前者爲貞元時所定，後者爲天德二年所定，《儀衛志》均無繫年，易滋歧義。

皇太子鹵簿爲大定八年皇太子受册後謝廟所用鹵簿，出自《集禮》卷二八《儀仗下·皇太子鹵簿》。其後太子常行儀衛可見於《集禮》卷八《皇太子·大定八年册命儀》及《大定二十七年册皇太孫》；殿庭與宴條出自同卷《雜錄》，爲大定二年五月二十二日所定；東宮視事條則出自同卷《守國儀》。令人奇怪的是，太子常行儀衛末句椅背"紅絨絛結"不見於八年及二十七年册儀，而見於《守國儀》之東宮視政一條，未知是史臣剪裁有誤，還是《集禮》有脫文，今疑不能定。

親王傔從所載爲大定之制，出自《集禮》卷九《親王公主·親王》。《集禮》原文主要載於大定二年所定條文，後來三年、十年又有更改，史臣將其綜合而書，故所載實爲大定十年之制。惟"邀喝四人"四字不知所出。郡王以下部分則出自同卷《宗室》，爲大定十九年所定。

諸妃嬪導從部分,唯首句可見於《集禮》卷七《妃·雜録》,知導從四十人爲天德二年四月所定,然《集禮》無"塗金束帶"一句,其下扇、傘之制亦不知何據。大長公主及皇妹皇女制度出自《集禮》卷九《親王公主·公主》,爲大定二年所定。《集禮》公主門又記載了景宣、閔宗公主及宋王、梁王之女的情況,《儀衛志》諸宗室女"各以親疏差降之"一句,當即史臣據以總括之語。皇太子三位妃等的傘制則出自《集禮》卷三〇《輿服下·臣庶車服》。

百官儀從部分在《集禮》及《金史》其他部分皆無相關記載,其史源未明。

(三)《輿服志》

《金史》卷四三爲《輿服志》,雖然只有一卷,卻分爲上中下三個部分。《輿服志上》爲天子車輅、皇后妃嬪車輦、皇太子車制、王公以下車制及鞍勒飾,也即車輿部分。史臣在小序中説"考禮文,證國史,以見一代之制度云",禮文疑即《集禮》,而國史蓋即實録。

天子車輅大部分出於《集禮》卷二九《輿服上·輅輦》,爲大定十一年南郊前所定。惟最末七寶輦一條不見於《集禮》,未知其詳。

皇后六車出自《集禮》卷二九《輿服上·皇后車服》,爲大定十九年所定。其後爲圓輅等車輦、扇、障、錦六柱、宮人車等制度,出自《集禮》之園陵門①。最後明昌元年三月所定妃嬪等車輦制度一條,疑出於《章宗實録》。

---

① 參本文第二節。

皇太子車制爲大定六年十二月所定金輅之制，出自《集禮》卷二九《輿服上·皇太子車服》。按此前世宗自西京還都時，發生了皇太子乘大駕金輅而行在天子之前的禮儀事故①，此次討論皇太子金輅蓋即由之而起。

王公以下車制出自《集禮》卷三〇《輿服下·臣庶車服》，爲大定制度，惟庶人車止用一色黑油爲大定十三年擬議之事，並未實行，此處混而書之，實欠妥當。親王鞍、障泥、彎之制不見於《集禮》，或出自實録；皇家小功以上親等障泥之制則亦見於《集禮》卷三〇《輿服下·臣庶車服》。最後又有大定中改大興尹車服制及承安二年鞍彎之制兩條，疑均出自實録。

《輿服志中》爲天子冠冕、視朝之服、皇后冠服、皇太子冠服、宗室外戚及一品命婦服用、臣下朝服、祭服、公服，即各種服制。史臣在小序中沒有交代史料來源，以《輿服志上》推之，蓋亦不出《集禮》與實録二源。

天子冠冕均源自《集禮》卷二九《輿服上·冠服》，其中袞冕爲大定十一年制。

視朝之服内容頗爲簡單，僅太宗、章宗兩條，疑出自實録。

皇后冠服出自《集禮》卷二九《輿服上·皇后車服》，爲大定十九年之制。

皇太子冠服主要出自《集禮》卷二九《輿服上·皇太子車服》，爲大定二年所定。惟最後"太子入朝起居"云云則出自《集禮》卷八《皇太子·大定二十七年册皇太孫》，爲禮官檢討典故時所引用者。

---

① 《金史》卷一九《世紀補》、卷四二《儀衛志下·大駕鹵簿》，第411、950頁。

　　宗室外戚及一品命婦服用出自《集禮》卷三〇《輿服下·臣庶車服》,爲大定制文之内容。而文字略有不同,如志謂"衣服止用明銀、象金及金條壓繡",而《集禮》則僅謂"衣服止用金條壓",不知何故。按《金史·章宗紀》泰和八年六月乙未,"定服飾明金象金制"[1],史臣或據實録而對《集禮》之文有所補充。

　　臣下朝服出自《集禮》卷三〇《輿服下·臣庶車服》,爲貞元元年遷都燕京與大定二十二年祫享儀仗内臣僚所服。

　　祭服部分包括皇統七年、大定三年八月及十四年、泰和元年八月四條,其出處均未詳。

　　公服所載服制出自《集禮》卷三〇《輿服下·臣庶車服》,並且將《集禮》所載大定官制與大定十一年四月五日所定制進行了綜合。帶制亦主要出自《集禮》卷三〇《輿服下·臣庶車服》所載大定官制,唯"司天、太醫、内侍、教坊,服皆同文武官,惟不佩魚"一句蓋出自《大金國志》卷三四《千官品列》。自"大定二年制"以下,雖有部分文字見於《集禮》卷三〇《輿服下·臣庶車服》與卷四〇《朝會下·朔望常朝儀》,但不盡相同,且有超出今本《集禮》之外者。按《集禮》卷三〇《輿服下·臣庶車服》載:"(大定)十一年,奏定,東宫左右衛率、僕正副、典贊儀、内直郎丞當直服金帶。具雜儀式卷上。"而此處有"東宫左右衛率、僕正、副僕正、典儀、贊儀、内直郎丞,當直亦許服之"一句,疑此段實出自《集禮》雜儀式門,或以雜儀式門與輿服、朝會門綜合而得。

　　《輿服志下》爲衣服通制。先言金人之常服,無繫年,似爲金代女真通制,不似出自實録,《集禮》中亦無,未知源於何處。明

---

　　① 《金史》卷一二《章宗紀四》,第284頁。

昌六年制及泰和四年二條，則有可能出自《章宗實録》。書袋之制爲大定十六年所定，或出自《世宗實録》。大定十三年太常寺所擬士庶人等服用之制，實未嘗實行，出自《集禮》卷三〇《輿服下·臣庶車服》。

綜合來看，《金史·樂志》、《儀衛志》、《輿服志》雖然沒有明確交代其史源，但實際上與《禮志》類似，主要源自《集禮》與《續集禮》，此外則以金朝實録利用最多，並採及了《汝南遺事》等金末元初史料。然元朝史官頗有剪裁失當之處，造成了很多疏舛錯漏，如往往載有擬議而未行之事，容易引起混亂，這是在利用時需要注意的。

通過對禮樂四志的史源進行詳細考察，可知其主要源於《集禮》、《續集禮》、金朝實録及少量其他史料，最重要者則爲《集禮》。雖然元朝史官在將其採入《金史》時經過了或多或少的加工，而這些加工或有意或無意，總會與原始面貌出現偏差。但是，《集禮》的現存各版本往往不如元朝史官所據者，是以在利用時仍需與《金史》參照。茲謹舉一例以爲證明。《集禮》卷一《帝號上·天德貞元册禮》所載天德二年册禮儀注，謂皇帝升殿時，"曲直華蓋、侍衛警蹕如常儀。跪，俯伏興，舉麾"，此句令人不知所云，豈有皇帝親自跪興舉麾之理？查《金史·禮志九》，則此句本當作"曲直華蓋、侍衛警蹕如常儀。殿上鳴鞭訖，殿下亦鳴鞭。初索扇，協律郎跪，俯伏興，舉麾"，知舉麾者爲協律郎，《集禮》脱去"殿上鳴鞭"以下十七字，今所見各抄本皆如此，廣雅書局刊本參考《集禮》卷二《帝號下·大定七年册禮》補入"初索扇協律郎"

六字①,仍未能恢復原貌,必據《金史》始可補完②。其他事例尚
多。而且,通過《金史》禮樂四志,還可以了解很多源於《集禮》而
今本《集禮》已不存的内容,對於我們深入研究《集禮》具有無可
替代的價值。

第六節 《大金集禮》體現的金朝禮制源流

金朝開國以後,在滅遼伐宋的戰爭中,得到大量的禮樂圖
籍、器物、人員,初步採用了一些漢式禮樂制度,至天會十二年
(1134)開始的制度改革,更走上系統性取法中原典制的道路。
金朝君臣直接面對的,是遼朝與宋朝的制度,二者之中,遼制簡
略,宋制繁複,但遼地先被征服,舊遼官員佔據高位,是以遼制在
金初的影響比宋制更大。隨著採行漢制的深入,遼制漸漸不能
滿足需要,金人遂將採擇範圍擴展到唐、宋之制。

經過數十年的發展,金朝的禮樂制度至章宗朝而大成。其
體系由兩部分構成,一是仿效中原王朝傳統的部分,一是富含北
族色彩的部分。仿效中原王朝所建設的禮制,其種類之豐富和
系統性、嚴整性都遠遠超過北族禮儀,是金朝禮制的主要構成
部分。

長期以來,學界都有籠統的認識,即金代禮制的來源主要是
唐、遼、宋三朝之制,但三朝之中,何者爲重何者爲輕,金人在不

① 《校勘〈大金集禮〉識語》,廣雅書局光緒二十一年刊本《大金集禮》,葉2b。
② 按《金史·禮志九》所載本爲大定七年册禮儀注,然點校本校勘記已經指出,
由於史官抄錯,儀注的大部分實際上是天德儀注,此句亦然。(《金史》卷三〇《禮志
九》校勘記一,第846—847頁。)

同時期的取捨傾向又如何,長期以來在學界並沒有準確的分析和清晰的認識。《大金集禮》是今存部帙最大的金代禮書,爲深入研究這一問題提供了豐富的資料。爲此,筆者整理了《大金集禮》中有關徵引前朝典故的資料,按年排列,制爲《〈大金集禮〉徵引前代典故一覽表》如下①。

《大金集禮》徵引前代典故一覽表

　　説明:1.出處欄的數字表示《集禮》的卷次與分題,如"30.1"表示卷三〇《輿服下》的第一分題《寶》。有同一分題引用兩次者,則於數字後加＊2。

　　2.《集禮》書中稱引前代典籍,於書名往往採略稱,今一仍其舊。又稱引"令"、"令文"而無明確時間標誌者,多爲唐令,故本表除特殊情況外,皆按唐令處理。可參仁井田陞《唐令拾遺·附録·唐令拾遺採擇資料索引·大金集禮》,東方文化學院東京研究所,1933年,第946—947頁。

年份	唐	出處	宋	出處	遼及其他	出處
天會十三年	通典	30.1			亡遼	23.1
	令文、唐令	30.1			前漢元后傳、前後漢書及諸史、晉輿服志、蔡氏獨斷	30.1
天眷二年	唐制	40.1	宋	40.1	遼	40.1
三年	唐制	9.4			魏晉	9.4
					亡遼	38、40.2
皇統元年	令文	9.1			亡遼	24.1
二年			宋	8.1	周、漢、晉、魏、宋	8.1
五年	唐制	7.2	宋會要	3.5		
	舊令文	32.3	有宋	3.6		

①　《大金集禮》本有拜天、拜日等北族之禮,但今皆缺佚,所存者均爲漢式禮制,故表中反映的完全是採行漢禮的情況。

续表

年份	唐	出處	宋	出處	遼及其他	出處
六年	唐六典	38				
八年	唐制	38				
九年			三禮圖	29.2		
天德二年	五禮精義	5.4、38	宋哲宗劉太后詣景靈宮禁衛圖	5.5	遼	25.3＊2
	唐	5.5、25.3＊2	五禮新儀	18	周禮	18
	唐六典	38	宋	18、25.3＊2、38＊2	孟子	25.3
	開元禮	38	宋會要	38	春秋	25.3
			宋國朝會要	38		
四年	五禮精義	8.2	宋會要	8.2	禮記	8.6
	唐	8.6	太常因革禮	8.2	漢	20
貞元元年			宋會要	38	禮記、後漢志	38
三年			宋會要	38		
正隆六年	令文	31.3	開寶通禮義纂	31.3		
大定二年	唐	22、8.3	太常因革禮	6.7、7.3、8.6、29.4	隋、蕭齊、劉宋、曹魏	4.3
	開元禮	8.3、8.6	五禮新儀	8.6	晉書	8.3
	通典	8.3、8.6＊2	宋會要	6.7、8.3、8.6	廣韻	31.3
	唐六典	8.6	宋事實	8.3、31.3	漢、晉、梁武帝、隋、遼	31.4
	唐令、令文	31.3、31.4	宋職官志	31.4		
	唐會要	7.3、8.6、22				
	唐志	8.6、31.3				

续表

年份	唐	出處	宋	出處	遼及其他	出處
三年	唐會要	4.1、9.2	因革禮	4.1		
	通典	8.6	會要	4.1		
	開元禮	8.6、19				
	唐禮儀志	19				
四年	唐	8.6、34.1	宋	30.3、34.1	宋明帝、南齊、隋	8.6
	唐六典	8.6	宋事實	4.3、34.1	尚書、漢	34.1
	通典	34.1	宋會要	8.6		
			宋天聖令	8.6		
			宋五禮新儀	34.1		
五年	唐六典	31.1 * 2	宋會要	20		
	唐公式令	31.1	宋公式令	31.1		
六年	唐	9.3	前代	2.1	隋志、隋禮儀志	29.4
	通典	9.3	宋會要	9.3	論語	38
	唐車服志	29.4				
七年	唐	8.3、9.3	宋	8.3	藝文類聚	8.3
	開元禮	8.3	開寶禮	8.3	職林	8.6
	開元禮義鏡	38	五禮新儀	8.3 * 3	漢制	9.3
	五禮精義	8.3	宋會要	8.3 * 2、31.3、38	五代會要	31.3
	唐會要	31.3	太常因革禮	8.3		
八年	唐	34.1、34.2	宋	34.1	尚書、周禮、詩、秦、漢、隋、爾雅	34.2
	開元禮	34.1	開寶禮	28.2、34.1		
	唐會要	28.2、31.3	五禮新儀	28.2、34.1		
	開元禮義鏡	38	宋會要	38		

续表

年份	唐	出處	宋	出處	遼及其他	出處
九年	唐會要	8.6、23.1、32.1				
十年	開元禮	36.2	熙寧祀儀	36.2		
十一年	開元禮義鑒	29.1	宋會要	21、29.1、30.3	前漢書	21
	唐車服志	30.3	五禮新儀	29.1	周禮、西魏、隋書志	29.2
			鹵簿圖	29.1		
			太常因革禮	29.1		
			熙豐奏議	29.2		
十二年	唐	35.1	宋	35.1	尚書	35.1
	通典	35.1			後唐	22、35.1
	唐會要	22、35.1			晉書、晉禮志	22
	唐書	22			五代會要	22
					春秋穀梁傳	22
					後漢祭祀志、後漢書	22
十三年	唐刑法志	38	宋會要	23.2	後周	22
	唐令	38				
十四年	唐	23.1	宋國史	23.1	漢、後唐、後漢、史記、舊五代史、廣韻、春秋左氏傳、何承天姓苑	23.1
	開元禮	36.1、38				
	禮閣新儀	38				
	唐郊祀録	36.1			周禮	36.1
十五年	唐	20			初學記	9.4
	唐百官志	9.4				
	唐選舉令	9.4				
	唐祠令	36.1				

续表

年份	唐	出處	宋	出處	遼及其他	出處
十五年	唐禮閣新儀	22			初學記	9.4
	唐書	30.3				
	開元禮	35.2、36.1				
十六年	唐禮閣新編	21			漢	20
	唐六典	21			禮記	34.1
	唐書禮儀志	34.1				
十七年	唐	22、31.2、37.5				
	唐令	37.5				
十八年	唐	4.2 * 2、9.2	宋禮閣新編	30.1	尚書、周禮	34.2
	開元禮	36.1			禮記	36.1、38
	唐車服志	30.1	宋哲宗實録	30.1	晉令	38
	唐會要	4.2、38			後周	4.2
	唐律疏	38				
	韓愈	36.1				
十九年	唐	22				
	唐皇后傳	7.2				
	唐令	28.1				
二十年					晉、劉宋	4.3
二十一年	唐郊祀録	38				
	禮閣新儀	38				
二十二年	唐	36.1				
	通典	30.1				
	六典	30.1				

年份	唐	出處	宋	出處	遼及其他	出處
二十三年	開元禮	36.1、38				
	五禮精義	38				
	唐令	38				
二十四年	唐令	8.5				
二十五年	唐	37.3				
二十六年	唐	4.2、37.4			東漢、後魏、後梁、後唐	4.2
	開元禮	8.4			晉書、王隱晉書、晉起居注、齊書	8.4
二十七年	通典	4.2				
	唐書德宗紀	4.2				
	開元禮	8.6				
二十八年	唐會要	21				
大安元年			地理新書	12		

依據上表，并結合其他資料，有可能較爲準確地分析不同時期金朝君臣對唐、遼、宋三朝文化傳統的態度，並考察其背景及原因。可以看出，金人對前朝禮制採擇傾向的變化過程，大致可以分爲五個階段。

一、天會十二年之前：繼承遼制

這一時期金人對前朝的禮制的態度，在《集禮》中没有得到反映，只能依據其他資料進行分析。

金人建國之初對禮儀制度並不關心，其表現出較强的興趣，當以天輔二年(1118)爲始。此時已攻下遼朝東京、長春兩路①，並再次與遼議和。金人提出的條件共有十項：“徽號大聖大明者，一也；國號大金者，二也；玉輅者，三也；袞冕者，四也；玉刻印‘御前之寶’者，五也；以弟兄通問者，六也；生辰、正旦遣使者，七也；歲輸銀絹二十五萬兩匹者，八也；割遼東、長春兩路者，九也；送還女真阿鵲産、趙三大王者，十也。”②前七項基本上都與禮制相關，要求遼朝以天子禮制册阿骨打爲皇帝，實際上是謀求與遼朝平等的政治地位。這一建議是由原遼朝進士鐵州渤海人楊朴提出的，所要求的禮制自然也是遼制。但遼朝方面没有完全滿足金人的要求，又加上宋朝遣使約夾攻遼，此次和議遂未達成。阿骨打後來對宋使呼延慶説：“(吾)嘗遣使人入大遼，令册吾爲帝，取其鹵簿。……(後)吾怒其禮儀不全，又念與汝家已結夾攻，遂鞭其來使，不受法駕。”③明確表達出這次議和的一個主要目的，就是用遼朝的法駕鹵簿等天子儀制來確認自己的政治地位。

天輔四年五月，金兵攻克遼上京後，獲得了一部分禮樂儀物及人員，開始有了初步的禮樂活動。據宋使馬擴記載，天輔五年正旦時，“已將上京掠到大遼樂工列於屋外奏曲薦觴”④，可見已經開始採用遼朝禮樂制度。五年底太祖決定進攻遼中京時，又

---

① 此謂理財路。關於遼代的路制可參閱樹東《遼朝州縣制度中的“道”“路”問題探研》，《中國史研究》2003 年第 2 期，第 314—332 頁。

② 《三朝北盟會編》卷三，第 22 頁。又見於《契丹國志》卷一〇《天祚皇帝上》天慶八年八月，中華書局，2014 年，第 126—127 頁；《大金國志校證》卷一《太祖武元皇帝上》天輔元年，第 15—16 頁。

③ 《三朝北盟會編》卷四宣和元年十二月二十五日，第 24 頁。

④ 《三朝北盟會編》卷四宣和二年十一月二十九日引馬擴《茆齋自叙》，第 31 頁。

特意詔曰:"若克中京,所得禮樂儀仗圖書文籍,並先次津發赴闕。"[①]六年正月,克中京,四月,再取西京,十二月,入燕京,遂盡得遼朝五京。與此同時,也具備了大量採用遼朝禮樂制度的條件。天輔七年正月末,宋使朝辭時,看到金人已在試行遼代的朝見禮儀,利用"契丹拔納行帳,前列契丹舊閣門官吏,皆具朝服,引唱舞蹈,大作朝見禮儀。每入帳門,謂之上殿"[②]。並且完全繼承了遼朝接待宋使的禮儀,自此之後,至宋金交戰之前,金方接待宋使一直按照遼宋舊例進行[③]。

從太祖末年到太宗初年,在東亞的國際政治體系中,金朝快速取代了遼朝的地位,並按照遼代禮制與宋、西夏、高麗展開外交活動,外交禮儀也因此成爲金朝最早比較成熟的禮制,並產生了持久影響。一個較顯著的例子是與西夏的外交禮儀,世宗曾與宰臣進行過討論:

> 上問:"高麗、夏皆稱臣。使者至高麗,與王抗禮。夏王立受,使者拜,何也?"左丞襄對曰:"故遼與夏爲甥舅,夏王以公主故,受使者拜。本朝與夏約和,用遼故禮,所以然耳。"汝弼曰:"誓書稱一遵遼國舊儀,今行之已四十年,不可改也。"上曰:"卿等言是也。"[④]

高麗與西夏皆向遼、金稱臣,但西夏尚遼公主,與遼爲甥舅之國,

---

① 《金史》卷二《太祖紀》天輔五年十二月戊申,第36頁。又見卷七六《杲傳》,第1737頁。

② 《三朝北盟會編》卷一四宣和五年二月一日引馬擴《茆齋自敘》,第97頁。"拔納"當爲"納拔"之倒誤,即捺鉢之異譯。

③ 《宣和乙巳奉使金國行程録》,確庵、耐庵編,崔文印箋證《靖康稗史箋證》,中華書局,1988年,第38—42頁。

④ 《金史》卷八三《張汝弼傳》,第1870頁。

不全用君臣之禮,所以夏主見遼使,可受使者之拜。金代與西夏已無甥舅關係,卻仍然遵行遼夏外交禮儀,遂造成西夏與高麗地位相同,外交禮却不同的狀況①。這是金初所定制度,世宗雖對此有疑,但與宰臣商議之後,仍然決定奉行舊制,不再謀求改變②,此後至貞祐元年(1213)金夏絕交之前,一直沿用此制。

金宋開戰之前,金朝接觸到的主要是遼朝文化,其繼承遼代禮制甚屬自然。至太宗天會三年至五年間,先後兩次伐宋,最終攻入汴京,獲得了大量北宋禮樂儀物與人員。然而,隨後的一段時間内,宋制並没有對金朝制度產生明顯的影響。這一方面是因爲在開封的俘獲押送到燕京後,"百工、諸色各自謀生","器物收儲三庫,車輅皆留延壽寺"③,大多並未送到上京。另一方面也是由於此時由宋入金的官員士人政治地位較低,遠不如由遼入金者,直到熙宗皇統七年(1147)田瑴黨案起,這一情況才得到改變④。故太宗朝禮樂制度的建設仍然很少受到宋制的影響,而主要是繼承遼制⑤。

二、天會十二年至皇統七年:唐制爲主,兼採遼、宋

從表中可以看到,這一時期的議禮制度引用前朝典故者,唐

---

①　關於金與高麗外交禮儀,可參玄花《金麗外交禮儀初探》,《長春師範學院學報》2008 年第 6 期,第 63—66 頁。

②　實際上金夏外交禮儀與遼代還是有一點區別,即夏國王可坐受遼使者拜,金代則改爲立受。見《金史》卷一三四《外國上·西夏傳》,第 2868 頁。

③　《呻吟語》靖康二年五月十九日條,《靖康稗史箋證》,第 199 頁。

④　劉浦江師《金朝的民族政策與民族歧視》,《遼金史論》,遼寧大學出版社,1999 年,第 58—86 頁。

⑤　三上次男認爲天會四年立尚書省是模仿宋制(《金史研究》二《金代政治制度の研究》,第 281—284 頁),但這是爲統治漢地而進行的地方官制改革,太宗時期的禮儀制度没有發現受宋制影響的表現。

代八次、遼代四次、宋代四次、其他兩次，反映出當時漢制改革的大勢，是以唐制爲主，兼採遼宋之制。

太宗天會十二年發佈詔書，開始在中央進行漢制改革，其主要負責和參與者包括女真、舊遼、舊宋三方面的人才。今日可考的，女真人有宗翰、希尹、宗憲，舊遼人有韓企先、韓昉、張浩，舊宋人則有宇文虛中、蔡靖。

此時，舊遼官員仍較舊宋官員政治地位更高，漢制改革中也常常因襲遼制，但一部分女真官員已對此表示不滿。《金史·宗憲傳》載：“朝廷議制度禮樂，往往因仍遼舊，宗憲曰：‘方今奄有遼、宋，當遠引前古，因時制宜，成一代之法，何乃近取遼人制度哉。’希尹曰：‘而意甚與我合。’由是器重之。”①可見女真貴族中的部分精英人物已經不再滿足於因仍遼制，而想要創立本朝制度，成一代之法。所謂“遠引前古”主要是指唐制，天會十二年十月，金接伴官李聿興曾對宋使王繪説道：“自古享國之盛，無如唐室。本朝目今制度，並依唐制。”②即説明了當時制度改革中援引唐制的事實。唐朝國力强盛，文化昌明，在東亞世界有著廣泛而深遠的影響，金人既不滿足於承襲遼制，又不便倡導尚爲敵國的宋制，則遼宋之制所從出的唐制自然成爲效仿的首選對象。

當然，此時上距唐代已數百年，政治社會情況都發生了巨大變化，不可能純用唐制，而採用時代相接的遼宋之制無疑更具有可行性。所以，這一時期的制度建設，在“並依唐制”的名義下，實際上也兼採遼、宋之制。熙宗天眷時奏請定官制劄子稱：“臣

---

① 《金史》卷七〇《宗憲傳》，第 1615 頁。
② 《三朝北盟會編》卷一六三紹興四年九月十九日引王繪《紹興甲寅通和録》，第 1177 頁；《建炎以來繫年要録》卷八一紹興四年十月甲辰，第 1544 頁。

等謹按,當唐之治朝,品位、爵秩、考核、選舉,其法號爲精密。尚慮拘牽,故遠自開元所記,降及遼、宋之傳,參用講求。"①闡明了當時官制改革所遵循的原則,即以唐代開元制度爲基礎,參用遼、宋之制。官制如此,禮制亦可以類推。

三、皇統八年至大定十四年:淡化遼制,兼採唐、宋

從表中引用前代典故的次數上,可以看出這一時期不同朝代制度的影響力。從皇統八年到大定十四年(1174),引用唐代典故凡七十次,宋代六十八次,而遼代則只有三次。

可以看出,遼制的影響已十分微弱,唐制與宋制成爲金朝君臣議禮的主要依據,二者引用次數十分接近,可説其重要性基本相同。而遼制與唐、宋的差距十分懸殊,再進一步分析,則這三次徵引遼制的事例中,前兩次均見於《集禮》卷二五《宣命·送宣賜生日》,夷考其實,卻是在討論遼制的不合理性。據載,遼代朝廷遣使送宣賜時,使者坐受大臣之拜,受宣賜者又多給使者賄賂。天德二年正月,禮官認爲這兩點都不合理,應該借鑒唐宋之制,加以改革,從而制定了新的遣使送宣賜禮儀。也就是説,這兩次援引遼朝典故,正是爲了消除遼制的影響,更反映出遼制重要性的降低。

與這一變化相對應,開始於天會十二年的漢制改革,舊遼士人和遼朝制度在初期發揮了舉足輕重的作用,而隨著時間推移,舊遼地士人的優勢政治地位漸趨弱化,舊宋地士人的政治地位逐漸提高。且遼制與唐宋之制相比,畢竟顯得疏闊。隨著改革

---

① 洪皓《松漠記聞》卷下,《北京圖書館古籍珍本叢刊》第 84 册影印《陽山顧氏文房小説》本,書目文獻出版社,1988 年,第 452 頁。

走向深入，各項制度不斷完備，遼制漸不能滿足需要，從而逐步淡出禮官的視線，詳密的唐宋之制成爲議禮的主要根據。皇統七年六月的田穀黨案，可以作爲轉變的標誌性事件。受這一政治事件的影響，舊遼官僚集團大受打擊，舊宋士人的勢力乘之而起。

在禮制上，皇統八年的一件事很能反映這一變化。此年十二月，契丹人蕭仲恭進太傅、領三省事，封曹王[①]，就所用禮制之事，與禮官發生了一些爭執。蕭仲恭"欲援遼故事，親王用紫羅傘"，其事送至禮部討論，而禮部員外郎王兢"與郎中翟永固明言其非是，事竟不行，海陵由是重之"[②]。蕭仲恭封曹王，欲援引遼朝故事用紫羅傘，但遭到了禮部官員王兢與翟永固的抵制。王兢是彰德人，由宋入金；翟永固籍貫中都良鄉，是舊遼士人，又在宋朝中宣和六年進士，實具有遼、宋兩方面的背景[③]。王兢爲禮部員外郎，較郎中翟永固職位爲低，但此事載入《王兢傳》而非《翟永固傳》，可見王兢當發揮了主導性的作用。從這一事件可以看出兩點，一是遼朝舊制的合理性遭到質疑，二是具有宋朝背景的士人敢於提出不同意見，並得到了尊重。

不過，雖然唐制與宋制的重要性基本相同，金人對二者的態度卻有些差別，在此可舉天德二年（1150）十月擬定光禄卿進胙禮數一事爲例：

> 天德二年十月十五日，呈稟：按《五禮精義》該，中祀已上有司攝祭者皆光禄卿詣闕進胙，不該合用是何儀物。責

---

① 《金史》卷四《熙宗紀》、卷八二《蕭仲恭傳》，第 85、1849—1850 頁。
② 《金史》卷一二五《文藝上·王兢傳》，第 2723 頁。
③ 《金史》卷八九《翟永固傳》，第 1975 頁。

得禮直官趙保寧等狀稱,據宋時太廟遣使禮畢,有光禄卿進
胙禮數。緣禮失當求之野,所説似有可采,今參酌定下項。
蒙准行。中祀已上有司攝祭者,擬光禄卿詣闕進胙,用朱紅
腰輿,蓋鎖訖,黄封具細銜臣姓名上進謹封,更用黄羅大帕
蓋覆,差傘子四人抬舁,本官押,詣通進司進入,乃退。[①]

禮官需要擬定光禄卿進胙之禮時,首先援引唐朝韋彤所撰《五禮
精義》爲據,但《五禮精義》没有記載進胙時所用儀物,此時禮直
官趙保寧稱宋朝制度中有關於進胙的詳細規定。禮官本著"禮
失當求之野"的態度,最終參酌趙保寧所言宋制擬定了所用儀
物。這一事例反映出,禮官議禮時首選的依據是唐制,在唐制不
能滿足需要時,才參用宋制。但即使是這樣,宋制的引用次數還
是與唐制基本持平,可以想見宋制的重要性。這大概是因爲唐
代與金代相去已遠,政治社會都有了很大變化,其制度未必符合
當時所需,而且保存下來的禮制文獻也遠不如宋代詳備,故議禮
時不得不大量引用宋制。

四、世宗中後期:淡化宋制,主採唐制

從大定十五年開始,金朝君臣對前朝典故的態度又發生了
一個顯著的變化。在《〈大金集禮〉徵引前代典故一覽表》中,大
定十五年至二十八年,援引唐代典故四十六次,而宋代則僅有兩
次。可以説,這一時期的禮制討論幾乎全以唐制爲據,而宋制似
乎被有意地忽略了。

金朝君臣態度轉變的原因尚不十分清楚,在此只能做一些
嘗試性的猜測。按大定十四、十五年間,金朝與宋朝之間的大事

---

① 《大金集禮》卷三八《沿祀雜録》。

是關於受書禮的交涉，這一交涉自大定十年開始，持續至十五年，其高潮則在十四年[①]。金派完顏璋使宋賀淳熙元年（即金大定十四年）正旦，宋方强行奪取國書，引起了金朝的强烈反映，派梁肅使宋詳問。梁肅至宋，宋方一一按照舊儀行禮，世宗"大喜，欲以肅爲執政"，而左丞相紇石烈良弼謂"梁肅可相，但使宋還即爲之，宋人自此輕我矣"，遂未除授[②]。强奪國書事件使金宋關係出現危機，而使宋方還的梁肅不宜遷官更反映出，在世宗君臣心中，南宋人如何看待金朝是一個很敏感的問題，故處理與宋相關的事情十分慎重。

蓋金朝雖以武力盪覆北宋政權，但未能統一全中國，南宋仍是北宋政治與文化傳統的直接繼承者。對金朝統治者來説，如何處理與宋朝的關係成了一個複雜的問題。在軍事、外交方面，金朝對南宋占盡上風，但在制度、文化方面卻毫無優勢。這在某種程度上影響到了金朝君臣的心態，一個突出的表現就是對於本朝正統的不確定，由於南宋的存在，使得金朝君臣不能讓自己真的相信宋統已絶，有關正統的討論也因此歷經反復[③]。對於北宋的典章制度抱持何種態度，應該捨棄還是繼承，其間曲折也極爲微妙。這種心態在金宋關係緊張之時更加明顯，大定十四、五年正是雙方關於受書禮交涉最激烈的時候，金廷對與宋相關的事情十分小心，僅僅由於存在爲宋所輕的可能，就影響到了宰執的除授。而恰在此時前後，講議禮樂時也儘量減少了對宋制的

---

① 可參趙永春《金宋關係史》，人民出版社，2005年，第264—269頁。

② 《金史》卷八九《梁肅傳》，第1984頁。

③ 可參劉浦江師《德運之爭與遼金王朝的正統性問題》，《中國社會科學》2004年第2期，收入《松漠之間——遼金契丹女真史研究》，第1—26頁。

引用,或許也是不欲多用宋制,以免被南宋看輕之故。當然,此時金朝制度已經趨於成熟,也爲減少仿行宋制提供了可能性。

《集禮》中的材料在大定十五年之後,明確稱引宋制者,僅十八年十月討論受命寶典故時引及宋《禮閣新編》和《哲宗實錄》[1],再無其他事例。這説明,金廷君臣一定對援引宋制有了某種禁忌,即便不是明文規定,也已成爲慣例。大定二十九年正月章宗即位後,於二月乙酉"詔有司稽考典故,許引用宋事"[2],也説明此前是限制引用宋朝典故的。所以這一時期對前朝典故的採擇,唐制處於絶對優勢地位。

五、章宗以後:兼採唐宋

由於《大金集禮》所載止於大定之世,《續集禮》又不存,章宗以後對唐宋制度的援引情況,其間孰輕孰重,無法進行定量分析,僅可大致推測。

按章宗於大定二十九年正月即位,二月就"詔有司稽考典故,許引用宋事",取消了援引宋朝典故的禁令。這一詔令在金代石刻中也有體現,許安仁於明昌五年重刻宋宣和四年《旌忠廟牒》時,謂"禮部近奉條理,典故許引用宋事"[3],所言"條理"蓋即此詔。

蓋金朝自太宗時代就宣稱仿行唐制,此後歷代典章制度的建設,雖然也採納了很多遼、宋之制,且各時期對前朝典故的採擇傾向變化很大,但唐制一直是講議禮樂的首要根據。自皇統七年之後,遼制的影響變弱,宋制與唐制共同成爲禮官引據的主

---

① 《大金集禮》卷三○《輿服下·寶》。
② 《金史》卷九《章宗紀一》,第209頁。
③ 胡聘之《山右石刻叢編》卷二二《旌忠廟牒》,光緒二十七年刊本,葉16b。

要對象。宋制影響的變强，是由於宋朝文化繁富發達，與金時代相接，又有大批禮樂資源如人才、圖籍、器物等入金。直到世宗中後期，宋制的影響才由於政治原因而受到限制。章宗取消援引宋朝典故的禁令之後，可以想像，宋制必然會再度提升其影響力[1]，金朝君臣在講議禮樂時仍應兼採唐宋之制。

需要注意的是，本節的分析以唐、遼、宋三朝爲重點，是由於這三朝對金代制度的影響最大，但金朝君臣在討論典故時絕不以三朝自限，也廣泛檢討其他各代制度。這從《〈大金集禮〉徵引前代典故一覽表》"遼及其他"一欄可以看出，上自經典所載先秦之禮，下至秦漢魏晉南北朝以及五代之制，皆爲議禮臣僚所參考，只是其重要性不及唐、遼、宋三者而已。

結　語

金朝文獻傳世不多，除了《金史》之外，《大金集禮》是記載金朝典章制度最多最集中的文獻。周中孚云："其書凡號諡、詔册、祭祀、祠廟、輿服、朝會、燕饗諸禮儀，皆分類編次，標以子目，於金一代典章最爲賅備。凡《金史》諸書之所未詳者，此皆具有始末，足以備後來之考證。金人著作傳世日希，子書別集亦無幾種，至乙部之書惟此及《大金德運圖説》、《大金國志》而已。然《德運説》止一卷，《大金國志》詳事蹟而略典制，又非當時人所

---

[1]　小林隆道在《宋代中国の統治と文書》中搜集了七份金代重新刻石的宋代文书，时间皆在明昌五年之后，也可作为章宗以后宋制影响力提升的表现。参氏著《宋代中国の統治と文書》第七章《紙石の間》，汲古书院，2013年，第274页。

撰。"①很準確地指出了《集禮》在金史研究中的地位。

　　然而,這樣一部重要的典籍,長期以來卻没有得到金史研究者足夠的重視,存在很多需要解決的問題。自清代以來,關於《集禮》最大的一個誤解就是以其爲明昌六年張暐等進呈,且視之與《大金儀禮》爲一書。本文在錢大昕、三上次男等前輩學者的基礎上,證明《大金集禮》與《大金儀禮》絶非一書,並將《集禮》的成書年代確定在大定末年。由於今本《集禮》已殘缺不全,本章又通過書中小注及其他典籍的引用,盡可能地考察了其缺佚的内容。在此基礎上,將《集禮》與唐宋時代的禮書、會要進行對比,從編撰體例、門目設置及編排次序等方面,認定《集禮》是一部以記載禮制沿革爲中心的會要體文獻。《集禮》修成之後,在金、元及明初皆藏於朝廷,但在永樂之前似已流入民間,此後二百餘年寂寂無聞,至清初始再顯於世。今傳本《集禮》可分爲《金集禮》系統與《大金集禮》系統,前者所出較早,也與元代史館藏本更爲接近,但流傳較稀,影響較小;後者流傳較廣,並收入《四庫全書》,清末以來又有刊本,是以影響也較大。無論哪個系統,今日所傳本都没有一個真正意義上的善本。《金史》的《禮志》、《樂志》、《儀衛志》、《輿服志》大量採用了《集禮》的内容,將二者對比分析,有利於我們更準確的認識和利用兩種文獻。

　　詳細的文獻學考察爲進一步利用《大金集禮》進行學術研究提供了基礎,本文第六節即嘗試利用《集禮》中對前代典故的徵引次數,來分析金代對前朝禮制的採擇情況。但《集禮》的史料價值遠不止此,此處擬再略加申説。

---

　　①　周中孚《鄭堂讀書記》卷二九《史部·政事類》,第 154 頁。

首先，《集禮》可與《金史》禮樂諸志互相發明，共同構成金朝禮樂制度研究的文獻基礎。《四庫全書總目》謂《集禮》"分類排纂，具有條理，自尊號、册謚，以及祠祀、朝會、燕享諸儀，燦然悉備"①，誠然。但由於《集禮》在光緒二十一年之前均以抄本形式流傳，不易得見，且多有殘缺，故學者研究金代禮制，皆以《金史》爲主。徐乾學《讀禮通考》稱引《集禮》僅有兩次，一次節引六十餘字，另一次則以《金史·禮志》爲正文，而於其下注"《大金集禮》同"②；秦蕙田《五禮通考》則全據《金史》，殆未見此書。《集禮》爲《金史·禮志》之藍本，此元朝史官所明言者，此外，《金史》的《樂志》、《儀衛志》、《輿服志》其實也大部分源於《集禮》。元朝史官並沒有也不可能將《集禮》全部内容修入《金史》，所以今本《集禮》雖殘缺不全，但還是有很多獨有的内容。即與《禮志》相較，《集禮》前兩卷就有天德貞元册禮與大定十一年册禮不見於《禮志》，其他三十餘卷自然更多，無需一一説明。此《禮志》未載者，《集禮》固可補其缺，即其已載者，《集禮》亦往往加詳。如皇統元年册禮，《禮志九》僅略載其經過，總計一百三十餘字；而《集禮》所載則約有一千七百字，除詳載其經過外，又全載表文、詔文、册文、行事官員等等，提供了更多的資料。

其次，《禮志》所載儀注，有些並未交代其時間、背景，而通過《集禮》，可明確其爲何時所定儀注，避免時代之舛錯，爲考察金

---

① 《四庫全書總目》卷八二《史部·政書類》，第 703 頁。《總目》下文引《集禮》卷一〇之文以説明其史料價值，按此卷既經陳戍國指出非《集禮》原文，則《總目》之論證有失，徐潔對此點曾加説明。參徐潔《金代祭禮研究》，吉林大學 2012 年博士學位論文，第 68—69 頁。

② 徐乾學《讀禮通考》卷七八《喪儀節四一》，康熙三十五年冠山堂刻本，葉 13b、23b。

代禮制的變遷過程提供時間座標。如《禮志三》所載時享儀,據《集禮》卷一八,知其爲天德二年所定;《禮志四》所載皇后恭謝儀,據《集禮》卷五,知其爲天德二年冊徒單氏之儀;同卷皇太子恭謝儀,則據《集禮》卷八,知爲大定八年之儀。以上各例,《禮志》均僅有儀注,不載其時間,不免令人懷疑其適用之範圍,而根據《集禮》明確其制定時間,則可以避免錯用不同時代之史料。

第三,借助《集禮》可以探究《金史》禮樂諸志的史源,發現其在纂修過程中出現的問題。據《集禮》以勘《金史》,施國祁《金史詳校》與中華書局點校本《金史》已做過一些工作,然尚未盡善,今僅舉一例,以概其餘。《禮志九》受尊號儀:"大定七年,恭上皇帝尊號。前三日,遣使奏告天地宗廟社稷。"①此處施國祁與點校本《金史》均未出校。按,據《集禮》卷二《帝號下・大定七年冊禮》,"七年正月八日,遣皇子判大興尹許王告天地,判宗英王文告太廟",不言遣人告社稷,其下行禮節次亦謂"受冊前三日,合遣使奏告天地、宗廟。大定十一年儀兼奏告社稷。"可知此次行禮並未奏告社稷,大定十一年冊禮才有奏告社稷一項。且七年冊禮在正月舉行,尚在本年七月修社稷壇與八月始行社稷祭禮之前②,實亦無從奏告社稷。《禮志》有誤。

第四,對於《金史》的紀志表傳諸部分來説,《集禮》也有重要的校勘價值。如《金史・熙宗紀》天會十四年正月丁丑,"太皇太后紇石烈氏崩",二月癸卯,"上尊謚曰欽憲皇后,葬睿陵"③。"欽憲"原作"欽獻",點校本校勘記謂:"'憲'原作'獻'。按本書卷六

---

① 《金史》卷三六《禮志九・受尊號儀》,第832頁。
② 詳參任文彪《金代社稷之禮再探》,《史學月刊》2016年第1期,第43—50頁。
③ 《金史》卷四《熙宗紀》,第71頁。

三《太祖欽憲皇后傳》，‘欽憲’之稱凡五見，又卷六九《太祖諸子傳》亦作‘欽憲’，今據改。”按《金史》他處皆作“欽憲”，誠如校勘記所云，然《集禮》卷六《追謚后·欽獻皇后》則作“欽獻”，且注曰“威德悉備曰欽，聰明睿知曰獻”，明確交代了二字的謚義。則《熙宗紀》作“欽獻”者自有依據，不能遽以爲誤。又如《世宗元妃張氏傳》稱：“大定二年，追封宸妃。是歲十月，追進惠妃。”①而《集禮》卷七《妃·追封》則謂：“大定二年四月二十六日，詔……故夫人張氏追封宸妃。十一月十五日，宸妃改封惠妃。”據此，則不但張氏追封宸妃之時可以更加明確，改封惠妃之時亦可據《集禮》勘正。此皆爲施國祁與點校本《金史》未校出者。

第五，《集禮》所載不限於禮制，故對於金史研究的其他領域，亦可提供最爲原始的史料。錢大昕即曾用《集禮》卷九親王門所載封國等第，又結合《金史·百官志》來研究金代的封國制度②。三上次男也曾用以研究金代政治制度，並有專門的章節來對《集禮》作文獻上的分析③。現在已經有一些研究者注意利用《集禮》，但《集禮》蘊含的豐富史料還有很大的發掘空間。若卷八《皇太子·守國儀》所見世宗巡行上京時皇太子守國制度，卷三〇《輿服下·臣庶車服》所見之社會風俗，卷三一《班位表奏》所見之官僚制度與文書制度，都是非常寶貴的史料。

第六，《集禮》也爲金代的文學研究提供了豐富的資料。金人文集傳世者無幾，故研究金代文學，頗有藉於輯佚。張金吾《金文最》廣搜博採，而由《集禮》中所輯文章即達一百二十五篇，

---

① 《金史》卷六四《后妃傳下》，第1522頁。
② 錢大昕《廿二史考異》卷八四，上海古籍出版社，2004年，第1174—1175頁。
③ 三上次男《金史研究》二《金代政治制度の研究》，第35—40頁。

以詔册表祝一類爲多，可見其宏富。若再將《集禮》與其他資料結合，更可有意想不到的發現。如趙可爲金代中期著名文人，《金史·文藝傳》稱其"天德、貞元間，有聲場屋。後入翰林，一時詔誥多出其手，流輩服其典雅"①，然其文字傳世者寥寥，《金文最》、《全遼金文》均僅據《建炎以來繫年要錄》收入其殘缺不全之《華州蒲城丞喬公墓志》一篇②。今據《歸潛志》卷一〇趙翰林可獻之條："及册章宗爲皇太孫，適可當筆，有云：'念天下大器，可不正其本歟；而世嫡皇孫，所謂無以易者。'人皆稱之。後章宗即位，偶問向者册文誰爲之？左右以可對，即擢直學士。"③按此篇爲章宗所賞之文章，《集禮》卷八《皇太子·大定二十七年册皇太孫》全載之，遂使後人不僅得以數其事爲文壇掌故，亦可盡賞其文。而《金文最》、《全遼金文》未能將《集禮》與《歸潛志》合觀，雖皆收入此文，然均不題作者④，則亦未能盡《集禮》之用。

第七，《集禮》也爲前代文獻的輯佚、校勘提供了資料。《集禮》中徵引唐宋文獻多種，有一些已經失傳或殘缺，《集禮》所引者尤可寶貴。仁井田陞《唐令拾遺》就曾從中檢出唐令若干條⑤，然猶未盡善。如《集禮》卷三一《班位表奏·牋表》引令文"上東宮牋"云云、卷三二《輟朝廢務·休假》引令文載諸節辰兩條失檢。又《唐令拾遺》引廣雅本《集禮》卷三八《沿祀雜録》大定二十

---

① 《金史》卷一二五《文藝下·趙可傳》，第2719—2720頁。

② 《金文最》卷八九，第1303—1304頁；閻鳳梧主編《全遼金文》，山西古籍出版社，2002年，第1430—1431頁。

③ 劉祁《歸潛志》卷一〇，中華書局，1983年，第117頁。

④ 《金文最》卷一一《立原王爲皇太孫制》，第143—144頁；《全遼金文》，第3967—3968頁。

⑤ 仁井田陞《唐令拾遺·附録·唐令拾遺採擇資料索引·大金集禮》，東方文化學院東京研究所，1933年，第946—947頁。

三年二月條,末句云"看詳《五禮精義》及《唐令》,寧府官充光禄卿,合進胙"①,然廣雅本此處實有舛誤,自"寧府官"以下當爲天德四年正月條之文,此處應作"看詳《五禮精義》及《唐令》,合行進胙"②,故在利用時尚需注意校勘。《集禮》引據其他唐宋文獻尚多,可參本文第六節《〈大金集禮〉徵引前代典故一覽表》。

　　要之,金代文獻流傳至今者寥寥可數,出於官方編纂者就更少,《大金集禮》作爲一部篇帙較多且重要的官修典籍,在《金史》校勘、金代歷史研究、文學研究、文獻輯佚等方面有著不可忽視的價值。本文的研究希望能爲學界利用此書提供一個比較可靠的文獻基礎,也是基於以上認識所作出的一點嘗試。

---

① 仁井田陞《唐令拾遺・祠令第八》,第 204 頁。
② 參本文第四節。

附録五　金代禮制資料輯注

【説明】金代禮制資料大多散佚，流傳至今者無多，較系統、較完整者只有《大金集禮》和《金史》的禮、樂、儀衛、輿服四志。除此之外，還有幾種文獻相對集中地記載了一些與禮制相關的資料，今將其輯注，以爲研究金代禮制者參考。共包括《大金德運圖説》、《太常集禮》所載金代州郡社稷禮資料、《金虜圖經》、楊奐《與姚公茂書》、王惲《遺廟記》五種。《大金國志》卷三三、三四、三五也有部分與禮制相關的資料，但原書已有崔文印《大金國志校證》出版，這次不再收入。

大金德運圖説

【解題】《大金德運圖説》是金宣宗贞祐二年討論本朝德運的官方檔案匯集，共一卷，包括省判、省劄、議、省奏四個部分。是書原本已佚，現存者爲清乾隆年間修《四庫全書》時，館臣從《永樂大典》中輯出者，且不見於現存《永樂大典》殘本。是書收入《四庫全書》史部政書類儀制之屬，這次輯注即以文淵閣《四庫全書》本爲底本。書中金代女真人名地名皆經改譯，今亦仍舊，而盡量考察其原譯名。

書前原有清高宗愛新覺羅弘曆《御題〈大金德運圖説〉》詩及館臣所作提要一篇，這次輯注時亦一併收入。《御題〈大金德運圖説〉》詩以《御製詩四集》對校，書前提要以文津閣本、文溯閣本及《四庫全書總目》對校。

御題《大金德運圖説》有序①

大金發祥於愛新水②。"愛新"者，國語"金"也，故建國即以金爲號。乃因金色白，遂欲從而尚之，安矣。且五德之運，説本無稽，縱如所言，亦取其或生或剋。議者以宋爲火德，遼爲水德，大金當爲金德。夫宋雖南遷，正統自宜歸之宋，至元而宋始亡，遼、金固未可當正統也。若夫商尚白，周尚赤，其見於經者，亦祇白馬騂剛之類各從其色③。至如上衣下裳元纁相稱④，則三代同之，而德運之論固未之前聞也。自漢儒始言五德迭王⑤，遂推三皇五帝各有所尚，後更流爲讖緯，抑又惑之甚矣。夫一代之興，皆由積德累仁，豈在五行之生剋⑥。而服御所尚，自當以黄爲正，餘非所宜。元、明制度尚黄⑦，不侈陳五德之王，其義甚正，本朝因之，足破漢魏以後之陋説。因題是編，並闡而正之。

---

① 據清高宗《御製詩四集》卷一四，知爲癸巳年作，即成於乾隆三十八年(1773)。

② 愛新，《金史》稱安出虎、按出虎、按出滸、案出滸、阿尤滸、阿注滸，水名，即今黑龍江省阿什河，注入松花江。爲金代皇室舊居之地，據《金史·世紀》記載，獻祖綏可始定居於此。乾隆《大清一統志》卷四五以愛新水爲瑚爾哈河，即今牡丹江，誤。

③ 《禮記·明堂位》："夏后氏駱馬黑鬣，殷人白馬黑首，周人黄馬蕃鬣。夏后氏牲尚黑，殷白牡，周騂剛。"鄭玄注稱"順正色也"，又謂"騂剛，赤色"。孔穎達疏稱："騂，赤色也。剛，牡也。"

④ 《周禮·春官·司服》鄭玄注稱"凡冕服皆玄衣纁裳"。此處避清聖祖玄燁之諱而以"元"代"玄"。

⑤ 按《史記》卷二八《封禪書》載："自齊威、宣之時，騶子之徒論著終始五德之運，及秦帝而齊人奏之，故始皇采用之。"其説不始於漢儒。據詩稱"兩漢方傳《家語》辭"，則清高宗以《孔子家語》爲其説之始，蓋據下文《大金德運圖説·省判》之文。

⑥ "在"，原作"遂"，據《御製詩四集》改。

⑦ 《新唐書》卷二四《車服志》："至唐高祖，以赭黄袍、巾帶爲常服。……既而天子袍衫稍用赤、黄，遂禁臣民服。"王楙《野客叢書·禁用黄》："唐高祖武德初，用隋制，天子常服黄袍，遂禁士庶不得服，而服黄有禁自此始。"

德運相承雖有之，繼天立極豈因斯。六經未見明文紀，兩漢方傳《家語》辭①。不出五行生剋術，那關萬姓順違爲。即云正統當歸正，亦曰基仁乃永基。八帝瑞符縱殊別，一時色尚已參差。說者謂五德之王各以相生爲序，而所尚之色即從其所王之德，如伏羲木德、神農火德、黃帝土德、少皞金德、顓頊水德、帝嚳木德、帝堯火德、虞舜土德，皆以次遞嬗。而色之所尚，惟黃帝尚黃，與德相合。若羲、農、少皞，皆不言色。顓頊尚赤，帝堯尚白，用其所勝之色；帝嚳尚黑，用所由生；虞舜尚赤，用其所生：則又理之所不可通者也。宅中圖大土應守，表衆居尊黃實宜。土爲中央正位，黃爲中央正色②，王者居中立極，自當以黃爲貴，豈他色之所得尚哉。朝夕惕乾惟益勵，休祥讖緯底須奇。勝朝未議國朝述，足破千秋萬古疑。

提要

臣等謹案，《大金德運圖説》一卷，金尚書省會官集議德運所存案牘之文也。案《金史》本紀，金初色尚白③；章宗泰和二年十一月，更定德運爲土，臘月辰④，詔告中外⑤。至宣宗貞祐二年正

---

① 《孔子家語》卷六《五帝第二十四》載孔子之言曰："古之王者，易代而改號，取法五行，五行更王，終始相生，亦象其義。故其爲明王者而死配五行，是以太皞配木，炎帝配火，黃帝配土，少皞配金，顓頊配水。"又曰："所尚則各從其所王之德次焉。夏后氏以金德王，色尚黑，大事斂用昏，戎事乘驪，牲用玄；殷人用水德王，色尚白，大事斂用日中，戎事乘翰，牲用白；周人以木德王，色尚赤，大事斂用日出，戎事乘騵，牲用騂。"又曰："堯以火德王，色尚黃，舜以土德王，色尚青。"即詩中所謂"《家語》辭"，然與下文詩注所言德運色尚不盡相同。

② "黃"下原衍"宜"字，據《御製詩四集》刪。

③ 《金史》卷二《太祖紀》收國元年正月壬申："是日，即皇帝位。上曰：'遼以賓鐵爲號，取其堅也。賓鐵雖堅，終亦變壞，惟金不變不壞。金之色白，完顏部色尚白。'於是國號大金，改元收國。"

④ "月"，據《金史·章宗紀》泰和二年十一月甲辰條，當作"用"。

⑤ 《金史》卷一一《章宗紀三》泰和二年十一月："甲辰，更定德運爲土，臘用辰。……戊申，以更定德運，詔中外。"

月，命有司復議本朝德運①。是書所載蓋即其事。書前爲尚書省判，次爲省劄，列集議官二十二人，其中獨上議狀者六人，合具議狀者八人，連署者四人，其集議有名而無議狀者，太子太傅張行簡、太子太保富察烏葉、修撰富珠哩阿拉、費摩諳達登四人②，疑原書尚有所脱佚。其所議，言應爲土德者四人③，言應爲金德者十四人④。如諫議大夫張行信力主金德之議⑤，而《金史》行信本傳稱，貞祐四年，以參議官王澮言當爲火德，詔問有司，行信謂當定爲土德，而斥澮所言爲狂妄⑥。其立説先後自相矛盾，殊不可解。又書中但有諸臣議狀，而尚書省臣無所可否⑦，考史載興定元年十二月庚辰臘享太廟⑧，是終金之世，仍從泰和所定土德，而

---

①　《金史》卷一四《宣宗紀上》貞祐二年正月乙酉："命有司復議本朝德運。"

②　《四庫全書總目》有小注"按富察烏葉，原作蒲察畏也，今改正"、"按富珠哩阿拉，原作孛尤魯阿拉，今改正"、"按費摩諳達登，原作裴滿按帶丁，今改正"。

③　言應爲土德者爲完顏烏楚、王仲元、崔禧（伯祥）、趙秉文。

④　言應爲金德者爲黃裳、舒穆嚕世勣、吕子羽、李居柔（和甫）、赫舍哩烏嚕、張行信、吕卿雲（祥卿）、穆顏烏登、納塔謀嘉、阿里哈希卜蘇、富察伊爾必斯、完顏伊爾必斯、完顏伯特、田庭芳。

⑤　《四庫全書總目》"如"前有"中"字。

⑥　《金史》卷一〇七《張行信傳》載："（貞祐）四年二月，爲太子少保，兼前職。時尚書省奏：'遼東宣撫副使完顏海奴言，參議官王澮嘗言，本朝紹高辛，黃帝之後也。昔漢祖陶唐，唐祖老子，皆爲立廟。我朝迄今百年，不爲黃帝立廟，無乃愧於漢、唐乎。'又云：'本朝初興，旗幟尚赤，其爲火德明矣。主德之祀，闕而不講，亦非禮經重祭祀之意。臣聞於澮者如此。乞朝廷議其事。'詔問有司，行信奏曰：'按《始祖實録》止稱自高麗而來，未聞出於高辛。今所據欲立黃帝廟，黃帝高辛之祖，借曰紹之，當爲木德，今乃言火德，亦何謂也。況國初太祖有訓，因完顏部多尚白，又取金之不變，乃以大金爲國號，未嘗議及德運。近章宗朝始集百僚議之，而以繼亡宋火行之絶，定爲土德，以告宗廟而詔天下焉。顧澮所言特狂妄者耳。'上是之。"

⑦　按本書《議》部分第一段當即尚書省臣之擬議，此謂"尚書省臣無所可否"，非是。

⑧　《金史》卷一六《宣宗紀下》興定四年十二月"庚辰，臘，享于太廟"。此處謂"元年"，誤。

未嘗重改。疑是時當元兵深入①，宣宗南遷汴梁②，此議遂罷，故尚書省亦未經奏覆也。五德之運不見六經，惟《家語》始有之，而其書出於王肅僞撰，不可據爲典要。後代泥於其說，多侈陳五行傳序之由，而牽合遷就，附會支離，亦終無一當。仰蒙我皇上折衷垂訓，斥妄袪疑，本宅中圖大之隆規，破讖緯休祥之謬論，闡發明切，立千古不易之定論。是編所議，識見皆爲偏陋，本不足録。然此事史文簡略，不能具其始末，存此一帙，尚可以補掌故之遺。並恭録聖製，弁諸簡首，俾天下後世曉然知騶衍以下皆妄生臆解，用以袪曲説之惑焉。乾隆四十六年三月恭校上。③

總纂官臣紀昀、臣陸錫熊、臣孫士毅

總校官臣陸費墀

省判④

貞祐二年正月二十二日，丞相面奉聖旨⑤：本朝德運公事，教商量呈檢。

本部照得⑥：德運之説，五經不載，惟《家語》有云：“古之王

---

① “是時當”，文津閣本、文溯閣本提要作“是歲即”，《四庫全書總目》作“是歲”。

② 按金宣宗於貞祐二年五月南遷。

③ 文淵閣四庫全書本《欽定四庫全書簡明目録》卷八載：“《大金德運圖説》一卷。金貞祐二年尚書省集議之案牘也。金初用金德，色尚白，泰和二年更用土德。至是更令所司集議，言應爲土德者四人，應爲金德者十四人，迄無定論而罷。其集議之文則尚存《永樂大典》中。經睿鑒折中，袪疑除妄，式昭千古之常經，謹併録其書，爲附會讖緯之戒焉。”又注稱：“謹案，五運本術數家言，以其服色政令關乎一朝之典禮，故附之儀制門中。”

④ 此篇文件實爲禮部呈，並非尚書省判。

⑤ 此時左丞相爲徒單鎰，右丞相爲徒單公弼，《金史》卷九九、卷一二〇有傳。

⑥ 據下文《省劄》，此處本部爲禮部。

者,易代改號,取法五行,終始相生①。"自漢以來,並用其説。故以庖犧氏爲木德,神農爲火德,黃帝爲土德,少昊爲金德,顓頊爲水德②。歷代相承,各以一德興運,周而復始。

自明昌四年十二月十一日奉章宗勅旨,本朝德運仰商量。當時本部爲事關頭段,呈乞都省集省臺寺監七品以上官同共講議,蒙都省准呈,集官講議。在後累年講究,勘當未定。至承安四年十二月,蒙都堂再選定朝官十餘員,置所講究定奪。至承安五年二月二十日,章宗皇帝再有勅旨,商量德運事屬頭段,莫不索選本朝漢兒進士知典故官員集議後得長處。當時蒙都省再選到官四十餘員,置所集議。其官員議論既多,不能歸一。至泰和元年,都省將衆人前後議論編類成六册,轉進過。

其間衆人議論不同,其歧有四③:刑部尚書李愈以爲④,本朝太祖以金爲國號,又自國初至今八十餘年以丑爲臘,若止以金爲德運,則合天心,合人道,合祖訓。翰林學士承旨黨懷英取蘇軾《書傳》之説⑤,以爲禹以治水得天下,故從水而尚黑,《書》云"禹錫玄圭"是也;殷人始以兵王,故從金而尚白,《詩》曰"有客有客,

---

① 按《孔子家語》卷六《五帝第二十四》載孔子之言曰:"古之王者,易代而改號,取法五行,五行更王,終始相生,亦象其義。"此處約取其文。
② 此説出自《漢書》卷二一《律曆志》所引《世經》。
③ "歧",原作"岐",今據文義改。
④ 李愈,絳州正平人,正隆五年詞賦進士,承安四年爲刑部尚書,《金史》卷九六有傳。
⑤ 黨懷英,字世傑,馮翊人,父純睦爲泰安軍録事參軍,卒官,乃家於泰安,大定十年進士,承安三年爲翰林學士承旨,《金史》卷一二五有傳。

亦白其馬”是也①。欽惟太祖皇帝興舉義兵，剪遼平宋，奄有中土，與殷以兵王而尚白理同，本朝宜爲金德。此盖遵太祖之聖訓，有自然之符應，謂宜依舊爲金德，而不問五行相生之次也。户部尚書孫鐸②、侍讀學士張行簡③、太常卿楊庭筠等以爲④，唐爲土德，五代朱梁自前世已不比數，後唐本非李氏子孫，又强自附於唐之土德，外石晉十二年、劉漢四年、郭周九年，皆乘時攘竊，其祚促短，何足以當德運。宋不用趙垂慶之言，不肯繼唐統，廼繼郭周爲火德⑤，是彼自失其序，合爲閏位。聖朝太祖聖訓，完顏部色尚白，白即金之正色，自今本國可號大金。又嘗有純白鳥

---

① 蘇軾《書傳》卷五《夏書·禹貢第一》“禹錫玄圭告厥成功”句注：“以五德王天下，所從來尚矣。黄帝以土，故曰黄。炎帝以火，故曰炎。禹以治水得天下，故從水而尚黑。殷人始以兵王，故從金而尚白。周人有流火之祥，故從火而尚赤。湯用玄牡，蓋初克夏，因其舊也。《詩》云‘有客有客，亦白其馬’，是殷尚白也。帝錫禹以玄圭，爲水德之瑞，是夏尚黑也。此五德所尚之色見于經者也。”

② 孫鐸，字振之，其先滕州人，徙恩州歷亭縣，大定十三年進士，承安四年爲户部尚書，《金史》卷九九有傳。

③ 張行簡，字敬甫，莒州日照縣人，大定十九年進士第一，承安五年爲翰林侍讀學士，《金史》卷一〇六有傳。

④ 楊庭筠，生平不詳，承安三年十一月曾以太常卿爲賀宋正旦使。

⑤ 《宋史》卷七〇《律曆志三》：“雍熙元年四月，布衣趙垂慶上言：‘本朝當越五代而上承唐統爲金德，若梁繼唐，傳後唐，至本朝亦合爲金德。矧自國初符瑞色白者不可勝紀，皆金德之應也。望改正朔，易車旗服色，以承天統。’事下尚書省集議，常侍徐鉉與百官奏議曰：‘五運相承，國家大事，著於前載，具有明文。頃以唐末喪亂，朱梁篡弑，莊宗早編屬籍，親雪國讎，中興唐祚，重新土運，以梁室比羿、浞、王莽，不爲正統。自後數姓相傳，晉以金，漢以水，周以木，天造有宋，運膺火德。況國初祀赤帝爲感生帝，于今二十五年，豈可輕議改易？’又云：‘梁至周不合迭居五運，欲國家繼唐統爲金德，且五運迭遷，親承曆數，質文相次，間不容髪，豈可越數姓之上，繼百年之運？此不可之甚也。按《唐書》天寶九載，崔昌獻議自魏、晉至周、隋，皆不得爲正統，欲唐遠繼漢統，立周、漢子孫爲王者後，備三恪之禮。是時，朝議是非相半，集賢院學士衛包上言符同，李林甫遂行其事。至十二載，林甫卒，復以魏、周、隋之後爲三恪，崔昌、衛包由是遠貶，此又前載之甚明也。伏請祇守舊章，以承天祐。’從之。”

獸瑞應①,皆載之國史,請依舊爲金德,上承唐統。此蓋亦依太祖
聖訓、自然符應,而取越惡承善、越近承遠之説也。祕書郎呂貞
幹②、校書郎趙泌以爲③,聖朝先遼國以成帝業,遼以水爲德,水生
木,國家宜承遼運爲木德,此蓋別是一説也。惟太常丞孫人傑造
爲傾險之論④,以爲宋運已絶,禮官所以言不及宋而委曲擬承唐
者,意以爲宋猶未絶,豈彼之心不欲以絶宋乎?人傑作此險語,
本意欲朝廷繼宋運而爲土德,而忮心求勝故也。大理卿完顔薩
喇⑤、直學士溫特赫大興⑥、應奉完顔恩楚⑦、弘文校理珠嘉珠敦
等⑧,皆以爲合繼宋運而爲土德。

至泰和二年,奉章宗勑旨,繼唐底事必定難行,繼宋底事,莫
不行底麽?呂貞幹所言繼遼底事,雖未盡理,亦可折正。不然,
只從李愈所論,本朝得天下,太祖以國號爲金,只爲金德,復如

---

① 按下文張行信、田庭芳議狀皆稱天輔間有純白鳥獸瑞應,然《金史》不載。《金史》所載白色瑞應最早者爲卷三《太宗紀》天會四年八月"甲寅,新城縣進白烏"。

② 呂貞幹,字周卿,大興人,生平附見於《中州集》卷八《呂子羽小傳》,謂:"在史館論正統,獨異衆人,謂國家止當承遼,大忤章廟旨,謫西京運幕,量移北京,致仕。"

③ 趙泌,生平不詳。

④ 孫人傑,生平不詳。

⑤ 《金史》卷一一《章宗紀三》承安五年三月癸亥見大理卿完顔撒拉,《四庫全書》本《金史》改譯爲完顔薩喇,即此人。又據《金史》卷四五《刑志》、卷一〇〇《路鐸傳》,明昌五年有翰林修撰完顔撒拉;據《金史》卷一二《章宗紀四》、卷一三二《紇石烈執中傳》,有完顔薩喇於泰和六年四月丙寅自定海軍節度使、副都統軍使任山東兩路兵馬都統副使,七年六月戊午爲元帥左都監,八年正月癸酉爲參知政事:疑即一人。

⑥ 《金史》卷一一《章宗紀三》承安五年二月辛巳有應奉翰林文字溫迪罕天興,卷三五《禮志八·諸前代帝王》有太常博士溫迪罕天興,疑即此人。

⑦ 完顔恩楚,即完顔寓,本名訛出,西南路猛安人,大定二十八年進士,《金史》卷一〇四有傳,《四庫全書》本《金史》改譯爲完顔恩楚。

⑧ 《金史》卷一一八《苗道潤傳》見貞祐四年右司諫尤甲直敦,《四庫全書》本《金史》改譯爲珠嘉珠敦,疑即此人。

何？當年十月二十五日，尚書省奏①，遼據一偏，宋有中原，是正統在宋，其遼無可繼。張邦昌、劉豫，皆本朝取宋以後命立之，使守河南、山東、陝西之地，即本朝之臣耳，呂貞幹何得言楚齊更霸，不可強繼宋孽？李愈所論太祖聖訓，即是分別白黑之姓，非關五行之敘。皇朝滅宋，俘其二主，火行已絕，我乘其後。趙構假息江表，與晉司馬睿何異？若准完顏薩喇、孫人傑等所議，本朝合繼火德已絕汴梁之宋，以爲土德，是爲相應。奉勑旨，准奏行。於是，告於宗廟，改用辰日爲臘，及頒詔書布諭天下，奉行至今。

今來契勘，若便輕易議論，緣事關頭段，自章宗朝選集衆官，專委講究，前後十年，纔始奏定，告廟頒詔，其重如此。既見欽奉聖旨教商量，緣係國家德運，當慎其事，擬乞從都省依前例選集群官，再行詳議，採用所長，庶得其當。

省劄

貞祐二年二月初三日，承省劄，禮部呈該，承省劄，奉聖旨，本朝德運公事教商量事，緣爲事關頭段，擬乞選官再行詳議。尚書省相度，合准來呈，今點定下項官，須議指揮：

太子太傅張行簡

太子太保富察烏葉解任②

---

① 此時尚書省左丞相爲完顏襄，平章政事爲張萬公、徒單鎰，右丞爲完顏匡，參知政事爲仆散揆。其傳分見於《金史》卷九四、卷九五、卷九九、卷九八、卷九三。

② 富察烏葉，即蒲察思忠，本名畏也，隆安路合懶合兀主猛安人，大定二十五年進士。貞祐初，遷太子太保兼侍讀、修國史。二年春，享于太廟，思忠攝太尉，醉毆禮直官，御史臺劾奏，降祕書監兼同修國史；頃之，遷翰林學士、同修國史，卒。《金史》卷一○四有傳。

吏部尚書完顔伯特①

越王傅完顔伊爾必斯②

諫議大夫張行信③

翰林待制完顔烏楚④

直學士趙秉文⑤

大理卿李居柔⑥

刑部郎中富察伊爾必斯⑦

吏部員外郎納塔謀嘉⑧

户部郎中赫舍哩烏嚕⑨

---

①　完顔伯特，生平不詳，《金史》卷一四《宣宗紀上》貞祐四年閏七月癸巳見翰林學士完顔孛迭，《四庫全書》本《金史》改譯爲完顔伯特，當即此人。

②　完顔伊爾必斯，即完顔阿里不孫，字彦成，曷懶路泰申必剌猛安人，明昌五年進士，《金史》卷一〇三有传。

③　張行信，字信甫，張行簡之弟，大定二十八年進士，《金史》卷一〇七有傳。

④　按下文完顔烏楚議狀稱"烏楚先於章宗朝，已與完顔薩喇、温特赫大興、孫人傑、郭仲容、孫人鑑等以爲本朝繼宋，宋爲火德，火德已絶，火生土，我爲土德，是爲相應"，知其即上文之"應奉完顔恩楚"，也即《金史》卷一〇四有傳之完顔寓，清人改譯未能劃一。

⑤　趙秉文，字周臣，磁州滏陽人，大定二十五年進士，《金史》卷一一〇有傳。

⑥　李居柔，即下文連署舒穆嚕世勣、吕子羽議狀之李和甫。2014 年陝西省考古研究院在西安發掘了李居柔墓，内有買地券一方，知葬於正大三年，墓主繫銜爲資政大夫、陝西東路轉運使、行六部尚書（《陝西西安金代李居柔墓發掘簡報》，《考古與文物》2017 年第 2 期），疑即此人。

⑦　《金史》卷一四《宣宗紀上》貞祐四年十一月乙酉、卷一五《宣宗紀中》興定二年四月己未、三年三月甲午、卷一〇〇《完顔伯嘉傳》、卷一一〇《楊雲翼傳》有蒲察阿里不孫，《四庫全書》本《金史》改譯爲富察阿里巴斯、富察阿里巴斯、富察伊爾必斯，貞祐四年十月以兵部尚書、簽樞密院事爲右副元帥，應即此人。

⑧　納塔謀嘉，即納坦謀嘉，上京路牙塔懶猛安人，習策論進士，《金史》卷一〇四有傳。

⑨　赫舍哩烏嚕，生平不詳。"赫舍哩"爲"紇石烈"之改譯。

左司諫呂卿雲①

濮王府尉阿里哈希卜蘇②

右拾遺田庭芳③

刑部員外郎呂子羽④

修撰富珠哩阿拉⑤

修撰舒穆嚕世勣⑥

修撰費摩諳達登⑦

應奉崔禧⑧

———————

① 呂卿雲，字祥卿，大興人，呂貞幹之弟。《金史》無傳，據卷一一《章宗紀三》，知其於承安五年十一月乙卯以國史院編修官爲左補闕兼應奉翰林文字。據汪由敦《松泉集》卷一二《敕修隆福寺碑記》，知其泰和三年官銜爲文林郎、守左拾遺兼應奉翰林文字、同知制誥、雲騎尉、賜緋魚袋，《金文最》卷八三有其所撰《薊州葛山重修龍福院碑》。又元好問《續夷堅志》卷二"呂守詩讖"條云："呂卿，字祥卿，大興人。刺汝州，一月而罷。題詩望崧樓，有'珍重樓中舊山色，好將眉黛事新官'。未幾物故，人以爲詩讖云。"即此人。

② 阿里哈希卜蘇，生平不詳。

③ 田庭芳，《金史》卷一三《衞紹王紀》至寧元年九月丁未同，卷一三二《紇石烈執中傳》作田廷芳。《八瓊室金石補正》卷一二七《請琼公住持净因寺疏》有徵事郎、汝州司候、權軍判田庭芳，時爲泰和二年九月；又《中州集》卷九董師中小傳有章宗時德州教授田庭方，疑均即此人。

④ 呂子羽，字唐卿，大興人，呂貞幹之弟，大定末進士，南渡后爲左司郎中，仕至陳州防禦使，興定二年十二月，曾使宋議和，至淮水中流，爲宋人所拒。《中州集》卷八、《歸潛志》卷四有小傳。

⑤ 富珠哩阿拉，即孛尤魯阿拉，生平不詳。

⑥ 舒穆嚕世勣，即石抹世勣，字景略，咸平府路酌赤烈猛安莎果歌仙謀克人，承安五年詞賦、經義兩科進士，《金史》卷一一四有傳。

⑦ 費摩諳達登，即裝滿按帶丁。《金史》卷一〇三《紇石烈桓端傳》貞祐四年見婆速府權判官、前修起居注裝滿按帶，疑即此人。

⑧ 崔禧，即下文連署王仲元議狀之崔伯祥，然《歸潛志》卷四謂其字伯善，衞州人，承安二年進士，長於史學，南渡后爲翰林待制，后出刺永州，病卒。《山左金石志》卷二〇載其貞祐四年所撰濟州刺史李演碑，繫銜爲朝列大夫、□王府文學兼記室參軍、騎都尉、賜紫金魚袋。

應奉黄裳①

應奉穆顔烏登②

編修王仲元③

右仰就便行移逐官，不妨本職及已委勾當，同共講究施行，不得違錯。准此。

議

自前來議論有四説，不論所繼只爲金德，刑部尚書李愈之説也；繼唐土運爲金德，户部尚書孫鐸、太常卿楊庭筠等之説也；繼遼水運爲木德，祕書郎吕貞幹之説也；繼宋火運爲土德，太常丞孫人傑之説也。大理卿完顔薩喇、直學士温特赫大興、校理珠嘉珠敦等，皆以爲合繼宋運爲土德。後奉章宗敕旨，繼唐底事必定難行。繼宋底事，莫不行底麼？吕貞幹所言繼遼底事，雖未盡理，亦可折正。不然，只從李愈所論，本朝得天下，太祖以國號爲金，只爲金德，復如何？尚書省奏，遼據一偏，宋有中原，是正統在宋，其遼無可繼。張邦昌、劉豫，皆本朝取宋以後命立之，使守河南、山東、陝西之地，即本朝之臣耳，吕貞幹何得言楚齊更霸④，不可强繼宋孽？李愈所論太祖聖訓，即是分别白黑之姓，非關五

①　黄裳，當即崇慶二年進士第一人。見元好問《遺山集》卷二一《雷希顔墓銘》、卷三九《曹南商氏千秋録》等。

②　穆顔烏登，應即抹撚兀典，《四庫全書》本《金史》改譯爲穆延烏登，據《金史》卷一八《哀宗紀下》、卷一一三《白撒傳》，天興二年正月時爲點檢，六月戊子爲徐州行省，七月丁卯時爲簽樞密院事、權參政，八月丙戌爲息州行省。

③　王仲元，字清卿，自號錦峰老人，平陰人，承安五年進士，曾任應奉翰林文字、陝西東路轉運司鹽鐵判官。《中州集》卷八、《歸潛志》卷四有小傳，楊奂《遺山遺稿》卷上有《錦峰王先生墓表》。

④　"楚齊"二字原倒，按金滅北宋后，先立楚，后立齊，上文《省判》中亦作"楚齊"，今據乙。

行之敘。皇朝滅宋，俘其二主，火行已絕，我承其後。趙構假息江表，與晉司馬睿何異？若准完顏薩喇、孫人傑等所議，本朝合繼火德已絕汴梁之宋，以爲土德，是爲相應。奉敕旨，准奏行。今來見奉聖旨，本朝德運公事教商量。奉到如此，今則見有一議論，以謂汴宋既亡，劉豫嗣掌齊國，本朝滅齊，然後混壹中原。宋爲火，火生土，劉齊當以土運，土生金，本朝合爲金德。[①]

應奉翰林文字黃裳議

右裳伏承省劄，仰講議本朝德運者。

《傳》曰"君子大居正"，又曰"王者大一統"[②]。正者，所以正天下之不正，統者，所以統天下之不一也。由不正與不一，然後正統之論興。正統之論興，然後德運之議定。[③]

自近代言之，則唐以土德王，傳祀三百。土生金，繼唐而王者，德當在金。朱溫，唐之羿、浞，固無足道。朱邪存勗，以賜姓號唐，滅梁之後，僅得四年，復爲異姓嗣源所奪，是可以當德運邪？厥後石晉興亡，實係契丹。劉漢父子，通及四載。郭威以逆而得，柴榮自外而繼。是皆不足以當德運，明矣。

惟汴梁趙宋，傳祚數君，差優於五季。然考其實，則趙宋以柴氏之臣，欺孤兒寡婦以取其國，初不能併契丹，復唐故地，而其後嗣君與契丹通好，其實事之。夫欺奪柴氏，是不能正天下之不

---

① 按此段當爲尚書省臣之議論。是時尚書省左丞相爲徒單鎰，右丞相爲徒單公弼，平章政事爲完顏承暉、尤虎高琪，左丞爲抹撚盡忠，參知政事爲耿端義。其傳分見於《金史》卷九九、卷一二〇、卷一〇一、卷一〇六、卷一〇一、卷一〇一。

② 《春秋公羊傳》隱公元年"春王正月"注稱"何言乎王正月？大一統也"；隱公三年"葬宋繆公"注稱"故君子大居正，宋之禍，宣公爲之也"。

③ 黃裳此段全用歐陽脩《正統論》之文，僅改"合天下之不一"爲"統天下之不一"。

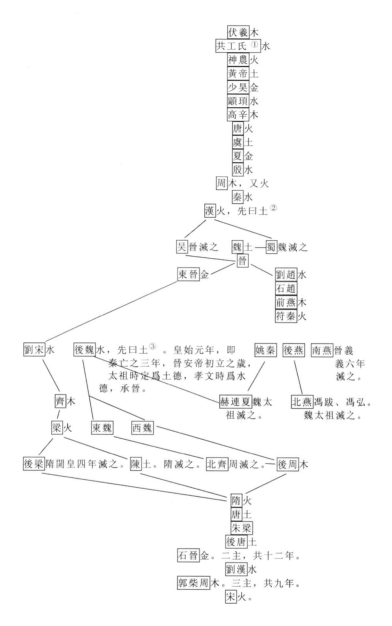

①原無"共"字，按《漢書》卷二一《律曆志》所引《世經》載：《祭典》曰：'共工氏伯九域。'言雖有

水德，在火木之間，非其序也。任知刑以彊，故伯而不王。"今據補。

②"曰土"二字原誤作"皇"，據下文後魏"土，先曰水"例改。

③原作"土，先曰水"，按北魏先於道武帝時定爲水德，後於孝文帝時定爲土德，今據改。

正也；實事契丹，是不能統天下之不一也。其臣如趙垂慶、張君房①、董衍輩②，諛說其君，欲使承唐爲金德者非一。使當時牽合而從之，猶不足以塞後世之公議，況妄爲火德也哉？我尚可以繼之也哉？

我太祖之興也，當收國改元之初，謂凡物之不變無如金者，且完顏部色尚白，則金之正色，自今本國可號大金。神哉斯言，殆天啟之也。繼以太宗，遂平遼、宋。夫遼、宋不能相正，而我正之，不能相一，而我統之。正統固在我矣。光承唐運，非我而誰？

---

① 《宋史》卷七〇《律曆志三》："大中祥符三年，開封府功曹參軍張君房上言：'自唐室下衰，土德隤圮，朱梁氏彊稱金統，而莊宗旋復舊邦，則朱梁氏不入正統明矣。晉氏又復稱金，蓋謂乘于唐氏，殊不知李昇建國于江南耳。漢家二主，共止三年，紹晉而興，是爲水德。洎廣順革命，二主九年，終于顯德。以上三朝七主，共止二十四年，行運之間，陰隱而難賾。伏自太祖承周木德而王，當於火行，上繫于商，開國在宋，自是三朝迄今以爲然矣。愚臣詳而辨之，若可疑者。太祖禪周之歲，歲在庚申。夫庚者，金也，申亦金位，納音是木，蓋周氏稱木，爲二金所勝之象也。太宗登極之後，詔開金明池於金方之上，此誰啟之，乃天之靈符也。陛下履極當彊圉之歲，握符在作噩之春，適宋道之隆興，得金天之正氣。臣試以瑞應言之，則當年丹徒貢白鹿，姑蘇進白龜，條支之雀來，潁川之雉至；臣又聞當封禪之時，魯郊貢白兔，鄆上得金龜，皆金符之至驗也。願以臣章下三事大臣，參定其事。'疏奏，不報。"

② 按《宋史》卷七〇《律曆志三》天禧四年有大理寺丞董行父上言請用金德，此處"董衍"當爲"董行父"之誤。董行父之言曰："在昔泰皇以萬物生於東，至仁體乎木，故德始於木。木以生火，神農受之爲火德；火以生土，黃帝受之爲土德；土以生金，少昊受之爲金德；金以生水，顓頊受之爲水德；水以生木，高辛受之爲木德；木以生火，唐堯受之爲火德；火以生土，虞舜傳之爲土德。土以生金，夏爲金德；金以生水，商爲水德；水以生木，周爲木德；木以生火，漢應圖讖爲火德；火以生土，唐受曆運爲土德。陛下紹天之統，受天之命，固當上繼唐祚，以金爲德，顯黃帝之嫡緒，彰聖祖之丕烈。臣又按聖祖先降於癸酉，太祖受禪於庚申，陛下即位於丁酉，天書下降於戊申。庚，金也，申、酉皆金也，天之體也。陛下紹唐、漢之運，繼黃帝之後，三世變道，應天之統，正金之德，斯又順也。"其議爲兩制所駁："又據董行父請越五代紹唐爲金德，若其度越累世，上承百代之統，則晉、漢洎周，咸帝中夏，太祖實受終於周室而陟于元后，豈可弗遵傳繼之序，續於遐邈之統？三聖臨御六十餘載，登封告成，昭姓紀號，率循火行之運，以輝炎靈之曜。茲事體大，非容輕議，矧雍熙中徐鉉等議之詳矣。其謝絳、董行父等所請，難以施行。"

事固有不求合而自合者。設無太祖聖訓，本朝德運固應金行，況乎言與天合，而復有純白鳥獸自然之瑞哉。故自丑日爲臘以來，時和歲豐，中外褆福，干戈偃息者，八十餘年。嗚呼休哉，金得其正也。

泰和之初，議者以汴宋嘗帝中原，爲可繼，於是改金爲土。曾不知遼亦嘗滅晉而得中原矣，本朝實先取遼，何獨不繼哉。既閏遼矣，而宋獨不可閏乎哉。改之誠是矣，其天時人事之應，果愈於前日邪？抑不及邪？

夫秦能并六國，一四海，作法立制，後世有不可改者，直以不道，漢尚越之而繼周。以區區篡奪之宋，且嘗事遼，我獨不能越之而承唐乎？誠能復金德之舊，則上以副祖宗之意，下有以慰遺老之思，祛除不祥，感召善氣，在此舉矣。臆見如此，伏俟裁擇。謹議。

貞祐二年二月日，應奉翰林文字黄裳狀。

翰林待制兼侍御史完顏烏楚議

右烏楚欽依見奉聖旨商議本朝德運事。

烏楚先於章宗朝，已與完顏薩喇、温特赫大興、孫人傑、郭仲容①、孫人鑑等以爲本朝繼宋②，宋爲火德，火德已絶，火生土，我爲土德，是爲相應。奉勅旨，准奏行。今據烏楚所見，本朝德運止合依先朝奉行，爲土德，似爲長便。

貞祐二年二月日，翰林待制兼侍御史完顏烏楚狀。

---

①　郭仲容，生平不詳。《山東通志》卷一五《選舉制》金代進士舉人中有博平人郭仲容，應即此人。

②　孫人鑑，生平不詳，據《金史》卷一二〇《徒單銘傳》，章宗時曾以大理評事爲採訪使，覆按提刑司事。

承直郎國史院編修官王仲元議

右仲元承尚書禮部符，承省劄備該，今來見奉聖旨，本朝德運公事，教商量。仲元品職雖卑，亦令預商量之數。

謹按歐陽修《正統論》有曰："君子大居正，王者大一統。正者，所以正天下之不正也；統者，所以合天下之不一也。""自古帝王之興，必有至德以受天命，豈偏名於一德哉。而曰五行之運有休王，一以彼衰，一以此勝，此曆官術家之事，不知出於何人。"①

伏覩本朝之興，混一區宇，正歐陽修所謂大居正、大一統者也。收國之初，太祖皇帝以金爲國號，取其不變之義，非取五行之數也。必欲順五行相生之德，則前此章宗皇帝宸斷，繼亡宋火行之絕，而爲土德。雖當日改辰爲臘，然大金之號亦自仍舊以冠曆日，而不相妨也。以此看詳，止爲土德，是爲相應。須至申者。

貞祐二年二月日，承直郎、國史院編修官王仲元狀。

十六日，應奉崔伯祥連署訖。

翰林直學士中大夫兼太常少卿提點司天臺趙秉文議

右秉文議，除與編修王仲元相同外，竊詳聖朝之興，併滅遼宋，俘宋二主，遷其寶器，宋爲已滅。章宗皇帝宸斷，以土繼火，已得中當，宜不可越宋而遠繼唐。以此看詳，止爲土德，是爲相應。須至申者。

貞祐二年二月日，翰林直學士、中大夫趙秉文狀。

---

① 按歐陽修《正統論》原文曰："自古王者之興，必有盛德以受天命，或其功澤被于生民，或累世積漸而成王業，豈偏名於一德哉。至于湯武之起，所以捄弊拯民，蓋有不得已者。而曰五行之運有休王，一以彼衰，一以此勝，此曆官術家之事。而謂帝王之興必乘五運者，繆妄之説也，不知其出於何人。"

翰林修撰舒穆嚕世勣、刑部員外郎吕子羽議

右世勣等伏承禮部符文令議德運事。

竊見前來朝廷論議固已詳備，但各執所見，或以爲金，或以爲木，或以爲土，彼此不同。世勣等愚見，既太祖聖訓謂完顔部色尚白，則是太祖宸斷已有所定也。當時瑞應復有純白鳥獸之異，則是天意固有所命也。章宗勑旨謂"只從李愈所論以爲金德復如何"，則是章宗聖意初亦有所疑也。據此，合無止爲金德，仍舊以丑爲臘。謹議。

貞祐二年二月日，翰林修撰舒穆嚕世勣、刑部員外郎吕子羽狀。

十六日，大理卿李和甫連署訖。

十八日，户部郎中赫舍哩烏嚕連署訖。

右諫議大夫吏部侍郎張行信議

右行信准禮部告示，集議國家德運事。

竊以德運之説，其來久矣。自伏羲以木德王，炎帝爲火，軒皇爲土，五帝三王相承以敍，皆取五行生旺之氣也。蒼周訖錄，木宜生火，秦雖强大，傳五世，併六國，自爲水行，逆統失次。及漢祖開創，斷蛇著符，旗幟尚赤，此自然之應，協於火德。故漢初惑臣、誼異説[①]，雖暫爲土，其後終爲火德，承周之統。魏晉以降，劉石燕秦迭據中國，以世業促褊，不獲推敍。元魏興自玄朔，物色尚黑，此亦自然之應，協於水德。故魏初雖繼秦爲土，理有未愜，及孝文續業，覽朝賢之議，卒定爲水德，遠承晉運。周隋暨

---

① 臣、誼，謂公孫臣、賈誼。《漢書》卷二五《郊祀志·贊》曰："至於孝文，始以夏郊，而張倉據水德，公孫臣、賈誼更以爲土德，卒不能明。孝武之世，文章爲盛，太初改制，而兒寬、司馬遷等猶從臣、誼之言，服色數度，遂順黄德。"

唐，更無異論，以其序順而理得也。降及五代，篡亂相尋，地褊世促，更甚於符秦燕趙，其不足推敘亦明矣。且梁與晉周，皆以篡取，豈獨梁爲閏位。後唐三姓俱非李氏子孫，豈得仍爲土運。石晉一紀，劉漢四年，本史各不載其所王之德，謂之金與水者，無所考據。盖趙氏篡周，不能越近承遠，既繼周木，猥稱火德，必欲上接唐運，以自誇大。故逆推而强配之，以漢爲水，以晉爲金，而續後唐之土。是皆妄說附會，不可信也。然則唐土之後，當啟金運。朱梁以下無可言者，宋昧於所承，自稱火德，逆統失次，亦與秦水無異，此國朝所以繼宋爲土有可疑者也。

五行之運，豈有斷絕，考次推時，天意可見。自唐之僖昭墜緒於西，本朝始祖已肇迹於東。氣王於長白，祚衍於金源，奕世載德，遂集大統。太祖開國之始，謂部色尚白，白者金之正色，乃以大金爲號。天輔年間，又多有純白之瑞。凡此數者，皆暗相符應，運之爲金，亦昭昭矣。或謂部色尚白，國號爲金，太祖本不言及五行之敘，難便據之爲運。是不知漢獲赤帝，符尚赤，元魏居玄朔，尚黑，當初亦非論德運也，何妨漢之爲火，魏之爲土，晉之爲水哉。盖帝王乘五德之運，王有天下，於開創之初，必有自然符應協於五德，不得不據而言之也。今蒙集議德運所宜，行信愚見，若考國初自然之符應，依漢承周、魏承晉之故事，定爲金德，上承唐運，則得天統，合祖意，古典不違，人心亦順矣。若夫汴宋之火，前無所承，失其行次，自爲五行之閏位，不足繼也。謹議。

貞祐二年二月日，右諫議大夫兼吏部侍郎張行信狀。

二十日，左司諫吕祥卿連署訖。

朝請大夫應奉兼編修穆顔烏登等議

右烏登等竊見自古推定德運者多矣，有承其序而稱之者，有協其符而取之者。故二帝三王以五行相因，備載於漢史，此承其德運之敘而稱之者也。迄於漢世，不取賈誼、公孫臣之議，卒以旗幟尚赤，此協其斷蛇之符而取之者也。由是觀之，承德運之序，協天之符瑞，乃明哲所行之令典也。

欽惟太祖一戎衣而天下大定，遂乃國號大金，以丑爲臘，是時雖未嘗究其德運，而聖謀自得其正，其與天之符瑞粲然相合矣。何以言之？且自李唐王以土德，其後朱梁不能混一天下，不得附於正統，誠爲然矣。而後唐本姓朱邪，非李唐之苗裔，而强附於土德，究其失，則後唐當爲金，石晉爲水，劉漢爲木，後周爲火，亡宋爲土。既土生金，而聖朝以丑爲臘者，誠可謂默獲德運之正矣。況自國初嘗獲純白鳥獸之瑞，兼長白山素係國家福幸之地，且白者既爲金色，而太祖國號爲金，其與天之符瑞灼然協矣。美哉，得德運之正，協天之符瑞，以致四夷咸懷，六合同風，干戈永息，禮樂興隆，八十餘年寂然無事。

逮乎章宗之朝議論德運，而孫人傑等備言當繼於宋，可謂得其事之實者也。然而不究亡宋失序爲火德之由，乃謂之土生於火，以辰爲臘。今若正其宋失，更火爲土，則本朝取宋，自爲金德。若是則得其德運之正，而協於天之符瑞矣。

貞祐二年二月十六日，朝請大夫應奉兼編修穆顔烏登、少中大夫吏部員外郎納塔謀嘉、中大夫濮王府尉阿里哈希卜蘇、中議大夫刑部郎中富察伊爾必斯、通奉大夫越王傅完顔伊爾必斯、中奉大夫吏部尚書完顔伯特同議。

右拾遺田庭芳議

右庭芳伏爲承本部告示集議德運事者。

竊惟從來德運之稱不一，大率有三：或以本土物色之奇爲之應，或以當時符瑞之殊爲之合，或以曩朝王跡之始爲之繼。其間有一於此，即可爲其運號，不必以五行相生爲序。

論夫本朝，於是有所得之者多。何以知之？蓋聞本朝肇跡之方多出金寶，且金之正色也尚白，本地又有長白山，其中是物自生而白，此爲金德，是其物色之奇應之者，一也。兼天輔之初，有純白鳥獸屢嘗來見，此爲金德，是其符瑞之殊合之者，二也。又聞曾論本朝合繼唐之土德，謂唐爲有道之統，自梁以下皆起於亂，無可接之於是者，至於宋也，雖如鐵中之錚，粗如可取，及見趙垂慶等言猶不從之，反繼柴周以爲火德，是其自失唐之正統之序。意者以謂當其玄運，有以待其來，兆金之應也。茲者若繼於唐，亦猶漢之越秦繼周之例，此爲金德，是其與王跡之始繼之者，三也。

又聞故老相傳，國初將舉義師也，曾遣人詣宋相約伐遼，仍請參定其國之本號。時則宋人自以其爲火德，意謂火當克金，遂因循推其國號爲金，自想爲得。不知伊本統非爲火，果是因其自背，還自速其俘降。識者又謂金得火則乃能成器，由宋假於其火，轉成金國之大也，宜然。是故向來以丑爲臘者八十餘年，應是當時已有定論，後疑失其文本，不得其詳爾。

今來議者本欲復其金之號，徒自膠其反本之說，其間有所疑議者二，請試釋之。一則强爲遷就，謂劉齊繼宋，宋，火也，火當生土。本朝廢齊，齊，土也，土當生金。是不知宋已失序，固非爲火之正。齊又出於臣使之封，抑非爲土之正。如此序本朝爲金德之運，似非折中。一則議者復謂宋或爲火，以金忌於火爲避，不知宋非爲火，已如上説。設如宋本爲火，曾不知五行造化，衰火不能克於旺金。且如昔之秦爲水運，水當克火，漢爲火運，火德忌水，然則秦終爲漢滅之者，得非以秦德衰而漢德旺之故耶。以此參詳，如以本朝爲金德之運，委是相應。

至如以五行上推移之，則亦是以德之衰旺見其運之隆替，可使慎終如始，爲其戒爾。良以金之爲言，名則取其堅固不變爲體，本以貴其剛明有斷爲德，則知金主於義，義以合宜者行，一切與奪間決然無疑者，是追觀太祖已行之迹，固有其義。若然，是謂開其金運之先，貽則於後，使燕翼者也。今則如能必復金德之運，必依祖義，則事自然無所不斷，位自然無所不固。如不依祖義，徒憑運號，則亦猶宋人向曾以河清爲天水郡之瑞應，以萬歲山、真武廟爲鎮北方之術，殊不稽於人事，畢竟何如。右謹議。

伏承尚書禮部詳酌是望。

省奏

尚書省奏，准尚書禮部舉，竊聞王者受命開統，皆應乎五行之氣，更王爲德。方今併有遼、宋，統一區夏，猶未定其所王。伏覩今來方以營造都邑并宗廟社稷，竊恐隨代制度不一，有無委所司一就詳定。奏訖，奉聖旨，分付詳定，須議指揮。

右下詳定內外制度儀式所，可照檢依准所奉聖旨詳定訖，分朗開立狀申,以憑再具聞奏施行,不得住滯錯失。付詳定所,准此。①

《太常集禮》所載金代州郡社稷禮資料

【解題】《太常集禮》全名《大元太常集禮稿》,共五十一卷,爲李好文、幸兀魯翀等所撰,成書於元文宗天曆二年(1329 年),載録了文宗以前的禮樂制度沿革情況。原書已佚,《永樂大典》卷二〇四二四"稷"字(中華書局 1986 年影印本)保存了與社稷禮制相關的部分內容。據載,元成宗元貞二年(1296 年)十一月,由於華州知州奏請訂正州郡社稷之禮,太常寺博士廳遂檢討典故擬定進呈,而謂"謹按《集禮》,社壇在城之西南"、"謹按《集禮》,祭之日"云云。

元代前期禮制多襲用金代制度,此處所引"集禮"亦爲金代禮書。按金代修舉州縣社稷禮始於章宗明昌年間,《金史》卷九《章宗紀一》明昌二年五月載:"詔諸郡邑文宣王廟、風雨師、社稷神壇隳廢者,復之。"此前未見任何有關州縣社稷禮的記載。而今本《大金集禮》雖殘缺數卷,其內容則止於大定末年,不當載有州縣社稷禮制。據孔元措《孔氏祖庭廣記》卷首,知金代除《集

---

① 此段文字實非省奏,而是尚書省向詳定內外制度儀式所行移之文。劉浦江師《德運之爭與遼金王朝的正統性問題》最早指出此段文字非作於貞祐二年,而根據"今來方以營造都邑并宗廟社稷"及詳定內外制度儀式所,將其定爲海陵王天德三年至貞元年間營造燕京之時。按文中並未説明是營造燕京,且詳定內外制度儀式所僅見於熙宗朝記載,時間範圍爲天眷二年至皇統三年(《金史》卷八三《張浩傳》、洪皓《使金上母書》、宇文虛中《時立愛墓誌銘》),無證據説明其存在至海陵年間。《金史》卷四《熙宗紀》皇統三年五月"甲申,初立太廟、社稷",疑此段文字即作於皇統三年前後,當時正在營建上京。

禮》之外,尚編有《續集禮》,其書雖不傳,但所載當爲章宗以後的禮制無疑。元貞二年禮官所據當爲《續集禮》。

由於《金史》卷三四《禮志七·社稷》對金代州郡社稷禮的記載僅有"其州郡祭享,一遵唐、宋舊儀"一句,故《太常集禮》保存的資料對深入研究金代州縣社稷祭禮至關重要。通過對比可以發現,《金史·禮志》的説法不夠准確,金代州郡社稷禮制對於唐、宋之制皆有所繼承,但與唐制的共同點更多,可以説,金制是以唐制爲基礎,吸收少量宋制,又結合實際情況損益而成的。

社壇在城之西南,社在東,稷在西。每壇徑二丈五尺①,四出階,高三尺,四門,同一壝,徑二十五步。社主以白石爲之,其形如鐘,長二尺五寸,方一尺一寸,剡其上,培其下半,立於壇之南方,北向。稷壇無主,以板位表之。二配位俱在壇之西,東向,以板位表之。社、稷二壇之下稍南,各植土宜之木一株。瘞坎,社、稷各一,於壇北壬地,南出階,方深取足容物。禮器,每位籩八、豆八、簠二、簋二、俎三、尊二,尊各有坫,洗一、罍一、篚二、爵一,爵各有坫。牲牢,社、稷各羊一、豕一,皆黝色。

樂章、祭服,中祀則有登歌,小祀無樂;祭之日,三獻官各服祭服。緣目今法制未定,凡與祭官全以公服代之。②

祭之日,以春秋二仲月上戊日③。本州長官則充初獻,佐貳官則充亞終獻,長官有故則以佐貳攝,佐貳有故則以幕官攝。

---

①　據蕭嵩等《大唐開元禮》卷六八《諸州祭社稷》、鄭居中等《政和五禮新儀》卷九三《州縣祭社稷儀》,唐代社稷壇方二丈五尺,宋代方二丈,此處繼承唐制。

②　據《金史》卷四三《輿服志中·祭服》,金代至泰和元年八月始定議制祭服。

③　宋制以春秋社日祭社稷,即立春、立秋後的第五個戊日,金代固定用春秋二仲月上戊日,乃沿用唐制。

前三日,州長吏並亞終獻及與祭之官散齋於別寢二日,致齋於廳事一日。散齋理事如舊,惟不弔喪問疾,不作樂,不判署刑殺文書,不行刑罰,不預穢惡;致齋日惟祭事得行,其餘悉斷。諸從祀之官各致齋於公館一日。①

前二日,本司預修除壇之上下及内外,爲瘞坎二於壇北壬地②,方深取足容物。

前一日晡後,本司帥其屬守社壇四門,去壇九十步禁止行人。本司設獻官板位於北門之内道西,以東爲上③。設掌事者板位於西門之内道北,俱每等異位,東向南上。設贊唱者板位於終獻東北,東向南上。設望瘞位於坎北,南向東上④。祭器之數,每座尊二、籩八、豆八、簠二、簋二、俎三,羊、豕及腊各用其一⑤。掌事者以尊坫升自西階,各設於壇上西北,配座之尊在西,俱南向東上,皆加勺羃。社稷之爵各置於坫。設洗於社壇北階之西,去壇三步,南向。罍在洗西,加勺羃。篚在洗東,北肆,篚實以巾、爵。執尊罍洗篚者各位於其後。

前一日未正三刻,省牲器、閱禮饌畢,宰人以鸞刀割牲,祝以豆二取牲血訖,遂烹牲於廚⑥。夙興,掌饌者實祭器,牲體羊豕皆

---

① 金代齋戒與唐宋之制皆不同。唐制,刺史散齋於別寢二日,致齋於廳事一日;亞獻以下應祭之官散齋於正寢二日,致齋於壇所一日,諸從祭之官各清齋於公館一日。宋制,應行事執事官散齋於正寢二日,致齋於祠所一日。

② 瘞坎方位,唐代在壇西門之外道北,宋代在壇之北壬地,金代襲用宋制。

③ 金制三獻板位與唐、宋皆不同。唐制,設刺史位於北門之内道西,南向;亞獻、終獻位於壇西北。宋制,設三獻官席位於北階之地,南向西上。

④ 金制望瘞位與唐制相同,宋代則設於瘞坎之南。

⑤ 金制祭器之數與唐制同,宋代則每位牺尊三、象尊三,在坛上西北隅;太尊二、山尊二,在神位前;著尊二、牺尊二、象尊二、壺尊六在坛下;簠一、簋一;俎二。

⑥ 金制烹牲時間與唐、宋皆不同,唐代以祭日未明,宋代則以前祭一日未後一刻。

載右胖，前腳三節，肩、臂、臑，節一段，皆載之；後腳三節，節一段，去下節，載上肫、胳二節；又取正脊、脡脊、橫脊、短脅、代脅，各二骨以並，餘皆不設。簠實稷黍，簋實稻粱。籩實石鹽、乾魚、棗、栗、榛、菱、芡、鹿脯①；豆實韭菹、醓醢、菁菹、鹿醢、芹菹、兔醢、筍菹、魚醢。無者各以類充。本司帥掌事者以席入自西門，詣壇升設社稷神座，各於壇南方，北向；又設后土氏神座於社神之左，后稷氏神座於稷神之左，俱東向，席皆莞。②

質明，諸祭官各服其服。本司帥掌事者入實尊罍③，每座二尊，一實玄酒爲上，一實醴齊次之。祝板各置於坫。祝以幣各置於篚，與血豆設於饌所。幣黑色，各長一丈八尺。

獻官將至，贊唱者先入就位，諸祝與執尊罍篚者入自西門，當社壇北，重行南向，以東爲上，立定。贊唱者曰：“再拜。”祝以下皆再拜。執尊者各升自西階，立於尊所，執罍篚者各就位。

獻官至，贊唱者曰：“請初獻點視陳設。”贊者引初獻點視陳設畢，復位。贊唱者曰：“再拜。”初獻以下皆再拜。贊者少進，曰：“請行事。”本司帥執饌者奉饌陳於西門之外。祝以幣授初獻，贊者引初獻從北階升社壇④，南向，跪，奠幣於社神座前訖，興，少退，再拜。祝又以幣授初獻，奠於配位神座前訖，興，少退，再拜。贊者引初獻升稷壇奠幣，如社壇儀，訖，贊者引初獻降復位。

---

①　八籩之實，金制與唐制同，宋代則第一行，形鹽在前，魚鱐次之；第二行，乾桃在前，乾蔴、乾棗次之；第三行，芡在前，鹿脯、榛實次之。

②　金制與唐制同，席皆以莞，宋制則社、稷以稿秸，后土、后稷以莞。

③　“掌”，原作“長”，參照《大唐開元禮》卷六八《諸州祭社稷》改。

④　“社壇”，原作“社稷”，按行禮次序，此時先升社壇，下文“贊者引初獻升稷壇奠幣，如社壇儀”，可證。今據此並參《大唐開元禮》卷六八《諸州祭社稷》改。

本司引饌入，社稷之饌升自北階，配位之饌升自西階。諸祝
迎引於壇上，設於神座前。籩豆簠簋去其蓋冪，籩右豆左，簠簋
居中，羊豕二俎，橫而重於右，腊俎特於左。本司與執饌者降自
西階，復位。諸祝各還尊所。

贊者引初獻詣罍洗，執罍者酌水，執洗者跪取盤，興，承水，
初獻盥手。執篚者跪取巾於篚，興，授初獻帨手訖，執篚者受巾，
跪奠於篚。遂取爵，興，授初獻，初獻受爵。執罍者酌水，初獻洗
爵，執篚者又跪取巾，興，授初獻，初獻受以拭爵訖，執篚者受巾，
跪奠於篚。奉盤者亦跪奠盤，興。

贊者引初獻自社壇北階升，詣社神酒尊所。執尊者舉冪，初
獻酌醴齊。贊者引初獻詣社神座前，南向跪，三祭酒，奠爵於神
前，興，少退，南向立。祝持祝版進於神座之右，西向跪，讀祝訖，
奠祝於神座前，興，少退，立於尊所。初獻再拜訖。

贊者引初獻詣配位酒尊所，取爵於坫，執尊者舉冪，初獻酌
醴齊。贊者引初獻詣后土氏神座前，西向跪，三祭酒，奠爵，興，
少退，立，西向。祝持祝版進於神座之左，南向跪，讀祝文，讀訖，
奠祝版神座前，興。初獻再拜訖。

贊者引初獻當神座南向立，祝各以爵酌福酒，合置一爵，捧
於初獻之右，東向立。初獻再拜，受爵，跪，祭酒，啐酒，奠爵，興。
祝帥執饌者以俎減社神前胙肉[①]，各取前腳第二骨，共置一俎，東
向授初獻，初獻受以授左右。初獻跪取爵，遂飲，卒爵，祝受虛爵
復於坫。初獻興，再拜。贊者引初獻降自北階，詣稷壇、盥洗、升
獻、讀祝、飲福、受胙，並如社壇之儀，訖，贊者引初獻降自北階復

---

① "帥"，原作"師"，據上下文並參《大唐開元禮》卷六八《諸州祭社稷》改。

位訖。①

　　贊者引亞獻盥洗、升獻，如初獻之儀，惟不讀祝、不受胙②。終獻亦如之。訖，降復位。

　　諸祝各進神座前，跪，徹豆，興，還尊所。徹者籩豆各一少移於故處。③贊唱者曰："賜胙，再拜。"非飲福受胙者再拜訖。贊者又曰："再拜。"初獻以下皆再拜。

　　贊者少進，白初獻，請就望瘞位，南向立。祝於篚取幣及血，填於坎。贊者曰："可瘞。"坎東西廂各二人填土半坎。贊者曰："禮畢。"遂引三獻官出，以下次出。諸祝及執尊罍篚者降復掌事位，贊唱者曰："再拜。"祝以下皆再拜訖，以次出。其祝版燔於齋所。④

金虜圖經

　　【解題】《金虜圖經》，又名《金國志》，宋承奉郎張棣撰。原本已失傳，《三朝北盟會編》卷二四四、二四五載録其書，分爲十七門：京邑、宮室、宗廟、禘祫、山陵、儀衛、旗幟、冠服、官品、取士、屯田、田師、田獵、刑法、京府節鎮防禦州軍、地理驛程、族帳部曲録。

---

　　①　金制與唐制，初獻皆在社壇升獻、讀祝後即飲福受胙，次詣稷壇升獻、讀祝並再次飲福受胙，然後亞獻、終獻始行禮；宋制則待三獻皆行禮完畢後，初獻始飲福受胙。

　　②　金制此處未言飲福，當如唐制亦飲福；宋制則亞獻不飲福。

　　③　金制與唐制皆在賜胙之前徹豆，宋制則在賜胙、望瘞、行事官皆退之後始徹豆。

　　④　金制與唐制的祝版處理方式皆是燔燒，宋制則瘞埋。

　　陳振孫《直齋書録解題》卷五稱張棣爲"淳熙中歸明人"，據學者考證，《金虜圖經》記事下限爲金章宗明昌三年（1192），時當宋光宗紹熙三年，故張棣實當於紹熙中歸宋（參孫建權《關於張棣〈金虜圖經〉的幾個問題》，《文獻》2013年第2期）。

　　今取《金虜圖經》中與金代禮儀制度相關的宗廟、禘祫、山陵、儀衛、旗幟、冠服六門，加以校注。以光緒三十四年許涵度校刊《三朝北盟會編》爲底本，以中國國家圖書館藏明湖東精舍抄本通校。

　　一、宗廟

　　金虜本無宗廟，祭祀亦不修。自平遼之後，所用執政大臣多漢人，往往説以天子之孝在乎尊祖，尊祖之事在乎建宗廟。若七世之廟未修，四時之祭未舉，有天下者不可不念。虜方開悟，遂築室於内之東南隅，廟貌、祀事雖具，制度極簡略。① 迨亮徙燕，遂建巨闕於内城之南，千步廊之東，曰太廟，標名曰"衍慶之宫"，以奉安太祖旻、太宗晟、德宗宗幹_{亮父}。又其東曰元廟，以奉安玄祖刻者、仁祖大聖皇帝楊割。② 至裒立③，遷亮父德宗於外室，復奉安父懿宗宗堯於太廟④。其昭穆各有序。

─────────────

　　① 據《金史》卷四《熙宗紀》，皇統三年五月甲申，"初立太廟、社稷"，八年閏八月丙寅，"太廟成"。又據《大金集禮》卷三八《沿祀雜録》皇統八年閏八月條，知太廟署亦於同時設置。

　　② 此段敘次多誤。衍慶宫爲金朝在中都的原廟，供奉祖先御容，而非太廟。所謂"玄祖刻者、仁祖大聖皇帝楊割"，當即金朝世祖劾里鉢、穆宗盈歌。

　　③ "裒"，湖東精舍本作"裒"，皆誤。金世宗完顏雍初名"褒"，音 yòu，《廣韻》餘救切，參劉浦江師《金世宗名字考略》（《北大史學》第18輯，北京大學出版社，2013年）。

　　④ 金世宗父宗堯廟號爲睿宗，非懿宗。

一、禘祫

虜人本無禘祫之禮。至亮徙燕，築陵於城之西南九十餘里大洪山，時太廟、元廟告成[1]，始有尊祖之意。時奏議者多陳郊祀配天之事，亮恥效中國舊制，令別討論之。禮官進以三年一祫[2]、五年一禘乃上古之制也，禘當取夏四月，祫取冬十月。[3] 亮從之，詔告天下。遂令太常寺備大樂，具九節儀從，待期往焉。

至是月吉日，先一夕宿於正殿。次日凌晨，令導從人各服五色畫衣，執旌幢、斧鉞、幡蓋、羽扇，自內城至廟，夾道駢肩而立，徐布九節儀從，奏樂及歌者皆乘馬，迨御座。衣元繡，服袞冕，執圭，乘玉輅、九龍御座至廟。禮畢，易之金輅，服遠遊冠、絳紗袍，奏樂曲而回[4]。

一、山陵

虜人都上京，本無山陵。祖宗以來，止卜葬於護國林之東[5]，儀制極草創。迨亮徙燕，始有置陵寢意，遂令司天臺卜地於燕山之四圍。年餘，方得良鄉縣西五十餘里大洪山，曰大洪谷，曰龍銜峰[6]，岡巒秀拔，林木森密，真築陵之處[7]。亮尋毀其寺，遂遷祖

---

① “時”，湖東精舍本作“又”，義長。

② 湖東精舍本“禮官”下有“再”字。

③ 按海陵時未嘗舉行禘禮，世宗大定十一年，始定以“三年冬祫、五年夏禘”爲常禮，見《金史》卷三〇《禮制三·禘祫》。

④ 湖東精舍本無“曲”字。

⑤ 據《大金集禮》卷三七《雜祠廟·嘉蔭侯》，大定二十五年四月，林神廟賜名“護國嘉蔭侯”。

⑥ “銜”，湖東精舍本作“喊”。

⑦ “真”，原作“至”，據湖東精舍本改。

宗、父、叔改葬於寺基之上①。又將正殿元位佛像處鑿穴，以奉安太祖旻、太宗晟、父德宗宗幹，其餘各隨昭穆序焉。惟亶被殺，葬於山之陰，謂其刑餘之人不入。

一、儀衛

金虜建國之初，其儀制衛從止類中州之守令。在內廷，間或遇雨雪，雖后妃亦去襪履，赤足踐之，其淳樸如此。亶立，始設護衛將軍、寢宮小底、弩手、傘子②。迨赴燕，始乘車輅，袞冕、儀從頗整肅③。特令翰林待制邢具瞻作引導詞曰④："五年一狩，仙仗到人間，問稼穡艱難。蒼生洗眼秋光裏，今日見天顏。金瓜玉斧沈煙和⑤，舞蹈六龍閑。歌謠道詠皆相似⑥，天子壽南山。"

至亮徙燕，知中國威儀之尊，護從悉具。若尋常行獵、觀田，多無定制，或以數百騎，或數千騎。前後皆執旌旗，上繪一日，至一大繡日旗，曰御坐馬⑦。傘或黃、或紅。

---

① 此處未言寺名，似有脫誤。據《金史》卷五《海陵紀》，海陵於貞元三年三月"乙卯，命以大房山雲峰寺爲山陵"，五月"乙卯，命判大宗正事京等如上京，奉遷太祖、太宗梓宮"；正隆元年"七月己酉，命太保昂如上京，奉遷始祖以下梓宮"，"十月乙酉，葬始祖以下十帝于大房山"。

② "弩手"，原作"挲手"，湖東精舍本同，據《金史》卷五六《百官志三》宣徽院條改。又《金史·百官志三》殿前都點檢司有殿前左衛將軍、殿前右衛將軍，總領護衛，近侍局有奉御，原名入寢殿小底，疑即此處寢宮小底；宣徽院有弩手、傘子。

③ 熙宗於皇統元年九月戊申至燕京。據《大金集禮》卷二七《儀仗上·行仗》及《金史》卷四一《儀衛志上》，熙宗入燕用法駕鹵簿，整個儀仗用人一萬四千零五十六，又有攝官六百九十九人，馬六千餘匹。

④ 邢具瞻，字嵒夫，遼西人，天會二年進士，《中州集》卷八有小傳。又"特"，湖東精舍本作"時"。

⑤ 卷末校勘記稱："此下應有闕文。"按此曲又見於《金史》卷四〇《樂志下·鼓吹導引曲》，此下並無闕文，唯"沈煙和"作"臨香火"。

⑥ "道詠"，《金史·樂志下》作"到處"。

⑦ "馬"，湖東精舍本作"焉"。

時或排駕而出①，大率制度與中國等。導前者皆弩手②、傘子，其人各長六尺、八尺③，衣奇錦團花袍，金鍍銀帶，簇金蛾拳腳幞頭，雙引而前，皆散手，及半，方有執旗者，約千餘隊。旗之後曰駕頭，駕頭後曰護衛將軍，皆衣紫窄袖衫、金帶、幞頭，腰弓矢，並馬而行。弓矢一，繡袋覆之④，得數百。至曲蓋，其形六角，細曲柄⑤，飾以文彩，以護軍執之，以爲儀式。曲蓋後曰御坐馬，左右二副點檢領之。御馬後曰寢殿小底，衣大紅⑥，乘騎與護衛將軍一等，止無弓矢，而腰以紅包袱，又約數百⑦。及駕，或乘逍遙，或乘步輦，或乘馬，臨時取旨焉。其上張蓋，表裏皆黃羅，柄微曲。駕之後，護衛小底不計其數。又其後曰馬軍，栲栳隨焉。

一、旗幟

虜人以水德，凡用師行征伐，旗幟尚黑，雖五方皆具，必以黑爲主。⑧ 尋常車駕出入，止用一色日旗，與后同乘，加月焉。三旗相間而陳，或數百隊，或千餘隊。日旗即以紅帛爲日，刺於黃旗之上；月旗即以素帛爲月，刺於紅旗之上；又有大繡日月旗二。

如祫享、大禮、冊封，一一循古制，旗無大小皆備焉。然五方、五星、五嶽、青龍、白虎、朱雀、玄武、神鳳外，又有五星連珠

---

① “時”，湖東精舍本作“如”。
② “弩手”，原作“拏手”，今改。
③ “六尺八尺”，湖東精舍本作“六尺八寸”。
④ 湖東精舍本無“一”字。
⑤ “細”，湖東精舍本作“紅”。
⑥ “大紅”，湖東精舍本作“帶”。
⑦ “約”，湖東精舍本作“得”。
⑧ 按金代在章宗泰和二年以前用金德，此處謂水德，劉浦江師《德運之爭與遼金王朝的正統性問題》(《中國社會科學》2004 年第 2 期)以爲是反映了金代民間的觀念。

一、日月合璧一、象二、天王二①、海馬二、鷹隼二、太白二。近御又張一大旗，其制極廣，繡繪神物，以猛士執之，又有數十人護之，各施大繩，以備風勢，名曰"蓋天"。

一、冠服

虜君臣之服大率與中國相似②，止左衽異焉，雖虜主服亦左衽。其臣下之服，不從乎職而從乎官，如五品官便可衣五品服，雖職上下，並不改③。至於服緋、紫，亦無歲月可限，但官與服色等則服焉。如文武臣四品皆橫金④，文臣則加魚，不待賜而許自服焉⑤。

與姚公茂書⑥

【解題】《與姚公茂書》，爲楊奐與姚樞討論宗廟制度的一封書信。楊奐（1186－1255），原名煥，又名英，字煥然，號紫陽，乾州奉天人，蒙古太宗十年戊戌選試中科，任河南路徵收課稅所長官兼廉訪使。生平見《元史》卷一五三《楊奐傳》及元好問《遺山集》卷二三《故河南路課稅所長官兼廉訪使楊公神道之碑》。

楊奐是金末元初著名的文士、學者，著述甚豐，然皆散佚，明宋廷佐輯有《還山遺稿》兩卷。《與姚公茂書》載於蘇天爵《國朝文類》卷三七，《還山遺稿》即據以收入。文中記載的金代汴京太

---

① "天王"，原作"天吳"，據湖東精舍本改。
② 湖東精舍本"虜"前有"金"字。
③ 湖東精舍本此下有"易"字。
④ 湖東精舍本"四品"前有"至"字。
⑤ 湖東精舍本"賜"前有"錫"字，又"許自服"作"自許服"。
⑥ 姚樞（1203－1280），字公茂，柳城人，後遷洛陽，《元史》卷一五八有傳。

廟制度,爲《金史》卷三〇《禮志三》宗廟部分採用。今以《四部叢刊》影印元西湖書院刊《國朝文類》爲底本,加以校注。

奐頓首,復別四五年,思渴之甚,所欲言者不一也。握手未期,此懷可知。子善至①,得書,審玉眷佳裕,且知北還,喜甚。

去歳,子善云新築祠堂,而石室在正位,不知何所據。及見朱文公《家禮圖説》,亦云在北架,似不安也②。且宗廟,五廟、七廟而已,雖有成言,所以作室次第,於經則無所見。朱文公,後宋人也。建炎南渡,廟社之禮一蕩,就有故老,或齪齪下僚,無所見於世。此説在《中庸或問》中略見之,所可信者,止是昭穆位次,於神主、於石室皆不及也③。《家禮》所載神主樣式亦非。

奐三十時入汴梁④,得宮室廟社法度於一故老處。又五年⑤,因秋比,以生徒之衆寓長安慈恩寺⑥,有僧曰了遷者,乘暇請觀寺之西南杜相公讀書堂⑦。奐一見,知其爲家廟也。其廟制如世之所謂吳殿也⑧,凡石室並在西壁,高與人胸臆齊,其僧猶以爲藏書

---

① 子善,其人生平不詳。

② 朱熹《家禮》卷一《通禮·祠堂》謂"爲四龕以奉先世神主",注稱"祠堂之内,以近北一架爲四龕"。按朱熹《家禮》刊本甚多,此處所謂《家禮圖説》可能是指楊復注附圖本,或是劉垓孫增注本。

③ 相關部分見朱熹《四書或問》卷四《中庸》"或問十八章十九章之説"一節。

④ 時當金宣宗貞祐三年(1215)。

⑤ 時當金宣宗興定四年(1220),楊奐赴京兆府參加府試。

⑥ 即大慈恩寺,始建於唐太宗貞觀二十二年。

⑦ 下稱"杜祁公",即杜衍(978—1059),字世昌,越州山陰人,唐名相杜佑之後。宋仁宗慶曆四年九月,杜衍拜同中書門下平章事、兼樞密使、集賢殿大學士,《宋史》卷三一〇有傳。

⑧ 吳殿,即廡殿,又稱四阿頂,建築樣式的一種,有四個坡面、五條脊。

龕。既而來洛下,於楊正卿家閱《稽古編》文①,信乎其爲杜祁公之家廟也。《文粹》、韓文、温公集多有家廟碑②,止説三室、四室,或云第一、第二、第三、第四室,又有云東室者,亦不載石室方位之所在。

夫禮也者,制度名數之所寓也,不有所據,必有所見。文公所述,未見其所據,當以仌之所目覩者爲廟之定制。天子與諸侯、卿、大夫同,所以異者名數也。今汴梁太廟法度,弊家具有圖説,自己亥春定課時③,有告隱匿官粟者,親入倉檢視,而倉即太廟也,因得考其制度焉。石室在西壁。正殿凡二十五間,始祖室三間,内附祧廟神主五位④,其石室皆在西壁而近南牖⑤。世祖二間,内附肅宗一位;穆宗二間,内附康宗一位;太祖已下至宣宗各二間⑥,係八室,計一十六間,其神主石室並在西壁。東西夾室各一間。凡有神主處,每一間門一、牖一,門在左,牖在右。已上共二十五間。

近有客曰毛正卿⑦,至自保州,曾爲先朝太祝⑧,談舊禮如在目前。是日,坐客甚衆,談竟,仌問之曰:“如公所言,其行禮時將在秋冬,而不及春夏也。”客問:“何以知之?”仌曰:“以公止見虎

----

① 楊果(1195-1269),字正卿,祁州蒲陰人,金哀宗正大元年登進士第,《元史》卷一六四有傳。楊仌爲河南路徵收課稅所長官時,起楊果爲經歷。此處所謂《稽古編》,未知究爲何書。
② 當指《唐文粹》及韓愈、司馬光之文集。
③ 己亥爲蒙古太宗十一年(1239),時楊仌爲河南路徵收課稅所長官兼廉訪使。
④ 所祔五位爲德帝、安帝、獻祖、昭祖、景祖。
⑤ 王惲《遺廟記》稱“南向者五,東向者一”,與此不同。
⑥ 分別爲太祖、太宗、熙宗、睿宗、世宗、顯宗、章宗、宣宗。
⑦ 元好問《遺山集》卷三九《酒裏五言説》記“壬辰北渡,順天毛正卿、楊德秀祈仙山寺中”,所言當即此人,知其爲順天人。
⑧ “太”,原作“大”,今改。

席,故知其在秋冬也。若春夏,則席以桃枝。桃枝,竹也。"①客
曰:"適在冬耳。"奐又問:"公之行禮將屬時享,而不及禘祫。"客
問:"何以知之?"奐曰:"禘祫則太祖神主位於埳下而東向焉,而
昭在於北,南向之,穆在於南而北向之。公所言而曰太祖神主在
門之内,南向焉。故知不及禘祫也。"客謝:"未嘗及禘祫。"

　　吁! 此定禮也,患不素考耳。是與非,吾友訂之,恐不宜襲
《家禮》之誤也。著書非細事也,古之聖賢未嘗敢自作古。所謂
神主之説,容面告焉。

遺廟記

　　【解題】《遺廟記》爲王惲記述金代汴京太廟制度的一篇文
章。王惲(1227—1304),字仲謀,號秋澗,衛州汲縣人,元初著名
文士,《元史》卷一六七有傳,著有《秋澗先生大全文集》一百卷。
　　《遺廟記》收録於《秋澗先生大全文集》卷三七,所載廟制爲
《金史》卷三〇《禮志三》宗廟部分採用。今以臺北"國家圖書館"
藏元至治壬戌嘉興路儒學刊明代修補本、中國國家圖書館藏明
弘治刊本參校,個別處參考文淵閣《四庫全書》本,加以校注。

---

　　①　《金史》卷三〇《禮制三·宗廟》載:"次席,黼純。以輕筼爲之,亦曰桃枝席,緣
以紅綃,繡鐵色斧,裹以紅絹。每位二,在繅席上。虎席二,大者長同,惟闊增一尺。
以虎皮爲褥,有緼,以紅羅繡金色斧緣之。又有小虎皮褥,制同三席。時暄則用桃枝
次席,時寒則去桃枝加虎皮褥。夏、秋享,則用桃枝次席。二冬,則去桃枝加小虎皮褥
於繅席上。臘冬,則又添大虎皮褥二於繅席上,遷小虎皮褥二在大褥之上。"

　　金海陵煬王以天德七載乙亥定議南伐[1]，明年正隆改元，詔大營汴京，擬混一江左，遷而都焉，故廟社之志於是乎興。然清廟寔前宋之故物也，在景祐間止十有七楹，而金之記曰："正隆四年己卯歲冬十有一月，禮部尚書同修國史王競[2]、銀青榮禄大夫參知政事敬嗣暉[3]、開府儀同三司尚書左丞相上柱國魯國公臣張浩監修[4]。"寔金爲之增廣加飾，非創作也。何以明之？覩其梴桷旅楹，大而徑三尺者比皆腐朽餘丈，若曰金朝創始，不及百年，安得如此之朽腐哉。

　　廟直大内之南，馳道之東，殿法吳制，東西列二十五楹，袤四十丈，廣七丈。其神室内地廣一十步，餘四步爲室前之虛明。廟兩首各限一楹，中以二十三楹分十有一室，從西以三楹作一室，餘每室以兩楹爲之。龕之數，其西位夾室六，南向者五，東向者一，其二、其三俱兩龕，自餘率一龕，所向皆東面而已，總十有八龕。殿階作二層，列升道三。前井亭二，東西相向。外作重壖四繚，面有門，角有樓。門，南列五闈，餘三而已。其東北中垣之外，即册寶殿也。國制，凡帝后寶册暨郊廟金玉禮器皆在焉，令太常官一員每季檢視，用印封緘，謂之"點寶"。禮器者何？爵瓚圭璧是也。玉册者何？先代哀謚是也。其册帝以寶玉作簡，后以象齒爲之，賁以金書，貫以朱絲，封縢甚秘，世莫之見。南則更

_____

　　① 按海陵王天德五年癸酉已改年號爲貞元，貞元四年丙子又改年號爲正隆。乙亥歲爲貞元三年。

　　② 王競，字無競，彰德人，宋宣和中太學兩試合格，《金史》卷一二五有傳。

　　③ 敬嗣暉，字唐臣，易州人，天眷二年進士，正隆三年七月任參知政事，《金史》卷九一有傳。

　　④ 張浩，字浩然，遼陽渤海人，天會八年賜進士及第，貞元三年二月爲左丞相兼侍中，《金史》卷八三有傳。

衣亭，亭前舊有湖石璿奇①，名曰“瑞芝”。其東南外垣之內，即神庖，刲取血膋之所。環重垣之內，東西爲廡各五十楹，旁夾廟門，各廿有五，于以分布齋郎駿奔走執之列。正北則闕焉。其西南垣外即廟署位，前有門以表。循外垣西北復鑿偏戶一，意者備執事出入之便也。

予聞之遺老云，金制，祀廟率以親王、上宰攝太尉以享。太祝奉遷宗祐置地，用色羅上冪，帝以黃，后以絳，所謂至敬無壇也。茵以皋比②。器設陶皿，用血肉以獻。上下之樂畢備。此金朝典秩之大槩也。

國亡以來，汴之宮室毀撤掃地，顧惟茲廟以貯儲得巋然獨存③。皇朝中統五年夏四月，詔河南前宣撫張子良撤焉以北④，浮御河入燕，就爲今之太宮，從堂議也。據正隆己卯至今甲子，以曆考之，適百有六年也⑤，識者異之。且今初建宮於燕⑥，多撤汴材，其木皆以“燕用”爲誌，今是廟亦復用燕之故址，有數存乎其間爾，自有能辨之者。

夫君子將營宮室，宗廟爲先，祖宗胡可以無廟。然一廟之用，有不可勝之費，今也存亡廟而爲新宮，其尊祖息民可謂恭儉者哉。是廟，宋制也。按禮經，天子七廟，太祖之廟居中，三昭、

---

① “璿”，原作“環”，據文淵閣《四庫全書》本改。

② 皋比即虎皮席。《左傳》莊公十年“蒙皋比而先犯之”，杜預注：“皋比，虎皮。”

③ 貯儲，據楊奐《與姚公茂書》，蒙元時將金太廟作爲糧倉。

④ 張子良字漢臣，涿州范陽人，由金入元，《元史》卷一五二有傳。據王惲《中堂事記》，中統二年五月二十四日，張子良爲河南宣撫使。

⑤ 正隆四年己卯(1159)至中統五年甲子(1264)，爲 106 年。《漢書》卷二一《律曆志》《易》九厄曰：初入元，百六，陽九，孟康注稱：“所謂陽九之厄，百六之會者也。初入元百六歲有厄者，則前元之餘氣也，若餘分爲閏也。”

⑥ “今”，據上下文義，似當作“金”。

三穆爲之左右。其七主，曰壇，曰墠，曰考廟，曰王考廟，曰皇考廟，曰顯考廟，曰祖考廟。月一祭之。遠廟爲祧，去祧爲壇，去壇爲墠。壇、墠者，有禱焉祭之，不則乃止。此三代不易之制也。逮東漢，變而爲一廟，同宇異室耳。李唐自貞觀、開元後增置九數。後宋因之，亦列九世，爲十二室。而金朝以九帝，有天下百餘年，上自景、太至於宣宗，不審天興奉祀之日，其間升祔祧出，得列於太室者凡幾廟？何者得祔，何者爲祧邪？[①] 故併及之，以俟更考云。至元五年夏六月十一日記。

---

① 金哀宗時廟室制度，詳見於楊奐《與姚公茂書》、《金史》卷三〇《禮志三·宗廟》。

圖書在版編目（CIP）數據

大金集禮/任文彪點校 . —杭州：浙江大學出版
社，2019.6（2019.10 重印）
（中華禮藏）
ISBN 978-7-308-19149-4

Ⅰ.①大…　Ⅱ.①任…　Ⅲ.①禮儀－中國－金代
Ⅳ.①K892.9

中國版本圖書館 CIP 數據核字（2019）第 089200 號

大金集禮

任文彪　點校

出 品 人	魯東明
總 編 輯	袁亞春
項目策劃	黃寶忠　張　琛
項目統籌	宋旭華
責任編輯	王榮鑫
責任校對	宋旭華
封面設計	周　靈
出版發行	浙江大學出版社
	（杭州市天目山路 148 號　郵政編碼 310007）
	（網址：http://www.zjupress.com）
排　　版	浙江時代出版服務有限公司
印　　刷	浙江印刷集團有限公司
開　　本	710mm×1000mm　1/16
印　　張	41.75
字　　數	467 千
印　　數	501—1000
版 印 次	2019 年 6 月第 1 版　2019 年 10 月第 2 次印刷
書　　號	ISBN 978-7-308-19149-4
定　　價	198.00 元